广东工会年鉴

（2012）

《广东工会年鉴》编纂委员会　编

广东人民出版社
·广州·

图书在版编目（CIP）数据

广东工会年鉴（2012）/《广东工会年鉴》编纂委员会编. —广州：广东人民出版社，2013.2

ISBN 978-7-218-07502-0

Ⅰ. ①广… Ⅱ. ①广… Ⅲ. ①地方工会-工会工作-广东省-2012-年鉴 Ⅳ. ①D412.865-54

中国版本图书馆CIP数据核字（2012）第276030号

GUANGDONG GONGHUI NIANJIAN

广东工会年鉴（2012） 《广东工会年鉴》编纂委员会编

出 版 人：曾 莹

责任编辑：谢海宁 段太彬
装帧设计：刘晓菁
责任技编：周 杰

出版发行：广东人民出版社
地 址：广州市大沙头四马路10号（邮政编码：510102）
电 话：（020）83798714（总编室）
传 真：（020）83780199
网 址：http://www.gdpph.com
印 刷：广州市官侨彩印有限公司
书 号：ISBN 978-7-218-07502-0
开 本：787mm×1092mm 1/16
印 张：25.5 **插 页**：6 **字 数**：610千字
版 次：2013年2月第1版 2013年2月第1次印刷
定 价：158.00元

如发现印装质量问题，影响阅读，请与出版社（020－83795749）联系调换。
售书热线：（020）83790604 83791487 **邮 购**：（020）83781421

《广东工会年鉴》(2012) 编纂委员会

《广东工会年鉴》(2012) 编辑部

2011年12月31日，全省构建和谐劳动关系先进表彰暨经验交流会在广州召开。

2011年6月24-25日，中华全国总工会副主席、书记处第一书记王玉普到广东考察工会工作。图为王玉普(右二)在广东省人大常委会副主任、省总工会主席邓维龙(右三)的陪同下到佛山调研，向佛山凤池工会专干了解有关工作情况。

2011年2月5日，粤港澳台四地暨珠三角九市工会新春团拜会在佛山举行。省委副书记朱明国，省人大常委会副主任、省总工会主席邓维龙参加了团拜会。图为朱明国接见与会代表。

2011年2月27日，广东省总工会第十二届委员会第四次全体会议召开。省人大常委会副主任、省总工会主席邓维龙代表省总工会第十二届委员会作工作报告。

2011年7月28日，由省总工会主办的“颂歌献给党”广东省职工庆祝建党90周年合唱比赛决赛暨颁奖仪式在广州星海音乐厅举行，省人大常委会副主任、省总工会主席邓维龙(左)观看了演出。

2011年12月13日，省人大常委会副主任、省总工会主席邓维龙到潮州市调研工会工作。在潮州市创佳集团公司食堂，邓维龙与职工亲切交谈。

2011年9月8日，省总工会召开全省工会主席会议。省总工会常务副主席陈宗文主持会议。

2011年5月29日，广东省《社会保险法》大型宣传日活动举行启动仪式，省总工会常务副主席陈宗文(前排左一)、副主席王丽华(后排右一)，广州市人大常委会副主任、市总工会主席陈伟光(前排右一)等参加了活动。

2011年11月10日，全省师德标兵表彰暨先进事迹报告会在广东省委礼堂隆重举行。省总工会副主席郭泽宇主持会议。

2011年6月22日，广东省总工会在扶贫开发“双到帮扶”点丰顺县留隍镇黄礤村举行宝香园水电站、文化广场落成暨金秋助学、种养帮扶系列活动。图为省总工会副主席王丽华(右)代表省总工会给黄礤村捐慰问款。

2011年8月5日，省总工会副主席张国兴赴东莞检查夏季防暑降温工作，深入工地慰问一线职工。

2011年国庆前夕，广州工会会员超市在第二工人文化宫开张营业。工会会员凭工惠卡购物，平均价格优惠8%～10%。图为省总工会副主席张振飚(中)在了解商品供货情况。

2011年2月27日，广东省总工会第十二届委员会第四次全体会议召开。省总工会经费审查委员会主任杨敏作经审工作报告。

2011年11月26日，由省财贸工会和省物业管理行业协会共同举办的广东省首届物业管理员职业技能竞赛在广州举行。图为省总工会副主席林锡明(左)为获奖代表颁奖。

2011年12月21日，省总工会纪检组长廖汝捷(右二)到中山市中铁港航局一公司中铁南方装备基地工程项目部进行慰问，并给该单位颁发全国交通建设系统“工人先锋号”证书。

2011年12月18日，中华全国总工会文工团“工会与职工心连心”慰问演出团来到广东肇庆国家高新区，将精彩节目送到一线职工身边。图为省总工会巡视员孔祥鸿(右)上台祝贺演出成功。

2011年5月16日，广东省总工会与巴西工人总联盟签订友好交流协议仪式在广州举行。巴西工人总联盟(UGT)审计委员会主席、巴西社会促进研究(IPROS)第一书记西德内·德·保拉·科拉尔(左四)(Sidnei de Paula Corral)，省人大常委会副主任、省总工会主席邓维龙(左五)以及省总工会班子成员出席了签字仪式。

2011年8月4日，省人大常委会副主任、省总工会主席邓维龙率广东工会访问团访问以色列。图为邓维龙(右)与以色列商会联合会国际部部长交换礼物。

2011年7月26日，省总工会常务副主席陈宗文(右二)、副主席郭泽宇(左三)率省总工会代表团访问澳门，拜会了澳门工会联合总会会长何雪卿(左四)。

2011年8月21日，省总工会副主席郭泽宇(右)率团访问温哥华，与温哥华地区工会负责人交换礼物。

2011年11月30日，省总工会副主席林锡明(左四)率团访问南非，拜会了南非工会联合会，并会见南非工会联合会主席JPL(Koos) Bezuidenhout(左五)、南非工会联合会秘书长Dennis George(左三)。

2011年9月22日，省总工会纪检组长廖汝捷(右三)出访俄罗斯，拜会俄罗斯圣彼得堡亚太国家地区合作中心，并与俄罗斯亚太合作中心主任Vladimir A. Zhemaytis(左三)等会谈。

目　录

特　载

大事记

综合篇

省级产业工会、集团公司工会

市总工会

县（区）总工会

镇、街道、社区工会

基层工会

政策法规和重要文件

记功榜

统　计

特载

在庆祝“五一”国际劳动节大会上的讲话

（2011年4月28日）

王兆国

同志们：

今天，我们隆重集会，热烈庆祝全世界工人阶级和劳动群众的光辉节日——“五一”国际劳动节！我受党中央委托，向全国各族工人、农民、知识分子和其他各阶层劳动群众，向中国人民解放军指战员、武警部队官兵和公安干警，向香港特别行政区同胞、澳门特别行政区同胞、台湾同胞和海外侨胞，致以节日的祝贺！向为改革开放和社会主义现代化建设作出突出贡献的劳动模范和先进工作者，向荣获全国五一劳动奖状、五一劳动奖章、“工人先锋号”的先进集体和个人，致以崇高的敬意！向各级工会干部和广大工会积极分子，致以亲切的慰问！向各国工人阶级和劳动群众，致以诚挚的问候！

今年是中国共产党成立90周年。90年来，党始终坚持中国工人阶级先锋队的性质，全心全意地依靠工人阶级，以科学的理论、坚定的信念为工人阶级指明前进方向和奋斗目标，矢志不渝地为实现最广大人民的根本利益不懈奋斗，赢得了工人阶级和全国各族人民的坚决拥护和衷心爱戴。90年来，中国工人阶级在中国共产党的坚强领导下，始终紧紧跟随党的前进步伐，坚定地走在全民族团结奋斗的前列，以彻底的革命精神和蓬勃的创造力量，积极投身革命、建设、改革的时代洪流，为实现民族独立和人民解放、国家富强和人民幸福建立了不可磨灭的卓越功勋，谱写了彪炳日月的辉煌篇章。历史雄辩地证明，党全心全意地依靠工人阶级，工人阶级坚定不移地跟党走，是党和人民事业的力量之源、胜利之本。

今年是“十二五”时期的开局之年。“十二五”时期是全面建设小康社会的关键时期，是深化改革开放、加快转变经济发展方式的攻坚时期。当前和今后一个时期，世情、国情继续发生深刻变化，我国经济社会发展呈现新的阶段性特征。综合判断国际、国内形势，我国发展仍处于可以大有作为的重要战略机遇期，既面临难得的历史机遇，也面对诸多可以预见和难以预见的风险挑战。“十二五”规划纲要描绘了未来5年我国经济社会发展的宏伟蓝图，是全国各族人民共同的行动纲领。实现“十二五”规划目标任务，为全面建成小康社会打下具有决定性意义的基础，是中国工人阶级的光荣使命和神圣职责。希望全国广大职工把思想和行动统一到中央的重大决策部署上来，继承和发扬光荣传统，增强机遇意识和忧患意识，更加自觉地投身社会主义现代化建设的伟大实践，为推动科学发展、促进社会和谐作出新的更大贡献。

第一，大力弘扬中国工人阶级伟大品格和劳模精神，让勤奋劳动、诚实劳动、创新劳动在全社会蔚然成风。劳动是人类文明进步的源泉，尊重劳动、倡导劳动、保护劳动是社会主义社会的显著标志，勤奋劳动、诚实劳动、创新劳动是社会主义国家劳动者的鲜明特征。要在全社会广泛宣传劳动最光荣、劳动者最伟大的真理，积极培育劳动光荣、知识崇高、人才宝贵、创造伟大的新风，让通过勤奋劳动、诚实劳动、创新劳动创造幸福生活、实现人生理想成为全社会的共同信念和自觉行动。要用中国工人阶级伟大品格和劳模精神感召职工群众、引领社会风尚，引导广大职工牢固树立中国特色社会主义共同理想，自觉贯彻党的理论和路线方针政策，最大限度地焕发劳动热情和创造活力，爱岗敬业、恪尽职守，同心协力、勇攀高峰，始终保持朝气蓬勃、昂扬奋发的精神状态，充分展现学习先进、争当先进、赶超先进的时代风采，满怀豪情地为全面建设小康社会、加快推进社会主义现代化团结奋斗，努力做推动历史前进的时代先锋和行动楷模。

第二，紧紧围绕科学发展主题和加快转变经济发展方式主线，广泛掀起社会主义劳动竞赛新高潮。以科学发展为主题，是时代的要求，关系改革开放和现代化建设全局。以加快转变经济发展方式为主线，是实现科学发展的必由之路，符合我国基本国情和发展阶段性新特征。广大职工是坚持科学发展、加快转变经济发展方式的实践者和推动者。各级党委、政府和工会组织要突出主题、把握主线，组织动员广大职工以高度的主人翁责任感和使命感，踊跃投身技术革新、技术协作、发明创造、合理化建议等创先争优建功立业活动，努力在推动经济结构战略性调整、促进科技进步和创新、建设资源节约型和环境友好型社会等方面作出工人阶级应有的贡献。要着力提高劳动竞赛的科技含量，积极引导广大职工为提高企业创新能力献计出力，推动建立以企业为主体、市场为导向，产学研相结合的技术创新体系，充分发挥科技创新的先导作用，促进经济发展更多依靠创新驱动。要注重夯实劳动竞赛的基础，深入开展创建“工人先锋号”、“安康杯”竞赛等活动，全面加强班组管理，确保各项任务优质高效地完成。要切实提高劳动竞赛的科学化水平，加强对劳动竞赛的组织领导，重视研究和探索新形势下开展劳动竞赛的特点和规律，建立健全劳动竞赛的激励保障、考核评价机制，更新思路、拓宽领域，丰富内涵、创新举措，提高职工群众的参与率，使劳动竞赛不断实现新跨越。

第三，全面提高职工队伍整体素质，为加快建设创新型国家提供强有力的人力资源支持。造就一支具有坚定理想信念、社会主义道德、现代科学文化知识、严格纪律的宏大的高素质职工队伍，是发展工人阶级先进性的必然要求，是加快建设创新型国家的迫切需要，是实现中华民族伟大复兴的根本大计。要加强和改进职工思想政治工作，坚持用中国特色社会主义理论体系武装职工，开展社会主义核心价值体系学习教育，引导职工树立正确的世界观、人生观、价值观。要大力实施科教兴国战略和人才强国战略，认真落实国家中长期科技、教育、人才规划纲要，广泛开展“创建学习型组织、争做知识型职工”活动，引导广大职工不断提高思想道德素质、科学文化素质和技术技能水平。要建立健全面向全体职工的职业技能培训制度，形成有利于职工学习成才的机制，突出培养职工的科学精神、创造性思维和创新能力，不断提高职工的教育培训水平。要积极组织开展技能比赛、技术比武、师徒帮教、岗位练兵等活动，推广选树“金牌工人”、“首席职工”、“创新能手”、“创新示范岗”的经验，努力造就大批高素质职工、专门人才和拔尖人才。

第四，积极构建社会主义和谐劳动关系，使广大职工群众共享经济社会发展成果。社会和谐是中国特色社会主义的本质属性，劳动关系和谐是社会和谐的重要基础。实现好、维护好、发展好包括广大职工在内的全体人民的根本利益，是党和国家一切工作的根本出发点和落脚点，是促进社会公平正义、实现社会和谐稳定的基本要求。要推动实施就业优先战略，健全劳动者自主择业、市场调节就业、政府促进就业相结合的机制，促进平等就业，提高就业质量，努力实现充分就业。要坚持和完善按劳分配为主体、多种分配方式并存的分配制度，促进形成合理有序的收入分配格局，提高居民收入在国民收入分配中的比重，提高劳动报酬在初次分配中的比重，逐步提高最低工资标准，保障职工工资正常增长和支付，努力扭转收入差距扩大趋势。要坚持广覆盖、保基本、多层次、可持续方针，加快推进覆盖城乡居民的社会保障体系建设，推动非公有制经济组织从业人员、灵活就业人员、农民工等参加保险，建立健全企业退休人员基本养老金、城乡居民低保标准正常调整机制，稳步提高社会保障水平。要加强企业安全生产工作，筑牢安全生产群防群治体系，加大防治职业病力度，坚决遏制重特大事故发生。要继续完善劳动法律法规，加强协调劳动关系三方机制建设，健全劳动争议处理机制，加大劳动保障监察执法力度，建立规范有序、公正合理、互利共赢、和谐稳定的社会主义新型劳动关系。要建设和传播以职工为本的先进企业文化、职工文化，推动建立企业和职工利益共享机制，使企业和职工形成利益共同体、事业共同体、命运共同体。

第五，积极参与加强和创新社会管理，做促进社会和谐稳定的中流砥柱。做好社会管理工作，促进社会和谐稳定，是全面建设小康社会、坚持和发展中国特色社会主义的基本条件。要健全党委领导、政府负责、社会协同、公众参与的社会管理格局，创新社会管理机制，充分发挥工会组织在加强和创新社会管理中的重要作用，广泛动员和组织职工群众依法有序参与社会管理和公共服务，形成社会管理和服务合力，最大限度地激发社会活力，最大限度地增加和谐因素，最大限度地减少不和谐因素。要加强和完善党和政府主导的维护职工群众权益的机制，形成科学有效的利益协调机制、诉求表达机制、矛盾调处机制和权益保障机制，切实维护职工群众合法权益。要引导广大职工正确看待经济社会发展过程中的利益关系变化、利益格局调整，理性合法表达自身利益诉求，自觉维护安定团结的政治局面。

劳动模范是全国亿万人民的杰出代表，推动科学发展、促进社会和谐，必须重视发挥劳模的表率作用，真心诚意服务劳模。要切实加强劳动模范工作，努力为劳模干事创业、发挥作用创造有利条件，注意解决劳模生产生活困难，满腔热情地为劳模提供优质服务，解除劳模后顾之忧，在全社会形成崇尚劳模、学习劳模、争当劳模、关爱劳模的浓厚氛围。

中国工会是中国共产党领导的职工自愿结合的工人阶级群众组织。各级工会组织和广大工会干部要认真贯彻党中央关于工人阶级和工会工作的重要指示精神，脚踏实地、埋头苦干，锐意进取、开拓创新，坚定不移地走中国特色社会主义工会发展道路。要继续依法推动企业普遍建立工会组织、普遍开展工资集体协商，进一步扩大工会工作覆盖面、增强工会组织凝聚力。

要深入开展党工共建创先争优活动，进一步形成以党内带动党外、上级带动下级、工会带动职工创先争优的良好氛围。要始终把工会工作的重点放在基层、落在企业，创新工会工作机制和工作方式，提高工会建设的科学化水平。

党和国家事业的发展进步，离不开职工群众的创造力量。紧紧依靠和切实关心广大职工群众，是贯彻党的群众路线最重要最根本的体现。各级党委和政府要始终坚持全心全意依靠工人阶级的根本方针，始终站在职工群众的立场上，真心为职工群众着想，全力为职工群众造福，切实解决职工群众最关心、最直接、最现实的利益问题。各级党委要加强和改进对工会工作的领导，及时研究解决工会工作的重大问题和实际困难，支持工会依照法律和章程创造性地开展工作，把更多的资源和手段赋予工会组织，选优配强工会领导班子，更好地发挥工会组织在社会主义现代化建设中的重要作用。

当前，和平、发展、合作仍是时代潮流，但国际金融危机的深层次影响仍未根本消除，国际和地区热点问题此起彼伏，影响世界和平与发展的不稳定不确定因素突出，实现世界持久和平、共同繁荣仍有很长的路要走。我们要在和平、发展、合作、工人权益的旗帜下，继续加强同世界各国工人阶级和劳动群众的交流合作，进一步发展同各国工会组织以及国际和区域工会组织的关系，加深了解、增进友谊、共同努力，为推动建立公正合理、民主和谐的国际工运新秩序，建设持久和平、共同繁荣的和谐世界作出积极贡献。

同志们，让我们紧密团结在以胡锦涛同志为总书记的党中央周围，高举中国特色社会主义伟大旗帜，以邓小平理论和“三个代表”重要思想为指导，深入贯彻落实科学发展观，突出重点、狠抓落实，攻坚克难、务求实效，着力促进经济长期平稳较快发展和社会和谐稳定，以优异成绩迎接中国共产党成立90周年！

在全省构建和谐劳动关系先进表彰暨经验交流会上的讲话

（2011年12月31日）

汪 洋

同志们：

今天是2011年的最后一天，省委、省政府召开全省构建和谐劳动关系先进表彰暨经验交流会，这充分体现了省委、省政府对这项工作的高度重视。刚才，5个单位进行了典型交流发言，通报表彰了一批模范劳动关系和谐企业与工业园区，受表彰单位发出了进一步构建和谐劳动关系的倡议。会议开得很好。我代表省委、省政府，向受表彰单位和个人代表表示热烈祝贺！下面，我对当前和今后一个时期构建和谐劳动关系问题讲三点意见。

一、进一步认真总结我省构建和谐劳动关系的经验

我省是经济大省，也是用工大省。全省各类企业约105万户，其中民营企业85

万多户，港澳台及外资企业9万多户；第二、第三产业就业人员超过4000万人，纳入就业管理的外来务工人员2600多万人。企业数量众多、经济成分多元、用工方式各异、劳工规模巨大、关系复杂多样是我省劳动关系的显著特点。这些年来，全省各地各部门以创建劳动关系和谐企业与工业园区为主要载体，构建和谐劳动关系起步早，有探索，有亮点。其中，最显著的成效是，全省规模以上企业劳动合同签订率达99%，基本养老、医疗、失业、工伤和生育保险的参保人数均居全国首位。最重大的收获是，先后出台关于加强人文关怀改善用工环境的指导意见等一系列文件，基本构建了相对完善的和谐劳动关系政策法规体系。最突出的亮点是，建立完善的“政府定底线、行业出标准、企业谈增幅”的企业工资正常增长机制，2008年以来最低工资标准平均提高了54%。最可喜的变化是，涉及劳动关系的案件数量逐步下降，今年前三季度投诉举报案件、受理劳动人事争议案件、信访事项、突发事件同比分别下降8.4%、1.57%、15.5%、12.2%。最瞩目的突破是，大力推进配套社会公共服务，创造性实施农民工积分入户，截至今年11月全省共有28万名农民工积分入户。可以这样说，党的十七大以来，这些年虽然是劳动关系的新问题、新挑战最多的时期，但也是我省和谐劳动关系构建力度最大的时期，是各地各部门创造和积累经验最丰富的时期。

（一）坚持把维护职工权益和促进企业发展相统一作为构建和谐劳动关系的基本准则。构建和谐劳动关系，从根本上说，就是要让广大劳动群众实现体面劳动，生活得更有尊严，让广大企业竞争更有力、发展更健康。近年来，各地各部门坚持从广大职工最关心、最直接、最现实的利益问题入手，加强对职工薪酬、社保、休假、职业卫生和生产安全等方面的检查执法，开展形式多样的职业技能大赛和群众性经济技术创新等活动，不断提升广大职工的福利水平、劳动条件、保障程度和生活质量。与此同时，积极帮助企业健全管理制度，支持和促进企业健康发展。特别是在应对国际金融危机的时候，在全国率先出台扶持企业的“五缓四减三补两协商”政策，开展“同舟共济保增长、建功立业促发展”的共同约定行动，引导职工为企业的持续健康发展贡献智慧与力量。实践证明，这些举措有效，既激发了广大职工的劳动热情和创造活力，又增强了企业持续发展的内生动力，推动劳动关系双方共创财富、共享成果、共赢发展。

（二）坚持把依法治理作为构建和谐劳动关系的根本保障。法律是调整劳动关系的基本依据。构建和谐劳动关系，必须走法治之路。近年来，我们结合当前劳动关系的特点，坚持完善立法、加强普法、严格执法、依法维权，为规范劳动关系双方行为、维护劳资双方利益提供了有力保障。譬如，出台或修订了《广东省高温天气劳动保护办法》、《广东省工伤保险条例》等一批地方性法规和规范性文件，与国家相关法律法规构成相对完善的法规政策体系。近年来举办劳动普法培训班5400多场，通过形式多样的活动全面宣传《劳动合同法》等法律知识。各级工会组织积极运用法律手段帮助职工解决困难，维护和实现他们的法律权益。可以说，通过依法治理，较好地把构建和谐劳动关系纳入了法制化轨道。

（三）坚持把完善工资正常增长机制作为构建和谐劳动关系的重中之重。工资收入分配是劳动关系的核心问题。近年来，我们牢牢抓住工资收入分配这个“牛鼻子”，通过完善工资正常增长机制，合理提升职工收入水平，促进企业健康发展。推动企业建立工资共决机制，目前全省已组建工会的大中型企业有70.5%建立了工资集体协商制度。推行工资指导线和劳动力市场工资指导价位制度，2008年以来全省企业在岗职工平均工资年均增长11.2%，今年三季度达3555元/月。适时调整最低工资制度，2008年以来企业职工最低工资年均增长15.5%，高于我省人均GDP增速。同时，积极推动企业通过技术改造、自主研发等手段，改变依赖低薪、加班获得低端竞争力的格局，加快向创新驱动转变。实践证明，完善工资正常增长机制符合经济发展规律，既释放了强烈的价格信号，促使市场更加科学高效地配置劳动力资源，又形成了有力的调控效应，促进了收入分配公平，夯实了和谐劳动关系的基础。总体来看，工资增长反映了劳动力供给趋紧的长期趋势。我们一方面坚持促进工资正常增长，提高广东对劳动力的吸引力，另一方面把握好节奏，缓解企业劳动力成本压力，有效解决工资增长这个“两难”问题。

（四）坚持把加强人文关怀、改善用工环境作为构建和谐劳动关系的基础工作。构建和谐劳动关系，必须更加突出以人为本，满足劳动者体面劳动、尊严生活的价值取向。去年以来，我省出台了加强人文关怀、改善用工环境的指导意见，表彰了100家和谐劳动关系先进企业，重点加快推进创建和谐劳动关系示范区工程。特别是充分发挥工业园区、企业的主体作用，引导园区强化公共服务，企业加强民主管理，组织形式多样的人文关怀活动，为职工营造良好的生产生活环境。刚才典型发言中的肇庆高新技术开发区坚持政企联手开展全区性文体活动，推进投产企业公交全覆盖，抓好园区生活配套设施建设和教育均衡工程，让劳动者实现了“企业人”和“社区人”的无障碍转换，打造了全国和谐劳动关系工业园区的样板。从今天的发言来看，内外资企业都有一些很好的做法。应该说，加强人文关怀、改善用工环境已成为全省上下的共识，全社会关心职工权益、关爱职工幸福的良好氛围已初步形成。

（五）坚持把完善政府、工会、企业三方协调机制作为构建和谐劳动关系的有效手段。建立劳动关系的三方协调机制，是构建和谐劳动关系的重要抓手。近年来，我省逐步建立了由人力资源社会保障部门、工会、工商联和企业联合会组成的三方四家协调劳动关系机制，围绕劳资双方最关心、劳资矛盾最突出的问题，密切协调沟通，多方凝聚合力，反应灵敏有序，妥善处置了各类新型劳动关系问题。特别是去年在处置南海本田事件等多起停工事件中，我们没有把停工事件简单地当做普通维稳事件来处理，而是充分发挥三方机制的积极作用，把平等协商作为基本手段，政府部门适度介入、规范引导、公正调处，工会组织、企业代表组织等积极发挥职能作用，畅通诉求表达渠道，共同介入协调处置，促使停工事件顺利平息，在维护和谐稳定的同时，为全国处置同类事件提供了新鲜经验。

（六）坚持把加强矛盾纠纷排查调处作为构建和谐劳动关系的关键环节。面对当前劳动关系领域矛盾纠纷增多的态势，只有见微知著、源头治理、加强排查、积极调处，才能把各种矛盾纠纷及时解决在基层，化解在萌芽状态。近年来，各地各部门坚持预防为主、调解为主，加强日常排查、定期排查、重点排查和专项排查，及时发现和化解各类不稳定因素，严肃查处侵害职工权益的违法行为。今年上半年，全省劳动监察机构为32.2万名劳动者追回工资等待遇6.5亿元，有效防止了矛盾积累和问题上行。在全国率先建立劳动争议仲裁与法院主动执行机制，着力以柔性调解方式化解劳动争议，70%以上的案件得到案外调解。充分发挥工会法律服务千人律师团作用，加强法律援助服务，有效解决了大批劳资突出问题。实践证明，推进矛盾纠纷排查调处工作制度化，有利于最大限度减少劳动领域的不和谐因素，促进劳动关系和谐稳定发展。前面讲的涉及劳动关系案件数量下降的关键就在这里。

以上六个方面，既是我省构建和谐劳动关系工作的鲜明特点，又是长期积累形成的宝贵经验，一定要结合新形势新任务，在实践中更好地运用、发展和提升，进一步推动构建和谐劳动关系工作不断打开新局面、取得新突破。

二、进一步增强构建和谐劳动关系的责任感和紧迫感

劳动关系是生产关系的重要组成部分，是最基本、最复杂的社会经济关系之一。说它最基本，是因为劳动关系既贯穿一切生产活动的始终，又是众多经济、社会甚至政治问题的根源；说它最复杂，是因为劳动关系反映了劳资双方反复博弈的过程。特别是在转型期，劳动关系集中体现了经济社会转型的各种深层次问题，已成为观测社会矛盾的“晴雨表”。我们必须深刻认识和正确把握构建和谐劳动关系的重大意义，以加强和创新社会管理工作为契机，进一步增强紧迫感和使命感，把构建和谐劳动关系摆上更加重要的位置，不断探索创新，切实推进各项工作，更好地促进经济发展和社会和谐。

第一，必须正确认识构建和谐劳动关系的重要意义。

首先，构建和谐劳动关系是保持社会和谐稳定的重要基础。企业是社会的基本组织单位，也是构建和谐社会的重要“细胞”。构建和谐劳动关系，不仅关系到占总人口50%以上的企业职工的切身利益，也影响到全省绝大部分家庭的和谐稳定。企业劳动关系和谐，社会和谐就有了可靠的基础和保障；反之，没有劳动关系的和谐，构建和谐社会将成为一句空话。因此，构建和谐劳动关系，既是协调社会经济利益、实现社会公平的重要方面，也是调处社会矛盾、维护社会稳定的基本保证，更是维护改革开放和经济社会发展大局、构建和谐社会的重要基础。

其次，构建和谐劳动关系是跨越“中等收入陷阱”的必要保障。国际经验表明，如果不能处理好转型期集中凸显的劳动关系问题，保护和发展好劳动力这个转型升级的动力源泉，就可能陷入“中等收入陷阱”的泥沼，无法实现向发达国家的成功跨越。尤其是当前我国人口结构和条件悄然变化，开始出现了“刘易斯拐点”的征兆，我省过去发展所依赖的低成本劳动力要素已经难以为继。而且需要注意的是，劳动关系中存在的问题在经济增长期容易被漂亮的就业、工资数据所掩盖，一旦经济增速下滑，就可能对经济社会发展造成严重冲击。对此，必须未雨绸缪，积极应对，着力构建和谐劳动关系，既创造让劳动者安居乐业的良好环境，又促使人力资本水平不断提升，这样才能使广东真正成为人力资源强省和人力资本高地，为转型升级提供持续强劲动力。

再次，构建和谐劳动关系是加强和创新社会管理的重要内容。加强和创新社会管理，是我们今后面临的一项重大课题。劳动关系是最基本的社会关系，在社会管理中具有基础性地位；劳动纠纷是当前社会矛盾的一个主要构成因素，解决好劳动纠纷对化解社会矛盾具有重要意义。当前，我省劳动关系中还存在不少问题，这也是我们下一步加强和创新社会管理必须面对并着力加以解决的主要问题。只有把构建和谐劳动关系作为加强和创新社会管理的一项重要举措，才能切实维护职工的合法权益，最大限度减少不和谐因素，不断提高社会管理水平，促进社会的和谐稳定。

此外，构建和谐劳动关系还是建设幸福广东的关键支撑。建设幸福广东，本质上是人民群众共建共享幸福家园的过程。一方面，广大职工群众是建设幸福广东当仁不让的主力军，没有和谐的劳动关系，就难以激发他们参与建设的主动性、积极性和创造性，幸福的“蛋糕”就做不大，也做不好。另一方面，幸福广东不是空中楼阁，而是看得见、摸得着的，是建立在每个劳动者体面工作、尊严生活基础之上的。没有和谐的劳动关系，就没有幸福广东的根基，更谈不上整个社会的整体幸福。

第二，必须科学判断我省劳动关系新形势。

我省作为改革开放先行地，劳动关系领域的各种新情况新问题往往出现得较早，表现得较为突出。特别是在当前复杂多变的国内外形势下，我省劳动关系发展变化呈现出一系列新趋势新特点，我们必须及时关注、科学研判、准确把握。

一是劳动关系市场化、组织化和多元化等特征越加明显。我省以雇佣劳动为特征的现代劳动关系已经形成，市场化程度不断提高。由此，个体经济、外商投资经济、民营经济等社会生产单位更加多元化；灵活就业、弹性就业、非正规就业、人才租赁和劳务派遣等就业形式更加多样化；各类劳动者群体更加组织化；工资、年薪、期权等工资分配形式更加复杂化；利益、价值、文化等诉求更加差异化，等等。现在社会矛盾多发与劳动关系市场化、组织化和多元化密切相关，这是正常的。要把握好这些变化，处理好这些矛盾，就对我们的能力提出了更高要求。

二是加快转型升级和结构调整会使劳动关系经历一段集中的“阵痛”。转型升级和结构调整本质上就是企业以高技术高效率劳动力替代低水平低效率劳动力的劳动关系调整过程，将不可避免地使劳动关系经历一段痛苦辗转的调整适应期。新加坡等国家亲历转型的领导人一致表示，他们转型遇到最大的挑战就是劳动关系处理问题，最重要的工作就是劳动力的培训。一方面，在市场倒逼下，劳动密集型的低附加值产业利润率降低，企业往往采取提高劳动强度、拖欠职工工资等办法直接或变相压缩人工成本；另一方面，企业在转移或转型过程中的关停并转，提高了裁员或岗位调整幅度，增大了劳资纠纷发生的频率。可以说，转型的压力将最终作用到工人和企业家身上，是一个互相适应的过程。

三是国际国内经济环境趋紧使劳动关系矛盾容易触发。今年以来，受原材料价格上涨、人民币升值、信贷收缩等因素影响，部分企业，特别是中小企业经营更加困难；与此同时，由于生活成本上涨，职工提高待遇的要求更加迫切。两面夹击之下，劳动关系触点增多，燃点降低，关联性变强，容易引发矛盾纠纷甚至群体性停工事件。特别是我省毗邻港澳，各种劳动矛盾容易受到境外势力的插手利用和挑拨煽动，进一步激化事态、破坏稳定，对此必须引起高度警惕。

四是劳动者主体结构变化使劳动关系更为复杂敏感。当前，“80后”、“90后”成为劳动大军的主力，与上一辈外来务工人员相比，他们更向往城市生活，利益诉求明显提高，维权观念明显增强，追求体面劳动和尊严生活的价值取向与集体意识更为强烈。但他们大部分人由于技能素质不适应，难以获得所期待的收入和地位。这种现实与预期的巨大落差，容易导致心理失衡、行为失范。同时，我省直接“人口红利”总量逐步下降，并通过绝对工资水平上涨和局部地区、行业劳动力供求紧张等方式体现出来，这种劳动力的结构性短缺使劳动关系更加敏感复杂。

五是企业和职工向园区集中的新趋势引发一些新问题。我省许多开发区、工业园区和产业转移园区已形成规模，成为企业和职工高度集中的区域，仅36个省级产业转移园区就吸纳劳动力56.1万人。处在同一园区的职工群体，由于环境相同、利益相近、聚众而居、群起而动，个别劳动纠纷如果处理不善，就可能导致群体情绪发酵蔓延，形成辐射影响和连锁反应，引发一连串社会问题乃至群体性事件。

特别要高度重视的是，近些年来，我省构建和谐劳动关系工作虽然一直抓得比较紧、比较实，但与发展的新形势和转型升级的新要求相比，我们在和谐劳动关系建设中还存在许多不适应的地方。一是现行法规制度不健全，这是比较突出的制约。特别是平衡劳资双方力量的制度规范不足，比如，企业民主管理、工资集体协商等关键领域都缺乏有效的规范。在具体实践中，一些重要的劳动关系问题规定不够明确，比如劳动监察、劳务派遣等方面的规定缺乏操作性，难以满足不断变化的劳动关系实践需要。二是社会建设水平相对滞后，这是重要的瓶颈。在快速城市化进程中，我们的基本公共服务和社会管理不平衡、不到位，不可避免地会对劳动领域产生影响。比如，社会组织网络和治理方式不完善，导致劳动关系双方缺乏良性沟通的协商平台；社会保障和社会救助体系不健全，导致部分困难职工缺乏保障，救助不力；很多公共服务设施建设也忽视外来务工人员的需求，使他们缺乏归属感，等等。三是部分企业人文关怀缺失，这是面临的突出问题。比如，有些企业劳动条件差，劳动安全卫生保护不到位；有些企业管理简单粗暴，严重超时加班加点；有些企业忽视与职工的沟通交流，在制定涉及职工切身利益的决策时不履行民主程序，去年部分日资企业发生停工事件，一个关键原因就是缺乏有效的沟通，直接导致劳动关系的对立。四是职工队伍综合素质不高，这是明显的短板。尽管我省职工整体素质跟以往相比有明显进步，但仍然存在着专业技能欠缺、法律知识薄弱、职业道德不强等问题，在市场博弈中处于弱势地位。此外，少数职工维权行为不够理性甚至过激，导致一些不必要的劳动纠纷。

这些问题的产生，既有历史与现实的客观原因，也有我们自身工作上的主观原因，尤其是与一些地方和部门重视不够、投入不足、工作不到位等不无关系。希望各地各部门务必从加快转型升级、建设幸福广东的全局高度，认清形势，明确方向，正视不足，坚定信心，进一步增强构建和谐劳动关系的使命感、责任感和紧迫感，全面加强新时期各项工作，切实以劳动关系和谐促进社会和谐、推动科学发展。

三、进一步突出抓好构建和谐劳动关系的重点工作

胡锦涛总书记强调，要切实发展和谐劳动关系，建立健全劳动关系协调机制，完善劳动保护机制，让广大劳动群众实现体面劳动。温家宝总理指出，我们所做的一切，都是为了让人民生活得更加幸福、更有尊严。这些要求，是对以人为本科学发展理念的进一步深化，也是构建和谐劳动关系的根本出发点和落脚点。构建和谐劳动关系，在指导思想上必须全面突出这个根本要求，在工作举措上必须全面体现这个根本要求。各级党委、政府要坚持以人为本，切实把促进劳资利益均衡和实现共赢发展结合起来，把企业转型发展与职工素质提升结合起来，把政府主导与发挥各方能动性结合起来，统筹兼顾、分类指导，既整体推进，又突出重点、突破难点；既着眼长远，注重长效机制建设，又立足当前，注重解决紧迫问题。当前和今后一个时期，要突出抓好以下几项工作。

从长远来看，要推进三项工作，就是着力调整产业结构、加快转型升级，改革收入分配制度、提高劳动报酬，完善劳动关系制度、强化法制保障。

一是着力调整产业结构、加快转型升级。当前劳动矛盾凸显是传统发展模式走到极限的集中表现，也是转型期必须经历的“阵痛”。俗话说，“解铃还须系铃人”，要防止“阵痛”演化为“长痛”，从根本上看只能通过加快转型升级来解决。只有实现价值创造由依靠物质要素驱动向依靠人力资源创新驱动的转变，才能提升企业发展水平，提高劳动者话语权，真正建立起以人为本、共赢发展的劳动关系。要深入实施“双转移”战略，建立支撑产业转型升级的人力资源队伍，推动产业发展与劳动力素质协同提升。要加快发展先进制造业、现代服务业和战略性新兴产业，以高科技、高附加值产业带动劳动力向高层次转型。要提高传统产业劳动者的技能水平并推动优势传统产业向“微笑曲线”两端延伸，促使企业加快技术改造，提升信息化自动化水平，减少机械式的人工重复操作，减轻职工劳动强度，增强企业提高劳动者薪酬的承受力。这次表彰的企业和园区，很多都是这方面的典型，它们以加快转型升级推动和谐劳动关系建设的做法，值得其他企业和地区学习借鉴。

二是改革收入分配制度，提高劳动报酬。现阶段，职工群众的主要诉求是经济利益诉求，集中体现在工资收入上。因此，完善工资收入分配格局是构建和谐劳动关系的关键所在。总的来说，要按照市场调节、企业自主、平等协商、政府指导的原则，逐步提高劳动报酬在初次分配中的比重。要进一步完善最低工资标准制度，努力保持最低工资标准增幅适当高于社会平均工资增幅，更好地保障低收入职工的劳动报酬。要进一步完善以工资集体协商和集体合同制度为主体的企业工资正常增长机制。从西方发达国家经验看，工资集体协商是稳定劳动关系、建立公平合理的工资分配制度的重要途径。人力资源社会保障部门要加强对集体协商的指导和推动，工会要组织和代表好广大职工积极开展协商，企业要提高集体协商的积极性和参与度，通过各方共同努力，不断扩大集体协商覆盖面，提高集体合同质量，进一步巩固和发展工资协商共决机制。

三是完善劳动关系制度、强化法制保障。近年来，我省出台了一系列文件和制度，这次会后还要出台一个全面的工作意见，这为构建和谐劳动关系提供了有效保障。今后要在现有基础上抓好三个关键环节：一是加强劳动法制建设。要结合我省当前劳动关系的特点，加快研究制订工资集体协商条例、外来工服务管理条例等地方性法规，制定劳动合同法、就业促进法等法律实施细则，逐步完善法律法规体系。要全面落实《劳动合同法》等法律，加大执法监察力度，坚决杜绝有法不依、执法不严、违法不究的现象，充分发挥法律的惩戒效应，重点解决用人单位不与职工签订劳动合同、不为职工交纳社会保险、不及时支付农民工工资、不履行国家关于最低工资制度的规定、使用童工以及安全生产等方面存在的问题。二是加强企业民主管理制度建设。要发展和创新以职工代表大会为主要形式的企业民主管理，对不同所有制和不同类型企业，做到因地制宜、分类指导、合情合理、讲求实效。着重加强公司制企业的职工董事、监事制度建设，更好地维护职工合法权益。三是完善反应灵敏、运转有序的协调劳动关系机制。进一步健全三方协调、预警预判、排查调处、应急处置等工作机制，完善乡镇（街道）、村（社区）、企业三级劳动争议调解组织，有效化解劳动关系矛盾，切实维护劳动者合法权益。

从当前来看，要加强四大建设，主要是加强企业家和职工素质建设，企业文化和劳动文化建设，外来务工人员公共服务和融入城市机制建设，企业党组织、工会组织和企业代表组织建设。

一是加强企业家和职工素质建设。劳动关系说到底是劳动生产中人与人之间的关系，人的素质高低对劳动关系和谐程度起着决定性的作用。一方面，要建立一支高素质的企业家队伍。各有关部门和工商联、企联等组织，要加强对企业经营者的教育引导，重要的一点就是把今天表彰的和谐企业以及工业园区的先进事迹和经验广泛宣传，以此激励企业经营者树立构建和谐劳动关系的理念；通过组织到发达国家、先进地区考察学习和培训活动等形式，促使他们拓宽视野，提高经营境界，树立人本理念，提升社会责任，使企业经营者成为人力资源高效开发的创新者和践行者，推动劳动关系由企业经营者的“弱点”、“盲点”变成“亮点”。另一方面，要打造一支高素质的职工队伍。各地各部门要大力开展职业技能培训，建立有利于职工学习成才的教育培训支持体系，帮助他们拓展职业发展空间。这几年各级人力资源社会保障部门在职工教育培训上下了很大工夫，取得明显成效，必须再接再厉，创造更大成绩。要引导职工以企业发展为己任，为企业发展贡献聪明才智；引导职工学法、懂法、守法，依法理性地表达利益诉求、争取合法权益，切实培养一批有技术、善创新、守法律的现代产业工人。

二是加强企业文化和劳动文化建设。“以文化人”是构建和谐劳动关系的催化剂。当前，关键要在企业和职工中培育发展以人为本、和谐幸福的企业文化和劳动文化，引导劳动双方建立合理的“幸福期望值”，形成理性平和、开放包容、知足常乐的良好心态，进一步化外部约束为自觉行为，携手共建企业精神家园，为构建和谐劳动关系提供强大的精神支撑。要重点加强对“80后”、“90后”职工的教育，引导他们追求高尚职业理想，合理规划职业生涯，树立良好职业操守，增强对企业的认同感、归属感。要重视解决广大职工心理健康问题，通过“上线”、“触网”等新手段，与他们加强沟通，倾听心声，了解诉求，为他们在思想上解惑、文化上解渴、心理上解压。要加强舆论宣传，大力宣扬“劳动创造幸福”的理念和“劳动光荣、工人伟大”的时代主旋律，营造尊重劳动、保护劳动、和谐劳动的良好社会氛围，让劳动和谐企业“有光彩”，不良用人单位“丢面子”，广大职工“有里子”。

三是加强外来务工人员公共服务和融入城镇机制建设。当前，我省的劳动力资源正由供给充裕向平衡转变，部分地区部分行业甚至出现供不应求的现象。如何留住外来务工人员特别是优秀人才，使广东在劳动力资源方面始终保持领先优势和竞争力，是推动新一轮大发展的有力保障，也是构建和谐劳动关系的重要基础。因此，必须加强针对外来务工人员的公共服务，身份上给予充分认同、服务上给予同等待遇、权益上给予有力保障，创造条件解决外来务工人员随迁子女教育、社会保障、住房保障、医疗卫生服务等民生重点问题，促使广大外来务工人员自觉、主动地融入城镇，扎根广东。一要积极推进户籍制度改革，完善并落实好农民工积分制入户政策，积极探索将积分制入户范围扩大至所有在粤务工的城乡劳动者，优化积分指标，强化办理服务，优先满足优秀农民工和技能型人才尤其是中高级技工人才落户需求，畅通外来务工人员融入广东的制度化“通道”。二要探索实施“城市工人身份政策”，逐步把外来务工人员纳入基本公共服务范畴。据统计，全省现有技能人才1499万人，其中中级工667万、高级工216万、技师以上32万，这是加快推动转型升级的宝贵人力资源，必须分区域、分步骤、有序解决这些具备一定技能、稳定就业一定年限的外来务工人员及其随迁子女享受城市基本公共服务的问题。比如，可规定具有怎样的职业资格并稳定就业多少年的，就可在就业地享受与户籍居民同等的城市公共服务待遇，各地可根据实际情况提出不同要求。三要推动优秀外来务工人员以不同方式参与村（居）委会、行业组织以及其他社会组织，引导他们合理有序地参与到当地社会事务管理中来。要实现各类组织对外来务工人员的全覆盖，形成政府通过组织对外来务工人员实行有效管理，外来务工人员通过组织反映正当诉求的良性互动局面。

四是加强企业党组织、工会组织和企业代表组织建设。构建和谐劳动关系需要把党政力量、群团力量、企业力量、社会力量结合起来，共同推进。一要进一步加强企业党组织建设。重点加强非公有制企业的党组织建设，扩大党在非公企业的组织覆盖和工作覆盖。要坚持党建带群团建设，增强企业群团组织的活力。要把党组织建设与企业自身建设结合起来，做到服务企业发展有作为，维护职工合法权益有实效，构建和谐劳动关系有贡献。继续探索和完善由上级党组织向非公有制企业党组织提供活动经费的做法。二要进一步推动工会转型和创新发展。要按照《工会法》的要求，在25人以上企业广泛建立企业工会组织，充分发挥工会组织在签订集体合同、工资集体协商、组织职工参与企业民主管理、关心服务职工和调处劳动争议等方面的职能，切实维护职工合法权益。对职工人数较少的企业，可依托园区、开发区等建立工会组织，开展工会活动。要按照“社会活动家”的标准，建设一支素质全面、作风优良、视野开阔的工会干部队伍，为发展和谐劳动关系提供坚强的组织保证和人才支持。各级党委、政府要进一步加强和改善对工会工作的领导，及时研究解决工会工作中的重要问题，支持工会组织依照法律和章程创造性地开展工作，为工会充分发挥作用创造良好的环境和条件。三要进一步发挥企业代表组织积极作用。工商联、企业联合会以及行业协会、商会等组织要不断加强自身建设和发展创新，把广大企业经营者紧密团结在党的周围，当好各级党委政府服务管理企业的助手。此外，要积极培育发展有利于协调劳动关系、维护职工权益的专业化社会组织，为职工提供职业培训、帮扶救助、法律援助等服务，并探索政府购买服务的有效方式。要继续大力推进创建和谐劳动关系示范区工程，不断扩大创建的覆盖面，健全配套政策和激励机制，发挥良好的示范带动作用，率先把我省建设成为全国和谐劳动关系示范区。

构建和谐劳动关系是一项长期而艰巨

的任务。全省各级要加强组织领导，完善党委领导、政府负责、社会协同、企业和职工参与的工作格局；明确部门职责，凝聚党政、群团、企业、社会和职工各方合力；加强舆论宣传，形成正确的舆论导向和强大的社会声势，切实把省委、省政府构建和谐劳动关系的各项部署落到实处，不断开创科学发展、和谐发展新局面。

这里要特别强调，岁末年初，历来是劳动矛盾纠纷多发期。特别是今年三季度以来经济增速下行，部分企业经营困难，减薪、裁员等现象可能加剧，又加上农民工回家过年，几种因素交织，劳动关系将面临严峻的挑战。各地各部门要尽职尽力，提高工作针对性、预见性、前瞻性，加强企业用工、就业形势和劳动纠纷监测，开展农民工工资支付专项检查，严厉打击恶意欠薪等违法行为，做好各种劳动矛盾特别是突发群体事件的隐患排查、防范、处置、化解工作，切实维护社会和谐稳定，让所有人过一个安心、祥和、幸福的新年。明天就是2012年元旦，在这里，我代表省委、省政府祝全省的广大劳动者在新的一年收入增加，健康快乐，幸福吉祥！

同志们，构建和谐劳动关系事关改革发展稳定大局，责任重大、任务艰巨。我们要齐心协力、奋发有为、扎实工作，在新的起点上开创构建和谐劳动关系工作新局面，以优异成绩迎接省第十一次党代会和党的十八大胜利召开！

在广东省创先争优党工共建暨南海本田工资集体协商现场会上的讲话

（2011年6月25日）

王玉普

同志们：

今天，广东省召开创先争优党工共建暨南海本田工资集体协商现场会，这对于进一步落实全总提出的“两个普遍”的要求，充分发挥工会组织的作用，团结动员广大职工为促进广东经济社会发展创先争优建功立业，具有十分重要的意义。刚才，我们听取了有关经验介绍，很受启发。朱明国副书记、邓维龙主席都发表了重要讲话，全省各级工会组织要认真学习贯彻。

广东是我国改革开放的先行地区和前沿地带。改革开放以来特别是近年来，广东省委、省政府带领全省广大职工和劳动群众，以邓小平理论和“三个代表”重要思想为指导，深入贯彻落实科学发展观，全面推进改革开放和现代化建设，实现了历史性的跨越，国内生产总值连续多年位居全国第一，缔造了“世界走一步，广东跨四步”的发展奇迹，古老的南粤大地处处焕发出勃勃生机。在这一历史进程中，全省广大职工在省委、省政府的坚强领导下，发扬主人翁精神，立足岗位建功立业，全力支持和参与改革，积极推动经济社会发展，自觉维护社会稳定，充分显示了工人阶级主力军风采，谱写了广东工人运动的辉煌篇章。

广东省委历来高度重视工人阶级和工会工作，全面贯彻落实全心全意依靠工人阶级的根本方针，切实加强对工会工作的领导，为工会工作的开展提供了有力保证。广东各级工会在省委的领导下，充分发挥处于改革开放前沿阵地的特点与优势，坚持解放思想、敢为人先、敢闯敢试、敢于创新，扎实推进固本强基、依法维权、帮扶困难、建功立业和素质提升五大工程，切实维护职工合法权益，大力发展和谐劳动关系，在深化改革、促进发展、维护稳定中做了大量卓有成效的工作，许多工作走在全国工会前列，发挥了示范导向作用。

推进创先争优党工共建和工资集体协商工作，是促进企业健康发展、维护职工合法权益的迫切需要，是工会参与社会管理、做好新形势下职工群众工作、发展和谐劳动关系的重要内容。在此，我代表全国总工会，讲几点意见：

一、充分肯定广东省各级工会在创先争优党工共建和工资集体协商等方面取得的有益经验

近年来，广东省各级工会把创先争优活动作为推动工作的有力抓手，针对工会工作的薄弱环节，推动工会重点难点工作取得突破，形成了以创先争优活动带动工会工作、以工会工作服务创先争优活动的良好局面。

南海本田停工事件发生后，广东省各级工会在党委的领导下，积极参与事件处理，探索形成了一系列制度机制，包括建立健全信息紧急报告制度，第一时间掌握情况，及时向党政部门与上级工会汇报；建立健全快速反应机制，全过程参与，了解职工的意愿要求，促成企业与职工通过协商解决问题；建立健全利益诉求表达机制，果断表明支持职工争取合法权益的立场，引导职工理性合法有序维权；建立健全联动调处机制，加强与党政部门密切合作，形成工作合力；建立健全与新闻媒体沟通联系机制，引导社会舆论。通过建立健全组织网络和机构、工作制度与机制，着重抓好党工共建和工资集体协商等工作，从而进一步增强工会组织活力，在维护职工合法权益、构建和谐劳动关系、促进企业健康发展、妥善解决职工群体性事件等方面都积累了经验，提供了借鉴。

实践表明，深入开展创先争优党工共建活动和推进工资集体协商工作，对于发挥工会系统基层党组织的战斗堡垒作用、党员的先锋模范作用，切实发挥工会组织作为党联系职工群众的桥梁和纽带作用，增强工会组织的吸引力、影响力、凝聚力，都具有十分重要的意义。

二、扎实推进创先争优党工共建和工资集体协商工作

当前，我国正处于全面建设小康社会的关键时期和深化改革开放、加快转变经济发展方式的攻坚时期，工会工作面临着许多新情况新问题。各级工会要切实增强责任感和紧迫感，大力推进创先争优党工共建和工资集体协商工作，努力实现“两个普遍”，进一步扩大工会工作覆盖面，增强工会组织凝聚力。

一是要积极开展创先争优党工共建活动。各级工会要抓住开展创先争优党工共建活动的契机，借势借力，坚持党建带动工建、工建服务党建，进一步推动把工会组建纳入党建工作规划和考核体系，坚持和完善基层单位党工组织联建制度，共同推进基层单位同步建立党工组织，做到党建和工建同步研究部署、同步检查考评、同步表彰奖励。

二是要努力创新工会组织体系、组织形式和组建方式。积极推广项目工会、楼宇工会、一条街工会、市场工会等符合本地区工会特色工作的做法，最大限度地把包括中小企业职工、灵活就业职工、农民工、劳务派遣工在内的广大职工组织到工会中来，努力做到“哪里有职工哪里就有工会组织，哪里有工会组织哪里就有工会组织作用发挥”，确保工会组建三年规划目标任务落到实处，为巩固党的执政地位奠定坚实的群众基础。把抓组建与抓规范结合起来，以职工之家建设为抓手，坚持把工作重心放在基层、放在企业，深化会员评家活动，在财力、物力上加大对基层工会的倾斜，促进工会干部队伍社会化建设，充分激发基层工会组织特别是企业工会活力。

三是要加大推进工资集体协商力度。切实抓好工资协商三年规划的落实，积极主动争取党委、政府的重视、支持，推动各级政府把工资集体协商工作纳入本地经济社会发展目标。适应地区块状经济、集群经济发展的特点和中小企业开展工资集体协商难的实际，积极稳妥地推进区域性、行业性工资集体协商。大力推进世界500强在华企业建立工资集体协商制度，影响和带动其他外商投资企业建制工作的开展。深入实施工资集体协商要约行动，帮助和指导基层工会主动行使要约权。培养和建设一支懂法律、会维权、善协商、起作用的集体协商指导员队伍，进一步提高工资协商能力和水平。

三、不断创新工会工作的新形式、新方法、新经验

广东是世界500强企业落户最多的省份，非公有制企业及其就业人员占主体，农民工特别是新生代农民工大量涌现，非公有制企业比较多、外资企业多、外向型企业多、外来工比较多，市场化水平和对外依存度较高，这些因素决定了广东劳动关系方面的新情况新问题比其他地区更为集中和突出，劳动关系更加复杂多变。希望广东省各级工会继续秉持大胆探索、勇于创新、攻坚克难的气魄和胸襟，敢想敢试、敢闯敢为，在创先争优党工共建和工资集体协商等方面思想再解放一些、思路再开阔一些、步子再迈大一些，为全国工会构建和谐劳动关系闯出新路子、创造新经验，继续当好推动科学发展、促进社会和谐的排头兵。这既是广东工会组织的优势和责任，也是其他地方工会的期待和厚望。

各级工会组织要适应经济社会的发展和形势任务的要求，立足当前劳动关系、职工队伍的新变化新特点，深入开展调查研究，加大理论探索和实践创新力度，对工会工作遇到的诸多新情况新问题，努力从理论和实践的结合上作出新概括，明确新思路，提出新举措。比如，如何适应新形势、新变化，在工会参与社会建设和管理方面进行创新，发挥团结动员、联系服务和协同参与的作用，使工会工作更好地融入社会管理的大格局；再比如，如何适应经济结构、所有制结构和职工队伍结构的变化，进一步创新工会组建方式和组织形式，将自上而下组建工会与自下而上启发职工入会结合起来，提高工会组织对职工特别是农民工的吸引力和凝聚力；再比如，如何适应产业体制、产业结构的变化，加强和改进产业工会工作，发挥产业工会在协调劳动关系中的作用，探索中国特色产业工会新路子，等等。要加大对基层工会的分类指导和服务协调力度，尊重基层首创精神，注意发现和总结推广新鲜经验，及时上升到理论和政策的高度，切实推动面上工作的深入开展。

同志们，深入开展创先争优党工共建活动和推进工资集体协商工作，工会责任重大、任务艰巨。我们一定要高度重视、加大力度，扎实工作、务求实效，创造更加优异的成绩，迎接中国共产党成立90周年！

在庆祝“五一”国际劳动节暨劳动模范表彰大会上的讲话

（2011年4月29日）

黄华华

同志们：

在“五一”国际劳动节即将来临之际，我们在这里集会，隆重表彰我省荣获全国五一劳动奖状、奖章、工人先锋号及省五一劳动奖章、工人先锋号的先进单位和个人。这对于激励和鼓舞我省广大劳动者推动实现“十二五”良好开局，促进“加快转型升级、建设幸福广东”具有重要意义。在此，我谨代表省委、省政府，向全省广大劳动者致以节日的问候！向受表彰的先进单位和个人表示热烈的祝贺！向为我省改革发展作出突出贡献的劳动模范、先进工作者致以崇高的敬意！

刚刚过去的“十一五”时期，是我省发展史上极不平凡的五年，也是我省改革开放和现代化建设取得新的重大成绩的五年。面对国际金融危机的严重冲击和超强台风、特大暴雨洪涝、低温雨雪冰冻等自然灾害的严重影响，我省深入贯彻落实科学发展观，全面实施珠三角《规划纲要》，大力推进“三促进一保持”，坚定不移调结构，脚踏实地促转变，扎扎实实惠民生，办成了一系列大事，办好了一系列喜事，办妥了一系列难事，转变经济发展方式取得明显成效，经济社会保持平稳较快发展，在科学发展轨道上迈出新的可喜步伐。2010年，全省生产总值达45473亿元，比上年增长12.2%，是2005年22557亿元的2倍，先后超过新加坡、香港和台湾。人均生产总值达46821元，折合近7000美元，进入中等收入国家地区行列。财政总收入、地方一般预算收入达11842亿元和4516亿元，分别比上年增长30.8%和23.8%，是2005年的2.7倍和2.5倍，年均增加1482亿元和542亿元。与此同时，产业结构调整取得重大进展，自主创新能力明显提升，城乡区域发展协调性不断增强，各项社会事业加快发展，人民生活持续改善。特别是去年成功举办广州亚运会和亚残运会，展示了我国、我省改革开放和现代化建设的辉煌成就与良好国际形象。

这些成绩的取得，是在党中央、国务院的正确领导下，全省上下同心同德、迎难而上、奋力拼搏的结果，是全省工人阶级和广大劳动群众团结一心、锐意进取、辛勤劳动的结果。今天表彰的劳动模范和先进工作者，就是全省劳动者的杰出代表。你们在各自岗位上展现主人翁风采、焕发劳动激情，为改革开放和社会主义现代化建设作出了突出贡献，铸就了信念坚定、立场鲜明，艰苦奋斗、勇于奉献，胸怀大局、纪律严明，开拓创新、自强不息的工人阶级伟大品格，生动诠释了解放思想、改革开放的时代精神。党和人民感谢你们，全社会都要向你们学习。

人民群众是历史的创造者，工人阶级

和广大劳动群众始终是推动经济社会发展、维护社会安定团结的根本力量。省委十届八次全会和年初的全省“两会”已经绘就了我省“十二五”发展的宏伟蓝图，提出了“加快转型升级，建设幸福广东”这个核心任务。我省广大劳动群众，是推动实现“十二五”宏伟目标任务的主力军和共享者。希望我省工人阶级和广大劳动群众继续肩负起主人翁使命，紧紧围绕核心任务，积极发挥劳动群众的聪明才智和创造活力，再接再厉、齐心协力、奋发进取，为进一步开创我省科学发展新局面作出新贡献。

（一）进一步弘扬劳模精神，激励团结全省广大职工投入幸福广东建设。榜样蕴藏无穷力量，精神激发奋斗意志。劳动模范不仅创造了巨大的物质财富，而且创造了宝贵的精神财富。劳模精神是中国工人阶级优秀品质的集中体现，体现着一个时代的主流，是鼓舞广大职工群众投身现代化建设伟大实践的精神动力。希望广大劳动模范和先进工作者珍惜荣誉、与时俱进，始终保持谦虚谨慎、艰苦奋斗的作风，不骄不躁、再接再厉，在建设幸福广东中再立新功。工会组织要主动配合党委、政府开展工作，尊重、关心和爱护劳模，真诚帮助劳模解决工作、学习、生活中的实际问题，为劳模建功立业营造更好的环境和条件。广大职工群众要认真学习劳模精神，立足本职工作，提高劳动技能，争创一流业绩，为建设幸福广东献计出力。各级党委、政府要以建党90周年为契机，在全社会范围内积极宣传劳模的先进事迹和崇高精神，使“劳动光荣、知识崇高、人才宝贵、创造伟大”成为时代主旋律，使“爱岗敬业、争创一流，艰苦奋斗、勇于创新，淡泊名利、甘于奉献”成为社会风尚。

（二）进一步激发创造活力，凝心聚力加快经济发展方式转变。要围绕加快建设现代产业体系和提升自主创新能力，全方位、多层次、有重点地组织动员各行业职工，广泛参与创新型、攻关型、技能型、节约型、增值型、服务型等劳动竞赛活动，推进重点领域和关键环节的改革创新。充分运用亚运会立功竞赛的成功经验，在先进制造业、现代服务业、战略性新兴产业和重大工程建设、重大科技攻关等领域，及时设立、精心组织一批示范性立功竞赛活动项目，不断完善“跨行业、跨系统”的竞赛格局，增强竞赛活动的辐射力和实效性。要进一步完善职工职业技能大赛工作机制，充分发挥科技人员、一线技术骨干在自主创新中的带动作用，推动建立职工技能竞赛与职业技能鉴定、职称晋升相结合制度，加强创新型班组、创新型企业建设，着力提升职工创新能力和技术技能素质，努力推动由“广东制造”向“广东创造”转变。要结合深化职工素质工程，深入推进群众性科技创新工作，广泛开展合理化建议、先进操作法等具有广泛群众基础、行之有效的群众创新活动，使岗位创新成为职工的良好习惯，使岗位成才成为职工的自觉追求，加快培养一支规模宏大、适应转型发展要求的高素质职工队伍。

（三）进一步保障劳动者权益，扎扎实实增进民生福祉。实现好、维护好、发展好最广大人民的根本利益是我们一切工作的出发点和落脚点。各级党委、政府和领导干部要牢记全心全意为人民服务的根本宗旨，坚持不懈地为劳动群众做好事、办实事、解难事，让人民群众共享改革发展成果。要继续加大工作力度，扎实办好今年“十件民生实事”，做好扶贫开发“双到”工作，切实解决广大职工群众在就业、社保、教育、住房、医疗和食品药品安全等方面的突出问题，不断提高广大劳动群众的生活水平和幸福感。要充分尊重劳动群众的主人翁地位，切实畅通劳动群众诉求表达、利益协调、权益保障渠道，保障劳动群众的知情权、参与权、表达权和监督权，努力创造条件让劳动群众广泛参与国家经济社会事务的管理。要加强社会管理及其创新，积极构建和谐劳动关系，加强企业文化和职工文化建设，建立健全劳动大调解工作体系，扎实推进平安广东建设，促进社会公平正义，为广大劳动群众安居乐业创造良好的社会环境。

（四）进一步加强工会工作，高度重视发挥工会组织的桥梁、纽带作用。工会组织是党和政府联系职工群众的桥梁、纽带。加强工会建设，提高做好职工群众工作的能力和水平，是工会适应新形势、新任务，在党和国家工作大局中更好地发挥作用的重要保证。各级党委和政府要切实加强和改善对工会的领导，支持工会依照法律和章程创造性地开展工作，认真解决好工会工作过程中的各种困难和问题，使工会在社会生活中发挥更加重要的作用。各级工会组织和广大工会干部要牢固树立群众观念，在工作中站稳群众立场，大胆主动地为职工说话办事，理直气壮地维护职工合法权益，真心实意地帮助职工群众解决实际问题。特别是要积极探索更好地服务大局、服务群众的新思路、新途径、新载体，进一步提高推动科学发展、服务职工群众的能力和水平，努力建设一支政治坚定、业务扎实、作风过硬、廉洁自律的工会干部队伍。

同志们，劳动创造世界，奋斗成就伟业。让我们紧密团结在以胡锦涛同志为总书记的党中央周围，在省委、省政府的领导下，深入贯彻落实科学发展观，开拓创新，扎实工作，为我省加快转型升级、建设幸福广东，当好推动科学发展、促进社会和谐的排头兵而努力奋斗，以优异成绩迎接建党90周年！

谢谢大家。

在省总工会十二届四次全委会上的讲话

（2011年2月28日）

朱明国

同志们：

省总工会今天召开十二届四次全委会议，认真学习、传达中央书记处最近对工会工作的重要指示精神，深入贯彻党的十七届五中全会、省委十届八次全会和全总十五届五次执委会议精神，认真总结，交流经验，研究部署新形势下的工会工作。这对于进一步认清形势，统一思想，更好地团结、动员全省广大职工实现“十二五”规划目标任务具有十分重要的意义。在此，我代表省委、省政府对会议的召开表示热烈的祝贺！

中央和省委历来高度重视工人阶级和工会工作。前不久，中央书记处专门听取全总党组汇报，习近平同志等中央领导对工会工作给予充分肯定，对做好新形势下工会工作提出了明确要求。去年以来，中共中央政治局委员、省委书记汪洋同志多次对发挥工会组织作用、构建和谐劳动关系，强化人文关怀、改善用工环境等作出重要的指示，具有很强的针对性、指导性和可操作性。各级工会和广大工会干部一定要深入学习领会，坚决贯彻落实。

省总工会十二届三次全委会议以来，全省各级工会认真学习贯彻党中央、省委和全总的一系列重要指示精神，密切联系实际，积极主动作为，各项工作取得显著成效。一是广泛开展劳动竞赛和技术创新，全面提高职工的素质，工人阶级在社会主义建设中的主力军作用充分发挥；二是坚持维权与维稳相结合，协助党委和政府妥善处理企业集体停工事件，促进了职工队伍和社会稳定；三是依法推动企业普遍建立工会组织、普遍开展工资集体协商，工会覆盖面进一步扩大，凝聚力进一步增强；四是积极开展党工共建创先争优活动，推动了工会工作创新发展。省委对工会工作是满意的。借此机会，我代表省委，向全省各条战线的广大职工致以崇高敬意！向全省各级工会和广大的工会干部，包括你们的亲属、子女表示亲切的慰问！

今年是“十二五”规划开局之年，也是中国共产党成立90周年。年初召开的省委十届八次全会吹响了“加快转型升级，建设幸福广东”的号角，这也为我们做好工会工作提供了更广阔的空间、更宽广的舞台。全省各级工会一定要按照省委要求，紧紧围绕全省工作大局，进一步增强责任感、使命感，以更加创新的思路、更加扎实的举措、更加优良的作风，努力开创广东工会工作新局面。下面，我就做好当前及今后一个时期的工会工作，讲几点意见，供大家参考。

一、认真贯彻中央书记处的重要指示和省委十届八次全会精神，筑牢服务科学发展、服务职工群众的思想基础

中央书记处明确要求各级工会团结、动员广大职工为推动科学发展、加快转变经济发展方式发挥主力军作用；积极构建和谐劳动关系与维护职工合法权益，以职工队伍稳定促进社会和谐。省委十届八次全会作出了“加快转型升级，建设幸福广东”的总体部署，各级工会组织和广大的工会干部要把思想和行动统一到中央和省委的决策部署上来，深化认识、凝聚力量，坚定信心、奋发有为，要准确把握中央和省委对当前形势的科学判断，抓住和用好重要战略机遇期，不断研究新情况、解决新问题，推动工会工作在新的历史条件下实现新的发展。要深刻理解“加快转型升级，建设幸福广东”的科学内涵和精神实质，自觉把工会工作放在广东发展的大局中去谋划、去推进，明确工会组织发挥作用的主战场，不断完善工会适应时代需要，切实履行职责的体制、机制，进一步把力量凝聚起来，把优势发挥出来。要全面把握新形势下职工群众工作的新特点，多从职工群众角度思考问题，谋划工作，多从基层实际出发开展活动，创新方法，更好地把广大职工群众团结在党和政府周围。

二、广泛激发职工群众的劳动热情和创造活力，做加快转型升级，建设幸福广东的时代先锋

工人阶级是推动经济发展和社会进步的主力军，实现“十二五”规划目标任务，离不开包括广大职工在内的全体人民的共同奋斗。全省各级工会组织要更好地团结、动员广大职工在“加快转型升级，建设幸福广东”中发挥主力军作用。要广泛开展“当好主力军、建功‘十二五’”劳动竞赛，聚焦经济结构战略性调整这一主攻方向，在继续提升传统制造业劳动竞赛水平的同时，努力探索在战略性新兴产业、现代服务业等领域开展劳动竞赛的新途径，不断扩大主题竞赛活动的影响力和覆盖面。要大力弘扬工人阶级的伟大品格和劳模精神，以纪念中国共产党成立90周年为契机，广泛宣传工人阶级在我国革命、建设、改革进程中的伟大作用和巨大贡献，引导广大职工以劳动模范和先进人物为榜样，激发劳动热情和创造活力，立足本职，勇创一流。要全面提升职工队伍的整体素质，激励广大职工通过不断地学习努力掌握新知识、新技能、新本领，深入开展职工技能培训，培养更多的知识型、技术型、创新型职工，为推动科学发展提供智力支持和人才保证。要推动提高劳模和一线职工的政治地位，积极促进在各级人大代表、政协委员中增加一线工人、知识分子和先进模范人物比例，提升工人阶级的自豪感和光荣感。

三、积极构建和谐劳动关系，做维护职工队伍稳定、促进社会和谐的中坚力量

促进建立和谐劳动关系，切实维护社会和谐稳定，是中央和省委对工会组织提出的明确要求。各级工会组织要牢记使命，扎实工作，把维护职工权益、促进社会稳定作为服务幸福广东建设的“重头戏”，贯穿于“十二五”时期工会工作的全过程。要坚持“促进企业发展、维护职工权益”的企业工会工作原则，深入开展创建劳动关系和谐企业活动，督促企业履行社会责任，关爱职工，关注职工成长。要进一步加强劳动关系三方协商机制，积极参与劳动法律法规的制定和修改，主动配合人大开展执法检查，推动涉及职工权益的法律法规的贯彻实施。要以推动企业普遍开展工资集体协商为重点，建立健全企业职工工资协商共决机制，以及正常增长和支付保障机制，切实提高职工特别是生产一线职工和农民工的工资水平，实现劳动报酬与劳动生产率同步增长。要建立、完善劳动关系预警和调处机制，积极协助党政部门妥善处理劳动争议和职工群体性事件，防范境内外非政府组织、非法组织打着维权的旗号向职工队伍渗透，以劳动关系和谐促进社会和谐，以职工队伍稳定促进社会稳定。这一点，省委要充分表扬和感谢省总工会、珠三角工会以及全省工会系统、工会战线的同志在去年解决停工事件过程中，我们工会组织作出的巨大贡献：都到第一线去，第一时间掌握情况，第一时间提出方案，第一时间向省委和各级党政汇报，帮了党委、政府的忙，不让党委、政府处在一线。你们维护了职工群众的利益，有理有利有节地同资本家、投资方进行了谈判，同时也稳定了职工队伍，让职工队伍在法律范围内、法律轨道上解决问题。这一点广东工会作出了巨大贡献，在全国我们也是领先的。有问题是不好的，有问题后，要把问题不好化为有利，提前找到办法。这一点要再次表扬，这也是汪洋同志、黄华华同志委托我转达的省委、省政府对大家的感谢和表扬。同时，要加强困难职工帮扶中心建设，办好“十项民生实事”，努力推动职工群众共建共享幸福广东。

四、不断提高做好新形势下职工群众工作的能力和水平，做密切联系职工群众的桥梁和纽带

工会工作是党的群众工作的重要组成部分。加强工会自身建设，提高做好职工群众工作的能力和水平，是工会适应新形势新任务，在全省工作大局中更好地发挥作用的重要保证。要认真学习胡锦涛总书记关于做好新形势下群众工作的重要论述，坚持群众路线、树立群众观点、增强群众意识、站稳群众立场，把增强职工群众幸福感作为各项工作的出发点和落脚点，推动工会工作的创新发展。要加大工会干部的教育培训力度，优化知识结构，切实提升服务科学发展、服务职工群众的能力和水平。要深化创先争优活动，转变工作作风，深入基层、深入职工，围绕职工群众关注的热点难点问题，大力开展调查研究，了解职工群众的愿望诉求，把握职工群众的思想脉搏，为做好新形势下群众工作提供科学依据。要把发扬优良传统与创新工作方法结合起来，学会运用互联网、手机等现代信息手段做好工会工作，把群众工作做得丰富多彩、有声有色，要坚持和完善工会领导干部信访接待制度、基层联系点制度和调查研究制度，加强对基层工会的指导和服务，尊重基层首创精神，及时总结鲜活经验，使群众工作更加科学、更有活力、更富实效。我分管工会之后，来工会调研，我就强调，所有的组织不活动就没有生命力，没有活动就没有活力，活动活动，想活就得动，动得越多，活得质量就越高。我们群团组织、群众组织就要活动、活力、活跃。

同志们，做好新形势下的工会工作，使命光荣，责任重大。让我们更加紧密地团结在以胡锦涛同志为总书记的党中央周围，高举中国特色社会主义伟大旗帜，坚持以邓小平理论和“三个代表”重要思想为指导，全力服务保障“加快转型升级，建设幸福广东”这个核心，扎实工作，锐意进取，为“十二五”规划开好局、起好步再立新功，以优异的成绩迎接建党90周年！

在广东省党工共建创先争优暨工资集体协商工作现场会上的讲话

（2011年6月25日）

朱明国

尊敬的玉普主席，同志们：

今天，我们在这里召开广东省党工共建创先争优暨工资集体协商工作现场会，总结我省党工共建创先争优活动，推广南海本田公司工资集体协商工作的经验做法。在此，我代表省委、省政府向长期奋斗在基层的党群工作者和工会干部表示亲切的问候！向长期以来重视和支持我省党工共建创先争优和工资集体协商工作的中华全国总工会表示衷心的感谢！

等一下，邓维龙同志将对全省开展党工共建创先争优和工资集体协商工作进行总结，并部署当前和今后一段时期的工作，接下来，佛山市委组织部、南海本田汽车零部件制造有限公司等单位还将介绍经验，特别是中华全国总工会副主席、书记处第一书记王玉普同志亲临指导并将发表重要讲话，对开展下段的工作将提出指导性意见，我们一定要认真学习，深刻领会，认真贯彻落实。

下面，我就认真贯彻中央领导同志在党群共建创先争优视频会议上的讲话精神，扎实推进党工共建创先争优和工资集体协商工作，讲两点意见：

一、我省党工共建创先争优和工资集体协商工作成效明显

近年来，我省各级工会认真贯彻省委和全总的部署和要求，以服务科学发展、服务职工群众，争创先进基层党组织、争当优秀共产党员为主题，科学谋划，全面

部署，精心组织，扎实推进党工共建创先争优活动，通过生动活泼的形式，团结动员广大职工，为推动科学发展、促进社会和谐建功立业，推动企业依法普遍建立工会组织、依法普遍开展工资集体协商，取得了明显成效，特别是涌现出南海本田公司这样的先进典型，他们党工共建创先争优和工资集体协商的经验和做法很好，对于深入开展党工共建创先争优活动、大力推进我省工资集体协商工作，以及促进我省劳动关系和谐稳定、创建和谐劳动关系示范区，必将发挥重要的示范引领作用。

（一）南海本田事件的妥善处置对于解决职工群众特别是群体性事件具有样本意义。去年5月南海本田事件发生后，省委、省政府高度重视，明确指示不能以维稳的方式处理停工事件。佛山市的党群组织认真贯彻省委、省政府的指示精神，用冷静理性、平等平和的态度处理南海本田事件。政府采取居中调解的方式，工会以适当方式代表、维护职工的合法权益，职工有理有节地表达诉求，在集体协商的基础上，最终劳资双方都做了让步，达成一致，事件得以妥善解决。从某种意义上说，南海本田事件的解决是新形势下妥善处理停工事件的典范，为今后类似事件的正确处理提供了成功经验和有益的借鉴。

（二）南海本田公司开展的党工共建创先争优活动展示了党领导下的工会组织的独特作用。南海本田公司去年发生停工事件后，省市区镇四级工会联合工作组深入该公司，组织开展党工共建创先争优活动，推动企业党工团规范化建设，构建起与企业生产经营管理相适应的党工团组织网络，形成党工团组织共建、资源共享、工作互动、优势互补的党群工作一体化格局，通过建立健全党工团组织网络，培养了一大批工会骨干力量和一批职工信赖的职工代表，为开展工资集体协商奠定了良好基础。

（三）在非公有制企业推进工资集体协商可以实现多方共赢。今年2、3月份，南海本田公司资方与工会共进行了三次五轮的工资集体协商，初步建立起平等良性的协商机制，有效促进了劳动关系和谐稳定。这是一起真正意义上的集体谈判，对我省完善工资集体谈判制度具有很强的示范作用，值得推广。一是破解了提高职工收入实现共建共享难题。工资是职工的核心权益，也是劳资双方博弈的主要内容。当前，对推进收入分配改革，特别是通过工资集体协商提高劳动收入，已经形成普遍共识。在南海本田公司的集体协商中，劳资双方既通过有理有利有节的谈判，争取劳动报酬的最优化，又充分激发职工的劳动热情和创造活力，促进企业发展，实现投资利益的最大化。二是促进了社会管理创新。保障和改善民生是加快转型升级，建设幸福广东的出发点和落脚点。加强和创新社会管理，做好新形势下的群众工作，最根本的是保障民生，让职工群众共享改革发展成果。开展企业工资集体协商，无疑是维护职工合法权益、加强和创新社会管理的突破口。三是打造出更加代表职工权益的工会。大力推行工资集体协商、建立企业职工工资共决制度，是工会发展和谐劳动关系、参与社会管理的切入点和着力点。南海本田公司工会，以及早已开展工资集体协商的深圳盐田国际集装箱码头公司和广东松下环境系统公司工会，在工资集体协商的过程中得到了广大职工群众的认可和肯定，并造就了一个相对强势的工会，这说明工会的力量在于代表职工，具有代表性的工会必然能够代表和维护职工的合法权益。

二、扎实推进党工共建创先争优和工资集体协商工作

做好维权维稳工作，推动劳动关系和

谐发展，是工会的重要职能和任务。当前，我省既处于推动科学发展、促进社会和谐的战略机遇期，也处于各种两难问题不断出现的社会矛盾凸显期。劳动关系状况总体稳定，但影响和谐稳定的问题仍比较突出。经济社会加速转型和国际金融危机引发国内外经济形势的深刻变化，对劳动者就业、工资收入和社会保障等带来新的冲击。形势要求我们，在工会组织和广大职工中开展创先争优活动，必须把维护职工合法权益、发展和谐劳动关系作为切入点，必须把全面推进工资集体协商作为工会维权工作的重中之重。各级党委、政府要把推动党工共建创先争优和工资集体协商工作，作为服务全省工作大局的重要内容，通过扎实有效的工作，促进社会和谐稳定，服务幸福广东的建设。

（一）统一思想，高度重视党工共建创先争优和工资集体协商工作。党建带工建、工建服务党建，是我们党的优良传统。工会是党联系群众的桥梁和纽带，是国家政权的重要社会支柱，是职工群众合法权益的代言人和代表者。通过党工共建依法推动企业普遍建立工会组织、普遍开展工资集体协商，切实维护职工合法权益，是工会组织发展和谐劳动关系的题中应有之义，也是开展创先争优活动的重要内容。通过党工共创、党工联动，有利于加强基层党组织和工会组织建设，进一步增强党的阶级基础、扩大党的群众基础，巩固党的执政地位；有利于总揽全局，协调各方，充分发挥党的领导核心作用。各级党委、政府要进一步深化对党工共建创先争优工作的认识，进一步增强责任感、使命感和紧迫感，切实依法推动企业普遍建立工会组织、普遍开展工资集体协商，积极发展和谐劳动关系，为加快转型升级、建设幸福广东创造和谐稳定的社会条件。

（二）创新举措，扎实推进党工共建创先争优和工资集体协商工作。随着工业化、信息化、城镇化、市场化、国际化进程的不断加快，我国经济体制深刻变革，社会结构深刻变动，利益分配格局深刻调整，思想观念深刻变化。面对新形势、新任务，各级党委、政府要以党工共建创先争优为契机，切实推动工资集体协商工作创新发展，进一步焕发工会组织吸引力、凝聚力和感召力。

坚持把促进社会和谐作为党工共建创先争优和工资集体协商的重要方向。把依法推动企业普遍建会、普遍进行工资集体协商作为创先争优活动的重要任务，大力推动“党建带动工建、工建服务党建”和“广普查、深组建、全覆盖”集中行动，积极探索企业开展工资集体协商的特点和规律，依法普遍开展工资集体协商工作，以重点工作的突破带动工会各项工作的落实，更好地团结、动员广大职工为实现“十二五”规划目标任务建功立业。

坚持把推动工作创新作为党工共建创先争优和工资集体协商的突破口。党工共建创先争优，重点是党组织“真带”。要牢牢把握对党负责和对群众负责的一致性，勇于变革观念，锐意创新思路，在党工共建创先争优中进一步加强工会组织与职工群众的密切联系，要适应职工队伍、工会维权内容、工作方式和工作载体等新特点，紧紧抓住职工群众最关心、最直接、最现实的利益问题，有针对性地做好职工群众工作，使创先争优成为党内带党外、党员带群众的社会实践。

坚持把推广典型作为推进党工共建创先争优和工资集体协商的重要抓手。善于发现、培育、运用先进典型，坚持典型示范、榜样带动。注意从不同领域、不同行业，特别是要多从基层一线、多从职工群众中发现先进典型，用先进典型引领和激励广大职工群众积极投身党工共建创先争优活动，不断扩大先进典型的标杆和辐射效应。

（三）加强领导，形成积极推进党工共建争先创优和工资集体协商工作的强大合力。各级党委要加强对“党建带工建”工作的领导，把党工共建作为基层党组织建设的重要内容，纳入党建工作责任制，作为党建工作目标绩效考核的重要依据。各级党组织特别是主要负责同志，要按照中央和省委的安排部署，把创先争优特别是党建带工建工作一抓到底。组织部门要强化对“党建带工建”工作的指导，建立“党建带工建”工作联系制度，注重在“建”和“带”上下工夫，为工会开展工作和发挥作用创造良好的外围环境。各级党政和有关部门要切实加强对推进工资协商工作的领导，把这项工作列入重要的议事日程，使党建带动工建、工建服务党建成为依法推动企业普遍建会、普遍进行工资集体协商的强大动力，真正形成“党委重视、政府支持、工会运作、各方配合”的工作格局。工会组织要巩固“党建带工建”创先争优和工资集体协商工作的成效，充分尊重职工群众的主体地位，发挥职工群众的积极性和主动性，特别是把评判权、监督权真正赋予职工群众，让职工群众来评价工会工作，努力把工会基层组织建设成为工作活跃、作用明显、作风扎实、党政重视、群众信赖的“职工之家”。

同志们，全省深入开展党工共建创先争优和工资集体协商工作，是工会工作服从、服务于党的中心工作的必然要求，是建设党委政府靠得住、职工群众信得过的工会的迫切需要。让我们紧密团结在以胡锦涛同志为总书记的党中央周围，深入贯彻落实科学发展观，开拓进取，扎实工作，为我省加快转型升级，建设幸福广东，努力当好推动科学发展、促进社会和谐的排头兵而努力奋斗，以优异的成绩迎接建党90周年！

组织动员广大职工
为加快转型升级建设幸福广东贡献力量

——在省总工会十二届四次全委会议上的工作报告

邓维龙

各位委员、同志们：

这次全委会的主要任务是，贯彻落实党的十七届五中全会精神及中央经济工作会议精神，学习贯彻省委十届八次全会和全总十五届五次执委会议精神，回顾总结2010年的工会工作，研究确定2011年的主要任务。下面，我代表省总十二届常委会向大会作工作报告，请予审议。

一、2010年工作回顾

2010年，面对来自国内外经济形势的严峻挑战和复杂多变的劳动关系矛盾，在省委和全总的正确领导下，省总坚决贯彻落实党中央和省委、全总关于工人阶级和工会工作的一系列重要指示精神，深入实施《珠江三角洲地区改革发展规划纲要》，以加快转变经济发展方式为主线，以推进“三促进一保持”为着力点，团结动员广大职工为有效巩固和扩大应对国际金融危机冲击成果、推动经济平稳较快发展建功立业，积极协调劳动关系、大力推进“两个普遍”，切实维护职工合法权益、促进职工队伍和社会稳定，在我省经济社会发展中发挥了重要作用。为此，王兆国、汪洋同志分别在省总上报的材料上作出重要批示，对省总的工作给予了充分肯定。

（一）以维权维稳为抓手构建和谐劳动关系。切实维护职工队伍和社会稳定。按照省委的统一部署，积极参与处置深圳富士康、南海本田等企业出现的劳动关系不和谐事件。加强源头参与，推动省人大常委会启动《广东省企业民主管理条例》三审工作，参与制定省政府《关于加强人文关怀改善用工环境的意见》。落实领导责任制，建立了省总领导班子成员与珠三角九市联系制度。全面加强排查，及时掌握劳动关系动态。完善工作机制，下发了《工会应对职工群体性事件协调处置工作规范》。畅通信息渠道，建立了职工群体性事件每日报告制度。加强调查研究，对职工停工事件进行了专题的调研，得到了王兆国主席的充分肯定。强化网上舆情分析，建立了《互联网信息快报》。

致力于构建和谐劳动关系。根据汪洋书记关于加强农民工法律服务的指示精神，全省21个地级市都建立了工会法律服务律师团，共有1000名律师为职工提供法律服务。探索建立劳动争议调解员制度，推动企业全面设立劳动争议调解委员会。深入开展创建劳动关系和谐企业活动，在全省评比表彰100家劳动关系和谐企业。进一步完善协调劳动关系三方机制，推动该机制向产业系统以及县、镇、村发展。全面推进小企业劳动合同制度实施专项行动，深入推动《劳动合同法》的贯彻实施。大力推动落实职工代表大会各项职权，探索非公有制企业员工民主参与的有效途径。积极推进厂务公开民主管理工作。组织1.4万家企业和416万名职工参加全国“安康杯”竞赛活动，开展形式多样的劳动安全卫生宣传教育培训活动；联合省安监、卫生等部门督促推动了粉尘和高毒物品专项治理行动的有效开展，排查整治了一大批安全隐患，提高了广大职工的安全健康意识和素质。

（二）群众性建功立业活动深入发展。广泛开展劳动竞赛和群众性经济技术创新活动。发布了《关于在工会组织和广大职工中深入开展创先争优活动的意见》，全力以赴推进“八个结合”，落实好十项承诺，推动全省工会系统创先争优活动的深入开展。精心组织“迎亚运、促发展、立新功”等劳动竞赛，推进亚运会精品工程项目和珠三角城际轨道交通等新十项工程建设，在打造一流工程、确保亚运会圆满成功中充分展现了工人阶级的主力军风采。深入发动广大职工参与全省30个工种的职业技能大赛和工业设计大赛，精心组织27个行业34个工种的省级职工职业技能大赛，掀起了新一轮大规模的岗位练兵、技术比武热潮。围绕促进企业自主创新和节能减排，广泛开展群众性经济技术创新活动。大力加强班组建设，共命名了201个省工人先锋号，推选出一大批表现突出的班组、车间、工段典型。

大力弘扬劳模精神和提高职工队伍素质。2010年全省共评选推荐全国劳模146名，评选表彰省五一劳动奖章180名。深入开展广东省劳动模范（先进工作者）生活状况调查研究，汪洋书记、黄华华省长在调研报告上作出重要批示。落实好劳模待遇，全年共发放劳模荣誉津贴1756.915万元。全面提高职工队伍整体素质，继续推进全省“创争”活动、职工职业道德建设活动的深入开展，已建职工书屋3446家，完成全省职工书屋三年建设目标，推动全省职工读书活动形成热潮。成功举办广东省第四届职工运动会，来自全省各市、各条战线、各个行业的47个代表团，3000多名运动员集中展示了我省职工体育运动的水平。

（三）“两个普遍”重点工作扎实推进。全力推动企业依法普遍建立工会。以“党建带工建，工建服务党建”机制为抓手，总结、推广深圳市工会全覆盖工作经验，积极开展“广普查、深组建、全覆盖”集中行动，下发了《省总工会关于进一步加强企业工会工作充分发挥企业工会作用的决定》，组建工会工作力度进一步加大。通过推进“双措并举，二次覆盖”，建立区域性、行业性工会联合会，规范基层工会联合会的建设，工会组织的覆盖面不断扩大。以农民工、劳务派遣工为主要对象，着力增强职工依法组织和加入工会的自觉性和主动性，最大限度地把职工组织到工会中来。进一步健全、完善基层工会委员会民主选举程序，在条件成熟的企业探索民主选举工会主席。截至2010年9月，我省工会基层组织达57.59万个，基层工会委员会达20.01万个，全省工会会员达2065.06万人，其中农民工会员1052.62万人，分别比去年同期净增长5.07%、6.58%、7.69%、16.11%，各项指标均列全国第一。

全力依法推进普遍开展工资集体协商。省协调劳动关系三方下发了《关于进一步推进企业工资集体协商工作的指导意见》，启动深入推进集体合同制度实施的“彩虹计划”。适应我省园区经济、集群经济发展的特点和中小企业开展工资集体协商难的实际，开展行业性、区域性工资集体协商。着力加强工资集体协商指导员的培训，培养一批能组织、会协商、善谈判的工会干部。截至2010年9月，全省签订集体合同总数7.96万份，覆盖企业19.6万家，覆盖员工1241.54万人，其中，签订工资集体合同5.43万份，覆盖企业14.38万家，覆盖职工1041.11万人。

（四）开展人文关怀和帮扶工作有新进展。扎实开展困难帮扶工作。按照省委部署，扎实做好丰顺县留隍镇黄礤村的“双到”扶贫开发工作，已投入302万元大力推进“八大”项目建设。认真组织送温暖活动，2010年元旦、春节期间全省共筹集慰问款物11027.66万元，慰问困难企业6746家，困难职工（含农民工）201748户，困难劳模3795户，慰问农民工59146人。积极实施广东工会“百万农民工援助行动”，对农民工进行就业指导、职业介绍、政策咨询等就业服务。积极协助各级党委、政府解决城镇困难职工和农民工子女上学难的问题，共发放助学款3126.37万元，资助困难职工和困难农民工子女35608人。努力帮助困难职工家庭高校毕业生实现就业，向12113名困难职工家庭高校毕业生提供就业服务。向汶川灾区捐助100万元，帮扶624位学生完成学业，积极为青海玉树地震灾区献爱心。启动家政服务工程，全年培训家政服务员5363人。

全面开展人文关怀系列活动。省总与广州市总联合在广州市白云区举行了广东职工人文关怀系列活动启动仪式。组织100多名外来工与省委书记汪洋一起观看电影《所有梦想都开花》。继续开展广东工会“情系职工”电影放映活动，为农民工免费放映电影1000多场。投入120万元组织专家深入企业开展现场心理咨询和心理辅导讲座，有针对性地加强对新生代农民工的心理疏导。投入300万元广泛开展“送法进企业”和法律法规咨询活动，联合有关部门组织开展系列专项执法检查。积极推广职工医疗互助保障计划，全省参保职工人数累计561万人次。组织农民工进行免费体检，开展高温送清凉活动，组织人员到厂矿、工地、高温作业场所慰问一线职工。

（五）对外交流及内部改革等工作取得新成绩。举办了粤港澳台四地暨珠三角九市工会新春团拜会，不断加强与国外工会组织及港澳台地区工会之间的友好交流与合作，进一步开拓工会外事工作新领域。联合华南农业大学共同中标2010年广东省重大决策咨询研究社会公开招标课题。继续推进女职工权益保护专项集体合同工作，积极开展关注女职工健康活动，为20万名女农民工提供免费健康普查。积极推进委托税务代收工会经费试点工作，努力提高工会经费收缴率和覆盖面；认真配合省审计厅审计组完成对省总收支情况的审计，成立了省总本级会计核算中心，财务会计规范化建设进一步加强。加强工会资产产权管理，初步理顺工会资产监管体制，对省总本级直属企事业单位实行归口管理。加强和改进新形势下产业工会工作，加强调查研究，着力解决维护产业职工权益、保持职工队伍稳定等方面的突出问题。工会信息、统计、信访、督查等工作也取得了新的成效。

二、当前工会工作形势和2011年工作总体要求

2011年是中国共产党成立90周年，是实施“十二五”规划的开局之年。党的十七届五中全会深刻分析了当前国际国内形势，规划了今后五年我国经济社会发展蓝图。省委十届八次全会确定了我省“十二五”时期的目标任务，明确提出要加快转型升级，建设幸福广东。全总十五届五次执委会通过了关于组织动员广大职工为实现“十二五”规划目标任务创先争优建功立业的决议。我们要认真学习和贯彻落实中央、省委和全总会议精神，紧紧围绕全省工作大局，紧密结合工会实际，认清新形势，明确新任务，进一步增强做好工会工作的责任感和紧迫感，提高工会工作的针对性和实效性。

（一）准确把握加快转型升级，建设幸福广东的新任务，进一步明确服务科学发展、服务职工群众的重点。省委十届八次全会提出，要把握科学发展主题，抓住加快转变经济发展方式主线，围绕加快转型升级，建设幸福广东这个核心，着力调结构、稳增长、惠民生、促改革、抓落实。这对工会组织动员广大职工围绕中心、服务大局建功立业，大力推动社会建设，努力改善民生提出了新课题。我们必须顺应我省经济社会发展转型的内在要求，顺应全省广大职工提升素质和过上更好生活的热切期盼，加强劳动竞赛和群众性经济技术创新活动，针对非公有制企业、中小企业、战略性新兴产业、现代服务业的不同特点，不断拓展竞赛领域，丰富竞赛内涵，提高职工文化技术素质，增强自主创新能力，在加快转变经济发展方式中充分发挥工人阶级的主力军作用；必须切实维护广大职工的合法权益，着力解决职工群众最关心、最直接、最现实的利益问题，畅通诉求表达渠道，推进社会利益调节机制建设，维护社会公平正义，努力使广大职工安居乐业，共建共享幸福广东。

（二）坚持以依法维权为重点，进一步推动构建和谐劳动关系。“十二五”时期是我省推动科学发展可以大有作为的重要战略机遇期，同时也是社会矛盾凸显期。我省发展起步早，发展过程中积累矛盾和问题比较多，劳动关系在总体稳定的同时出现了一些新变化，如劳动关系类型趋于多样化，劳动关系影响扩大化，劳动关系矛盾显性化、常态化，劳动关系主体的诉求集中化，劳动关系运行信息化、网络化，等等。去年发生的富士康事件和南海本田事件就是这种转型期劳资矛盾冲突的缩影。这样，就迫切需要坚持以规范有序、公正合理、互利共赢、和谐稳定为目标，把劳动关系的建立、运行、监督、调处等环节都纳入法制轨道，通过法律和制度来调整劳动关系，促进劳资双方和谐相处。面对这些新情况新问题，在思想认识上，必须把构建和谐劳动关系作为重中之重的工作抓紧抓好，坚持通过协商、协调、沟通的办法来解决劳动关系矛盾，促使劳资双方达成共识、取得共赢。通过采用过激手段来解决劳动关系矛盾，不符合中国国情、会情和我国现阶段劳动关系的性质。在工作定位上，在构建和谐劳动关系这一社会工程中，党委起着领导作用，政府起着主导作用。工会要自觉接受党的领导，推动建立、健全党政主导的职工权益维护机制，形成"党委重视、政府支持、各方配合、合力推进"的工作格局。在工作措施上，要密切关注、前瞻分析劳动关系领域的新变化新动向，切实增强工作的预见性和针对性，继续完善协调劳动关系机制，加大协调劳动关系力度，以劳动关系和谐促进社会和谐。

*（三）积极适应职工队伍的新变化，进一步破解工会工作的难点。*随着经济快速发展、体制深刻变革和社会结构深刻变动，职工队伍状况发生了重大变化，农民工成为产业工人的主体，劳务派遣工大量出现，职工劳动经济利益、民主政治权利和精神文化权益实现程度差异较大。职工队伍思想观念、利益诉求多样，"80后"、"90后"的新生代职工价值取向更加务实，法律意识和维权意识日益增强。去年发生的深圳富士康和南海本田事件，深层次的原因就是劳动者追求更有体面的劳动和更有尊严的生活的诉求没有得到满足，合法权益没有得到更加充分的保障。如何扩大工会组织的覆盖面，如何有效维护广大职工的合法权益是当前工会工作的难点。这些都迫切需要工会调整和拓宽工作领域，针对不同群体，突出工作重点，创新方式方法，大力加强非公有制企业工会建设，重点探索解决企业工会如何履行职能发挥好作用的问题。要坚持以职工为本，找准职工群众工作和职工个人诉求的契合点，注重人文关怀和心理疏导，督促企业改善用工环境，真正成为职工利益诉求的"代表者"和"代言人"。

面对新形势新任务，2011年工会工作的总体要求是：全面贯彻省委十届八次全会和全总十五届五次执委会精神，把握科学发展主题，抓住加快转变经济发展方式主线，围绕加快转型升级建设幸福广东这一核心，坚持为职工服务、为党政分忧、为企业和谐、为经济加油，立足岗位创先争优，广泛开展"当好主力军、建功'十二五'"主题劳动竞赛活动；切实维护职工合法权益，大力推进"两个普遍"，发展和谐劳动关系；扎实做好新形势下职工群众工作，以改革创新精神加强工会自身建设，以优异成绩迎接中国共产党成立90周年。

三、2011年的主要工作任务

贯彻落实工会工作总体要求，各级工会要围绕主题、贯穿主线，突出重点、真抓实干，在推动科学发展、促进社会和谐中更好地发挥作用。

*（一）以劳动竞赛为载体，在开展"当好主力军、建功'十二五'"竞赛活动上下工夫。*一是深入开展创先争优建功立业活

动。把创先争优活动和劳动竞赛结合起来，认真贯彻落实《省总工会组织动员广大职工为实现“十二五”规划目标任务创先争优建功立业的决议》和《省总工会2011—2015年劳动竞赛规划》，动员广大职工立足本职岗位，争创一流业绩。总结推广广州亚运会建设、筹办、举办过程中工会组织开展各项立功竞赛的成功经验，形成和完善新时期群众性劳动竞赛的长效机制，培育和拓展富有行业和企业特色的工作载体，进一步增强各项竞赛活动的针对性和实效性。抓住加快转变经济发展方式主线，开展区域性劳动竞赛和重点工程、重点行业劳动竞赛，探索在战略性新兴产业、现代服务业等领域开展劳动竞赛的新途径，推动劳动竞赛向非公有制企业拓展，不断扩大活动覆盖面。继续深入开展“节能减排达标竞赛”和“我为节能减排作贡献”等活动，引导职工树立绿色、低碳发展理念，扩大节能减排成果。

二是加强劳模管理服务工作。注重选树和培养劳模，运用网络、手机等新兴媒体广泛宣传先进模范人物和事迹，引导广大职工争当劳动模范、金牌工人。认真总结和推广创建“劳模创新工作室”经验，支持发动劳模围绕技术进步开展技术攻关，促进企业创新、转型和经济发展方式转变。推动提高劳模和一线职工的政治地位，积极促进在各级人大代表、政协委员中增加一线工人、知识分子和先进模范人物比例。切实加大扶助劳模工作力度，帮助劳模尤其是老劳模解决实际困难，为劳模的发展和生产生活创造良好条件。

三是着力提高职工技术素质和创新能力。进一步完善职工职业技能大赛工作机制和相关政策，建立两年一次的全省职工十大操作法命名制度，深入总结推广先进操作法，更好地实现劳动竞赛“建设”与“育人”并举的目的。充分发挥科技人员、一线技术骨干在自主创新中的带动作用，推动建立职工技能竞赛与职业技能鉴定、技术等级晋升相结合制度，加强创新型职工、创新型班组、创新型企业的建设，推动我省从制造业大省向制造业强省转变。

*（二）以发展和谐劳动关系为主题，在切实维护职工权益上下工夫。*一是加强协调劳动关系机制建设。进一步强化工会法律服务律师团的工作，建立和完善各项工作制度，为广大职工提供专业的法律服务。做好第一届“广东省维护职工权益杰出律师”的评选工作。制定和印发省总工会《关于在工会干部和职工中开展法制宣传教育的第六个五年规划》，组织全省工会干部学法用法。以非公有制企业为重点，广泛开展民主管理建制专项行动，深入推行区域性、行业性职代会制度，努力实现2011年已建工会公有制企业职工代表大会、厂务公开建制率达到80%以上，已建工会的非公有制企业职工代表大会、厂务公开建制率达到70%以上的目标。对公有制企事业单位、非公有制企业的厂务公开民主管理工作实施分类指导，使厂务公开民主管理在构建和谐劳动关系、推动企事业单位健康发展方面发挥积极作用。深入开展劳动关系和谐企业创建工作，把建立集体协商制度、履行集体合同情况作为创建活动和评比表彰的必要条件，进一步形成我省的创建特色。

二是切实做好工会维稳工作。加强工会信息信访工作，畅通信息渠道，搞好网上舆情分析和引导。加大督查督办工作力度，对可能引发职工群体性事件的苗头及时发现、及时报告、及时处理，协助党委、政府妥善应对职工群体性事件。加强劳动争议预防预警工作。进一步加强与省人力资源和社会保障厅、省司法厅的配合，以基层综治信访维稳中心为平台，整合镇、村（居委会）基层调解组织的力量，加强企业劳动争议调解组织的规范建设；继续加强省、市、县（区）、镇（街道）的工会劳动争议调解指导员队伍建设，扩大工会劳动争议调解员队伍；推动建立法院委托工会调解劳动争议案件制度；坚持“基层为主、预防为主、调解为主”的原则，推动已建工会的企业普遍建立劳动争议预警机制。进一步完善协调劳动关系三方机制，推动该项机制向产业系统以及县（区）、乡镇（街道）、村（社区）发展。积极争取公安、安全、民政、工商、宣传、外事等相关部门的支持，及时互通情报信息。

*（三）以创先争优为抓手，在依法推进“两个普遍”上下工夫。*一是依法推动企业普遍建立工会组织。坚持党建带动工建、工建服务党建，认真贯彻企业工会组建工作三年规划，继续深入开展“广普查、深组建、全覆盖”集中建会行动。推进“双措并举、二次覆盖”工作，进一步健全“小三级”工会网络。以提高职工入会率为重点，统筹做好包括“两新”组织在内的各类单位建会工作，加大区域性、行业性工会组建力度，推行楼宇工会、一条街工会、市场工会等建会形式，采取有效措施最大限度地把包括农民工、劳务派遣工在内的广大职工组织到工会中来。继续探索和总结区域性、行业性基层工会联合会聘用工会工作者的工资由上级工会分级负担的做法，深化会员评家活动，把工会建设成职工信赖的“职工之家”。加快推进基层工会民主建设，严格按照《企业工会主席产生办法》，有组织、有计划、有步骤地推进企业工会主席民主选举试点工作。

二是依法推动企业普遍开展工资集体协商。认真贯彻落实企业工资集体协商工作三年规划，加强行业性、区域性工资集体协商和世界500强在华企业建制工作，根据各类企业的不同特点，有针对性地确定协商方式和协商重点。推动职代会制度与集体协商、工资协商机制建设相互促进、紧密衔接，进一步完善职工工资协商共决机制，合理调整企事业单位收入分配关系。加强工资集体协商指导员队伍建设，提高开展工资集体协商的能力。力争到2011年年底已建工会企业工资集体协商制度覆盖率达到60%，2013年年底已建工会企业工资集体协商制度覆盖率达到80%以上。积极参与研究制定收入分配政策，推动我省最低工资标准的贯彻落实，提高普通职工、农民工、劳务派遣工以及困难企业职工的工资收入。推动完善企业工资监控和工资保证金等制度，配合政府有关部门解决职工特别是农民工工资拖欠问题，保障职工工资正常增长和及时支付，实现劳动报酬与劳动生产率同步增长。

*（四）以服务职工为宗旨，在办好十件实事上下工夫。*今年，全省工会要筹集1.2亿元资金，为广大职工扎扎实实办好十件实事。一是深入实施“农民工援助行动”，以就业培训为重点，通过开展就业培训、职业介绍、岗位援助、创业指导等措施，对100万名以上农民工实施就业援助。二是以实施“家政服务工程”为抓手，发挥工会院校、农民工技能培训示范基地、就业培训基地的作用，为2万名以上家政服务人员提供免费培训。三是调动和发挥省、市两级工会法律服务律师团的作用，为广大职工提供免费法律服务和法律援助。四是整合基层劳动争议调解组织的力量，为职工和企业调解劳动争议纠纷，促进劳动关系和谐稳定。五是广泛发动职工参与“安康杯”竞赛活动，为30万名困难职工和女性农民工进行免费体检，为高温作业一线职工送清凉，保障广大职工身体健康。

六是开展“金秋助学”活动，帮助 5 万名困难职工、农民工子女上学。七是推进职工书屋建设，新增 1200 家省级以上职工书屋，大力开展向农民工送文化活动，组织慰问演出 300 场，继续开展全省工会“情系职工”电影放映活动，免费放映电影 1000 场。八是以“送法上门”为主要形式，向企业和职工免费赠送法律书籍和资料，举办免费法律知识讲座 300 场。九是推行工伤探视帮扶活动，探视慰问受工伤和患职业病职工，帮助落实工伤政策待遇。十是积极推广职工医疗互助保障计划，今年新增参保人数力争突破 50 万人，使医疗互助保障惠及更多职工，缓解患病职工生活困难。

（五）以提升工会战斗力和凝聚力为着力点，在加强工会自身建设上下工夫。一是继续推进工会系统创先争优活动。适时召开工会系统创先争优阶段性工作总结推进会，积极培育、选树、宣传和学习创先争优活动中工会系统涌现出来的优秀党员、先进基层党组织、先进基层工会组织和优秀工会工作者。在纪念中国共产党成立 90 周年前夕，评选表彰一批全省先进基层工会组织和优秀工会工作者，激励广大工会干部在服务科学发展、服务职工群众中创先争优。

二是进一步加强工会干部队伍建设。加大工会干部协管力度，在县、镇领导班子换届工作中继续推进按同级副职配备工会主席工作。加大教育培训力度，以“两个普遍”工作要求为重点，加强对基层特别是非公有制企业和乡镇、街道、村、社区工会干部的培训，增强工会干部组织动员、沟通协调、协商谈判和化解矛盾的能力。

三是进一步创新工会工作方式方法。要牢固树立群众观念，站稳群众立场，大胆主动地为职工说话办事，理直气壮地维护职工合法权益，真心实意地帮助职工解决困难问题。要大力加强调查研究，各级工会领导班子每年要围绕维护职工权益、增加职工福祉问题开展专题调研，提出相应的工作举措和思路。要加强和改进职工宣传思想工作，广泛开展纪念建党 90 周年主题教育活动，用形象生动、通俗易懂的形式宣传职工、感召职工。要研究和把握新形势下群众工作的新特点新要求，建立健全联系职工、服务职工的工作制度，善于综合运用法律、政策、经济、行政、文化、媒体等手段和资源，善于学习运用现代科技、网络技术等开展工作，增强工会在各种职工群体中的凝聚力。继续加强与国际工会组织的友好交流，拓宽与港澳台工会组织的交往，发展与兄弟省（市、自治区）工会的互动合作，推动我省工会工作创新发展。

同志们，实现“十二五”规划目标任务，加强新形势下职工群众工作，工会组织肩负着光荣的使命。让我们高举中国特色社会主义伟大旗帜，更加紧密地团结在以胡锦涛同志为总书记的党中央周围，坚定不移地走中国特色社会主义工会发展道路，锐意进取，开拓创新，扎实工作，为加快转型升级、建设幸福广东而努力奋斗！

当好主力军、建功“十二五”，把我省创先争优劳动竞赛提高到新的水平

（2011 年 5 月 30 日）

邓维龙

同志们：

今天，我们在这里隆重举行广东省“当好主力军、建功‘十二五’”主题竞赛暨港珠澳大桥建设劳动竞赛启动仪式，主要内容是总结全省“十一五”时期劳动竞赛的经验，表彰 2010 年度省十项工程劳动竞赛先进集体和个人，部署“当好主力军、建功‘十二五’”主题竞赛以及港珠澳大桥建设劳动竞赛。在此，我代表省十项工程劳动竞赛领导小组和省总工会，向受表彰的先进集体和个人表示热烈的祝贺！向长期支持和关心劳动竞赛的各级党委和政府表示衷心的感谢！向积极组织和参与劳动竞赛的广大职工和工会干部表示诚挚的问候！

“十一五”是我省改革开放和现代化建设取得重大成就的五年。面对复杂多变的国内外环境特别是国际金融危机的严重冲击，面对超强台风、特大暴雨洪涝、低温雨雪冰冻等自然灾害的严重影响，在党中央的正确领导下，全省经济社会建设克服了重重困难，在科学发展的轨道上迈出了新的可喜步伐，圆满完成了“十一五”各项目标任务。期间，广东省总工会按照省委和全国总工会的部署，团结广大职工，广泛深入开展了“当好主力军、建功‘十一五’、和谐奔小康”主题竞赛，掀起了创先争优建功立业的热潮，走出了一条在社会主义市场经济条件下开展劳动竞赛的新路子，使全省劳动竞赛赛出水平、赛出风采、赛出硕果，为胜利完成“十一五”规划各项目标任务作出了积极贡献。

一是重点工程劳动竞赛取得了重大进展。五年间，我省继续在重大工程建设中开展以“优质、高效、快速、安全、创新、廉洁”为内容的“六比六赛”活动。即：比科学管理，赛工程质量；比精打细算，赛成本控制；比以人为本，赛科技创新；比完成任务，赛工程进度；比规章制度，赛安全生产；比遵纪守法，赛廉政建设。先后组织了中石化茂名 100 万吨/年乙烯改扩建工程、贵广二回 500KV 直流输电工程等示范性重大工程劳动竞赛，启动了抗击雨雪冰冻灾害、“同舟共济保增长，建功立业促发展”、“迎亚运、立新功”等专题性劳动竞赛。2010 年，重点工程竞赛取得了更为明显的成效，如省高速公路工程赛区广大建设者们不畏艰难，顽强拼搏，全年完成高速公路建设投资 490 亿元，建成通车里程 800 公里，在建里程超 2000 公里，均为历史之最。又如广州汽车工程赛区，用短短 3 年时间建成具备国际先进水平的自主品牌乘用车工厂，项目投资控制在 30 亿元，投资成本降幅达 30%，实现了“项目保质保量、降低投资成本、人员违纪违法案件为零”的三项目标，创造了高起点、

高标准、高效率和低成本建设的业界奇迹。

二是行业和地方职工技能竞赛取得新的突破。五年间，各行业、各地市出亮点、创新招，将开展行业性职工职业技能大赛和地区性职工技术运动会作为多出、快出、出好职工技术人才的重要举措，上下衔接、整体联动，“训赛结合”、“以赛促学”，开创了“大练兵、大竞赛、大提升、大发展”的崭新局面，还不断有新的工种竞赛加入到省级职工职业技能大赛范围。2010年，省委、省政府部署开展了全省职业技能大赛和第五届“省长杯”工业设计大赛。全省各级工会围绕中心、服务大局，在广大职工中兴起了新一轮声势浩大的“在干中学、在学中练、在练中比、在比中创”的热潮，共有27个行业举办了34个工种的省级职工职业技能大赛，各地级以上市共举办50多项，157个工种的技术技能大赛，吸引近700万人次的职工开展岗位练兵、技术比武活动。竞赛涉及行业之广、参赛人员之多、影响之大、成果之丰硕均创历史新高。通过技术技能比赛，全年共涌现省级技术能手348人，省职工经济技术创新能手189人，省五一劳动奖章获得者57名。

三是劳动竞赛取得明显的经济效益和社会效益。随着重点工程劳动竞赛和职工职业技能大赛的深入推进，群众性经济技术创新活动进一步走向日常化、多样化、制度化和规范化，取得了经济效益和社会效益的双丰收。如广州轨道交通工程赛区，2010年面临的建设任务非常繁重，尤其是地铁新线建设重任史无前例：8条新线同时推进，战线长；54座车站的照明、机电、消防、空调、通信等几十个专业交叉施工，压力大。但全体参建单位和职工勇挑重担，通力协作，大力开展“保亚运、保开通”劳动竞赛，取得了广州轨道交通建设史上最为辉煌的战绩。据不完全统计，五年间全省共有近千万人次的职工参加了各种形式的劳动竞赛活动，有284万名职工在岗位练兵、技术比武中提升了技术技能等级，累计实现经济价值1893亿元。实践证明：劳动竞赛是工会围绕中心、服务大局，发挥作用、彰显作为的重要载体，是提高职工素质、推动企业技术进步的重要途径，是推动经济社会发展的重要平台。

“十一五”期间的劳动竞赛虽然取得了很大成绩，但是也还存在一些不足，主要是：劳动竞赛的覆盖面还不够广泛，特别是非公企业、中小企业及其职工参与率还不高；劳动竞赛的工作体制和激励机制还需要进一步完善；劳动竞赛的理论政策研究工作还有待进一步加强。对这些问题，我们要在今后的工作中有针对性地加以改进。

同志们，党的十七届五中全会和省委十届八次全会，确定了今后5年的目标任务。团结动员全省广大职工广泛开展创先争优劳动竞赛，在实现“十二五”规划目标任务中充分发挥工人阶级主力军作用，是当前和今后一个时期全省工会组织的重要任务。各级工会要进一步增强责任感和使命感，紧紧围绕全总十五届五次执委会议、省总十二届四次全委会议的部署，充分发挥工会组织优势，以更加高昂的斗志、更加饱满的热情、更加扎实的作风，着力为职工服务、为党政分忧、为企业和谐、为经济加油，认真落实全省创先争优建功立业决议和2011—2015年劳动竞赛规划，广泛开展“当好主力军、建功‘十二五’”主题竞赛活动，为加快转型升级、建设幸福广东作出新的贡献。

下面，我就深入开展劳动竞赛讲五点意见：

一、突出抓好一批重大工程示范性劳动竞赛，引领和带动全省劳动竞赛再上新的台阶

“十二五”期间，我省将进一步加大重点项目建设力度。今年省重点项目有280项，计划投资4300亿元左右。大项目建设是广东经济建设和转型升级的重要引擎，也是工人阶级大显身手、建功立业的广阔舞台。为此，我们要围绕新一轮的重点项目建设，继续深入开展以“优质、高效、快速、创新、安全、廉洁”为主要目标的“六比六赛”活动，进一步激发广大职工在推动科学发展、加快经济发展方式转变中的聪明才智和巨大创造力，为我省在实施“十二五”规划中开好局、起好步作出积极贡献。一是重点抓好港珠澳大桥项目建设劳动竞赛。这是我省历史上首个全国重大工程示范性劳动竞赛，充分体现了全国总工会对广东劳动竞赛工作的充分肯定与支持。我们一定要认真做好竞赛的组织实施工作，扎扎实实抓出成效，努力实现建设一流大桥、培育一流队伍的劳动竞赛目标，不辜负全国总工会的期望与重托，向省委、省政府和粤港澳三地人民交上一份满意的答卷。二是继续抓好各赛区、各行业、各地区的重大工程劳动竞赛。围绕有关新型工业、现代服务业、现代农业、技术改造、基础建设、社会民生等重点领域投资项目，以及我省现代产业500强项目建设，组织开展劳动竞赛。三是认真抓好重点工程劳动竞赛的分级管理和示范带动工作，不断完善工作体系和激励机制，更好地形成既集中精力、抓出精品，又整体联动、扩面延伸的良好局面。

二、突出抓好全省职工职业技能大赛，不断提升职工队伍的劳动技能和综合素质

加快转型升级、建设幸福广东，最终要靠高素质的劳动者来实现。要紧紧围绕强技能、提素质、立新功的目标，在全省广泛组织开展岗位练兵、技术培训和技能比赛，大力实施职工素质建设工程，努力培养和造就一支知识型、技术型、创新型的职工队伍。要坚持做到三个结合：一是把竞赛内容的创新性与竞赛形式的多样化相结合。按照加快转变经济发展方式的要求，注重引入促进现代产业发展的高技术含量工种项目开展竞赛，不断充实和丰富竞赛的内容，更好地为产业转型升级服务，同时采取生动活泼为职工喜闻乐见的竞赛形式，增强职工技能竞赛的群众性、竞技性和趣味性；二是把地区性技术运动会与行业性技能比赛相结合，形成相互补充、相互促进、纵向到底、横向到边的局面；三是把技术比赛与技术培训、技能提升、技术创新相结合，深入总结推广先进操作法，抓好省市两级示范性职工职业技能实训基地建设，充分发挥工会“大学校”作用，努力培养和造就一支高素质的职工队伍。

三、突出抓好职工经济技术创新和节能减排工作，确保全省劳动竞赛长盛不衰

群众性的经济技术创新活动是劳动竞赛的重要内容，是广大一线职工立足本职、建功立业的最简捷、最便利的载体，同时也是劳动竞赛常态发展、持续发展和创新发展的主要途径。要重点围绕自主创新、节能降耗、提高效益等三大主题，组织广大职工深入开展“小革新、小发明、小创造、小设计、小建议”等活动，大力推广“我为节能减排作贡献”活动的经验和做法，积极引导劳动竞赛向纵深推进。同时，按照“两提高、两满意”（即提高职工素质，体现职工自身价值，职工满意；提高企业经济效益，实现企业创新发展，投资者满意）的总目标，采取有效措施，创新活动载体，进一步在非公经济组织中广泛开展职工经济技术创新活动，不断拓展劳动竞赛的领域和范围，努力形成全方位、多层次、广覆盖的劳动竞赛新格局。

四、突出抓好班组建设，大力深化工人先锋号创建活动

加强班组建设是提高企业竞争力、促进企业发展的内在需要，是提高职工整体素质、促进职工全面发展的重要途径，是发展企业和谐劳动关系、促进社会和谐的必然要求。全省工会要坚持“促进企业发展、维护职工权益”的原则，以全国班组建设工作会议精神为指导，以创建“工人先锋号”、“安康杯”竞赛等为抓手，积极推动企业搞好班组建设。要深入总结推广一批可学、可用、可借鉴的典型示范班组经验，推动全省班组建设朝着“五型”（技能型、效益型、管理型、创新型、和谐型）方向发展。班组建设要努力做到“三个统一”：一是坚持把促进班组完成生产任务与维护职工权益统一起来；二是要把加强工会小组建设与促进班组建设统一起来；三是要把维护班组长的管理指挥权威与加强职工民主管理统一起来。

五、突出抓好先进典型和模范人物的培养选树，大力弘扬工人阶级伟大品格和劳模精神

工人阶级伟大品格和劳模精神是激励广大职工创先争优建功立业的强大精神力量。群众性的劳动竞赛锻造了劳动模范，而劳动模范的成批涌现又推动劳动竞赛更加广泛、深入开展。要始终把弘扬工人阶级伟大品格和劳模精神贯穿劳动竞赛的全过程，特别是要挖掘和宣传在重大工程建设中的先进典型，彰显“特别能吃苦、特别能战斗、特别能攻关”的铁军精神。要尊重工人阶级的主人翁地位，重视创新型技能人才和一线职工模范人物的培养和选树。要充分发挥劳模的示范带头作用，让劳模精神激励广大职工立足岗位、勤学苦练、争创一流、求实奉献，在全社会形成尊重劳模、关爱劳模、学习劳模、争当劳模的良好风气。

同志们，今年是“十二五”规划的开局之年，也是我省加快转变经济发展方式、全面建设小康社会、率先基本实现社会主义现代化的重要一年。让我们团结组织广大职工，再接再厉，振奋精神，扎实工作，进一步推动劳动竞赛工作迈向一个新的台阶，为我省“十二五”开好局、起好步作出新的更大的贡献！

大事记

重要会议

【召开省总工会十二届四次全委会】 2月28日，省总工会十二届四次全委会在广州召开。省委副书记、省纪委书记朱明国出席会议并作重要讲话，同时转达了中共中央政治局委员、省委书记汪洋，省委副书记、省长黄华华对全省工会工作的表扬。省人大常委会副主任、省总工会主席邓维龙代表省总工会第十二届委员会作工作报告。朱明国在讲话中指出，工会要认真贯彻中央书记处的重要指示和省委十届八次全会精神，筑牢服务科学发展、服务职工群众的思想基础；广泛激发职工群众的劳动热情和创造活力，做加快转型升级、建设幸福广东的时代先锋；积极构建和谐劳动关系，做维护职工队伍稳定、促进社会和谐的中坚力量；不断提高做好新形势下职工群众工作的能力和水平，做密切联系职工群众的桥梁和纽带。会上，省总工会常务副主席陈宗文传达了中央书记处关于工会工作的重要指示。省总工会党组成员、经审会主任杨敏作经审工作报告。省总工会党组成员、巡视员孔祥鸿就工会组建工作发言。会议表决通过了省总工会第十二届全体委员会第四次会议工作报告和《广东省总工会关于组织动员广大职工为实现“十二五”规划目标任务创先争优建功立业的决议》，替补陈彪等12位同志为省总工会第十二届委员会委员，增补刘兰妮等6位同志为省总工会第十二届委员会委员，补选刘兰妮等6位同志为省总工会第十二届常务委员会委员。省总工会第十二届委员会委员，各市、县总工会主席，省级产业及省直厅局、集团（公司）工会主席等150多人参加了会议。

【召开省总工会经审会十二届三次全体会议】

2月27日，省总工会经审会召开十二届三次全体会议，省总工会党组成员、经审会主任杨敏作工作报告。会议审议并通过《关于2010年工会经费审查工作情况和2011年工作安排的报告》。杨敏在工作报告中指出：2010年全省各级工会经审组织在维护工会财经纪律、促进工会财产管理、保障工会资产安全、推动工会系统党风廉政建设等方面取得显著成效。2011年省工会经费审查监督工作要加强组织建设，健全经审机构；加强制度建设，完善经审制度体系；加强审计监督，防范风险，突出抓好重点领域、重点资金的审计监督，促进工会经费、资产安全完整和工会系统党风廉政建设；加强干部队伍建设，提高干部素质，将组织省总工会经审委员，市级工会、省级产业工会专（兼）职经审干部到有关专业院校进行培训，并和省内审协会联合主办工会内部审计人员岗位资格证培训班，对全省各县以上工会专（兼）职经审干部进行大规模的岗位资格培训；加强调查研究，推动创新发展。

【隆重庆祝五一，表彰劳模】 4月29日上午，广东省庆祝“五一”国际劳动节暨劳动模范表彰大会隆重举行。大会向2011年受表彰的17个全国五一劳动奖状、70名全国五一劳动奖章、50个全国工人先锋号的集体和个人代表及179名广东省五一劳动奖章和198个广东工人先锋号获得者代表颁奖。中共中央政治局委员、省委书记汪洋，省委副书记、省长黄华华，省人大常委会主任欧广源，省政协主席黄龙云出席大会，并在会前亲切接见了广东省2011年全国、省五一劳动奖状、奖章和工人先锋号获得者代表，并和全体与会代表合影留念。大会由省人大常委会副主任、省总工会主席邓维龙主持。黄华华作重要讲话。省委常委、副省长肖志恒代宣读《中华全国总工会关于表彰全国五一劳动奖状、全国五一劳动奖章和全国工人先锋号的决定》，邓维龙宣读《广东省总工会关于表彰广东省五一劳动奖章和广东工人先锋号的决定》。黄华华强调，工会组织要主动配合党委、政府开展工作，尊重、关心和爱护劳模，真诚帮助劳模解决工作、学习、生活中的实际问题，广大职工群众要认真学习劳模精神，立足本职工作，提高劳动技能；争创一流业绩，为建设幸福广东献计出力，各级党委、政府要围绕加快建设现代产业体系和提升自主创新能力，组织动员各行业职工广泛参与劳动竞赛活动，着力提升职工的创新能力和技术技能素质，加快培养一支规模宏大、适应转型发展要求的高素质职工队伍。会上，全国五一劳动奖章获得者代表、广州威创视讯科技股份有限公司总工程师卢如西作了发言；广东省五一劳动奖章获得者、广东天河城百货有限公司分店店长周婧代表全国和省五一劳动奖章获得者宣读了《争当先锋建伟业 共创幸福在广东》倡议书。省领导朱明国、李玉妹、林雄，省军区领导刘联华，省委、省政府有关部门和省有关人民团体负责人，广东省获得 2011 年全国五一劳动奖状、奖章、工人先锋号和广东省五一劳动奖章、工人先锋号的集体和个人代表，以及广州各界职工群众代表，共 1000 多人参加了大会。

【广东省“当好主力军、建功‘十二五’”主题竞赛暨港珠澳大桥建设劳动竞赛启动仪式在珠海举行】 5 月 30 日上午，广东省“当好主力军、建功‘十二五’”主题竞赛暨港珠澳大桥建设劳动竞赛启动仪式在港珠澳大桥主体工程施工总营地举行。省委副书记、省纪委书记朱明国，中华全国总工会党组纪检组组长、书记处书记王瑞生，省人大常委会副主任、省总工会主席邓维龙出席会议并讲话。王瑞生代表全国总工会向港珠澳大桥管理局授“全国重大工程示范性劳动竞赛”旗，号召全体建设单位和广大建设者为圆满完成港珠澳大桥各项建设任务努力奋斗，这意味着港珠澳大桥工程建设劳动竞赛成为全省首个全国重大工程示范性劳动竞赛。朱明国指出，要以“当好主力军、建功‘十二五’”主题竞赛活动为主要载体，把开展劳动竞赛活动与加快转型升级、建设幸福广东，提升职工队伍素质，大力弘扬劳模精神、深入开展创先争优活动，创建和谐劳动关系有机结合起来，利用港珠澳大桥工程建设的契机推动全省劳动竞赛上新台阶。王瑞生指出，广东省各级工会组织近年来为应对国际金融危机和保障广州亚运会成功举办而开展的一系列劳动竞赛活动，有力地促进了广东经济社会发展，也为全国劳动竞赛积累了宝贵经验。邓维龙指出，各级工会组织要着力为职工服务、为党政分忧、为企业和谐、为经济加油，为加快转型升级、建设幸福广东作出新的贡献。会上，在广州亚运会工程建设和运行保障工作中作出突出贡献而获得全国五一劳动奖状、奖章和全国工人先锋号的先进集体和个人，以及广东省 2010 年度劳动竞赛中涌现的先进集体和个人受到了表彰。省总工会、省经信委、省科技厅、省监察厅、省人社厅等省十项工程劳动竞赛五个发起单位领导及主办处室负责人，各地级以上市、顺德区总工会和省级有关产业工会代表，省十项工程劳动竞赛各赛区代表，广州亚运会、亚残运会工程建设和运行保障工作全国五一劳动奖状、奖章和全国工人先锋号代表，港珠澳大桥建设参建单位代表，香港工联会、澳门工会领导等共 400 多人参加了启动仪式。

【全省创先争优党工共建暨南海本田工资集体协商现场会在佛山举行】 6 月 25 日，

全省创先争优党工共建暨南海本田工资集体协商现场会在佛山南海举行。中华全国总工会副主席、书记处第一书记王玉普，省委副书记、省纪委书记朱明国，省人大常委会副主任、省总工会主席邓维龙出席会议并讲话。王玉普指出，要切实抓好工资协商三年规划的落实，推动各级政府把工资集体协商工作纳入本地经济社会发展目标，积极稳妥地推进区域性、行业性工资集体协商，大力推进世界500强在华企业建立工资集体协商制度，影响和带动其他外商投资企业建制工作的开展。朱明国指出，工会组织必须把维护职工的合法权益、发展和谐劳动关系作为切入点，必须把全面推进工资集体协商作为工会维权工作的重中之重。各级党委、政府要把推动党工共建争先创优和工资集体协商工作作为服务全省工作大局的重要内容，通过扎实有效的工作，促进社会和谐稳定，服务幸福广东的建设。邓维龙要求，力争到2013年，全省企业法人建立工会组织净增6.1万家，企业工会会员净增530万人，全省已组建工会的企业建立工资集体协商制度的比例达到80%。佛山市委书记陈云贤，佛山市委常委、南海区委书记邓伟根，省委创先争优领导小组办公室副主任、省委组织部副厅级组织员王叶敏，全国总工会办公厅主任谷常生、基层组织建设部副部长杨洪林、集体合同部副部长张天文，省总工会所有领导班子成员，各地级以上市及顺德区总工会主席，分管工会组建和工资集体协商工作的副主席，负责工资集体协商的部门负责人，省级产业工会负责人等共150多人参加了会议。会议分别由省总工会常务副主席陈宗文、副主席郭泽宇主持，南海本田汽车零部件制造有限公司工会等7个单位分别介绍了在党工共建、工资集体协商工作方面的经验，中山大学教授何高潮等专家学者对各个单位的做法和经验进行了点评。

【陈宗文出席全省加强流动人口服务管理工作交流会并介绍省总工会工作经验】　8月2日，省总工会常务副主席陈宗文参加了省委、省政府在东莞召开的全省加强流动人口服务管理工作交流会，并作为省综治委流动人口服务管理小组介绍经验的2个成员单位代表之一发言。陈宗文从四个方面介绍了工会参与流动人口服务管理工作的主要做法，一是落实“两个普遍”，着力把外来务工人员组织到工会中来；二是加强工会维权机制建设，着力保障包括外来务工人员在内的广大劳动者的合法权益；三是以工会困难职工帮扶中心为载体，着力解决外来务工人员的实际困难；四是以创建和谐劳动关系企业活动为抓手，着力推进形成和谐共赢劳动关系局面。他表示，全省工会将进一步深入贯彻落实省委十届九次全会精神，着力从组织职工群众、引导职工群众、服务职工群众、维护职工群众合法权益、加强工会自身建设等五个方面切实发挥好工会组织在社会建设和社会管理中的桥梁、纽带作用。省委副书记、省纪委书记、省应急委副主任朱明国，副省长、省综治委流动人口服务管理工作领导小组组长、省应急委副主任刘昆出席会议并讲话。省委常委、省委政法委书记、省公安厅厅长、省应急委副主任梁伟发主持会议。

【全省工会网络舆情工作会议在肇庆召开】

11月23日，省总工会在肇庆召开全省工会网络舆情工作会议，研究部署做好工会网络舆情工作。省人大常委会副主任、省总工会主席邓维龙在会上作了重要讲话。邓维龙强调，全省各级工会要迅速开辟工会网络舆情工作的新局面，争取经过一段时间的努力，基本建立起网络意识强、网络队伍健全、管理制度完善、网络运作规范的全省工会网络舆情工作体系，使网络舆情成为我省劳资关系的预报员、工会组织的形象设计师。会议传达了全国工会职工思想政治工作视频会议精神。广州市总工会、肇庆市总工会分别作了工作经验介绍。会议专门邀请全国总工会宣教部舆情处处长董友斌以“网络危机与工会舆论引导”为题，省互联网新闻信息中心主任曾胜泉以“网络时代舆论危机公关”为题开设讲座。省总副主席张振飚、秘书长薛湘衡，各地级以上市及顺德区总工会常务副主席、负责网络舆情信息工作的责任部门负责人；省总工会机关各部门、内产业工会和直属单位主要负责人，以及肇庆市总工会全体干部等120多人参加了会议。肇庆市人大常委会副主任、市总工会主席方建生代表市委领导致辞，省总工会党组成员、巡视员孔祥鸿主持会议，并代表省总工会对做好当前工会舆情工作作部署。

【全省构建和谐劳动关系先进表彰暨经验交流会召开】 12月31日下午，全省构建和谐劳动关系先进表彰暨经验交流会在广州召开。省委书记汪洋出席会议并作重要讲话，省委副书记、代省长朱小丹主持会议，省委副书记朱明国出席会议并宣读表彰通报。汪洋在讲话中指出，必须深刻认识和正确把握构建和谐劳动关系的重要意义，科学研判全省劳动关系面临的新形势，高度重视和谐劳动关系建设中存在的法规制度不健全、部分企业人文关怀缺失、职工队伍综合素质不高等突出问题，进一步增强构建和谐劳动关系的责任感、紧迫感。尤其是要加大执法力度，重点解决用人单位不与职工签订劳动合同、不为职工交纳社会保险、不及时支付农民工工资、不履行国家最低工资制度规定、使用童工以及不符合安全生产等直接损害劳动者利益的问题。他强调，各级党委、政府要坚持以人为本，切实把促进劳资利益均衡和实现共赢发展结合起来，把企业转型发展与职工素质提升结合起来，把政府主导与发挥各方能动性结合起来，扎实推进构建和谐劳动关系工作。深圳市、中山市、肇庆市高新区、广东雅士利集团有限公司、惠州三星电子有限公司等经验交流单位和受表彰单位代表在会上发言。受表彰单位代表宣读了构建和谐劳动关系倡议书，倡议全省广大企业和企业家遵守法律法规，保障职工合法权益；建立工资正常增长机制，让职工共享企业发展成果；强化民主管理，发挥职工主人翁作用；加强人文关怀，促进职工全面发展；积极履行社会责任，推动幸福广东建设。省领导肖志恒、邓维龙、覃卫东等出席会议。

重要活动

【粤港澳台四地暨珠三角九市工会新春团拜会在佛山举行】 2月15日，粤港澳台四地暨珠三角九市工会新春团拜会在佛山举行，来自广东省总工会、香港工会联合会、澳门工会联合总会、台湾台中市总工会和广州、深圳、珠海、佛山、惠州、东莞、中山、江门、肇庆市总工会的领导和嘉宾近百人欢聚一堂，共贺新春，交流工会工作经验，探讨新形势下开展工会工作的新思路、新方法。省委副书记、省纪委书记朱明国，省人大常委会副主任、省总工会主席邓维龙出席团拜会并讲话，中共佛山市委书记陈云贤致欢迎词，中共广东省委副秘书长刘日知及香港中联办社工部和澳门中联办社工部负责同志参加了团拜活动，省总工会常务副主席陈宗文主持会议。朱明国在致辞中强调，广东省委、省政府明确把粤港澳台合作作为广东实现“四年大发展”目标的十大工程之一，希望粤港澳台四地工会组织进一步密切交流、加强合作，共同探讨服务职工、促进经济的有效方式，更好地履行职责，维护好职工的合法权益，推动工会事业发展，共同促进四地经济社会的繁荣与和谐。

【省总工会推出企业普遍建立工会组织 2011—2013 年规划】 省总工会推出企业普遍建立工会组织三年工作规划，大力推动企业依法普遍建立工会组织，不断提高企业工会组织覆盖率和职工入会率。规划明确提出工作目标：2011—2013 年，全省企业法人工会组建每年要净增 2 万家以上，工会会员每年要净增 177 万人以上，建会率达到 96%以上，职工入会率达到 84%以上。到 2013 年，全省基层工会覆盖单位总数达到 63 万家以上，全省工会会员达到 2595 万人以上，其中农民工会员达到 1472 万人以上。为确保工作目标的实现，省总工会成立推动企业普遍建立工会组织工作领导小组，实现目标责任制度，同时要求各级工会做到“第一把手亲自抓，分管主席全力以赴抓，全会动员分工负责抓”，每半年统计汇总组建数据，对各地组建任务完成情况进行排名，对工会组建中勇于创新的单位和个人进行表彰奖励；各级工会要依靠党建带工建的机制，整合社会资源，把提高职工入会率工作由工会“独唱”变为党委重视、政府支持、工会牵头、各方协调、整合资源、通力合作的“大合唱”；各地工会要根据自身地区、产业、企业结构等情况，实施分类指导；各级工会要强化服务职工的活动，通过强化工会对职工的送文化、送法律、送健康、送清凉、送互助保障等活动，不断扩大职工对工会活动的参与面和参与度，扩大对工会的认知，切实增强工会的凝聚力和向心力。

【省市总工会开展大型《社会保险法》工会宣传日活动】 5 月 29 日上午，由广东省总工会、广州市总工会主办，越秀区总工会协办的《社会保险法》大型工会宣传日活动在广州市北京路举行了启动仪式，现场为职工解读法律内容，解答权益困惑。省总工会常务副主席陈宗文，广州市人大常委会副主任、市总工会主席陈伟光和来自省总工会、市人力和社会保障局、市地税局的有关部门领导，广州市工会劳工法律服务队的专家、学者、律师，越秀区有关党政领导、部分工会干部和企业员工 1000 多人参加了活动。陈宗文要求全省各级工会全面掌握该法的主要内容，广泛开展《社会保险法》的普法宣传，引导职工了解自身的社会保险权益，引导用人单位遵守社会保险法律义务，增强全社会学法、懂法、用法的自觉性，积极推动将各类职工都纳入社会保险中。他同时强调，各级工会要积极参与当地社会保险配套法规的研究制定，发挥基层劳动关系三方协商机制，督促企业将职工的各项社会保险权益落到实处。活动当日，全省共有 140 多个市、县（区）级总工会同时联动，开展了形式各异的宣传咨询活动。

【王玉普到广东考察工会工作】 6 月 24 日至 25 日，中华全国总工会副主席、书记处第一书记王玉普到广东考察工会工作。王玉普听取了省人大常委会副主任、省总工会主席邓维龙同志的汇报，并到广汽本田公司、广州荔湾区建筑工地工会联合会、广州市荔湾区东沙街道总工会、佛山市南海区大沥镇凤池村工会联合会等单位进行考察，听取了各单位工会关于工资集体协商及推进“两个普遍”的工作汇报。王玉普对广东工会工作做了高度评价，充分肯定了广东深入开展党工共建创先争优活动、大力推进工资集体协商工作以及促进企业劳动关系和谐稳定所作出的努力和成效。陪同王玉普副主席到广东考察的还有全国总工会办公厅主任谷常生、基层组织建设部副部长杨洪林和集体合同部副部长张天文。

【黄礤村举行“宝香园水电站、文化广场落成典礼暨金秋助学、种养帮扶系列活动”】

6月22日上午，省人大常委会副主任、省总工会主席邓维龙等领导出席了省总工会帮扶丰顺县黄礤村“宝香园水电站、文化广场落成典礼暨金秋助学、种养帮扶系列活动”庆典仪式。省总工会常务副主席陈宗文在庆典仪式上强调，省总工会对贫困村的帮扶工作，将着力于三个方面的转变，使老百姓尽快脱贫致富。一是从“输血型”扶贫向“造血型”扶贫转变；二是由单纯经济投入向经济帮扶、智力扶贫双管齐下转变；三是从短期脱贫向长期发展转变。此次活动，省总工会捐赠黄礤村非义务教育阶段学生助学款15.45万元，资助黄礤村2011年度种养帮扶款20万元、“扶贫济困特殊党日”活动慰问款8.84万元，捐助黄礤村“农村书屋”书籍2500册、黄礤小学帮教设备款3.8万元。庆典上，省总工会领导一行为黄礤村文化广场落成剪彩，邓维龙宣布宝香园水电站主体工程顺利完工。

【邓维龙率队到黄礤村开展“扶贫济困特殊党日”活动】 6月22日，省人大常委会副主任、省总工会主席邓维龙，省总工会常务副主席陈宗文，副主席王丽华，纪检组组长廖汝捷等省总工会领导率省总工会机关和直属单位各党支部书记一行46人，在梅州市人大常委会副主任、总工会主席刘广新和丰顺县党政主要领导姚森隆、张锋等陪同下，深入到省总工会“双到”工作挂钩帮扶贫困村革命老区——丰顺县留隍镇黄礤村，开展“扶贫济困特殊党日”活动。省总工会领导一行与黄礤村干部、贫困户代表、学生代表和乡贤代表共聚黄礤村委大楼会议室，召开广东省总工会扶贫开发“规划到户责任到人”暨“扶贫济困特殊党日”活动座谈会。邓维龙主席对省总工会前期的扶贫开发“双到”工作表示肯定，他强调：要把扶贫开发“双到”工作作为当前一项重要政治任务来抓，务必牢固树立政治意识和大局意识；切实把思想和行动统一到省委、省政府的决策部署上来。在继续深入开展扶贫开发“双到”工作中，既要抓“输血”工程，又要抓“造血”工程。尤其是在加大对贫困户“输血”的过程中，更要注重建立起一个脱贫的“造血”工程，实实在在帮贫困户、村集体找致富的门路。王丽华主持了座谈会。

【广东“千人律师团”壮大工会维权力量】

自2010年7月组建以来，广东省工会法律服务律师团坚持“以人为本，服务职工”的原则，整合资源、主动作为、积极探索，开展法律援助工作，切实做到了为职工服务、为党政分忧、为企业和谐尽力，充分发挥了工会参与加强和创新社会管理、促进和谐劳动关系、维护社会稳定的作用，解决了“工会维权力量弱”和“法院维权成本高”两个难题。律师团普遍采用律师分片包干的方式，扩大了工会法律援助覆盖面，确保了工会维权工作获得专业律师支持。律师团成员在工会参与地方政策法规制定、普法宣传教育、工资集体协商、劳动争议调解、国企改制职工安置工作等方面发挥了重要作用。一年来，全省律师团办理法律援助案件2594宗，涉及职工5392人，其中3人以上的集体劳动争议案件433宗，涉及职工2901人，胜诉与部分胜诉案件2159宗，为职工挽回经济损失超过8000万元。目前，以工会法律服务律师团为主体，已初步形成工会主导、律师承办的法律服务工作格局，在运行方面呈现专业化、社会化、长效化三大特点。

【邓维龙到韶钢集团公司调研】　10月9日下午，省人大常委会副主任、省总工会主席邓维龙在韶关市人大常委会副主任、市总工会主席杨小明的陪同下，前往韶钢集团公司调研工会工作和企业文化建设。邓维龙一行首先来到韶钢三钢厂参观、视察，向该厂负责人详细了解生产工艺流程和产能、产量，对该厂清洁、明亮的生产环境给予了充分肯定。接着，邓维龙参加了韶钢“职工书屋”。在随后的座谈中，杨小明向邓维龙汇报了韶关市总工会的工作情况，韶钢集团公司领导汇报了该集团公司今年以来的生产经营情况和工会工作及企业文化建设的情况。邓维龙对韶钢集团公司的工作给予了充分肯定，认为该集团公司生产经营稳定增长、工会工作有声有色、企业文化多姿多彩，为全省的工会工作和企业文化建设树立了榜样。

【省总工会免费法律援助见义勇为职工】“小悦悦事件”带给社会的道德冲击引起了社会各界的广泛关注和讨论，10月23日在事发地佛山市南海区大沥镇，省总工会举行了全省职工“倡导见义勇为弘扬传统美德”论坛暨承诺行动启动仪式，倡导全省职工见义勇为，并将为见义勇为职工提供免费法律援助。活动上，省总工会常务副主席陈宗文表示，省总工会今后将会为见义勇为的职工提供免费的法律援助，保护见义勇为职工的合法权益。活动过程中，省总工会副主席张振飚宣读了“倡导见义勇为弘扬传统美德”倡议书，全国五一劳动奖章获得者刘磊代表职工宣读了“倡导见义勇为弘扬传统美德”承诺书。在论坛上，与会的代表纷纷建言献策，就如何重构社会道德体系，如何挽救社会信任危机等问题提出自己的看法和意见。来自广州、佛山、中山、江门、肇庆、顺德等市（区）总工会的有关同志、劳模代表和企业职工代表共1000人出席了本次活动。

【2011年广东省家庭服务业职业技能大赛成功举办】　11月20日至21日，由广东省总工会、广东省妇女联合会共同主办，广东省家业服务业协会、广东省总工会女职工委员会、广东电视台公共频道、清远职业技术学院联合承办的2011年广东省家庭服务业职业技能大赛在清远市职业技术学院成功举办。2011年年初，大赛经省总工会、省人力资源和社会保障厅、省经济和信息化委员会、省科学技术厅核准，由广东省职工职业技能大赛组委会批复，正式纳入了2011年广东省职工职业技能大赛一类竞赛项目。9—10月在全省各地市进行了初赛选拔，来自广州等14个地市的16支队共63名参赛选手进入了决赛。经过紧张激烈的角逐，大赛决赛评出一等奖共八名选手，获得了由省人力资源和社会保障厅授予的“广东省技术能手”称号，并由省总工会、省人力资源和社会保障厅、省经济和信息化委员会、省科学技术厅授予“广东省职工经济技术创新能手”称号。前三名的优胜选手由省妇女联合会授予了“广东省巾帼建功先进个人”称号。来自广州羊城队的选手于桂琴技压群芳，夺得本次大赛的冠军并将由省总工会按程序颁发广东省五一劳动奖章。省总工会副主席王丽华、省妇联副主席杨建珍、中华全国总工会女职工部部长丁大建等领导出席了本次大赛闭幕式。

2011年省总工会大事记

1月

4日，省总工会“特约律师接待日”正式启动。从2011年1月1日起，每周二下午14：30至17：00，由特约律师到省总工会信访室为职工提供免费法律咨询。

9日，全国总工会副主席、书记处书记倪健民率全国总工会“送温暖”慰问团在省总工会副主席王丽华陪同下到湛江开展慰问活动。

10日，省总工会常务副主席陈宗文一行到广州汽车集团股份有限公司，进行省十项工程劳动竞赛工作的检查指导。

12日，省委常委、常务副省长朱小丹率领省慰问团在省总工会副主席张国兴陪同下到汕头慰问困难职工和困难企业。

12日，副省长刘昆率领省慰问团在省总工会经审会主任杨敏陪同下到河源开展“送温暖”慰问活动。

14日，省总工会召开主席办公（扩大）会议，传达省委十届八次全会精神。省总工会常务副主席陈宗文作传达，省人大常委会副主任、省总工会主席邓维龙出席并作重要讲话。

16日，省委常委、副省长肖志恒率领省慰问团在省总工会副主席张振飚陪同下到湛江开展“送温暖”慰问活动。

16日，省委常委、宣传部部长林雄率领省慰问团在省总工会巡视员孔祥鸿陪同下到揭阳走访慰问困难职工、困难农户。

17日，副省长林木声率领省慰问团在省总工会纪检组组长廖汝捷陪同下赴珠海、中山慰问困难职工、困难老党员、困难伤残复员军人和外来工代表。

19日，省委副书记、省长黄华华率领省慰问团在省总工会副主席王丽华陪同下到韶关市乳源县考察扶贫“双到”工作并慰问贫困农户、困难劳动模范和伤残人士。

19日，副省长雷于蓝率领省慰问团在省总工会副主席林锡明陪同下到梅州市开展“送温暖”慰问活动。

20日，副省长佟星率领省慰问团在省总工会秘书长薛湘衡陪同下赴东莞开展“送温暖”慰问活动。

21日，省总工会副主席林锡明率省工资支付情况专项督察组赴东莞检查工资支付情况。

27日，省委常委、组织部部长李玉妹率领省慰问团在省总工会常务副主席陈宗文陪同下到潮州送温暖。

28日，副省长招玉芳率领省慰问团在省总工会副主席王丽华陪同下赴肇庆、云浮开展“送温暖”慰问活动。

28日，省委常委、省军区司令员辛荣国率领省慰问团在省总工会副主席林锡明陪同下赴茂名开展“送温暖”慰问活动。

31日，省委副书记、省纪委书记朱明国率领省慰问团在省总工会副主席郭泽宇陪同下到阳江开展“送温暖”慰问活动。

2月

15日，粤港澳台四地暨珠三角九市工会新春团拜会在佛山举行，省委副书记、省纪委书记朱明国，省人大常委会副主任、省总工会主席邓维龙出席并讲话。

22日，中华全国总工会副主席、书记处书记陈荣书一行在省总工会常务副主席陈宗文的陪同下，在肇庆调研工会工作。

3月

1日，粤港澳女职工“庆三八”书画摄影展开幕式在广州举行。省人大常委会副主任、省总工会主席邓维龙，省政协副主席、省妇联主席温兰子出席，并为获奖集体和个人颁奖。

1日，广东省总工会女职工委员会五届二次会议暨表彰大会在广州举行，省总工会副主席郭泽宇出席并讲话。省总工会副主席、省总工会女职委主任王丽华作工作报告，省总工会副主席林锡明出席会议。

8日，省海员系统党政工领导联席会议在珠海召开，省人大常委会副主任、省总工会主席邓维龙出席并讲话。省总工会纪检组组长廖汝捷主持会议。

10日，省工业工会召开2011年工作会议，总结2010年全省工业系统工会工作，部署2011年工作，省总工会副主席张振飚出席会议并讲话。

11日，省总工会副主席、省总工会女职委主任王丽华为荣获2011年全国“五一巾帼标兵岗”的广州海事局政务中心揭牌。

14日，省总工会纪检组组长廖汝捷带领省总工会有关部门负责人一行，就工会组建、劳动竞赛、企业文化建设等工作到港珠澳大桥管理局调研。

18日，全国总工会召开当好主力军、建功“十二五”创先争优劳动竞赛启动电视电话会议，省总工会副主席王丽华、张国兴、林锡明出席广东分会场会议。

23日，省总工会副主席王丽华率调研组一行到惠州市惠城区调研职工帮扶及女工工作。

25日，省总工会纪检组组长廖汝捷一行到中铁港航局二公司、三公司调研。

4月

1日，全省工会就业援助月活动启动仪式暨广州市“春风行动2011”促进就业专场招聘会在广州举行，省总工会副主席王丽华出席了启动仪式。

11日，省科教文卫工会系统通讯员培训班在暨南大学开班，省总工会常务副主席陈宗文出席开班仪式并就当前工会工作主讲一课。

12日，省人大常委会副主任、省总工会主席邓维龙到东莞调研，强调维护职工合法权益要有新思路，切实做好六个方面工作。

14日，省总工会常务副主席陈宗文、省总工会纪检组组长廖汝捷一行前往广州海事局南沙办事处，深入开展省总工会直属机关党工团“迎接建党90周年”主题学习实践活动。

14日，省总工会副主席郭泽宇出席了中华全国总工会在北京举办的第五届“2011海峡两岸工会论坛”，并作重点发言。

15日，省总工会第十二届经审会第四次全体会议在广州召开。省总工会副主席张国兴、张振飚，省总工会经审办主任杨敏出席会议。

20日，省教育工会第三届女教职工委员会第一次会议在广州召开。省总工会副主席郭泽宇、省总工会副主席王丽华出席会议。

21日，省财贸工会女职委会组织系统女职工主任到贵州息烽云环希望小学开展了“献爱心　缅怀烈士”捐赠活动。省总工会副主席林锡明参加活动并致辞。

29日，广东省庆祝“五一”国际劳动节暨劳动模范表彰大会在广州举行。大会由省人大常委会副主任、省总工会主席邓维龙主持。

5月

11日，省总工会巡视员孔祥鸿一行到惠州市惠城区总工会调研指导工会工作，充分肯定了惠城区总工会的工作。

16日，省人大常委会副主任、省总工会主席邓维龙在广州会见了巴西工人总联盟审计委员会主席、社会促进研究所第一书记西德内·德·保拉·科拉尔率领的巴西工人总联盟代表团一行，并续签友好交流协议。

29日，《社会保险法》大型工会宣传日活动在广州举行启动仪式。省总工会常务副主席陈宗文，广州市人大常委会副主任、市总工会主席陈伟光，省总工会副主席王丽华出席启动仪式并参加活动。

30日，“当好主力军，建功‘十二五’”主题竞赛暨港珠澳大桥建设劳动竞赛启动仪式在珠海举行。省委副书记、省纪委书记朱明国，中华全国总工会纪检组组长王瑞生，省人大常委会副主任、省总工会主席邓维龙出席了启动仪式。省总工会常务副主席陈宗文主持启动仪式。

31日，为落实全省工会维稳工作会议精神，省总工会副主席张振飙到东莞市开展专题调研，与东莞市总工会共同研究工会维稳工作举措。

6月

1日，广东省职业技能大赛和第五届“省长杯”工业设计大赛总结表彰大会在省政府礼堂举行。省总工会副主席张振飙出席会议并宣读了省总工会授予参赛夺得桂冠的选手省五一劳动奖状、奖章的决定。

2日，省总工会纪检组组长廖汝捷出席了广东中远船务工程有限公司全国五一劳动奖章暨全国工人先锋号颁奖仪式。

1—3日，全国工会干部教育培训工作会议在北京召开，广东省总工会常务副主席陈宗文出席，并就新形势下如何做好工会干部教育培训工作作了主题发言。

8—10日，广东省第一期县级工会主席培训班在省总工会干部学校正式开班。省总工会常务副主席陈宗文出席开班仪式并作专题授课。

12日，“幸福广东工人农民论坛”第三场在惠州市仲恺开发区LG电子（惠州）有限公司举办。省总工会常务副主席陈宗文、省总工会巡视员孔祥鸿作为嘉宾出席了论坛。

14日，省人大常委会副主任、省总工会主席邓维龙，省总工会常务副主席陈宗文，副主席林锡明一行5人到广州市总工会调研职工维权工作。

16日，中交第四航务工程局有限公司港珠澳大桥岛隧建设劳动竞赛正式启动。省总工会纪检组组长廖汝捷出席启动仪式。

22日，省人大常委会副主任、省总工会主席邓维龙，省总工会常务副主席陈宗文，省总工会副主席王丽华，省总工会纪检组组长廖汝捷出席梅州市丰顺县留隍镇黄礤村宝香园电站、文化广场落成庆典仪式。

24日，中华全国总工会副主席、书记处第一书记王玉普在省人大常委会副主任、省总工会主席邓维龙，省总工会常务副主席陈宗文陪同下，分别到广汽本田、荔湾区建筑工地工会联合会等地进行调研，并召开座谈会听取有关领导和工会的情况汇报。

24日，省总工会经审委主任杨敏出席由省委宣传部、省妇联、省总工会、团省委、南方报业传媒集团主办的“给力幸福家庭·创建幸福社区”幸福广东工人农民论坛社区专场。

25日，全省创先争优党工共建暨南海本田工资集体协商现场会在佛山南海举行。中华全国总工会副主席、书记处第一书记王玉普，省委副书记、省纪委书记朱明国，省人大常委会副主任、省总工会主席邓维龙出席会议并讲话。会议分别由省总工会常务副主席陈宗文、省总工会副主席郭泽宇主持。

26日，省总工会副主席郭泽宇会见了以扎格鲁·哈玛德总书记为团长的埃及全国铁路工会代表团一行，并向其介绍了广东经济社会和工会发展情况。

28日，省总工会召开庆祝建党90周年暨表彰大会。省人大常委会副主任、省总工会主席邓维龙出席并作讲话；省总工会常务副主席陈宗文主持；省总工会领导郭泽宇、王丽华、张国兴、林锡明、廖汝捷、杨敏、孔祥鸿出席。

29日，广东省庆祝中国共产党成立90周年大会在广州隆重召开。中共中央政治局委员、省委书记汪洋出席会议并作重要讲话。省人大常委会副主任、省总工会主席邓维龙，省总工会常务副主席陈宗文出席了大会。

7月

5—6日，中国职工技协六届一次会议在北京召开。省总工会副主席张国兴当选为中国职工技协副理事长。

6日，全国工会维稳工作座谈会在珠海召开，会议由全国总工会副主席、书记处书记陈荣书主持，全国总工会党组副书记、书记处书记张鸣起在会上作了重要讲话。省人大常委会副主任、省总工会主席邓维龙，省总工会常务副主席陈宗文，省总工会副主席林锡明参加了会议。

7日，全省工会劳动保护工作会议在肇庆召开，省总工会副主席张国兴出席会议并讲话。

7日，省总工会召开大会学习贯彻胡锦涛总书记“七一”重要讲话精神，省人大常委会副主任、省总工会主席邓维龙在讲话中强调，各级工会要认真领会胡锦涛总书记重要讲话精神，讴歌中国共产党的丰功伟绩。省总工会常务副主席陈宗文，省总工会领导郭泽宇、王丽华、林锡明、张振飏、廖汝捷、杨敏参加了会议。

8日，省人大常委会副主任、省总工会主席邓维龙，省总工会常务副主席陈宗文赴北京中央党校参加全国省级工会主席“做好新形势下群众工作”专题研讨班。

11—13日，为认真落实中央和全总领导关于工会帮扶工作的重要批示精神，省总工会副主席王丽华一行5人前往湖北省总工会考察学习工会帮扶工作。

13日，全国部分省、市总工会经费审查委员会主任和经审办主任在河北秦皇岛市召开了经审工作研讨会，省总工会经审会主任杨敏参加了会议。

13日，省总工会副主席郭泽宇出席中山大学举行的庆祝中山大学工会成立六十周年暨表彰大会并致辞。

18—21日，全国人大常委会副委员长华建敏率领全国人大常委会劳动合同法执法检查组到广东检查《劳动合同法》贯彻落实情况。省人大常委会副主任、省总工会主席邓维龙陪同华建敏副委员长参加检查。省总工会副主席林锡明代表省总工会作了汇报。

21日，省总工会召开学习贯彻省委十届九次全会精神全体干部职工大会，省人大常委会副主任、省总工会主席邓维龙作重要讲话，省总工会常务副主席陈宗文主持会议并传达了省委十届九次全会精神和王兆国、王玉普在全国省级工会主席专题研讨班上的讲话精神。省总工会领导郭泽宇、王丽华、张国兴、廖汝捷、杨敏、孔祥鸿出席大会。

21日，省总工会副主席郭泽宇参加省政协委员第13视察团，先后赴珠海、东莞和广州等地进行了为期四天的针对外资企业工会组建及发挥作用情况的视察。

21日，省总工会副主席张振飏参加在广州举行的全省职业技术教育工作会议。会前，汪洋书记、黄华华省长接见了职业教育工作先进集体和个人。

22日，省总工会巡视员孔祥鸿出席在深圳市龙岗区召开的深圳市总工会“筑基行动”启动仪式暨社区工会干部职业化改革推进会，并在会上作了讲话。

25—26日，省总工会副主席张振飏到丰顺县供电局，针对省总工会“双到”扶贫工作挂钩帮扶点黄礤村宝香园水电站并网发电问题召开专题座谈会。同时，在黄礤村举行“金秋助学”仪式，捐助款项15万元，资助71名学生。

25—30日，中国财贸轻纺烟草工会副主席查学明一行来粤开展专项调研。省总工会副主席林锡明会见查学明主席一行，并与调研组交流了“两个普遍”建设进展情况。

26日，省总工会纪检组组长廖汝捷为广州海事局荣获“全国五一劳动奖状”进行了揭牌。

27日，省人大常委会副主任、省总工会主席邓维龙和省总工会副主席郭泽宇在广州会见了以色列驻穗总领事馆华南区经济事务领事陶丹尼一行3人。邓维龙向客人了解了以色列的有关情况，并与客人探讨了双方开展相关合作的渠道和途径。

28日，“颂歌献给党”广东省职工庆祝建党90周年合唱比赛决赛暨颁奖仪式在广州星海音乐厅举行，省委副书记、省纪委书记朱明国，省人大常委会副主任、省总工会主席邓维龙观看了演出。省总工会常务副主席陈宗文代表省总工会致辞，省总工会领导王丽华、张振飚、孔祥鸿观看了演出，并为获奖单位颁奖。

8月

2日，省总工会常务副主席陈宗文出席省委、省政府在东莞召开的全省加强流动人口服务管理工作交流会，从四个方面介绍了工会参与流动人口服务管理工作的主要做法。

3日，为落实省委书记汪洋要求高度重视防暑降温工作的重要指示精神，省总工会副主席张国兴带领第5检查组对云浮、肇庆、东莞、佛山四市宣传落实夏季防暑降温政策情况进行了检查。

4日，省总工会在东莞举行“八一”建军节庆祝活动。省总工会常务副主席陈宗文等有关领导及机关在职和离退休军转干部、军属及烈属参加了活动。

8—10日，省总工会党组成员、纪检组组长廖汝捷前往广州港集团黄埔港务分公司、广州打捞局新会基地和广东海事局在珠海为大运会和港珠澳大桥建设作水上安保的工作现场，看望一线的干部职工，送上清凉。

10—12日，全省工会困难职工帮扶立项论证会在惠州召开，省总工会副主席王丽华出席会议并作讲话。

12日，省总工会纪检组组长廖汝捷参加了广州市举办的“给力技能、展现才华、幸福广州”竞赛活动交流会暨浪奇南沙工业园工程建设项目劳动竞赛启动仪式。

12日，省人大常委会副主任、省总工会主席邓维龙率领的广东省总工会代表团一行六人在香港会见了香港工联会会长郑耀棠、副会长林淑仪、理事长吴秋北，并交流了工会工作情况。省总工会秘书长薛湘衡参加了会见。

12日晚，第二十六届世界大学生夏季运动会在深圳隆重开幕。国家主席胡锦涛出席开幕式并宣布本届大运会开幕。省总工会常务副主席陈宗文出席了开幕式。

15—16日，全国构建和谐劳动关系先进表彰暨经验交流会在北京举行。省总工会常务副主席陈宗文参加了会议。

17日，全国总工会十五届十次主席团会议在北京召开。省总工会常务副主席陈宗文出席了会议。次日，陈宗文参加了全国总工会维稳工作会议。

21—25日，省海员工会在北京大学举办了省海员系统工会主席公共管理高级理论研修班，省总工会纪检组组长廖汝捷参加了开学典礼并作了开班动员。

23日，省人大常委会副主任、省总工会主席邓维龙主持召开了主席办公（扩大）会议。省总工会常务副主席陈宗文传达了全国构建和谐劳动关系先进表彰暨经验交流会议、全国总工会十五届十次主席团会议和全国总工会维稳工作会议精神，并提出贯彻落实意见。省总工会领导王丽华、张国兴、林锡明、张振飚、杨敏参加了会议。

23—24日，全国总工会基层组织建设部部长郭稳才到广东调研。郭稳才与省人大常委会副主任、省总工会主席邓维龙及省总工会常务副主席陈宗文进行了工作交流。

26—28日，第七届社会政策国际论坛暨系列讲座在中山大学举行。省总工会经审会主任杨敏出席会议，并就“工会与社会管理创新”发言。

27日，“幸福广东工人农民论坛”民营企业专场在东莞举办。省总工会巡视员孔祥鸿和特邀论坛嘉宾，以及200多名东莞民营企业职工代表共话幸福。

9月

4—8日，全国总工会女职工部副部长钟霞到广州、东莞，就女农民工素质提升工作开展情况进行调研。省总工会副主席王丽华陪同调研。

6日，省人大常委会副主任、省总工会主席邓维龙率领省总工会慰问团来到中山大学和广东实验中学，召开优秀教师代表座谈会，并通过他们向全省教职员工表达节日的问候。省总工会常务副主席陈宗文、省总工会副主席郭泽宇参加了座谈会。

7日，省人大常委会副主任、省总工会主席邓维龙，省总工会常务副主席陈宗文出席中交第四航务工程局有限公司成立60周年庆祝大会。省总工会纪检组组长廖汝捷出席了庆祝大会。

8日，省总工会召开全省工会主席会议。省人大常委会副主任、省总工会主席邓维龙出席会议并作重要讲话。省总工会领导陈宗文、郭泽宇、王丽华、张国兴、林锡明、张振飚、廖汝捷、杨敏、孔祥鸿出席会议。

14日，省人大常委会副主任、省总工会主席邓维龙及省总工会副主席郭泽宇在省总工会会见来访的以色列驻广州总领事馆总领事倪·亚伯拉罕一行，双方就经济合作、劳工保障等问题进行了友好交流。

14—15日，由省安监局和省总工会联合举办的“第六届广东安全知识竞赛暨粤港澳安全知识竞赛选拔赛”在广州举行。省总工会副主席张国兴出席活动并为获奖队伍颁奖。

14—16日，省际工会联动维护农民工合法权益协作会议在四川省成都市召开。省总工会副主席林锡明应邀出席大会。

15日晚，由省总工会、省体育局联合主办的“翩翩起舞颂党恩”广东省职工排舞电视大赛在广州石化公司举行。省人大常委会副主任、省总工会主席邓维龙，省总工会领导陈宗文、王丽华、张振飚、杨敏、孔祥鸿等莅临比赛现场观看了比赛。

16日，省总工会在南华工商学院举办新疆喀什工会和农三师工会赴粤培训班，省总工会常务副主席陈宗文设宴招待了培训班学员，省总工会副主席王丽华参加了开学典礼并讲话，省总工会巡视员孔祥鸿为学员主讲了“工会作用发挥与企业科学发展”一课。

18日，省总工会副主席郭泽宇在广州会见了国际劳工组织副总干事阿桑·迪奥普一行，并就双方共同关注的中国工会发展和国际工会运动等情况进行了交流和探讨。

19—22日，全国高新区2011年工会工作会议在惠州召开。省总工会经审会主任杨敏出席会议并致辞。

21日，广东省厂务公开民主管理联席会议在广州三禺宾馆召开第三次工作会议。省总工会巡视员孔祥鸿传达了全国深化厂务公开民主管理工作会议精神及中共中央书记处书记、中纪委副书记何勇的重要讲话精神，省人大常委会副主任、省总工会主席邓维龙作了会议总结。

21—28日，省总工会副主席张国兴率领省总工会援疆领导小组一行四人，会同中山大学中山眼科中心专家和医务人员赴喀什开展对口援疆相关项目工作。

27日，全国工会参与社会管理、做好职工法律援助维权服务工作经验交流会在北京召开。省总工会常务副主席陈宗文、省总工会副主席林锡明参加了会议。

29—30日，省总工会、广州市总工会在广州市第二工人疗养院举行了省、市工会机关干部工作交流暨联欢会。省人大常委会副主任、省总工会主席邓维龙，广州市人大常务会副主任、市总工会主席陈伟光和省、市总工会机关工会干部近200人参加了活动。

10月

8日，省人大常委会副主任、省总工会主席邓维龙主持召开了主席办公会议。省总工会领导陈宗文、郭泽宇、张国兴、林锡明、张振飚、廖汝捷、杨敏、孔祥鸿参加了会议。

8日，广东省各界纪念辛亥革命100周年大会在广州市中山纪念堂隆重召开。省总工会副主席郭泽宇出席了大会。

9日，省人大常委会副主任、省总工会主席邓维龙前往韶钢集团公司调研工会工作和企业文化建设。省总工会副主席张振飚、省总工会秘书长薛湘衡陪同调研。

11日，省委办公厅召开全省构建和谐劳动关系先进表彰暨经验交流会筹备组成员会议。省人大常委会副主任、省总工会主席邓维龙，省总工会常务副主席陈宗文，省总工会经审会主任杨敏，省总工会秘书长薛湘衡出席了会议。

11日，“广东省‘金锚杯’海员职工职业技能大赛”决赛在广东海事局仑头航测基地隆重举行。省总工会经审会主任杨敏出席大赛开、闭幕式。

17－19日，全国总工会经审办在广州召开课题研讨会，调研总结广东省工会经审工作的情况及经验。省总工会经审会主任杨敏参加了会议。

18日，省总工会召开积极倡导见义勇为座谈会。省总工会常务副主席陈宗文主持会议并就开展倡导见义勇为、弘扬传统美德系列活动进行部署。省总工会领导林锡明、张振飚、杨敏参加了座谈会。

18日，省总工会召开全省工会法律工作会议暨工会法律服务和劳动争议调解经验交流会。省总工会常务副主席陈宗文、省总工会副主席林锡明分别作了重要讲话。

18日，省总工会纪检组组长廖汝捷会见香港海员工会主席李志伟、副主席郭树一行，并就2012年在粤港澳三地举行“纪念香港海员大罢工90周年”活动进行了交流。

21－22日，省总工会副主席张国兴赴澳门出席了第六届粤港澳安全知识竞赛活动。

23日，省总工会在佛山市南海区大沥镇举行了全省职工“倡导见义勇为 弘扬传统美德”论坛暨承诺行动启动仪式。省总工会常务副主席陈宗文、省总工会副主席张振飚出席了启动仪式并讲话。

23—27日，全国“安康杯”竞赛活动第四检查组到广东检查工作，并到大宝山矿业和丹霞冶炼厂实地检查。省总工会副主席张振飚会见了检查组一行。

25—28日，省总工会副主席林锡明带领省劳务派遣用工情况调查组（第三组）赴揭阳、汕头、潮州，开展劳务派遣用工情况的调研。

26—28日，中国海员建设工会与中国劳动关系学院的领导到我会就船员劳动关系状况进行调研，省总工会纪检组组长廖汝捷与调研组的同志进行了会面交谈。

28—29日，由中国劳动关系学院主办、广州市总工会承办的2011’中国工会·劳动关系论坛——“集体协商：规范与建设”学术研讨会在广州市海珠区的第一次全国劳动大会旧址举办，广东省总工会经审会主任杨敏致欢迎词。

30日，由省委宣传部、省总工会等单位主办的幸福广东工人农民论坛总结场暨闭幕式举行。省总工会副主席张振飚参加论坛。

11月

10月30日—11月5日，省总工会巡视

员孔祥鸿率领广州、佛山和东莞三个有对口援疆任务的市总工会分管主席一行13人，前往新疆喀什地区工会考察调研。

10月30日—11月8日，省总工会在北京大学举办了广东省工会构建和谐劳动关系落实科学发展观高级研修班。省总工会副主席王丽华带队参加了此次培训。

11月1日—2日，省总工会纪检组组长廖汝捷前往江门市总工会，调研了解江门市维稳工作情况。

3—5日，省总工会副主席郭泽宇到汕尾市、汕头市及潮阳区进行调研，先后听取了各市（区）总工会的工作汇报，就如何进一步落实"创先争优"工作、如何推进工会工作和加强教育系统师德建设提出了指导性意见。

4日，第一次全国劳动大会旧址揭幕仪式在广州举行。全国总工会副主席倪健民、宣教部部长李守镇出席，倪健民作了讲话。省总工会副主席张振飚代表省总工会致辞。

9—10日，全国工会工资集体协商工作经验交流会在河南郑州召开。省总工会巡视员孔祥鸿参加了会议。

10日，海南省总工会赴广东工会考察团一行7人到我会考察，省总工会副主席林锡明向考察团介绍了我省工会律师团和劳动争议调解的工作情况。省总工会副巡视员薛湘衡参加了座谈。

10日，省教科文卫工会在省委礼堂召开了全省师德标兵表彰暨先进事迹报告会。省人大常委会副主任、省总工会主席邓维龙在会上做了重要讲话。省总工会常务副主席陈宗文宣读表彰决定，省总工会副主席郭泽宇主持表彰会。

15日，广东省教育厅组织专家组到南华工商学院清远校区考察论证学院转公工作。省总工会副主席张振飚全程参加了考察。

18日，我国目前规模最大的石化合资项目——中科（科威特）广东炼化一体化项目在湛江东海岛隆重举行开工仪式。中共中央政治局委员、广东省委书记汪洋，省委副书记、代省长朱小丹出席并为项目奠基。省总工会副主席张振飚代表省总工会参加了开工仪式。

20—21日，省总工会、省妇女联合会共同主办的2011年广东省家庭服务业职业技能大赛在清远举行。省总工会副主席王丽华出席了大赛闭幕式。

21—22日，省人大常委会副主任、省总工会主席邓维龙在肇庆考察并调研。邓维龙高度评价了肇庆市的工会工作，特别是对税务代收工会经费的进展情况给予了充分肯定。省总工会副主席张国兴、巡视员孔祥鸿陪同考察调研。

23日，省总工会在肇庆召开全省工会网络舆情工作会议，研究部署做好工会网络舆情工作。省人大常委会副主任、省总工会主席邓维龙在会上作了重要讲话。省总工会巡视员孔祥鸿主持会议。省总工会副主席张振飚、省总工会秘书长薛湘衡出席了会议。

24—25日，全国加强和创新社会管理工作座谈会在湖北省宜昌市召开。省人大常委会副主任、省总工会主席邓维龙参加了会议。

12月

1—2日，省总工会副主席张国兴带领调研组对肇庆、云浮两市推进工资集体协商工作的情况进行了专题调研。

2日，省总工会常务副主席陈宗文、省总工会副主席郭泽宇会见了美国国务院东亚太平洋司中国和蒙古办公室经济官员沃伦·威尔森以及美国驻广州总领事馆领事保罗·包德宝等一行3人，双方进行了亲切友好的会谈。

6—8日，省总工会纪检组组长廖汝捷

前往江苏连云港慰问中交广州航道局项目部干部职工，听取项目部工作介绍，了解项目部工会工作情况，并向项目部送去慰问金。

7—8日，省总工会经审会主任杨敏，对省总工会扶贫点丰顺县黄礤村的帮困扶贫工作进行了检查。

8日，“迈向双赢·构建和谐劳动关系”2011年度广东工会论坛在东莞举行。省人大常委会副主任、省总工会主席邓维龙出席论坛，省总工会常务副主席陈宗文作主旨发言，省总工会副主席张振飚参加论坛，省总工会巡视员孔祥鸿对论坛作总结点评。

9—10日，“加强人文关怀，构建和谐企业”——广东省国有企业工会女职工工作研讨会在肇庆举行，省总工会副主席王丽华出席会议并作讲话。

10日，深圳抽水蓄能电站开工仪式在深蓄电站上水库站址小三洲举行。省总工会副主席张振飙为广东省十项工程劳动竞赛调峰调频发电公司赛区深圳抽水蓄能电站项目进行授旗。

12日，省总工会常务副主席陈宗文到河源调研，察看了河源市职工文化活动中心，并与市总工会班子成员和中层干部进行了座谈。

12—14日，省人大常委会副主任、省总工会主席邓维龙，省总工会副主席郭泽宇前往粤东汕头、潮州和揭阳三市，视察工会工作并就贯彻“四为”工作指导思想、参与加强社会管理等工作开展调研。

13—14日，全国经济特区、开发区第24次工会工作会议在广州南沙经济技术开发区举行。省总工会常务副主席陈宗文出席了会议并在会上致辞。

14—16日，省总工会副主席林锡明带队赴梅州市督查工资集体协商工作开展情况。

15—16日，省总工会在东莞召开全省工会家政服务培训研讨会，省总工会副主席王丽华出席会议并讲话。

19日，省总工会常务副主席陈宗文、省总工会副主席王丽华与新疆喀什地区工会党组书记张卫民率领的访问团一行进行了座谈。

22日，省人大常委会副主任、省总工会主席邓维龙主持召开了主席办公会议。省总工会常务副主席陈宗文汇报了当前劳资纠纷的有关情况。省总工会领导郭泽宇、王丽华、张国兴、林锡明、张振飚、廖汝捷、杨敏、孔祥鸿参加了会议。

27日，省总工会行业性工资集体协商观摩会在顺德区龙江镇召开。省总工会巡视员孔祥鸿就进一步推进行业性工资集体协商工作作了讲话，并对2012年工资集体协商工作进行了动员与部署。

28日，南方工报社18周年社庆暨2011年年会在广东工会大厦举行。省人大常委会副主任、省总工会主席邓维龙出席。省总工会常务副主席陈宗文发表讲话，省总工会领导张国兴、林锡明、张振飚、廖汝捷、杨敏、孔祥鸿出席会议。

31日，全省构建和谐劳动关系先进表彰暨经验交流会在广州召开。省委书记汪洋作重要讲话，省委副书记、代省长朱小丹主持会议，省委副书记朱明国宣读表彰通报。省人大常委会副主任、省总工会主席邓维龙，省总工会领导陈宗文、林锡明、杨敏、孔祥鸿参加了大会。

综合篇

广东省总工会第十二届委员会主席、副主席、常务委员会委员名单

主　席：邓维龙

副主席：陈宗文（常务）　郭泽宇　王丽华（女）　张国兴　林锡明　张振飚

常务委员会委员（以姓氏笔画为序）：

孔祥鸿　丘仲宜　刘兰妮（女）　陈　彪　陈伟光　陈昭庆　张东升　宋　杰　宋善斌　杨　敏　程莉莉（女）　廖汝捷　薛湘衡

广东省总工会第十二届经费审查委员会主任、副主任名单

主任：杨　敏

副主任：杨谷清　钟　诚

广东省总工会纪检组领导成员名单

纪检组组长：廖汝捷

广东省总工会机关各部门领导成员名单

办公室

主　任：张东升

副主任：蓝智毅

组织部

部　长：宋　杰

副部长：黄　珣（女）

宣传教育部

部　长：宋善斌

副部长：周驷耕（2011 年 11 月离任）

省总工运研究室

主　任：冯建华

副主任：张　曼（女）

省港罢工纪念馆副馆长：江　涛（女）

广东省民营企业工会联合会（基层组织建设部）

主　席（部长）：周驷耕（2011 年 11 月任职）

副主席（副部长）：黎巧梅（女）

保障工作部

部　长：刘国斌

副部长：陈新娴（女）

劳动保护部

部　长：彭　放

副部长：黄海生

经济工作部

部　长：李京生
副部长：李　键

省总法律顾问室

主　任：许平坚
副主任：张嘉琪（女）
　　　　沈寒英（女）

女职工部

部　长：郭开农（女）

财务部

部　长：田紫光
副部长：李东跃（女）

广东职工对外交流中心（省总国际部，2011年12月更名为广东省总工会对外交流中心）

主　任（部长）：许国胜
副主任（副部长）：刘　伟（2011年7月离任）

经审办（审计室）

主　任：杨谷清
副主任：孔　玫（女）

机关党办（纪检监察室）

主　任：谢岩梅（女）
机关党委副书记：张国兴
机关工会主席：谢岩梅（女）

省总实业发展中心

负责人：吴兆全（调研员）
副主任：陈小翠（女）
　　　　陈文新
　　　　陈　双（女）

省总职工技术协作办公室

负责人：张卫平（调研员）
副主任：陈慧玲（女）

老干部工作处

处　长：宋建华
副处长：唐妙云（女）

机关后勤服务中心

主　任：李天荣

2011年全省工会工作综述

2011年，全省各级工会牢牢把握科学发展主题，抓住加快转变经济发展方式主线，围绕加快转型升级、建设幸福广东这一核心，坚持为职工服务、为党政分忧、为企业和谐、为经济加油，找准工会参与加强和创新社会管理的着力点和切入点，注重民生、服务为先，统筹兼顾、突出重点，扎实推进工会各项工作，取得了明显成效。

一、广泛开展庆祝建党90周年系列活动，坚定广大职工的理想信念

各级工会把学习贯彻胡锦涛总书记“七一”重要讲话精神作为首要政治任务来抓，组织广大职工和工会干部认真学习领会讲话精神，坚定永远跟党走的信念。省总工会承办了由中共中央政治局委员、省委书记汪洋亲自点题的“幸福广东工人农民论坛”首场及另外两场活动，在全省职工中开展“建设幸福广东，我们有话说”有奖征文活动，使广大职工进一步深化了对幸福广东的认识。举办了“颂歌献给党”职工合唱比赛和“翩翩起舞颂党恩”全省职工排舞电视大赛，与省文联、省书法家协会、广东书法院联合主办“永远跟党走”职工书法艺术大赛，集中展示了新时代广东工人阶级的风采和品格。

二、深入开展主题竞赛活动，进一步发挥了工人阶级主力军作用

制定下发了《省总工会组织动员广大职工为实现“十二五”规划目标任务创先争优建功立业的决议》和《省总工会2011—2015年劳动竞赛规划》，进一步激发广大职工的创造热情。举行我省“当好主力军、建功‘十二五’”主题竞赛暨港珠澳大桥建设劳动竞赛启动仪式，该竞赛成为全省首个全国重大工程示范性劳动竞赛。组织召开了庆祝“五一”国际劳动节暨劳模表彰大会，表彰了70位全国五一劳动奖章获得者、17个全国五一劳动奖状获得单位、50个获得全国工人先锋号的班组、179位省五一劳动奖章获得者和198个获得省工人先锋号的班组。组织400多名全国和省部级劳模参加休养活动，营造尊重关爱劳模的良好氛围。

三、落实“两个普遍”，以劳动关系的和谐促进社会和谐

一是依法推动企业普遍建立工会组织。认真贯彻工会组建工作三年规划，以提高职工入会率为重点，加大区域性、行业性工会组建力度，采取有效措施最大限度地把包括农民工、劳务派遣工在内的广大职工组织到工会中来。与省交通厅联合下发了《关于进一步推进道路运输企业工会组建工作构建和谐劳动关系的意见》，到2011年年底，全省所有出租车企业、道路客运企业及城市公交企业全部组建工会组织，全省所有出租车企业、道路客运企业及城市公交企业职工（包括司机）入会率达到80%。截止到2011年9月底，全省基层工会数21.59万家，增长6.66%；涵盖单位61.2万家，增长6.33%；工会会员发展到2261万人，比上年净增196万人，增长9.51%，其中农民工会员1208万人，增长14.93%。继续探索和总结区域性、行业性基层工会联合会聘用工会工作者的工资由上级工会分级负担的做法，有计划、有步骤地推进企业工会主席民主选举试点工作。

二是依法推动企业普遍开展工资集体协商。大力加强区域性、行业性工资集体协商和世界500强在华企业建制工作，下发了《省总工会工资集体协商指导员管理暂行办法》，加强工资集体协商指导员队伍建设，推动各级工会加强对工资集体协商指导员的培训。据不完全统计，截止到2011年9月底，广东工会系统共聘请工资集体协商指导员8367人，到年底，广东工会聘请的工资集体协商指导员逾万名。召开党工共建暨工资集体协商现场会，推广工资集体协商成功单位的经验做法。

三是充分发挥工会法律服务律师团作用。指导、规范21个地级市工会法律服务律师分团工作，建立广东省工会法律服务律师团定期会商机制和“特约律师接待日”制度，参与调处重大劳动纠纷，为职工提供法律咨询和法律援助。截止到2011年6月，全省工会法律服务律师团共参与举办法律宣传活动294场次，组织法律培训119次，解答法律咨询31588人次，代理仲裁案件1326件，代理诉讼案件1268件，参与工资集体协商313家，调解劳动争议759件，受委托开展劳动争议诉前调解258件，为职工挽回经济损失1亿2千多万元。广东工会法律服务律师团的工作受到中共中央政治局委员、广东省委书记汪洋和全国总工会的充分肯定。在“全国工会参与加强和创新社会管理，做好职工法律援助等维权服务工作经验交流会”上，广东专门介绍了工会的法律服务工作经验。

四是劳动争议调处工作迈上新台阶。认真总结处置职工群体性事件经验，按照“防调结合，以防为主”的工作原则，根据各地实际情况，因地制宜，各施其策，力求将劳动争议化解在基层、消除在萌芽状态。省总工会与省人力资源和社会保障厅、省企业联合会、省工商联联合制定印发了《关于加强劳动争议调解指导工作的意见》，进一步加强基层劳动争议调解组织和劳动争议调解员队伍建设，对劳动争议调解员开展有针对性的培训。截止到2011年年底，广东省各类企事业单位共建立基层劳动争议调解委员会58357个，建立区域性、行业性劳动争议调解组织1133个。积极配合全国人大常委会开展的《劳动合同法》执法检查，推动规范劳务派遣用工行为。

四、加大帮扶工作力度，积极为职工办实事、做好事

按照年初部署，为职工群众扎实办好十件实事。元旦、春节期间，全省工会共筹集慰问款物11333万元，走访慰问了困难企业6186家，慰问困难职工、农民工和节日期间坚守工作岗位的一线职工214016人。深入实施“农民工援助行动”和“家政服务工程”，组织“全省工会就业援助月”活动，为农民工提供各种技能培训和就业服务。按照汪洋书记关于防暑降温工作的重要批示精神，积极开展“送清凉”活动，督促企业按要求发放高温补贴。启动全省“金秋助学”活动，积极筹措资金帮助困难职工子女完成学业。开展关爱行动，在全省女职工中开展“两癌”普查。联合有关部门开展了农民工工资支付情况专项检查，共为11.86万名农民工追回工资及待遇25021.89万元。

五、切实维护职工队伍稳定，有效防御敌对势力的渗透

针对上半年广东省部分地区货车、客车、出租车司机发生多起停工上访事件，省总工会及时召开会议，对进一步做好职工队伍稳定和防范抵御境内外敌对势力渗透工作进行全面具体的部署。深入贯彻汪洋书记的重要批示精神，省总工会领导带头到珠三角各市开展调研，加强与民间“维权”组织和“维权”人士的正面接触，摸清核实民间“维权”组织情况，按照“接触、引导、利用、改造”的方针开展工作。在珠海召开的全国工会维稳工作座谈会上，广东省总工会就维权维稳工作作了交流发言，全国总工会充分肯定了广东依靠行政主导、善用市场推动化解劳动争议的经验。

六、以创先争优活动为契机，推动工会各项工作取得新进展

成功举办粤港澳台四地暨珠三角九市工会新春团拜会，不断加强与国外工会组织及港澳台地区工会之间的友好交流与合作。佛山小悦悦事件发生后，召开“谴责见死不救行为，倡导见义勇为精神”座谈会，举办全省职工“倡导见义勇为·弘扬传统美德”论坛暨承诺行动启动仪式，在全省职工群众中树立正确的社会公德观。加强工会网络宣传工作，在全省范围内建立一支由机关和企业基层工会干部组成的400人工会网络宣传员队伍，承担网络信息、网络宣传、网络舆情工作任务。加大对“双到”对口帮扶村的扶持力度，今年继续投入300多万元，开展修建村集体经济水电站等项目，取得阶段性成果。积极开展对口援疆工作，落实工作资金，选派干部赴疆挂职，三大援建项目顺利实施。

组织工作

【做好省总工会第十二届委员会第五次全体会议组织人事事项的相关筹备工作】 广东省总工会第十二届委员会第五次全体会议于2012年年初在广州召开，组织部主要负责相关组织人事事项的筹备工作。组织部下发了《关于替补、增补省总十二届委员会委员、经费审查委员会委员的通知》，对相关材料进行认真审核、把关，整理成册。同时做好委员、经审委员增替补工作以及相关选举工作的前期准备工作，为全委会的召开做好充分的准备。

【加大工会干部教育培训力度】 一是制定培训规划和计划。制定“十二五”工会干部培训规划，对“十二五”期间全省工会干部教育培训工作进行总体规划和部署，并将《2011—2015年广东省工会干部教育培训规划》印发全省各级工会。同时，制定下发了2011年全省工会干部的教育培训方案和干部调训计划，部署培训相关工作。二是落实培训计划，举办各项培训班次。全年省总干校共举办培训班31期（2812人），其中女工班3期（422人）、适应性班18期（974人）、专业性班3期（220人）、轮训班1期（179人），其他培训班6期（1017人），校外培训50000多人。同时，各市进一步加大了培训工作力度，不断创新培训载体，成效显著。三是严格按要求完成调训任务。配合全总劳动关系学院和省委党校，做好干部调训工作。2011年度参加省委党校主体班次培训的机关干部有2人，参加相关高校培训的有4人，同时选派19名工会干部参加全总劳动关系学院的培训，完成了相关调训任务。四是围绕中心，服务大局，启动“两员班”培训。普遍开展工资集体协商、构建和谐劳动关系是当前省总工会的中心工作，省人大常委会副主任、省总工会主席邓维龙相应提出要加强工资集体协商指导员、劳动争议调解员（简称“两员”）队伍建设。围绕中心工作，组织部启动了“两员班”培训，相继举办了广东省工资集体协商指导员培训班和工会劳动争议调解员培训班，均取得良好的效果。五是继续“走出去”，在北京大学举办高级研修班。2009和2010年，省总工会都在北京大学举办了高级研修班，2011年省总继续在北京大学举办了构建和谐劳动关系落实科学发展观高级研修班，充分利用高校资源培训各级工会干部。六是向全总推荐5名劳模参加学习。根据《中华全国总工会办公厅关于认真做好2011年度劳动模范本科班招生工作的通知》（总工办发［2011］26号）要求，向全总报送了来自深圳、珠海、惠州、阳江等地的5名全国劳模或全国五一劳动奖章获得者参加。七是充分利用网络平台进行培训。根据全总组织部和省委组织部的要求，进行全国工会干部教育培训网和广东省干部培训网络学院的相关宣传和使用工作，号召全省工会干部充分利用这两个网络平台进行学习。筹备建设广东省工会干部教育培训网站，以充分利用各项资源，进一步提高工会培训工作服务水平。八是进行培训总结。给省委组织部报送2011年干部培训情况统计表和2012年干部培训需求调查表。同时，对2011年度的培训工作进行总结、考核，制定2012年的培训工作计划和培训工作指导意见。

【进一步加强干部协管工作】 省工会十二大以来，省总工会加强了各级工会领导班子建设和工会干部协管工作。2011年是市、县、镇三级集中换届之年，工会干部协管工作任务相对比较重。一是做好各地级以上市总工会以及相关产业厅（局）工会领导班子成员的调整和任免。2011年全省11个地级以上市总工会、20个产业厅（局）工会及其所属基层工会的领导班子成员进行了调整，组织部积极与有关党委（党组）沟通协商，做好地级以上市总工会和省总直属工委会领导班子调整的协管工作，指导和帮助下级工会完成好选举程序和报批手续，继续着力加强工会干部队伍建设。二是推动县级工会主席由同级副职担任。在市、县集中换届的过程中，各市总工会全力推动县级工会主席由同级副职担任工作，有63个县级工会主席进行了调整，在121个县级工会中，已有 104 个县级工会主席由同级副职担任。

【认真做好人事相关工作】 一是继续做好事业单位分类改革相关工作。年初正式向省编办上报了省总工会事业单位分类改革方案后，继续积极与省编办联系沟通，努力推动省总工会事业单位分类改革工作顺利进行，着力理顺管理体制。二是报送机关劳动关系情况。按照有关规定，向省委组织部、省人社厅、统计局和区、街道等部门报送了省总各类劳动情况，包括人事工资统计、管理人才、专业技术人才资源统计等，指导各直属单位做好专业技术人员的职称审核，为进一步依法完善各类劳动关系打下了坚实的基础。三是做好机关干部提拔任用及调整工作。2011 年省总机关共提拔任用 8 名副调研员及 2 名正处级干部，调整 2 名副处级干部，组织部严格按照规定和程序做好相关工作，实行新提任干部任前谈话制度；到省委组织部办理了 1 名试用期满调任干部、3 名试用期满公招干部及 1 名军转干部的公务员登记手续。四是做好机关干部录用调动工作。根据省委组织部的统一部署，做好公开招录 7 名公务员的报名、审核、考试、体检、考察、报批等工作，同时全力配合省委组织部等有关部门选派考官参与 2011 年广东省公务员的面试工作。在干部调配方面，今年省总推荐 1 名处级干部到新疆喀什地区任职，按程序办理调任公务员 1 名。五是做好工资福利调整增发工作。严格按照有关规定，做好机关及直属事业单位在职人员工资和离退休人员离退休费以及相关补贴的常规调整、增发工作。根据省直机关单位工资业务部署会议精神，按 2011 年工作性津贴、生活性补贴新标准，做好编内机关干部职工和离退休人员津贴、补贴补发工作。六是做好机关实名制工作。按照省编办关于开展省直事业单位实名制工作的部署，结合省总工会实际情况，完成所属事业单位的干部实名制录入报送工作，并及时做好机关和事业单位实名制人员信息的变动调整工作。七是召开计生工作会议。2011 年 9 月，召集省总工会计生领导小组成员、计生干部进行本年度的总结并布置明年的计生工作，对如何在新时期做好计划生育工作作了专题研究。八是做好部门其他常规工作。组织部负责的计划生育、干部年度考核、福利、统计、人事档案、考勤、干部疗休养等常规工作，都依法依规、有条不紊地开展。

【认真做好相关调研工作】 根据全国总工会组织部的工作安排，组织部对已建立的乡镇（街道）总工会及地方工会选聘社会化工会工作者的有关情况进行了调研，以研究提出在发展社会主义市场经济和构建社会主义和谐社会新形势下规范建立乡镇（街道）总工会以及各级地方工会选聘社会化工会工作者的意见和建议。同时，在人事任用方面，根据省总现有的人员结构状况进行调研，形成省总人员结构现状调查的分析报告，为干部队伍的长远建设提供政策依据。

【首次制定职工权益保障考评办法，纳入各市落实科学发展观实绩考核】 2011 年 12 月 2 日，省委组织部召开制定落实科学发展观考核指标评分办法协调会。根据协调会部署，省总工会高度重视，以落实全国总工会提出的“两个普遍”为出发点，由组织部牵头负责，与办公室、基层部、法律顾问室共同研究制定了职工权益保障评价指标及考评办法，把企业工会组建、企业工会发展会员、建会企业工资集体协商建制和职工群体性事件报告处理情况作为职工权益保障评价指标，并把四项考评指标分别按 20%、20%、40%、20%得分比例计算各市职工权益保障得分。考评办法获省委组织部考评办通过，并从2011年起对各市开展考核。这是广东省首次把职工权益保障纳入各市落实科学发展观实绩考核，也是首次把工会组建、发展会员、工资集体协商等工会重点工作纳入对各市的量化考核，对我省工会工作创新发展、更好地维护职工合法权益必将具有重要的推动作用。（张祖耀）

宣传教育工作

【主办幸福广东工人农民论坛】 为“加快转型升级，建设幸福广东”，根据省委常委会决议，在省委宣传部的统一部署下，4月24日，省总工会在广州珠江宾馆举办了论坛启动仪式暨以“说身边事，谈幸福感”为主题的国企专场论坛；6月12日，在惠州仲凯开发区乐金公司举办了以“打工谋福”为主题的外企专场论坛；8月27日，在东莞高埗镇唯美工业园文化中心举办主题为“和谐求福”的民企专场论坛。此外，省总工会宣教部和《南方工报》联合开展了“建设幸福广东，我们有话说”有奖征文活动，活动共收到来稿86篇，刊用29篇，并评出10篇获奖作品。

【做好2011年工会新闻宣传报道工作】 围绕省总工会重点工作，如庆祝“五一”暨劳模表彰大会活动、粤港澳台四地暨珠三角九市工会新春团拜会、广东省总工会十二届四次全委会、幸福广东工人农民论坛、港珠澳大桥劳动竞赛活动、广东省总工会结对帮扶梅州黄礤村工作等，做好各项新闻宣传报道工作。11月22日至24日，在肇庆举行了“广东省工会网络舆情工作会议”及工会干部网络舆情培训，拟在全省范围内建立一支由机关和企业基层工会干部组成的400人的工会网络宣传员队伍，承担网络信息、网络宣传、网络舆情工作任务。

【做好职工素质建设、职工职业道德建设、职工书屋建设工作】 按照全国职工素质建设工程五年规划的要求，2011年进一步做好职工素质建设、职工职业道德建设、职工书屋建设等工作。有1个单位获评全国标兵单位，2个单位获先进单位称号，3名个人获先进个人称号。推荐61个单位为全国职工教育培训示范点，其中6个为优秀示范点。推荐80个基层单位为全国职工书屋示范点。

【参加“铁人杯”全国职工工会知识竞赛】 为加强全省职工尤其是新生代职工对党的历史与知识、工会的历史与知识的学习和了解，1月至4月，在广东省工会干部与广大职工中举行“党的知识与工会知识”竞赛活动，全省各级工会共有22多万人次的职工参加。广东省总工会组队参加了“铁人杯”全国职工工会知识竞赛并获得优秀代表队、优秀组织奖。

【承办粤港澳女职工书画摄影作品大赛】 为庆祝“三八”国际劳动妇女节101周年，粤港澳三地工会联合举办了以“新时代、新女性、新风采”为主题的粤港澳女职工书画摄影作品大赛活动。大赛征集到书法作品353件，美术作品339件，摄影作品1748件，展出作品150多件。

【举办“翩翩起舞颂党恩”全省职工排舞电视大赛】 9月15日，在广州石化公司影剧院举办的排舞比赛，共有21支队伍参赛。比赛决出金奖6名、银奖7名、铜奖8名、最佳编排奖2名、最佳服装奖2名和优秀组织奖18个。省人大常委会副主任、省总工会主席邓维龙等领导与近千名观众一起观看了比赛并为获奖单位颁奖。为做好排舞推广普及工作，4月12日至14日，省总工会宣教部从全省各基层单位选调12名具有良好的排舞教学基础、展演创编基础的文体骨干在珠海进行了高级教练集训。6月10日至13日，在花都举办了为期四天的排舞培训师师资班，为基层培训职工文体师资骨干。10月11日至20日，在深圳市工人文化宫举办了为期十天共两个批次的广东省第四期排舞培训师师资班培训，至此全省参加排舞培训的职工达2万多人次。

【举办“永远跟党走”职工书法艺术大赛】 2011年4月至8月，由广东省总工会、省文联、省书法家协会、省书法院联合主办，省书法院、省职工文体协会承办的“永远跟党走”全国职工书法艺术大赛在广州举行。活动共收到参赛作品7000多件，评出85件获奖作品、314件入展作品，其中399件优秀作品于7月8日在广州文化公园展出。

【举办“颂歌献给党”广东省职工庆祝建党90周年合唱比赛活动】 7月26日至28日，在广州星海音乐厅举行“颂歌献给党”广东省职工庆祝建党90周年合唱比赛活动，共有22支合唱队伍参赛。比赛决出特等奖3名、金奖3名、银奖6名、铜奖10名和优秀组织奖22个。这是广东省一次较高水平的合唱比赛，反映了广东省职工合唱队伍的整体深厚基础和出色艺术水准。

【加强职工文化建设，出版《广东职工文体》杂志】 以广东省职工文化体育协会为载体，大力开展各项职工文体活动。创办《广东职工文体》双月刊杂志（粤内登字0第11499号），开展2011年度广东工会“情系职工”电影放映活动，职工观影人数近7万人次。2011年12月全总文工团到广州、深圳、肇庆等地开展6场“工会与职工心连心”大型慰问演出活动。 （赵婕）

经济技术工作

【制定广东省总工会2011—2015年劳动竞赛规划】 “十二五”时期是广东全面建设小康社会、率先基本实现社会主义现代化的关键时期，也是深化改革开放、加快转变经济发展方式的攻坚时期。为充分发挥全省广大职工在实施“十二五”规划中的主力军作用，2月28日，省总工会制定下发了2011—2015年劳动竞赛规划。

【举办广东省“当好主力军、建功‘十二五’”主题竞赛暨港珠澳大桥建设劳动竞赛启动仪式】 5月30日，广东省“当好主力军、建功‘十二五’”主题竞赛暨港珠澳大桥建设劳动竞赛启动仪式在珠海市港珠澳大桥主体工程施工总营地举行。省委副书记、省纪委书记朱明国，中华全国总工会党组纪检组组长、书记处书记王瑞生，省人大常委会副主任、省总工会主席邓维龙和省十项工程劳动竞赛领导小组成员单位领导、各地级以上市劳动竞赛委员会领导及各参赛单位代表共400多人参加了启动仪式。王瑞生代表全国总工会发表了重要讲话并向港珠澳大桥管理局授予“全国重大工程示范性劳动竞赛”旗帜；朱明国代表广东省委、省政府对劳动竞赛工作提出了希望和要求。港珠澳大桥建设工程是广东首个列入全国重大工程示范性劳动竞赛的建设项目，它是在“一国两制”条件下粤港澳三地首次合作共建的超大型基础设施项目，总投资估算为729.4亿元，计划2016年年底建成通车。该项目跨海逾35公里，建成后将成为世界最长的跨海大桥。大桥设计建设6.7公里的海底隧道，施工难度为目前世界第一。为加强对该项目建设劳动竞赛的领导和指挥，广东省总工会制订了《港珠澳大桥建设创先争优劳动竞赛办法》，并成立了相应的劳动竞赛组织领导机构。

【表彰2011年度劳动竞赛中涌现出来的先进集体和个人】 省十项工程劳动竞赛领导小组对2010年度省十项工程劳动竞赛中涌现出来的17个先进集体和29个先进个人进行了总结表彰。省总工会、省人力资源和社会保障厅、省经济和信息化委员会、省科技厅授予2010年度省职工职业技能大赛各工种竞赛优胜选手189人“省职工经济技术创新能手”称号。省总工会对其中获得“省十项工程劳动竞赛模范集体”称号的6个集体，颁发省五一劳动奖状；对其中获得“省十项工程劳动竞赛先进个人”称号（竞赛模范企业家、模范科技工作者、模范工人）的29名职工，以及获得2010年度省职工职业技能大赛各工种决赛第一名的57位选手，颁发省五一劳动奖章。

【做好对为广州亚运会、亚残运会的筹备和运行作出突出贡献的先进集体和个人的评选推荐工作】 2010年第16届广州亚运会、亚残运会的成功举办是我国继北京奥运会、上海世博会之后的又一盛事，对推动科学发展、促进社会和谐和加强亚洲地区的联系与沟通具有十分重大而深远的意义。在广州亚运会、亚残运会的筹备和运行期间，全省广大职工围绕省委、省政府的部署，勇担重任、全力投入、锐意创新、勇于奉献，广泛深入开展以“优质、高效、快速、创新、安全、廉洁”为主要内容的“迎亚运、促发展、立新功”劳动竞赛，为亚运场馆等重点工程建设和公安保卫、交通运输、供电供水、综合服务等运行保障工作作出了重要贡献。为大力弘扬工人阶级的伟大品格和劳模精神，动员、激励广大职工为实施“十二五”规划建功立业，广东省总工会按照优中选优的原则，在各个系统和层面上部署开展评选推荐工作。全国总工会对此首次进行专项表彰，共授予我省全国五一劳动奖状25个，全国五一劳动奖章30名，全国工人先锋号35个。

【大力深化和拓展广东省十项工程劳动竞赛】 继续抓好各地、各赛区的一批重大工程示范性劳动竞赛。一是在以省交通集团公司、中国南方电网等基础建设单位为主体的12个赛区里，深入开展以“优质、高效、快速、创新、安全、廉洁”为内容的“六比六赛”活动，推动重点工程劳动竞赛不断向深度和广度进军。二是积极围绕我省现代产业500强项目，如广州浪奇南沙工业园等，开展全省重大工程示范性劳动竞赛活动，不断扩大重点工程劳动竞赛的领域和范围。三是推动各地、各行业围绕自身重点项目、重点工作开展新一轮的“比、学、赶、帮、超”活动。如深圳市围绕第26届世界大学生运动会的场馆建设重点工程和运行保障重点工作展开劳动竞赛，充分发挥广大职工群众在办好大运会中的积极性、主动性和创造性。

【精心组织广东省职工职业技能大赛各工种赛事】 在坚持推动优势传统产业广泛开展职工职业技能大赛的基础上，有关竞赛工种和项目不断向先进制造业和现代服务业延伸扩展。全年共有38个行业41个工种（项目）技能比赛纳入由省总工会、省人社厅、省经信委、省科技厅主办的全省职工职业技能大赛范围。其中如家政服务、物业管理、证券金融等领域的10个工种（项目）属于首次列为省职工职业技能大赛的项目。行业性职工职业技能大赛和地方性职工技术运动会相互衔接、上下联动，使群众性岗位练兵、技术比武活动蓬勃发展，有力地提升了广大职工的劳动技能和综合素质。

【深入推进全省群众性经济技术创新活动】

全省各级工会组织围绕自主创新、节能降耗、提高效益等三大主题，组织广大职工深入开展“小革新、小发明、小创造、小设计、小建议”等活动，深入推进“我为节能减排作贡献”的成功做法，积极引导劳动竞赛常态发展、创新发展。总结推广了中山市总工会开展“两房竞赛”（电工房和锅炉房）和深圳创维、广州无线电开展职工技术创新工作等一批经验。其中，广汽日野重卡组装科最终线组的“创新管理方式，建设一流班组”经验，获得了全国总工会、工业和信息化部、全国工商联等部委的表彰，并在2011年11月召开的全国非公企业班组建设工作推进会上进行推广。

【选树劳模、宣传劳模，推动时代进步和发展】 2011年，全省共评选推荐全国五一劳动奖状19个、全国五一劳动奖章70人、全国工人先锋号55个；评选表彰省五一劳动奖章179名、省工人先锋号198个。省委、省政府高度重视劳动模范的评选表彰工作，4月29日上午在广州隆重召开了广东省庆祝“五一”国际劳动节暨劳模表彰大会，中共中央政治局委员、省委书记汪洋出席会议并与劳模合影留念，省委副书记、省长黄华华代表省委、省政府在大会上作了重要讲话。在劳模的评选和宣传过程中，全省各地抓住典型进行重点宣传，努力营造选树劳模、学习劳模、赶超劳模的氛围，在社会上取得了良好的成效。

【关爱劳模，落实劳模各项政策待遇】

2011年，省级慰问活动由省总工会领导带队，共慰问各条战线劳动模范近100人次，向每位劳动模范送去慰问信和慰问金（1000元），倾听他们的意见和要求，把党和政府对劳动模范的关怀送到他们的心坎上；努力做好省部级以上劳模荣誉津贴的发放工作，召开了第十次劳模荣誉津贴发放工作协调会，研究和落实建立劳模“三金”和疗休养等制度。截至2011年5月31日，享受省部级以上劳模津贴的共有9244人，全年共发放劳模荣誉津贴1908.400万元。

【深入开展省部级老劳模生活状况调查研究】

根据省委主要领导的指示，2011年对3667名广东省改革开放前的老劳模进行了社会保障和生活状况调查。调查采用问卷调查、座谈、听取和收集意见等方式进行，深入了解省部级老劳模群体的生产生活状况，详细了解和分析广东贯彻落实劳模政策情况和存在的主要问题，提出了进一步推动我省劳模工作创新和发展的具有指导性、政策性和可操作性的意见和建议。调查报告提出了提高老劳模的收入标准，解决部分企业退休老劳模收入低的问题，确保在职老劳模的收入达到当地职工平均工资的1.2倍，退休老劳模收入不低于当地平均养老金的1.2倍。对没有达到标准的老劳模，由省财政划拨资金予以差额补齐；建立老劳模医疗帮扶救助长效机制，由省财政每年安排专项资金，用于老劳模因患重大疾病的救助；争取政府支持，解决省级劳模住房困难问题（以省、市财政，老劳模所在单位，老劳模本人三个一点的方式帮助老劳模建新房或以代付租金的方式租房，优先帮扶无房户和人均5平方米以下老劳模建新房）；优先服务，解决老劳模就医难问题（由各地医疗机构为70岁以上老劳模办理“老劳模医疗速诊证”）；建立健全各级劳动模范协会组织，及时了解和准确掌握老劳模的诉求和生活困难情况等五项建议，省委书记汪洋、省长黄华华等省委、省政府主要领导在报告上作了重要批示。

劳动保护工作

【继续深入开展全国“安康杯”竞赛活动】

根据全国总工会、国家安全生产监督管理总局《关于2011年度开展全国“安康杯”竞赛活动的通知》精神，2011年2月12日省总工会、省安全生产监督管理局下发了《关于2011年度开展全国“安康杯”竞赛活动的通知》。围绕“抓班组，提高管理水平；重教育，推进安全文化”竞赛主题，提出总体目标：力争在上年的基础上，2011年参加“安康杯”竞赛活动的企业和职工人数分别增长10%，参赛企业班组100%参赛，参赛企业死亡、重伤事故有所下降，职业危害状况有所改善。一年来，全省地级以上市和省级产业工会共组织1.7万家企业和450万名职工、21万个班组报名参加全国“安康杯”竞赛活动。

【表彰“安康杯”竞赛活动先进】　2011年5月9日，省总工会和省安全生产监督管理局下发《关于2010年度获得全国和省“安康杯”竞赛先进集体和优秀个人审核情况通报》。中华全国总工会和国家安全生产监督管理总局决定授予广东省76家企事业单位为全国“安康杯”竞赛活动优胜企业，授予37个班组为全国“安康杯”竞赛活动优胜班组，授予6个单位为全国“安康杯”竞赛活动优秀组织单位，授予9名个人全国“安康杯”竞赛活动优秀组织者称号，授予广东电网公司江门鹤山供电局全国“安康杯”竞赛活动示范企业称号，授予广东火电工程总公司党委书记兼总经理刘成业、广东省基础工程公司总经理钟晓辉“安康企业家”称号。5月31日，省总工会下发《广东省总工会关于向全国“安康杯”竞赛优胜企业颁发广东省五一劳动奖状的决定》，授予连续三年以上取得突出成绩，获得全国“安康杯”竞赛优胜企业荣誉称号的广东电网公司江门鹤山供电局、广东省源大水利水电集团有限公司、中国航油华南蓝天航空油料有限公司广东省五一劳动奖状。

【召开全省工会劳动保护工作会议】　省总工会于2011年7月7日在肇庆市召开全省工会劳动保护工作会议，来自各地级以上市、产业工会、重点企业的工会劳动保护工作负责人共90多人参加了会议。省总工会副主席张国兴在会上讲话，对2009年以来全省工会劳动保护工作情况作了总结，并对今后的工作进行了部署。部分代表在会上作了经验介绍。会议还对2010年度“安康杯”竞赛活动优胜单位、荣获广东省五一劳动奖状的三家单位进行表彰，并在会后举行广东省“企业班组查事故隐患、保安全生产”演示比赛。

【企业班组查事故隐患、保安全生产比赛】

根据全国总工会等四部门《关于加强班组建设的指导意见》精神，省“安康杯”竞赛组委会发文《关于举办广东省“企业班组查事故隐患、保安全生产”活动比赛的通知》，决定2011年上半年举办全省“企业班组查事故隐患、保安全生产”幻灯片演示比赛。通过初赛层层选拔，共推荐10个班组参加7月8日在肇庆举行的成果展示比赛决赛，评选出一等奖2个、二等奖3个、三等奖5个。荣获一等奖的广州白云国际机场股份有限公司安检护卫部钢铁卫士班组、广东电网公司珠海供电局电力调度通信中心监控班两个班组被广东省总工会授予“广东省工人先锋号”称号。

【做好夏季防暑降温工作】 为落实汪洋书记2011年8月1日有关高温季节劳动保护工作重要指示和国家安全监管总局办公厅、卫生部办公厅、人力资源和社会保障部办公厅、全国总工会办公厅《关于进一步做好夏季防暑降温工作的通知》精神，预防高温中暑及各类高温作业引发事故，切实维护劳动者的职业安全健康权益，省总工会下发了《关于做好高温季节劳动保护工作的通知》，要求各地、各单位认真做好防暑降温工作，从事高温、露天工作的行业要根据生产特点和具体条件，合理安排职工工作和休息。并督促用人单位严格按照《关于公布广东省高温津贴标准的通知》规定，在每年的6至10月向劳动者支付每人每月150元的高温津贴。8月2日至6日，省总工会联合省人社厅、省住建厅、省卫生厅、省安监局等部门在全省组织开展夏季防暑降温工作落实情况专项检查。

【开展省际“安康杯”竞赛互检】 根据全国“安康杯”竞赛组委会办公室《关于开展2011年度“安康杯”竞赛活动检查的通知》要求，贵州、广西、湖北、广东为第四组，开展“安康杯”竞赛互检活动。检查组于10月23日至27日到广东检查工作，先后听取了广州白云国际机场、广东省第四建筑工程公司、韶关市总工会汇报，到大宝山矿业和丹霞冶炼厂实地检查。

【开展形式多样的劳动安全卫生宣传教育培训活动】 一是2011年9月份与省安监局联合举办“第六届广东安全知识竞赛暨粤港澳安全知识竞赛选拔赛”，大力宣传安全生产方针政策和法律法规，普及安全常识，弘扬安全文化。二是与省安监局等部门联合开展“安全生产月”活动，重点突出“安全责任，重在落实”的2011年活动主题。三是与国家安监总局培训中心联合举办“职业安全健康与生产安全事故应急培训演练技术培训班”，有100多人参加。四是下发《关于继续开展全国职工职业安全卫生知识普及教育及竞赛的通知》，组织职工参加全国职工职业安全卫生知识竞赛。五是下发《转发关于举办全国“安全生产督导师/员”职业培训班的通知》，组织企业职工50多人参加培训。六是以东莞虎门镇工会职工技术培训学校为依托，举办形式多样的安全生产知识讲座活动7期，共培训634人次。七是为提高基层工会劳动保护干部业务水平，于2011年8月31日在省总工会干校举办全省县级工会劳动保护干部业务培训班，有80多人参加。

【开展职业危害隐患排查和安全生产专项治理活动】 发动各级工会和广大职工继续深入开展事故和职业危害隐患排查活动，推动重大隐患整改责任、资金和监控措施落实到位。发动企业班组广泛开展查事故隐患、保安全生产活动，提高企业安全生产管理工作水平。加强对农民工相对集中的建筑、交通、化工等高危行业的劳动安全卫生工作监督检查。并参加多项安全生产检查活动：1月，参加省安委会组织的2009—2010年安全生产责任制考核，对市一级政府安全生产第一责任人和直接责任人、省直有关部门安全生产第一责任人和直接责任人进行了考核；7月上旬，参加省安委会“迎大运、保安全”安全生产督查活动，对广州、佛山、东莞等市安全生产工作进行检查，确保“大运会”前后全省安全生产形势总体稳定；8月上旬，联合省人社厅等四部门组织开展夏季防暑降温落实情况专项检查，到佛山、东莞、肇庆、云浮等市督促用人单位做好防暑降温工作；11月下旬，联合省安监局等部门组织开展木质家具危害治理督查工作，到广州、佛山、东莞等七个重点地区对前期的部署工作落实情况进行检查；协助国家卫生部等部门做好在深圳宝安区和江门新会区开展的职业危害普查试点工作。

【参加事故调查处理】　参加惠州“6·4”重大道路交通事故调查处理工作，该事故造成11人死亡，21人受伤。参加佛山市三水区“8·23”重大火灾事故调查处理工作，该事故造成15人死亡，1人重伤。前往河源调查了解三威电池厂血铅超标事件等多起群体职业病事件，代表工会向有关部门提出处理意见，依法维护职工合法权益。

（张华平）

保障工作

【实施元旦、春节送温暖活动】　2011年元旦、春节期间，省总工会组织各级工会深入开展以“心系职工情，温暖进万家”为主题的送温暖活动。省委、省政府组成19个省送温暖慰问团，由省领导带队，分赴21个地级以上市走访慰问。每个慰问团均安排走访慰问困难企业、劳动模范、困难职工和农民工家庭，为他们送去了党和政府及工会组织的关怀和温暖。据统计，“两节”期间的送温暖活动，全省共筹集慰问款物11333万元，其中政府拨款4182万元，工会拨款2024万元，社会筹集5127万元，走访慰问了困难企业6186家，慰问困难职工、农民工和节日期间坚守工作岗位的一线职工214016万人，其中走访劳动模范3679人。

【促进就业、再就业工作】　一是开展“全省工会就业援助月”活动。4月1日，省总工会联合广州市总工会启动实施“全省工会就业援助月”活动，同时与广州市人力资源和社会保障局、广州市人力资源市场妇联分市场、广州市海珠区人力资源和社会保障局联合举办广州市“春风行动2011”促进就业专场招聘会，为求职者和用人单位免费提供应聘和招聘服务。共组织80多家企业进场招工，为广大外来务工人员提供了3000多个就业岗位，吸引了3000多名求职者参加，有近200人现场达成就业意向。二是推荐新增两家“家政服务工程”培训承办机构。省总工会把推动家政服务业产业化发展作为工会的一件大事来抓，积极与经信、财政等部门联系沟通，开展家政市场调查，加快实施家政服务工程。3月，省政厅、省经信委和省总工会三家联合发文，在首批22家获得培训资质的家政培训机构基础上，新增认定两家培训机构资质，其中揭阳市总工会职业培训学校为工会培训机构。至此，全省有资质的“家政服务工程”培训承办机构共24家，其中工会培训机构18家。5月，配合“家政服务工程”验收工作，省总工会保障部对全省家政培训机构进行摸底调查。深入培训学校现场，了解学校学员培训情况，听取机构负责人对家政培训的经验介绍，支持鼓励有实力的工会培训机构扩大培训规模，为家政行业培养优秀人才。三是推荐评选就业与社会保障先进民营企业。10月8日，省总工会、省工商联、省人力资源和社会保障厅三家经认真评选，联合推荐广东宝丽华集团有限公司等五个单位为“全国就业与社会保障先进民营企业”，报送全国总工会、全国工商联和国家人力资源与社会保障部。评选中三家严格按照选拔条件和推荐程序，注重工会组建、工资集体协商、劳动合同签订等情况。经评审合格的先进民营企业于11月上旬参加了在人民大会堂召开的“全国就业与社会保障先进民营企业”表彰大会。

【开展困难职工帮扶工作】 结合开展“农民工有困难找工会”、“职工有困难找工会”活动，以全省建立的710个帮扶中心为载体，构建互联、互动、互补的帮扶网络，对困难职工开展重点帮扶活动，主要是：工伤探视扶助活动。省总工会安排专项资金开展工伤探视扶助活动，探视慰问工伤或患职业病职工，帮助落实政策待遇；金秋助学活动。重点帮助非义务教育阶段品学兼优的困难职工家庭子女上学。2011年全省金秋助学活动共筹集资金4124万元，资助困难职工和困难农民工子女30970人；帮助职工追讨欠薪。元旦、春节期间，各级工会积极参与由省劳动保障厅、省建设厅和省总工会组织开展的以清理欠薪为主题的“雷霆行动”，共为1.3万名职工和农民工追回被拖欠的工资5615万元，其中帮助9630名农民工追讨欠薪4414.91万元；开展农民工平安返乡活动。元旦、春节期间，省总工会与铁路、交通等部门联合开展“农民工平安返乡行动”，通过组织包专车、专列，积极主动与交通、铁路、公路等部门进行联系，协调利用困难职工帮扶中心的平台增开售票窗口，办理农民工团体票，努力帮助16万人次农民工平安有序返乡。在长岗收费站出口肇庆市、封开县三级总工会设置春运返乡农民工摩托车大军服务点，东莞市总工会与交通、铁道部门合作，帮助农民工购买车（船）票5120张，通过包专列、汽车等方式共帮助36820名农民工平安返乡；积极开展救灾救济工作。10月，省总工会保障工作部拨付30万元给湛江、茂名两市总工会用于救灾。受第17号强台风“纳沙”影响，湛江、茂名两市受灾严重，特别是雷州受灾职工达18万人，直接经济损失达7.7亿元。省总工会及时拨付的救灾款有力地帮助了受灾企业和受灾职工恢复生产，重建家园；为困难企业职工送健康，免费体检。9月1日，省总工会和省退管办联合举办2011年中秋、重阳健康行系列活动，组织医护人员赴清远市困难企业“飞霞风景名胜区管理处”开展送医送药送体检活动，并为200多名职工包括离退休职工送上中秋月饼。该单位80、90年代曾一度辉煌，最近十多年陷入困境，已十多年未为职工体检，对省总工会和省退管办组织的这次活动，很多职工和退休职工表示十分感动。

【妥善处理利比亚撤返民工滞留讨薪事件】 3月1日，118名从利比亚撤返的河南籍民工滞留广州白云机场，追讨欠薪。事件发生后，中共中央政治局委员、全国人大常委会副委员长、中华全国总工会主席王兆国批示要求广东省总工会积极参与、妥善处理。省总工会高度重视，省总工会常务副主席陈宗文当即部署落实批示，由副主席王丽华与机场管理集团公司工会联系，派人前往白云机场了解情况，省总工会保障部负责人参加省政府召开的协调会，提出工会的意见和建议，促使事件得到妥善解决，滞留机场的利比亚撤返民工平安返乡。

【推荐评选全国工会帮扶工作先进集体和先进个人】 2012年是工会开展送温暖活动20周年和工会困难职工帮扶中心建设10周年。11月，根据全国总工会开展全国工会帮扶工作先进集体和先进个人评选表彰活动的要求，省总工会经认真考察和领导集体讨论，推荐中国石化集团茂名石油化工公司困难职工帮扶中心等5个单位和湛江市总工会副主席陈全等10名工会干部分别作为“全国工会帮扶工作先进集体”和“全国工会帮扶工作先进个人”上报全国总工会。

【积极做好源头参与工作】 一是启动实施《社会保险法》工会宣传日活动。为了在职工群众中普及社会保险法律知识，增强职工社会保险的维权意识，5月29日，省总工会联合广州市总工会，在广州主会场启动《社会保险法》工会宣传日活动。同时全省140多个市、县级总工会也在同一时间一起联动，开展各种形式的宣传咨询活动。活动中全省共发放《社会保险法》宣传资料30多万份，接待咨询职工群众逾10万人次。二是督办、落实省领导批办事项情况。收到《省领导同志批办事项办理通知书》（粤办督字〔2011〕44号）后，省总工会高度重视，当即下发通知，督办、落实部分网友反映的拖欠社保费和工资、集体企业老职工缺乏养老保障和职工受工伤等问题。湛江、潮州和梅州等市总工会收到通知后，积极协助当地文化广电新闻、人力资源社会保障、乡镇企业、安全监督等有关部门，认真落实省领导批办事项，督促批办事项妥善解决。同时省总工会就职工的社保、企业的劳动保护等问题提出建议，形成专题报告报省委办公厅。三是开展劳动定额、工资正常增长机制和医药卫生体制改革调研。省总工会采用企业职工问卷调查方式，对佛山市（含顺德区）企业劳动定额制定和执行情况进行了调查。在中山市召开深化医药卫生体制重点改革企业职工座谈会，和来自不同类型企业的职工代表进行座谈。省总工会积极参与办理汪洋书记领衔督办的“关于努力提高城乡居民收入，建设幸福广东的建议”系列提案，7—11月，省总工会保障工作部有关人员参加了建立正常工资增长机制专题办理工作小组，就工资正常增长问题到天津、山东和广东的惠州、河源等地进行了调查，提出了工会的意见和建议。

【对口援疆工作进展顺利】 一是成立对口援疆工作机构，加强对口援疆组织领导。省总工会成立了专门工作机构——广东省总工会对口援疆工作领导小组，由省总工会党组副书记、常务副主席陈宗文担任组长，领导小组办公室设在保障工作部，负责协调统筹全省工会的对口援疆工作。省总工会领导陈宗文、张国兴、孔祥鸿分别带队赴疆考察，调研对口援疆项目，考察调研回来后，提出对口援疆三年工作计划。二是筹集对口援疆专项经费，落实对口援疆工作资金。根据广东省对口援疆工作的统一部署，省总工会按照“三个一点”的办法积极筹集对口援疆资金2000万元。其中，省总工会筹集500万元，广州300万元、深圳300万元、佛山200万元、东莞200万元，17个地级市筹集250万元，省级产业工会筹集250万元。三是选派干部赴疆挂职，充实对口援疆力量。经与省委组织部联系，省总工会7月选派了国际部副部长刘伟，作为广东省第六批援疆干部，赴喀什挂职担任地区工会副主任，分管经工、保障、帮扶以及对口联系广东省总工会工作。四是援建项目顺利实施。援建园艺日光温室大棚。根据农三师工会的要求，经对农三师四十一团实地考察，为农三师四十一团援建园艺日光温室大棚20座，配套相应节水灌溉设施。2011年底20座温室已基本完工，总投入207.2万元。开通免费救治白内障患者的“健康直通车”。省总工会组织华南地区著名的眼科治疗机构中山大学中山眼科中心专家赴喀什，为喀什地区50名白内障患者免费提供复明治疗。五是举办喀什地区工会和农三师工会干部赴粤培训班。9月14—23日，省总工会在属下单位广东省工会干部学校举办新疆喀什地区工会和农三师工会干部培训班，邀请中山大学和省总工会干部学校著名专家学者，以及省总工会领导讲授幸福观与幸福实现、新时期工会工作思路与方法、工会作用的发挥与经济科学发展，以及职工心理疏导与人文关怀等课程，培训课程受到来自喀什地区工会和农三师工会的38名工会干部的热烈欢迎。六是援助喀什地区工会办公设施。为喀什地区工会购置笔记本电脑7台，提供对口援疆专项工作经费5万元。

基层组织建设工作

【组建工会和发展会员工作】 3月中旬，全国总工会对广东省2010年度组建工会和发展会员工作进行考核抽查，在深圳市抽查了3个区共7家企业，结果良好。根据全国总工会通报，广东省获得全国总工会2010年度组建工会和发展会员工作综合考核优秀奖（全国第3名），这是广东省连续第11年排在全国前列。截止到9月底，全省工会基层组织（即基层工会涵盖单位数）达61.23万家，比2010年同期增加了3.64万家；基层工会委员会达21.34万家，比2010年同期增加了1.33万家；全省发展会员2261.43万人，比2010年同期增加了196.37万人；全省发展农民工会员1209.77万人，比2010年同期增加了157万人。

【召开基层组建工作会议】 3月22日至23日，在清远召开广东省工会基层组织建设工作会议。省总工会巡视员孔祥鸿部署了2011年组建工会和发展会员工作，各市汇报了年度工作要点。会议还征集了各市总工会对省总工会组建三年规划和2011年度固本强基工作考核方案的意见和建议。

【下发组建三年规划】 3月29日，省总工会下发《2011—2013年推动企业普遍建立工会组织工作规划》（简称组建三年规划）。该规划提出2011年至2013年，全省企业法人建立工会组织净增约6.1万家，总数达到48.79万家以上，全省企业法人建会率达到96%以上。全省企业工会会员净增约530万人，其中农民工会员净增不低于420万人，全省企业职工入会率达到84%以上。到2013年，全省基层工会涵盖单位总数达到63万家以上，全省工会会员达到2595万人以上，其中农民工会员达到1472万人以上。规划还提出了完成规划的保障措施。截止到2011年9月底，全省企业工会涵盖单位46.82万个，比2010年同期净增5.75万个，比全国总工会要求净增数2.6万个超出3.15万个；广东省企业工会会员1920.51万人，比2010年同期净增196.37万人，比全国总工会要求净增数192万人超出4.37万人，圆满完成了全国总工会下达给广东三年组建规划中的第一年的任务。

【工会组建纳入对各市落实科学发展观评价指标体系】 广东省委、省政府高度重视职工权益保障工作，2011年首次将职工权益保障列入对各市落实科学发展观评价指标体系，将职工权益保障工作变成省委、省政府对各市委、市政府的考核评价指标之一。职工权益保障具体考核指标是：企业工会组建得分满分20分，企业工会发展会员得分满分20分，已建工会企业工资集体协商建制率得分满分40分，职工群体性事件报告处理得分满分20分。职工权益保障列入省委、省政府对各市落实科学发展观评价指标体系之后，各市委、市政府更加重视工会组建和发展会员工作，2011年的工会组建和发展会员工作之所以取得较好的成绩，与省委、省政府、市委、市政府的重视、关心与支持密不可分。

【做好非公企业法人单位数据库工作】　省总工会继续高度重视非公有制企业数据库工作。5月，全国总工会数据库在数据库中注入新获得的企业信息，广东省数据库内企业总数增加23万余家，总数达45万余家。为克服时间紧、任务重的困难，5月27日，省总工会举办了数据库软件培训班，对各市总工会及广州、深圳、佛山市所辖（县、区）总工会的数据库管理员近60人进行了培训。随后，又根据全国总工会非公企业法人数据库功能和数据更新的情况，下发了关于做好非公企业法人数据库软件工作的通知，针对性地对数据库的有关工作提出了要求，对平时收集的各地反馈较多的问题做了统一的说明。全省各级工会干部举全会之力，边核查，边组建，取得了卓有成效的成绩。截止到2011年12月底，广东省非公企业预置企业数45.28万个，已组建工会组织的非公企业数31.02万个，非公企业组建率68.51%。广东省非公企业预置职工数2107.24万人，已发展非公企业工会会员1187.07万人，非公企业入会率56.33%。

【召开全省创先争优党工共建暨南海本田工资集体协商现场会】　6月25日，全省创先争优党工共建暨南海本田工资集体协商现场会在佛山南海举行。中华全国总工会副主席、书记处第一书记王玉普，省委副书记、省纪委书记朱明国，省人大常委会副主任、省总工会主席邓维龙出席会议并讲话。全国总工会办公厅主任谷常生、基层组织建设部副部长杨洪林、集体合同部副部长张天文，省总工会领导班子成员，各地级以上市及顺德区总工会主席，分管工会组建和工资集体协商工作的副主席，负责工资集体协商的部门负责人，省级产业工会负责人等共150多人参加了会议。会议由省总工会常务副主席陈宗文、省总工会副主席郭泽宇分别主持，南海本田汽车零部件制造有限公司工会等7个单位介绍了在党工共建、工资集体协商工作方面的经验。

【推动道路运输企业建立工会】　为推动道路运输企业（含出租车企业、道路货运企业、道路客运企业及城市公交企业）建立工会工作，省总工会与省交通厅联合下发了《关于进一步推进道路运输企业工会组建工作构建和谐劳动关系的意见》，规定了道路运输企业工会的组织形式，对运输企业工会以及行业工联会在协调劳动关系中的作用、道路运输企业工会以及行业工联会组建工作的组织领导等方面提出了具体要求。

【做好建家评家工作】　省总工会继续推动建家评家工作，各级工会以贯彻《企业工会工作条例》为手段，认真抓好基层工会规范化建设，增强企业工会活力，构建和谐劳动关系。广东省7家单位被全国总工会评为全国“建家评家工作先进单位”，9家企业被全总确认为全国“会员评议职工之家示范单位”。向全国总工会申报全国模范职工之家98个，全国优秀工会工作者82名，均受到全总表彰；向全国工商联和全国总工会申报全国“双爱双评”优秀企业3个，受到全国总工会和全国工商联的联合表彰。2011年省总工会分别表彰10个省基层工会工作红旗单位、省优秀工会工作者标兵，并分别授予省五一劳动奖状、省五一劳动奖章；表彰省模范职工之家302个、省模范职工小家199个、省优秀工会工作者104名、省优秀工会积极分子99名及省优秀职工之友99名。不定期到各市调研会员建家评家工作开展情况，围绕构建和谐劳动关系，推动企业工会有序、有效地开展民主管理、集体协商、劳动争议调解、劳动竞赛、合理化建议、卫生安全生产保护、帮扶困难、文化体育等活动，在活动中体现工会存在的价值和所发挥的作用，使工会真正成为职工信赖的"职工之家"，从而更好地团结凝聚广大职工。

【下发工资集体协商三年规划】 4月6日，省总工会下发了《2011—2013年深入推进工资集体协商工作规划》（粤工总［2011］65号）。该规划提出，要以行业（区域）性工资协商、500强企业工资协商建制为重点，从加强组织领导、加强工会组织建设、充分发挥基层工会作用、积极实施工资集体协商"要约行动"、加强工资集体协商指导员队伍建设、建立健全信息报送制度、实施目标考核制度、建立健全激励约束机制八个方面全面推进工资集体协商工作，力争用3年时间，基本在全省已建工会企业普遍建立工资集体协商制度。具体目标为：到2011年年底，全省已组建工会的企业建立工资集体协商制度的比例达到60%，2012年年底达到70%，2013年年底达到80%。其中，世界500强在粤企业2年内全部建立工资集体协商制度，2011年年底建制率达到80%以上，2012年年底全部建立工资集体协商制度。

【下发工资集体协商指导员管理暂行办法】 5月12日，省总工会下发《工资集体协商指导员管理暂行办法》（粤工总［2011］91号）。办法规定，广东省总工会对全省工会系统聘请的工资集体协商指导员实行统一聘任、统一管理，对指导员聘书实行统一制作、统一编号、统一发放，并建立了全省工资集体协商指导员信息库。该办法规定全省所有县（区）级总工会都应按一定比例选聘工资集体协商指导员。其中已建工会企业总数在1000家以上的县（区）总工会选聘工资集体协商指导员不少于80名，1000家以下的不少于50名。截止到2011年年底，广东工会系统共聘请工资集体协商指导员10951人，除少数专职人员外，以兼职人员为主，主要来自工会系统、劳动管理部门、退休人员、律师与社会工作者、教师、企业管理人员等。

【举办工资集体协商指导员培训班】 11月8日至9日，在省总工会干部学校（南华工商学院）举办广东工会工资集体协商指导员培训班，来自全省各地级以上市及顺德区工会工资集体协商工作分管领导和部门负责人约150人参加了培训。省人大常委会副主任、省总工会主席邓维龙亲自出席培训班并作开班动员。培训班邀请了省总工会巡视员孔祥鸿、中国劳动关系学院教授黄任民、中山大学教授何高潮和省总干校副校长李晓明等领导、专家进行授课，主要讲授了工资集体协商相关法律法规政策，国内外集体谈判的基本情况，如何开展工资集体协商以及工资集体协商的策略、技巧和方法等。专家们的精彩授课引起广大学员的强烈反响，得到大家的一致好评。

【省总工会对各地市工会工资集体协商工作开展督查】 根据省总工会主席办公会议精神，省总工会于2011年11月中旬发出《关于开展工资集体协商工作调研检查的通知》，并于11月28日至12月17日，派出9个督查组，分别由一名省总工会领导带队，对全省21个地级以上市和顺德区开展工资集体协商工作的进展情况进行了专题督导检查，各督查组通过听取汇报、查看资料、实地调查等方式，及时掌握了全省各地工资集体协商工作的进展和后期计划，挖掘出了一批典型经验，对各地顺利完成2011年工资集体协商工作目标任务起到了极大的促进作用。省总工会在各分组的调研督查报告基础上形成了总督查报告，并及时上报全总。

【开展创建厂务公开示范单位工作】　广东是全国首个提出开展创建厂务公开示范单位的省份。《2011 年省厂务公开民主管理工作要点》作出工作部署，提出按照《全国厂开办关于开展创建厂务公开民主管理示范单位活动的通知》要求培育一批全国、省级、市级厂务公开民主管理示范单位。广东省组织开展了创建厂务公开示范单位调研检查工作，由厂务公开民主管理联席会议成员单位分管领导带队，组成检查组，调研、检查、指导、督促各地各系统厂务公开民主管理工作。各地级以上市，由市厂务公开协调（领导）机构组成检查组。开展了市际间创建厂务公开民主管理示范单位工作的调研互检，达到了相互学习共同提高的目的。全省遴选了首批拟命名的厂务公开示范单位。

【开展贯标认证工作】　厂务公开贯标认证是广东省推动厂务公开民主管理制度规范化建设的一项有力抓手。2011 年广东省制定了升级版厂务公开贯标认证体系。新版贯标体系具有两大特色：一是强调推行厂务公开常态化、一体化建设。要求贯标认证的企事业单位根据中央“两办通知”和《广东省厂务公开条例》规定的公开内容、形式、程序，将厂务公开民主管理精神融贯到企事业单位的行政规章制度之中，使厂务公开民主管理常态化、一体化。二是注重简明化，突出实效性、可操作性。在电信、供电、民航、卫生、教育等系统行业的重视支持下，全省国（公）企事业相关行业建立了一批贯标认证单位。省电信集团公司、省通信产业服务公司、广东电网公司、省建工集团等单位，2011 年实现全系统 100%贯标认证的目标，省通信产业服务公司去年底还成为全省首家获得全公司整体贯标认证单位。

【大力推动职代会制度建设】　广东省国有企业及其控股企业，科教文卫体等公有制事业单位基本建立职代会制度，非公企业职代会建制率大约在 70%。推进职代会制度建设逐步形成“两个结合、两个深化提高、一个加强”的工作格局。“两个结合”：一是职代会制度建设与普遍建立工会组织相结合，应建、已建工会组织的单位同步建立和完善职工代表大会制度；二是职代会制度建设与开展工资集体协商工作相结合，两者相辅相成，互相促进。“两个深化提高”：一是不断深化提高医院、学校等科教文卫体公共事业单位职代会制度建设，发挥其在单位改革发展中的重要作用；二是不断深化提高非公企业职代会建设，扩大覆盖面，并结合非公企业实际，健全完善职代会的形式内容，使之成为协调企业劳动关系、实现企业经营者与劳动者共赢的平台和机制。“一个加强”：贯彻中纪委等 6 部委《关于进一步做好职工代表大会民主评议国有企业领导人员工作的意见》精神，加大职代会民主评议国有企业领导人员工作力度，重点在中央驻穗企业、省属国有企业集团等国有及其控股企业开展。

【推动厂务公开民主管理电子信息化】　省纪委《广东省电子纪检监察综合平台建设工作实施意见》提出拟建立广东省电子纪检监察综合平台要求。厂务公开是第一期工程建设的 18 个子系统中的其中之一。省总工会领导高度重视这项工作，批准了省总工会基层组织建设部提出的《关于启动建立电子纪检监察“厂务公开”子系统的请示》。在 2011 年的省厂务公开民主管理联席会议工作会议上，将建立与省电子纪检监察综合平台联网的厂务公开子系统列为一项重要工作。省总工会已制定了电子监察的《广东省厂务公开指导性目录》，着重打造厂务公开网络平台，使之成为向社会宣传厂务公开民主管理工作的重要信息平台，成为联结各地工作的内部办公平台。

【着力建设非公有制企业厂务公开民主管理制度】 广东省按照省委关于改善用工环境、加强人文关怀的要求，以构建和谐企业为主线，推进非公企业的厂务公开民主管理制度建设。广州市以贯标认证为抓手推动非公企业厂务公开民主管理制度建设。广州市总工会基层部（市厂开办）开办培训班，讲授有关厂务公开民主管理理论与相关业务，组织10个区（市）的非公企业工会干部参加培训，奠定了非公企业推行厂务公开民主管理制度的建设基础。东莞市将建立厂务公开民主管理制度、平等协商签订集体合同、开展“员工满意企业”评选活动，作为在非公企业建立载体、形成维权抓手的工作来抓。截至2011年年底东莞市已建立工会的非公企业有20572家，实行厂务公开的有16458家，公开率达到80%。

法律工作

【源头参与工作取得新进展】 全省工会积极参与地方立法和政策制定，从源头上代表和反映职工利益，为职工权益的维护和工会权益保障法律制度的完善作出了积极贡献。省总工会参与了《广东省劳务派遣管理规定（草案）》、《广东省劳动保障监察条例》、《广东省实施〈中华人民共和国劳动合同法〉若干规定》等法律法规的制定和修改工作，所提的许多意见和建议被采纳。各市总工会也积极参与当地的立法和政策性文件的制定，一些涉及职工权益的突出问题在源头参与中得到妥善解决。

【工会法律服务工作取得创新性成果】 广东省工会法律服务律师团的工作情况受到中央、全国总工会领导高度重视和社会各界普遍关注。2011年4月，中共中央政治局委员、全国人大常委会副委员长、中华全国总工会主席王兆国作出了“广东工会法律服务千人律师团的经验很好，应认真总结宣传”的重要批示。截至2011年9月，全省工会法律服务律师团共参与举办法律宣传活动294场次，组织法律培训119次，解答法律咨询31588人次，参与工资集体协商313家，调解劳动争议759件，受委托开展劳动争议诉前调解258件，办理法律援助案件2844宗，涉及职工7192人，为职工挽回经济损失1.6亿元。9月21日，汪洋书记在省总工会《关于上报〈关于广东工会千人律师团开展职工维权维稳服务工作的调查报告〉的报告》上批示：注意完善，逐步加大工作力度，争取更好的效果。全国总工会办公厅《业务工作通报》2011年第22期刊文《广东省总工会组建工会法律服务“千人律师团”有效维护职工合法权益》，要求各地工会学习参考。10月13日，《工人日报》头版头条报道了广东“千人律师团”壮大工会维权力量的经验。

【处置职工群体性事件取得新经验】 一是建立畅通的紧急信息报告制度，做到及时发现。在企业设置信息联络员，承担劳资关系信息监测与报告的责任，第一时间了解职工诉求，代表职工向企业反映意见和要求，及时向党政部门与上级工会报告，从而争取了工作的主动。工会信息专报工作多次得到全国总工会和省委、省政府的肯定。二是制定应急处置预案，做到有效控制。各级工会分别成立了处置企业停工事件领导小组，按照省总工会制定的《工会应对职工群体性事件协调处置工作规范》，根据情况分三阶段处置：经济诉求阶段，要依法协商；停工诉求阶段，要依法谈判；矛盾激化阶段，要依法教育和惩处，避免事态恶化。三是集体协商化解矛盾，做到妥善处理。工会协助职工代表与企业开展协商谈判，引导职工理性合法维权，帮助职工积极争取合理要求。对职工提出的过高或不符合实际情况的要求，工会耐心细致地做好说服教育工作，避免矛盾激化。

【劳动争议调处工作迈上新台阶】　按照"防调结合，以防为主"的工作原则，全省工会根据各地实际情况，因地制宜，各施其策，力求将劳动争议化解在基层、消除在萌芽状态。全省各类企事业单位共建立基层劳动争议调解委员会58357个，建立区域性、行业性劳动争议调解组织1133个。省总工会与省人力资源和社会保障厅、省企业联合会、省工商联联合制定印发了《关于加强劳动争议调解指导工作的意见》，进一步加强基层劳动争议调解组织和劳动争议调解员队伍建设。中山、江门、肇庆、韶关等市已形成了较为健全的劳动争议调解机制。其中，中山市形成了覆盖全市的基层三级劳动争议调解网络，基本实现"仲裁不出镇，调解不出村，协商不出厂"的目标，做到了化解劳资矛盾关口前移。

【普法工作走出新路子】　全省工会坚持围绕中心，服务大局，大力开展普法宣传工作。通过进一步深入贯彻《劳动法》、《劳动合同法》、《社会保险法》、《劳动争议调解仲裁法》、《安全生产法》、《工伤保险条例》、《广东省工资支付条例》等与职工工作生活息息相关的法律法规，增强职工遵纪守法、依法维权的自觉性和民主参与、民主监督的意识。采取主题宣传、法律咨询、送法进企业等灵活多样的形式，充分运用互联网、新闻媒体等各种手段进行普法宣传，企业依法经营管理，职工依法维权的意识进一步加强。

【信访工作取得新成绩】　面对近年来广东省劳资矛盾加剧、劳动争议集中、信访总量高位运行等态势，省总工会制定了《广东省总工会处置职工群体性上访事件应急预案》，建立健全了职工来信、来访、来电登记制度，信访信息定期报送制度，重大事件报告制度，重复上访案件排查制度，信访督办制度等规定和办法，提高了信访工作水平，切实保障了工会信访工作的有效开展。在完善制度的同时，加强理论研究和实地调研。法律顾问室撰写的论文《信访渠道与法律对接的理论及实践——以劳动争议处理机制为切入点》获得了全省信访系统的二等奖。2011年8月，省总工会与省信访局就广东省劳务派遣问题进行联合调研，形成了《我省劳务派遣用工问题突出》的调研报告，汪洋书记及省委领导同志高度重视并作了重要批示。10月11日，省政府专门召开协调会，决定由省法制办牵头制定规范劳务派遣制度的政府规章，并在全省全面开展劳务派遣大检查活动，进一步规范劳务派遣用工制度。

（许琳婷）

调研工作

【经济社会转型期劳资关系研究】　为准确把握广东省经济社会转型期劳资关系问题的表现形式、发生原因、发展趋势，增强工会研究和解决新情况、新问题的能力，为领导决策提供现实依据，研究室联合华南农业大学开展了广东经济社会转型期的劳资关系研究，该课题中标省政府2010年重大决策咨询课题。2011年3月至6月调研组赴广州、深圳、东莞、佛山、惠州等地开展调研，并向省政府提交了结题报告《广东经济社会转型期的劳资关系研究》。这一课题的完成，对于构建和谐劳资关系，加快转型升级、建设幸福广东具有十分重大的现实意义。

【全省优秀工运论文评选】 省工运学会通过开展调研、组织论文评选和理论成果发布、召开研讨会、组织征文等多种形式，吸引和团结了越来越多的工会干部、理论工作者和专家参加到工会理论研究中来，产生了一大批优秀调研成果。2010 年度广东工运理论政策研究优秀论文评选共收到参评文章 76 篇。这些文章既有对工会基本理论的研究，又有对工会工作创新实践经验的总结与提炼，还有对当前重点、难点工作的思考，更有对今后工作趋势的探索。经学会组织评委评选，共评出一等奖 11 篇，二等奖 18 篇，三等奖 25 篇，优秀奖 22 篇。

【完成《工会志》的修改】 通过大量搜集资料、遍访专家学者，按照省政府对编修《工会志》的指导思想和原则，积极做好《工会志》的修改工作。第二期《工会志》(1979—2000 年) 全面记述了改革开放 20 年来广东工人阶级及工会运动发展的状况，内容丰富、史料翔实，为今后研究广东工人运动和工会工作历史提供了不可或缺的原始资料。

资产和企事业工作

【认真做好全省工会企事业资产统计工作】

2011 年 10 月 18 日召开了全省工会资产监督管理工作会议，会上，省总工会资产监督管理委员会办公室主任吴兆全作了动员并就统计报表的质量问题和报送时间提出明确要求。会后专门开展工会资产统计人员培训班，对统计软件操作进行了讲座。2010 年度统计结果显示，广东省工会资产监督管理工作取得新进展，全省工会企事业不断扩大，企事业经营收入持续增长，资产总量稳定增加，资产结构和质量更加优化，为工运事业的全面发展提供了有力的物质保障。据统计，广东省工会企事业单位数为 125 个，上缴国家或政府各种税金合计 2167.99 万元，并上缴工会收益或资产使用费。4 月初，为实行分类指导，细化管理工作，全国总工会资产监督管理部疗养事业处下达了专项统计任务，广东省工会各疗休养事业根据要求如期汇总上报 2011 年度基本情况统计数据。统计显示，全省职工疗休养事业在省总工会领导，上级有关部门指导帮助和广大干部职工的努力下，各项工作均取得长足进展，业务范围不断拓展，为职工服务的水平不断提高，经营状况不断得到改善。

【构建运转协调、务实高效的工会资产监督管理组织体系】 为认真贯彻全国总工会关于加强工会资产监督管理的重要指示，扎实推进工会资产监管体制改革，不断完善监管制度，强化资产的基础管理，在省总工会各职能部门的支持配合下，按分类指导、归位尽责的原则，实施工会资产和直属单位有效的监督管理，指导和推动各级工会资产监督管理机制建设按“工会统一所有，分级监督管理，单位占有使用”规定，构建全省工会资产的统一归口管理工作格局。对本级工会直属企事业单位履行出资人职责，明确了全面履行工会资产宏观管理的工作职责任务，全省大多数的市级工会基本按资产监管内容，确定具体负责的部门和机构，并指派专人负责，确保工会资产日常事务有人管、重大决策有人报、保值增值有人核、规划发展有人谋、工作职责到位、目标责任到人，初步构建了全省工会资产监督管理工作的组织架构。

【加强工作调研，深化服务指导，促进工会企事业改革发展】 在事业单位分类改革中，认真抓好政策协调，指导、推动直属单位做好工会事业单位分类改革。为配合省直事业单位分类改革，会同有关部门对工会企事业单位进行实地调研和模查，协助全国总工会资产监督管理部赴粤东地区的工会企事业进行考察研究，全总资产监督管理部根据广东省的工会公益事业情况形成综合情况调研报告呈送全国总工会书记处，多位领导对调研报告作出重要批示。为切实把握工会资产监督管理工作重心，加强对各市、县总工会的宏观指导，强化了对地市、县工会资产监督管理工作的调研，注重各地工会成功经验的提炼总结，把典型培育当做一项工作重点来抓。近年来，广东省城市化进程进一步加快、城市三旧改造快速推进、县域经济发展方式向纵深进展，市县工会资产的监管运作情况发生了许多新的问题。在当地党政的支持帮助下，不少市、县、区工会积极探索，因地制宜，创新工作方式，创造出许多宝贵的经验，为全省工会资产监督管理工作和工会企事业的发展发挥了良好的示范引导作用。省总实业中心及时把粤东、粤西、粤北等地工会资产管好、用好和保值增值的好经验向全省工会系统介绍和推广。

【强化对本级直属企事业单位的指导和服务】 首先是进一步扩大资产经营目标责任制的覆盖面，把省总工会直属所有企事业单位全部纳入工会资产经营目标责任制的管理范围；其次是完善量化、细化目标责任制考核指标，根据各个单位的实际不断调整、改进目标责任制指标体系；三是建立常态化经营状况和财务信息观测预报体系，定期召开省直属企事业经营状况分析会，每季末将各单位上报的财务基本情况报表进行汇总并整理分析，分送相关领导和部门审阅，为省总工会领导对直属单位的改革发展和宏观决策提供基本依据和参考意见。

【继续做好省总工会大楼的物业管理工作】 实业中心长期托管省总工会物业管理小组。努力扩大工会大厦的经营场所，维护工会办公大楼所有设备的安全运作，定期组织安全消防检查，协调工会大厦使用单位的各种问题，配合省总工会有关部门催收计提租金和水、电、卫生等费用，并联系、沟通当地税务机关处理省总本级物业资产收入的税务问题。用改革思路，对省总工会物业小组实行分类指导，协助理顺其组织体系建设，推动体制改革，健全财务管理制度，引入规范的经营发展模式，推行专业化、规范化、公司化管理。

技术协作工作

【抓好职工技术创新成果和科技立项工作】 一是积极参加6月由中华全国总工会主办、福建省总工会承办的第六届“海峡两岸职工创新成果展”，广东省推荐的“一种污水物化处理方法及装置”和“广播智能监控系统”等2个项目分获金奖和银奖；二是组织申报2011年度广东省科技计划项目，推荐广东省第二工人医院“妊娠期痔的发病机制和医疗干预与母婴预后相关性研究”等3个项目申报立项。

【抓好职工节能减排义务监督员队伍建设】 设立和培训职工节能减排义务监督员，发挥其在节能减排工作中的模范带头作用，是工会支持国家节能减排工作，促进节能减排各阶段约束性目标实现的重要举措。从2009年起，该项工作已列入国家、省节能宣传周（月）活动计划中实行，并作为《2011—2015年劳动竞赛规划》的目标任务之一。2011年9月，再次联合省经济和信息化委、省发展改革委、省环保厅联合举办职工节能减排义务监督员培训班，为来自电力、陶瓷、造纸、钢铁等高耗能、高排放行业企业培训节能减排义务监督员85名。通过省级单位已开展了4期培训班，共培训400名职工节能减排义务监督员，将极大带动地市级培训工作的开展。

【加强技协工作调研和对外交流】 中国职工技协六届一次会议于2011年7月在北京胜利召开。为了迎接大会的召开，技协办深入基层开展技协工作情况调研，通过组织团拜会、开展座谈会、与离退休老干部交流等方式方法，积极加强技协工作调研。同时，积极加强与台湾电力工会、台湾电业协会的往来交流。一是于春节前夕组织广州地区基层技协负责人和技协工作者开展团拜会，在增进友谊和感情的同时，共同交流技协工作情况，商讨来年技协工作重点和方向；二是加深与台湾电力工会、台湾电业协会之间的交流合作，邀请台湾电业协会访问团一行24人来粤考察访问，进一步加深了双方友好往来的关系。

【统筹兼顾认真做好其他办公室日常工作】 一是推荐评选全国优秀QC小组。2011年，推荐了广东中烟工业有限责任公司韶关卷烟厂——北江河QC小组参加“全国优秀QC小组”评选，并得到命名表彰。二是做好《中国职工科技报》的订阅工作。该报作为职工技协和工会经济工作在全国范围内的交流平台，得到全省各地技协的大力支持，今年全省订阅份数近900份。

女职工工作

【深入实施“提素建功工程”】 着力开展劳动竞赛活动，动员广大女职工为加快转型升级、建设幸福广东建功立业。2011年11月，省总工会女职委联合省妇联、省家协等单位举办了首届广东省家庭服务业职业技能大赛，比赛获得第一名的选手由省总工会按程序颁发广东省五一劳动奖章，前八名的选手由省总工会、省人保厅、省经信委、省科技厅授予“广东省经济技术创新能手”称号，29名选手获得了家政服务员（高级工）国家职业资格证书。大赛提升了家政服务员的职业素质，促进了更多劳动者特别是女性劳动者创业就业。2011年全省各级工会女职工委员会组织女职工264万人参加各类劳动竞赛，为女职工的成长与发展搭建了坚实的平台。女职工培训基地建设添新绩。各级工会女职委举办“女职工业余学校”、“女职工素质流动课堂”、“职工书屋”、“女职工周末学校”，开展女职工教育培训活动。2011年，全省有185万名女职工、女农民工参加了素质提升培训。10月，全国总工会女职委评定深圳市总工会女职工培训基地、湛江市总工会女职工周末学校为全国“工会女职工培训示范学校”，连同省总工会干部学校在内，广东省已有三所全国“工会女职工培训示范学校”。这批示范学校为广东省女职工素质提升工作的进一步发展创造了良好条件。

【扎实推进“两个覆盖”工作】 2011年，省总工会下发了《关于贯彻落实〈关于推进工会女职工组织和女职工权益保护专项集体合同全覆盖工作的意见〉、〈关于加强工会女职工组织规范化建设的意见〉的通知》，省总工会女职委在五届二次会议中提出了“2012年实现女职工权益保护专项集体合同全覆盖”和“实现在已建工会企业中女职工组织的全覆盖”的具体目标。各地市总工会女职工组织按省总女职委的要求，将“两个覆盖”纳入工会整体工作统筹安排，大力推进。根据2011年12月的统计，全省已建工会的单位共有女职工组织17万个，全省县级以上总工会女职委组建率达到100%，镇（街）工会女职委组建率达到88.6%，已建工会的企业签订女职工专项集体合同总数已达17.3万家，签订率达到了92%，覆盖女职工716万人，切实维护了女职工的合法权益和特殊利益。

【积极开展“关爱行动”】 2011年，在全国总工会女职委的有力推动下，省总工会女职委更加深入积极地开展“关爱行动”。全国总工会2011年下拨广东省100万元专项资金。在雷于蓝副省长的关心下，广东省财政拨款50万元，省总工会拨出配套资金，正式在全省范围内全面启动女职工“关爱行动”。广东省第二工人医院积极配合，派出医疗车和医务人员奔赴21个市为2万多名女职工进行了“两癌”普查，各地工会女职委积极筹集资金800万元，上下联动，共为20万名困难女职工和女农民工进行了“两癌”普查，深受基层女职工的欢迎。在2011年8、9月份的“金秋助学”活动中，共有2334名困难女职工子女得到了339万元学费的援助；在推广女职工安康互助保障计划行动中，全省参保女职工累计达287万人次，患病女职工得到赔付累计人数为5723名，累计赔付总金额达1亿多元。

【宣传模范，展示风采】 2011年“三八”国际妇女节前夕，省总工会女职委评选表彰了一批先进女职工集体和个人，其中广东省深圳宝安国际机场安全检查站“杜鹃班”等51个集体荣获全国五一巾帼标兵岗称号，徐兵等51名个人荣获全国五一巾帼标兵称号，深圳巴士集团股份有限公司龙岗优质服务队等5个集体和孙晓霞等5名女职工荣获广东省五一巾帼奖（同时授予广东省五一劳动奖状和广东省五一劳动奖章），为广东省女职工树立了典型引领榜样。同时，还举办了“新时代、新女性、新风采”粤港澳女职工庆“三八”书画摄影活动，展示了广大女职工昂扬奋发的时代风采。 （严壁）

财务工作

【广开财源，多措并举，保持工会经费稳定、持续增长】 一是努力提高工会经费收缴率。注重对工会经费增长机制的研究和探索，把经费收缴任务的确定与地方经济增长、财政收入增长、职工工资总额增长、工会组建率增长等有机结合起来，坚持“钢性政策，弹性办法”、“一视同仁，灵活处理”，采取定期分析和动态化管理等方法，了解所属下级工会的经费收缴情况，想方设法，挖掘潜力，查漏补缺，向经费收缴的难点、空白点攻坚，在扩大经费收缴覆盖面和提高经费收缴率等方面大做文章。二是积极争取财政资金对工会重点工作的支持。省总工会在各种场合积极宣传工会组织在社会经济改革、发展、稳定中发挥的作用、意义，宣传中央关于“把更多的资源和手段赋予工会组织，把党政所需、职工所急、工会所能的事更多地交给工会组织去办，不断扩大工会组织的社会影响”的重要批示精神，宣传全国总工会和财政部关于各级财政部门要将行政事业单位的工会经费依法纳入部门财政预算，以做实行政、事业单位基层工会账户的文件精神，希望财政部门更多地在专项资金上支持工会重点工作的开展。工会经费来源中财政拨款的比重逐年加大，为工会更好地发挥社会职能，保障职工的合法权益，维护企业和社会的稳定提供了资金支持。三是着力推进工会经费税务代收试点工作。2011年7月1日，肇庆市正式启动委托税务代收工作，成为继深圳、韶关之后广东省第三个实行工会经费委托税务代收的试点城市。肇庆市政府以2011年1号文专门下发了相关文件，并召开全市推进工会经费税务代收工作会议。肇庆市总工会提出，工会要主动履行工会经费收缴的主体职责，尽可能地减轻税务部门的工作压力，坚持“委托不全托、依靠不依赖”的原则，积极主动地做好代收的各项基础工作。2011年11月，省人大常委会副主任、省总工会主席邓维龙亲自带领考察组到肇庆市考察，对肇庆市税务代收工会经费试点工作给予了充分肯定。深圳市和韶关市的代收工作进展顺利。

【依法管理，完善制度，全面实施工会财务会计规范化建设】 一是深入开展财务管理规范化建设工作。省总工会下发了《关于在全省工会开展工会财务会计管理规范化建设的通知》，制订了《广东省工会财务会计管理规范化考核标准》，重点加强各级工会财务机构和人员建设、财务制度建设、财会标准建设和财务会计工作流程建设等，并要求各级工会依据通知要求制订本地区、本系统范围内的实施细则。配合全国总工会财务部《关于开展工会财务会计管理规范化建设检查的通知》要求，完成了本级工会自查和对下级工会抽查等工作，对前一阶段各级工会在开展财务会计管理规范化建设方面的工作进行了总结，查找《工会财务会计管理规范》实施中需要解决的问题，对检查中发现的问题进行了整改。二是不断完善省总工会机关财务管理制度。在2010年修订《广东省总工会机关财务管理暂行规定》和制定《广东省总工会会计核算中心管理试行办法》的基础上，2011年省总工会配套制定了《广东省总工会本级预算管理制度》，对省总工会机关各部门、内设产业工会（非独立核算）单位的各项经费以及省总工会直属企事业单位需由省总工会本级经费开支的项目，在预算编制流程、预算执行与调整、决算编制、强化监督等方面作了较为详尽的规定，把预算管理的重点放在规范预算审批程序上，全面规范了预算的审核批复手续，实现了以制度管人、以制度管事的管理理念和要求。三是认真做好“小金库”专项治理工作。按照省治理“小金库”工作领导小组办公室的统一部署，2011年省总工会在省总工会机关及直属单位，全省工会系统公募基金会，省总工会属下各类学会、协会、研究会范围内开展了“小金库”专项治理全面复查工作，在复查中落实公示制、承诺制和问责制，并把治理“小金库”作为工会财务会计管理规范化考核的一项重要内容，凡设置“小金库”或存在账外账行为的不予参加考核评分。

【服务大局，优化结构，为工会各项重点工作提供有力的经费保证】 2011年，省总工会财务部科学合理编制并严格执行省总本级经费收支预算，坚持统筹安排，服务大局，保证重点，强化预算的预见性和有效性，在执行中根据实际需要，调整和优化支出机构，把有限的资金向固本强基、依法维权、帮扶困难、发挥作用和提高素质等工作倾斜，从经费上保障了工会组织社会职能的履行和工运事业的发展。针对各市、县地方工会，特别是山区县工会工作经费较为紧张的实际状况，省总工会在加大春节困难补助、困难县帮扶经费补助力度的基础上，全年增加了对山区县的日常困难补助；在省总工会机关经费支出方面，认真贯彻省委关于厉行节约的文件要求，在年度预算中压缩出国、公务接待、行政经费，严格控制支出，加强审查审计，着力构建预算编制、预算执行与预算监督相互协调、相互促进的监督管理新机制，确保资金的安全和效益。

【加强调研，服务基层，推动工会财务工作不断发展】 一是重视对下级工会财务部门的指导、服务，特别是对各级工会贯彻、实施新《工会会计制度》、《工会预算管理办法》及会计电算化等情况进行检查；加强对专项资金的管理，特别是对中央、省财政专项资金的规范使用、账务处理等进行指导，有效地推动全省财务工作向规范化和精细化发展。二是注重从工会财务体制、机制、制度、管理工作中的薄弱环节以及政策措施等方面分析研究问题，提出针对性的改进建议和对策；及时转发全国总工会的文件精神，提出执行意见和措施，促进政策和制度在全省的落实与完善；对当前工会财务和经费收缴中的突出问题，广泛听取各级工会的意见，逐一加以研究，提出解决办法。三是加强调查研究，主要完成了全国总工会《全国县级以上工会"一改三策"相关情况调查》和《工会财务会计管理规范化建设检查》资料的汇总和上报工作；根据《省总工会2011年重点调研课题》的安排，采用面上调查和点上研究相结合的方式，形成了《广东省乡镇（街道）工会财务工作情况调研报告》；对2010年度广东省县级以上工会经费财政统一划拨情况和对中央、省垂直管理的单位向地方工会上缴工会经费情况进行了书面调查。四是组织财务干部开展创先争优活动，大力弘扬爱岗敬业、团结协作、敢于创新、乐于奉献的精神，加强思想作风建设和业务建设，提升财务队伍的整体素质。2011年，省总工会财务部举办了《工会经费收入专用收据》管理端师资培训班，提高票据软件的操作水平，进一步规范专用收据的管理与使用；举办了省总工会机关及直属单位会计从业人员继续教育培训班，把握会计行业发展趋势和会计人员从业基本要求，提升会计人员专业胜任能力，引导会计人员更新知识、拓展技能，提高解决实际问题的能力。

经费审查工作

【对省总工会2010年度预算执行情况的审查审计】 2011年4月，省总工会经审会第四次全体会议审查通过了省总工会本级2010年度经费收支决算，听取并审议了《关于2010年度工会资产监督管理情况的报告》。2010年，省总工会本级各项收入总计35088.15万元，完成预算的129.73%，同比增长1.27%。其中，政府补助收入6228.66万元，完成预算的107.49%；拨缴经费收入20028.64万元，完成预算的136.58%；上级补助收入7961.30万元，完成预算的139.26%。各项支出总计23274.36万元，完成预算的98.71%，同比减少3.63%。其中，补助下级支出12210.16万元，占总支出的52.46%；行政支出3739.25万元，占总支出的16.07%。本年经费结余11813.79万元，上缴全国总工会经费9138.70万元。省总工会本级工会经费支出重点继续向下倾斜，对下补助支出同比增长47.79%。会议认为，省总工会本级2010年度预算执行情况良好，工会经费收入稳定增长；对下补助力度大大加强；支出严格执行中办、国办和省委、省政府关于党政机关厉行节约的规定，做到了统筹兼顾、保证重点、厉行节约、注重效果；预算调整履行了追加手续。同时，资产监督管理部门完成了绩效考核责任目标，资产运营状况良好，财务管理比较规范，促进了工会资产的保值增值。

【对省总工会2011年度经费收支预算的审查】 2011年，省总工会本级经费收入预算27069.49万元，支出预算23642.02万元，当年经费预算结余3427.47万元。省总工会经审会第四次全体会议审查通过了省总工会本级2011年度经费收支预算草案。会议认为，省总工会本级2011年度经费预算编制总体务实规范，指导思想明确，坚持了统筹兼顾、突出重点、量入为出、收支平衡、略有节余的原则。对经审会提出的审查审计意见，财务部积极整改落实，取得了良好成效。2011年8月16日，省总工会经审会第六次常委会审查并通过了省总工会本级2011年度上半年经费预算执行情况。会议认为，2011年上半年省总工会经费预算执行情况良好，总收入完成预算的68.15%，支出预算的控制也比较科学、合理。2011年12月9日，省总工会经审会召开了第七次常委会议，审议通过了省总工会本级2011年度经费收支预算调整方案。会议肯定了省总工会财务部认真落实省总工会经审会第六次常委会议精神，同时要求继续提高工会经费预算编制的科学化和精细化水平。

【对省总工会直属企事业单位财务收支情况的审计监督】 2011年，省总工会经审会委托广东华审会计师事务所有限公司，对省总工会直属的10家企事业单位的经营管理情况进行了全面审计。审计结果表明，省总工会资产管理体系已基本理顺；2010年度审计提出的意见已基本整改；相关的企事业单位完成了年度经营绩效考核指标，会计基础工作水平进一步提高。

【对省总工会专项资金的审计监督】 为了加强对专项资金的监督管理，2011年，省总工会经审会委托会计师事务所对广东省困难职工帮扶基金会和广东省劳动模范协会实施了专项审计。审计结果表明，帮扶基金会和劳模协会高度重视专项资金的管理和使用，审批程序、资金拨付比较规范，专项资金的使用、管理符合国家及上级工会的有关规定和文件的要求。

【对省总工会直属企事业单位基本建设的审计监督】 2011年，省总工会经审会委托中介公司对省总工会南华工商学院清远校区基建项目二期工程进行了审计，合计送审金额3226.95万元，审减金额808.65万元，审减率为25.06%。

【对下一级工会经费收支情况的审计监督】

2011年，省总工会经审会通过派出审计组和委托审计的方式，对汕头、韶关、河源、梅州、惠州、汕尾、湛江、揭阳、佛山9个市总工会，顺德区总工会和省海员、地质、农垦等6个省级产业工会及省直属机关工会、省建筑工程集团工会等19个省属（集团）厅局、公司工会进行了审计。审计结果表明，各被审单位能认真执行《工会预算管理办法》，高度重视工会经费收、管、用工作，积极探索和创新工会经费收缴方式，大力推进工会经费委托税务代收工作，工会经费收缴稳步增长，完成或超额完成了省总工会下达的经费上解指标；经费支出控制比较严格，补助下级支出特别是帮扶、送温暖和维权等方面的支出力度不断加大。2011年9—11月，省总工会经审会组织有关部门对全省各地级以上市总工会及所属困难职工帮扶中心专项资金使用管理情况进行了全面的检查、审计。重点检查了中央帮扶、送温暖等专项资金情况，并以电话方式随机访问了有关受助对象，抽查了部分专项资金的支出凭证。检查、审计结果表明，各市总工会及区、县总工会的专项资金的使用及报账手续基本符合规定，市总工会及困难职工帮扶中心档案管理规范，运作正常。2011年10月，省总工会经审会根据《广东省工会负责人任期经济责任审计暂行办法》和组织人事部门委托，对东莞市总工会主要领导进行了离任经济责任审计。

【工会经费审查审计监督工作开展情况】 一是进一步推进经审工作规范化建设。省总工会经审会全面完成了对全省地级以上市总工会及部分省级产业工会经审工作规范化建设的年度考核和评定工作。广州市总经审会等7个单位被评为A级，获特等奖。省总工会经审会荣获全国工会经审工作规范化建设考核特等奖。二是进一步完善经审工作制度体系。积极贯彻《中国工会审计条例》，制定下发《广东省工会审计意见督促整改暂行办法》和《关于聘请外部机构或人员参与审计工作管理办法》。三是加强审计监督防范风险。突出抓好重点领域、重点资金的审计监督，确保专项资金管理的规范运作。下发《关于开展专项资金检查审计的通知》，对专项资金开展全方位、多层次的检查、审计，充分发挥审计的免疫功能的作用。四是提高经审干部队伍素质。省总工会经审会和各地级以上市总工会经审会积极组织专兼职经审干部参加全国总工会、省审计厅组织的各类业务培训班。2011年全省县级以上总工会共举办经审干部培训班27期，培训干部2865人次，84人取得了内部审计人员从业资格证，大大提高了经审干部的业务素质和工作能力。五是加强调查研究工作。采取委托课题的办法对工作中出现的新情况、新问题开展研究，完成课题5个，发表论文2篇。据统计，2011年，省总工会经审办共完成审计项目49个。全省地级以上市总工会共开展各类审计1533项。其中，对本级工会及直属企事业单位审计59项，对下一级工会审计610项，接受委托对工会领导干部任期经济责任审计17项，基建及维修改造工程审计13项，送审金额2531.42万元，审减金额150.04万元。各市还开展了工会经费计拨审计834项，共查出漏、欠缴工会经费539.14万元，补解入库387.86万元。

（孔玫　叶蓓）

国际及港澳台交流工作

【完成出国团组工作】 2011年，国际部（交流中心）认真贯彻执行相关外事规定，在既执行有关外事精神又为基层工会创造更多赴国外考察学习机会的前提下，统筹兼顾、合理制订，认真实施并落实了2011年度因公出访计划。2011年全年共完成出国团组8批47人次的报批、出访工作。其中已获批并成行的有6批33人次，包括：广东省人大常委会副主任、省总工会主席邓维龙率领的广东省人大、工会访问以色列和罗马尼亚代表团；广东省总工会党组副书记、常务副主席陈宗文率领的广东省工会访问波兰、匈牙利和乌克兰代表团（在乌克兰访问期间，顿涅茨克州总工会与广东省总工会签订了友好合作备忘录）；广东省总工会党组副书记、副主席郭泽宇率领的广东省工会访问美国和加拿大代表团；广东省总工会副主席林锡明率领的广东省工会访问南非和巴西代表团；广东省总工会党组成员、纪检组组长廖汝捷率领的广东省工会访问俄罗斯、芬兰、瑞典代表团；广东省总工会党组成员、巡视员孔祥鸿率领的广东省工会访问英国、爱尔兰代表团。省总工会副主席张国兴率领的广东省工会访问美国和加拿大代表团以及副主席张振飚率领的广东省工会访问法国、西班牙和葡萄牙代表团已经获批并拟于2012年上半年成行。此外，全力办理2011年度业经省委有关领导同意的出国代表团组的报批手续。主要有省总工会副主席王丽华访问巴西、阿根廷和智利的代表团以及部分产业工会、地级市总工会自组的考察团。

【做好外事接待工作】 2011年，省总工会接待外国团组6批24人次。主要有：5月16日至5月22日，应省总工会邀请的巴西工人总联盟代表团一行8人来访，广东省人大常委会副主任、省总工会主席邓维龙及省总工会党组副书记、常务副主席陈宗文等会见并宴请了代表团，省总工会党组副书记、副主席郭泽宇代表广东省总工会与巴西工人总联盟签订友好交流协议；6月26日，郭泽宇会见并宴请了以扎格鲁·哈玛德总书记为团长的埃及全国铁路工会代表团一行7人；7月27日，邓维龙和郭泽宇在广州会见并宴请了以色列驻穗总领事馆华南区经济事务领事陶丹尼（Danny Tal）一行3人；9月14日，邓维龙及郭泽宇会见了以色列驻广州总领事馆总领事倪·亚伯拉罕；9月18日，受邓维龙和陈宗文委托，郭泽宇在广州会见并宴请了国际劳工组织副总干事阿桑·迪奥普；12月2日，陈宗文和郭泽宇会见了前来拜会省总工会的美国国务院东亚—太平洋司中国和蒙古办公室经济官员沃伦·威尔森以及美国驻广州总领事馆经济政治处领事包德宝一行3人。

【做好出境团组工作】 2011年，全年组派出境团组共13批135人次，其中赴台湾交流团组8批90人次。主要有：广东省总工会纪检组组长廖汝捷率领省海员工会考察团一行12人赴台交流；广东省总工会副主席、省工会女职工委员会主任王丽华率领广东省工会女职工干部访问团一行15人赴港澳考察交流；广东省工会财务干部交流考察团一行14人赴台交流；广东省总工会党组副书记、常务副主席陈宗文和省总工会党组副书记、副主席郭泽宇率领“广东省总工会访问港澳代表团”一行7人赴港澳交流；广东省总工会副主席林锡明率领广东省财贸金融系统工会干部考察团一行12人赴台交流。此外，协助办理佛山、汕尾、云浮、珠海、阳江和韶关等地市工会干部赴台交流团6批66人次。

【做好港澳台接待工作】 2011年全年共接待港澳台地区团组7批401人次。主要有：2月15日，来自香港工会联合会、澳门工会联合总会和台湾台中市总工会的代表团参加了在佛山举行的粤港澳台四地暨珠三角九市工会新春团拜会；3月18日，香港工会联合会访问团一行14人来粤参观了广东番禺监狱；7月9日，香港公务员工会团体负责人代表团一行30人来粤参观访问；9月25日，香港工会联合会代表团一行300人来粤访问；10月28日，广东省总工会党组成员、纪检组组长廖汝捷会见并宴请澳门海员工会和澳门客运码头职工会代表团一行27人。

【召开外事会议】 2月15日，粤港澳台四地暨珠三角九市工会新春团拜会在佛山举行，来自广东省总工会、香港工会联合会、澳门工会联合总会、台湾台中市总工会和广州、深圳、珠海、佛山、惠州、东莞、中山、江门、肇庆市总工会的领导和嘉宾近百人欢聚一堂，共贺兔年新春，交流工会工作经验，探讨新形势下开展工会工作的新思路、新方法。省委副书记、省纪委书记朱明国，省人大常委会副主任、省总工会主席邓维龙出席团拜会并讲话。中共佛山市委书记陈云贤致欢迎词，省总工会常务副主席陈宗文主持会议。4 月 12 日至 14 日，省总工会党组副书记、副主席郭泽宇出席了中华全国总工会在北京主办的“2011’海峡两岸工会论坛”并在论坛上作了题为“ECFA 时期加强粤台两地工会交流合作不容忽视”的重点发言。此次是省总工会领导第一次在论坛大会上作重点发言。4 月 27 日，受邓维龙和陈宗文委托，郭泽宇赴京出席了全总举办的“2011’经济全球化与工会国际论坛”。9 月 21 日到 23 日，郭泽宇在北京出席了全总召开的“全国工会外事工作座谈会”并按照全总要求在会上代表广东省总工会作了题为“应对挑战 勇于探索 积极推动广东工会外事工作创新发展”的重点发言。

省级产业工会、集团公司工会

中国海员工会广东省委员会

【领导班子】

主　席：康盛忠

副主席：陈小翠（女）

【综述】 2011年，广东省海员工会按照全国总工会十五大、省总工会十二大、中国海员工会二届历次全会的部署，牢牢把握科学发展主题，紧紧抓住加快转变经济发展方式主线，围绕“加快转型升级、建设幸福广东”这一核心，找准工会参与创新社会管理的着力点，充分发挥省海员工会在服务职工、组织职工、引导职工和维护职工合法权益方面的作用，在做好经常性工作的同时，主要从全面开展劳动竞赛、推进农民工入会、加强企业文化建设三个方面入手，为省海员系统企事业单位改革创新、发展稳定作出了积极的贡献。

【重点工程劳动竞赛与“金锚杯”技能大赛】

省重点工程劳动竞赛港口赛区竞赛活动坚持多年并取得了良好效果。2011年，四航局、广航局、四航院、中远船务、中兴海陆等各参赛单位在认真总结以往经验的基础上，结合本单位的实际，不断调整、拓宽竞赛的内容和形式，取得了新的成绩。省海员系统各工会开展各种竞赛比武活动已有近十个年头了，2011年，省海员工会在各类比武中选出条件比较成熟的船舶水手和沿海航标两个工种，申请了省二类竞技资格，让劳动竞赛活动走上更高平台。在2011年的“金锚杯”海员职工职业技能大赛中，各单位严格训练，成绩有较大幅度的提高。广州港、穗航实业公司在工作任务重、人员紧张的情况下积极想办法保证赛训任务落实到位。四航局、打捞局、广航局、广海将训练规则与船舶实用有机结合，使操作水平有较大幅度提高。广远、救助局、广州航标处在比赛中优势明显，取得了可喜成绩。广远水手唐伟清、广州航标处航标工左敏因成绩突出荣获广东省五一劳动奖章嘉奖，另有十名选手荣获了省“技术能手”称号。

【港珠澳大桥建设工程劳动竞赛】 港珠澳大桥跨越珠江口伶仃洋海域，是连接香港、珠海及澳门的大型跨海通道。工程建设内容包括：港珠澳大桥经济地理辐射带珠澳大桥主体工程、香港口岸、珠海口岸、澳门口岸、香港接线以及珠海接线。大桥主体工程采用桥隧组合方式，大桥主体工程全长约29.6公里，海底隧道长约6余公里。整个大桥造价超过720亿元人民币，由中央以及粤港澳三地政府共同出资兴建。大桥将采用最高建设标准，抗震能力达8度（地震烈度），能抗16级台风，设计使用寿命120年。主体建造工程于2009年12月15日开工建设。2011年5月30日，经中华全国总工会批准，省海员工会与相关部门在珠海市共同承办了广东省“当好主力军、建功‘十二五’”主题竞赛暨港珠澳大桥建设劳动竞赛启动仪式，揭开了港珠澳大桥建设工程劳动竞赛的序幕。全国总工会纪检组组长王瑞生、省委副书记朱明国分别代表全国总工会和广东省委、省政府作了重要讲话。王瑞生还向港珠澳大桥管理局授旗，使该项竞赛成为广东省首个全国重大工程示范性劳动竞赛。在一百多个参建单位中，四航局、四航院、广航局这三个单位以质量、进度、效益为目标，全面展开了劳动竞赛活动。

【各工种的技能比武】 2011年，各单位有计划、分步骤开展劳动竞赛，制订规划方案，建立竞赛激励机制，把技术比武与职工岗位技能等级评定、晋升结合起来，大大调动了职工参与的热情。以提高生产效率和服务质量为目的，各类工种的劳动技能大比武形式多样。有单位之间横向结对、结片的竞赛活动，有技术发展和工艺创新的示范性比武。不少单位开展“金点子”、“好建议”活动，不少建设性意见被采用，这些都有效地提高了劳动效率。

【农民工入会有较大突破】 省海员系统各单位都是国有企事业单位，近年来随着用工体制的改变，不少企业使用农民工数量逐年增加。2011年，省海员工会认真贯彻工会组建工作3年规划，按照“两个普及”的要求，深入开展“广普查、深组建、全覆盖”集中建会行动，加大对农民工入会的工作力度。4月底，港珠澳大桥管理局成立工会并组建港珠澳大桥建设工程工会联合会，把参与大桥建设的施工队的广大农民工组织起来，进行了全面覆盖。6月，广东中远船务工程有限公司工会推动了旗下涵盖7000多名农民工的65家承包公司成立工会，并组建了外承包方工会联合会。7月11日，省海员系统工会在广东中远船务工程有限公司召开了省海员工会农民工工会建设现场会，推广广东中远船务工程有限公司积极推进农民工入会，并做好农民工工作的典型经验。在此基础上，省海员工会制订下发了《中国海员工会广东省委员会关于进一步推进省海员系统农民工入会的指导意见》，要求采取有效措施最大限度地把农民工组织到工会中来。9月下旬，针对农民工入会问题，省海员工会深入广海、广远、四航局、广航局等四个中央企业的二级公司、项目部、工地等进行调研，召开农民工加入工会情况小型座谈会，并对33个农民工的入会状况进行了随机抽样问卷调查。经过实地深入的调研，形成了调研报告《积极推进农民工入会的探索与实践》，以期进一步推动农民工建会工作。

【开展各种活动，为企业文化建设作积淀，服务职工共建和谐】 省海员系统各工会十分注重企业文化建设，充分发挥自身优势，通过职工喜闻乐见的形式，开展经常性、群众性的文化活动，感染和深入职工心扉。不少工会坚持开展形式多样、内容丰富的企业周年庆典主题活动，大力宣传和弘扬企业优良传统，引导职工树立正确的人生观、价值观和职业道德、社会公德，激发广大职工奋力拼搏的热情。广远工会积极依托职工思想教育载体——“红树林”工程，坚持“送学上船”工作机制，创造一切有利条件，大力开展职工文体活动，从公司延伸到船舶、班组，丰富了船岸职工业余文化生活。在2011年中远集团、广远公司成立50周年庆典活动中，编排了8个文艺节目，共有180多名在职人员参加了演出，活动氛围热烈隆重。2011年也是四航局成立60周年之际，为此，四航局开展了60周年局庆暨第四届企业文化节系列活动。通过编辑出版《局庆60年宣传画册》、《十年局史及大事记》，评选及发布“四航之最”，筹办《中国水运建设60年》发布会及技术进步座谈会、技术讲座，举行第三届“和谐四航”集体婚礼等多种形式纪念四航局成立60年以来的发展历程和取得的主要成就。9月7日，四航局在广州大剧院隆重举行了成立60周年庆祝大会暨“快乐相约，幸福启航”大型文艺演出，充分展现了四航人良好的精神风貌和四航文化的厚实根基，进一步推动企业文化建设，受到了业内外的一致好评。2011年，省海员工会隆重举办了“颂歌献给党——广东省海员系统工会庆祝中国共产党成立90周年职工文艺汇演”。系统内各单位工会积极响应，认真组织编排，陆续向省海员工会推荐了歌舞、声乐、器乐、小品、合唱等丰富多彩、形式多样的各类节目49个，聘请专业人员评比、挑选出部分优秀节目，于6月26日在广州江南大剧院进行了汇演，演出取得圆满成功。在重主题、重原创的原则下，专家评委现场评选出一等奖节目1个（广远）、二等奖节目2个（湛江港、广远）、三等奖节目3个（珠航局、广东省海事局、联合电子收费）、优秀奖节目9个。

【弘扬劳模精神，营造向上氛围】 省海员系统各工会一向注重选树、培养和宣传先进典型，挖掘典型人物身上的先进事迹，让他们成为企业精神及先进理念的代表，让他们身上的闪光点发挥其示范辐射作用，感召和引领广大职工积极向上、奋力拼搏，让榜样发挥无穷力量，起到点亮一盏灯，照亮一大片的作用。2011年，省海员工会制定了《省海员系统劳模培养、选树、管理办法》，建立了劳模培树人员档案，利用下基层慰问、送温暖、调研的机会，发现和培养各类先进典型，有计划、有重点、分层次、分阶段地培养、选树。同时加大对现有劳模、岗位尖兵、技术能手的先进事迹的宣传力度，大力弘扬他们勇于拼搏、无私奉献、艰苦创业的精神，充分发挥劳模的骨干、带头和示范作用，营造了学先进、赶先进、比贡献的良好氛围。省海员系统各工会在创先争优、劳动竞赛以及重大活动或突发事件中培养和选拔了一批先进集体和个人：全国五一劳动奖状1个，全国五一劳动奖章1名，全国工人先锋号2个；全国交通系统工人先锋号15个；全国交通建设系统工会工作先进集体3个，优秀工作者4名，优秀工会之友3名；省五一劳动奖状2个，省五一劳动奖章7名，省工人先锋号6个；全国"十佳船员"2名，珠江水系"十大明星港航企业"4个，珠江水系"十佳船员"4名。在劳模的推荐评选和宣传过程中，注重抓住典型进行重点宣传，营造了选树劳模、学习劳模、赶超劳模的良好氛围。

【深入开展送温暖活动】 2011年上半年，大力开展了以"心系职工情，温暖进万家"为主题的送温暖活动，普遍走访慰问困难职工、劳动模范和一线职工，努力推动和帮助困难职工解决实际困难和问题。其中，春节期间，省海员工会安排春节船员及工地慰问单位21个，资金达15万多元；困难职工帮扶7个单位，资金12万多元，涉及困难职工近300人；金秋助学资金安排9万元，涉及职工90人；夏天送清凉7.5万元，涉及工地和项目部12个。同时，在全总、省总工会组织的援疆活动中，共向新疆募捐了50万元。在广东省委、省政府组织开展的"广东省扶贫济困日"活动中，又组织广大党员和会员，开展捐献"特殊党费"、"特殊会费"活动，一共捐献了3万多元。另外，据2011年前三个季度的不完全统计，海员系统各单位用于节假日、高温、寒冷天为一线和艰苦环境里工作的职工送清凉、送温暖的费用已经超过600万元，用于注入帮扶基金和发放各类补贴、慰问金的金额已超过1000万元。

【深入开展职工之家建设】 2011年年初，制定并下发了《关于在广东省海员系统深入开展党政工共建"职工之家"活动的意见》，要求通过党、政、工共建职工之家，真正把各级基层工会建成党组织的好助手，行政的好帮手，职工群众的暖心手，齐心协力共建团结、文明、温馨、富裕、和谐的职工之家。2011年，向全国总工会、省总工会推荐表彰的全国模范职工之家有2个，全国优秀工会工作者2名；省模范职工之家5个，省模范职工小家5个，省优秀工会工作者3名，省优秀工会积极分子3名，省优秀职工之友3名。另外，2011年，省海员系统各级工会十分注重加强各级工会的组织建设，

不断创新和改进工会工作，工会自身建设不断得到提高，女工工作、信息工作和理论研究工作取得了新的成效。 （曹芬）

广东省教科文卫工会

【领导班子】

主　席：陈昭庆

副主席：吴思思

【综述】 2011年，广东省教科文卫工会坚持以邓小平理论和“三个代表”重要思想为指导，全面贯彻落实科学发展观，认真学习中共中央十七届六中全会、广东省委十届九次全会精神，以庆祝建党90周年、实现“十二五”规划良好开局为强大动力，以构建和谐劳动关系、建设幸福校园为主题，以建设“教工之家”和省级教工活动基地为载体，树立适应时代发展的新理念，对工会工作做出新思考，提出新观点，采取新举措，增强工会工作的创新性、时代性和有效性，以改革精神推进工会工作创新，转变传统定势思维，进行有特色、有创意的工作探索，突出重点，统筹兼顾，焕发活力，打造品牌，扎实推进了广东省教科文卫工会的各项工作。一年来，广东省教科文卫工会先后被中国教科文卫体工会全国委员会评为创先争优先进单位，被广东省总工会授予全省工会工作创新优秀奖。

【坚持道德为首，师德建设迈上新台阶】 广东省教科文卫工会一直以来十分重视师德建设，把开展师德建设活动作为工会工作的重点。根据全委及广东省的工作安排，开展了师德标兵和师德先进个人评选活动，共推荐评选出4名“全国师德标兵”和1名“全国医德标兵”，评定20名“广东省师德标兵”和23名“广东省师德先进个人”。11月10日，广东省教科文卫工会在省委礼堂举办全省师德标兵表彰暨先进事迹报告会，省人大常委会副主任、总工会主席邓维龙，省总工会常务副主席陈宗文，省总工会副主席郭泽宇，省教育厅副巡视员文传道，省教科文卫工会主席陈昭庆等出席会议并为获奖者颁奖。各市教育工会及教育局负责人、受表彰的全国和全省师德标兵、直属基层工会负责人及教师代表近1000人参加了大会；全省师德建设论坛当天也在暨南大学举行。新华社、中新社、广东电视台、《南方日报》、《羊城晚报》等主流媒体对这系列活动都作了报导。各市、各直属学校积极开展师德建设活动，不断创新活动的载体和形式，丰富师德建设的内涵。广州市举办“激情扬师表华章，大爱铸教育精魂”活动，编写《广州市教师师德规范读本》；湛江市开展师德标兵先进事迹巡回报告会，听众近万人；中山市举行全民修身暨师德宣讲团活动；江门、梅州、惠州、揭阳、韶关等市开展师德建设活动，表彰师德先进；暨南大学形成高校师德师风建设调查报告，开展征集“师德铭”活动；广东技术师范学院开展“以德为行，以学为上”师德建设主题教育活动；华南农业大学、广东工业大学举办师德征文活动。

【坚持创先争优，竞技大赛取得新成绩】 一方面，根据省总工会及全委的工作安排，认真组织好五一劳动奖章、五一劳动奖状、工人先锋号及职工之家、职工之友、工会工作先进个人及单位的评选工作，共推荐评选出全国五一劳动奖状1个，省五一劳动奖章4名，全国工人先锋号1个，省工人先锋号2个，并认真做好劳动模范、先进集体的宣传工作，大力弘扬工人阶级的伟大品格，发挥榜样作用。另一方面，积极参与省总工会组织的大型竞赛活动，并取得优异成绩：在“颂歌献给党”全省职工合唱大赛上，由广东外语艺术职业学院教工为主体的广东省教科文卫工会合唱团获得金奖；在“翩翩起舞颂党恩”全省职工排舞大赛上，广州医学院、广东外语外贸大学、广东工贸职业技术学院队分获金、银、铜奖；在粤港澳女职工庆“三八”书画摄影大赛中，由广州美术学院等工会选送的作品分获金、银奖。

【坚持人文关怀，帮扶援疆呈现新特色】 9月6日，由广东省教科文卫工会组织，省人大常委会副主任、省总工会主席邓维龙率领的省总工会慰问团到中山大学和广东实验中学，召开优秀教师代表座谈会，为优秀教师代表送上一本书、一束鲜花及慰问金；为解困助学，省教科文卫工会设10万元开展“金秋助学”活动，15万元为有困难的教师送上温暖。

组织基层工会向新疆喀什地区捐助21万元，出色完成省总工会的分配任务；组织中山大学眼科中心专家到新疆喀什地区开展援疆义诊活动，免费治疗白内障患者50名，受到新疆维吾尔自治区总工会、喀什地区总工会以及当地群众的热烈欢迎和高度评价。各地及各直属单位，以帮扶解困为乐事，做到夏送清凉、冬送温暖，帮助教职工子女解决入学问题、就业问题及婚姻问题。通过集资、捐资以及建立基金会，使帮扶工作常态化，并从制度上得到保障。中山、揭阳、东莞、广东工业大学、星海音乐学院、广州美术学院、广东商学院等都以各种方式为有需要的教职工解决实际困难，进行帮扶。茂名市重视信访，依法维权，及时化解教职工中的不稳定因素，善于吸纳教职工的合理化建议，为党政分忧。

【坚持品牌打造，典型活动形成新亮点】 12月29日，广东省教科文卫工会合唱团活动基地在广东外语艺术职业学院举行授牌仪式，这是作为品牌打造的第一个省级教工活动基地，以此为起点，将根据各校特点，成熟一个，发展一个，展现一校一特色，一校一品牌，逐步建立一批有实力、有特色的教工活动基地，并发挥辐射作用，惠及全省教职工。以片区为单位，由学校轮流策划的“每月一主题”活动，特色鲜明，渐成品牌，2011年已成功开展了广东药学院中山校区行、广东商学院绿道行、华南理工大学校史展等活动。广东省教科文卫工会还与省直属机关工会、省委办公厅工会、省人大机关工会和省侨联工会联合举办“共创幸福”青年联谊活动，来自省直机关和广州地区高校的单身男女青年近300人参加，影响较大。省女教职委举办的“幸福女教师”系列讲座，内容丰富，贴近实际，深受女工欢迎。

【坚持组织建设，队伍素质得到新提高】 一方面，积极做好有关单位的换届工作，努力把好工会主席人选关，倡导适当选派年纪轻、能力强、素质高的干部到工会工作，使工会干部的年龄和素质得到优化。广东省教科文卫工会女教职工委员会以及广州市、华南理工大学、广东药学院、广州美术学院、广东金融学院等单位顺利换届。另一方面，做好学校教代会的建立及规范工作，有的高校积极推动二级教代会的组建，有效地提高学校民主管理的质量和水平。中山大学、华南师范大学、广东轻工职业技术学院等学校的二级教代会已覆盖较大范围；广东白云学院、广东培正学院、广州科技职业技术学院、岭南职业技术学院等民办院校的教代会已步入常态并发挥积极作用；东莞市民办学校工会组建率进一步提高，部分镇街达到100%。广东省教科文卫工会高度重视工会干部的培训工作，组织32名工会主席参加全委在杭州举办的全国工会干部培训班；举办广东省教科文卫工会系统通讯员培训班，省总工会常务副主席陈宗文、省委教育工委副书记谭泽中等分别作辅导报告；分期分批组织省直单位工会女职委负责人、直属单位工会主席、财务人员以及地方工会干部到省外考察学习。各地、各单位开展多种形式的培训工作，结合“名校长、名教师”建设工程，举办教师及工会干部培训班，使教职工的整体素质得到提高。茂名市组织各类教职工培训达 4 万多人次，全省教职工及工会干部培训近百万人次。

【坚持创新服务，理论实践增加新内涵】 广东省教科文卫工会积极开展调查研究，先后深入中山大学、华南农业大学和南方医科大学就“幸福校园”建设问题进行调研；先后到广州、珠海、汕头、肇庆、云浮等市就加强县级教育工会的组建问题进行调研；配合全委万明东副主席一行到广州中医药大学、广东外语外贸大学、汕头大学就劳务派遣工入会问题进行调研。在深入分析当前形势，研究工会及教育的特征特点后，省教科文卫工会提出建设学习型、维权型、人文型、民主型、文化型和发展型的“六型”工会的工作理念，得到广泛认同并积极付诸实践，成果渐丰。各地、各直属单位，打破框框限制，以更加开放的姿态、更加务实的作风把工会工作做实、做细、做强。中山大学值建会六十周年纪念，编写出版了中山大学工会编年史，华南农业大学开展“五争五创”活动，广东药学院开展“和谐四家”、“八大工程”建设，广东商学院开展“七子之歌”活动，都虚工实做，成效明显。深圳市以办大运会为契机举行女教职工风采礼仪大赛，广东实验中学举办“幸福省实，关爱宝贝”DV 大赛，化州市举办教工“幸福家庭”评选活动，广州市进行学校民主管理工作星级考核复评等，都富有创意，进一步丰富了工会工作的理论和实践。 （徐喜溶）

广东省工业工会

【领导班子】

主　席：孙高山

【综述】 2011 年，省工业工会紧紧围绕“加快转型升级，建设幸福广东”核心任务，坚持把“为职工服务、为党政分忧、为经济加油、为企业和谐”作为工作指导思想，紧密结合工业企业的实际，精心组织劳动竞赛和职工技能大赛，不断完善职工代表大会和厂务公开制度，大力推进“职工有困难找工会”活动，积极为职工群众办好事、办实事，做了大量的工作，取得了可喜的成绩。2011 年 3 月，省工业工会被全国总工会评为“劳动竞赛优秀组织单位”。

【深入开展“职工有困难找工会”活动，倾尽全力为职工排忧解难】 2011 年省工业工会着力在建立困难职工帮扶长效机制上下工夫，通过采取集中帮扶和日常帮扶的方式来开展困难职工帮扶活动，形成为职工办实事、做好事、解难事的长效机制。全年，工业系统工会帮扶中心新筹帮扶资金达 572.12 万元，慰问帮扶困难职工 6610 人次，送去帮扶金 486.78 万元，为困难职工、患病职工和遗属送去了党的关怀和组织的温暖，受到了群众的认可。系统内各厅局、公司、企业等工会组织的帮扶活动也开展得有声有色。广业公司工会经过多方努力、积极协调，妥善解决了省属煤矿等破产关闭企业诸多历史遗留问题，涉及近 4800 户困难家庭和原煤矿 1560 多户工亡职工家属。广东电网公司工会首创开展了“职工温馨家庭工作站”工作，设计了“职工温馨家庭工作站”指标评价体系，进一步丰富了“职工有困难找工会”活动内容，对推动工会帮扶工作创新都具有重要意义。2011 年，中海油南海东部石油管理局工会、广晟资产经营公司工会、中铁二十五局工会三个单位，因在开展“职工有困难找工会”活动中成绩突出，被广东省总工会授予广东省五一劳动奖状。

【认真组织开展各项劳动竞赛，团结动员广大职工为加快转型升级、建设幸福广东建功立业】 省工业工会始终以十项工程为切入点，坚持突出产业特色，在三个层面上全面展开工业系统劳动竞赛，形成了企业工会牵头、业务部门主抓、相关部门配合、及时总结表彰验收的机制，有效地把职工的热情凝聚到为经济加油的目标任务上来。一是在新十项重点工程中坚持劳动竞赛与工程实际相结合，组织广大职工在建设新十项重点工程中创先争优。二是行业职工技能竞赛开展得有声有色。2011 年，省工业工会分别与广东省装饰行业协会、广东省酒类协会、职业技能鉴定指导中心联合组织举办了室内装饰设计职业技能大赛、装饰工程项目设计技能大赛以及品酒师大赛，为职工提供了展示才干的平台，营造了重视学习、重视自我提升的良好氛围，有力地推动了职工素质和专业水平的提高。三是系统内各企业集团公司结合各自实际开展职工技能比赛，成效显著。省建工集团组织了 25 家单位约 8 万名职工（含农民工）参加的“安康杯”劳动竞赛，广晟资产经营公司工会重点围绕“降成本、提效率、节能耗”开展有针对性的劳动竞赛，广东电网公司工会承办了广东省职业技能大赛农网配电营业工总决赛、广东省职业技能大赛高压试验工和油务员总决赛等系列大赛。全年，工业系统共有 16 名技术标兵受到省总工会、省经贸委、省科技厅、省劳动与社保厅等四家单位联名嘉奖，有 12 名技术状元获准按程序申报评选广东省五一劳动奖章。

【扎实推进民主管理建设，有效维护职工各项民主权利，和谐劳动关系建设取得新进展】 2011 年，省工业工会紧紧抓住发展和谐劳动关系这一主线，及时指导、协调系统内各企业做好民主管理工作，落实职工的知情权、参与权，从源头上减少矛盾的发生，对和谐劳动关系建设起到了积极作用。省丝绸纺织集团工会建立健全党委统一领导、党政工团齐抓共管、有关部门各负其责，全体员工积极参与的工作机制，使大量劳动关系方面的问题和其他各种利益矛盾，在源头就得到及时妥善的处理。大唐电力广东分公司建立领导干部接待群众制度，设立意见箱、热线电话等，保障职工群众表达意见畅通无阻。粤电集团工会通过企业网站，积极开展厂长与职工民主对话会等活动。省水电集团工会充分发挥基层 43 个分会的作用，创新建立民主恳谈会制度，成功搭起企业和职工之间的沟通桥梁。南方电网超高压公司工会对职代会的相关制度进行了汇编，突出了职代会民主监督和民主管理的重要地位。省工业技术研究院工会推出了《院职代会民主评议领导干部暂行办法》，推动了约束机制的实施，对企业民主管理具有积极的促进作用。广州石化工会设立职代会专门委员会、职代会提案委员会，坚持一年一度的民主评议领导干部制度以及职代会团长联席会议、工会主席例会等等做法，使基层民主管理、民主监督的权利落到实处。（胡瑜）

广东省财贸工会

【领导班子】

主　席：卢晓露

副主席：余德武

【积极开展创先争优活动】 2011年，省财贸金融系统深入开展行业特色劳动竞赛、职工技能大赛和企业群众性经济技术创新活动，深入开展以“当好主力军、建功‘十二五’”为主题的劳动竞赛和“我为企业发展建言献策”等活动。成功举办了全省商业服务业优秀店长和物业管理、保险业、银保渠道客户服务、证券服务等10大项全省性行业职工职业技能大赛，共有8名职工通过竞赛荣获省五一劳动奖章，43名职工通过竞赛荣获广东省职工经济技术创新能手称号，10名职工获得广东省商业服务业十佳店长称号。各级财贸工会组织开展各类劳动竞赛项目45项，参加职工11316人次；组织发动职工为企业发展建言献策，省直财贸系统共收到合理化建议949条，产生经济效益1604多万元。

【努力提升职工队伍素质】 在全系统开展全国劳动奖状、全国和省工人先锋号、全国和省五一劳动奖章、全国职工之家评选活动，深入开展创先争优活动。2011年，省直财贸金融系统2家单位荣获全国五一劳动奖状，2人荣获全国五一劳动奖章，15人（含技能竞赛8人）获得广东省五一劳动奖章；2家基层单位被授予全国工人先锋号，11家单位被授予广东省工人先锋号。在年度省职工职业技能竞赛活动中，43人荣获广东省职工经济技术创新能手称号，10人获得广东省商业服务业十佳店长称号。深入开展关爱劳模活动，一年来，省财贸工会发放劳模“三金”3.35万元；上门慰问省直财贸系统劳模7人，赠送慰问金7千元。加强职工教育培训工作，充分发挥工会的“大学校”作用。2011年，财贸系统工会开展职工职业技能培训1.13万人次。结合建家工作，深入推进职工书屋示范点建设，并对职工书屋示范点给予鼓励性补助。深化职工之家建设，一年来，省直财贸金融系统有3家单位荣获全国模范职工之家称号，8家单位荣获模范省职工之家称号，7家单位荣获省模范职工小家称号。2家单位获评全国财贸烟草轻纺系统先进基层工会。

【认真落实对职工的人文关怀】 省财贸金融系统工会结合构建和谐劳动关系、落实职工民主权利、困难职工帮扶工程和提高职工素质工程等工作，采取灵活多样的措施，落实人文关怀，改善劳动用工环境，确实有效维护了职工队伍的稳定。省财贸金融系统工会深入贯彻落实《劳动法》等劳动法律法规，推动企业规范用工，很好地保护了职工的劳动生产权益。贯彻执行《广东省工资支付条例》，推进工资集体协商机制建设，促进职工共享企业发展成果。加强企业民主管理，落实职工民主权利。广泛开展职工文体活动，推动全民健身活动的深入开展，全省财贸系统各级工会共开展各类职工文体活动106项，参与职工人数近万人。引导职工感恩、回报社会，发扬中国工人阶级互帮互助的奉献精神，积极响应省总工会向“广东扶贫济困日”活动缴纳特殊会费的捐款倡议，各单位工会捐出的特殊会费总额超过12万元，省直财贸金融系统单位通过其他渠道捐献爱心款79.14万元。

【继续深化工会帮扶工作】 继续深化送温暖帮扶工程，推进困难职工帮扶中心建设，着力构建上下联动、较为完善、有效运作的财贸系统困难职工帮扶网，进一步促进了工会送温暖工作的常态化、规范化。在省总工会、省解困基金会的支持下，省财贸工会拨出送温暖慰问款25万元，用于对困难职工的送温暖慰问。筹集资金3.5万元，探视慰问因病住院的工会干部和企业家；2011年“两节”期间，省直财贸系统筹集送温暖资金280.56万元，慰问困难职工及离退休人员2800多人次；广泛开展金秋助学活动。各级工会积极筹集助学金26.78万元，帮助134名困难职工子女继续学业。省财贸工会发放助学金10万元，继续资助100名困难职工子女完成学业。

【女职委工作取得新发展】　2011年，省财贸金融工会女职委和各级工会女职委继续坚持以促进经济发展，提升女职工素质为目标，深入开展“职工建功立业女能手”和“南粤建功立业女能手”活动，针对女职工特点，积极开展职业技能培训、劳动竞赛，有效地提高了女职工素质；积极推进开展女职工特殊权益保障工作，推进女职工专项集体合同的签订，有效推动了女职工工作的开展。结合庆祝“三八”妇女节活动，开展系列活动，举办系统女职委主任保健知识培训，选拔推荐系统女工健美操队参加全省女职工健美操比赛，组织女职工文艺骨干参加全省排舞培训等，有效地增强了女职工工作的活力，推进了和谐企业的建设。继续推进女职工专项帮扶工作和女职工安康互助保障计划的实施，继续保持高参保率、高覆盖率的态势，受到了省工会女职工委员会的高度肯定。

【不断完善工会自身建设】　工会组织建设不断提升，全年办理更换或新申办工会法人登记75家。协助广东国际信托投资公司恢复建立工会组织；接转中石油广东销售分公司、广东国际大厦实业有限公司、省华侨物业股份有限公司、省联合电子收费公司等单位的工会组织联系。加大工会干部培训力度，进一步提高工会干部素质，组织选派多批次工会干部参加全总、省总和全国财贸工会组织的培训活动，组织工会干部到台湾、新疆、贵州、江西等地开展交流考察活动。举办工会信息员信息与通讯写作培训班，培训信息员19人次，进一步畅通了信息渠道。调查研究和工运理论研究取得了新成绩。2011年，省财贸工会对全省商业、饭店与餐饮业、旅游业、轻工业、纺织（服装）业工会的组织建设、职工队伍、会员状况进行了调查摸底，并形成多篇调查报告，分别在全总《工运研究》、《中国工运》和《广东工运》上发表，并荣获省总工会年度调研成果专项调查一、二等奖。　（韩晓宁）

广东省林业工会委员会

【领导班子】

主　席：肖伟昌

副主席：黄映辉（专职）、彭尚德、罗俊芳（女）

【机构设置】

办公室、组织宣教部、生活保障部、女职工委员会、经费审查委员会

【围绕提升职工素质工程，开展建设学习型工会活动】　一是在省林业工会层面，组织工会骨干培训学习，起到带头学习作用。3月，在广州举行工会干部学习培训班，邀请中国农林水利工会主席盛明富作“认清新形势，建功‘十二五’”的专题报告，还组织工会主席、女工干部到外省、市考察学习；4月，组织7名劳模到北京参观学习；6月，组织4位基层工会主席到中国劳动关系学院参加培训学习。通过培训学习，这些骨干不但掌握了理论，增长了知识，提高了新形势下做好群众工作的能力，也为基层学习活动的开展起到了骨干带头作用，收到了很好的效果。二是在基层工会层面，采取开辟阅览室、图书馆，建立职工书屋和请进来

讲辅导课等形式的群众性学习读书活动。厅机关举办了5期“广东林业学堂”讲座，各基层工会也多次邀请各方面的专家、领导给职工上专题辅导课。省天井山林场采取互动式学习、研究式学习、共享式学习、娱乐式学习等形式，开辟了“网上读书直通车”，为职工办好“网上读书阅览证”，同时还和北京大学开办大专班，30多名职工参加了大专班学习。多数单位还开展学习竞赛活动，即赛学习环境、赛读书数量、赛学习制度、赛学习风气、赛学习成果的“五赛”活动，形成你追我赶的学习氛围，取得很好效果。三是在职工个人层面，开展“技能型、效益型、管理型、创新型”人才建设活动，积极鼓励职工自学成才，岗位成才，提高了职工本人的政治、业务素质和在市场经济中的竞争力，涌现了一大批技能型、效益型、管理型、创新型职工，为广东省的生态林业建设提供了人力资源支撑。

【围绕纪念建党九十周年，组织丰富多彩的纪念活动】 一是积极组织、参与庆祝建党90周年系列活动。6月底，省林业工会配合厅直属机关党委办、省纪委驻厅纪检组在珠江宾馆举办“省林业厅‘颂歌献给党’大型歌咏会”，来自厅直属单位的22支代表队近600名干部员工满含深情，歌颂党的丰功伟绩和祖国的繁荣富强，表达对党、对祖国、对社会主义的热爱和祝福以及永远跟党走的决心和信心。7月，组建了由厅机关、省林业调查规划院、省林业科学研究院、省林业职业技术学校、省龙眼洞林场和中国林科院热带林业研究所6家单位共62名职工组成的“省林业工会合唱团”参加“广东省职工‘颂歌献给党’合唱比赛”。在专业强队云集、比赛突出以演唱技巧评分的情况下，省林业工会合唱团以宣传共产党人、宣传林业职工为主题，合唱《共产党人》、《林业职工之歌》两首歌曲，最终经激烈角逐获得铜奖，省林业工会获优秀组织奖。二是举办体育赛事，展示林业职工爱党、爱社会主义、爱林业，顽强拼搏的精神风貌。5月，组织厅职工羽毛球队参加中国林业体育协会举办的“全国林业第一届羽毛球比赛”，荣获男子团体冠军。9月，在广州凤凰山宾馆举办厅直属单位职工第三届扑克“拖拉机”比赛，来自14个单位的32支代表队参加了此次比赛。11月，联合厅机关工会、厅团委举办了以“强健林业干部职工体魄，推动生态景观林带建设”为主题的篮球比赛。三是利用征文、书法、创作歌曲、摄影等形式，讴歌中国共产党，讴歌中国特色社会主义，讴歌林业建设。省林业工会主席肖伟昌利用自己是省作协、音协会员的优势，在庆祝建党90周年期间，先后创作了多首歌曲，并由同省纪委驻厅纪检组、厅直属机关党委将这些歌曲编印成歌曲集《绿色之歌》，在林业职工中广为传唱，活跃和丰富了职工的文化生活，《林业职工之歌》、《我们是中国林业人》、《塞罕坝之歌》等歌曲，丰富了林业歌曲园地，《红树林之歌》还被国家林业局选为国家林业局机关代表队参加国家机关“七一”文艺汇演歌曲。

【围绕维护职工权益，开展劳动关系和谐企业建设活动】 一是深入推进厂务公开民主管理工作，获得“全国推动厂务公开民主管理工作先进单位”荣誉称号。二是深入开展困难职工帮扶工作，为职工做好事、办实事。2011年度向直属单位拨付帮扶资金11万元，各单位相应配套资金10多万元，帮扶159户相对困难的职工家庭，解决他们的生活、子女读书问题。各级林业工会配合林业行政部门，积极落实全省林场棚户区改造工程，大大地改善了林区职工群众的生产生活条件。积极支持职工自营经济拓展活动，帮助困难职工家庭发展种养业，提高了职工的经济收入。三是深入开展劳动关系和谐企业建设，涌现出一批先进单位。其中省天井山林场被省人力资源社会保障厅、省总工会、省企业联合会评为“广东省和谐劳动关系先进企业”，省樟木头林场被评为“全国农林水利系统劳动关系和谐企业”。

【围绕生态林业建设，开展“当好主力军，建功‘十二五’”活动】 一是围绕林业中心工作，组织开展劳动竞赛。各基层工会围绕2011年林业重点工作，开展森林防火、造林绿化、集体林权制度改革、安全生产等方面的劳动竞赛，开展合理化建议等建言献策活动，使工人阶级主力军的作用进一步得到发挥。4月，省林业工会在省厅直属单位中，开展了为期三个月的“我为广东林业建言献策”活动，评出一等奖1名，奖励1000元，二等奖3名和三等奖5名。二是唱响“工人伟大，劳动光荣”主旋律。2011年7月，配合《南方工报》开展的“转作风、下基层”活动，深入到林区山区，接触基层职工，了解他们的生活和工作，报道基层职工为林业建设贡献青春力量的事迹。《南方工报》、《广东林业报》报道了省天井山林场李悦强等护林员“每天走十里 每月换双鞋”的事迹，展示了林业职工信念坚定、胸怀大局、献身林业的精神，引起了社会的强烈反响。三是广泛开展创建工人先锋号活动，涌现出一批先进单位和先进个人。省樟木头林场汪忠炫被评为“全国绿化先进工作者”，省林业厅彭尚德、广州市林业和园林局江峰分别荣获“广东省五一劳动奖章”，省乳阳林业局小水电公司荣获“省工人先锋号”；省樟木头林场工会荣获“全国模范职工之家”称号，省林业学校工会获“广东省模范职工之家”称号，省西江林业局象牙山林场工会获“广东省模范职工小家”称号。在最近召开的中国农林水利工会三届一次全会上，省连山林场工会被评为“全国农林水利系统模范职工之家”，省龙洞林场翠园物业公司被评为“全国农林水利系统优秀职工小家”，省乳阳林业局杨亚源被评为“全国农林水利系统优秀工会工作者”，省天井山林场场长梁东成被评为“全国农林水利系统优秀工会之友”。

【围绕工会自身建设，开展工会“练内功、树形象、优服务”活动】 一是加强本级工会自身建设。凡是重大问题，都召开主席办公（扩大）会议集体研究决定，2011年共召开6次工会主席办公会议，充分听取大家的意见，分析新形势下工会工作出现的新情况、新问题，研究创新社会管理和新形势下如何发挥工会作用，提出解决问题的办法，不断使决策制度化、民主化。二是及时充实和调整直属单位工会领导班子，强化组织建设。在调整省林业工会专职副主席的同时，经厅党组研究同意，在有4个直属单位的工会主席从原兼职的岗位中单设出来的基础上，2011年又新增2个单位设专职工会主席，逐步改变过去工会主席多由党政领导兼任的状况。三是工作中心下移，服务基层。深入基层调查研究，重视对基层单位职代会的指导工作。省林业工会负责同志多次出席基层单位职代会，先后到省龙眼洞林场、天井山、连山林场、乳阳林业局、林业学校、樟木头林场等单位参加职工代表大会，听取职工的意见和建议，对加强和改善基层工会工作提出了许多意见和建议，促进了基层工会工作的落实。同时，还围绕当前林业工作中心，到基层开展调研活动。工会主席肖伟吕带头深入基层，开展林改、工会工作、棚户区改造等工作调研，调研成果丰硕。省林业工会和厅林场总站合作撰写的《关于广东省国有林区危旧房改造（棚户区）工作情况的调查报告》被中国农林水利工会评为三等奖。四是办好《广东林业工会信息》。《广东林业工会信息》已出版发行12期，累计发行52期。有7篇稿件还被全国总工会、省总工会有关刊物刊登。（代欣）

广东省地质工会委员会

【领导班子】

主　席：丘红娜（女）

【综述】　2011年，在省地质局党委和省总工会的正确领导下，坚决贯彻落实省局党委提出的“富民强局”的总体要求和工作思路，认真贯彻省工会十二大提出的“四个坚持”和“五大工程”，以科学发展观为统领，紧紧围绕发展地质事业中心任务，牢固树立和全面落实科学发展观，进一步推进党的全心全意依靠工人阶级方针的贯彻落实，充分调动广大职工的积极性和创造性，充分发挥工人阶级的主力军作用，为实现地质找矿的重大突破，发展地质事业、壮大地勘经济、构建和谐队伍作出了应有的贡献。

【坚持为职工服务，依法维护职工的合法权益】　坚持和不断完善职工代表大会制度和会员代表大会制度，维护职工的政治民主权益。各单位年初都按照规定召开“双代会”（职工代表大会和会员代表大会），各单位的工作计划、发展目标、涉及职工切身利益的事项如工资调整等都交职代会进行审议、通过或表决。职工代表大会的审议权、通过权、决定权得到全面落实。不断深化民主管理工作，推动厂务公开工作深入开展。党委统一领导、党政共同负责、有关方面齐抓共管、职工群众广泛参与的领导体制和工作机制已经形成。党委是第一责任人，行政是第一报告人，纪检工会是第一监督人，职工是第一评价人的责任机制和考核机制已经建立，职工群众有更广泛的民主权利。继续做好劳动争议调处工作，积极进行协调，调解劳动关系，耐心做好职工的解释工作，尽力化解矛盾，促进劳动关系和谐稳定和地勘队伍的改革发展。关注职工的工资收入和福利待遇。随着国家不断增加地质找矿的投入和各地勘单位努力开拓市场，地勘经济不断好转，省局党委及时把职工收入列入每年地勘单位业绩考核的主要内容之一，明确规定每年职工收入增长率必须在9%以上，保证了职工收入有较大的增幅。由于职工收入的不断增加和福利待遇的提高，工会开展职工活动有了强有力的财力支持，工会组织发挥的作用更加明显，工会组织更加有号召力，更好地促进了地勘队伍的和谐和稳定。

【坚持为职工办实事、办好事】　加强对职工的人文关怀，关心生活困难的职工，特别是特困职工。春节期间工会从经费中安排38万元的节日慰问专款，各基层单位也安排慰问金80多万元，全年共慰问1350多名困难职工，最大限度地帮助困难职工。关心特困职工家庭子女的读书问题。对特困职工家庭其子女考上大学的，给予助学补助，拨出专款帮助86名困难职工解决子女入学难的问题。关心在炎热酷暑季节坚持一线工地工作的职工，开展送清凉活动。赴雷州半岛抗旱找水工地、云浮地质矿区、南雄矿区、杭州勘察工地、长沙勘察工地等八个工地慰问生产一线的技术人员和职工。关心干部职工的身体健康，安排经费48万元，组织开展全局职工休养活动。全年安排三批共135名先进人物和技术骨干、队处级领导到山东、云南、陕西等地进行健康休养。关心职工的文化体育业余生活，提高职工队伍的凝聚力和向心力。为庆祝中国共产党成立90周年，筹集资金50多万元，举办全局职工文艺演出，参加人员之众，节目之多，前所未有。

【大力开展建功立业活动，推动地勘经济的发展】 2011年11月，在韶关市举行全省地质勘查技术人员技能竞赛，全省有36个地质单位、206名地质技术人员参加，反应热烈，效果明显，激发了广大职工的创新能力和活力。积极开展评先树模工作。省水文工程地质一大队钻机机长林国泽荣获省五一劳动奖章，七〇四地质大队地质调查所荣获全国“工人先锋号”。

【加强工会自身建设，提升整体工作水平】

深入持久地开展工会建家活动。推动工会组织坚持不懈地在“固本强基，依法维权，帮扶困难，发挥作用，提高素质”上下工夫，推动工会工作实现“党委领导，行政支持，工会运作，职工广泛参与”的新格局，努力提高工会组织的号召力，不断树立党委信任、职工拥护的工会组织形象。认真贯彻落实全国总工会、省总工会关于开展会员评议职工之家活动的有关要求，制定了广东省地质工会《关于开展会员评议职工之家活动》实施细则，在全会全面开展会员评议职工之家和工会主席活动。省地质工程建设集团公司工会被评为“全国模范职工之家”，王其钦被评为“全国优秀工会工作者”；省工程勘察院被评为“广东省模范职工之家”，省地质调查院矿产室分会被评为“广东省模范职工小家”，谭能超被评为“广东省优秀工会工作者”；局党委书记欧阳志鸿被评为“广东省优秀职工之友”；庄才斌被评为《广东职工文体》2011年度优秀通讯员。组织工会干部参加培训，拓宽工会干部视野。安排4名工会主席到中国劳动关系学院参加培训，1名工会主席参加省总工会组织的北京大学培训班。组织了全部工会主席到北京大学进行培训，使工会干部开阔了视野，增长了见识。加大对基层工会建设职工之家的支持力度，下拨工会经费帮助部分基层工会建设职工体育设施和职工书屋。（胡斌）

广东省农垦工会委员会

【领导班子】

主　席：姜伟军

副主席：洪艳（女）

【机构设置】

办公室、财务部、女工部

【综述】 2011年，在广东省农垦总局党组和上级工会的正确领导下，垦区各级工会组织坚定服务大局意识，紧密围绕总局党组提出的“推进农业现代化、打造跨国大集团、建设美好新垦区”的战略部署，努力践行“党建带动工建、工建服务党建”的工作方针，积极发挥自身优势，主动作为，坚持为职工服务、为党政分忧、为企业和谐、为经济加油，全面参与垦区加快经济转型升级与企业民主管理，扎实推进工会的各项工作，取得了良好的工作成效。

【坚持围绕中心服务大局，创先争优活动取得优异成绩】 按照总局党组和省总工会的工作要求，省农垦工会下发了《关于组织动员垦区广大职工开展实现“十二五”规划目标任务创先争优建功立业的意见》，垦区各级工会紧紧围绕工作中心，积极引领职工广泛开展“当好主力军、建功‘十二五’”主题劳动竞赛活动，为促进垦区经济发展作出了积极贡献。2011年4月，省农垦工会与总局科技生产处在胜利农场举行了“广东农垦第二届割胶工技能大赛”，60名割胶能手参加了割胶基础知识、磨刀技能和树桩割胶技术的比赛，经过激烈角逐，有30名选手分别获综合奖和单项奖，前五名获广东省经济创新能手和技术能手称号，第一名申报广东省五一劳动奖章，同时为45名决赛选手办理割胶工高级资格证书和技师资格证书。广东省农垦工会在农垦直属单位组织开展了“十佳标兵岗位”和“十佳优秀职工”评选表彰活动，在《广东农垦信息网》刊登候选人的先进事迹，共有2300多名职工参与了投票。2011年中华全国总工会授予广东省胜利农场乌石塘队职工陈德宝全国五一劳动奖章，授予广东省三叶农场三甲分场一队“全国工人先锋号”；广东省总工会授予广东燕塘乳业股份有限公司总经理黄宣广东省五一劳动奖章，授予广东农垦热带作物科学研究所天然橡胶良种苗木繁育中心“广东省工人先锋号”。2011年中华全国总工会和国家安全生产监督管理总局评选火星农场为“全国‘安康杯’竞赛优胜单位”，评选南华农场砖厂为“全国‘安康杯’竞赛优胜班组”。燕塘乳业股份有限公司、红五月农场被评为广东省“安康杯”竞赛活动优胜单位，鸡山农场学校被评为优胜班组，省农垦工会被评为优秀组织单位，湛江农垦工会主席周通获优秀组织者称号。

【坚持为职工办实事好事，垦区帮扶工作展现新局面】 2011年，垦区各级工会组织始终把为党政分忧、为职工服务作为工作主线，扎扎实实做好困难职工帮扶工作，开创了垦区帮扶工作的新局面。一是“送温暖”活动得到各级党政领导以及上级工会的高度重视和大力支持，受到职工的欢迎。1月8日，中华全国总工会书记处书记、副主席倪健民和广东省总工会副主席王丽华率领全国总工会慰问团到湛江垦区进行“送温暖”活动，走访慰问了垦区的劳模、退休职工和困难职工共11个职工家庭，同时还检查了湛江农垦工会帮扶中心的工作情况，倪健民对广东农垦的帮扶工作给予了充分肯定。垦区各级工会组织开展的“送温暖”活动，共慰问困难职工8423人，发放慰问款物620.2万元。二是困难职工帮扶中心建设实现突破，帮扶工作成效显著。省农垦工会加大了对垦区困难职工帮扶中心（站）和帮扶工作机制的建设力度，共下拨“送温暖”、帮扶资金75万元，全垦区共帮助困难职工4273人。三是认真组织好“金秋助学”活动，帮扶面不断扩大。垦区共发放“金秋助学”资金12.3万元，资助困难学生255名。四是认真做好特困职工的低保工作，垦区基本实现了特困职工的应保尽保。广东农垦区共有4489户（11303人）被纳入当地最低生活保障，争取地方低保金1149.3万元。五是扎实做好对职工的扶贫工作，脱贫人数不断上升。

【坚持做好职工队伍稳定工作，促进了垦区劳动关系的和谐发展】 保持职工队伍的稳定是垦区各级工会组织的首要任务，为此，省农垦工会做到了七个“坚持”：一是坚持做好依法科学维权工作。2011年，广东农垦各级工会组织建立劳动争议调解委员会53个，覆盖率70%，2011年垦区签订劳动合同的职工有44571人，其中农民工签订劳动合同的人数达6943人，占农民工总数的80.7%，本年度劳动争议调解委员会受理劳动争议79件，成功调解76件，实行《劳动集体合同》的单位有49个，覆盖率达64%，二是坚持做好职代会的制度化和规范化建设。呈现出三个方面的变化：①企业的重大决策和重大事项全部经职工代表大会表决，职工维权意识得到充分提高；②民主评议领导已形成职代会的主要程序，有效促进了企业干群关系和谐；③企业领导充分重视职工提案，做到职工提案有答复有落实。湛江农垦工会不断规范职代会制度，推进建立健全职工监事制度，积极推行职代会决议票决制。有10个企业的工会主席由差额选举产生。三是坚持做好厂务公开民主管理工作。省农垦工会与总局纪检监察室对垦区基层单位的厂务公开民主管理工作贯标认证进行了复核，垦区82%的企事业单位取得了厂务公开民主管理工作的贯标认证。四是坚持做好职工安居工程的建设工作，努力改善职工的生活环境。在胜利农场召开的广东农垦小城镇建设和管理工作会议上，对垦区职工安居工程的成果进行了全面总结和展现。茂名农垦工会组织开展了以改善职工生活居住条件为主题的"建设农垦美好新家园"活动，推进危房改造和安居工程建设。同时把职工文化活动场所建设、社区饮水道路工程建设作为改善职工生活居住环境的配套工作，认真进行规划设计并精心实施。围绕建设城市的后花园和新农村建设示范点的目标，湛江农垦工会各级工会强化服务，取得了新成效。全年新建和改建职工休闲健康广场13个，累计完成总投资约22亿元，新建和改造职工住宅40106户，其中新建职工楼房2万多户，受益人口达13.636万人。五是坚持抓好职工自营经济发展，促进职工增收，企业增效。六是坚持做好女职工工作，积极维护女职工的合法权益。七是坚持做好退休职工人员的管理工作，确保退休职工的身心健康。茂名农垦所有农场都设有企业退休人员社会化管理服务中心，生产队设有企业退休人员社会化管理服务站，做到"机构、人员、经费、职责、设施、场地、制度"七到位，退休人员2万多人，社会化管理率达98%，社区管理率达98%，为退休职工充实和丰富晚年生活提供了良好环境。

【坚持弘扬农垦精神，开展纪念广东农垦创建60周年活动，丰富职工的文化生活】 2011年，垦区各级工会组织坚持把"以人为本、以场为家、以农垦为荣"作为教育引导职工的主题，大力弘扬农垦精神，通过组织各种文化娱乐活动，把纪念广东农垦创建60周年活动推向高潮。省农垦举办了直属单位纪念广东农垦创建60周年职工文艺汇演。湛江农垦工会在纪念建垦60周年期间组织召开了劳动模范及科技工作者代表座谈会，还对垦区66名劳模和4万多名离退休职工进行慰问，发放慰问金800多万元，同时还举行了庆祝建党90周年"唱响红歌　礼赞农垦"文艺汇演和纪念湛江农垦创建60周年"嘹亮歌声颂农垦"文艺巡回汇演，共有30个基层单位参加文艺汇演活动，近3000名演员倾情演出。阳江农垦组织"老劳模、老党员、老工人"参加"辉煌六十年，喜看农垦新变化"参观团到垦区各单位参观考察，国庆期间举办了"颂国庆，赞农垦"红歌演唱比赛，举行了"敬老孝亲五好家庭暨金婚庆典表彰会"。

【坚持党工共建，垦区工会基层组织建设取得新成绩】 2011年，垦区各级工会组织坚持落实"党建带动工建、工建服务党建"的工作方针，全力推动"两个普遍"，不断加强基层工会组织建设，最大限度地把包括农民工、外来工在内的广大职工吸纳到工会组织中来，全面提升了垦区基层工会组织的凝聚力和战斗力。湛江农垦工会在广大工会干部中深入开展"四情"学习教育活动，把"四情"学习教育与为职工办实事相结合，与开展创先争优建功立业活动相结合，与会员评议职工之家活动相合的"四结合"有效增强了工会干部的思想作风。广东农垦新组建基层工会3个，工会会员47680人，其中农民工会员6429人，农民工入会率达64.3%，广东农工商职业技术学院工会被中华全国总工会评为"全国模范职工之家"，湛江农垦第二医院工会、总局机关工会被广东省总工会评为"广东省模范职工之家"，红湖农场工会、茂名广垦名富果业有限公司工会被中国农林水利工会评为“全国农林水利系统模范职工之家”，阳江农垦工会主席黎明被中华全国总工会评为“全国优秀工会工作者”，湛江农工商职业技术学校工会主席陈哲儒、火星农场工会主席肖卫国被评为“广东省优秀工会工作者”，红湖农场工会主席罗国均、广州广垦仓储有限公司工会主席蓝海燕被评为“全国农林系统优秀工会工作者”。（何志刚）

广东省直属机关工会工作委员会

【领导班子】

主　席：程莉莉（女）

副主席：李　田

【机构设置】

办公室、财务部、帮扶中心、文体俱乐部办公室

【以开展庆祝建党90周年系列活动凝聚广大职工】 2011年，举办了一系列庆祝活动：承办“党旗礼赞”广东省直机关庆祝建党90周年书画摄影展；组织省直合唱团先后参加了“学党史、上党课、唱红歌”党日活动、幸福同行——2011年广东扶贫济困日大型主题募捐晚会和“谁持彩练当空舞”省直机关庆祝建党90周年音乐会等6场文艺演出活动；举办省直机关“为幸福广东添光彩”演讲比赛；先后组织约2000名省直各单位职工观看“激情燃烧的岁月”纪念建党90周年大型影视名曲视听音画交响音乐会、舞剧“三家巷”、赵季平作品音乐会和“红歌飞扬”等4场音乐会；联办“共创幸福”单身干部职工联谊会，300多名省直机关和省内高校的单身青年参加了活动。

【以省直各文体俱乐部为载体，活跃广大职工业余生活】 各个俱乐部都举办了一系列活动。其中，足球俱乐部承办了省直机关第七届足球联赛，共22支队伍参加比赛；保龄球俱乐部承办了省直机关第七届保龄球团体赛，共14支队伍参赛；羽毛球俱乐部承办了省直机关第三届羽毛球比赛，组织了84个单位共1000多名干部职工参加；省直机关合唱团先后参加了省直机关“百歌颂中华”合唱比赛、省直机关“好歌献给党”广东省第十届百歌颂中华歌咏比赛、广东省职工庆祝建党90周年合唱比赛。举办了首届省直机关网球比赛，黄华华省长等省领导出席了比赛的启动仪式，此次比赛组织了36个单位共300多名干部职工参加。

【做好困难帮扶、职工保障和金秋助学工作】 进一步完善帮扶中心的工作机制，继续对困难职工开展重点帮扶活动，做实“职工有困难找工会”活动。2011年，日常帮扶89名特困职工，发放帮扶金26.7万元。全年共计为4293名职工办理购买了职工医疗互助保险，为1715名女职工办理购买了女职工安康保险。对家庭困难的学生发放助学金，进一步帮助省直机关困难家庭解决子女就学问题，体现了工会组织对职工的关爱。（张婉娜）

广东省劳教局工会

【领导班子】

主　席：万晓成

副主席：蔡德云

【综述】　省劳教局工会在局党委和省总工会的关心和支持下，紧紧围绕劳教工作的中心任务，充分发挥桥梁纽带作用，在组织建设、文体活动、维护职工权益等方面都取得了一定的成绩。

【重视职工文化建设】　经过不懈的努力，在省总工会的支持下，在劳教工会系统设立了三个国家级示范点，两个省级示范点，分别为：省劳教干校的“全国职工素质教育工程示范点”，省三水所、省女所的“全国职工书屋”示范点，省增城所、省劳教干校的“广东省职工书屋”示范点。全国总工会和广东省总工会已分别赠送这些示范点图书一万多册，给劳教场所的文化建设打下了很好的基础。

【积极组织参加各类文体活动】　2011年组织的六项活动分别获全国总工会和省总工会颁发的优秀组织奖，两项活动分别获省总工会的金奖和铜奖。一是组织省直劳教单位参加“全国亿万职工健身月”活动，局工会获全国总工会颁发的优秀组织奖。二是先后三次组织省直和全省劳教单位参加省以及全国性的书法楹联书画比赛和展览，干警职工积极参加，其中两名局领导、一名所领导的作品获准参展全国性的书法比赛作品展，省局工会获省总工会颁发的优秀组织奖。在系统内组织迎“七一”书画比赛，展出150多份作品，其中25人的作品获得专家的肯定和省局的奖励。三是积极组织干警职工参加省总工会、广东电视台举办的“全省职工迎‘七一’，颂歌献给党”红歌大赛，在强手如林的舞台上该所获得铜奖，省局工会获优秀组织奖。四是局工会在党委的重视下，精心准备，积极参与，在省总工会、省体育局举办的“全省职工排舞大赛”中获得金奖和优秀组织奖。五是组织省直单位参加省总工会开展的创建“职工之家”活动。经过评审，省女子所和省三水所医院工会分别获得“广东省模范职工之家”和“模范职工小家”荣誉称号，系统内有两位同志被评为“广东省工会活动积极分子”。同时省局工会也评选和表彰了一批工会系统内的先进单位和个人。有力地促进了劳教系统工会工作的开展。六是组织了一年一度的春节联欢活动。组织局机关人员开展丰富多彩的文体活动，增进干警职工的身心健康，组织参观了广州塔，爬白云山。组织局机关女职工和省直单位部分女职工到北京、苏州等地考察学习。坚持在会员生日到来之时为其发放生日蛋糕，发短信息表示祝福。同时为干警职工办理白云山登山卡等。

【组织开展工会知识宣传培训活动】　省局工会在干校举办了一期工会骨干培训班，还选派人员参加省总工会的工会知识培训班。为了把系统内工会工作的情况宣传、反映出来，除了各单位工会自办宣传栏外，局工会也出了四期宣传栏。积极向省总工会、省劳教局《广东矫治研究》杂志投稿。

【狠抓省直单位工会工作规范化建设】　在调查研究的基础上，制定下发了《广东省劳教戒毒单位工会工作职责》以及《省直劳教单位工会工作年度考核细则》，坚持一年两次对基层工会进行量化考核。根据工作需要还召开了省直单位工会主席会议，总结成绩，部署工作，交流经验，推动了场所工会工作的开展。

（万晓成）

广州铁路（集团）公司工会

【领导班子】

主　席：孙　洁（女）

副主席：汪一飞、李玉文

【机构设置】 综合（财务）部、组织部、生产和文体部、保障和女工工作部、体协

【综述】 2011 年，在省总工会、铁道部总工会和集团公司党委的正确领导下，广铁集团工会以胡锦涛总书记在海南考察铁路时的重要指示精神为动力，紧紧围绕新一届铁道部党组确立的“转变发展方式、推进科学发展”主题主线，充分发挥工会职能，不断提升工作水平，拓展工作内涵，充分发挥了“融入中心、服务大局”的作用，工会工作得到了进一步发展。

【深入开展创先争优活动】 积极配合全国铁路总工会做好铁路系统 24 名劳模代表接受胡锦涛总书记接见的相关组织工作，并以总书记视察、接见为动力，组织集团受接见的 6 名劳模在各地区与各条战线的劳模进行座谈，深入传递关怀，转达期望，在全集团迅速掀起“学劳模、赶先进、比贡献”的热潮。结合广东省、铁道部和集团公司各个时期工作重点，积极发动广大职工围绕春运、暑运、广深港开通、深圳大运会安保等重点工作，深入开展“三保一促”创先争优活动，通过劳动竞赛、巡视检查等形式，引导广大干部职工在工作岗位上创先争优、建功立业。结合铁路“服务旅客创先争优”活动，开展“确保安全、服务旅客、创先争优”主题劳动竞赛，组织评选了一批安全标兵、业务能手、技术能手、服务明星等，通过先进力量引导职工不断优化服务环境，改进服务态度，提高服务质量，展示铁路的良好服务形象。

【坚持融入企业科学发展中心】 围绕集团日常安全生产和各项工作，坚持开展“安康杯”、“百千万”、四支队伍“四无”、职工代表安全巡视检查、家属保安全等群众性保安全活动，不断丰富活动内容，提升活动效果。集团公司连续 6 年被评为全国“安康杯”竞赛优胜企业。甬温线“7.23”事故发生后，根据铁路安全生产大检查活动的要求，认真组织一系列主题活动，深化安全宣传教育，编排了一台专题安全宣讲报告会，开展了“我身边的安全隐患”举报有奖、“我经历的危险镜头”征文等一系列安全主题活动，进一步提高了干部职工的安全责任心和紧迫感，有效促进了集团安全基础的夯实。围绕增运增收、节支降耗和多元经营等工作，广泛开展了“金点子工程”合理化建议活动，征集合理化建议 27193 条，采纳 6629 条，实施 2266 条，创造了良好的经济和社会效益。

【积极改善职工生产生活】 按照胡锦涛总书记在海南视察时关于关心职工生产生活的指示精神，以及上级党组织和工会的要求，全力以赴解决了一大批沿线铁路职工反映突出的“喝水难”、“洗热水澡难”、“看电视难”、“吃饭难”、“通勤难”、“就医难”等“六难”问题，进一步改善了职工的生产生活环境。同时，全面配合集团行政推进沿线职工生产生活设施建设，牵头组织调研组，多次深入铁路沿线开展调研，参与制定集团改善沿线职工生产生活设施“三年规划”，组织承办集团公司改善沿线职工生产生活设施动员会，推进示范点建设，并根据工程建设情况，及时组织，为沿线职工配备了生活用品。

【扎实推进民主管理建设】 不断强化源头参与，修订了《集团公司职工代表大会实施办法》，加强三级职代会建设，落实职代会

闭会期间民主管理制度，坚持召开职代会团组长联席会议，审议涉及职工切身利益的重要事项。坚持平等协商制度，规范签订了《集体合同》和《工资专项协议》。完善职工代表“直通车”制度，实行职工代表工作写实，召开职工代表座谈会，及时反馈职工代表的意见和建议。深化厂务公开建制、建栏、建队伍工作，推动公开内容、公开形式、公开层次的不断深化，做好涉及职工切身利益的重大事项以及职工关心的热点、难点和敏感问题的公开。集团公司被评为2011年全国“厂务公开先进单位”。

【努力维护职工合法权益】　认真做好“三不让”帮扶救助工作，不断完善实施细则，延伸救助范畴，全年救助困难职工14316人次，助学职工子女1689人次。广泛开展“进千家门、知千家情、暖千家心”走访慰问活动，在春节、中秋、国庆等重要节假日期间，深入一线走访慰问了坚守在工作岗位的干部职工及各类困难职工、劳模。认真办好“职工维权帮扶热线”，全年共接来电2305个，处理答复或解决1890个，坚持每月专报制度，认真分析职工思想倾向，编写情况专报报集团党政主要领导评阅，积极协调解决广大职工群众反映的热点、难点和焦点问题，有效维护了集团稳定大局。

【切实营造和谐企业氛围】　组织开展了“爱我广铁、你我同心”系列活动，组织分片、分点开展“我与企业共命运”主题谈心讨论活动，召开座谈会360多场次，覆盖80%以上的基层车间、班组。组织“我向工会诉心声”感言征集活动，下发调查问卷56000余份，开展职工队伍状况调查，深入了解了集团职工队伍的思想和心理状况。开通集团职工生日祝福短信平台，强化人文关怀，在职工生日和重要节日期间，送上美好祝愿，传递组织关怀。广泛开展群众文体活动，重点围绕纪念建党90周年，组织了全集团“颂歌献给党”歌咏合唱比赛，职工美术、书画、摄影、漫画作品征集评选和展览等活动。并组织队伍参加了广东省“颂歌献给党”职工庆祝建党90周年合唱比赛，荣获赛事银奖和优秀组织奖。

（刘海龙、周合林）

中国南方航空集团公司工会

【领导班子】

主　席：杨丽华（女）

常　委：杨丽华（女）、陈振友、王长江、艾海提、陈立宏、吴春明、吴德明、孔富强、李敏杰（女）

【机构设置】

工会办公室、女职工委员会

【综述】　2011年，中国南方航空集团公司工会在集团党组和上级工会的领导下，紧紧围绕公司“十二五”规划的战略部署，按照集团工会关于“四个坚持、三个加强和三个推进”的工作要求，全面履行工会职能，充分调动广大职工群众的积极性、主动性和创造性，进一步提高职工队伍整体素质，团结、引导广大职工踊跃投身劳动竞赛，激发创新潜能和创造活力，为实现公司“十二五”规划建功立业。

【坚持开展民主管理工作，促进企业健康发展】　积极推进厂务公开民主管理ISO9000标准管理体系的试点工作。集团党组下发了《关于调整集团公司厂务公开领导小组成员的通知》和《关于开展厂务公开民主管理标准体系试点工作的通知》，集团公司工会在武汉召开南航厂务公开民主管理标准体系试点单位推进工作研讨会；认真做好了一届三次职代会提案的处理工作，大部分提案得到较好的落实。

【坚持员工素质工程，提升职工队伍整体水平】 继续做好优秀班组长培训工作，先后三期选拔共300名优秀班组长赴清华大学进行面授培训，为提高南航班组长的思想素养、职业素养、管理素质和技巧，夯实基层管理基础发挥了积极作用；加强工会干部的业务培训，提升工会干部队伍的整体素质，先后举办了一系列培训班，如工会财务预算系统培训班、工会信息员培训班、集团工会经审委员培训班、工会主席浦东干部学院培训班等。

【坚持开展对外交流，树立企业品牌】 参加了由东航主办的，以“争当主力军，建功‘十二五’”为主题的中航、东航、南航三大航空集团公司工会峰会，南航集团工会作了题为“抓竞赛，强素质，促进企业健康发展”的交流；组织参加国际职工体育比赛，在保加利亚举行的世界职工运动会游泳比赛中，取得了团体亚军和个人第六名及公平竞争奖三个奖杯，在全国民航职工羽毛球比赛中，取得了女子团体及双打亚军的优异成绩；在国资委和国家外专局举办的中央企业项目管理创新技能大赛中，南航成功协办了复、决赛，同时南航参赛的两支代表队双双进入决赛，并获得两个金奖的最好成绩。

【开展调查研究，加强宣传工作力度，服务工会工作】 南航集团公司工会先后召开了三个由各单位工会主席、职工代表参加的座谈会。调研内容主要是：用工制度及职工队伍状况、职工关心的热点和难点问题、建功立业竞赛及工会组织建设情况。调研报告得到集团公司党组和民航工会的肯定，积极发挥了工会的桥梁纽带作用。加强工会信息工作，共编辑下发《工会信息》8期，编辑《工会工作动态》2期；以庆祝建党90周年为契机，开展丰富多彩的文化体育活动，大力推进企业文化建设，先后举办了庆祝建党90周年乒乓球、羽毛球比赛和“颂歌献给党”庆祝中国共产党诞生90周年歌咏大赛。

【加强工会经审和财务工作，促进规范化建设】 集团公司工会召开了各成员企业工会主席及集团工会经审会成员参加的工会经费审计工作会；集团工会经审会组织经审委员学习了《中国工会审计条例》及《民航工会经费审查工作规范化建设标准考核试行办法》等有关文件，并讨论通过了南航工会经费审计方案；对集团下属各工会进行了工会经费专项审计；同时接受了民航工会对集团工会的经费审计。

【推进“四个一流”职工队伍建设，提升企业核心竞争力】 根据国资委党委下发的《关于中央企业建设“四个一流”职工队伍的实施意见》，集团公司工会结合公司实际，在与人力资源部进行研究讨论的基础上，提出了集团公司建设“四个一流”职工队伍的实施意见，通过“抓班组建设，促基层管理水平的提升；抓职工技能竞赛、管理，促队伍专业技能水平的提高；抓职工培训，促队伍综合素质和国际化水平的提升；抓经济技术创新活动，促进创新创效能力和水平的提升；抓先进模范人物的选树、表彰，促‘尊重劳动、尊重知识、尊重人才、尊重创造’

舆论氛围的进一步形成；抓劳动关系和谐企业建设，促关心关爱职工制度机制的建立健全”的“六抓六促”的工作，形成职工队伍建设的长效机制。各单位以班组建设为抓手推进“四个一流”职工队伍建设，取得了明显成效。

【推进创建劳动关系和谐企业活动，促进企业健康发展】 启动了南航劳务工救助基金，半年多时间共为13个身陷困境的劳务工家庭救急解难，提供资金约47万元，《中国民航报》、国资委网站和《南方航空报》都对此作了报道；积极开展冬送温暖夏送清凉活动，先后投入资金近千万元，为一线员工送去慰问金、清凉饮料和改善一线工作环境的物品，鼓舞了员工士气，解决了基层的燃眉之急；以党组名义下发了《关于继续深入开展创建劳动关系和谐企业活动的通知》，提出“力争经过五年的努力，使所有单位都达到先进劳动关系和谐企业标准，促进集团公司‘十二五’规划目标任务的顺利实现”的总体目标；深入开展工会系统服务职工创先争优活动，重点在“推动‘四个一流’职工队伍建设、依法维护职工合法权益、强化工会帮扶工作、坚持班组建设、加强工会组织建设”五个方面提高了服务职工的工作水平和效果。

【推进《集体合同》续签、宣贯工作，切实维护职工合法权益】 在历经两个多月广泛征求各方面、各层次职工和相关职能部门意见和建议的基础上，经过反复讨论协商，形成了新一期中国南方航空集团公司《集体合同》、《女职工权益保护专项集体合同》文本草案，新一期集体合同共对原合同69个条款103处进行了修改，相比原合同更加规范、完善。集团公司总经理司献民在职代会签字仪式上作了重要讲话，强调要维护平等协商与集体合同制度，做好企业和职工利益的双向维护；要建立落实平等协商与集体合同制度的保障机制；领导干部要加强学习，不断提高依法治企能力；要充分发挥员工在公司改革发展中的主力军作用。（刘利强）

广东省机场管理集团公司工会

【领导班子】

主　席：刘建强

副主席：李　明

【机构设置】

办公室、女职工委员会

【综述】 2011年，集团公司各级工会坚持以党的十七大、中国工会十五大精神为指导，深入践行科学发展观，认真贯彻落实集团公司党委和上级工会工作部署，紧紧围绕企业中心工作，以改革创新为动力，以服务员工为出发点，以特色活动为载体，团结、动员广大员工为推动集团公司又好又快发展建功立业。

【围绕企业中心工作，团结、动员广大员工建功立业】 一是深入开展“安康杯”竞赛。围绕企业安全生产和员工职业安全健康工作重心，以基层班组、一线岗位为重点，以“九个加强”为主要内容，广泛组织开展竞赛，员工、班组参赛率均达到100%；积极调动人力物力，组织班组和员工参加上级举办的各类安全文化教育活动，荣获多个奖项。因积极参与“安康杯”竞赛并取得较突出的成绩，自2005年以来，集团公司已连续6年荣获全国“安康杯”竞赛优胜企业称号。二是创新举办机务岗位技能竞赛。为提升机务行业职业素质和职业技能，推进航线维修单位机务人才队伍建设，集团公司举办了2011年广东省机场机务岗位技能邀请赛，这是全国民航首次省级规模的机务岗位技能比赛，也是民航机场航线维修单位规模最大的一次机务系统专业技术比武。比赛通过精心设置各类赛项的现场竞技，集中展示广东省民航机场机务人员的精湛技能以及安全和服务意识，为实现机场机务维修的可持续发展，打造机场机务高素质技能人才队伍，做出了有益的尝试。三是不断推进省重点工程劳动竞赛。以白云机场扩建、潮汕机场建设等工程为重点，围绕工程质量、安全生产、工程进度、组织管理、廉洁反腐、诚实守信等六项内容组织开展竞赛活动，不断强化工程施工、现场管理及廉政工程建设，为确保各项工程顺利完成作出了积极贡献。

【发挥宣教阵地作用，全面提升员工队伍整体素质】 一是加强员工的培训教育。充分发挥工会“大学校”的作用，协助党委和行政做好员工的思想政治工作，切实提高广大员工的思想政治素质，确保了员工队伍的稳定。二是积极开展班组建设。举办了基层班组长团队管理能力培训班，从各单位选拔优秀基层班组长，通过专家授课、团队拓展和经验交流的形式，重点帮助他们进一步提升团队管理能力和技巧，深受各单位和基层班组长的欢迎。三是大力弘扬劳模精神。坚持“公平、公开、公正”的原则，认真做好上级各类劳模先进的推选和集团公司“双十佳”评选、表彰工作，一年来，共有3人次分别荣获全国、省五一劳动奖章，6个集体分别荣获全国、省五一劳动奖状及全国和省部级“工人先锋号”等重要荣誉称号，充分展示了集团公司员工队伍良好的整体素质和职业道德风貌。四是做好工会信息的宣传工作。全年在各媒体上刊发报道456篇，其中省级以上媒体98篇。年内，还完成了对工会信息员的考核、表彰和奖励。

【健全完善维权机制，进一步构建稳定和谐的劳动关系】 一是坚持推行厂务公开制度。督促有关单位和部门提供相关内容，整理、起草了年度集团公司《厂务公开报告》，并通过集团公司年度工作会议、内部OA网等多种途径，及时向广大干部员工进行公开。二是做好平等协商续签集体合同工作。2008—2011年度集团公司集体合同于去年年底到期，集团公司工会根据国家有关法律、法规，并结合企业当前实际，对合同内容进行了修改，按规定完成了协商、审议、续签及上报审批等程序。

【关心关注员工生活，想方设法帮助解决实际困难】 一是深入开展“冬送温暖、夏送清凉”活动。年初春运及暑期繁忙季节，集团公司领导亲自带队，先后深入各单位，向坚守在一线的广大员工及时送上慰问金和组织的关怀。在全年“冬送温暖、夏送清凉”活动中，共支出慰问金约103万元。二是积极开展员工文体活动，丰富员工的业余文化生活。2011年年初，成功举办庆祝白云机场年旅客吞吐量突破4000万主题春节文艺晚会，面向社会各界和广大员工，进行了一次精彩的企业文化展示；先后组队参加广州口岸系统篮球赛、第二届全国民航职工羽毛球赛等比赛，均取得较好成绩；成功举办了集团公司“迎七一”第四届职工羽毛球赛。各单位先后成立了79个各类文体协会，并通过开展各类活动，丰富员工的精神文化生活。三是积极为员工办理大病互助基金并做好第二期职工大病互助基金方案的修订和募集工作。2011年，共为12名罹患各种重大疾病的员工申请办理了大病互助基金。第一期基金到期后，根据三年来互助基金运作的情况，集团公司工会对第二期方案进行了修订，补助标准由原来的2万元提高至6万元，周期由原来的3年改为1年，以便及时吸纳新进会员，更好地普及基金的受益面。四是组织参加“幸福广东工人农民论坛”。集团公司工会选派两名农民工代表，参加了由汪洋书记亲自点题发起的“幸福广东工人农民论坛”。在论坛发言中，两位代表的精彩表现充分展现了集团公司一线员工的风采，其中一名员工还荣获首场论坛的“论坛之星”称号。

【强化自身建设，提高工会干部队伍整体素质】　一是加强工会干部培训。举办了工会干部上岗轮训班，邀请专家亲自授课，培训课程内容丰富，针对性强。160多名专、兼职工会干部取得了新一期上岗证书。二是加强工会调研工作。为全面、及时掌握基层工会的工作状况和员工的思想动态，一年来，多次组织专人深入基层调研。调研内容主要包括工会工作、工会组织机构现状、员工思想状况、职工职业技能竞赛及劳务派遣用工情况等方面，为更好地开展相关工作奠定了坚实基础。　　（曾志兵）

中国邮政集团工会广东省委员会

【领导班子】

主　席：詹伟昌

副主席：朱新时

【机构设置】

办公室、基层工作部、权益维护部

【做好员工宣教沟通工作，维护员工队伍稳定】　一是以“员工与企业相融共进，共同发展”为主题，扎实开展形势任务宣传教育活动，大力宣传企业改革发展战略规划、共同愿景，向广大干部员工讲清形势、讲明任务、讲透困难，把广大员工的思想和行动统一到广东邮政改革发展的总体目标和要求上来。二是进一步建立健全员工利益调处、诉求表达、矛盾调处、权益保障等“四个机制”，指导各级邮政工会建立、完善广东邮政员工思想状况分析报告制度，畅通员工诉求表达制度化渠道，使党政能更全面、快捷地听到员工群众的呼声。三是积极构建员工心理关怀机制，指导各级邮政工会注重对员工心理问题的疏导和解决，把“员工心理关怀”纳入员工宣传教育的工作范围，对员工产生的烦躁、焦虑、不满等负面情绪进行挖根寻源，及时解决员工的思想情绪和心理压力等问题。

【引导员工立足岗位创先争优建功立业，助力企业新发展】　一是大力推进群众性建功立业竞赛活动，配合业务部门重点开展了“营销创优”综合性劳动竞赛和“数据为翼、商函腾飞”、报刊发行“三突破”、网路运行“创优争先”、邮政储蓄系统安全运行、速递物流“抓正点、保运行、提质量”、名址库建设维护等6项专业性劳动竞赛，协同有关部门做好全年各项竞赛的实施方案制定和发动推进工作。全年全省邮政共有17.43万人次参与了劳动竞赛。二是做好劳模先进的培养、推荐、表彰、宣传工作。省邮政工会继续加强对劳模典型的培养以及劳模先进典型事迹的挖掘、提炼和总结工作，充分利用系统内外的各种宣传媒体大力宣传邮政劳模的时代精神，使劳模精神在推进邮政又好又快发展中发挥示范引领和精神动力的作用。

【为员工做好事、办实事、解难事，加强员工帮扶力度】 一是进一步加强员工帮扶工作。建立、完善“一般困难机制帮、突出困难重点帮、突发困难及时帮”的工作格局，办好困难员工帮扶中心，扩大重病员工、困难员工的帮扶覆盖面。元旦、春节期间，全省邮政各级行政和工会筹措送温暖慰问资金总额达489.22万元。夏季酷暑期间，省邮政工会会同省邮政公司、省速递物流公司对全省30984名一线外勤及重体力劳动员工进行高温“送清凉”慰问。全年省邮政帮扶中心补助重病员工215人共105.3万元，省、市两级帮扶中心补助困难员工604人共90.02万元。二是继续推进实施和谐职工小家新三年提升建设计划，启动城市投递员之家建设工作，2011年全省累计完成1280个支局（所）的新一轮标准化建家，完成171个投递员之家的建设资金投入工作。

【加强企业民主管理工作，促进企业更和谐】

一是加强民主政治建设。继续抓好职代会的职权落实，加强源头参与，坚持职工代表大会评议领导干部制度、重大事项票决制度，继续推广职工代表培训制度、巡视工作制度、述职工作制度和职代会质量评估制度。召开了广东省邮政公司一届四次职代会、一届五次职代会，职工代表对省公司职代会的无记名质量评估投票满意度达98.85%。二是加强平等协商集体合同管理工作。指导基层工会进一步做好平等协商集体合同工作，要求对《劳动合同法》和《劳动合同法实施条例》执行中涉及的员工休息休假制度、加班工资等重要内容，要纳入集体合同中，并做好监督落实工作。

【推进员工素质工程，提高企业竞争力】

一是充分发挥工会“大学校”作用，全面推进员工素质建设工程。按照省总工会关于推进职工素质建设工程的意见，继续深化“创建学习型组织，争做知识型员工”活动，以班组和营业网点为基本单位，积极推进“职工书屋”建设，鼓励和引导员工重视学习、崇尚学习、终身学习，提倡自学成才、岗位成才。举办了全省邮政财务会计职业技能比赛，该比赛被纳入2011年全省职工职业技能大赛范畴。2011年，全省共有1.58万名员工参加了各个级别的技术练功比赛活动，173名员工通过练功比赛晋升了技术等级，327名劳务工转聘为聘用工。二是加强员工的文化建设，不断满足员工的精神文化需要。省邮政工会继续倡导“每天锻炼半小时，开心工作每一天，幸福生活一辈子”的全民健身理念，提高员工的身心素质和健康水平。充分发挥摄影、美术、书法等协会的作用，创作更多贴近实际、贴近生活、贴近员工的员工文化作品，打造充满创新活力、富于团队精神、顺应时代潮流、激发昂扬斗志的员工文化。5月成功举办了全省邮政员工“和谐杯”乒乓球比赛，共有31支代表队，250多名运动员、教练员参加。三是围绕庆祝建党90周年开展主题活动。举办了纪念建党90周年“光辉的历程”邮政员工摄影、书法作品征集活动。

【抓好固本强基工作，推动自身建设上台阶】

一是进一步加强工会组织建设，协调、配合筹备成立银行、速递工会组织，建立、完善邮政三大板块工会组织的管理体制和工作机制。积极落实省总工会关于进一步组织劳务工加入工会的工作要求，做好劳务工入会和管理工作，2011年，全省邮政劳务工入会率达93%。二是加强对基层工会干部的教育培训工作。组织举办了两期全省邮政新任工会干部轮训班和工会宣传工作培训班，指导基层工会用好全国工会干部教育培训网。三是进一步加强财务管理工作。加强对

县级以上工会财务人员的培训和指导，出台了《广东省邮政职工之家、职工小家建设专项资金管理暂行办法》。（蔡 欣）

中国电信集团工会广东省委员会

【领导班子】

主 席：梁 锋

副主席：辛钢平

【机构设置】

办公室、权益保障部、经济工作部、组织宣传部

【综述】 2011年，中国电信广东省工会在省公司党组和上级工会的正确领导下，认真学习和贯彻中央、省委、全国总工会和省总工会会议精神，贯彻落实集团工会二届四次全委会议和广东公司2011年工作会议的精神，紧紧围绕融入中心、服务大局、全面开创工会工作新局面这一核心，以“当好主力军，建功‘十二五’”为主题，围绕移动、宽带和行业应用的规模发展目标，积极与业务部门一起部署“天翼飞扬”系列竞赛活动，深入开展员工建功立业活动；超额完成“四小”建设任务，切实保障和改善基层员工的工作生活条件；进一步完善劳动关系协调机制，畅通员工诉求表达渠道，有力地帮扶困难员工，促进企业和谐发展，各项工作取得了显著成效。

【深入开展“当好主力军，建功‘十二五’”主题活动，动员广大员工为企业发展建功立业】 按照省公司确定的3G规模发展等“十二五”开局发展目标任务，精心组织“天翼飞扬”系列竞赛活动，全年全省举办了各类劳动竞赛岗位练兵活动共506项，全省近7万人次参加了各项竞赛活动，总结、推广先进操作法63项，推广员工岗位创新成果104项，收集合理化建议1966件，已采纳的合理化建议794件。有14名员工、4个基层单位获得了广东省的表彰奖励，其中，2名员工荣获广东省五一劳动奖章及广东电信“岗位练兵状元”称号，10名员工荣获“广东省经济技术创新能手”及广东电信“岗位练兵能手”称号，2名员工被省级以上单位评为“安康杯”劳动安全保护竞赛先进个人，4个基层单位被省级以上单位评为“安康杯”劳动安全保护竞赛先进单位。深入开展转型新阶段群众性竞赛活动，授予1400名员工转型新阶段群众性竞赛标兵荣誉称号，授予1名员工岗位练兵状元称号，授予19名员工岗位练兵能手称号，授予199个集体转型新阶段群众性竞赛先锋号荣誉称号，表彰了10个“金点子”合理化建议及5个优秀操作法。

【超额完成“四小”建设任务，着力解决基层员工最现实、最基本的民生需求】 按照集团公司、集团工会和省公司党组的要求，从2009年开始试点，至2011年12月31日，省公司累计投入7624万元，市级分公司累计投入1574万元，工会投入1275万元，总计完成1102个“四小”改造建设任务，已超额完成省公司党组2009年确定的700个“四小”改造建设目标任务，直接让15510名县（区）分公司员工和21042名基层营销中心（支局）员工直接受惠，占广东公司员工的81%，“四小”建设取得了阶段性成效。工会与职能部门一起先后召开了19次创建工作联系会，召开了6次创建工作现场会、经验交流会和电视电话会议，共编发创建工作情况通报49期，及时协调解

决创建工作中遇到的问题。省公司、省电信工会被集团公司评为2011年度改善基层员工工作生活条件先进单位，4位市分公司负责人被集团公司评为在改善基层员工工作生活条件中作出突出贡献的地市分公司主要领导。

【进一步完善劳动关系协调机制，畅通员工诉求表达渠道】 圆满完成省公司二届一次职代会的换届工作。圆满完成省电信工会第三届委员会和经费审查委员会的换届选举工作。全年省公司及二级单位共召开职代会33次，审议涉及员工切身利益的制度办法47项，收集提案872个，组织职工代表巡视49次，省公司本部及各二级单位均组织了员工体检及女员工专项体检。省公司荣获“全国模范劳动关系和谐企业”称号，7个基层单位获得省级以上单位颁发的“厂务公开民主管理工作先进单位”称号，1个基层单位获得省级以上单位颁发的“平等协商和集体合同工作先进单位”称号。

【深入推进企务公开民主管理工作】 在市级公司已完成企务公开贯标认证工作的基础上，全面启动省公司直属单位和专业公司的企务公开贯标认证工作，并完成体系文本编写工作，部分单位已开始试运行。坚持开展管理层与基层员工网上沟通交流活动，全年省公司及二级单位共组织网上沟通交流对话活动71次，有14338名员工参加了在线交流，提出问题和建议2152个，现场解答问题1407个，“企务直通车”活动受到广大员工的好评。

【更加注重保障和改善员工民生，促进企业和谐稳定】 继续健全、完善困难员工帮扶档案及联系制度，坚持开展新春送温暖活动。省公司向900名困难员工发放慰问金90万元，有针对性地帮助解决员工的实际困难。积极发挥互助会对困难员工的帮扶作用，全年互助会共向2049名会员发放资助金398.99万元，受惠员工人数同比增加330人。继续开展鼓劲送温暖活动，向基层下拨30万元暑期送清凉专项费用。深圳大运会召开前后，省电信工会领导带队赴大运会场馆、机动保障团队慰问通信保障一线员工。各级工会全面推进“有困难找工会”活动，全年直接为员工解决困难事件1105件。按照集团公司、集团工会组织开展“十二五”公益性扶贫援藏捐款活动的要求，全省主实业电信员工共捐款346.6万元。

【推动构建员工关怀机制，切实将人文关怀工作落到实处】 制定开展员工压力疏缓、异地任职经理人员关怀工作方案并印发全省组织实施。各单位举办有关“压力疏缓”的讲座253场次，对95名异地任职经理人员及家属的关怀主要是通过细致周到的服务，专人跟进，做好“接、吃、住、娱、健”五个方面的工作，积极、热情地为异地任职经理人员及家属排忧解难。省电信工会先后举办3期以养生保健、心理健康、食品安全为主题的健康讲座，举办“九型人格”心理咨询骨干培训班，引导广大员工树立健康生活理念。

【坚持快乐工作、健康生活理念，不断丰富员工精神文化生活】 贯彻落实《广东公司贯彻〈全民健身条例〉实施办法》、全员健身计划方案、职工之家建设方案，指导基层单位开展主题为“翼起来，我健康，我快乐”的“全员健身日”、体育比赛、兴趣小组等文体活动。全年全省组织文体活动915场次，成立各类文体兴趣小组830个，省公司以“全员健身”活动为主线，举办或组队参加的体育活动有羽毛球等11项活动，以

“建党 90 周年”为主题，举办或组织参加的文艺活动有文联骨干培训等 4 项。

【认真抓好各项工作，努力提升工会工作水平】　以创先争优活动为契机，注重抓好工会组织建设工作。至 2011 年会员的入会率达 96.1%。全年举办、组织参加上级工会的培训班 12 个，共培训工会专、兼职人员 1747 人次。全年在省电信工会网站刊登稿件 1083 篇，在集团工会网站刊登稿件 800 多篇，在国防邮电工会、广东省总工会有关刊物刊登稿件 40 多篇，编印工会简报 14 期，省电信工会发表宣传稿件 56 篇。19 个基层工会分别获得模范职工之家、模范职工小家的称号。

【积极做好劳模先进的选树工作，为员工成长搭建平台】　全省有 19 名员工获得地市级以上劳动模范的称号，10 个单位获得工人先锋号称号。关心劳模先进的工作生活，全省向 1405 名劳动模范、先进个人发放慰问金 99.31 万元，选送 2 名劳模到大学深造。全省组织以庆祝建党 90 周年为主题的劳模先进代表学习交流活动 33 批次，417 名劳模以及来自基层一线的状元、标兵、能手参加了活动。（肖爱平）

中国移动广东公司工会

【领导班子】

主　席：凌　浩

副主席：黄春怀

【概述】　2011 年，中国移动广东公司工会在集团工会和省公司党组的正确领导下，以全面深入加强员工“幸福管理”为目标，充分发挥工会组织的桥梁和纽带作用，锻造工会“劳动竞赛促发展、荣誉争创注力量、文体活动燃激情、民主管理造和谐、员工关爱暖人心”等五大工作品牌，全面提升团队和谐度和员工的满意度、幸福感，促进企业和员工的和谐健康发展，取得了突出的工作成效，为推进企业创新增长、员工幸福成长发挥了积极的推进作用。

【开展劳动竞赛为服务大局贡献力量】　在技能竞赛方面，开展以“聚才智、促和谐、创一流”为主题的技能提升活动，先后与网络部、财务部，基建办等部门开展了“网络维护技能大赛”、“财智杯”财务技能大赛、基建工程技能大赛等多场省级技能大赛，形式活泼，内容紧凑，成效突出，形成全员练兵、全员比武的局面，全面提升广大员工的知识技能和实操水平。劳动竞赛方面，与相关专业部门开展全网络优化劳动竞赛、明星营业厅争霸赛、营销达人争霸赛、增值业务劳动竞赛等。在比、赶、超中提升竞赛服务企业中心的实效。比如配合市场部开展“火眼金睛门户网站您来评”活动，收到全省员工近千份的调查问卷，共有 500 多个班组参与活动，评出立竿见影奖及金点子奖等奖项共 400 个，不断优化门户网站业务受理流程和客户的体验感知。配合规划技术部开展科技创新合理化建议活动竞赛，收到近 500 个科技创新合理化建议，260 个建议被评为最具贡献奖合理化建议，有 4 个创新提案被集团公司采用并向西部地区推广。配合数据部开展“齐心协力提质量，携手向前赢竞赛”业务找茬有礼活动，针对增值业务产品提出合理化建议，共收到近 500 份合理化建议，有 22 人荣获金点子创新奖，50 人次荣获找茬达人奖。积极组织参加集团组织的各类活动，获得集团 2011 年增值业务劳动竞赛第一名。组队代表集团参加国资委外专局联合举办的中央企业项目管理创新技能大赛，获得三等奖，有三名选手（曹号等）荣获中央企业技术能手荣誉称号。

【开展广东省职工职业技能大赛】 在省总工会、省人力资源和社会保障厅的大力支持下，第四届“财智杯”财务技能竞赛和传送网维护技能大赛均被纳入2011年度广东省职工职业技能大赛范畴，被选为广东省级劳动竞赛项目。11月23日，第四届“财智杯”全省财务技能大赛决赛暨颁奖仪式在全球通大厦举行。广东省人力资源和社会保障厅陈斯毅副厅长，广东公司禄杰副总经理，广东公司纪检组组长、工会主席凌浩以及省总工会、省人力资源和社会保障厅、省经济和信息化委员会、省科技厅等相关领导出席了颁奖仪式。经过紧张激烈的角逐，深圳公司代表队获得大赛冠军，南方基地及广州公司代表队获得大赛亚军，东莞公司、省公司机关、云浮公司等代表队获得大赛季军。同时，张鹏东等5名选手获本次大赛“财务精英奖”，并被授予“广东省技术能手”荣誉称号，其中大赛第一名深圳公司张鹏东将按程序申报广东省五一劳动奖章；宋明华等20名选手获“财务技能奖”；杨舜玉等10名选手获“财务新秀奖”。其他代表队分别荣获“创优奖”、“道德风尚奖”、“优秀组织奖”。11月25日，由省公司网络部、省移动工会联合举办的2011年“传递梦想，承载未来”传送网维护技能大赛暨颁奖仪式在广东全球通大厦东裙一楼国际会议厅举行。广东省人力资源和社会保障厅副厅长陈斯毅，广东公司副总经理高志兴，广东公司纪检组组长、工会主席凌浩以及省总工会副主席王丽华，省经济和信息化委员会、省科技厅等相关领导出席了颁奖仪式。经过5轮比赛PK，东莞分公司取得冠军，佛山、广州、云浮、河源、江门、揭阳、汕头分公司分列2至8名。东莞分公司周晓峰、林和曦，佛山陈翀，广州冯安国等四人获得个人一等奖，同时荣获广东省职工职业大赛组委会授予的“广东省创新能手”和“广东省技术能手”称号。广州公司陆盛获得个人奖特等奖，将按程序荣获广东省五一劳动奖章，成为全省第六名因通过公司技能竞赛而自动获得广东省五一劳动奖章的员工。

【荣誉争创工作取得新丰收】 2011年，在全省各级共同努力下，全省荣誉争创工作取得了优异成绩，并呈现出“涵盖多个层面”、“突出亚运主题”、“关注一线员工”三大特点，共有103个集体和个人荣获19个项目的省部级荣誉。其中，省公司高志兴、李欣泽，惠州公司梁志强，中山公司黄深言四位同志荣获全国五一劳动奖章，广州公司刘钢庭等5名同志被评为“中国移动劳动模范”；省公司财务部刘正利等9名同志荣获广东省五一劳动奖章；广州公司谢永安被评为“中央企业先进职工”；6个单位获全国“工人先锋号”称号；12个单位获得广东省“工人先锋号”称号；10个单位被评为全国模范职工之家、全国模范职工小家；9个单位获得全国五一巾帼标兵岗、全国巾帼文明岗等荣誉。受表彰的先进集体数量和质量都位居全省产业工会之首。其中深圳公司被授予全国道德标兵称号和全国五一劳动奖状，在全国通信行业仅此一家，也是广东省唯一获此殊荣的企业。

【举行第四届运动会闭幕式暨全省群众体育先进单位、班组颁奖大会】 3月30日，中国移动广东公司第四届运动会闭幕式暨全省群众体育先进单位、班组和个人颁奖大会在广州体育馆隆重举行，来自全省的23支运动员代表队在团结、欢乐、和谐的气氛中，共同庆祝本届运动会取得圆满成功。省总工会副主席王丽华，省公司总经理徐龙，副总经理王征宇、高志兴、禄杰、郑川，主席凌浩，总经理助理温乃粘到会指导。各地市公司领导、省公司部门领导、劳模先进代表出席大会观摩指导。在本次大会隆重的表彰仪式上，省公司工会主席凌浩宣读了《表彰中国移动广东公司群众体育先进单位、班组和个人的决定》，省公司副总经理郑川宣读了《表彰中国移动广东公司第四届运动会获奖单位和个人的决定》，分13批隆重表彰了第四届运动会获奖单位和个人，以及全省群众体育先进单位、班组和个人共230多人。其中，广州公司、深圳公司、佛山公司、省客户服务部、东莞公司、肇庆公司、省公司机关、阳江公司名列第四届运动会团体总分前八名。大会还组织中国移动广东公司艺术团启动仪式，由凌浩宣布艺术团成立并将代表着激情活力、积极向上的艺术团团旗授予员工代表。

【召开2011年劳模暨先进表彰大会】 5月9日，公司隆重召开中国移动广东公司劳动模范、先进集体表彰大会，隆重表彰2010年下半年以来获得省部级以上各类荣誉称号的先进集体和个人，会议采取电视电话会议形式，同步组织全省员工代表观看表彰大会的实况。省总工会副主席王丽华亲自到会祝贺并讲话；公司党组书记徐龙总经理，王征宇、禄杰、高志兴、郑川、丘文辉副总经理和温乃粘总经理助理等公司领导出席会议并为获奖个人和单位颁奖，大会由省公司工会凌浩主席主持。徐龙代表公司管理层做讲话，勉励大家要充分发挥主力军作用，为实现公司可持续发展而努力奋斗，并提出了三点意见：一是要将荣誉争创与员工队伍建设相结合。要通过劳模、先进个人和先进集体的建设来加强人才队伍的培养。二是将荣誉争创与锻造和谐企业相结合。通过荣誉争创工作和立功授奖机制，有效提升员工的精神活力。进一步完善激励竞争机制，切实落实“动和管理”的经营理念。要继续深入推进和谐动力计划，全面改善员工的工作、学习和生活环境。三是将荣誉争创与企业的创新发展相结合。要求全体员工一定要把思想和行动统一到企业“创新型增长”的主题上来，围绕“无线城市建设、数据流量经营、移动互联网战略、网络全优化工程”等重点课题进行攻关，多用新思维、多想新办法、多出新成绩，切实为公司发展贡献自己的力量。

【圆满举办全省乒乓球比赛】 5月27日，工会组织“我运动，我快乐，相聚幸福里”员工乒乓球大赛。本次比赛设男女领导组、普通男女职工组和混合团体组项目，得到各市公司、省公司机关、省客服部工委会、南方基地工委会等单位近百人的参与和支持。中山分公司、深圳分公司、省客服中心、东莞分公司、肇庆分公司、揭阳分公司、省公司机关、江门分公司名列乒乓球比赛团体前八名。各单项决出前八名，同时评选出最佳个人拼搏奖和最佳团队精神奖。

【召开二届二次职工代表大会】 7月7日，中国移动广东公司二届二次职工代表大会在鼎培召开，来自全省各市公司210多名职工代表参加会议。大会认真审阅、评议了徐总的工作报告，审议了人力资源部、纪检监察部提交的《中国移动集团公司员工违规违纪处分条例（试行）》。同时，会议围绕如何推进企业发展和员工成长的主题，进行分组讨论，各位代表能够肩负全体员工的重托，以高度的政治责任感和使命感，认真履行职工代表应尽的职责，畅所欲言，献计献策，如实反映了来自不同战线员工的心声，提出了切实可行的建议和提案，从员工的合法利益角度维护员工权益，从企业可持续发展的角度为企业献大计，真正做到权为员工所用、情为员工所系、利为员工所谋。公司党组和管理层谦虚谨慎，虚心接受来自全省职工代表的客观评议，认真听取代表们提出的宝贵意见。

【签订第三期《中国移动通信集团广东有限公司集体合同》】 7月7日下午，在中国移动通信集团广东有限公司二届二次职代会上，全体职工代表还一致表决通过第三期《集体合同》，举行了简短而庄严的《集体合同》签字仪式。由企业方首席授权代表徐龙总经理和职工方凌浩主席签字。第三期《集体合同》是在第二期《集体合同》的基础上，成立由企业方和职工方代表组成的集体合同协商小组，组织双方代表进行充分的酝酿讨论，报广东省劳动和社会保障局审查。《集体合同》的签订，有利于维护和保障公司与员工双方的合法权益，有利于维护和保障公司的正常生产、经营秩序，促进和谐稳定的劳动关系，标志着广东移动的企业民主管理又跃上了一个新的台阶。

【召开中国移动通信集团工会广东省第三次代表大会】 8月9日，中国移动通信集团工会广东省第三次代表大会成功召开，顺利实现工会换届工作，大会的主要任务是回顾中国移动通信集团工会广东省第二届工会委员会五年多来的工作情况，总结经验、查找不足，并明确今后一段时期工会工作的指导思想和工作任务，进一步完善工会委员会、经审会和女职委的组织机构。集团工会高颂革副主席、广东省总工会陈宗文常务副主席和省公司党组王征宇副总经理等领导出席了大会并作讲话。出席本次大会的正式代表共有280名，特邀代表45名，列席代表40名。经过与会代表的民主投票选举，凌浩等48名同志当选为第三届委员会委员，黄春怀等9名同志当选为第三届经费审查委员会委员。随后中国移动通信集团工会广东省第三届委员会召开第一次全体会议，凌浩同志全票当选为中国移动通信集团工会广东省第三届委员会主席，黄春怀全票当选为中国移动通信集团工会广东省第三届委员会副主席和经费审查委员会主任，欧阳朝晖为中国移动通信集团工会广东省第三届女职工委员会主任，宋梅、李晶、管莉莉、董静为副主任，卢晖苗为秘书长。

【成功举行“幸福移动”第四届员工书画摄影展】 12月26日，广东公司举行“幸福移动”第四届员工书画摄影展开幕仪式，公司纪检组组长、工会主席凌浩代表管理层出席开幕仪式并致辞。集团工会经济工作部刘忠信部长以及广东公司工会副主席黄春怀、劳模代表、书画摄影获奖代表一同为仪式剪彩。本次大赛得到各市公司的高度重视和广大员工的积极参与，共收到了532幅作品，通过邀请专家评选出171幅优秀作品。这些作品格调高雅，风格各异，以不同的艺术语言，大力弘扬了主旋律，其中既有根基稳固、技法娴熟之上品，又不乏独特创新、不拘一格之佳作，深刻诠释了企业的核心价值观，更充分反映出公司精神文明的丰硕成果，充分体现了广东移动员工积极向上、努力开拓、敢为人先的精神风貌，为公司留下了宝贵的精神财富。

【职工之家建设取得丰硕成果】 2011年，全省各级工会以职工之家和职工小家建设为抓手，全面加强工会基层组织建设，增强基层工会活力，全年共下拨职工之家专项经费115万元支持各基层工会，使基层工会“建起来，转起来，活起来”，工会各项工作真正取得实效，有效推动了全省工会工作水平整体提高，涌现了一批深受广大职工群众信赖和拥护的先进集体和优秀个人，其中，深圳马凯、潮州陈健智、珠海陈跃进、惠州吴运生等4名同志被评为全国优秀工会工作者，佛山、惠州、梅州、肇庆、茂名等5个单位被评为全国模范职工之家，南方基地委员会和培训学院委员会被评为广东省模范职工之家，汕头澄海等16个单位被评为广东省模范职工小家。黄友检、罗朝彤等5名同志被评为广东省优秀工会工作者，陈飞鸿、邓海颖等4位同志被评为广东省优秀工会积极分子。省公司禄杰副总经理、广州公司郭宇辉、江门公司张毅、珠海徐刚、揭阳李莉等5位同志被评为广东省优秀职工之友。茂名公司被评为全国国防邮电产业模范职工之家，佛山公司梁春火被评为全国国防邮电产生优秀工会之友。（李雪亮）

广东电网公司工会工作委员会

【领导班子】

主　席：顾广平

副主席：武立娟（女）、李　忠

【机构设置】

综合部、业务部、女工与计生部、离退休管理中心（挂靠）

【综述】　2011年，广东电网公司工会在广东省总工会、南方电网公司工会和广东电网公司党委的正确领导下，认真贯彻落实广东省总工会工作部署、南网中长期发展战略、南方电网公司2011年工作会议暨一届四次职代会、广东电网公司2011年工作会议暨一届五次职代会精神，紧紧围绕广东电网公司大运会保供电、电网安全运行、创建国际先进省级电网公司、主动承担社会责任等目标，发挥工会优势，大力推进职工建功立业、民主管理、素质提升、构建幸福南网、弘扬特色企业文化等工作，坚持“以职工为本，为职工服务，为党政分忧，为企业和谐加油”的工会工作原则，想尽办法、用心用脑去完成每一项工作任务，在维护员工权益、保持队伍稳定、创建和谐企业、提升员工素质、弘扬企业文化等方面发挥了重要作用，为广东电网公司圆满完成年度的各项指标任务作出了积极贡献。

【深化企业民主建设，依法维护员工的合理权益】　组织召开公司工作会议暨一届五次职工代表大会，审议通过了工作报告和《广东电网公司集体合同》等文件；对职工代表提案及时进行整理，根据提案委员会的初审意见下发通知，要求相关部门和直属单位按责任分工研究解决，提案落实率达到了100％。公司直属各单位及县级子公司全年共召开职代会138次、开展职代会代表巡视活动136次、办理职代会提案723件、通过涉及职工切身利益的重大事项和规章制度184项、解决职工群众普遍关心的问题497个，直属各单位集体合同签订率达到了100％。根据南方电网有关要求和《广东电网公司直供直管范围农电体制改革实施方案》，组织落实农电机构成立职工代表大会的工作。对涉及主辅分离改革的5家单位，重点关注其员工的思想动态，一方面积极做好解释安抚工作，另一方面通过开展文体活动来丰富员工的业余生活，稳定员工队伍。继续开展厂务公开贯标认证，全年共有东莞、韶关、梅州、珠海、清远等5家单位获得了广东省厂务公开贯标认证证书。

【深化员工素质工程，全面推进技能竞赛】 2011年共举行省级技能竞赛3项，参加南方电网公司举办的技能竞赛2项，共计获得省部级以上集体荣誉7项、个人荣誉19项。举办了广东省职业技能大赛高压试验工和油务员总决赛，共有21个地市供电局及58个县区级子公司、分公司的高压、油化及电测等专业试验人员2200多人参加。承办了广东省职业技能大赛农网配电营业工总决赛，直属21个供电局共派出100名选手参加，有8名员工分别获评广东省五一劳动奖章以及“广东省技术能手”、“广东省经济技术创新能手”称号。承办并参加了南方电网公司“同心杯”为民服务创先争优调度自动化厂站调试检修技能竞赛，荣获团体一等奖，个人一等奖3名、个人二等奖3名；组队参加南方电网公司“同心杯”农电配电设备检修技能竞赛，获得团体二等奖，个人一等奖和二等奖各1名；参加南方电网公司“同心杯”为民服务创先争优农电营销服务技能竞赛，荣获团体第二名，计量管理专业竞赛个人一等奖和三等奖各1名、抄核收专业竞赛个人二等奖和三等奖各1名。完成全国“安康杯”竞赛和广东省“十项工程”劳动竞赛相关工作，共有18个全国“安康杯”优胜单位、4个优胜班组、1名优秀组织者、1个示范单位、1名安康企业家以及7个广东省“安康杯”竞赛活动优胜单位、3个优胜班组、3名优秀组织者、1个优秀组织单位受到表彰。

【职工有困难找工会，积极实施员工关爱工程】 大力开展帮扶困难职工活动，促进送温暖活动制度化，全年开展冬送温暖夏送清凉活动445次，慰问一线员工79722人次，其中慰问大运会共45个场馆的保供电一线员工2800多人次；元旦、春节、“五一”、中秋、国庆等重大节日期间开展慰问走访活动，走访慰问离退休老干部、老工人、老党员、职工遗属、患病职工、劳动模范共210人次。积极开展爱心捐款活动，全年参与捐款人数47277人次，捐款总额91.4万元。注重关注员工的思想动态和文化生活，组织5家分离出去的辅业单位开展了5次登山联谊活动，共有700多人次参加；承办及组织参与各类体育比赛活动20多项次，公司本部12个文体协会开展经常性文体活动，保持周周有活动、月月有比赛。继续推进“职工温馨家庭工作站”工作。公司系统共创建了“职工温馨家庭工作站”759个。

【深化女工与计生工作，充分发挥了妇女的“半边天”作用】 开展庆祝“三八”妇女节联欢晚会、植树公益活动并组织100多位女员工参加“幸福南网，关爱女性”健康专题讲座。开展女职工读书活动，鼓励女职工岗位成才。举办了纪念建党90周年“同心杯”女职工健身健美操、太极扇比赛，来自公司34个直属单位的26支健身健美操代表队、22支太极扇代表队、739名队员参加；比赛以纪念建党90周年为主题，弘扬主旋律，抒发了广东电网女职工感谢党恩、热爱祖国、热爱企业的深切情怀。认真做好与直属广州区单位签订计划生育责任书的工作；认真审核、办理广州区单位的独生子女父母光荣证，办证率、办证及时率达到100%；切实做好公司本部的计划生育日常管理工作。及时签订女职工权益保护专项集体合同，签订率达到100%。

【深化离退休管理工作，使老同志老有所乐、老有所依】 组织离退休老同志参加庆祝建党90周年系列活动：组队参加省直单位老年人庆祝建党90周年唱红歌大型演唱会、省直单位老年人“家和杯”乒乓球比赛；举办公司驻穗单位离退休职工庆祝建党90周年书画摄影展和公司本部离退休职工春游活动、养生健康讲座；结合座谈会、茶话会、上门慰问、开展支部活动、观看电影《建党伟业》等形式向全体离退休职工送上慰问信，向1300多名满50年党龄的老党员颁发荣誉章；邀请广东电力发展史上59名老党员、老劳模、老同志参加纪念建党90周年大型文艺演出。走访慰问了公司本部50位离退休干部和31位老同志遗属；慰问在广州住院的广州以外单位的13位伤病员。全年举办了6次集体生日会，为187多名离退休老同志送上贺卡。直属各单位及县级子公司共开展走访慰问离退休职工活动990次，慰问13922人次，帮扶困难离退休人员461人，日常探望离退休伤病员2598人次。

【深化企业文化建设工作，营造了人人快乐的氛围】 配合开展纪念建党90周年系列活动：与政治工作部共同筹备举办了广东电网公司隆重纪念建党90周年暨表彰大会；选拔深圳、江门供电局的13名员工参加南方电网公司歌咏会联唱；组织中山供电局合唱队代表公司参加南方电网庆祝中国共产党成立90周年歌咏会；组织参加南方电网“与党同呼吸，共命运，心连心”征文活动，获“优秀组织单位”奖；组织员工参加南方电网公司“同心结南网 同声歌颂党”职工摄影、书画比赛。完成公司系统评优工作，评选了公司2010年度先进工作者48名、技术能手45位、“工人先锋号”单位38个、“安全在岗位”先进班组98个，并进行了表彰奖励。组织开展劳模学习休养活动，推荐15名劳动模范参加南方电网劳模疗养活动。承办了“幸福广东工人农民论坛”开幕式及首场活动，公司工会领导及职工代表共80多人参加，有3名职工代表在论坛上作发言。积极开展丰富多彩的群众性文化体育活动，弘扬特色企业文化，全年共组织、参与各类职工体育活动20多项次，坚持周周有活动、月月有比赛。直属各单位及县级子公司共举办文体活动1656项。

【深化工会自身建设，有效提升了整体工作水平】 举办了直属单位工会干部业务培训班，共有50名学员参加；培训课程包括“工会价值及价值实现”、“职工代表大会和工会委员会换届选举工作理论与实务”和调研活动。举办了以“幸福观与幸福实现”为主题的女工干部业务知识培训，130名女工干部和女工先进代表参加了培训。举办“减轻压力，放飞心情”职工心理健康知识讲座，近300名员工参加了听课学习。举办了离退休工作人员业务培训班，公司系统60多位离退休工作人员参加。组织直属各单位工会财务干部进行了新中大财务软件电算化操作培训，共有60多名财务人员参加。举办了第一期摄影培训班，邀请了广东省摄影家协会理事讲课，60多名摄影爱好者参加。公司直属各单位及县级子公司结合本单位实际和工作需要，积极开展工会工作培训，全年共举办各类培训班318次，参加培训的人员达到10856人。（杨建中）

广东省供销合作联社工会委员会

【领导班子】

主　席：牛宝俊

专职副主席：陈　瑞

【机构设置】

工会委员会、女职工委员会、工会经费审查委员会

【综述】 2011年，省供销社工会在省社党组、省社领导和省财贸工会的领导、支持下，紧紧围绕中心工作，致力于推动有供销社特色的企业文化建设，为企业持续健康发展、凝聚人心提供强大的动力支撑，较好地完成了上级赋予的任务，得到了领导和职工的普遍肯定。

【为企业改革发展服务】 省社工会围绕企业改革发展的需要，采取积极有效的措施推进企业文化建设，为企业的改革、发展、稳定提供强有力的文化支撑。在广东天禾农资股份有限公司改制过程中，省社工会指导该公司严格按照《劳动法》、《劳动合同法》的规定，实行全员劳动合同制，劳动合同签订率达100%。在工会的监督下，在与员工集体协商的基础上，公司与工会签订了集体合同，合同内容涵盖了休息休假、劳动保护、薪酬待遇等内容，全面落实与企业经营效益、员工贡献等指标结合的收入分配制度。在保障员工薪酬发放的基础上，公司还为员工提供夏季高温补贴、午餐补贴等福利，根据员工工作岗位性质和工作需要实行员工出差补贴、交通费补贴等，尽可能为员工创造较好的工作条件和福利水平。全面执行社会保险制度，参保率和及时缴纳社保率达100%。对直接涉及职工切身利益的规章制度和重大事项决定依照法定民主程序制定，并实行公示告知制度。重视企业文化建设和员工培训工作，除了为员工提供较好的工作环境外，还注重对员工精神层面的关怀。此外，公司还为全体员工参加广东省总工会发起的企业员工互助保障计划和女职工互助保障计划，为全体员工购买了商业意外保险。全面完善安全生产制度，落实安全生产保护措施。全面实行企业民主治理方式。天禾农资公司获得了“广东省和谐劳动关系先进企业”的称号，该公司工会主席邹宁获得广东省五一劳动奖章。积极协助、指导广东省电子商务技师学院申报全国职业教育培训示范点，推荐省社系统广东省茂名市明湖百货有限公司申报“全国和谐商业企业”称号。

【注重人文关怀】 省社工会承担“第一知情人、第一责任人、第一报告人”的责任，特别注重人文关怀，积极为弱势群体办实事、解难题，做了大量暖人心的工作。省社工会在组织慰问时主要是通过省社领导、省社工会和企业（负责人和企业工会）三级联动的方式来实施的。组织慰问劳动模范的春节“送温暖”活动，对贫困家庭的慰问活动，联合人事部门一起对困难党员进行慰问。组织金秋助学活动。发挥困难帮扶中心的作用，每年帮扶困难户110多人次，金额10多万元。组织各直属单位工会开展困难帮扶活动。接收省社系统扶贫济困捐款，通过省总工会捐赠到红十字会。在围绕企业发展加强文化建设的活动中，还根据自身实际开展一些有特点、有意义的活动。比如六一儿童节亲子活动、工会委员集体活动、发放生日贺金和贺卡、观看话剧和残疾人艺术团演出、参观广州塔和新博物馆、新春开门登山健身等。

【开展丰富多彩的文体活动】 省社工会把文体活动作为加强文化建设的重要内容。平时经常组织文体活动，组织与各直属单位之间的友谊比赛活动，组织与兄弟单位的联谊比赛活动。职工运动会和文艺汇演活动成为了省社工会加强文化建设的亮点工程。2011年年底，省社工会承办的第三届“天禾杯”职工运动会在广东省电子商务技师学院隆重举行，专门邀请了省总工会副主席林锡明和省财贸工会领导出席。此次运动会以“合作、创新、和谐、发展”为主题，共有10支代表队560名运动员参赛，工会还承办了省社 2012 新年文艺汇演。根据省社领导的指示，在省社直属单位和机关范围内组织了“情满供销，畅想春天”大型文艺汇报演出活动，9 个单位演出了 20 个节目，节目紧贴中心工作实际，以歌颂开拓进取精神、赞美行业新风新貌、讴歌英雄模范人物、弘扬优良传统文化为主旋律，反映了省社近几年来的全面建设取得突破的精神面貌，得到鼓舞人心的效果，营造了团结和谐、轻松活泼的氛围。（杨璧玮）

广东省海洋与渔业局工会委员会

【领导班子】

主　席：黄棕棕

副主席：王沙滨

【机构设置】

工会委员会、女职工委员会、工会经费审查委员会

【综述】 2011 年，局工会按照局党组和上级工会的工作部署和要求，坚持“以职工为本”，服从、服务海洋渔业工作大局，增强工作活力、履行本职责任，讲求合适方法，不断有所创新，努力开展党政所需、职工所急、工会所能的活动，努力为建设高幸福指数职工队伍而努力。

【深化人文关怀，扎实做好帮扶工作】 一是春节“送温暖”。春节前夕，工会联合党办、老干等部门上门慰问困难职工、退休劳模及特困职工遗属，送上节日慰问品和慰问金，转达局领导的问候，让他们真切感受到组织的温暖。二是金秋送助学。为困难职工子女 31 人发放助学金 2.98 万元，其中帮助 11 名困难职工子女向上级工会成功申请了助学金。三是困难送帮扶。发挥帮扶中心作用，为局系统 40 多名困难职工建立了帮扶档案，实行动态跟踪管理，及时为他们解决实际困难，发放帮扶金 3.7 万元。同时，根据帮扶中心几年来实施的情况进一步完善有关制度。四是职工送关怀。配合职工文化队伍建设，针对处理好工作与生活关系、女性关爱、工会工作必备等方面，为各工会小组赠送各类书籍 100 余册，订阅各类报刊 20 余份。五是“六一”送爱心。局工会联合关工委和团委到韶关市翁源县新坪村扶贫点村办小学开展“迎‘六一’关爱牵手”活动，向小学捐赠了教室用磁性黑板、国旗、阅览室书架和各类科普教育书籍，并向贫困学生赠送了书包、文具等学习用品。

【大力开展全民健身运动，营造健康向上的良好氛围】 一是组队参加国家海洋局第三届“和谐杯”乒乓球赛并获得优异成绩。面对 38 支代表队 200 多名高手，省健儿不畏强敌，顽强拼搏，取得团体第三名，男单、女单冠军的可喜成绩，为广东争光立威。二是落实全民健身计划，致力推广工间操。针对办公室人员长期伏案工作、缺少精神调节，不少人处于亚健康状态的情况，着力在全系统各基层工会中推广学习第八套广播体操，通过组织会员看光盘练习、聘请老师授课、举办比赛和因地制宜加建广播系统等途径，使工间操成为一种习惯，成为职工群众工作生活的一部分。三是组织“国联杯”秋季登山活动。活动得到局领导的高度重视和湛江国联的大力支持，局党组书记、局长郑伟仪和国联李董事长参加了活动，并为广播体操比赛和各项文体活动颁奖，共同休验海洋渔业大家庭的和谐和欢愉，同时增进了政府和涉渔企业间的了解。四是加强横向交流，增进部门感情。为庆贺“南锋”考察船

首航成功，与涉水单位水科院南海水产研究所、水科院珠江水产研究所、南海区渔政局进行了“南锋杯”篮球友谊赛。此外，充分发挥基层工会的积极性，主办了全省各系统的羽毛球赛、篮球赛以及各种有益职工身心的活动，加强了省、市、县工作站（队）的交流，发挥了很好的作用。

【创造性地开展女职工工作，取得良好效果】 一是“三八”活动内容新颖、意义深刻。组织全局100多名女同志到增城开展“体验环保绿道，齐做生态妈妈”的庆祝国际劳动妇女节101周年活动，并与增城市海洋与渔业局联欢，围绕节日意义、生态建设等主题开展有奖问答游戏，推进每一位女职工落实“拯救地球从家庭开始”，齐做“生态妈妈”的环保理念。二是关爱女职工，提升女职工素质。通过举办讲座、赠送书籍、订阅报刊等形式扩大女职工的知识面；通过由基层工会组织参加的女职工安康保险计划和每年一次的妇女健康检查给予女职工更大的健康保障；通过参与省妇联的“省直巾帼文明岗”、“广东百对银婚好夫妻”、“广东百位现代好丈夫”的评选，引导职工重视工作和家庭，弘扬传统美德，创建和谐团队和美满家庭。三是积极参与农村妇女增收致富支持行动。局工会女职委（妇委会）根据省妇联开展农村妇女增收致富支持行动的工作要求，把局渔民转产转业、渔民安居工程、渔业科技下乡、安居房建设等方面的政策灵活运用到为农村妇女增收致富、建设社会主义新农村工作上，为12个得到政策扶持，带动妇女就业的渔业企业授予“巾帼创业示范基地”荣誉，帮助95户渔民单亲母亲搬进了安居房，产生了良好的经济和社会效益，得到省妇联的重视和好评，被评为2011年度全国先进单位。局工会组织妇女、引导妇女、服务妇女的能力有了进一步提高。

【加强工会自身建设，增强为职工群众服务的能力】 一是加强工会基层组织建设。推进机关、海校、广远、建港四个基层工会换届选举，指导协助省海洋与渔业服务中心和省渔政总队成立基层工会，积极发展新会员，进一步加强了工会的组织力量和保障能力。二是建立健全工作制度。完善工会工作制度和帮扶中心有关规定，工会工作进一步制度化和规范化。三是加强工会干部培训。分期分批派出工会干部参加上级工会的政治理论学习、岗位培训和业务培训；加强与省总工会有关部门和兄弟单位的交流学习，与深圳财贸工会进行了工作交流，建立了沟通渠道，特别是深圳财贸工会对突发事件的处理经验给了我们很大的启发。（张莉莉）

广东省建筑工程集团有限公司工会

【领导班子】

主　席：程石岭

副主席：唐志强、李雪美（女）

【综述】 广东省建筑工程集团有限公司工会坚持以科学发展观统领全局，积极围绕集团中心工作，完善工会工作思路，以继续促进集团持续健康快速稳健发展、改善员工福利待遇为使命，围绕建设“幸福广建”和庆祝中国共产党90华诞的主题，加强工会组织和维权机制建设，突出项目部工会组建工作，广泛开展“凝聚职工力量，推动企业发展，为‘十二五’建功立业”活动，在服从服务于党和国家大局、集团发展大局和工会工作全局中发挥了较好的作用。2011年，广东建工集团工会系统获得国家级荣誉12项（其中集体9项，个人3项），省部级荣誉32项（其中集体24项，个人8项），市级荣誉6项（其中集体3项，个人3项）。

【完善“三十字”工会工作思路体系，提升工会活力效能】　经过集思广益，广东建工集团工会在2011年年初工作会议上提出了新的“三十字”工作思路：“积极组织起来，主动切实维权，创新工作载体，完善长效机制，提升活力效能。”经过深入阐述和宣传发动，各级工会组织达成了共识，“积极组织起来”的目的是为了“主动切实维权”；要真正实现“主动切实维权”，就必须不断“创新工作载体”；依靠“完善长效机制”，创新才会有序；只有不断“提升活力效能”，才能从工作的主动性与探索的创新性上寻求突破，从而增强工会工作活力，提高工会工作效能，更积极有效地维护职工的“六项合法权益”（即“生命权、生活权、生存权、民主权、学习权、发展权”），逐步向“工会要让职工没有困难”的目标迈进。“三十字”工作思路完善和提升了指导现阶段乃至今后一段时期工会工作的理念体系。

【深入开展全国“安康杯”竞赛活动，追求“安全、卫生、健康、快乐”】　广东建工集团继续深入开展全国“安康杯”竞赛活动，全年共有25家企业约8万名职工（含农民工）参加，围绕“抓班组，提高管理水平；重教育，推进安全文化”主题，充分体现维护职工“六项合法权益”的宗旨，在“安全、健康”的基础上，把“安全、卫生、健康、快乐”作为追求目标和工作载体，使工会工作与企业管理工作相互融合，相互促进。一是围绕集团“安全生产年”活动，努力营造“关爱生命、安全发展”的良好氛围。二是按照“扩大覆盖面，增强实效性”的工作原则，办好农民工业余学校，开展各类安全文化活动，举办了“企业班组查事故隐患、保安全生产”活动比赛，并选拔优胜队伍参加省的比赛，获得优秀奖。三是突出预防为主，充分发挥工会组织在安全生产中的监督检查作用。全年组织劳动监督检查713次，查出安全隐患1530条并进行有效整改；在盛夏高温季节开展“送清凉”活动，投入资金80万元，慰问一线职工3万余人。

【积极开展职工素质提升工程，关注农民工精神文化生活】　广东建工集团各级工会组织始终牢记职工最大的困难就是“综合素质提升不快”，继续大力开展“创建学习型组织，争做知识型职工”、创先争优劳动竞赛、职工职业技能比赛等活动，为职工提升综合素质提供了更多的平台。集团及所属单位结合实际开展了形式多样的劳动竞赛活动，并积极参加全国海员建设系统的保障性住房安居工程劳动竞赛，取得了良好成效。全年共组织岗位技能培训176场，组织劳动竞赛148场，组织技术比武8场次；举办学习班、讲座653期，职工学历层次、技术等级得到提升，2人荣获广东省五一劳动奖章。广东建工集团工会努力推进农民工入会工作，采取“四不”方式（即：本人不必主动申请、不必履行组织审批手续、不必缴纳工会会员费、离场不必结转组织关系），积极组织农民工加入工会，提升农民工综合素质，更好地维护农民工的合法权益。已组建了80个临时工会，全年新发展农民工会员5000多人。同时，工会密切配合企业行政创建农民工业余学校，主动承担了165所农民工业余学校的各项基础性工作，举办了各类课程936期，参加农民工业余学校学习近10万人次，以“关爱农民工、观看经典片”为主题，向18个施工工地送去了电影《坚强》，丰富了农民工的精神文化生活。

【稳步推进厂务公开民主管理工作，构建和谐劳动关系】　2011年，广东建工集团工会重点做好厂务公开民主管理制度 ISO9000 贯标体系认证的基础工作，坚持完善企业职工代表大会制度，充分发挥职代会民主管理和民主监督的作用，积极协调有关部门把职代会的决议落到实处，切实保障职工的知情权、参与权、表达权和监督权，努力营造企业与职工和谐相处、共谋发展的良好氛围。各级工会还从维护职工合法权益的职责出发，主动与行政领导进行沟通和协商，抓好集体合同的续签和落实工作，将逐步提高职工收入、职工与企业共享发展成果写进集体合同，将职工工资增长列入企业五年发展规划，这是保障和改善职工生活福利水平的新突破。

【开展“职工有困难找工会”活动，注重人文关怀】 广东建工集团工会深入开展“职工有困难找工会”、“农民工有困难、要维权找工会”的活动，为构建和谐企业作出了新的贡献。一是坚持开展冬季“送温暖”，夏季“送清凉”活动。在元旦、春节期间，组成春节慰问组，分赴困难职工比较集中的单位进行了慰问，为特困职工、困难职工、困难劳模、困难残疾军人发放帮困扶助金。二是继续完善帮困扶助金的管理，不断加大帮困扶助的力度，建立了 12 个帮困扶助中心，共筹集帮困扶助金 400 余万元，困难职工建档标准从家庭人均月收入低于 500 元调整到 650 元，扩大了困难职工的帮困扶助面。三是继续开展金秋助学活动，注意与困难职工家长保持沟通，及时跟踪学习效果。四是组织职工参加职工医疗互助保障计划活动，安排全体职工进行体检，建立健全了职工健康档案。

【积极开展职工文娱体育活动，创建模范“职工之家”】 广东建工集团及所属单位充分发挥工会组织宣传文化教育阵地的作用，积极营造奋发向上的企业文化和职工文化。集团成为广东省职工文化体育协会第二届成员大会团体会员单位，程石岭当选为常务理事会副会长。加入了广东省群众体育协会。在开展庆祝中国共产党建党 90 周年活动期间，广东建工集团与省住建厅隆重举办了主题为“高举党的伟大旗帜，永远跟党走”的大型活动，共同歌颂祖国，携手展望未来；参加了省国资委建党 90 周年“国企献礼”舞蹈比赛、“翩翩起舞颂党恩”全省职工排舞电视大赛和广东省第十二届“体育节”活动，并分别获奖。广东建工集团工会以创建“安全文明工地”、“安全幸福家庭”等活动为载体，深入开展争创模范“职工之家”和“工人先锋号”活动，做好工会新闻宣传、舆情引导和职工思想政治教育工作，集团系统 5 家单位荣获全国交通建设系统“工人先锋号”称号；广东建工集团工会荣获“全国交通建设系统先进工会”称号，集团工会和所属省水电三局工会荣获省“模范职工之家”称号。

【女工工作创品牌，建筑礼仪花盛开】 广东建工集团工会女职委以服务女职工、提升女职工素质、发挥女职工作用为主要任务，结合实际，不断丰富女职工建功立业活动的内容和载体，着力打造“女子学校”、“木兰计划”这两个女职工工作品牌，不断提升女职工综合素质和创先争优能力，1 名女职工被评为“全国五一巾帼标兵”。注重推进女职工权益保护专项集体合同的续签和落实，维护女职工“六项合法权益”和女职工特殊权益，继续推动所属单位参与省总工会“女职工安康互助保障计划”，做好困难女职工特别是单亲困难女职工的帮扶工作。结合纪念“三八”国际劳动妇女节 101 周年和建党 90 周年活动，举办了以“文明·礼仪·智慧”为主题的女职工礼仪大赛，这是广东建

工集团举办的第一次礼仪风采大赛，丰富了女职工的文化生活，倡导了文明礼仪风气，收到广泛好评。 （刘冬）

广东省食品药品监督管理局工会委员会

【领导班子】

主　席：陈鲁峰

副主席：魏保业

【机构设置】

工会委员会、局女职工委员会、经费审查委员会，下属七个基层工会

【综述】 2011年，广东省食品药品监督管理局工会在省财贸工会和局党组及局直属机关党委的领导下，坚持以邓小平理论和“三个代表”重要思想为指导，深入贯彻落实科学发展观，紧紧围绕食品药品监管中心工作提出的“六个切实”，以科学监管为主题，以保障食品药品安全和干部队伍安全“两个安全”为主线，稳妥推进监管体制改革，建立健全监管工作长效机制，着力保障食品药品安全，促进经济平稳较快发展，加强工会的思想建设、组织建设、作风建设、制度建设和能力建设，认真做好为会员服务、为党政分忧。充分发挥各级工会组织的主人翁责任感，关心职工的身心健康，维护职工的合法权益，不断丰富职工的文化生活，努力为职工多办实事好事。

【加强自身建设，提升工会工作水平】 一是建立健全基层工会组织。2011年有3个单位新组建基层工会组织，筹备2个单位的组建工作。已建立基层工会组织的单位都能按照《工会法》的规定健全了工会小组，并在完成中心工作中发挥了作用。指导南方医药经济研究所工会及时做好换届选举工作，指导省局审评认证中心工会根据领导的分工及时调整工会班子成员，确保工会各项工作的顺利开展。二是建立健全各项制度。各基层工会组织从实际出发，建立健全工会工作的有关制度，重点建立健全《工会经费预、决算制度》、《工会会员费收缴制度》、《工会经费缴交制度》、《工会小组活动制度》、《工会统计工作制度》等，使基层工会的各项工作做到有章可循，并逐步走向制度化、规范化。根据省总工会的要求在各基层工会组织中开展了工会会计管理规范化建设的自查工作，有效地推动了工会财会规范化建设的进程。三是提高工会干部能力水平。各基层工会组织针对工作中遇到的新情况、新问题，有针对性地组织学习培训。特别是新组建的省局信息中心工会、省药品不良反应监测中心工会、省执业药师注册中心工会，针对人员新、对工会工作了解不多的特点，认真组织工会干部学习《中国工会章程》（修正案）和中国工会十五大、省总工会十二大以及上级工会领导的重要讲话精神。依托上级工会，组织工会干部参加省财贸工会举办的女职委学习培训、信息员学习培训，组织参加了杨善洲同志先进事迹报告会，组织工会干部就工会如何发挥民主管理、维护职工合法权益等方面进行研讨，有效地提高了工会干部的工作能力，推动了工会各项工作按时按质完成。四是增强会员意识。各基层工会组织认真开展会员意识教育，提高会员对工会组织的认识，确保会员费按时足额上缴。各基层工会组织结合本单位的实际，围绕中心工作，开展各种形式的岗位练兵活动，充分调动广大会员的积极性、主动性和创造性。如省器械所工会，针对新招聘人员较多的特点，及时组织新职工学习工会相关知识，及时发展新会员（2011年新入

会人员达到 87 人），不断壮大工会队伍。

【着力为职工服务，切实解决职工的突出问题】 一是切实提高会员整体素质。各基层工会组织注重加强会员的职业道德建设和思想政治工作，有针对性地开展思想政治教育和形势任务教育。坚持用社会主义核心价值体系教育会员，引导会员牢固树立中国特色社会主义共同理想和实现中华民族伟大复兴的坚定信念，增强会员爱岗敬业和岗位成才意识，主动适应新形势。如省药检所工会组织开展了以“幸福广东与幸福检验”为主题的学习读书活动，给每位会员发放了《幸福的方法》一书，供职工学习。省药品不良反应监测中心工会建立了网上“职工之声”，搭建起学习交流的平台。二是加强文化建设。组织基层工会积极投稿参加省直机关工委举办的书画摄影展，省局审评认证中心工会还举办了职工书画摄影展。省执业药师注册中心工会组织会员观看《建党伟业》、《辛亥革命》等教育影片，丰富了会员的业余文化生活。三是积极开展群众性体育活动。如省药检所工会坚持举办两次职工运动会（趣味性运动会和传统的竞技型运动会），省药品不良反应监测中心工会举办了“活力中心”登山趣味活动，局工会以“创先争优拼搏进取”为宗旨和口号，举办了 2011 年省局机关及直属单位运动会，比赛项目包括赛跑、跳远、乒乓球（人机对打）、羽毛球、网球、跳绳、踢毽子、中国象棋、打扑克（拖拉机）、男子俯卧撑、女子仰卧起坐、五人六足、踢球等 33 个个人项目和 4 个团体项目，是历年来项目最多、参与率最高的一年。各基层工会认真组队参加各项比赛，通过开展群众性体育活动，增强了体质，促进了工作效率的提高。四是关心职工生活，解决职工的后顾之忧。各基层工会组织本着为职工办实事、办好事的要求，不仅在工作上给他们减担子，更是在生活上关心他们，随时掌握他们的困难和思想动态，帮助他们解决实际困难，把工会办成真正的职工之家。

【着力为党政分忧，发挥工会的桥梁纽带作用】 一是积极配合党政部门开展好纪念中国共产党建党 90 周年活动，鼓励广大职工积极参与创先争优活动，引导广大会员开展服务中心创先进、立足本职岗位争优秀活动，为顺利完成食品药品监管中心工作提供了强大的动力。二是做好“送温暖”工作。各基层工会组织进一步完善帮扶困难、互助保障、节日慰问等工作，形成制度，认真抓好落实，切实帮助职工解决实际问题。如南方医药经济研究所工会发动广大职工为身患肺癌的同事李卫民捐款献爱心，帮助该同志解决医疗费用，其患病治疗期间，工会多次到医院看望，给予适当的困难补助。省药检所工会开展了救助贫困母亲的筹资和宣传系列活动，所得募捐款全部捐给省妇联。三是关注女职工特殊权益，推动女职工工作发展。认真组织广大女职工学习《工会女职工委员会工作条例》，动员和组织广大女职工开展全面提高广大妇女干部的综合素质的“女职工素质工程”和“女职工建功立业”活动，激励广大女职工加强学习，更好地发挥妇女的“半边天”作用，保持妇女组织的生机和活力。“三八”节前夕，省药品检验所中药室被省直机关妇工委授予“三八红旗集体”称号，省医疗器械质量监督检验所的李杨玲、省局审评认证中心的苏永梅被省直机关妇工委授予“三八红旗手”称号。四是继续抓好计划生育工作责任制落实。各基层工会组织按照上级的要求，切实落实好计划生育责任制，确保计划生育工作达到两个100％，确保 2011 年计划生育的统计工作按时按质完成。 （张一帆）

广东省丝绸纺织集团工会

【领导班子】

主　席：林树汉

副主席：许建荣

【综述】　2011年，省丝绸纺织集团工会全面贯彻党的十七届五中、六中全会精神，贯彻胡锦涛总书记“七一”重要讲话和视察广东重要讲话精神，以邓小平理论和“三个代表”重要思想为指导，深入贯彻落实科学发展观，紧紧围绕经济工作的总体要求和集团发展战略，继续解放思想，坚持科学发展，坚持理论创新、机制创新、工作创新，以推动集团公司新一轮的大发展为首要任务，以推动科学发展、维护职工合法权益、创建和谐劳动关系为重点，以建设学习型、服务型、创新型组织，努力提高职工队伍整体素质为目标，最大限度地焕发职工群众的劳动热情和创造活力，为全面完成和超额完成集团公司2011年的各项任务指标而努力奋斗。

【以创建劳动关系和谐企业为载体，大力发展和谐劳动关系，为建设幸福丝纺作出新贡献】　一是加强源头参与，为创建劳动关系和谐企业提供制度保障。加强企业文化建设、民主管理制度建设和工会组织建设，把职工的知情权、参与权、表达权和监督权落到实处，维护职工利益。对企业重大决策、生产经营、领导班子建设、经营者收入和涉及职工切身利益的重大问题列入司务公开内容，逐步实现司务公开的规范化、制度化和程序化。二是注重建章立制，增强创建劳动关系和谐企业的实效，着力推进劳动合同、工资福利、社会保障、劳动保障等工作。三是坚持突出重点、分类指导，把创建劳动关系和谐企业落到实处。四是加强职工队伍建设，提升创建劳动关系和谐企业的能力和素质。集团各级工会组织和广大工会干部，深入企业、深入职工，关注企业职工的劳动关系状况，建立健全劳动关系矛盾预警机制和调解工作机制，及时反馈企业职工的心声，引导职工以理性、合法、有序的方式表达利益诉求，努力从源头上预防和减少集体劳动争议，及时化解职工群体性事件，维护职工队伍与社会的和谐稳定。

【加强企业文化建设，增强企业的凝聚力】　一是继续组织大型登山等文体活动；二是继续组织办好新年大型春节联欢会；三是继续开展合理化建议和劳动竞赛等活动；四是以各子集团、子公司为单位，开展一些多种形式的文体活动，提高广大员工的文化素质，增强企业的凝聚力。（林树汉）

中国南方电网有限责任公司超高压输电公司工会委员会

【领导班子】

主　席：黄立新

副主席：雷明忠

【机构设置】

工会工作部（含离退休人员管理中心）、办公室、权益部、女工与文体部，广州局、贵阳局、南宁局、柳州局、百色局、梧州局、天生桥局、曲靖局、安宁局和检修试验中心10个基层单位工会

【综述】　2011年，超高压输电公司工会在公司党委和上级工会的领导下深入学习实践科学发展观，紧紧围绕企业的中心任务，认

真贯彻学习南方电网“十二五”改革发展总体思路，加强自身的组织和思想建设，服务公司发展大局，积极发挥工会组织作用，为公司推进中长期发展战略的新局面作出积极的贡献。

【促和谐劳动关系，双向维护取得新进展】 在企业发展改革的过程中坚持依法维护职工整体利益和谐稳定的大局。2011 年，公司工会积极开展集体协商工作，在职工代表中广泛征集对集体合同的修改意见，在工会委员会会议上形成了集体合同的审议稿，并得到全票通过。公司工会积极加强安全监督和劳动保护工作，维护员工合法权益。各级工会紧密结合生产安全工作，坚持定期和不定期参与对安全法规、安全制度及劳动保护落实情况的检查与监督，配合行政部门开展“安全生产月”、“安全生产示范岗”等多种形式的安全活动，加强了员工安全教育，提高了员工安全意识。公司工会还努力配合党委行政开展重大节日节庆、年度检修预试，深入基层对生产一线职工进行慰问。

【积极推进民主管理】 2011 年，公司工会认真贯彻落实职代会制度，加大了对涉及职工切身利益的规章制度的审议表决力度，并先后组织审议表决了《安全问责制》、《超高压输电公司工资方案实施细则》等涉及职工切身利益的制度；两级工会先后组织职工代表培训班 4 次，参培人员 480 余人次。公司工会大力推行厂务公开工作，并不断完善与深化厂务公开制度。各级工会普遍把各类评选、人事任免、绩效考核、招标等情况列入了公开的范围，利用会议、内网等形式定期公布要情，保证了职工的知情权和审议权。

【深入开展技术技能竞赛，营造创先争优氛围】 举办了超高压输电公司 2011 年“安康杯”高压直流输电技术技能竞赛。此次竞赛通过选拔五省区 226 名参赛选手进行严格的专业考试，角逐出 41 名优胜者参与决赛。公司工会制订了《超高压公司劳动竞赛考核细则》等激励措施。各级工会先后在云广特高压工程、海南联网工程中开展“六比六赛”劳动竞赛活动，共计有 3000 多人次参加，促进了两大工程按期保质投产。公司工会优化并深入开展“安康杯”竞赛。各级工会把握安全生产竞赛主题，积极配合有关部门开展安全生产月活动，组织开展了安全演讲比赛、安全知识竞赛、安规普考等系列活动。公司连续 4 年被评为全国“安康杯”优胜企业，连续 6 年被评为广东“安康杯”优胜企业。创先争优，各类竞赛活动为广大职工营造了良好的建功立业氛围。

【为职工办实事、解难事】 主动开展“送温暖”、“金秋助学”等工作，积极为员工排忧解难。各级工会在日常工作中坚持“五必访”制度，把关心职工生活、了解职工疾苦工作常态化，及时走访、慰问，提供一些力所能及的帮助，研究制定困难员工划分等级和帮扶办法，并给予必要的帮扶。各级工会主动关心职工身心健康，工会定期组织员工进行体检，建立员工健康档案。充分发挥女工委的作用，关心女职工身心健康，先后开展女职工卫生保健、心理压力舒缓等系列讲座，举办网上庆祝“三八国际妇女节”100 周年知识竞赛和“同心结南网 巾帼展风采”女职工时装表演晚会等。组织女职工参加各项文体活动，根据女工特点，举行了“幸福——安康杯”系列比赛活动。为充分体现“和谐南网，幸福南网”的理念，公司工会提交了《关于建立困难职工帮扶机制的调研报告》。在公司党委和领导的关心和支持下，工会出台了《帮扶困难职工管理办法》，明确了帮扶困难职工的范围和对象，细致、人性化地制定了相关的帮扶政策，切实提高帮扶困难职工的质量和水平，围绕中心、服务职工，增强企业的凝聚力和向心力。

【感念“幸福和谐超高压”】 各级工会充分发挥各种文体协会的作用，以活动凝聚人，大力开展文体活动，先后组织开展了“安康杯”羽毛球、足球、篮球、气排球等比赛，举办了抗冰救灾文艺演出、抗冰保电摄影比赛、“同心结南网、携手迎亚运”经典歌曲大家唱等一系列群众喜闻乐见、积极参与的群体活动。其中，为纪念中国共产党成立90周年而特别举办的“同心结南网，同声歌颂党”红歌比赛活动，参赛人数之广，参赛曲目之多，成为年度工会活动的一大亮点。党政领导班子为本次活动特别成立了活动领导小组以及活动工作小组。并积极带头参与传唱红歌。由公司领导班子成员与现场全体演职人员共同歌唱《我们走在大路上》、《没有共产党就没有新中国》两首歌曲，使红歌比赛有了更高的认知度、传唱度。本次红歌比赛活动集结了广东、广西、云南、贵州、海南等五省区的优秀歌唱队伍及个人，公司工会克服地域跨度大、参赛人员多等各种困难，历时近三个月，在2011年的6月24日，来自超高压机关及南方五省区一线的员工近600人欢聚一堂，慷慨高歌庆祝党的生日。公司各级工会充分利用区位优势，大力开展区域性体育活动。2011年，公司工会在“安康杯”劳动竞赛、“工人先锋号”等方面的先进评比中获得的荣誉多达585项。其中全国性集体荣誉5项，省部（含南方电网）级集体荣誉60项，全国性个人荣誉3项，省部（含南网）级个人荣誉72项，获得全国工会先进工作者1人次，省五一劳动奖状、劳动奖章2项。 （唐华、宿雪晶）

广东省粤电集团有限公司工会

【领导班子】

主　席：钟伟民

副主席：郭棋霖 、刘济民

【综述】 2011年，集团公司工会深入学习贯彻党的十七届五中全会、省总工会十二届四次全会精神，以及集团公司第三次党代会和集团公司“两会”精神，围绕集团公司生产经营改革发展中心，动员和组织广大职工，扎实工作，建功立业；努力发挥桥梁和纽带作用，加强民主管理，为构建和谐企业作出新贡献；以集团公司成立十周年为契机，做好宣传鼓动工作，推动工会工作取得新突破。

【粤电成立10周年系列活动取得新成绩】 一是成功举办文艺晚会。经过精心筹划和组织协调，历时近一年，创作并圆满呈现了一台有粤电特色、感人肺腑、振奋人心、鼓舞士气的“庆祝集团公司成立10周年文艺晚会”。二是圆满完成“十年十佳员工”的评选和宣传。在集团公司总部及系统各单位层层推荐、公示、公开推荐的基础上，经过集团公司10周年系列活动领导小组的严格评选并报经集团公司党委审批，最终评选出10名集团公司“十年十佳员工”并进行了隆重的表彰，同时通过光荣榜展示、晚会登台亮相、编印《光荣册》等方式进行大力宣传。三是组织“集团公司劳动模范先进事迹报告会”。细致挑选劳动模范中各具特点的优秀代表，并认真组织撰稿和演讲培训，以分片巡回报告的形式，组织了四场先进事迹报告会，先后共有36个单位、2000多名员工亲临报告会现场，营造了广大员工“尊敬劳模、学习劳模、争当劳模”的氛围。四是举办第四届“粤电杯”羽毛球比赛。首次以分片预赛、集中决赛的形式，加强了员工之间的交流，有效推动了全民健身运动。五是组织书画摄影比赛和展览活动。在全系统征集了500多件作品，经过评选工作小组的认真筛选，并经专家组评选和领导小组的审定，按照生产类、风光类分别评选出书法、美术、摄影的特等奖、一二三等奖和优秀奖，在粤电广场和广州白云国际会议中心举办优秀作品展的同时，还将优秀作品编印成画册和电子版进行广泛宣传。六是组织协调完成《风雨同路——粤电之歌》的创作。合唱版、升旗版、伴奏版的CD已经在集团年中经营会上发布，并组织制作了合唱版、伴奏版、卡拉OK版的MTV印发至各单位。

【工会建设取得新成果】 一是加强了组织建设。按照省总工会“两个普遍”精神，严格按照民主程序做好工会组织的组建和换届选举等工作，保证工会组织的健全和工会干部任职的合法性。指导西投—粤黔公司、航运公司、科技信息公司成立了基层工会，10个系统工会分别完成换届和工会主席、工会副主席改选工作。二是召开了2011年工会工作会议。总结了近两年的工作、部署了今后的工作任务，表彰了2010年度工会先进集体、个人，组织了分组讨论并对提出的有关问题进行了答疑，同时邀请了广东省总工会干部学校李晓明副校长就“工会工作的思路和方法”进行培训，收到了预期效果。三是健全了制度建设。经过广大工会工作者的共同努力，历时两年，认真策划和组织撰写，并组织研讨和征求意见，经过多次修改，完成《广东省粤电集团有限公司工会工作实务手册》的编写工作。经过集团工会全委会的审定，并经集团标准化委员会的审查批准后发布。该手册中的各项规章制度在系统各单位广泛学习和应用，并得到一致的认可。四是加强了培训。针对近年来较多的工会工作者从生产岗位“转岗”而来的实际情况和工会工作的新形势、新要求，集团公司工会通过“请进来、走出去”的方式，组织了5期工会干部培训班，加强了工会干部的业务培训和经验交流，有效推动了工作水平的提高。

【劳动竞赛和劳模先进管理取得新成效】 一是基建单位积极开展“省十项工程”劳动竞赛。平海电厂、云浮电厂、湛江生物质发电公司以“六比六赛”为内容，积极发动参建单位参加劳动竞赛，有效推动了工程施工的安全、质量、进度、科技应用、成本节约、廉政建设，得到了省劳动竞赛领导小组的肯定和表扬，平海电厂获得劳动竞赛“模范集体”荣誉称号，并被授予广东省五一劳动奖状；云浮电厂李瑞明获得“模范企业家”荣誉称号，并被授予广东省五一劳动奖章；湛江生物质发电公司杨云金获得“模范科技工作者”荣誉称号，并被授予广东省五一劳动奖章。二是认真组织“节能减排”劳动竞赛。集团工会与生技部、安监部联合在惠州天然气发电公司和广前电力公司组织开展6台LNG发电机组“节能减排”劳动竞赛，经过竞赛和检查，现已取得了一定成效，将在年底进行验收和评比。三是结合生产实际认真组织开展各种形式的劳动竞赛。各单位在“安康杯”、机组大小修、技改项目、减少煤耗、明星班组建设和职工技能提升等方面，积极开展小指标竞赛，调动了员工的积极性，提高了企业经济效益。全年累计组织厂（公司）级劳动竞赛1060项，12661人次参加，部门级劳动竞赛1288784人次参加。靖海、广前、云浮、茂名、粤泷分别被评为全国“安康杯”竞赛优胜企业。

四是积极推荐申报和关心劳动模范。经过努力推荐，集团内有集团公司孔惠天、韶关发电厂党委副书记黄世平、珠海发电厂运行部化学分部检修班班长孙文惠（女）等3位同志获广东省五一劳动奖章，新丰江发电部获“全国工人先锋号”荣誉称号，沙角A电厂设备部电气继保班，沙角A电厂运行部化学分部仪表班以及湛江电力有限公司检修部热控检修分部获广东省“工人先锋号”荣誉称号。至2011年年底，粤电集团的劳模已有106名。组织5位劳动模范进京学习考察。

【和谐企业建设取得新进展】　一是履行职代会职能。各单位认真贯彻落实《关于进一步做好职工代表大会民主评议国有领导人员工作的意见》（总工发〔2011〕7号）精神，坚持完善以职代会为基本形式的民主管理制度，规范职代会的内容和民主程序，职工代表参政议政、建言献策、表达民意的作用进一步得到发挥。深入开展厂务公开工作。通过活动，职工的“知情权、参与权、表达权、监督权”得到进一步体现。二是开展合理化建议活动。各单位工会注重征集职工意见和建议，积极围绕企业改革发展、安全生产、经营管理和劳动保护等方面，开展合理化建议活动，全年共收到2964条合理化建议，其中1929条合理化建议得到采纳。三是推动民主管理工作。各单位工会组织积极协助党政，发挥桥梁纽带作用，加强劳动关系矛盾预警，通过职代会、民主对话会、领导接待日、职工代表座谈会、开展合理建议等形式，了解职工需求，认真分析排查不稳定因素，健全了汇报、沟通协调和应急处理机制，引导职工通过理性合法渠道表达利益诉求。

【女工工作不断创新】　一是各单位工会女职工委员会积极开展“粤电建功立业女能手”和“粤电女职工文明示范岗”活动，不断提升女职工素质。韶关电厂女职委获得“全国巾帼文明岗”称号，高文霞获得“全国五一巾帼标兵”称号。二是认真组织女工干部参加省总工会女工学习培训，女工干部业务能力不断提升。三是在继续办好《粤电女工》电子杂志的基础上，栏目内容得到进一步丰富和充实。四是举办“风采杯”家庭趣味运动会，形式新、内容好、场面热烈，得到领导的认可和职工的赞同。

【落实人文关怀，服务工作取得新进步】　一是坚持开展“送温暖”活动，把人文关怀落到实处。各单位在创建职工信赖的“职工之家”过程中为职工福利、生老病死和入学、住院等做了大量深入、耐心、细致的工作，积极为职工办实事、解难事，职工满意度得到进一步提升。经常深入现场、系统职工，认真倾听职工心声，释疑解难，化解矛盾。二是计划生育管理和服务工作进一步落实。由于各地方政府对独生子女父母退休的一次性奖励政策各有不同且政策出台时间不一，集团公司计生办在细致做好政策解析工作的基础上，积极主动向上级部门反映情况，协调各单位对奖励办法的应对措施。三是离退休管理和服务工作进一步做细做好。针对国家对离休干部的政策待遇不断调整的情况，集团公司离退办和各单位工会认真细致做好统计、核对和申报工作。结合建党90周年，积极发动和组织广大离退休老同志参加全国征文活动，有1人获得二等奖，3人获得三等奖。

【工会财务工作进一步规范】　一是积极向省总工会汇报、沟通，“一改三策”给集团公司工会经费收缴带来的影响已理顺。二是集团工会坚持规范化管理，认真完成上级工会财务工作的要求，获得全国总工会2010年度省属市级工会财务先进单位称号和广东省2010年度会计工作竞赛特等奖。

（曾永莉）

广州打捞局工会委员会

【领导班子】

主　席：朱论发

副主席：羊　磊

【机构设置】

办公室

【综述】　2011年，在上级工会和局党组的正确领导下，以邓小平理论和“三个代表”重要思想为指导，全面贯彻落实科学发展观，始终把实现好、维护好、发展好职工群众的利益作为工会一切工作的出发点和落脚点。围绕局的中心工作，以发展生产、构建和谐打捞单位为主线，通过开展劳动竞赛、帮扶济困活动、职工民主管理活动和职工业余文体活动，全面履行工会职责，积极发挥桥梁纽带作用，受到领导和职工的好评。

【关爱职工，积极开展送温暖活动】　一是开展金秋助学活动。全年共向23名困难职工子女发放助学补贴26800元，为17名困难职工家庭提供了97500元的无息助学贷款。二是切实做好职工互助医疗基金管理工作，舒缓重病职工看病就医的困难。全年共发放职工互助医疗补贴547827元，职工住院治疗的自付率由补助前的22.6%下降到补助后的14.27%。三是认真做好慰问工作。全年共慰问职工702人次，送上慰问金164532元。其中一线慰问405人次，送上慰问金13500元；登门或探病慰问297人次，送上慰问金151032元。四是开展“送清凉”活动。全年共慰问7个工地、21艘船舶、550名一线职工。五是热心为职工解难事。对家庭遇有突发性困难的职工，局工会总是积极想方设法帮助解决。

【服务中心工作，积极开展劳动竞赛】　一是开展水手技术比武，组织了海工处“南天龙”与第一船队水手代表队开展水手技术比武挑战赛。二是组队参加广东省“金锚杯”海员职工职业技能大赛，获得水手技能比赛团体总分第五名和“抛撇缆”项目第一名的好成绩。三是开展合理化建议征集活动。全年共收到合理化建议8项，评出合理化建议二等奖2个，三等奖2个，四等奖1个。此外还开展了安全生产“双基”（基层、基础）建设合理化建议征集活动，全局共有11个二级单位、21艘船舶、51个班组积极参与，共收到合理化建议140条，采纳123条，采纳率87.86%。四是认真做好评先推优工作。“德鲲”轮、“南天鹏”工程船和建工处新会抢险打捞基地项目部荣获全国交通建设系统“工人先锋号”，“南天龙”、“南天鹏”工程部分别获得全国水运系统船舶班组安全竞赛活动安全优秀船舶和班组称号，王振亮荣获广东省“优秀职工之友”称号，陈北先荣获“救捞系统优秀职工之友”称号。

【履行职责，切实维护职工合法权益】　一是组织召开职代会暨工代会，维护职工民主参与、民主监督的权利。二是组织职工代表开展巡查，监督各二级单位履行集体合同情况，确保集体合同的有效履行。三是加强群众性安全生产监督工作，维护职工的劳动安全权。开展了“安康杯”竞赛活动，全局30艘（个）船舶（班组）共1520名职工参与；举办安全生产知识竞赛答卷活动。活动共发出安全问卷 1957 份，收回 1512 份，从 243 份 100 分答卷中抽取 100 份进行奖励；认真贯彻工会劳动保护监督检查“三个条例”，健全工会安全监督网络；开展安全检查工作。全年配合局安全部门开展安全检查 73 次，发出整改通知 35 份，消除安全隐患 101 起。四是做好信访工作，畅通职工诉求渠道，正视职工合理诉求。一年来局工会共接待职工（含退休人员）79 人次，收到来信 15 封，所有职工来访来信所反映的问题均得到妥善处理和答复。五是做好女工工作，维护女职工特殊权益。

【积极开展文体活动，丰富职工文化生活】 一是组织举办了“唱红歌、颂党恩、弘扬救捞精神”红歌汇演活动，500 多人出席观看，200 多人参加了演出。二是组织 50 多人的合唱队参加广东省海员系统“颂歌献给党”演出，获得好评。三是开展建党 90 周年暨救捞系统成立 60 周年职工书画展，共收集到作品 194 幅，其中书画作品 26 幅，摄影作品 168 幅。四是举办迎春职工拔河比赛暨篮球友谊赛、职工羽毛球比赛等传统体育比赛，深受职工喜爱。

【固本强基，夯实基础，不断加强工会自身建设】 抓固本强基，加强工会自身建设。一是坚持职代会制度，每年召开职代会暨工代会；二是组织开展职工代表巡查活动，了解一线工地、码头、厂房工作环境、劳动卫生以及劳保用品发放管理情况、“三条保障线”落实情况和集体合同贯彻执行情况，发挥监督作用。局工会组织机构健全，职工入会率达 92.37%。深入开展创先争优活动和创建优秀职工之家活动，选树了一批工会先进组织和先进个人。注重工会干部业务培训，选送工会干部参加以提高思想素质和业务素质为目的的各类培训。（麦亚民）

深圳海事局工会

【领导班子】

主　席：李志真

副主席：许宗权、郭　静（女）

【机构设置】

工会办公室、局机关分会、基层工会

【综述】 2011 年，深圳海事局工会按照“举全局之力开展大运海上安保工作，全面深化‘深圳海上安全特区’构建，推动现代化水上交通安全监管系统和应急体系建设，确保辖区水上交通安全形势稳定”的总体要求，以“职工之家”为阵地，以“关爱协会”为载体，以“文体协会”为平台，以“比武研修”为抓手，以“先进典型”为导向，坚持为党政分忧、为职工服务的理念，发挥工会组织的职能，团结动员广大干部职工积极投身海事建设，主动有效地开展各项工作，在构建和谐氛围、推进海事发展等方面，取得良好效果。

【徐津津考察深圳海事局“职工之家”】 3 月 1 日，交通运输部海事局党组副书记、系统工会主席徐津津，在出席中国海员工会交通运输部海事局委员会第二届七次全体会议期间，率领与会代表考察局“职工之家”建设情况，勉励工会在“海事系统模范职工之家”和“全国模范职工之家”的基础上，继续创新，形成特色品牌，发挥示范效应，更好地为干部职工服务。

【成功举办水上体育竞技比赛】 9 月 22 日至 23 日下午，局 2011 年水上体育竞技比赛在罗湖体育中心室外游泳场举行。短短的两天时间，先后进行了6个项目的19场比赛，有179人次参加个人或集体水上体育竞技角逐。正在进行工作调研的海事系统工会主席解启杰率调研组一行现场观看了比赛并给予指导。

【组队参加直属海事系统第一届VTS职工技能大赛】 直属海事系统以“练技能、提素质、强服务、促发展”为主题的第一届VTS职工技能比武大赛，于9月16日在上海落下帷幕，来自直属海事局各单位的11支代表队参加了本届VTS实操技能、理论考试、知识抢答等项目比武。经过严格选拔，由易丛波、童飞、陈义、夏季、程鹏、郑鹭峰等代表深圳海事局出征VTS职工技能比武决赛。深圳海事局代表队获得优秀组织奖。

【举办“文明驾驶迎大运”主题活动暨第二届车辆驾驶和应急技能比武】 为了做好“深圳大运”通勤车辆保障工作，检验局专、兼职驾驶员的驾驶技能和应急水平，6月25日下午，局工会和服务中心联合主办了“文明驾驶迎大运”主题活动暨第二届车辆驾驶和应急技能比武，设置知识问答、定点停车、倒直线、公路调头等比赛环节，来自全局各部门（单位）的26名专、兼职驾驶员使出浑身解数，全心投入比武角逐。服务中心专职驾驶员黄庆总成绩排名第一，蝉联两届冠军；快速反应基地陈辉、服务中心麦龙并列第二；服务中心叶志文、温兆星、邓少强获得三等奖。

【举办海事文化季2011年新年专场音乐会】

1月9日晚，深圳海事局与深圳交响乐团合作，举办了2011年新年专场音乐会，为全局干部职工、全体家属及各界友人献上了一份文化盛宴。深圳海事合唱团用充满激情与饱含深情的歌声唱响了《海事之歌》与《走向复兴》，随后，深圳交响乐团演奏了《春节序曲》、《梁祝》、《拉德斯基进行曲》等中外名曲。

【组织开展2010年录用人员“红色之旅”】

6月28日—7月4日，局组织开展2010年录用人员“红色之旅”，对“新人”在即将上岗前进行一次传统教育。新录用人员沿着红军当年的足迹，先后参观了遵义会议旧址、红军山烈士陵园、娄山关战役纪念馆、“四渡赤水”和重庆“渣滓洞”、“白公馆”等，受到了一次直观、生动的党的优良传统教育。

【南山海事处、大亚湾海事处核电站办事处分别获授2011年度全国交通建设系统“工人先锋号”】 南山海事处注重发挥干部职工的积极性和创造性，深入推进“深圳海上安全特区”样板区创建，通过抓安全监管能力建设、抓制度和管理机制建设、抓南山海事文化建设，不断增强职工的团队意识，提高执法人员的监管能力和履职水平，确保深圳辖区航行安全。特别是在“深圳大运”海上安保工作中，不断加大监管力度，坚持优质服务，为“平安大运”作出了积极的贡献。大亚湾核电办事处是国内首家核电站驻点海事机构，以核电基地为重点服务对象。多年来，该办事处的一批批海事人勇于担当，默默履行着海事安全监管责任，发挥海事专业优势，推动核电站“核电海上防污染体系”和应急预案的建立，与核电员工一道为保核电平安辛勤工作，使得大亚湾核电站不断刷新中国核电安全生产纪录。

【圆满承办海事系统工会七届二次全委会】

中国海员工会交通运输部海事局委员会第二届七次全体会议，于2月28日在深圳召开，这是深圳海事局承办的又一次海事系统的重要会议。局党组书记莫奇到会并代表局党政班子致欢迎词。全会听取了交通运输部海事局党组副书记、系统工会主席徐津津所作的工作报告，讨论了2011年工作要点，宣读了部局工会关于授予模范（先进）职工之家的决定。与会代表考察了局职工之家建设情况和东部地区经济社会发展情况。

【召开“幸福巾帼和谐海事”庆“三八”女职工座谈会】　在第101个国际三八劳动妇女节来临之际，局召开以“幸福巾帼和谐海事”为主题的女职工座谈会，来自全局各部门的30多名女职工代表和各部门单位负责妇女工作的领导齐聚一堂，共同庆祝三八妇女节的到来。与会的女职工交流了工作和生活心得，畅谈对海事事业的热爱之情，分享多年来在海事工作的点点滴滴。张建斌局长和莫奇书记亲手为参会的每一位女职工送上鲜花，表达了局领导班子对女职工的浓浓关爱。

【举办2011年度乒乓球公开赛】　由局工会和乒乓球协会联合组织的局2011年度乒乓球公开赛于11月30日圆满结束。此次比赛共设男子单打、双打，女子单打、双打以及混双和团体赛等六个项目。通过比赛，切磋了球艺，加强了沟通交流，丰富了职工的文化生活，涌现出了一批优秀的参赛选手。

【举办专、兼职工会干部培训班暨新年工作务虚会】　11月24—25日，局举办了专、兼职工会干部培训班暨2012年工作务虚会，局工会委员会、经费审查委员会、女工委员会委员、各分工会主席及委员共50人参加培训和工作务虚。邀请了市总职教中心王成辽主任讲授工会知识与基层工会规范化建设，高级国际心理咨询师柯波讲授心理健康辅导课，达到预期的培训效果。局党组副书记汪志军出席并作开班动员讲话。（陈桂雄）

中国海员工会广州远洋运输有限公司委员会/中远航运股份有限公司工会委员会

【领导班子】

主　席：马宗梅（2011年11月离任）、赖奕光（2011年11月任职）

副主席：符　雄（常务）、戴世华

【机构设置】

组宣民管、生产劳保

【综述】　2011年，广远公司/中远航运工会坚持以科学发展观统领工会工作全局，以创先争优、创建学习型组织为抓手，以改革创新精神加强和改进工会自身建设，解放思想、承优创新，融入中心、服务中心，维护企业和谐稳定大局，最大限度地凝聚职工队伍，充分调动广大职工参与企业改革发展的积极性和创造性，群策群力为广远科学发展、和谐稳定作出新贡献。一批先进集体分别获得“全国模范职工小家”、全国交通建设系统“工人先锋号”、广东省五一劳动奖状、全国和广东省“安康杯”竞赛活动优胜班组等荣誉称号；一批先进个人分别荣获广东省五一劳动奖章、“广东省职工经济技术创新能手”、“广东省技术能手”、“全国十佳海员”以及广东省海员系统“先进女职工工作者”、“先进女职工”、“女职工之友”等光荣称号。

【坚持开展群众性安全活动，夯实企业安全发展的群众基础】　公司工会以增强职工安全意识和责任感为重点，着力配合行政在促进安全机制建设、基础建设、能力建设等方面下工夫，并结合工会工作实际，加强基层工会劳动保护组织网络建设，健全和完善组织网络和管理制度，加强工会劳动保护培训工作，提高工会劳动保护监督检查员素质，落实船舶工会劳动保护检查员激励机制，充分调动工会劳动保护监督检查员履行职责的积极性，夯实了工会劳动保护工作的群众基础。坚持开展富有特色的群众性安全活动：一是全力配合安全管理部门，广泛开展安全技能培训、安全知识竞赛等群众性安全活动和合理化意见征集活动，以全员参与来推动安全文化建设。二是继续开展好“亲情祝安全”活动，以上船祝安全、座谈嘱安全、探亲谈安全、帮扶促安全、短信问安全、书信促安全、嘱语记安全、心语寄安全、联谊议安全等形式，进一步扩大覆盖面、增强宣传教育效果。三是继续开展好“安全生产月”群众性主题活动，如配合上级机关开展全国“落实安全生产主体责任”知识竞赛，组织开展以安全责任为主题的演讲知识竞赛。四是广泛深入开展了“安康杯”船舶、班组安全竞赛活动。有198个班组、船舶参加了安全竞赛活动。通过上述工作，最大限度地遏制劳动安全事故的发生，有力地促进了企业的安全生产。

【努力提升职工素质，为企业发展提供智力支持】 广远公司/中远航运工会紧紧围绕企业中心工作，深入创先争优活动，组织开展形式多样、主题鲜明的劳动竞赛活动，激发广大职工的劳动热情。一是继续深入开展“安全在我身边，降本增效从我做起”主题活动。广泛动员职工开展了多种形式的挖潜增效活动，多手段、多渠道调动广大职工参与企业经营生产和成本控制的积极性，为广远实现效益目标贡献力量。二是开展“金锚杯”劳动竞赛活动。按照广东省海员工会开展“金锚杯”劳动竞赛的要求，动员船岸职工针对企业生产经营中的难点问题，开展技术攻关、技术改造等活动，为推动企业技术进步、促进成本控制、提高产能发挥了积极的作用。10月11日，在广东省“金锚杯”职工职业技能大赛上，广远代表队再获佳绩，包揽了船舶水手竞赛的团体总分及个人全能总分两个第一名，充分展现了我公司职工高超的技能水平和良好的精神风貌。基层各单位以“安全保障，共建和谐”为主题的职工岗位技能竞赛活动广泛开展，有效提高了职工的综合素质和岗位技能操作水平。三是向基层（船舶）下发《成功——从优秀员工做起》、《责任比能力更重要》、《把责任落实到位》等书籍，并以此为契机，在广大职工中大力开展读书实践活动，收到船员职工读书心得及体会文章140多篇，真正做到了学有收获，学有所用。工会还根据职工读书实践活动通知精神要求，组织人员对征文进行了认真的梳理，汇编出版《广远职工理论作品集》一书下发各基层、船舶，给予广大职工新的启迪，并评选出一批职工读书实践活动先进集体和优秀作品，进行表彰奖励。

【发挥文体协会的作用，维护职工精神文化权益】 广远公司/中远航运工会本着因地制宜、形式多样、丰富多彩的指导思想，积极开展有益职工身心健康的文体活动，指导和支持基层、船舶工会开展寓教于乐、丰富多彩的文体活动，陶冶职工情操，丰富职工业余文化生活，满足职工精神需求，推进企业文化建设。以中远、广远成立50周年为契机，牵头组编出版了《光辉的航程》、《大海的浪花》、《海之韵》等书籍和画册，举办了职工书画、邮品、摄影作品展。组织职工文艺节目参与庆典汇演，职工自编自导了一批优秀文艺节目。其中，精选8个节目、180

多人参加广远成立50周年庆典活动演出，获得了参与活动的上级领导、来宾和职工代表的交口称赞。两个小品在省海员工会庆祝建党90周年文艺汇演中得到了海员系统广大职工和外界的好评，分别获得一、二等奖。其中一个小品还参加了中远集团成立50周年职工文艺汇演，得到了中远集团领导、兄弟公司领导的好评。《海员父亲》等一批职工优秀作品分别获得征文评比一、二、三等奖。11个文体协会分会坚持开展经常性的寓教于乐活动，丰富职工群众业余文化生活。属下的供应公司、物业公司、金桥学院等单位分别举办了“职工文化月”活动，增进人文关怀，增强企业凝聚力。在立足群众的同时，工会也非常注重发挥文体协会的骨干作用，着力于文艺骨干的培养，促进文艺竞技水平的提高。

【关爱职工，做好困难职工帮扶工作】 发挥帮扶中心的积极作用，健全公司、基层、船舶帮扶工作体系，完善上下联动、横向配合、齐抓共管的帮扶工作机制，在依靠自有资源的基础上，充分利用政府、中远集团的政策优势，拓宽帮扶的渠道，提高帮扶工作能力和实力。充分发挥公司三项基金作用，做好慰问送温暖和帮困扶贫工作，组织开展了广远系统的“送温暖”活动，共发放慰问金120多万元，慰问困难、病号职工1500多人；上门慰问住院船岸职工、待岗内退困难职工、劳模、离退休人员共653人；慰问到港船舶23艘。做好劳模的管理和关心工作，给所有在职劳模发放了年度劳模荣誉津贴，组织18名劳模、优秀船舶领导到九寨沟参加疗休养活动。

【关爱社会，做好扶贫“双到”工作】 在做好内部职工帮扶的同时，广远工会和行政非常注重企业的社会责任，继续做好扶贫“双到”工作，组织开展好对口扶贫村——梅州市兴宁泥坡镇东兴村的帮扶工作，实施了帮扶村公路硬底化——广远路，投资工业园、村民自来水工程等扶贫项目，在6月份广东省大规模交叉检查中，获得了优异成绩。多次组织职工到帮扶村进行慰问，向东兴村农家书屋捐书达1000多册；发放了一批电脑、体育用品、生活用品和学习用品等礼品；发放慰问金1万多元。截至2011年年底，广远共投入资金200多万元，扶贫工作取得了明显成果，得到了村民和当地政府的好评，树立了广远的社会形象。

【坚持构建和谐劳动关系，维护企业和谐稳定大局】 广远公司/中远航运工会坚持推进平等协商、集体合同制度，积极开展服务船岸职工的主题活动，促进劳动关系的和谐。工会认真做好职工来访来信的接待工作，积极沟通相关职能部门，协调解决职工信访问题，如解决了30名幼儿园退休老师的公积金补缴问题，避免了矛盾的激化。对因临时工社保问题多次上访的职工，配合相关职能部门做好接待、解释工作，稳定了上访人员的情绪。各航运单位还积极开展“船员家访”、为船员办“八件实事”、“为民服务创先争优”、“牵手服务船员”、“服务船员年”等活动，进一步密切船岸的联系和感情，深得船员的欢迎和称赞，维护了企业的稳定。

【加强工会自身建设，提升工会工作能力和水平】 组织开展了工会组织建设调研、“职工之家”建设和职工队伍建设调研活动，摸查工会组织建设、职工队伍建设的状况。坚持开展“职工之家”（小家）建设，加大“建家”活动的推进力度，将“党建带动工建、工建服务党建”新要求融入到“建家”活动中，将建家与建企业、建制度、建队伍紧密结合起来，促进了“建家”活动的深入开展。与此同时，积极选派工会干部参加上级工会培训班，先后选派5名工会干部参加中远集团在中国劳动关系学院举办的工会干部培训，选派1名工会工部参加省海员工会在北京大学举办的工会主席高级研修班学习，选派1名工会干部参加集团“三个三百”培训班；还结合《社会保险法》颁布实施的实际，举办了一期《社会保险法》、工伤条例的专题工会干部培训班，促进了工会干部业务素质和工作能力的提升。

【加强女工工作，充分发挥女职工的半边天作用】 广远公司/中远航运女工委结合女工工作实际，突出女工工作特点，以“巾帼建功”活动为载体，为企业完成各项经营生产任务作出了应有贡献。一是女职工建功立业主题活动有新成效。开展了“巾帼建功”、“我为企业降本增效献一策，做一事”、“我为企业节能减排做一件实事”、“技能竞赛”、“岗位练兵”等一系列劳动竞赛，在平凡的工作岗位上做出了不平凡的业绩。二是女职工队伍素质有新提升。结合“创先争优”、“创建学习型女职工组织，争当知识型女职工”的活动要求，积极举办知识讲座、技能培训、岗位练兵等活动，极大地提升了女职工的综合素质和工作能力。三是关爱女职工工作有新突破。坚持为在册女职工购买和续保安康保险，参保率达100%；为女职工提供免费妇科“两癌”体检；为困难女职工排忧解难，主动探望住院和产期女职工，把“送温暖”工作做好做实，增强了企业的凝聚力。四是女职工业余文化生活有新特色，在繁忙的工作和繁重的家务之余，放松了身心，陶冶了情操，增强了新时代女性的自信心。有力推动了工会各项工作的开展，进一步激发了广大职工参与企业经营管理的积极性和创造性，促进了企业文化建设，为广远科学发展、协调发展和可持续发展作出了应有贡献。同时也涌现了一批先进集体和先进个人：中远航运航运部商务组获得“全国巾帼文明岗”荣誉称号，公司财金部会计核算单元、远达公司财务部、物业公司财务部、远洋酒店销售部4个单位获得中远集团“巾帼文明岗”称号；罗雪英荣获“中央企业先进职工标兵”光荣称号；谢小梅、黄晓晖获中远集团“巾帼建功标兵”光荣称号。

（米军喜）

中交广州航道局有限公司工会委员会

【领导班子】

主　席：范　强

副主席：林朝钦

【综述】 2011年是“十二五”规划的开局之年，也是公司第三个三年发展规划的最后、最关键一年。为此，公司工会在广东省总工会、广东省海员工会和公司党委的正确领导下，以邓小平理论和“三个代表”重要思想为指导，深入贯彻落实科学发展观，紧紧围绕并融入公司中心工作，服务于公司改革发展大局，落实好党的“依靠”方针，充分发挥了桥梁纽带作用，团结动员广大职工，为公司平稳较快发展、和谐发展和实现“十二五”的良好开局发挥了积极作用。

【依靠职工，共谋发展，民主管理工作有新突破】 2011年，公司工会组织召开公司八届三次职代会，全面落实职代会的各项职能，充分发挥民主管理和民主监督作用。以职代会为载体，为企业了解民意、职工参与企业管理、共促企业和谐发展提供较好的沟通和交流平台。

【融入中心，服务大局，拓宽竞赛活动有新

内容】 一是深入开展劳动竞赛活动。2011年，公司工会根据上级工会开展劳动竞赛的部署和要求，结合公司党委深入开展“创先争优”和“作风建设年”等活动，以“提供优质高效服务、展现广航员工风采”为主题，分别召开公司上年度劳动竞赛经验交流会暨港珠澳大桥工程劳动竞赛启动仪式和7025绞吸船劳动竞赛启动仪式，对全年劳动竞赛和7025型绞吸船专项劳动竞赛进行了安排和部署。充分调动和激发广大职工参与劳动竞赛的热情，在竞赛中创佳绩，在生产中出成果，确保公司各项指标按期或超前完成。二是实施技能比武，培养专业技术人才。2011年，公司工会举办公司第二届水手岗位技能比武，并选送优秀选手参加广东省海员工会“金锚杯”和中交股份的技能竞赛，为广大职工搭建展示才华的舞台，同时也在职工中掀起了“学习技术、提高技术”的热潮，从而进一步提高职工的岗位技能水平和综合素质，不断适应公司培养高素质职工的需求。三是融入安全生产，开展安全竞赛活动。公司工会紧贴企业安全生产的实际，与安全监督部联合开展以“危险就在身边”为主题的危险源辨识竞赛活动，引导广大职工“从我做起，从身边查起”，以实际行动在工作流程和工作环境中查找危险源，进行分析并提出可控措施。2011年，共收到识别危险源312项，评选出6个优秀组织单位，8个优秀风险控制方案，10名优秀个人。四是以抓班组、提水平、重教育为切入点，开展班组职工安全知识及落实企业安全生产主体责任知识竞赛活动，推进“安全生产年”和“平安工地”创建工作。

【以人为本，创新工作，切实为职工谋福利】 一是以文体活动为载体，增强团队凝聚力。2011年，公司工会出台《公司基层工会（项目部）文体活动专项费用管理办法》，规范文体活动经费的使用渠道，提供有效、合理的费用开支制度保障，鼓励各级工会组织因地制宜地开展小型、灵活、多样的文体活动，活跃职工气氛，增强人文关怀，进一步提高广航职工的幸福指数。二是服务“大海外”战略，关心境外职工家属。公司工会结合实际，春节、中秋佳节积极开展“境外职工家属联谊活动”，搭建职工家属与公司沟通、交流的平台；面对巴林动荡的局势，在公司启动应急预案的同时，公司工会也认真履行服务职能，密切关注公司在巴林施工船舶和人员的安全情况、生活状况，组织召开巴林项目人员在广州地区的职工家属座谈会，加强与职工家属的沟通，解答家属的疑问，使服务工作更贴近企业、贴近职工的实际。三是关注困难职工群体，发挥困难职工帮扶中心作用。扩充帮扶资源，完善帮扶办法，增大帮扶力度。公司通过开展困难帮扶、金秋助学活动，帮助困难职工510人次，缓解其家庭困难局面。四是关心女职工特殊群体，加大关爱力度。公司工会女工委认真落实《广东省女职工安康互助保险计划》，从关爱女职工的生命和健康入手，继续做好女职工安康保险续保工作，续保率达100%，不仅增强了女职工抵御特殊疾病的经济承受能力，同时也为女职工筑起一道新的贴心保护屏障。

【注重形象提升，扩大广航影响力】 一是重视品牌创建。2011年，公司上下高度重视劳模品牌建设，涌现出一批优秀集体和个人：公司荣获全国五一劳动奖状；“万顷沙”荣获全国“工人先锋号”；长江口项目部、连云港海滨新城项目部、“华安龙”均荣获全国交通建设系统“工人先锋号”；公司工会荣获全国交通建设系统工会工作先进集体称号；“亮龙”和连云港海滨新城项目部分别荣获全国水运系统安全优秀船舶和班组称号；“浚海2”荣获广东省“模范职工小家”称号；“万顷沙”船长谢冬阳荣获全国“十佳海员”称号；甘细木、黄志军均荣获全国交通建设系统劳动竞赛“先进个人”称号；林朝钦荣获全国交通建设系统“优秀工会工作者”称号。中华全国总工会书记处书记、纪检组组长王瑞生，中国海员建设工会主席丁小岗，广东省总工会纪检组组长廖汝捷到公司调研，对公司发展业绩、工会工作、人文关怀等给予高度的评价。二是认真履行社会职责。2011年，根据海珠区选举办和滨江街对选举工作的布置和要求，公司工会认真做好海珠区人大代表换届选举工作。依法依规组织公司职工参加海珠区滨江街第七选区选举，在公司各部室、单位、项目经理部、船舶的大力支持配合下，以97.7%的高参选率完成本次选举工作，公司总经理林少敏当选为海珠区第十五届人大代表。

【抓好基础建设，推动工会工作顺利开展】 2011年，公司工会根据中华全国总工会提出的“哪里有职工，哪里就要建立工会”及中央组织部和全国总工会联合开展的“党建带工建”活动目标要求，结合公司的实际情况，特制定《公司工会关于建立健全基层工会组织的意见》，加强了公司工会组织建设并做到工会组织在公司内部的全覆盖，更好地发挥工会组织在企业的改革发展、和谐劳动关系中应有的作用。（林芳）

中国海员工会中交第四航务工程局有限公司委员会

【领导班子】

主　席：张　猛

副主席：陈东港

【机构设置】

办公室、女职工委员会、经费审查委员会

【发展劳务派遣工入会，构建和谐劳动关系】 基于扎实的基础工作，2011年，四航局喜获“广东省和谐劳动关系企业”荣誉称号。四航局对劳务派遣工加入工会的工作机制进行了探索，航通公司作为试点，于2011年间分两批吸收劳务派遣工加入工会，并购买多种商业保险，密切关注和认真做好各项保险理赔工作，解除其后顾之忧。2011年，已经有28名劳务派遣工加入了工会。四航局全面落实职工收入分配制度，先后制定了《四航局贯彻〈广东省工资支付条例〉的意见》、《四航局工资分配管理规定》等制度，依法与职工约定正常工作时间工资，规范假期工资、加班待遇支付及工资发放管理工作；按时足额发放职工工资（近五年职工人均工资年均增长22%），按规定发放职工高温津贴，按规定缴纳住房公积金，同时依照政策规定建立并实施了骨干购房贷款贴息、企业年金、补充医疗保险，同时明确了职工休息休假权利与管理程序，严格执行女职工、未成年工的特殊劳动保护，符合计划生育的女职工产假期满后有实际困难不能上班的可申请休哺乳假至婴儿十二个月，切实保障了职工的休息休假权益，得到广大职工的充分肯定，增强了企业凝聚力。

【组织全员参与，促进安全生产】 四航局完善了一系列安全管理办法和相关程序文件，建立了以“四航局安全生产责任制”为核心的安全生产管理体系。深入贯彻落实《国务院关于进一步加强企业安全生产工作的通知》精神，切实加强企业员工安全培训，通过“农民工学校”、“三类人员教育”、特种作业人员教育、安全管理人员教育、作业人员进场安全教育、新员工安全三级教育、班组长师资的培训、施工项目不定期开展安全教育等多种途径和形式，强化职工安全意识。为加强职工劳动保护工作，先后制定了《劳动保护用品发放标准和发放办法》、《劳动保护用品管理规定》、《有毒有害和高空作业人员保健津贴标准》、《高温作业保健津贴标准》、《职业病防治管理规定》、《交通基本建设工程施工安全防护设施量化标准》等一系列职业健康安全管理制度，夯实了职工劳动保护的基础。通过开展“安康杯”、“安全月”、“优秀安全船舶班组”等竞赛活动，结合质量、职业健康安全、环境管理体系要求，不断健全工会劳动保护监督检查组织，加强对全员的职工安全和劳动保护教育，促进了企业的安全生产。

【扶贫济困，切实为职工解决困难】 2011年，四航局各级工会在党政领导的大力支持下，深入开展送温暖工作，继续做好“心系职工月”活动，创建职工模范之家，将工会的品牌做实擦亮。据统计，一年来，共为899人次提供了83.5546万元帮扶款物，慰问海外家属717人，为19位劳模发放共34500元的专项帮扶资金及慰问金，为33位职工子女提供助学服务。广泛宣传工会为职工购买的商业保险，积极帮助遭遇病痛或意外的职工理赔，解除职工的后顾之忧。

【积极参与技术比武活动，营造爱岗立业氛围】 四航局工会积极实施职工素质工程，发动各级工会结合各自生产经营的实际情况，举办各种岗位练兵、技术比武，推动创建学习型工会活动的深入开展。2011年10月，先后参加了广东省海员工会及中交建设集团举办的技术比武，在广东省“金锚杯”职业技能比赛中，四航局获得团体第四名的好成绩；在中交的比武中，获团体第六名，曾令、赖世富两名选手分获撇缆项目个人单项第二、第三名的佳绩。

【广泛开展劳动竞赛，尽心竭力助力生产】

劳动竞赛是工会工作中与生产任务关系最为密切的项目，2011年，四航局各级工会在上级领导的支持下，继续深入扎实地开展“金锚杯”劳动竞赛。6月，在港珠澳大桥项目举办了隆重的劳动竞赛启动仪式，营造了令人振奋的氛围。劳动竞赛开展以来，各级工会根据自身实际情况，制定了相应的活动方案，开展了你追我赶的竞赛，对促进生产效率的提高、鼓励生产技能的改革起到了不可忽视的作用。一公司中山四标项目部、二公司杨庄船闸项目、港珠澳大桥项目等在竞赛的过程中成绩均非常突出，多次受到业主的嘉奖。研究院的多项科研成果获奖，其中“提高海工混凝土结构耐久性寿命成套技术及推广应用”荣获国家科技进步二等奖，在北京人民大会堂接受了表彰。

【大力开展合理化建议活动，双增双节效益喜人】 各级工会组织紧紧围绕生产经营，广泛开展合理化建议、双增双节等活动，把内容定位在为企业经营生产的全过程服务上，渗透到提高质量、降低成本、节能减排、安全生产、市场开拓、实现效益等多个领域和环节，并不断赋予新的主题，注入新的活力。一年来，公司各级工会组织职工提出合理化建议、双增双节成果50项，其经济成效达5266.26万元。

【组织职工开展以“第四届企业文化节”为主题的文化体育活动】 2011年5月起，四航局拉开第四届企业文化节活动的序幕，一系列精彩纷呈的文体活动陆续展开，包括“美在四航”职工书画摄影展、片区体育比赛活动、文艺汇演、高尔夫酒会等，通过这些活动，丰富了职工的精神文化生活，增强了企业的向心力，彰显了文化四航的经营理念。9月，四航局承办了中交集团广州片区篮球比赛，组织在广州的兄弟单位以球会友，增进了相互的交流和感情。

中国海员工会中交四航设计院有限公司委员会

【领导班子】

主　席：韩方仁

【机构设置】

办公室、女职工委员会

【综述】　2011年，四航院工会按照广东省海员工会和中交集团工会联合会的工作部署，以开展劳动竞赛为载体，以强化人文关怀为抓手，积极开展党工共建创先争优活动，团结广大员工积极建功立业，努力打造幸福四航院，工会工作真正体现出“为党政分忧、为职工服务、为经济加油、为企业和谐”的作用。2011年1月被评为“广东省和谐劳动关系先进企业”，年底又获评“广东省雇主责任示范企业”。

【坚持源头，抓落实，民主管理见成效】

1月22日至25日，召开四航院2011年工作会议暨八届二次职代会。会上，总经理朱利翔作题为“凝心聚力　科学发展”的工作报告，进行了民主评议和测评。会后，涉及企业发展和职工切身利益的重点提案已全部得到解决。

【融入实际，抓推进，党工共建促发展】

2月20日，在珠海隆重举行“创先争优促发展，科技创新铸品牌”港珠澳大桥项目劳动竞赛启动仪式。5月30日，广东省总工会在珠海举行“广东省当好主力军、建功‘十二五’”主题竞赛暨港珠澳大桥建设劳动竞赛启动仪式，将该项目列为全国劳动竞赛示范工程，这也是广东省首个全国劳动竞赛示范工程。四航院工会发挥与党政的桥梁纽带作用，把工会开展的劳动竞赛活动有效融入到生产项目当中，使它成为提高技术质量、技术创新、劳动生产率的推进器。港珠澳大桥主体工程岛隧工程人工岛及临时工程设计项目组被授予全国交通建设系统“工人先锋号”；港珠澳勘察项目部湛锦明被评为“广东省2010年度十项工程劳动竞赛模范工人”，同时被授予广东省五一劳动奖章；巴基斯坦卡西姆项目部喜获广东省总工会“工人先锋号”和中交股份“十一五”期间“优秀海外项目”荣誉称号。

【突出特色，抓创建，职工之家增和谐】

第一是抓好工会自身建设。通过党政工共建职工之家，使工会成为党组织的好助手、行政的好帮手、职工群众的暖心手。做好两个维护，落实职工的民主管理、参与、监督，发挥职代会的作用。围绕固本强基，切实提高工会干部素质，进一步增强工会活力。工会主席韩方仁荣获“全国先进工会工作者”称号。第二是落实院党委提出的“五项关爱”活动，做好送温暖工程，切实解除职工工作、生活、学习、家庭等方面的后顾之忧。深入一线慰问了以港珠澳大桥、巴基斯坦KPT为代表的重点项目职工，使大家感受到了企业的温暖，促进了企业和谐。第三是活跃职工业余文化生活，关心职工的身心健康。第四是做实“职工有困难找工会”活动，做好帮扶解困工作。2011年向有困难的职工发放困难补助金185人次，共162700元。公司互助会资助7人共发放解困金9万元，使工会工作真正架起党政联系职工的同心桥，努力解决职工实际困难，为促进企业和谐发展提供了保障。第五是作为驻穗央企，四航院一贯重视社会责任。在全国总工会、省总工会组织的援疆活动中，捐助3万元，资助云浮市新兴县河头镇的20名贫困学生共13500元，这是公司连续第5年到云浮新兴县开展助学活动。捐助教育基金、幸福工程、助残等其他社会捐赠款47300元。

【与时俱进，抓提升，巾帼建功展风采】 四航院工会把女职工素质提升、建功立业两项工作作为工作重点，注重女职工人文关怀，关爱女职工身心健康及困难女职工。在“三八”节前对13名困难女职工进行了走访、慰问。举办了“展巾帼风采，建和谐四院”女职工风采展示活动，全方位地展示四航院女职工的风采。策划四航院“知性女人”主题沙龙活动，开启了四航院“知性女人”女职工作品展。女职工姚雪瑜、曾香华、吕华分获“省海员系统先进工会工作者”、“先进女职工”和“模范职工家属”称号。（四航院工会办）

中国建设银行广东省分行工会委员会

【领导班子】

主　席：王志雄

副主席：钱用道

【机构设置】

综合管理岗、财务管理岗和医疗岗

【综述】 2011年，建设银行广东省分行工会在总行、省分行党委的正确领导下，在二级分支行工会的密切配合下，紧紧围绕省分行的中心工作，认真贯彻落实省分行“关爱员工，和谐奋进”活动的相关要求，扎实推进“抓六力、促发展”系列活动的开展，通过以“关爱员工”为纲，从“抓好民主管理，维护员工权利；抓好标杆管理，增强员工动力；抓好情绪管理，缓解员工压力；抓好学习管理，提升员工能力；抓好文体管理，激发员工活力；抓好帮扶管理，凝聚员工合力”等六个方面落实对员工关爱的具体措施与要求，同时又依据六大类21项指标对各二级分支行开展系列活动的情况与成效进行量化考核和评比，从而极大地调动了二级分支行工会的积极性，全分行“抓六力，促发展”系列活动正有序、有效、有节奏地推进，着力打造出广东省分行工会工作的品牌。

【维护职工合法权益，实现三个延伸】 各级工会在完善职工代表大会制度与机制、行务公开、提案落实与反馈和员工知情权、参与权保障等方面都做了大量的工作，工会的工作规范有序，在开展的“抓好民主管理，维护员工权利”活动中，维权主体由工会延伸到其他部门，维权内容由收益权扩大到休假权、学习权，维权平台由二级分行延伸到网点，从而实现了“三个延伸”。一是维权的主体从工会延伸到相关管理部门。省分行工会领导几次在省分行工作会议和有关会议上明确要求各二级分支行工会、人力和计财等部门应对营业网点的二次绩效分配进行规范，各营业网点在分配所在网点的绩效工资时，事先必须由员工代表参与制定绩效分配方案，方案出台或调整必须得到三分之二员工同意后才能实施。从制度和机制上保证一线员工的经济收益权不因少数网点负责人在二次绩效分配中的“一言堂”而受到侵害。省分行绝大多数网点已建立了职工（代表）大会制度，全分行网点员工因二次绩效分配不公的投诉基本为零。二是维护员工权益的平台延伸到营业网点。省分行工会要求二级分支行工会指导各营业网点成立工会小组，并由一名副职或会计主管担任工会小组长，还要求基层工会小组维护好员工的权益，凡涉及员工切身利益、网点重大决策等事项必须在所在网点职工大会或职工代表大会上通过，并且要有专门的会议记录。江门、惠州、中山等分行配齐工会小组长，并规范网点职工大会或代表大会的相关事项，真正让员工参与到网点重大事项的决策，收到良好的效果。三是维权的内容从一般层次延伸到具体事项。省分行工会指导二级分支行工会结合所在行的实际情况，从关爱员工出发，细化维权的内容，由维护一般的知情权、参与权延伸到维护员工的收益权、休假权、学习权等方面。

【增强员工动力找到三个抓手】 广东省分行工会以现场观摩交流、月度工作提示和工会业务培训等形式，指导二级分支行工会从"挖掘老典型、扩大辐射面、培养新典型"等方面入手，坚持用员工中的典型（标杆）影响和带动身边的员工，激活和增强员工奋发向上的内在动力。一是挖掘老典型，重现光彩。各二级分支行工会根据省分行工会的工作要求，对所在行近几年的劳模、标兵和各类典型进行梳理，发现、挖掘和宣传这些老标杆新的亮点和闪光点，对他们的事迹、经验和做法，进行整理和总结，利用省分行工会网页和二级分支行网站、光荣榜、文化长廊等载体，图文并茂地宣传其事迹、经验和做法。二是多重宣传，扩大辐射面。省分行工会除了要求二级分支行工会做好对获得省分行以上荣誉称号的先进典型进行行内外的宣传报道外，还指导二级分支行工会对所在行的年度先进班组（营业网点）、优秀员工和营销能手、业务标兵和服务明星等新标杆，通过"双先"表彰、能手之窗、座谈交流、师傅带徒弟、跟班学习等形式，扩大这些能手、明星和标兵的辐射面，提高他们的带动效应。三是培养新典型，形成风气。省分行工会去年组队参加全省金融知识大赛，有四名选手获得满分，占整个大赛的60%，最后获得团体冠军和个人演讲比赛第一名。省分行一把手与参赛选手座谈，鼓励他们这些入行两三年的大学生要学好业务、立志成才；省分行工会主席亲自写祝贺信发给参赛选手的所在行。在一千多名先进劳模、标兵、明星的影响和带动下，全分行员工精神振奋，"明星在我身边，我向明星看齐"的良好风气正在形成。

【缓解员工压力的三个切入点】 帮助员工缓解累积的压力，指导员工转化负面情绪，引导员工健康快乐地工作，是广东省分行工会开展"抓好情绪管理，缓解员工压力"活动的宗旨所在。一是对大多数员工授之以法。省分行本部工会、中山、汕头、天河、花都等分支行率先聘请心理学教授、心理咨询公司专家和医院的临床医生，利用双休日和晚上时间，为广大员工开设"正确应对压力，调节负面情绪"等专题讲座，指导员工正确认知和应对压力，用科学的方法缓解压力，调节负面情绪，受到员工的欢迎。据不完全统计，有七成以上的分支行，都为员工开设了以传授缓解压力、调节负面情绪、培养阳光心态等方法的普及型讲座。二是对特殊岗位员工引之以动。珠海分行针对经警工作时间长、岗位压力大、家属抱怨多等实际情况，专门请心理咨询公司为他们设计了"团队温暖"、"团队合作"、"团队减压"、"成员感恩"等四个主题活动，引导他们参与到活动之中，通过"动物打招呼"、"性格石头"、"戴高乐"等有丰富内涵的互动游戏，引导其学会用阳光般的心态面对压力，并在活动中释放压力、宣泄负面情绪、平和心态，反响较好。佛山、江门、东山、揭阳、潮州、开发区、越秀、清远、韶关等分支行工会，也针对网点负责人、会计主管、客户经理、大堂经理等岗位的员工，或组织其拓展训练，或组织其座谈交流，或组织其与心理专家对话，或组织其自编自演节目，通过这些活动来缓解和释放压力。三是对忧郁和心理障碍较为严重的员工助之以疗。还有一些分支行聘请当地心理咨询公司的专家和心理医生为所在行的心理咨询师或心理治疗师，或开通心理咨询电话。在尊重员工隐私，为员工保密的情况下，二级分支行工会向忧郁和心理障碍较为严重的员工赠送心理咨询卡或心灵美容卡，让这些员工单独上门与专家或医生聊天、求诊，或打心理咨询电话求助。到 2011 年为止，省分行工会共编发了 36 期《健康身心》，并直接发到基层员工，受到广大职工群众的普遍欢迎。与此同时，不断建立和完善员工健康档案，及时提醒患病员工进行诊治。

【提升员工能力的三大途径】 省分行工会按照总行工会的要求，通过开展“创争”活动、业务比赛和读书征文等途径，引导和鼓励员工工余学习，帮助员工提升综合素质和业务能力，于细微处体现对员工职业发展的关爱。一是切实开展“创争”活动。省分行工会在深入基层调研了解情况后，结合分行实际情况，制定了省分行《开展“创建学习型组织，争做知识型职工”活动方案》，从强化终身学习的观念、营造终身学习的氛围、建立和完善学习考核机制、分层分岗分年龄段细化学习要求、抓效果跟进等方面提出了具体要求，各二级分支行工会也制定了具体的实施方案。二是随机选人参加比赛。省分行工会积极配合业务部门组织全行性的业务知识比赛和业务技能比拼。在组织诸多的比赛活动中，都能要求二级分支行工会自下而上地开展，而且把比赛的重点放在基层网点，让大多数员工都能参与进来，从而避免了把主要精力放在对少数“精英”的封闭培训上，积极倡导员工在“普赛”中提高自己的能力。2011 年，省分行和二级分支行工会协助举办各类业务比赛百余个，有两万多人次的员工参加了上述比赛。三是推动员工“读好书，做好人”。在开展“抓好学习管理，提升员工能力”活动中，省分行工会更是着力引导广大员工在工余时间多读书、读好书，潜移默化地提高自身的综合素质。一方面，加大对二级分支行职工书屋建设的投入，要求并支持二级分支行工会为员工选好书、买好书；另一方面，通过开展征文活动，鼓励员工多读书、读好书。省分行本部工会于去年 5 月至今年 5 月开展了“读书·健康·奋进”活动，有很多员工参与到读书活动中来，写了读后感，收获颇多。

【激发员工活力的三项举措】 省分行工会在总行工会指导下，从加大职工活动场地建设、规范文体活动管理、丰富活动内容等方面入手，吸引广大员工参与各种活动，在活动中激发活力、增强活力。一是加大对职工活动场地的投入。省分行班子成员对扩建省分行职工活动场地都很重视，专门开会研究，提出具体要求。分行主要领导还亲自实地查看，了解员工工余活动的需求。对于“无场地”和“小场地”的分支行，就召集该行的一把手、分管领导和相关部门负责人一起坐下来商量，提出解决思路。截止到 2011 年 10 月底，省分行工会共下拨工会经费 44.54 万元，帮助 11 个二级分支行新建、扩建职工之家活动场地，为员工工余活动提供物质保障。二是“四定”、“两确保”的活动管理。省分行工会通过打造“工会集中活动、工会小组分散活动和职工家庭、个人活动”等三大平台，全面推进员工的工余健身活动，增强员工体质，引导员工快乐工作、快乐生活，从而有效地激发了员工活力，激励了员工斗志，促进了各项业务又好又快发展，同时也提高了员工的幸福指数。省分行和二级分支行工会以工会积极分子为骨干，在所在行组建、扩大各种文体协会和活动小组320多个，10000多名员工常年参加各个活动小组（协会）的活动。省分行工会要求二级分支行工会对这些协会和活动小组加强指导和管理，做到“四定”（即每个协会和小组的活动都要定时间、定场地、定人员、定经费）和“两确保”（确保每周至少活动1次，确保每次活动时间不少于1小时）。员工在这些活动中增强了体质，激发了活力。三是全民健身活动的开展。省分行和二级分支行工会还通过举办趣味运动会、水上运动会、亲子运动会和各种专项（球类、登山、拔河、游泳等）比赛来鼓励员工在日常的锻炼中提高活动水平。与此同时，省分行工会通过适时调整工会工作的重点，发挥工会的组织优势，切实推动各项业务的健康发展，在2011年上半年业务发展的关键时期，省分行工会提出了四条举措，要求各级工会组织必须配合有关业务部门全力支持上半年业务指标的完成。

【凝聚员工合力的三重帮扶】 省分行各级工会按照总行工会和省分行党委提出“从细处关爱，于实处帮扶”的要求去做，从经济、生活和情感等方面给予困难员工实实在在的帮助。省分行的职工帮扶工作正在有序推进，精神帮扶和经济帮扶并重，8356名困难职工得到经济帮扶，大龄单身青年、单亲家庭得到更多的关爱。一是对困难职工的经济帮扶。省分行工会与二级分支行工会，首先对辖内不同层次的困难职工进行摸查，有的还登门家访，然后登记造册，做到对困难职工家庭的困难源、困难程度以及历年的帮扶情况有大致的了解，心中有数，以提高帮扶的针对性。在此基础上，提出帮扶的具体形式和慰问标准，及时把组织的温暖和关怀送给职工。通过举办专题讲座，帮助员工正确认知、应对压力，缓解压力，引导和帮助员工调节负面情绪，快乐工作，同时加强了思想教育，多从正面引导。到2011年为止，省分行工会共编发了36期《健康身心》，并直接发到基层员工，受到广大职工群众的普遍欢迎。与此同时，不断建立和完善员工健康档案，对患病员工进行及时提醒诊治。二是关心职工的生活。省分行工会按照新一届党委的要求，从今年6月份开始就着手对全分行一千多个网点的员工就餐、更衣和网点通风状况进行问卷调查，并召开一线员工座谈会，了解员工生活上的困难。又召开专题行长办公会，逐一研究解决的办法，并分解落实到相关职能部门，改善工作环境，确保员工吃上热饭热菜，有用餐和更衣的地方。中山、湛江、佛山、番禺、江门等分支行更是从细微处改善新入行大学生的居住和生活条件。三是对单身、单亲的情感关爱。省分行本部工会与广东电力研究院、广州医学院第一附属医院工会联系，为大龄单身员工牵线搭桥，提供相识、相知、相爱的机会与平台。很多二级分支行也开展了类似的活动。（蒙启宙）

中国证券监督管理委员会广东监管局工会委员会

【领导班子】

主　席：程才良（兼职）

副主席：陈秀玲（女，兼职）

【综述】 2011年，广东证监局工会在广东证监局党委的领导下，在各上级工会的大力支持和帮助下，围绕局党委中心工作，以“注重人文关怀，建设和谐机关”为核心，坚持以人为本，推进职工素质教育，解决职工实际困难，丰富职工文化生活，有效调动了干部职工的积极性和创造性，增强了干部队伍的凝聚力和战斗力。

【多措并举，推进“学习型组织 专家型机构”建设】 充分发挥工会职工教育“大学堂”的作用，全面推进职工素质教育工程。一是结合建党九十周年，组织开展红色主题教育系列活动。2011年4月至5月，开展“缅怀伟人、坚定信念”主题教育活动，组织参观毛泽东故居和平江起义纪念馆等爱国主义教育基地，撰写心得体会19篇；4月至6月，以处室为单位到定点扶贫单位实地走访、慰问困难群众，开展“心手相牵，与你同行”扶贫助学主题活动。6月底，组织开展“坚定信念跟党走”红歌比赛，13支代表队和个人用精彩的演唱为党的生日献礼。二是开展“读好书、勤思考、长才干”主题读书活动。3月，推荐8本重点阅读书目，干部职工踊跃参与，积极主动提交读书体会29篇；11月，择优选取8篇读书体会举办读书报告会。三是举办“学习大讲堂”活动，坚持每季度邀请著名专家学者就资本市场热点问题作讲座，帮助干部职工拓宽视野，提高监管水平和监管能力。

【摸清情况，切实为干部职工排忧解难】 通过问卷调查、座谈会等方式了解职工的困难和需求，及时向党委反映有关问题，切实为职工办实事、做好事、解难事。1月，开展工会工作满意度调查，向全体干部职工征求对工会工作的意见和建议，根据反馈意见制订工会年度工作计划。3月和10月，分别以问卷调查、现场座谈等方式开展职工思想状况调查，全面了解干部职工思想、工作、生活、学习状况，以及对机关建设的意见和建议。针对局工会提交的调查结果，局党委召开党委会专门研究，采取多项措施不断改进机关建设，改善职工福利。如开设“局长信箱”，改善伙食，采取更为灵活的休假制度，帮助职工解决子女入学、入托及春节订票等难题。

【树立典范，切实发挥先进示范作用】 按照中国证监会工会的部署，组织干部职工持续深入开展证券期货系统“创新金融服务，支持经济发展”建功立业竞赛活动。活动中涌现出了一批先进人物和感人事迹。其中，一个处室被中国证监会评为“金融服务先进集体”，两名个人被评为“金融服务能手”(其中一人还获评中国金融工会“金融服务能手”)。此外，多名干部职工在监管、扶贫等工作中获得荣誉，局党委委员、纪委书记、副局长、工会主席程才良也获得了广东省总工会“优秀职工之友”荣誉称号。为树立典型模范，专门召开表彰大会，在内刊设立专栏介绍先进事迹，使干部职工“学有榜样，赶有方向”。

【奉献爱心，大力推进“关爱”工程】 一是管好、用好“爱心基金”。继续完善帮扶平台，引导干部职工互帮互助，年内爱心基金通过职工捐赠方式筹款82010元，共向39名病困职工发放慰问金59500元。二是开展“送温暖”活动。年内向30名补助对象发放“送温暖”补助款47800元。三是组织针对性较强、灵活度较高的体检活动，并向40岁以上的干部职工配发急救包。四是组织职工开展“三八”妇女节、“六一”亲子活动。五是组织干部职工和家属参加暑期集体休假活动。六是开展职工生日、婚嫁送祝福活动。七是组织干部职工观看心理健康知识专题视频讲座。

【精心组织各类文体活动】 打造文体交流平台，活跃机关氛围。一是组织 2011 年迎春晚会。二是开展秋游活动，举办团体趣味比赛。三是组队参加发展中心大厦组织的拔河、羽毛球比赛，广东上市公司协会、广东证券业协会组织的乒乓球、羽毛球比赛。四是组织参加广东省总工会女职工委员会“新时代、新女性、新风采”粤港澳女职工书画摄影活动，并有一名同志获摄影比赛优秀奖。五是创造条件，长期支持羽毛球、篮球、乒乓球、瑜伽等兴趣小组开展各类常规文体活动。 （季王锋）

市总工会

广州市总工会

【领导班子】

主　席：陈伟光

副主席：刘小钢（常务）、钟　诚、易利华（女）、李德球

纪检组组长：刘　斌

巡视员：郑奕耀

【机构设置】

办公室、组织部、机关党委、财务部、宣传教育部、经济工作与劳动保护部、生活保障部、基层工作部、法律工作部、女职工部、国际联络部、事业发展部、审计室、离退休干部管理处、工运史研究委员会办公室

【综述】　2011 年，广州市各级工会认真学习贯彻胡锦涛总书记“七一”重要讲话和党的十七届五中、六中全会精神，贯彻落实《中共广州市委关于进一步加强工会工作 发挥工会组织作用的意见》，以实现“两个普遍”为目标，推进工会自身改革，实现工会组织规范化建设，发挥工会在加强和创新社会管理中的作用。广大工会工作者以饱满的热情服务职工群众，努力做到对职工的教育要贴心、关怀要贴身、服务要贴近基层，深入细致地做好职工群众工作，面对面地与职工交流，心贴心地做思想工作，实打实地维权服务，不断提高工会履行职责的水平，扩大工会的影响。中华全国总工会副主席、书记处第一书记王玉普在 6 月到广州调研期间，对广州市工会工作给予充分的肯定，并指示以全国总工会办公厅名义总结推广荔湾区建筑工地联合会的经验。

【大力推进行业性工联会组建】　2011 年，广州市推动建筑工地、环卫行业工会组建率和会员发展达 90%以上，实现建筑工地和环卫行业的全覆盖。各区还根据实际情况努力开拓进取组建了百货零售业、出租车行业、旅游业、餐饮业、肉菜市场等行业工联会，区（县级市）一级行业工会有近 40 家。为解决劳务派遣工参加工会问题，通过对全市的劳务工的情况作调查，摸清各单位使用劳务工以及劳务工加入工会情况，明确了发展劳务派遣工责任主体，提出劳务派遣工工会经费拨交新办法，初步解决了劳务派遣工参加工会的瓶颈问题。各区（县级市）采取“先搭架子、后充实，逐步完善、再提高”的思路，积极推进区域性工会联合会的组建，通过在步行街、商贸城、工业园区实行覆盖的方式，成片、整体地推进工会的组建。萝岗区总工会以员工大厦为阵地，实行会员优惠制和会员活动日制度，还与广州汽车集团工会联合发起建立广州本田汽车开发区配套企业联谊活动制度，以服务吸引职工、以活动促进组建，都取得良好的效果。

【工资集体协商制度覆盖面不断扩大】　2011 年，广州市充分发挥协调劳动关系三方机制在推动工资集体协商中的重要作用，主动加强三方的协调配合，将工资集体协商作为三方的工作重点，坚持联合发动部署、联合组织实施、联合督导检查，营造协商氛围，提高工资集体协商实效。市总工会召开推进“两个普遍”工作现场会，当场向麦当劳、肯德基、好又多等 6 家世界 500 强在穗企业行政负责人发出了工资集体协商要约书。对于不应约或拒绝应约的企业，由市人社局和市总工会联合下发《关于促请企业依法履行工资集体协商应约责任的通知书》，通过大力推行区域性行业性工资集体协商、“上代下”要约和大规模的集中要约行动等模式，解决基层工会不敢谈、不会谈的问

题，促进工资集体协商机制的建立。目前，全市工资集体协商指导员人数达到1200多人，基本解决了基层工会干部与企业进行工资集体协商中“不会谈”的问题。

【推动三方协商立法工作取得新突破】 广州市总工会历经三年努力推进的地方性法规《广州市劳动关系三方协商规定》，在人大法工委及人大代表、专家、学者、工会工作者的共同参与下获市第十三届人大常委会第四十四次会议高票通过，经广东省第十一届人大常委会第三十次会议批准，于2012年1月1日起施行。该法规创新性地用法规的方式确立劳动关系集体协商争议调停制度，是地方性劳动法规立法的重大突破，法规搭建了通过调停的方式协调处理集体协商争议的平台，这一机制的创设对我国劳动关系法律制度的发展将产生深远的影响。该法规的出台，对规范全市三方协商机制的运作，促进劳动关系双方集体协商制度的健康发展，协调解决劳动关系集体协商争议，构建和谐劳动关系及构建和谐广州都具有重要作用。

【多层次多元化完善职工帮扶工作】 广州市总工会在继续做好三个职工互助保障计划的同时，新推出了“广州市职工非因工伤病残互助保障计划”。“伤病残计划”与“住院计划”相配套和衔接，共有在保职工18.4万多人，比上年同期增加了1万多人。2011年，市总工会认真做好职工济难基金会工作，向困难职工家庭发放的帮扶总金额达400.73万元。继续做好农民工免费体检、送医送药和工伤探视工作，拨出125万元专款，为1万多名外来务工人员和已建工会的建筑工地工人免费体检。为缓解工伤职工的经济负担，对部分在体检中发现问题的工人进行配药送药，探视工伤职工122名，发放工伤探视金7.23万元。积极做好就业培训工作，以市劳动力市场、市总工会分市场为平台，组织了10场招聘会，入场企业1039家，提供就业岗位3.66万多个，入场应聘人数达2.65万多人，当场达成就业意向者6720多人。继续利用中央财政专项资金，依托工会职业技能培训组织和机构，推进农民工职业技能培训和家政服务工程，累计培训农民工1389人，资助金额达142万元。联合市经贸委和市财政局，举办家政培训班16期，培训学员1230人，1204人考试合格并被推荐就业，提升了家政服务人员的业务素质。联合日立电梯（中国）有限公司开展“金秋助学”活动，发出助学金44.1万元。

【不断扩大职工教育平台】 广州市总工会通过广州职工教育网、工友和谐家园、职工书屋、流动影院、劳工大学堂等载体，拓展职工教育传播阵地，大力推进职工素质工程。全市各单位高度重视广州职工教育网应用工作，拨出经费，积极组织、动员工会干部、职工参加学习。一年来，广州职工教育网注册职工数53667人，门户点击次数120多万次，通过职工教育网报读学习教育培训的职工近6000人。广州职工教育网被全国总工会评为“全国职工教育培训优秀示范点”。市总工会投入200多万元，采用和基层单位共建的新形式，新建和谐家园30多家，目前全市有工友和谐家园80多家并全部免费开放。工友流动影院为职工放映1000多场，并通过流动影院宣传职业病防治、劳动政策法规等知识。新建成全国职工书屋示范点4家，省、市职工书屋示范点93家，通过开展读书知识竞赛、读书会、读书演讲、读书沙龙等活动，为职工创造展示学习成果的舞台。同时，在第一次全国劳动大会旧址开办广州劳工大学堂，免费为进城务工人员提供文化技能培训、图书阅览、网上学习娱乐、交友联谊等全方位服务。继续办好农民工业余学校，为农民工提供免费或优惠的上岗和技能、兴趣及素质培训，努力提高农民工的整体素质。

【职工劳动竞赛成果纷呈】 广州市总工会与市人社局联合开展“给力技能、展现才华、幸福广州”十大行业劳动竞赛活动，全市组织职工开展劳动竞赛的项目有1万多项，参加竞赛活动的职工87万多人次。开展技术革新项目3738项，其中获省部级及以上奖项的技术创新成果104项，获国家专利项目557项。我国派出6名选手参加在英国伦敦举行的第41届世界技能大赛，其中广州的两名选手获优胜奖。积极探索劳动竞赛新模式，依托行业协会和行业工联会开展职业技能竞赛活动，吸收以前没有机会参与的进城务工人员参加劳动竞赛。举办了广州市女职工庆祝“三八”妇女节暨创造发明和技能技巧成果展览展示活动，展示了本市广大女职工的才智和风采。63万多女职工参与提升素质活动，57万多人次参加培训，进一步提高了女职工的技术水平和创新能力。

【工会自身发展建设更加深入】 年初，广州市总工会领导班子成员分头带队到各区、县级市和部分单位调研《中共广州市委关于进一步加强工会工作发挥工会组织作用的意见》执行情况，促进党委及有关部门进一步落实这个文件。增城“6.11”事件发生后，市总工会领导多次前往新塘镇进行调研，与当地党委和工会领导研究加强镇街工会工作。市总工会还参与协办了2011’中国工会·劳动关系论坛——“集体协商：规范与建设”学术研讨会、“依法规范劳务派遣用工”、“工会参与社会管理创新”、“工资集体协商”等专题理论研讨会。组织了广州农民工幸福感调查、世界500强在穗企业工资集体协商建制情况调查、出租车企业工会组建情况统计调查等重大调查，工会工作调研和理论研究取得新的成果。《关于在地方党委人大、政协换届中选好配强工会领导班子等的几点建议》经市领导批示后，及时转发各区（县级市），进一步健全和规范基层工会主席民主推荐和选举产生制度，督促解决兼职工会主席、副主席的职务角色冲突问题，在市属企业中实施了基层工会民主选举督导员制度，收到良好的效果。通过学习胡锦涛总书记“七一”重要讲话精神，深入开展“创先争优促发展”主题实践活动和纪念建党90周年系列活动，在市总工会系统开展“幸福观”讨论，落实向职工承诺办好的9件实事，提升机关服务效能，提高工会干部队伍综合素质。在参与创建全国文明城市工作中，各级工会认真贯彻执行市委、市政府创建全国文明城市工作的部署要求，坚持以构建和谐劳动关系为主线，广泛开展职工人文关怀活动，组织开展创建全国文明城市主题月等各项专题活动，突出进城务工人员教育的落实，为广州市获得“全国文明城市”称号作出了积极的贡献。同时，与德国、法国、美国等国家及港澳台地区的工会、社团共38批1180人次开展了友好交流，进一步开阔了工会干部视野。开展“同一蓝天下、牵手结情缘”交友联谊活动，发挥红娘协会的作用，提升工作质量和效果，形成工会关心青年职工婚恋生活的品牌。

【开设城市第一家工运历史陈列馆】 为再现广州工人运动发展的光辉历史，在2007年修复第一次全国劳动大会旧址的基础上，广州市总工会加大投入，修复广东机电工会旧址，开设广州工人运动历史陈列馆，成为我国地方城市工会第一家工运历史陈列馆。“城市之光·工运之路——1840—1927年广州工人运动主题馆”除以图文、浮雕、多媒体影音播放等形式展出广州工运史外，还以实物形式详细叙述了广州工运的发展。其中，广州市总工会为开展工运史研究而向民间征集到的广东打包工会、香港海员工会徽章等几十枚各行业工会的证章首次展出，引人注目。全国总工会和中央党史办的领导专程前来参观揭幕，充分肯定广州市总工会尊重历史、活化文物的做法，认为该馆为工会干部进行革命传统教育提供了重要基地和教材，对于铭记光荣历史，启迪教育后人，增强广大工会干部积极分子光荣感和历史责任感，推进工运事业具有重要的意义。

【开办首家广州工会会员超市】 9月25日，首家广州工会会员超市在广州市第二工人文化宫正式开业。市人大常委会副主任、市总工会主席陈伟光，省总工会副主席张振飙，广州轻工工贸集团有限公司董事长胡守斌等领导和来自全市各基层单位的工会干部、职工、海珠区特困职工代表共200多人出席了仪式。广州工会会员超市由广州市总工会全额出资开办，首家门店开办得到了广州轻工工会的大力协助。工会会员凭工惠卡可到此购买物美价廉的日用品，而工惠卡可以凭工会会员证到所在单位工会或工会会员超市办理。下一步，广州市总工会计划开设更多此类的会员超市。 （林小元）

深圳市总工会

【领导班子】

主 席：罗 莉（女）

副主席：李少梅（女）、王同信、张素芬（女）

【机构设置】

办公室、组织部、财务审计部、宣传教育部、法律工作部、生产保护部、生活女工部，市工交工会、财贸金融工会、建设工会、科教文卫体工会、直属机关工会

【综述】 2011年，在市委和省总工会的领导下，深圳市各级工会紧紧围绕市委、市政府工作大局，牢牢把握科学发展主题，充分发挥自身优势，积极做好工会各项工作。一是制定实施工会事业“十二五”规划。编制深圳市工会事业发展“十二五”总体规划及10个专项规划，明确今后五年全市工会工作的指导思想、基本原则和主要目标，部署实施“工会十大和谐工程”等重点工作。二是深入开展“工会六大行动”。制定出台《关于团结动员广大职工群众为和谐社会建设作贡献的决定》，部署实施“和谐行动”、“筑基行动”、“建会行动”、“创新行动”、“协商行动”及“平安行动”等六大行动。三是动员组织广大职工迎办大运会。组织动员全市广大职工投身大运会场馆、深圳二期轨道工程等重大工程建设劳动竞赛，开展“百万职工学礼仪”活动，为实现“不一样的精彩”建功立业。向迎办大运会的一线职工倾斜，评选表彰全市五一劳动奖章80人、“工人先锋号”60个班组，充分激发广大职工支持、参与和奉献大运会的热情。四是抓好“双到”和援疆工作。投入71.96万元，努力推进湛江市臧家村道路修建、危房改造、饮水安全、发展村集体经济以及资助贫困户子女就学就业等工作，被省扶贫办评为“双到”工作“优秀单位”。制定援疆工作“五年规划”，先后派出3批干部前往新疆喀什市及塔什库尔干县落实具体工作，得到当地党政、工会的充分肯定。

【突出重点，在夯实工会基层基础上实现新突破】 一是工会基层组织网络进一步健全。创新工会组建方式，在拖车、珠宝、建

筑等行业成功建立行业工联会。健全完善工会组建工作长效机制，实现工会组织持续全覆盖。截至2011年年底，全市工会组织覆盖企事业单位13.12万家，其中基层工会委员会2.92万家，工会组建率为91%，工会会员人数达528.89万人。二是基层工会活力进一步增强。以“筑基行动”为抓手，在11个有代表性的街道、社区以及大型国有企业建成“职工关爱中心”和“职工培训活动指导中心”，把工会各项重点工作落到实处，积极探索基层工会发挥作用的有效途径。三是社会化工会干部改革进一步深化。召开全市工会干部社会化改革推进会，总结推广龙岗区社区工会副主席社会化试点工作经验，按照“5000名职工以上社区配备一名社会化工会副主席”的要求，在全市范围内推开此项工作，建立起一支由社会化工会副主席、工会组织员、专业社工组成的社会化工会干部队伍，共291人。

【主动作为，在构建和谐劳动关系上作出新贡献】 一是集体协商机制建设效果更显著。召开市总工会推进工资集体协商构建和谐劳动关系动员大会，成立“建设和谐劳动关系专家咨询委员会”和“集体协商律师团”，组建起一支1546人的工资协商指导员队伍。以世界500强等千家重点企业为突破口，以工资正常增长为核心，组织开展工资集体协商集中要约行动。截至2011年年底，全市共签订工资集体协议4984份，覆盖企业62058家，惠及员工300.4万多人，建会企业工资集体协商建制率超过60%；女职工专项集体合同3315份。二是工会维权帮扶工作更扎实。进一步加大对职工的法律援助力度，免费代理职工维权案件1510宗，涉及职工5134人，为职工追回经济损失3986万元。切实加强工会帮扶工作，组织开展“送温暖”、“金秋助学”、“圆梦计划”及“家政服务工程”等帮扶活动，共投入683.15万元，惠及职工及其子女3500多人。为917名女职工开展“两癌”免费检查，将500名困难职工列入“医疗互助保障计划”。三是工会维稳工作力度更大。对富士康科技集团500名员工开展人际关系满意度抽样问卷调查。在宝安区、富士康科技集团开展“四个第一人”制度试点工作，完善信息报告制度、应急处置预案、信访工作责任制和劳动争议调处机制。在市委的领导下，推动完善由相关党政部门共同参与的反渗透工作“联动机制”，建立“敌对势力情况档案”，坚决遏制敌对势力对我职工队伍的渗透、分化活动。四是妥善处置重大劳资纠纷成绩更突出。在处置“古驰事件”、“百事可乐与康师傅换股事件”和“海量存储劳资争议事件”等重大事件中，积极配合各级党政部门，主动履职，听取职工意见、反映职工诉求，开展集体协商，妥善化解矛盾，赢得了企业和职工的认可和尊重。中共中央政治局委员、全国人大常委会副委员长、全国总工会主席王兆国，中共中央政治局委员、省委书记汪洋等中央领导以及省委常委、市委书记王荣，市长许勤先后5次作出重要批示，充分肯定深圳的工会工作；环球日立公司通过致感谢信、赠送牌匾等方式，对工会成功化解企业劳资纠纷表示感谢。

【发挥作用，在提升职工整体素质上取得新成效】 一是开展“大培训”以提升素质。三年来，市、区两级工会共计筹集资金1.8亿元，培训职工300多万人、班组长3万人，建立了50个职工教育培训示范基地和近600个“职工书屋”，开展面向广大职工的公益性讲座1300多场，“女职工素质教育流动课堂”110场，被全国总工会授予“全国工会女职工培训示范学校”称号。强化职工心理健康教育，组织专家深入企业开展职工心理咨询和疏导活动。二是创新劳动竞赛以提升素质。突出创新内涵，成功举办第七届职工技术创新运动会，增加体现加快转型升级、建设“深圳质量”要求的自动化设计、智能管理等新项目，参与企业超过1.7万家，职工近100万人次。三是建设职工文化以提升素质。结合庆祝建党90周年、迎办大运会等大事、要事，积极开展“深圳十大书香企业”、“深圳十大读书成才职工”评选活动，精心制作《致敬，深圳劳动者》专题宣传片，唱响深圳劳动者的赞歌。深圳职工合唱团在全省职工合唱大赛中摘得桂冠，深圳职工排舞队夺得全省职工排舞大赛金奖。

【创先争优，在加强工会自身建设上开创新局面】 一是切实加强工会干部队伍建设。加大工会干部教育培训力度，市总工会全年累计举办培训班24期，培训各级工会干部2961人次；各区总工会着力加强对基层工会干部的培训工作并形成了常态化机制。积极推进机关干部挂点基层制度，提高了机关干部熟悉基层、服务基层的能力和水平。二是切实加大工会经费税务代收工作力度。在市委的重视和关怀下，在市地税局等相关部门的通力合作下，工会经费税务代收工作机制进一步完善，2011年全市税务代收工会经费取得了同比增长23.85%的好成绩，夯实了工会工作的物质基础。三是切实推进工会其他工作。切实加强工会资产管理和推进工会企事业发展，市第三职业技术学校新校区建设、溪冲工人度假村整体改造等重大工程项目取得了实质性的进展，市工人文化宫局部改造工程按期完成。工会信息工作迈出了新的步伐，深圳市总工会以780分名列全国各城市工会第一名，全国总工会办公厅专门致函深圳市总工会，对深圳的工作成绩予以表扬。各产业工会立足产业特点和优势，加强与对口部门或行业协会的沟通联系，在维护职工利益、促进产业升级转型等方面发挥了重要作用。工会外事交流、统计、督查、纪检、宣传、经审、后勤保障等工作也取得了新的成效。（柯聪生）

珠海市总工会

【领导班子】

主　席：尤镇城

副主席：吴康模（常务）、黄　萃（女）、叶文国

【机构设置】

办公室、组织部、宣传教育部、维护权益部、劳动保护部、财务部

【综述】 2011年，市总工会在市委和省总工会的领导下，认真贯彻落实市委六届九次、十次全会和市第七次党代会精神，围绕中心，服务大局，以维权工作为主线，以构建和谐劳动关系为重点，积极参与社会管理体制改革，充分发挥工会“大学校”作用，引领广大职工发扬主人翁精神，为珠海经济社会发展作出了积极贡献。市总工会先后荣获全国“五五”普法先进集体、全国建家评家工作先进单位、广东省工会工作先进单位、珠海市2010年促进就业工作及社会治安综合治理先进集体等称号，各项工作取得了新进展。

【珠海市工会第七次代表大会召开】 2011年8月31日至9月2日，珠海市工会第七次代表大会召开。大会回顾总结了过去七年的工作，明确了今后五年的工作思路，选举产生了市总工会第七届委员会和经费审查委

员会。尤镇城当选为市总工会主席，吴康模当选为常务副主席，黄萃、叶文国当选为副主席，黄萃当选为经费审查委员会主任。

【基层组织建设取得新成效】 为深入推进工会组建工作，市总工会制订了《2011—2013年推动企业普遍建立工会组织工作规划》，实行工会基层组织建设月报制度，在全市18个镇（街）工会和直属工会中建立了固本强基数据库。在建会程序上，采取“先搭台后充实，再完善，逐步规范”的做法，开展了工会组建月活动，形成了工会组建工作新格局，组建月内完成全年组建任务的70%以上。全年新建工会1083家，发展会员50862人（其中农民工会员40698人）。新建区域性、行业性工会联合会32家（覆盖企业601家、职工24824人、会员21644人）。固本强基工作在全省工会重点工作考核中获得一等奖。与此同时，各级工会以建家为切入点，以会员评家为推动力，深入开展基层工会规范化建设活动，增强了基层工会的生机和活力。全市共有26家单位被评为全国、全省模范职工之家、职工小家，13人被评为全国、全省优秀工会工作者、优秀工会积极分子、优秀职工之友。市总工会被评为全国建家评家先进单位。

【以维权为主线，做实工会法律援助工作】 以维权工作为主线，坚持依法科学维权，充分发挥工会法律工作顾问团的作用，做实工会法律援助工作，为广大职工提供免费法律咨询、代写法律文书、代理劳动争议仲裁和诉讼等各项法律服务。全年提供法律援助156件，涉及职工265人次，涉及金额594.7万元。积极主动参与调处重大劳资纠纷，坚持第一时间赶赴现场，引导职工依法维护自身权益。成功调处了某酒店因股权转让引发的409名职工集体上访等重大群体性劳资纠纷事件26件，化解了矛盾，稳定了队伍。进一步加强源头维护，大力推进工资集体协商建制工作，扩大工资集体协商指导员队伍，市、区总工会联合举办工资集体协商指导员培训班3期，共310人参加培训。香洲区总工会将工资集体协商指导员队伍从20人增加到80人，并举办工资集体协商业务培训班。据统计，全市累计签订工资专项协议5629份，覆盖企业10086家，覆盖职工523954人，有效维护了职工的合法权益和职工队伍的稳定。

【抓好基层帮扶中心建设，形成了市、区、镇（街道）三级帮扶服务网络】 为更好地服务职工，2011年，市总工会将帮扶服务进一步向基层企业延伸，在全市40多家企业工会建立了职工帮扶互助服务中心。坚持以职工为本，叫响做实“职工有困难找工会、农民工有困难找工会”。据统计，仅市困难职工帮扶中心全年共帮扶职工7986人次，涉及金额6050.55万元。其中受理来信来访2310件，涉及职工7634人次，涉及金额5391.47万元；对困难职工开展大病、临时困难、工伤、助学等资金帮扶救助87人次，金额64.38万元。大力开展“送温暖”活动，全市各级工会组织共走访慰问困难职工、劳模3000余户，发放慰问金、慰问品400多万元。斗门区总工会坚持创新机制，积极与超市合作，建立了帮扶超市，为困难职工提供日常消费优惠，惠及困难职工540人次。

【服务职工活动有新亮点】 充分发挥职工思想政治工作讲师团、职工心理健康疏导讲师团的作用，深入企业举办免费讲座，为广大职工免费送课近70场次，听课职工近万人。针对青年职工交友平台少的问题，采取市、区工会上下联动的方式，举办了10余场青年职工联谊活动，为未婚男女职工牵线搭桥。开展女职工“关爱行动”，为1200多名企业一线女职工进行了免费体检。组织劳动模范、基层工会干部和优秀女职工代表参观珠海市重点工程建设，让他们感受珠海的发展变化。继续开展职业技能培训，举办家政服务培训班，全年培训家政服务人员1000多人，并帮助受培训人员实现就业。积极开展送法上门活动，向职工赠送各类法律书籍1万余册。投入资金35万元，组织开展了“送清凉”活动，受惠职工达9万多人次。大力开展形式多样的文体活动，举办了“情系职工”慰问演出40场，电影晚会100场。举办全市职工乒乓球赛、市第三届合唱节企业专场比赛、全市女职工拔河比赛和女职工书画摄影作品展、幸福珠海企业职工论坛等活动，以不同形式活跃职工文体生活。

【紧紧围绕全市工作大局，以创建“工人先锋号”为载体，积极开展各项劳动竞赛活动】 先后组织开展了港珠澳大桥等重点工程劳动竞赛、百家服务单位劳动竞赛、家庭服务业职业技能大赛，全市近百个重点工程、近千家企事业单位、超过万个车间和班组，约15万名职工参与了内容丰富、形式多样的“当好主力军，建功‘十二五’”主题竞赛活动。继续深入开展创建“工人先锋号”活动，涌现出了一大批先进典型。广泛开展“安康杯”竞赛活动，参赛企业425家、班组1831个，参赛职工19.8万人，为促进珠海市企业重视安全生产、保障职工身心健康和生命安全发挥了积极作用。大力弘扬劳模精神，营造全社会学习劳模的良好氛围。2011年，全市有1家单位荣获全国五一劳动奖状，2人被授予全国五一劳动奖章，5人被授予广东省五一劳动奖章。

【以提高素质、增长才干为出发点，积极开展工会干部培训】 全年组织各类培训45期，培训人数2380人次。举办工会新闻宣传通讯员培训班，来自基层工会的150多人参加培训。进一步加大工会工作宣传力度，继续举办珠海市“五一新闻奖”评选活动。“职工书屋”建设迈上新台阶，2011年，全市已有合格“职工书屋”示范单位100多家、“十佳职工书屋”30多家。举办了以“实施净畅宁美行动，创建全国文明城市”为主题的演讲比赛、征文活动和职工签名活动，动员企业和职工从自身做起，积极投身到创建全国文明城市的行动中来，引导广大职工讲文明、树新风，积极营造共建共享的和谐氛围。深入开展党工共建创先争优活动，全年开展活动30余次，编印和上报创先争优工作简报12期，信息200条。开展巾帼文明岗创建活动，做好女工工作，扩大女工工作影响。做好工会信息工作，特别是突发性事件信息的报送工作，做到了认真、及时、准确、翔实，被评为全省工会信息工作先进单位。

（黄集区）

汕头市总工会

【领导班子】

主　席：刘远珍（女）

副主席：高耿浩、王述宗、陈　菲（女）、周　波

纪检组组长：江玩趸

【机构设置】 办公室、组织部、纪检监察室、宣传教育部、经济技术部、保障工作部、财务部、市文教卫工会工作委员会、市直属机关工会工作委员会、市经贸工会工作委员会、市外资与私营企业工会工作委员

会、法律工作部、国际联络部（设在国际海员俱乐部）

【综述】 2011年，全市各级工会认真贯彻落实市委九届十次、十一次全会和省总工会十二届四次全委会精神，围绕“全力推动科学发展，加快建设幸福汕头”这一核心，坚持为职工服务、为党政分忧、为企业和谐、为经济加油，立足岗位创先争优，广泛开展“当好主力军、建功‘十二五’”主题劳动竞赛活动，团结动员广大职工为汕头经济社会加快发展作贡献；切实维护职工合法权益，提升职工的幸福感；大力推进“两个普遍”，发展和谐劳动关系；以改革创新精神加强工会建设，发挥工会组织在社会管理中的作用。

【举行元旦、春节送温暖活动仪式】 1月10日下午，汕头市总工会联合爱心企业在汕头宾馆二楼会议厅举行以“心系职工·情暖鮀城”为主题的元旦、春节送温暖活动仪式。市委常委、宣传部部长陈茸，市人大常委会副主任、市总工会主席刘远珍，市总工会党组书记高耿浩，副主席周波，副调研员吴爱华出席活动仪式。基层工会代表、捐资单位代表、困难职工代表共180多人参加了会议。本次活动共筹集资金150万元，活动以发放购物卡、救助款的形式，慰问、救助困难职工、困难农民工7000多户，覆盖企业502家。启动仪式后，陈茸、刘远珍带队深入到困难企业和困难职工家中看望慰问，为他们送上节日的温暖和问候。市总工会有关领导也分别带队慰问劳动模范代表、困难职工代表和南澳大桥施工现场100多名农民工，为他们送上节日的祝福，并送去慰问金和慰问物资。

【组织劳模参观重点企业，感受汕头发展新气象】 1月10日上午，汕头市总工会组织全市100名劳模参观华能海门电厂。在参观活动中，劳模们对环境友好型企业有了全新的认识，该厂职工良好的精神风貌、完善先进的生产设备、追求“双重效益”的环保产业给劳模们留下深刻印象。参观活动结束后，市总工会举行劳模“三金”发放仪式暨劳模代表迎春座谈会。市委常委、宣传部部长陈茸参加会议并作讲话；市人大常委会副主任、市总工会主席刘远珍主持了会议；市总工会党组书记、市总工会副主席高耿浩及市总工会其他在家领导出席了座谈会。会上为生活困难的劳模发放生活困难补助金、特殊困难帮扶金和春节慰问金共计48万多元。

【召开市总工会第十六届四次全委（扩大）会议】 市总工会第十六届四次全委（扩大）会议于3月22日召开。本届全体委员和经审委员、各区（县）总工会主席、市直各局、（集团）公司、各产业工会及部分基层工会的主席、市总工会机关全体同志和市总直属企事业单位负责人参加了会议。市委常委、宣传部部长陈茸出席会议并作重要讲话。市人大常委会副主任、市总工会主席刘远珍首先作了题为“组织动员广大职工为建设幸福汕头贡献力量”的工作报告，总结回顾2010年工会工作，并对2011年工作进行部署。市总工会副主席陈菲就工会组建工作发言。市总工会纪检组组长、经审会主任江玩趸代表市总工会十六届经审会向大会作经审工作报告。会议还表决通过了《汕头市总工会关于组织动员广大职工为实现“十二五”规划目标任务创先争优建功立业的决议》。

【汕头工会网正式开通】 汕头市总工会规划建设的“汕头工会网”（www.stgh.org.cn），经过一段时间的试运行后，网站已于3月18日正式开通，接受职工群众和社会各界的点击浏览。网站设置了“工会概况”、“鮀城工运”、“工作简讯”、“服务窗口”、“资料中心”、“时代风采”、“在线调查”等版块，为工会干部和职工群众提供即时性和电子化的工会资讯及工作指导，努力将网站打造成为汕头工会对外发布信息、公开政务，为职工群众和基层工会提供在线服务的窗口，以及社会各界了解汕头工会的重要渠道。

【举行纪念“三八”妇女节大会】 3月7日下午，汕头市总工会在七楼会议厅举行纪念“三八”国际劳动妇女节大会暨女职工工作经验交流会议，市总工会女职委全体委员、各基层工会女职委主任及部分先进集体、先进个人代表100多人参加了会议，市人大常委会副主任、市总工会主席刘远珍，副主席陈菲，市妇联副主席黄丽娇，《汕头日报》副总编苏伟钿等出席会议。会议代全国总工会、省总工会为荣获全国五一巾帼标兵岗称号的汕头海事局政务中心、澄海海关通关科两个集体，荣获全国五一巾帼标兵称号的杜媛、许如苏两名个人和荣获广东省五一巾帼奖称号的吴玲颁奖，并表彰了30个汕头市巾帼建功立业标兵岗和21名建功立业女能手。

【举行庆祝“五一”国际劳动节大会暨“建设者之歌”歌咏表演】 4月28日上午，汕头市举行庆祝“五一”国际劳动节大会。市领导李锋、蔡宗泽、陈茸、谢泽生、刘远珍、余健明、林合坤，市纪委副书记许景峰，汕头警备区副司令员罗昔为出席大会。大会由市人大常委会副主任、市总工会主席刘远珍主持。会议由市委常委、宣传部部长陈茸通报汕头荣获全国五一劳动奖状、五一劳动奖章和省五一劳动奖章的先进集体和优秀个人名单，并由主席台的领导向获得荣誉称号的集体和个人颁奖。市委书记、市人大常委会主任李锋作了讲话。随后，举行了“特区建设者之歌”歌咏大会，由汕头各个行业职工组成的四个歌咏方阵演唱了《咱们工人有力量》、《永远跟党走》等五首中外经典歌曲，最后全场齐唱《团结就是力量》，充分展示了汕头职工群众的精神风貌与建设幸福汕头的坚定信心。

【市劳模协会举行会员代表大会】 4月27日，汕头市劳动模范协会举行第三届第一次会员代表大会。市委常委、宣传部部长陈茸，市人大常委会副主任庄大军，市人大常委会副主任、市总工会主席刘远珍，副市长余健明等领导出席会议。会议由市总工会党组书记、副主席高耿浩同志主持。会议听取和审议了汕头市劳模协会第二届理事会工作报告、财务收支情况报告和《汕头市劳动模范协会章程》修改草案。大会选举产生了马武雄等63位同志为汕头市劳模协会第三届理事会成员；聘请市人大常委会副主任、市总工会主席刘远珍，原市人大常委会副主任吴为烈为名誉会长；通过选举，产生了新一届领导机构，庄大军为协会会长，高耿浩为常务副会长，方水裕等16位同志为副会长，黄少龙兼任秘书长。

【市金融系统职工运动会圆满结束】 由汕头市总工会、中国人民银行汕头市中心支行、中国银行业监督管理委员会汕头监管分局、中国保险监督管理委员会汕头监管分局共同举办的汕头市金融系统职工运动会，于4月29日下午顺利结束全部赛事。本次汕头市金融系统职工运动会共有银行、保险及银监会汕头监管分局、保监会汕头监管分局等15个单位组队，约200名运动员参加了羽毛球混合团体，乒乓球团体，羽毛球、乒乓球男女单打，中国象棋个人赛等7项比赛。

【举办“幸福汕头公众论坛”职工专场】 6月2日下午，由汕头市委宣传部、市总工会、团市委、市妇联、汕头经济特区报社、市广播电视台主办的“幸福汕头公众论坛”正式启动，并在广东电网汕头供电局举行了主题为“说身边事、谈幸福感”的首场论坛。本场论坛为职工专场，由市总工会承办，广东电网汕头供电局协办。市委常委、宣传部部长陈茸出席论坛并宣布论坛正式启动，市人大常委会副主任、市总工会主席刘远珍为论坛致辞。参加论坛的有100多位职工代表，他们发表了自己对幸福的理解，为幸福汕头建言献策。在论坛上，市政协常委蔡述彪、市委党校副教授刘勇作为特邀嘉宾与汕头供电局的职工代表交流互动，从食品安全、饮水安全、道路交通、低碳生活等公众身边的话题共同探讨，并结合实际评说自身的生活变化，交流幸福体验。7月16日上午，还在汕头华建电子有限公司举办了“幸福汕头公众论坛”之农民工专场。

【举办工资集体协商专题培训班】 6月30日至7月1日，市总工会联合市人力资源和社会保障局举办工资集体协商专题培训班，为来自区（县）、街道（镇）工会和劳动行政部门干部以及部分基层工会主席268人进行工资集体协商工作专项业务培训。这是市总工会强力推进汕头工资集体协商工作的重要举措之一。市人大常委会副主任、市总工会主席作了开班动员。省总工会党组成员、巡视员孔祥鸿讲授《当前劳动关系变化趋势与工会应对措施》，从大视野、大事件切入，理论联系实际，着重论述了推行工资集体协商，通过协商取得劳资“双赢”的重要性和必然性，引起了全场的共鸣。省人社厅劳动关系专家吴潇雯、市总工会法工部王晓南分别就《企业工资集体协商政策及协商技巧》和《工资集体协商实务操作》等内容为与会者进行了深入浅出的讲解。市总工会副主席陈菲为培训班作小结。

【实施“关爱行动”系列帮扶】 6月13日至15日，省总工会委托省第二工人医院派出医疗车和医疗人员，深入到汕头市华南矢崎汽车配件有限公司、濠江广澳街道、市海员俱乐部等3个点开展健康体检工作，免费为1200名女职工、女农民工进行“两癌”（乳腺癌、宫颈癌）检查，深受女职工的欢迎。

【大力开展职业培训服务广大农民工】 7月12日至15日，市总工会与市住建局联合举办了燃气行业和水产养殖行业职工（农民工）两个技术培训班，共培训职工、农民工200多人。汕头市燃气行业职工（农民工）特种工种培训班在汕头尚属首次，来自中心城区的100名送气工人参加了培训，主要学习内容有：《城镇燃气管理条例》、液化气的基本知识、瓶装液化气安全使用常识、管道燃气安全知识、客户服务、供气营销员基本业务等。经考核鉴定成绩合格的学员，由省住建厅、劳动厅联合核发《供气营销员职业资格证（初级）》。

【发挥自身优势积极参与社会建设】 为贯彻落实市委关于“推进社会建设和管理创新，加快幸福汕头建设进程”的总体要求，汕头各级工会凭借自身密切联系职工群众的优势，积极参与社会建设，提升职工群众的幸福感。一是不断推动企业普遍开展工资集体协商，实现企业共商共建。市总工会把工资集体协商工作作为工会组织参与社会建设的重要内容，积极加以推进，从构筑工作格局、强化制度约束、提高队伍素质和找准工作方式入手，不断夯实工作基础，到2011

年年底，全市已组建工会的企业建立工资集体协商制度的比例达到60%。二是不断推动企业普遍建立工会组织，夯实党的执政基础。坚持党建带动工建、工建服务党建，积极探索适应新形势要求的工会组织形式、组建方式，着力推动组建工作持续健康发展，到2011年年底，全市共有工会组织39479个，其中基层工会委员会9798个，基层工会涵盖单位29681个，工会会员799037人，农民工会员403953人。三是不断完善工会困难职工帮扶中心（站）建设，构筑服务职工、农民工综合平台。多方筹集资金，为职工、农民工多方筹集帮扶资金近900万元，为3.2万人次困难职工和农民工提供生活救助、大病救助、子女助学、技能培训、职业介绍、工伤探视、追讨欠薪、法律援助和政策咨询等全方位的帮扶。

【举行“金秋助学”座谈会暨助学金发放仪式】 8月16日上午，市总工会举行“金秋助学”活动座谈会暨助学金发放仪式，参加会议的有受助学生代表、学生家长代表以及基层工会干部代表近100人，市总工会副主席周波出席会议并为受助学生代表颁发助学金。2011年，市总工会到目前共筹集资金49.5万元，将为300多名困难职工子女提供上大学帮扶。对考上大学本科和大学专科的困难职工家庭学生，分别给予每人2000元和1500元的助学金。同时，扩大帮扶范围，对重病、重残或意外灾难原因造成家庭经济困难的职工、单亲困难职工子女提供助学帮扶。

【举办职工消防安全技能竞赛活动】 “11.9”消防宣传月期间，市总工会、市安监局、市公安消防局在市公安消防局特勤大队联合举办2011年全市职工消防安全技能竞赛活动。竞赛内容有60米麻袋扑灭油桶火、一人两盘水带65毫米内扣水带连接操、100米智力灭火操。由各区和华能海门电厂、汕头航空公司、广东移动汕头分公司、省第二建筑工程公司、汕头港务集团公司、金海湾大酒店等单位组织的12支参赛队伍36名职工一个多月来进行了充分的准备和认真的训练，在竞赛中经过一番紧张的角逐，濠江区代表队获得一等奖，华能海门电厂、中国移动汕头分公司获得二等奖，潮阳区代表、汕头港务集团有限公司、澄海区代表队获得三等奖。林跃彬等9名选手分别获得三个比赛项目的一、二、三等奖。竞赛结束后，市公安消防局特勤大队的消防官兵在现场进行了消防演示。

【举办出租车司机心理健康讲座】 11月23日，市总工会、市交通运输局、市交通运输协会出租车分会联合在市公交所举办出租车司机心理健康讲座，邀请汕头大学医学院心理学教授、硕士研究生导师，汕头市政协常委赖小林为出租车司机朋友们讲授了一堂主题为“和谐心灵、幸福人生之心理秘籍”的心理健康辅导课。课堂上，赖教授根据出租车行业的职业特点，联系出租车司机的生活期望值与社会现实的落差造成的困惑，指导出租车司机调整心态，在规范经营、文明服务的同时，实现自身价值和人生幸福。此次授课得到了课堂现场出租车司机的热烈欢迎。

【召开全市会员评议职工之家工作交流会】

11月24日至25日汕头市总工会召开了全市会员评议职工之家工作交流会议。会上，汕头一中、汕头市海事局工会两个会员之家试点单位作经验介绍，市总工会布置了2012年全市建设职工之家及会员评家工作，并下发《关于进一步加强建设合格职工之家及会员评议职工之家工作的通知》（汕工组

〔2011〕20号），要求开展会员评家的单位职工入会率要达到85%以上，评议满意率达到80%以上，今后评选模范、先进职工之家和申报合格职工之家的，都要经过会员评家的程序，把群众的满意程度作为评价工会工作的基本标准，有计划分步骤地扩大会员评家工作的覆盖面。（陈宇）

佛山市总工会

【领导班子】

主　席：黄建丰（女）

副主席：杨玉瑞（2011年3月任职）、刘光辉、陈再勋（2011年12月任职）

【机构设置】

办公室、组织部、权益保障部、经济工作部、宣传教育部、财务事业部、教育工会

【综述】 2011年，市委召开全市工青妇工作会议，为新形势下工会工作指明前进方向。在市委和省总工会的正确领导下，全市各级工会组织紧紧围绕服务党政工作大局，发挥优势，主动作为，积极参与社会管理和创新，切实维护职工合法权益，努力在社会建设管理中当好主力军，各项工作都取得了新进展。

【切实维护职工合法权益，进一步完善工会参与社会管理服务格局】 职工合法权益维护工作更加到位。进一步加强外来工维权服务工作。创建市、区、镇（街道、工业园区）三级外来工维权服务中心45家，切实维护外来员工合法权益。进一步加强工资集体协商工作。2011年，全市单签及区域性、行业性集体合同4400多份，共覆盖企业1.68万家，覆盖近75万名职工，已签集体合同和工资集体协议企业数达到已建会企业数的60%以上，完成了省总工会的目标任务。其中34家世界500强企业开展了工资集体协商工作，占82.9%。市、区总工会均建立工资集体协商指导员队伍，工资集体协商指导员达423人。进一步加强工会法律援助工作，市、区、镇（街）三级工会组织共聘请工会特约律师228名，受理承办法律服务个案671宗。和谐劳动关系创建机制更加完善。深入开展劳动关系和谐企业创建活动，重点解决现有机制的健全、规范和落实问题，确保机制有效运作。全市共有5000多家企业参加了劳动关系和谐企业创建活动。大力推动落实以职代会为基本形式的企业民主管理制度，建立健全厂务公开、职工董事监事和区域性行业性职代会制度，切实维护好职工的民主政治权利。全市6397家工会所在企业开展了厂务公开民主管理工作，涵盖单位8396个，涵盖近56万名职工。劳动关系矛盾调处手段更加丰富。针对劳动关系运行信息化、网络化，劳资矛盾群体化、常态化、关联化的特点，切实加强劳资矛盾调处和应急处置。畅通劳资矛盾诉求渠道，建立市总工会领导信访接待日制度，提高职工信访工作实效。去年全市各级工会组织信访总数1.47万宗，涉及2.32万名职工。完善工会与政府联席会议制度，注重发挥劳动关系三方协调机制，及时研究解决事关职工群众切身利益和工会自身建设的重大问题。全市共有工会劳动争议调解组织1.74万个，全年培训劳动争议调解员2.74万名，调解劳动争议案件2千多宗，涉及2万多名职工。

【努力凝聚职工力量建功立业，进一步提升工会参与社会管理服务效能】 以“服务经济社会发展”为目标的职工劳动竞赛蓬勃开

展。针对市安全生产的严峻形势，市总工会以“安全第一、预防为主、综合治理”为指导方针，联合市安监局、市公安消防局等单位共同开展以“幸福佛山”为主题的百万职工安康知识竞赛活动，全市共有30多万人次参加各项活动。积极开展技能比赛、知识竞赛等活动，先后组织开展了起重机驾驶员、水上安全、变电检修技能等9项劳动竞赛活动，提升职工职业技能水平。2011年，全市各级工会共开展各类职业技能比赛240多项，参加岗位练兵技术比武的有339万名职工，提出合理化建议6.3万条，取得职工创新成果1236项。以“提高职工队伍素质”为重点的职工文化建设方兴未艾。大力繁荣工会文化、职工文化和企业文化，力促职工队伍素质提升。继续开展职工职业技能培训“阳光行动”，培训有职业证书职工8200多人，岗位技能培训10多万人次。深入开展“六五普法”工作，面向广大职工普及法律知识，各级工会共举办法律咨询、法律知识竞赛等普法活动310多场次，参与职工15万人次，发放普法宣传资料110多万份。开展百万职工文明礼仪普及大行动，市、区、镇（街道）三级总工会共面向100多万名职工普及文明礼仪知识。创新“职工书屋”建设载体，继续加大“职工书屋”建设力度，2011年新达标“职工书屋”163家；购买上万册图书，建立“流动职工书屋”。免费放映电影328场，观影职工达50万人次。以“弘扬工人阶级伟大品格”为核心的劳模精神得到发扬光大。在“四化融合、智慧佛山”建设的时代热潮中，注重发挥劳模精神，激励和带动广大职工建功立业。大力弘扬劳模精神，努力形成崇尚劳模、学习劳模、关爱劳模、争当劳模的良好社会氛围。继续加强劳模管理、服务和困难帮扶工作，为各级劳模办实事、解难事、做好事。2011年共慰问各级劳模441人次，发放慰问金78万元。以“全国文明城市”创建为契机，组建12万名工会志愿者队伍，开展以困难帮扶、人文关怀等为主要内容的志愿服务，充分展现新时期工人阶级团结互助的优良品格。

【积极带领职工共享改革发展成果，进一步夯实工会参与社会管理服务平台】 传统品牌帮扶有新进展。坚持把对职工群众的帮扶救助工作放在重要位置。重大节日帮扶方面，全市各级工会共慰问各类困难家庭1800多户，覆盖职工7000多人次，发放慰问款物167.5万元，实现在档困难职工慰问全覆盖。日常困难帮扶方面，面向包括外来工在内的广大职工，深入开展“送温暖”、“金秋助学”和临界困难职工救助等活动，帮扶各类困难职工3万多人，提供帮扶资金近1000万元。工伤探视帮扶方面，加强与市工伤康复中心的沟通联系，慰问工伤职工2800多人次，提供帮扶资金90多万元。举行“放飞梦想、佛山圆梦”行善助学外来工子女活动，为500多名困难外来工子女助学60多万元。组织参加“广东（佛山）扶贫济困日”活动，发动职工捐款905万元。职工互助帮扶有新发展。注重多渠道、多形式优化集中资源，推动形成企业职工自助互助的良好帮扶局面。倡导建立职工互助会，推动有条件的基层工会、工联会等建立困难帮扶基金，更好地惠及困难职工和农民工。继续发动企业职工购买医疗互助保障计划和女职工安康互助保障计划7.3万份，向138名患重大疾病职工理赔341万元。

【大力推进固本强基工程，进一步增强工会参与社会管理服务能力】 不断推进基层工会规范化建设。以“两个普遍”为重点，紧紧围绕“健全组织、完善制度、切实维权、增强活力”的思路，深入开展“基层工会建设年”活动。市总工会印发《关于开展“基层工会建设年”活动的实施意见》，筑牢基层工会基础，激发基层工会活力，全面推进基层工会特别是企业工会建设，较好完成“基层工会建设年”活动所提出的“五加强、五提高”目标任务，即：一是加强工会组织建设，提高职工入会率；二是加强民主管理，提高厂务分开覆盖率；三是加强维权制度建设，提高集体合同覆盖率；四是加强工会制度建设，提高职工之家合格率；五是加强企业文化建设，提高活动开展率。不断推进工会组织民主化建设。建立健全基层工会主席民主选举制度，增强工会主席的责任感和使命感，推动工会组织群众化、民主化和法制化进程。市总工会印发《佛山市基层工会民主选举工会主席试行办法》，深入开展基层工会主席民主直选试点，2011 年全市共有 157 个基层工会实行了工会主席直选，效果明显。不断推进干部队伍专业化建设。以“工会大讲堂”为平台，通过开展培训班、知识讲座、交流学习会和以会代训等形式，优化干部知识结构，提高干部综合素质。通过组织外出学习培训，提升工会干部的理论水平，拓展工作视野，增强创新能力。先后组织市、区、镇（街）、工业园区和企业工会干部 100 多人，到北京大学开办“提升工会干部参与社会管理创新能力水平高级研修班”，成效显著。全市各级工会通过组织开展上岗培训、工作业务培训、干部研讨班培训工会干部 2.36 万人次。不断推进工会工作科学化建设。进一步加强工会理论研究工作，利用市工会发展研究中心工作平台，发动各级工会干部和有关专家学者开展调查研究，提出富有建设性的意见和建议。市总工会委托佛山科学技术学院开展“从‘南海本田事件’看企业发展变化”专题研究，市工会发展研究中心收到各级工会干部撰写的工运理论研究文章 18 篇。

（蓝星）

韶关市总工会

【领导班子】

主　席：杨小明

副主席：张　莉（女）、谢广明、林贵贱

纪检组组长：傅　勇

【机构设置】

办公室、组织部、宣传教育部、保障工作部、生产保护部、女职工部、财务部、审计室

【综述】 2011 年，在韶关市委和省总工会的正确领导下，全市各级工会紧紧围绕市委、市政府工作大局，牢牢把握科学发展主题，充分发挥自身优势，积极推进企业社会责任建设，广泛开展建功立业活动，扎实推进职工素质提升工程，不断深化工会帮扶工作，大力推动劳动关系和谐发展，深入推进“两个普遍”重点工作，切实维护职工合法权益，在韶关市经济社会发展中发挥了重要作用，工会工作在原有的基础上又迈上了一个新台阶，2011 年市总工会再次获得全省工会优秀单位荣誉称号。

【积极推进企业社会责任建设】 市委高度重视企业社会责任建设，将其作为韶关市社会建设 2012 年度 10 项重点工作内容之一，要求市总工会牵头探索开展此项工作。一是深入企业调研，制定工作意见。市总工会在全市制造、电力、通信、运输、玩具等 320 家企业进行了专题调研。同时，组织人员到浙江义乌、宁波等地学习考察。在此基础上，起草了《关于加强企业社会责任建设的意见》。7 月，市委、市政府正式下发《意

见》，就企业的劳动关系、自然关系和社会关系所涉及的十个方面社会责任内容进行了明确规范。此外，市总工会制定了《韶关市加强企业社会责任建设三年行动纲要》，对此项工作的目标任务、主要工作步骤及其完成时间作了细化和明确。二是结合企业实际，抓好先行试点。7月，市委、市政府召开工作座谈会，明确了18家单位为试点，正式推进企业编制和发布社会责任报告书试点工作。会上，邀请了省律师协会知名律师朱列玉作专题辅导，印发了《韶关市企业社会责任报告书编制指南》，以供企业学习参考。为了加强指导，市总工会多次组织人员到试点企业调研，与企业一起研究解决问题，并编印了7期《工作简报》，供企业交流学习。各试点企业都明确了工作的归口管理部门，建立完善了组织管理体系，将社会责任目标融入公司发展战略，实现社会责任工作与企业经营发展的有机融合。

【广泛开展建功立业活动】 一是深入开展劳动竞赛活动。各级工会深入开展以“当好主力军、建功‘十二五’”为主题，以优质、高效、安全、节能减排为主要内容的劳动竞赛。韶钢集团公司工会先后组织开展了七项劳动竞赛和提合理化建议活动，兑现竞赛奖金220多万元。各县（市、区）深入打造劳动竞赛这项服务经济发展的工会工作品牌，努力推动县域经济发展。仁化县总工会被全总授予“十一五”时期社会主义劳动竞赛先进组织单位，是韶关市首个获此殊荣的县级总工会。2011年全市参与各类劳动竞赛活动的企事业单位共456家，参与活动的职工约20万人，提出合理化建议近12000条，取得技术成果836项。二是大力弘扬新时期劳模精神。全市评选表彰了一批五一劳动奖章、工人先锋号获得者及职工优秀合理化建议，积极营造学习劳模、尊重劳模、争当劳模、赶学先进的社会氛围。市总工会继续加强对劳模的管理服务工作，向全国劳模发放“三金”172万多元，免费为565名省级劳模体检，向200名生活困难劳模发放补助，受到劳模的好评。

【扎实推进职工素质提升工程】 广泛开展职工职业技能大赛，更好地实现“建设”与“育人”并举的目的。韶关市承办了省地质勘查技术人员技能竞赛，全省38个参赛单位的202名优秀选手参加决赛，韶关市706地质队的陈珲摘取桂冠。仁化县总工会举办了第二届劳动技能大赛，全县193家单位，共4000多人参赛。乐昌市总工会举办了首届农民工技能大比武活动，有效地推进了职工素质提升工程。韶钢集团公司工会深入开展最佳实践者活动，涌现出190名最佳实践者。中金建安公司工会举办了第一届青工技术大赛，对青工提升技能起到了很好的激励作用。各级工会继续深化“创建学习型组织，争做知识型职工”活动，全市已建“职工书屋”131个。市职工艺术团依靠职工文艺骨干，团结一批爱好者，组织开展了一系列职工喜闻乐见的文艺活动。

【不断深化工会帮扶工作】 一是扎实做好元旦、春节送温暖工作。2011年春节，市总工会筹集了送温暖资金65.5万元，慰问困难企业24家，慰问困难职工1800人次。二是认真做好抗灾救灾工作。5月份，始兴、乳源、仁化先后遭受冰雹袭击及洪涝灾害，市总工会及时深入到灾区，与企业员工一起做好抗灾复产、慰问解困工作，并下拨10万元救灾资金。三是积极开展夏送清凉工作。市总工会筹集10万元，慰问了高温烈日下工作在一线的环卫园林、重点工程建设工地工人，交警、公交车和出租车司机等职工。四是举办了第四届“百万帮扶暖人心”帮扶助困和金秋助学活动。市总工会筹集近200万元专项资金，救助生活困难及工伤探视625人，助学帮扶400人，医疗救助150人，困难职工（农民工）职业培训补贴460人，为951名困难女职工免费进行“两癌”筛查体检。五是认真做好职工应急救助工作。市总工会筹措181万元帮扶资金，对因遭遇意外或重大疾病的763名职工（农民工）予以应急救助。六是继续加强职工医疗互助保障工作。对参加职工医疗互助保障和安康保障计划的103名患重病的职工给予146万元的赔付金。七是认真做好扶贫双到工作。继续筹集资金100多万元，切实帮助对口扶贫村委会和村民改善生产生活状况。

【大力推动劳动关系和谐发展】 一是打造工会社会化维权的新平台。根据市委、市政府《关于加强企业社会责任建设的意见》要求，市总工会牵头成立了市职工法律维权服务中心。这是韶关市职工维权工作机制上的一项重大创新，它有别于以往工会组织单一的维权方式，是在党委、政府的领导下，以市总工会为综合平台，联合市司法局、市人社局、市公安局、市安监局等单位，运用协商谈判、调解仲裁、法律援助等综合手段的“党委领导、政府支持、工会牵头、部门配合、社会参与”的工会社会化维权新机制。二是全力做好维权维稳工作。深入开展厂务公开民主管理工作，全市国有、集体及其控股企业和公办学校、医院等事业单位厂务公开建制率达97%以上，职代会建制率达98%以上；非公企业厂务公开建制率达80%以上。积极开展劳动关系和谐企业（园区）创建工作，全市选定15个创建示范点，大宝山矿业公司荣获全国和谐劳动关系模范企业称号。深入开展“安康杯”竞赛活动，全市327家企事业单位近16万名职工参加竞赛，大宝山矿业公司被评为全国“安康杯”竞赛优胜企业，翁源供电局等2家企业被评为省“安康杯”竞赛优胜企业。主动参与各类矛盾调处，促进职工队伍和社会的稳定。南雄市总工会积极参与处置棉土窝矿采矿班组集体诉求案，将一起群体性事件化解在萌芽状态；韶关冶炼厂工会在企业停产期间，成立了6个维稳工作组，以分片包干的形式开展维稳工作，促进了企业的和谐稳定。

【深入推进“两个普遍”重点工作】 一是依法推动企业普遍建立工会组织，不断夯实工会工作基础。各级工会认真贯彻组建工作三年规划，采取有效措施最大限度地把包括农民工、劳务派遣工在内的广大职工组织到工会中来。曲江区总工会经过多年来深入细致的努力，组建工作有了新的突破，至卓飞高线路板公司成功组建了工会。南雄市总工会与市委组织部联合发文，明确了乡镇党委副书记为乡镇工会主席，促进了乡镇工会工作的开展。乐昌市成立了市房地产行业工会联合会，涵盖本市25家房地产企业，促进了行业的和谐健康发展。到2011年底，全市基层工会累计6648家，涵盖单位30166家，会员601392人，农民工会员116627人。在抓组建的同时，按照“边组建边巩固、边规范、边发挥作用”的要求，不断增强基层工会活力。2011年，金宏铀业公司等3个单位被授予全国模范职工之家称号，东阳光实业发展有限公司等11个单位被授予省模范职工之家称号。二是依法推动企业普遍开展工资集体协商，不断扩大覆盖面。全市启动了“彩虹计划”，采取灵活多样的要约形式和协商办法，深入推进集体合同制度。南雄市总工会在雄州街道开展了“2011年区域性工资集体协商要约行动”工作，促进了劳资双赢。2011年，全市企业工资集体协商率达到已建工会的60%。此外，市总工会通过召开动员大会及举办培训班，组建了一支由600人组成的熟悉法律、懂得政策、善于协商的集体协商指导员队伍。

（吴柳亭）

河源市总工会

【领导班子】

主 席：李为民

副主席：邱巧莲（常务，女）、向更祥、廖洪滨、徐志强

【机构设置】

办公室、组宣部、维权部、财务部、经济工作部

【综述】 2011年，全市各级工会组织紧紧围绕市委、市政府中心工作，牢牢把握科学发展主题，坚持“五为”，发挥优势，积极作为，大力推进“两个普遍”、技术创新、依法维权、帮扶困难、自身建设、创新社会管理和扶贫双到等重点工作，在河源市经济社会发展中发挥了重要作用。

【扎实开展固本强基工作】 建立健全“党建带工建”工作机制，以非公有制企业为重点领域，积极开展工会组建月行动，在市高新区举办庆“五一”文艺晚会暨新建企业工会授牌仪式等活动，结合市、县区党政班子换届，工会参与评议人大代表和政协委员的有利时机，抓工会组建。全年新组建工会225家，其中外商企业43家，民营企业96家，分别完成年初目标的108%、108%和107.5%，发展会员16113人，完成全年任务的117%，各项指标均超额完成省总工会下达的任务。

【加强职工之家建设】 开展建设“职工之家”和“双爱双评”等活动，加强民主制度建设，落实会员（代表）大会制度、工会委员会按期进行换届选举制度、工会主席定期向会员（代表）大会报告制度、工会经费开支等会务公开制度，基层工会规范化建设得到进一步加强。被评为全国模范职工之家的企业2家、全国优秀工会工作者2人，广东省优秀工会工作者标兵（并被授予广东省五一劳动奖章）1人、广东省模范职工之家6家、广东省模范职工小家3家、广东省优秀工会工作者2人、广东省优秀工会积极分子2人、广东省优秀职工之友3人。

【加强职工文化建设】 积极完善市职工文化活动中心设施，精心搭建职工文化建设平台。已争取到将市、县区（含市高新区）工人文化宫纳入市委、市政府《河源市建设文化河源规划纲要（2011—2020年）》，计划于2015年年底全面建设完成并投入使用。组织电影、文艺晚会进园区、进企业27场，进一步推动职工文化、企业文化建设，积极组织职工参加省总工会排舞比赛并获得铜奖。推动和平县工人文化宫建设，2011年已经完成主楼整体工程，预计2012年9月投入使用。

【完善帮扶长效机制，开展春节送温暖活动】 进一步加强困难职工帮扶中心建设，已建立健全工会帮扶工作机构2263个，并逐步形成制度化、规范化。各级工会组织创新帮扶载体，对14036名困难职工、农民工开展了助学帮扶、医疗帮扶、生活帮扶、工伤探视、就业帮扶等系列活动，发放帮扶资金834.78万元。春节期间，积极牵头协助省委、省政府和市委、市政府开展全市范围的春节送温暖活动，通过领导慰问、重点走访和委托系统工会、基层工会慰问等形式，共

慰问困难企业80个，困难职工（农民工）、困难劳模、单亲女职工等8300多人，其中，市总工会为市直1689户困难职工家庭发放慰问款物120多万元。

【关爱职工，为职工做好事办实事】 开展夏季“送清凉”活动。在夏季高温季节，各级工会积极开展“关爱职工，高温送清凉”活动，深入农民工相对集中的工地、厂房走访慰问，督促企业制定并落实暑期劳动保护措施。市、县区总工会对5000多名一线职工、农民工进行了慰问，送上价值10万元的降温物品。各级工会积极筹资帮助困难职工子女完成学业。8月下旬，市、县区总工会分别举行困难职工子女助学金发放仪式，全年为2531名困难职工（包括农民工）子女发放助学金167.5万元。市总工会联合东源光明眼科医院启动“职工光明爱心计划”，共为200名患白内障的困难职工、农民工（或其家属）进行了复明手术，免除手术及相关费用达78万元。开展转岗培训、学历教育培训和技能培训。2011年共培训职工、农民工及下岗待业人员8176人。学员经考试合格，由劳动部门颁发全国通用的技能证书并推荐就业。

【积极开展劳动竞赛】 全市职工职业技能大赛于8—11月全面铺开，开展了技术比武、技术练兵等初赛、选拔赛共80场次，近3万名职工参与了技能大赛。其中紫金县总工会、汇源集团工会、河源供电局工会分别举行了专项选拔赛。市总决赛设中式烹调师、服装制作工、导游员、数控车工、终端通讯维修工（手机维修）和汽车维修工、农网配电营业工等七个项目，共产生“金牌工人”42名、“岗位技术能手”79名。

【做好推荐评选劳模工作】 依照公开、公平、公正原则，民主推荐产生了全国五一劳动奖章和广东省五一劳动奖章获得者。邓之敏、黄文忠获得了全国五一劳动奖章；贺文良等获得广东省五一劳动奖章；广东粤电新丰江发电有限公司发电部获得全国“工人先锋号”荣誉称号；光明眼科医院住院部等5个单位获得广东省“工人先锋号”荣誉称号。全市各级工会通过召开庆“五一”劳模代表座谈会、新春慰问和上门慰问等多种形式，共帮扶困难劳模235人，发放帮扶款98.6万元，其中，对20名全国劳模发放了劳模“三金”共73.6万元，帮助解决实际困难。

【开展厂务公开和民主管理工作】 全市已建工会的国有、集体及其控股企业和公办学校、医院厂务公开建制率达到100%，职代会建制率达到100%；已建工会的非公有制企业厂务公开建制率达到80%以上，职代会建制率达到80%以上。审核上报广东粤电新丰江、枫树坝发电有限公司为省级厂务公开民主管理示范单位。分别对和平供电局、龙川供电局、紫金供电局、连平供电局等4个单位进行了贯标认证，受评企业均达到贯标（A级），并颁发了证书。截至2011年，全市有9家企业通过ISO9000贯标认证。

【大力开展工资集体协商】 各级工会积极推动非公企业建立健全工资集体协商机制，举办培训班，建立了懂法律、能代表、会维护、善协调的500多人的工资集体协商指导员队伍，帮助企业积极稳妥地推进工资集体协商。龙川县总工会率先在德信药业公司进行了工资集体协商试点，市总工会在过江龙酒业公司举行了工资集体协商现场会，加快推进工资集体协商全面铺开。组织开展工会与企业、职工的“共同约定”行动，主动会同劳动保障、工商联等部门开展和谐劳动关系创建活动，密切关注企业生产和职工就业、工资发放情况，发现异常情况及时应对，避免矛盾激化；对事关企业裁减职工、工资福利和劳动条件等方面的意见和建议，及时主动反映，引导职工合理表达诉求，努力化解纠纷，维护了企业和社会的和谐稳定。河源市大地集团荣获“全国模范劳动关系和谐企业”称号。

【构建和谐劳动关系】 一是深入贯彻实施《社会保险法》，大力推行劳动合同制度。组织学习贯彻《社会保险法》和检查督促活动，帮助指导职工签订劳动合同，督促企业依照《劳动合同法》规范企业用工行为。二是积极发挥市工会法律服务律师团作用。为全市工会组织和职工提供公益法律服务，为发生劳资纠纷的职工提供必要的法律援助，帮助和指导职工维护自身的合法权益。组织19名市工会法律服务律师团成员在市高新区举行“送法律进企业”咨询活动。三是继续推行集体合同制度。建立健全区域性、行业性平等协商和集体合同制度。2011年已签订集体合同3377份，覆盖企业2187家，覆盖职工173398人。

【畅通职工诉求渠道】 一是加大政策咨询和法律援助。市、县区总工会积极协调，帮助困难职工和农民工解决因裁员、欠薪、断保等引发的劳动关系纠纷及有关劳动权益、民主管理和工伤保险等方面的问题。受理职工群众来信来访共163件次、534人次，其中集体信访2宗，涉及职工120人次，处理率达100%。二是深入开展“安康杯”竞赛活动。积极推动“安康杯”竞赛活动向农民工聚集行业、非公有制企业延伸，加大对高危行业企业的作业现场劳动安全卫生监督检查，加强了企业工会劳动保护。全市共有1358家企业参与竞赛活动，参赛车间（班组）5548个，覆盖职工119003人。

【工会自身建设得到加强】 全市各级工会以创先争优活动为契机，全面加强工会干部的思想作风和能力建设。一是举办工会干部业务知识培训班。按照市“工会干部培训五年规划”，各级工会共举办各类工会干部业务知识培训班20期，培训工会干部3200多人次。其中，市总工会在市委党校举办了近500名工会干部参加的业务知识培训班，受邀授课的包括全国总工会、省总工会领导和市委书记陈建华，这是河源市建市以来覆盖面最广、规模最大、规格最高的一次工会干部业务培训。二是分期分批组织工会干部参加全国总工会、省总工会组织的各类业务培训。进一步增强了工会干部理论创新、实践创造的能力，围绕中心、融入大局的能力，沟通协调、依法维权的能力，化解矛盾、维护稳定的能力，组织动员、服务职工的能力。

【配合市委中心工作开展工会工作】 一是“七一”慰问老党员和困难党员，向老党员和困难党员送去节日的问候，表达党对老党员和困难党员的关怀之情。二是市总工会党组组织机关党员干部深入扶贫“双到”挂钩村举行纪念建党90周年活动。向中輋村捐赠特殊党费1万元，向19名困难老党员发放慰问金共计3800元，送去了党的温暖和组织的关怀。三是市总工会党组组织机关党员干部到挂钩点龙川县鹤市镇鹤市村开展党组共建活动。向鹤市村困难党员、群众代表进行了慰问并赠送了献爱心捐款慰问金3000元。

【做好扶贫“双到”工作】 按照省委、市委的工作部署，积极开展挂钩扶贫点和平县长塘镇中畲村的扶贫“双到”工作，致力于解决村民住房难、重病医疗难、子女读书难、行路难、饮水难、收入低等问题，筹集并落实到位的扶贫资金共173万元，解决了村集体收入3万元，贫困农户年人均收入达3000多元，改造农房22户，修建水利“三面光”工程，发动55户贫困户参与玉米种植项目，安装太阳能节能路灯80盏，解决学校及村委会饮用水问题、改善村委会办公设施、添置学生桌椅、安装学校安全防护栏、增设村务公开栏。

【工会其他工作有新进展】 女职工组织进一步健全，“巾帼建功”活动不断深化，女职工素质不断提高。推行女职工权益专项集体合同制度，切实维护女职工合法权益。财务工作坚持依法聚财、科学理财、民主管财和有效用财，经费收入稳步增长，财务工作不断规范，资产监督管理进一步加强。加大审计力度，经审工作依法履行经费审查监督职责。调研、信息、统计、报刊征订等工作水平不断提升。市总工会在2011年获得了多项殊荣：全国工会系统“五五”普法先进单位，广东省工会工作先进单位，广东省固本强基工作优胜奖，广东省工会工作创新奖，2010年度统计工作考核先进单位，广东省工会财务工作评比一等奖，广东省工会信息工作先进单位，广东省工会经审工作先进单位，市社会治安综合治理优秀单位等。

（李赋）

梅州市总工会

【领导班子】

主　席：刘广新

副主席：吴寿康（常务，2011年7月离任）、巫敏和（常务，2011年8月任职）、姚若亮（2011年7月离任）、钟立强、侯炜勤、刘胜东（2011年9月任职）

党组成员、副调研员：曾小勇

【机构设置】

办公室、组宣部、经济工作部、保障工作部、女工部、财务部、教育工会、非公有制企业工会、职工文化宫、事业发展中心

【综述】 2011年，全市工会深入贯彻落实科学发展观，围绕建设“团结工会、活力工会、有为工会”的任务，以实现依法推动企业普遍建立工会组织、依法推动企业普遍开展工资集体协商为目标，发挥工会在加强和创新社会管理中的作用，在服务职工群众、协调劳动关系、维护社会稳定等方面发挥积极作用，工会的影响力不断增强。

【抓好工会组织建设】 主动争取市委支持和领导重视，市委下发《关于进一步加大工作力度，全面推进企业工会组织建设的实施方案》。积极推进县级总工会主席按同级党政副职配备，全市8个县（市、区）总工会主席均实现由县（市、区）人大常委会副主任兼任。抓好工会组建和发展会员工作，组织召开市总五届三次全委（扩大）会议和全市基层组织建设工作会议，至2011年年底，全市新组建工会企业2122家，新发展工会会员41422人，工会固本强基工作获全省工会重点工作考核特等奖。继续广泛深入开展建设职工之家活动，不断提高工会整体工作水平，有2人被评为全国优秀工会工作者，2个单位被评为全国模范职工之家。

【构建和谐劳动关系】 推进工资集体协商工作，建立工资集体协商指导员队伍，全市共签订工资集体协议880份，覆盖1990家

企业，近8万名职工。与市司法局等单位联合开展“共创和谐——法律援助与困难职工同行”大型公益活动，促进法律援助和工会维权工作全面开展。与市人社局等单位联合开展和谐劳动关系创建活动，参与市金雁实业集团公司等企业（事业）单位转制协调工作，为转制企业工会、职工提供法律法规和政策依据咨询。做好工会劳动保护工作，全市共组织101家企业、2439个班组、34805名职工参加“安康杯”竞赛活动。扎实推进厂务公开民主管理省级示范点创建工作，完成梅州市供电局等8个单位的贯标认证工作。

【开展建功立业活动】 以创建“工人先锋号”为载体，积极组织开展劳动竞赛活动。抓好劳动模范和各类先进的评选推荐工作，评选出全国五一劳动奖状获得单位1个、全国五一劳动奖章获得者2名、全国“工人先锋号”1个，一批单位和个人获得广东省“工人先锋号”和省五一劳动奖章荣誉。组织召开庆祝“五一”节暨劳模座谈会，对范昌兴等100名梅州市五一劳动奖章获得者进行表彰。组织“客家大嫂队”参加全省家庭服务业职业技能大赛并取得较好成绩，获优秀组织奖。

【大力实施帮扶救助】 2011年“两节”期间，全市共筹集送温暖资金约680万元，走访慰问困难企业843个，慰问困难职工、困难劳模和农民工1万多户。抓好金秋助学活动，全市共发放助学款223.5万元，资助困难职工和困难农民工子女1954人。做好67名特困职工的生活救助和医疗救助工作，全年共发放生活救助款和医疗救助款19万元，免费为375名困难职工办理职工互助医疗保障。倡议开展“人人奉献爱心，共建幸福家园”缴纳特殊工会会费活动，共募集善款35万多元。联合市妇幼保健院等单位开展“关注女工、关爱健康”女职工“两癌”（乳腺癌、宫颈癌）筛查活动，免费为1500多名女职工进行检查。做好职工互助医疗保障和女职工安康保险共28名赔付对象的理赔工作，赔付金额45万元。筹资265万元帮扶五华县潭下镇龙田村，扶贫开发“双到”工作顺利推进。

【提升职工队伍素质】 充分发挥工会“大学校”作用，扎实推进职工书屋建设，新挂牌“全国职工书屋”8家。组织开展“书香岭南”阅读活动和“情系职工”电影放映活动。制定下发《梅州市职工素质建设工程五年规划目标分解表》。与梅州市老年干部大学联合举办共建富庶美丽幸福新梅州——庆“五一”职工文艺晚会。组织举办梅州市职工庆“五一”“中国移动杯”球类（足球、乒乓球、羽毛球）比赛、梅州市及各县（市、区）总工会干部职工“庆国庆”球类（乒乓球、羽毛球）比赛和“迎第二届世界客商大会‘梦之蓝’杯乒乓球邀请赛”三项体育赛事，活跃职工文体生活。与市供电局联合举办“幸福供电人——幸福广东工人农民论坛梅州企业专场”活动。 （黄康威）

惠州市总工会

【领导班子】

主　席：朱挺青

副主席：杨志康（常务）、张宏君、曾红艳（女）

【机构设置】

办公室、组织建设部、维护工作部、宣传教育部、财务部、经审办

【综述】　2011年，市总工会认真贯彻落实惠州市委和广东省总工会关于工会工作的一系列重要指示精神，在推动科学发展、构建和谐劳动关系、促进改善民生、加强工会自身建设等方面取得了良好成效。市总工会固本强基工作荣获广东省2011年度工会重点工作考核一等奖；表彰百名“金牌工人”，建立维稳维权信息员及周报制度等2项工作，荣获2011年度广东省工会工作创新奖；市总工会机关2人被评为全国先进个人，1人荣获省五一劳动奖章。

【广泛开展创先争优建功立业活动】　组织全市职工积极投身创建创先争优“双示范”和“工人先锋号”等建功立业劳动竞赛，受到全国总工会和广东省总工会的表扬，1家单位和3名个人荣获全国“工人先锋号”荣誉称号和全国五一劳动奖章，7家单位和5名个人荣获省“工人先锋号”荣誉称号、省五一劳动奖章，2家单位和1名个人荣获“五一巾帼标兵岗”和“五一巾帼标兵”荣誉称号。

【大力弘扬新时代劳模精神】　2011年4月26日，市总工会以市委、市政府名义召开表彰大会，隆重表彰先进模范和100名金牌工人，开创了广东省在劳模大会上专项表彰一线员工的先河，受到市委和省总工会的高度肯定，市委书记黄业斌在表彰大会上两次点名表扬市总工会和工会主要领导。市总工会在市级媒体上开展金牌工人先进事迹宣传活动，激发广大职工创先争优建功立业的热情。2011年，免费组织100名劳模、1100名困难职工进行体检。2011年“七一”，市领导与金牌工人召开座谈会并观看电影，还发放了慰问金。

【倡导见义勇为精神】　按照省总工会部署要求，市总工会积极发挥工会大学校作用，弘扬社会主义核心价值观，在全市广大职工队伍中开展倡导见义勇为、弘扬传统美德系列活动，引导广大职工共同构建和谐社会。2011年10月30日，368路公交车售票员农小花提醒乘客防窃，被扒手所伤，引起社会广泛关注，中央电视台《今日说法》栏目进行了专题报道。市领导和市总工会及时到医院看望慰问，并授予她“惠州市模范职工”荣誉称号，号召全市职工向她学习，做到弘扬正气、见义勇为，爱岗敬业、甘于奉献。此外，市总工会还大力开展职工技术创新活动，加快推进创新型企业和创新型惠州的发展；积极实施职工素质建设工程，为加快转变经济发展方式提供人力资源支持；深化“我为节能减排作贡献”活动，积极推动资源节约型、环境友好型社会建设。

【切实开展好工会信访工作】　2011年，市总工会共接听处理职工有关拖欠克扣工资、加班加点不按国家规定计酬、轻微工伤得不到及时医治、劳动合同没有履行等侵犯职工合法权益的热线电话720个；发挥工会法律服务律师团的作用，为12名职工提供免费法律服务和法律援助；发挥基层劳动争议调解组织力量，为职工和企业调解劳动争议纠纷49次，及时将矛盾解决在基层，促进了职工队伍和社会的和谐稳定。

【建立工会维稳维权信息员和《周报》制度】　2011年6月，为贯彻落实市委、市政府一系列维稳工作会议精神，创新工会工作方法，市总工会制定下发了《惠州市工会维稳维权信息员制度》。各县（区）总工会高度重视，迅速行动，建章立制，边成立机构，边建立网络，边上报信息。截至2011年年底，惠州市共建成市级工会维稳维权信息中心1个，县（区）级工会维稳维权信息中心

7个，镇级工会维稳维权信息中心76个，共有维稳维权信息员407人。2011年，市总工会上报《周报》24期，市领导共批示26次，其中市委书记黄业斌批示14次。《周报》得到了市领导的好评和鼓励，黄业斌曾批示："市总工会创刊的《周报》很好，望持之以恒，及时反映动态信息，为及时化解矛盾提供依据。"2011年全年，惠州没有发生员工罢工、跳楼事件，为全市经济发展和社会稳定作出了积极贡献。

【开展"幸福惠州·工会与你同行"系列活动】 2011年1月31日，由市委、市政府主办，市总工会承办的"企业员工新春团拜会暨人文关怀爱心卡发放仪式"，在仲恺LG电子（惠州）有限公司举办，市委书记黄业斌、副书记陈仕其、常务副市长张瑛等市领导和省总工会、省人力资源和社会保障厅的领导出席了活动，并与21家企业员工吃年饭，发放慰问金和人文关怀爱心卡，黄业斌还向市总工会赠送"幸福源于关怀"牌匾。2011年4月起，市总工会开展了以"幸福惠州·工会与你同行"关爱员工，与员工心连心为主题的系列活动。一方面，开展了送文艺进园区、迎党建歌咏比赛、职工读书感言征集活动、书法艺术大赛等"与员工心连心"系列活动。其中，共举办送文艺进园区大型文艺演出3次，有11支代表队报名参加了"迎党建、唱红歌、爱中华"歌咏大赛，有856名职工参加了"唱红歌、迎党建"惠州市第二届职工十大歌手比赛，有300多名职工作品参加了"岭南书香"职工阅读暨"庆党建、读好书"职工读书感言征集活动，有50件书法作品参评了"永远跟党走"职工书法艺术大赛，有近200名职工参加了演讲比赛。成功承办了"幸福广东，打工谋福"幸福广东工人农民论坛外资专场活动，数百名外资企业员工、外来务工人员针对"打工者如何谋福，提高幸福指数"主题，围绕发生在自己身边的事开展热烈讨论。论坛得到各级领导的高度重视，省委宣传部副部长阎静萍作重要讲话，副书记陈仕其致辞并在现场回答了网友的提问，承诺解决外来职工遇到的相关问题。开展了送书下厂区活动，全年共向企业职工赠送1万多册书籍，同时向企业职工书屋示范点赠送了价值15万元的图书，有效地推动了企业职工书屋的建设。开展了以"观看经典片、关爱农民工"为主题的全市工会"情系职工"电影放映活动，免费为职工放映了电影100场。另一方面，广泛开展了送温暖、送培训、送助学、送法律、送安康、送和谐、送健康等"关爱员工"系列活动。2011年，全市共筹集送温暖资金374.56万元，中央财政专项帮扶资金165万元，慰问困难职工5401户。为4220名职工购买了职工医疗保险、妇女安康互助保险。开展"金秋助学"活动，共筹措25.13万元资金资助248名困难职工、农民工子女上大学。开展安全生产宣传教育工作，累计共有4万多人参加了相关宣传教育活动。

【积极稳妥推进工会组织建设工作】 认真贯彻工会组建工作三年规划，以提高职工入会率为重点，以外资企业特别是日资、台资和大中型企业为重点和突破口，加大区域性、行业性工会组建力度，进一步健全"小三级"工会网络，最大限度地把包括农民工、劳务派遣工在内的广大职工组织到工会中来。2011年，全市基层工会委员会净增998家、基层工会涵盖单位净增922家，其中，外资企业净增231家、私营企业净增784家；49家驻惠世界500强等跨国公司全部建会，全市16家小汽车出租车公司100%组建工会组织；入会工会会员净增6.5万人，其中，农民工会员净增6.15万人。全市累计基层工会委员会8961家，基层工会涵盖单位17366个，发展工会会员987309人。

【开展基层工会规范化建设和模范职工之家建设】 全市各级工会以贯彻《企业工会工作条例》为手段，认真搞好基层工会规范化建设，增强企业工会活力，构建和谐劳动关系。2011年7月12日，在惠阳经济开发区举行了由各县（区）总工会分管组织建设工作的副主席、组织部部长，惠阳区各镇（街）工会主席等120多人参加的“惠州市镇（街道办）工会规范化建设达标单位揭牌仪式”。各县（区）、镇（街）工会以揭牌为契机，直接面对基层、企业和职工，努力把企业工会、社区工会、园区工会等基层工会建立起来。镇（街）工会组织深入企业车间、班组，大力开展创建劳动关系和谐企业活动，树立工会组织在职工群众中的良好形象。2011年全市共有4家基层工会被评为全国模范职工之家。

【深化平等协商签订集体合同制度】 为进一步深化发展和谐劳动关系，全面推进工资集体协商工作，全市建立了600多人组成的工资集体协商指导员队伍。市总工会选派有关人员参加全总和省总工会举办的工资集体协商工作培训班，2011年5月份在市委党校举办有400多人参加的工资集体协商工作指导员培训班，邀请省总工会干校教授和市人社部门的专家到培训班授课辅导，现场互动解答难题。积极开展工资集体协商“要约行动”，由工会主动向企业方提出工资协商要约，进行工资专项集体协商和签订工资协议。2011年，工会代表职工与企业行政签订了3012份工资集体协商合同，覆盖企业6770家，覆盖职工689198人，超额完成了省总工会下达的任务；签订了女职工专项集体合同1625份，覆盖企业2138家，覆盖女职工156791人。

【健全完善厂务公开民主管理制度】 市总工会按照广东省厂务公开民主管理联席会议要求，积极推进厂务公开民主管理贯标认证工作。截至2011年年底，全市有105家企事业单位，按照广东省厂务公开民主管理标准体系开展贯标认证工作，初步形成了具有惠州特色的厂务公开民主管理标准体系。全市国有及控股企业236家，事业单位388家，公开率占已建工会的100%；实施厂务公开民主管理的4600家非公企业，公开率占已建工会非公有制企业的86%。

【转变工作作风，加强机关作风建设】 牢固树立维护职工合法权益的意识，深入基层和职工，加强与基层工会的沟通了解，开展调查研究，总结典型经验，创造特色工作。坚持以建设学习型工会为目标，强化干部教育培训，加大协管力度，努力建设一支讲原则、有追求、高效率的工会干部队伍。2011年，市总工会表彰了规范化工会15家；举办基层工会主席、财会人员、工会干部等各类培训班93期，参训人员共计6000多人次。提高思想认识，夯实反腐倡廉建设的思想基础，健全完善财务管理规定，强化工会经费的收、管、用，严把反腐倡廉工作关口。进一步推进了工会经费收缴工作，工会经费收入实现稳定、持续增长。加强了工会经费审计监督力度，对市、县两级工会专项帮扶资金的管理和使用情况进行了专项检查，对部分县级工会和市直基层工会财务情况进行审计，配合省总工会审计组对市总工会本级2010年经费预算执行情况进行了审计，各级工会财务工作得到进一步规范。

（沈莹）

汕尾市总工会

【领导班子】

主　席：彭石沛

副主席：高木水（常务）、李惠文（女）、林传兴

副调研员：黄展达

【机构设置】

办公室、组织宣传教育部、经济保障部、财务部

【综述】　2011年，汕尾市各级工会认真贯彻落实省委、市委和省总工会关于工会工作的重要指示精神，紧紧围绕服务中心、服务基层、服务职工，为推进汕尾市经济社会科学跨越发展，建设幸福汕尾这一大局，求真务实，切实加强工会工作，认真落实“组织起来，切实维权”的工作方针，坚定不移地走中国特色社会主义发展道路，坚持为职工服务、为党政分忧、为企业和谐、为经济加油的工作指导思想，扎实推进固本强基、依法维权、帮扶困难、建功立业和素质提升五大工程，推进“两个普遍”，构建和谐劳动关系，积极参与加强和创新社会管理，全市工会各项工作都取得了良好成绩。

【以建功活动为主题，劳动竞赛工作取得新发展】　2011年，汕尾市总工会制定下发了《关于开展“当好主力军，建功‘十二五’”竞赛实施意见》和《汕尾市总工会2011—2015年劳动竞赛规划》，举办“建功‘十二五’，当好主力军”主题竞赛暨汕尾电信“创优质服务，促3G发展”营销技能比赛启动仪式，向全市职工发出《创先争优当先锋　建功立业促发展》劳动竞赛倡议书，极大地调动和激发了全市广大职工的创造热情。召开了汕尾市总工会纪念“五一”国际劳动节暨代颁奖大会和汕尾市劳模先进事迹学习报告会。全市各行业结合自身特点，以“工人先锋号”、“首席工人”、“安康杯”等为载体，开展各具特色的“当好主力军，建功‘十二五’”创先争优劳动竞赛活动。全市职工职业技能大赛参赛领域、行业和职工人数均创历史新高，有近6万人次的职工参与了岗位练兵、技术比武活动。评选出5位全国五一劳动奖章获得者、1个全国“工人先锋号”集体、4位省五一劳动奖章获得者和5个省“工人先锋号”集体。

【以“三年规划”为目标，“两个普遍”取得新进展】　认真贯彻工会组建工作三年规划，以提高职工入会率为重点，加大区域性、行业性工会组建力度，最大限度地把包括农民工、劳务派遣工在内的广大职工组织到工会中来。制定《汕尾市总工会2011—2013年推动企业普遍建立工会组织工作规划》，联合汕尾市人社局下发《关于推进企业工资集体协商工作的意见》，对工资协商的目标任务、工作重点、工作要求、组织保障、队伍建设、信息通报、考核制度、约束机制等一系列问题作出了明确规定。截至2011年年底，全市签订工资集体协议的企业有159家，覆盖企业501家，聘任工资集体协调指导员235名，均已在劳动部门备案。通过加强机制建设，强化内部管理，有效协调了企业劳动关系，为促进汕尾市劳动关系和谐稳定发挥了积极作用。

【以工会律师团为依托，做好法律服务工作】

根据省总工会的要求，市总工会以加强法律服务为突破口，市直和县区各级司法部门公益律师和社会知名律师共10人，成立了汕尾市工会法律服务律师团，由市总工会

法律援助中心统一调配。律师团建立了定期会商机制和特约律师接待日制度，参与调处重大劳动纠纷，为职工提供法律咨询和法律援助。2011 年，全市工会办理法律援助案件 46 宗，惠及职工 69 人，为职工挽回经济损失 420 多万元，工会法律援助服务逐步走上专业化、社会化、常规化的道路。

【以人文关怀为切入点，推进帮扶工作常态化】 2011 年，全市各级工会共筹集慰问款物 250 多万元，走访慰问了困难企业 140 家，慰问困难职工、农民工和节日期间坚守工作岗位的一线职工近 3000 人。深入开展“关爱行动”，为 500 名农民工提供了各种技能培训和就业服务，为 1000 名女职工提供了免费健康检查，组织了全市各级劳模参加免费健康体检，组织全国和省劳模、全国五一劳动奖章获得者进行疗休养活动。深化“金秋助学”活动，全市共筹集资金 514 万元，资助困难职工和困难农民工子女 2667 人。

【以提高干部素质为目标，创新干部培训方式】 一年来，全市各级工会深入学习科学发展观，加强干部培训工作，注重培养干部创新能力，干部培训工作取得良好成效。市总工会利用微博平台链接全总工会干部教育培训网视频网址，使所有工会干部、企业管理人员、工资协商指导员、企业员工都可以不用注册，直接收看全总专家的培训讲座视频，大大降低了培训成本，扩大了培训范围，此项工作在全省创新工作考核中获优秀奖。

【以先进文化为指引，坚定广大职工的理想信念】 汕尾市各级工会把学习贯彻胡锦涛总书记“七一”重要讲话精神作为首要政治任务来抓，组织广大职工和工会干部认真学习领会讲话精神，坚定理想信念。广泛开展庆祝建党 90 周年系列活动。承办了由汪洋书记亲自点题的“幸福广东工人农民论坛·汕尾专场”活动，使广大职工深化了对幸福广东的认识。举行全市劳模事迹报告大会，开展向共产党员罗克、罗玉展同志学习专题活动，在全市职工群众中倡导树立正确的价值观、人生观、世界观。

（王木林、李驿宿）

东莞市总工会

【领导班子】

主　席：张顺光（2011 年 8 月离任）
　　　　郭　水（2011 年 8 月任职）

副主席：马凤彪（常务）、黎卓荣、李红昌（女，2011 年 8 月离任）、何志雄

【机构设置】

办公室、组织宣教部、权益保障部、劳动保护部、财务部、经审办

【综述】 2011 年，在市委和省总工会的正确领导下，全市各级工会立足实际、找准定位，坚持以构建和谐劳动关系为主线，以维护职工合法权益为重点，在加强和创新社会管理中积极作为，扎实推进固本强基、依法维权、帮扶困难、建功立业和素质提升等各项工作，为促进东莞经济社会平稳健康发展作出了积极贡献。

【广泛开展主题竞赛活动】 以“当好主力军、建功‘十二五’”为主题，深入实施劳动竞赛五年规划，组织广大职工开展大竞赛、大献计、大培训、大练兵活动。在市一级，组织开展了针织服装、电焊、钳工、家政服务等八个大项劳动竞赛，吸引了 4 万多

名职工踊跃参赛，有效调动了广大职工投身建设的积极性。各级工会结合地区和行业特点，把劳动竞赛与科技创新、节能减排、优化管理相结合，推动广大职工的聪明才智转化为生产力、转化为物质成果。2011年全市各类企业参加劳动竞赛的职工达30万人次，实现技术革新986项，荣获国家专利404多项，推广先进操作法767项，职工提出合理化建议1万7千多条，实现直接经济价值1.9亿多元，有效提升了全市企业和产业的发展层次与后劲。

【积极推进职工素质提升工程】 充分发挥工会“大学校”作用，通过技术培训、名师带徒、岗位练兵、技能比武等活动，进一步畅通一线职工技能晋级的“绿色通道”，晋升技术等级3236人次，选树“金牌工人”、“首席技师”、“技术标兵”3095名。广泛开展“创建学习型组织，争做知识型职工”活动，实施“职工书屋”建设五年计划，在全市企业建立近400家职工书屋，不断满足广大职工文化需求。在常平镇挂牌成立职工技能培训基地，虎门职校、石龙职校被命名为全国职工教育培训优秀示范点，东莞市职工教育阵地建设得到进一步加强。

【注重培育选树先进典型】 职工建功立业活动的开展，极大激发了广大职工的劳动热情，全市共推荐评选产生全国工人先锋号1个、广东省工人先锋号7个、全国五一劳动奖状1个、全国五一劳动奖章3名、广东省五一劳动奖章5名。他们作为东莞转型升级创新发展的引领者和示范者，在“五一”庆祝大会上受到了隆重表彰。在全市大力宣传劳模先进的典型事迹，弘扬工人阶级伟大品格，营造“工人伟大、劳动光荣”的浓厚社会氛围。2011年经市委同意，首次设立市一级五一劳动奖状、五一劳动奖章和“工人先锋号”三个劳动竞赛专项奖，更好地激励广大职工创先争优，为建设幸福东莞多作贡献。

【建立健全职工诉求表达机制】 充分利用工会12351职工维权热线和各级工会信访窗口，受理职工来信来访。2011年全市各级工会组织接到职工投诉咨询2282宗，其中有关劳资纠纷的投诉935宗。市总工会每月对信访情况进行统计分析，对每一宗职工投诉都进行跟踪处理，信访办结率达100%。从2010年11月开始，把每月15日定为主席接访日，由市总工会主席到市困难职工帮扶中心坐班，现场接待来访职工，集中调处复杂个案。

【建立健全职工法律援助机制】 充分发挥工会法律服务律师团作用，开通“工会法律服务直通车”，每周安排一位律师团成员到市困难职工帮扶中心值班，为职工法律咨询及纠纷调解提供专业法律意见。组织律师团成员开展大型流动法律宣讲33场，送法进企业，普法到一线，使工会法律服务工作更贴近职工。继续完善镇（街）职工法律援助服务中心建设，将法律援助工作不断向基层延伸。

【建立健全职工群体性事件调处机制】 市、镇街两级工会在建立职工群体性事件专责小组的基础上，进一步完善职工群体性事件应急调处预案，对职工群体性事件实行每日一报制度。全年参与处置30人以上职工群体性事件15宗，涉及职工4210人。在塘厦保安公司劳动合同纠纷、长安兴昂鞋厂、黄江裕成鞋厂等重大劳资纠纷案件中，市、镇街工会迅速介入、上下联动，积极做好职工的安抚和引导工作，协助党政妥善处理好事件，维护职工队伍和社会大局稳定。

【建立健全职工权益保障机制】 以开展创建“劳动关系和谐企业”为抓手，全面推进集体合同、厂务公开和“安康杯”竞赛“三位一体”权益保障体系建设，从源头上杜绝和减少劳资矛盾的发生。至2011年，全市实行厂务公开的企业有16458家，公开率达80%，逐步在非公企业推行厂务公开贯标工作，推动厂务公开民主管理规范化。近2000家企业开展了“安康杯”安全生产竞赛活动，参赛职工达87万人。积极开展“安全生产月”活动，在长安、万江、厚街等镇街举办13期职工安全生产及职业病预防培训班，有力促进企业安全生产管理，提高职工安全防患意识。全市已签订集体合同的企业12554家，覆盖职工206多万人。在虎门服装行业与万江茶叶市场试点推广行业性集体合同，实现集体合同的更广覆盖。举办全市工资集体协商培训班，首批220名协商指导员持证上岗，深入企业指导开展工资集体协商工作。召开全市工会工作会议，推广三洋马达、巨汉灯饰、恩斯克等企业实行工资集体协商的先进经验，在全市10054家企业中成功建立工资集体协商制度。

【扎实开展工会特色帮扶活动】 各级工会以“春送技能，夏送清凉，秋送助学，冬送温暖”为载体，开展形式多样的帮扶活动。2011年，全市各级工会筹集送温暖资金388万元，为1842户困难职工家庭提供物质、技能和心理上的帮扶，其中240人通过免费岗位技术提升，获得了国家认证的技能证书；发放助学资金43万元，资助357名困难职工子女走进校门。市困难职工帮扶中心为55名遭遇突发性重大疾病、职业病或意外事故致贫的职工及其家庭提供近18万元的救济帮扶，并将这部分困难职工及时纳入工会帮扶管理系统，进行长期跟踪帮扶。对23名困难劳模进行走访慰问，发放慰问金75000元。开展女职工健康援助行动，为15000多名女职工提供“两癌”健康体检。积极发动职工参加医疗互助保险，全市参与职工医疗互助保障计划的有1154人，参加女工安康保险的有5591人。

【创新开展工伤探视活动】 探视住院的工伤职工1207人，发放慰问金36万元，帮助137名工伤职工落实好工伤待遇。在此基础上，市总工会于2011年4月挂牌成立了工会社工服务站，引进5名专业社工为在虎门、桥头工伤康复中心的工伤住院职工提供情绪疏导、家庭辅导和社会康复等服务。自成立以来，社工站发挥作用明显，先后开展了“康复之路，病友伴我行”、“关爱自己，一路有你”等150多次的专业社工活动，即时辅导200多人次，及时消除疑虑和担忧，让工伤职工重拾生活信心。

【抓好工会组织建设】 认真落实“组织起来，切实维权”的工作方针，层层分解落实全年组建目标，深入开展“广普查、深建会、全覆盖”集中行动，强势推进建会工作。至2011年，全市已建立工会组织28022家，比上年同期增长2576家；有工会会员331万多人，比上年同期增长近28万人，较好地完成了省总工会下达的工会组建和发展会员目标任务，继续保持全省领先位置。针对中小企业组建难的问题，市总工会积极推进行业性、区域性基层工会联合会建设，长安镇建立五金机械模具协会工联会，涵盖150个工会小组；横沥镇成立文化市场工会委员会，涵盖30个网吧小组；大朗镇成立社区卫生服务中心工会联合会，涵盖14个社区卫生服务中心，形成了规模和亮点。

【抓工会组织作用的发挥】 坚持“边组建

边巩固提高”的原则，积极开展创建“职工之家”活动，不断完善规范企业工会运作。一年来，共验收合格“职工之家”1374家，5家基层工会荣获“全国模范职工之家”称号，17家基层工会荣获“全省模范职工之家”称号，有效激发了基层工会的活力。总结推广技研新阳、东江水务、光润家具、唯美陶瓷等一批基层工会典型，沙田镇总工会主席王珠等3人被评选为全国优秀工会工作者，三洋马达工会主席金玉华被评为省优秀工会工作者标兵，中国移动东莞分公司工会主席黄友检等5人被评为省优秀工会工作者，形成了示范带动效应。广泛组织企业工会开展职工书画摄影比赛、读书节活动、趣味运动会等职工喜闻乐见的文体活动，在活动中体现工会作为。加大对工会干部的教育培训力度，一年来举办各类工会业务培训72期，培训工会干部11000多人次，较好地提升了工会干部队伍的整体素质。

（郭富春）

中山市总工会

【领导班子】

主　席：区碧群（女）

副主席：杜绮玲（常务，女）、刘伯良、黄哲明

【机构设置】

办公室、组织部、经济工作部、保障工作部、宣传教育部、财经事业部

【综述】 2011年是中山市工会工作不断向前推进的一年。在市委和省总工会的正确领导下，全市各级工会组织紧紧围绕全市工作大局，充分发挥工会职能作用，积极参与加强和创新社会管理，真抓实干，主动作为，通过组织职工、引导职工、服务职工，维护职工合法权益，保持职工队伍稳定，促进社会和谐，谱写了中山工会工作的新篇章。

【建功立业促发展】 制定《中山市2011—2015年劳动竞赛规划》，举行“当好主力军、建功‘十二五’”创先争优劳动竞赛启动仪式，号召广大职工积极投身以“六比六赛”为主要内容的重点工程劳动竞赛以及具有区域特色的劳动竞赛，为推动中山经济社会发展作出积极贡献。继续推进“超级工人”系列电视职业技能竞技活动，举办了“超级护士”大赛，全市共500多个医疗单位5000多名护士参赛。2011年，在电力、卫生、通信、公路等系统开展了32项职工技术技能竞赛，参赛职工人数达到80万人次，“两房竞赛”（先进电工房、先进锅炉房）实现节电7330多万千瓦时，燃煤锅炉节约标煤近22600吨，节约重油超6800吨，节约柴油6200多吨，价值1亿3千多万元。深入开展职工群众性经济技术创新和合理化建议活动，全市经济技术创新成果增创节约经济价值达32650万元。联合市质量技术协会等有关部门举行了中山市质量管理（QC）小组代表大会成果发表会，对46个成果进行了现场发表。市供电局、移动中山分公司等单位有19个项目荣获全国优秀QC成果奖。

【素质提升见成效】 加大职工培训工作力度，全市外来务工人员综合素质教育八个重点培训课程的光碟灌录工作全部完成，并派发到各镇区巡回播放。据统计，历时三年的外来务工人员素质提升工程共培训外来务工人员近170万人次，培训任务顺利完成。职工技能培训工作常抓不懈，制定了《中山市外来务工人员职业技能培训工作方案》，继

续委托市建筑业行业工联会开展建筑行业外来务工人员职业技能培训工作，培训建筑工人319人；举办了2期中级电工国家资格认证培训班，培训外来务工人员近70人，为中山市加快转型升级培养了一批实用型技能人才。不断深化基层学习型组织示范点培育工作，中山市小榄镇职工教育培训中心、中国电信股份有限公司中山分公司分别被评为“全国职工教育培训优秀示范点”和“全国职工教育培训示范点”。

【修身养德树新风】 在工会系统大力推进全民修身行动，召开动员大会，制订实施方案，发出倡议书，以培养和塑造与中山经济社会发展相适应的现代职工为目标，重点推进职业道德倡导行动、公共素养培养行动、职工素质提升行动、新中山人融合行动和干部队伍优化行动等五大配套行动，促使全体干部职工的职业道德修养、公共文明素养、文化技能水平不断提升。同时，在全市范围内深入开展“创文明和谐班组、当文明守法员工”主题实践活动。活动突出抓好四个结合：一是与经济建设相结合；二是与企业文化建设相结合；三是与构建和谐劳动关系相结合；四是与工会系统全民修身行动相结合。活动还印发了《中山职工文明手册》2万多册，引导广大职工文明工作、文明学习、文明生活，不断完善自我，从思想道德、文明规范、文明素养、文明礼仪等方面规范自己的行为，养成文明言行的习惯。

【党工共建齐推进】 把推动企业普遍建立工会作为全会工作的重中之重来抓，坚持党工共建，积极争取党委、政府的高度重视和大力支持，配合市两新组织党工委开展“党群工作一体化”和“三送服务进百企”活动，不断推进“广普查、深组建、全覆盖”集中建会行动，工会组织覆盖面不断扩大，最大限度地把职工吸收到工会组织中来。建立健全镇区工会组建工作督查制度，定期召开镇区工会组建工作督查会议，及时了解组建工作进度，解决工作中遇到的困难和问题，并根据各镇区的实际情况进行分类指导，总结推广工会组建和发展会员工作的新经验、好做法。全年新建基层工会组织2500多家，净增工会会员13.8万人。

【工资协商广覆盖】 制定了《中山市总工会2011—2013年深入推进工资集体协商工作规划》，并积极争取市委、政府的支持，以市政府的名义下发《关于全面推进工资集体协商工作的实施意见》，进一步明确了中山市2011—2013年工资集体协商目标任务，建立了由市政府副市长为第一召集人，市总工会和人社部门主要领导为召集人，国资委等其他部门领导为成员的联席会议制度。同时，以开展工资集体协商作为企业和经营者参与本市评先选优的必备条件，实行一票否决制。建立了一支由各级工会干部、劳动法律法规专家、工会法律服务律师团成员等340人组成的工资集体协商专业指导员队伍。2011年，市、镇两级工会共举办工资集体协商专项培训班24期，培训工会干部、职工代表、工资集体协商指导员20787人次。通过做好组织保障、加强对基层的指导和服务、规范协商程序、选好协商代表等措施，大大提高了工资集体协商的成功率和公信力，工资集体协商覆盖面不断扩大。截至2011年年底，中山市建立工资集体协商机制的企业达7032家，覆盖职工60余万人，其中签订区域性工资集体协议154份，行业性工资集体协议13份，覆盖企业3464家。

【维权维稳保和谐】 建立健全劳资纠纷应急处理机制，将劳动争议调解工作的重点放在行政村（社区）中，并逐步向规模企业延伸，贯彻落实“仲裁不出镇、调解不出村、协商不出厂”的工作目标，及时化解重大劳资纠纷，避免矛盾激化。2011年，村级调解委员会共处理劳动争议3975宗，成功调解3153宗，成功率达79.3%。加强工会法律服务工作，完善了律师团接待日制度和律师分片联系制度，及时有效处理职工群众的劳动保障法律问题，引导职工通过合法途径解决劳资纠纷。2011年，共为102名职工提供了法律咨询服务，处理法律援助案件18宗，为职工挽回经济损失240多万元。此外，全市各级工会共接待受理职工来信来访（电）2084宗，涉及职工2156人次，协助职工挽回经济损失930多万元，切实维护了职工的合法权益。积极维护职工的生命健康权益。深入开展“安康杯”竞赛活动，加强工会劳动保护监督，市、镇两级工会全年共参与工伤死亡事故调查处理36宗，保证了工会依法全程参与职工工伤死亡事故的调查处理。

【惠民帮扶送温暖】 定期对全市特困职工、困难职工的情况进行全面调查，推动帮扶工作常态化。积极开展春节“送温暖”、夏季“送清凉”活动。春节期间，市委、市政府共拨款81万元，对全市736户困难职工进行慰问。酷暑时节，市总工会拨款35万元，各镇区、系统工会多方筹集资金95.98万元，共对20多万名一线高温作业工人进行慰问。深入开展金秋助学、医疗救助、工伤探视等活动，共发放慰问金51.4万元，慰问职工494人次。每年5月开展的职工解困月活动得到越来越多职工的认可和参与，2011年共收到捐款140多万元，进一步夯实了解困基金。在做好帮扶工作的同时，积极参与以保障和改善民生为重点的社会建设，大力促进劳动就业，与市智海人才市场联合举办2011年首届百家企业大型招聘会暨千人人才交流会，提供就业岗位2000多个。积极推进职工互助保障计划和女职工安康保障计划，全年有70646名职工参加了职工医疗保障计划，42958名职工参加了安康保障计划；为196名职工办理了理赔手续，共赔付现金357万多元。大力开展女性关爱行动，对1000名困难女职工进行免费“两癌”（乳腺癌、宫颈癌）筛查。

【固本强基谱新篇】 一是规范基层建设，夯实工会组织基础。制定“星级职工之家”创建标准，通过抓试点带动各镇区、系统高标准抓工会组织建设，共选树、培育“星级职工之家”示范点48家，充分发挥工会组织作用。开展工会干部职业化、社会化招聘筹备工作，促进基层工会干部选拔任用机制进一步创新。二是突出教育培训，提升工会干部能力。在市委党校举办了一期工会干部业务培训班，500多名工会干部参加了培训。组织工会领导干部到浙江大学进行“创新社会管理”专题研修班学习，着力打造一支学习型、实干型、创新型、服务型的工会干部队伍。三是加强调查研究，推动工会理论创新。2011年，开展了工资集体协商、工会组建、劳务派遣、深化医药卫生体制重点改革、女农民工素质提升等多项调研活动，深入了解和掌握职工群众关心的热点问题，在调研基础上，积极做好成果转化，通过调研成果推进工会理论创新、体制创新和工作创新，以创新带动发展。四是加强对外来务工人员的服务和管理工作，推动在外来务工人员比较集中的镇区建立党政领导定期听取外来务工人员的意见和诉求的制度，市总工会先后在东区、三乡、小榄等镇区召开了职工思想分析座谈会，收集意见和建议，有针对性地改进工作。

【庆“五一”劳模表彰大会隆重举行】 4月28日下午，中山市庆“五一”劳模表彰大会暨创先争优劳动竞赛启动仪式在市会议中心隆重举行。大会表彰了2011年全国、省五一劳动奖章获得者和全国、省工人先锋号获得单位，全面启动“当好主力军、建功‘十二五’”创先争优劳动竞赛。中山市人民医院院长余元龙、市博物馆馆长张潮、中国移动通信集团中山分公司业务员黄深言获全国五一劳动奖章；广东腾骏动物药业股份有限公司生产部和中山市检察院民事行政检察科获全国工人先锋号称号；市公安局三角分局局长刘伟刚等5人获广东省五一劳动奖章；曼秀雷敦（中国）药业有限公司药品研发车间等7家单位获广东省“工人先锋号”称号；中山市总工会获“‘十一五’时期社会主义劳动竞赛先进组织单位”称号。

【“百分妈妈”生活学堂进企业活动启动】 4月8日上午，由中山市总工会女职工委员会与市妇女儿童健康促进会联合举办的“百分妈妈”生活学堂进企业活动启动仪式隆重举行。该项活动通过举办“百分妈妈”生活学堂壁报画展、“百分妈妈”生活系列讲座及免费发放儿童健康成长护照等形式，进一步宣传推广家庭教育理念和知识，提高广大女职工的家庭教育水平，加强对未成年人的教育。全年在80家企业举办讲座102场，受到了女职工的普遍欢迎和企事业单位的充分认可。

【成立工会义工服务队】 为使工会义工服务进一步规范化、制度化和长效化，推动工会系统全民修身行动深入开展并取得实效，11月20日，中山市总工会成立中山市工会义工总队，各镇区、系统工委会成立义工分队，引导广大职工围绕“情系职工、帮扶救助、服务维权”的宗旨，积极支持和参与义工服务活动，着力打造工会义工服务品牌，创新工会参与社会管理的模式，探索专兼群相结合的工会工作新路子，为广大职工实践全民修身行动、参与和谐社会建设搭建更好、更宽广的平台。

【职工文化建设深入推进】 广泛开展文艺巡演下基层进企业活动，举办文艺演出35场，送戏下乡185场，惠及职工群众近20万人次；送书下乡11528册，到镇区企业开展文艺辅导培训58场次。结合纪念建党90周年和辛亥革命100周年活动，组织职工开展系列读书自学活动，并组队参与中山市庆祝中国共产党成立90周年文艺晚会、广东省“颂歌献给党”职工合唱比赛和“翩翩起舞颂党恩”全省职工排舞电视大赛等活动，获得合唱比赛和排舞电视大赛两项金奖。举办中山市工会庆祝“五一”男子篮球赛、首届广场健身展演活动，集中展现了职工队伍的良好精神风貌。在全市掀起省市级“职工书屋”的创建工作热潮，向新建的49家“职工书屋”各赠送价值2000元的书籍，进一步充实“职工书屋”的藏书量。（覃立剑）

江门市总工会

【领导班子】

主　席：赵翠玲（女，2011年9月离任）
　　　　秦有朋（2011年9月任职）
副主席：王　雄、罗荣华、薛丽瑶（女）

【机构设置】

办公室、基层建设部（外商投资企业工会联合会、私营企业工会联合会）、人事工作部（经费审查委员会办公室）、保障工作部、宣传教育部、经济工作部、财务部、工人文化宫、困难职工帮扶中心、广东省职工保障互助会江门代办处

【综述】 2011年，江门市各级工会在市委、省总工会的领导下，围绕市委中心工作和省总工会提出的目标任务，把工作重点集中到促进“加快转型发展、建设幸福侨乡”、促进增强基层工会活力、促进企业劳动关系和谐上，开展创先争优党工共建活动，各项工作取得新进展。

【引导职工发挥主力军作用】 在全市范围开展“十万职工大练兵、十万职工大比武、十万职工献计策”立功竞赛活动。市总工会会同有关部门先后举办了全市电力、建筑、卫生、家政服务、物业管理等5个行业的职工职业技能大赛；各市（区）和部分基层单位也结合实际举办了多种形式、多个工种的职工职业技能大赛。全市共有2300多家企事业单位开展了劳动竞赛、岗位练兵、技术比武和提出合理化建议等职工群众性经济技术创新活动，参加职工183900多人次，提出合理化建议50065多条，创效一亿多元。全市共有3人获全国五一劳动奖章，1个单位获全国五一劳动奖状，7人获省五一劳动奖章，1个集体获全国“工人先锋号”，7个集体获省“工人先锋号”，85人获江门市劳动模范称号，35个集体获江门市先进集体称号。

【参与创建全国文明城市活动】 配合全国文明城市的创建，在全市开展了“和谐江门、文明江门、幸福江门”职工知识竞赛，并通过江门电视台分3晚重播决赛；制定《2011年江门市行业礼仪提升行动实施方案》，部署和指导各级工会组织职工开展各种形式的行业礼仪提升行动，开展了文明礼仪大讨论活动和窗口行业文明礼仪形象展示活动，评选表彰了江门市行业文明礼仪之星60人；开展了江门市职工“知书达理，文明江门”读书征文比赛；继续实施“职工书屋”建设规划，新建设“职工书屋”238家，搭建了职工读书平台，深化“创建学习型组织，争做知识型职工”活动，提升职工队伍的学习力，培养更多的知识型、技术型、创新型职工人才；督促和推动企业改善外来务工人员的居住环境；对进城务工人员的教育形成制度，并得到落实；通过完善帮扶中心的帮扶制度，形成帮扶生活困难的道德模范的长效机制，结合实际给予道德模范社会礼遇；加强宣传力度，向广大职工宣传“江门市十佳道德模范”的事迹；组织职工参与开展“百城万店无假货”活动；还积极完成市创文办部署的其他各项工作，在创建全国文明城市活动中，充分发挥了侨乡工人阶级的主力军作用。

【推动企业普遍建立工会组织和普遍开展工资集体协商】 全面完成了省总工会下达的年度建会目标任务。2011年，全市共有独立基层工会委员会4410个，涵盖法人单位17294家，工会会员636366人，其中农民工会员总数为247048人；2011年度全市独立基层工会委员会、工会涵盖法人单位、工会会员分别净增580个、791家、71541人，净增长率分别为15.14%、4.79%、12.67%。超额完成省总工会下达的推进工资集体协商的目标任务。按照省总工会三年工作规划，到2011年工资集体协商建制率要达60%，2011年全市共签订工资集体合同2165份，覆盖企业10971家，建制率达75.2%，推进了和谐劳动关系示范区的创建。全市还选聘了420名工资集体协商指导员，加强培训力度，为不断深化此项工作奠定组织基础。加强基层工会组织规范化建设。为进一步增强基层工会活力，市总工会在全市范围部署开展了创建“十有两满意”非公企业工会示范点活动，并深入开展会员评家活动。

【做好帮扶困难职工和维护职工合法权益工作】 深化工会的帮扶工作。各级工会积极加强对职工的人文关怀，开展冬送温暖、夏送清凉活动已成为制度化工作。2011年全市各级工会发放款物436万多元，其中慰问困难职工5776人次，慰问困难劳模72户；发放助学金340万多元，资助5167名困难职工子女；各级工会共培训职工、农民工2.1万多人次；完成了上级工会部署的劳模三金发放工作；积极推广省职工医疗互助保障计划和省女职工安康互助保障计划，为患大病职工开展互助互济活动，2011年全市共有31.57万人次参保，参保金额2235万元，有996名患大病职工，得到保障金1377.3万元。认真处理职工来信来访来电、及时调解劳动争议保稳定。全市各级工会共处理职工来访来信来电288宗，涉及职工642人次，结案率100%。其中集体信访14宗，涉及职工218人次。各级工会在开展维权中，积极发挥工会律师团的作用；在处理职工群体性信访事件中，既坚持依法维权，反映职工合理诉求，又做好职工的思想政治工作，注意教育引导职工顾大局、识大体，确保社会的和谐稳定。加强工会的劳动保护工作。开展以提高企业安全生产水平、职工安全意识为宗旨的“安康杯”竞赛活动，全市共有1559家单位参赛，参赛班组14172个，参赛人数353997人，比2010年分别增加14%、9%、10%，共推评出全国优胜企业5家、全国优胜班组1个、全国示范企业1家、全国组织工作优秀个人1人，广东省优胜企业5家、广东省优胜班组1个、广东省组织工作优秀个人1人；市总工会与市安监局 、江门移动分公司共同举办的江门市职工“安全在我心中”安全短信征集活动，收到近万条安全短信，有70条被评为优秀短信，推动了安全文化建设，营造了“关爱生命，关注安全”的良好社会氛围。积极推进涉及职工权益的法律法规的贯彻实施。与有关部门建立了厂务公开联席会议制度，指导企事业基层单位建立健全职代会制度和厂务公开制度，保障职工的民主管理权利；开展了各种形式的送法上门活动，如举办《社会保险法》、《职业病防治法》等法律法规的讲座、宣传咨询活动；配合劳动保障、安监、卫生等部门开展执法检查，参与安全生产事故查处工作。

【满足职工精神需求，开展形式多样的文体活动】 组织职工群众开展内容丰富、形式多样的职工文体活动，如举办外来工游园活动，举办乒乓球赛、羽毛球赛、篮球赛、舞狮赛、趣味运动会，送电影下基层等。发动全市各基层工会职工参加广东省总工会、广东省文联、广东省书法家协会、广东书法院联合举办庆祝中国共产党成立90周年“永远跟党走”职工书法艺术大赛；组织发动广大职工参加“铁人杯”全国职工工会知识竞赛问答；组织江门市女职工参加“粤港澳女职工庆‘三八’书画摄影比赛”；组队参加省总工会举办的“颂歌献给党”广东省职工庆祝建党90周年合唱比赛；组织了有600人组成的职工舞蹈队，参加由中国舞蹈家协会、中共江门市委宣传部主办的“我舞蹈·我健康”2011年江门市百姓健康舞大赛；组队参加江门市第十届“百歌颂中华”歌咏比赛群众歌会；举办职工摄影技能培训班；通过这些活动，加强了工会对职工的正确引导和影响，促进了幸福和谐的良好社会氛围的形成。

（周慧剑）

阳江市总工会

【领导班子】

主　　席：詹先凤（女）

副主席：谭　健、冯世新、张进生、何伟帼（女）

副调研员：陈　敏、罗培平、司徒阳刚

【机构设置】

办公室、组织宣传教育部、生活女工部、经济工作部、劳动保护监督部、财务事业管理部

【综述】　2011 年，阳江市各级工会在市委和省总工会的正确领导下，以邓小平理论和“三个代表”重要思想为指导，深入贯彻落实科学发展观，按照省工会十二大和市工会五大提出的目标任务，结合阳江工会工作实际，着力为职工服务、为党政分忧、为企业和谐、为经济加油，围绕抓好重点、突破难点、创造亮点的工作要求，深入抓好固本强基、依法维权、困难帮扶、建功立业和素质提升五项重点工程，取得了较好的成绩：在全省工会重点工作考核中荣获固本强基工作一等奖，创新工作项目“建立职工血库绿色通道”和“建立劳模定期走访制度”分别荣获广东省工会工作创新优秀奖和先进奖。

【固本强基工作有新起色】　一是制订《2011 年—2013 年阳江市推动企业普遍建立工会三年工作规划》，提出了今后 3 年企业组建工会和发展会员的工作目标任务。全年共新组建基层工会 378 个，增加覆盖单位 628 个，增加会员 30243 名（其中农民工会员 15655 名）。指导、督促 90 多个基层工会完成换届或补选健全工会工作。认真做好工会社团法人资格证的审核发放工作，共变更、发放法人资格证 177 个。二是开展“建家评家”活动。成功推荐全国模范职工之家 2 个、全国优秀工会工作者 2 名、广东省模范职工之家 8 个、广东省模范职工小家 2 个、广东省优秀工会工作者 2 名、优秀工会积极分子 2 名、优秀职工之友 1 名。三是做好工会服务窗口的各项工作，为基层工会提供优质服务，得到市委、市政府和基层工会的好评。

【困难帮扶工作有新成效】　一是积极开展元旦、春节期间送温暖慰问活动，配合省、市慰问团把党和政府对工人群众的温暖送到千家万户。全市共筹集慰问金 224.8 万元，发放慰问金 213.7 万元。慰问困难企业 153 个、困难职工 5802 户、困难农民工 1925 人。为全国劳模发放生活困难补助金、特殊困难帮扶金和慰问金共 201900 元，慰问困难劳模 95 人。二是积极打造“春、秋两季助学”品牌，为职工办实事、办好事、解难事。共筹集资金 121.4 万元，向 2083 名困难职工子女和困难农民工（外来工）子女发放了助学金。同时，还对困难职工、困难农民工积极开展生活救助和医疗救助活动，全年共救助 235 人，发放救助金 34.63 万元。三是在全市会员中开展缴纳特殊工会会员费活动，在“广东省第二个扶贫济困日”活动中捐献特殊会员费近 20 万元。四是为职工办理了 2363 份“广东省职工医疗互助保障计划”，为女职工办理了 1089 份“广东省女职工安康互助保障计划”。并为 16 名参加职工医疗互助险和女工安康互助险的职工办理了理赔手续，送去赔付金 19.5 万元，有效地缓解了患病职工医疗费用的压力。五是加强阳江市特困职工优待证的管理。新办理特困职工优待证 97 个，办理延期特困职工优待证 804 个。新录入困难职工档案 420 个。积极协助民政部门做好特困职工低保和职工群众来访工作，接待困难职工群众来访 1326 人次。六是做好“双到”扶贫工作。共投入 11 万元，为挂点帮扶的阳西县程村镇中北村困难农户解决生产、生活困难。中北村被评为阳江市“双到”工作先进村、广

东省扶贫红旗单位。

【依法维权工作有新进展】 一是运用劳动关系三方会议协调机制，建立了拥有304人的工资协商指导员队伍，树立了一批工资协商签订工资专项集体合同的先进典型。全年工资协商签订工资专项集体合同的企业2059家，覆盖职工131925人，工资集体合同覆盖的企业占建立工会组织（涵盖）企业的70%，完成了省总工会下达的任务。二是继续开展“安康杯”竞赛活动。全市参加“安康杯”竞赛活动的企业889个，班组1143个，职工83931人，有效地促进了市安全生产形势的稳定好转。广东粤运朗日股份有限公司被评为“全国‘安康杯’竞赛优胜企业”，阳西县烟草分公司营销部被评为“全国‘安康杯’竞赛优胜班组”；阳江市人民医院、阳春市中诚铜业有限公司等一批集体和个人受到省总工会和省安监局的表彰。三是抓好厂务公开工作。对全市进入市“四公开信息平台”实行厂务信息网上公开的203个单位进行调研和考核，对阳江供电局等95个优秀单位、市卫生学校附属医院等131个良好单位进行了表彰。四是认真做好职工来信来访、法律援助及突发事件的处理工作。全年共接待职工来信来访83宗，涉及职工4863人次，法律援助28件。在“两会”召开期间，配合有关部门妥善处理了34宗集体上访事件，为阳江的维稳工作作出了贡献。

【发挥工会组织作用有新举措】 一是认真落实《广东省总工会2011—2015年劳动竞赛规划》，以提高职工技术素质、增强职工创新能力为重点，广泛开展“当好主力军、建功‘十二五’”劳动竞赛和以创建“工人先锋号”活动为载体的班组竞赛活动，把广大职工吸引到竞赛活动中来。推动企业选树“创新能手”、“创新示范岗”和“创新型班组”，提高职工的创新意识和创新能力。与市科工信局联合开展“我为节能减排献一策”活动，增强职工参与节能减排的意识，提高企业节能减排质量和效益。二是在劳动竞赛中注意培养和选树先进典型。成功推荐岑娜、谢日升2人为全国五一劳动奖章获得者，何耀辉等4人为广东省五一劳动奖章获得者，阳西县国家税务局纳税服务股为全国“工人先锋号”班组，阳春市自来水公司水厂机房等5个班组荣获广东省“工人先锋号”称号，刘恩赐为全国五一巾帼标兵，江城区地税局办税服务厅为全国五一巾帼标兵岗。三是弘扬工人阶级伟大品格和劳模精神，借助《阳江日报》、市电视台、市电台等新闻媒体对先进典型进行宣传报道，营造尊重劳模、关爱劳模、学习劳模、争当劳模的良好社会氛围，使他们的先进事迹家喻户晓，在全市职工中掀起一个学先进、赶先进的热潮。

【工会干部、职工队伍素质有新提高】 一是对工会干部和职工骨干进行培训。与清华大学联合举办了阳江市工会系统领导干部高级研修班，47名市、县总工会领导干部和基层工会主席参加了学习；组织4批共25名工会干部参加省总工会的培训；采取多种方式开展培训工作，共培训工会干部、职工骨干2000多人次。认真做好普法工作，组织干部职工参加学法培训和集中考试，提高广大职工的学法、知法、守法、用法的意识。二是开展丰富多彩的职工文体活动，营造良好的人文关怀氛围。如：举办阳江市庆“五一”职工文艺调演，组织职工参加省总工会主办的“庆祝建党90周年书法比赛”、省第十届“百歌颂中华”职工合唱比赛、职工歌手大赛，协同市委宣传部、市文广新局等有关部门组织开展“幸福广东”论坛（企业职工专场）等活动，有力地推动了全市职工文体活动的健康开展。三是检查、验收了一批省、市职工书屋，推荐上报全国职工书屋2个，自建职工书屋25个。组织女职工参与省总工会举办的“新时代、新女性、新风采”粤港澳女职工书画摄影活动，阳江报送的50幅作品中有15幅获奖。配合省总工会开展“工会情系职工”电影放映活动，为企业职工免费放电影4场。四是开展全市女农民工素质提升工作的专题调研活动，对女农民工素质提升情况进行了全方位的调查，并向省总工会提出工作意见和建议。五是认真做好“两报”的征订工作，全年共订阅《工人日报》711份，《南方工报》1651份，超额完成省总工会下达的订阅任务。

（陈敏）

湛江市总工会

【领导班子】

主　　席：李　连

副 主 席：李彩英（常务，女）、江少霞（女）、陈　全（女）、肖光瑞

党组成员、副调研员：蔡德才、董　辉

【机构设置】

办公室、组织部、宣传教育部、经济工作部、财务部、保障工作部、产业工会工作部

【综述】 2011年，市总工会坚决贯彻落实党中央、省委、市委和全国总工会、省总工会一系列重要指示精神，牢牢把握科学发展主题，紧紧围绕“转变发展方式、建设幸福湛江”这一核心，坚持为职工服务、为党政分忧、为企业和谐、为经济加油，全面履行职责，成效显著。分别获得全省工会创新工作奖、固本强基工作特等奖、工资集体协商工作优秀奖、工会经费收缴工作优秀奖等奖项和广东省工会工作优秀单位称号。

【服务经济建设有贡献】 按照《2011—2015年劳动竞赛规划》部署，市总工会联合移动、供电系统组织了技能竞赛活动，对获得第一名的9名员工和2个单位分别授予湛江市五一劳动奖状、奖章，充分调动了企业职工的积极性，带动全市劳动竞赛活动蓬勃开展。据不完全统计，2011年，全市有28万多名职工参加各类劳动竞赛活动，达120多场次，创造了很好的经济效益。劳模精神进一步得到弘扬。五一期间表彰了全国、省、市各类先进人物98名和先进集体班组52个，并运用电视、报纸及网络等多种媒体对劳模的先进事迹进行宣传，在粤西大地谱写了“劳动光荣、工人伟大”的新篇章。职工素质提升工程得到有效实施。以“职工书屋”为抓手，不断深化“创争”活动。验收通过全国、省、市三级职工书屋34家，提升全国、省级职工书屋8家，湛江市总工会被评为全国工会职工书屋建设先进单位。

【“两个普遍”工作有突破】 工会组建工作有进展。截止到2011年9月底，全市基层工会委员会共有6268个，其中2011年新建工会组织1050家；工会会员594353人，新发展会员76473人。工资集体协商工作不断推进。到12月底，全市建立了11支共626人的工资集体协商指导员队伍，建立工资集体协商制度的企业有3051家，覆盖率由年初的18.3%发展到年底的79%，超额完成了省总工会下达的任务。

【困难帮扶工作有成效】 加大“送温暖”

活动力度。全市各级工会共筹集送温暖资金593.74万元，慰问困难企业296家，慰问困难职工16825户，党政工领导参与751人次。继续发挥“金秋助学”、“大病救助”、“工伤探视”等帮扶品牌的作用。据不完全统计，全市为5170名困难职工子女发放助学金367万元；积极开展日常临时救助，给132名困难职工一次性基本生活援助25.52万元；为550名困难职工发放了三期共20多万元的购物卡、爱心大米一批。热心办理职工医疗互助保险投保续保和申请理赔等工作。2011年共为6769人办理了投保、续保手续，收储保费55.35万元，及时为61名患病职工办理了92万元赔付金。

【维权工作力度有加强】 加强调研，整合力量，培树典型，总结经验，考核验收并命名表彰45家劳动关系和谐企业，有力推动各地构建和谐劳动关系活动向纵深开展。其中，湛江市邮政局获“全国模范劳动关系和谐企业”称号，湛江市自来水公司等7家企业和遂溪县白坭坡工业基地分别被评为广东省模范劳动关系“和谐企业”和“和谐工业园区”。充分发挥职工维权律师志愿团的作用，全年共接待来电咨询350余件，接待来访360人次，办理法律援助案件29宗。建立湛江市总工会与湛江市中级人民法院联席会议制度，就当前全市的集体劳动争议案件、重特大疑难的劳动争议案件等适合工会组织参与调解的在诉劳动争议案件进行沟通调解，充分发挥了工会在劳动关系中的“稳定器”作用。工会劳动保护监督检查组织网络管理得到加强，广大职工参与企业事故隐患治理的工作措施得到完善，“安康杯”竞赛等安全生产工作载体得到发展，全市参赛单位有58家，参赛班组有2676个，参赛职工有41250人。高危行业已开始推行劳动安全卫生专项集体合同。

【职工文化建设有拓展】 以庆祝“五一”国际劳动节和中国共产党成立90周年为契机，组织开展形式多样的活动，如以“火红的五月，奋进的湛江”为主题的全市职工文艺汇演活动，市职工书画摄影比赛活动，纪念建党90周年职工书画摄影作品展览等活动，并利用“职工之家”阵地，为职工送去精神文化关怀，进一步激发广大职工爱党爱国的热情和工人阶级团结奋斗的力量。同时，提高工会干部组织活动和策划的能力，工会活动品牌得到拓展，工会的凝聚力有了新的提高。

（胡菁）

茂名市总工会

【领导班子】

主　席：卢方圆

副主席：黄家进（常务）、丘仲宜（兼）、刘文海、罗绍娟（女）、许　丹（女）

党组成员、副调研员：朱培斌

调研员：蔡桂期

【机构设置】

办公室、组织部、宣教文体部、经济工作部、权益保障工作部、经审纪检人事室、法律援助工作部、财务部

【综述】

2011年，茂名市总工会认真贯彻落实“两个普遍”，进一步加强企业工会工作，实施依法维权和困难帮扶工程，组织开展劳动竞赛，丰富职工的业余文化生活，不断加强自身建设，为建设和谐幸福茂名发挥了工会的重要作用。

【主题竞赛活动顺利推进】 组织开展“兴

现代产业、造滨海新城、建幸福茂名”主题劳动竞赛。茂名石化公司推行班组“小指标创优”劳动竞赛，电力系统开展变电运行值班工技能竞赛，教育系统开展市一中新校区重点工程项目竞赛，市中医院开展“创第一服务品牌，展示中医人风采”劳动竞赛等活动。全市已建工会的企事业单位劳动竞赛覆盖面达86%，职工参与率达90%，其中非公企业覆盖面为70%，职工参与率为75%。普遍开展岗位练兵和职工技能比赛。开展职工安全生产知识教育和全国“安康杯”竞赛活动，全市有433家企业、6600个班组、11万多名职工参加。评选推荐一批全国、省五一劳动奖章，全国、省、市工人先锋号及劳动竞赛先进集体和个人。召开全市庆“五一”暨劳动竞赛总结推进会和劳模代表纪念建党90周年座谈会。通过组织一系列活动，推动了“当好主力军，建功‘十二五’”创先争优劳动竞赛的深入开展，有效地促进了我市经济的发展。

【“两个普遍”取得明显成效】 推动企业依法普遍建立工会组织、依法普遍开展工资集体协商，实施《加强企业工会工作（2011—2013年）三年行动计划》，把2011年确定为企业工会工作“推进年”，机关干部分组挂钩联系各地及市直100多家企业，指导基层抓好工会组建、发展会员和开展工资集体协商。全年组建工会408家，发展会员39812人，其中农民工会员21693人。企业工会组建率为70.26%，会员入会率为69.7%。全市有基层工会4385家，覆盖法人单位13854家，有会员452244人，其中农民工会员138823人，同比分别增长10.2%、4%、9.65%和18.52%。出台工资集体协商的指导性文件，健全市、县两级工资集体协商领导小组，建立350多人组成的集体协商指导员队伍，7至9月开展协商集中要约“百日行动”。全市签订工资专项集体合同和含工资专章、工资条款的综合性集体合同的单位达2449家，建制率为64%（其中签订专项工资集体协议250份）。全市建会企业集体合同覆盖率为75%，小企业劳动合同签订率为70%。开展和谐劳动关系创建活动，涌现出7家省级和谐劳动关系先进企业。

【维权帮扶工作扎实有效】 大力宣传《社会保险法》，召开外来务工人员迎中秋座谈会。调处职工维权个案，受理职工来访298批663人次，接听维权热线电话536次。参与农民工工资支付检查和市政府移交露天矿区职工有关问题的处理。全市筹集送温暖资金1663.2万元，慰问困难企业566个、困难职工29887人、困难劳模1332人。建立1.2万户困难职工档案，工会“爱心超市”为600户特困职工按季发放价值40多万元的大米、花生油等食品。给39名患重病职工发放医疗救助金3.87万元，为517名寒门学子发放助学金45.7万元，争取江可伯慈善基金捐赠9万元资助困难职工子女263人次。为困难职工提供法律援助10宗72人次，挽回经济损失29.5万元。给14057名会员实施职工互助保障，为55名特殊患病职工发放赔付慰问金71.9万元。对荣获二等功的复退军人进行调查，为170多人落实市级劳模待遇。为208名市级劳模发放津贴27.69万元，为29名全国劳模和352名省级劳模发放“三金”102.6万元。上门探访困难职工25批223人次，送上慰问金、慰问品11.15万元。开展关爱农民工系列活动暨志愿服务行动，实施女职工关爱行动工程，为1000名女职工检查“两癌”。开展涉及近5000人的“早期茂名建设者”调查和走访慰问活动。

【宣教文体工作创出品牌】 牵头承办“感悟幸福——幸福广东工人农民论坛茂名企业职工专场”活动，组织职工参加省总工会“永远跟党走”职工书法艺术大赛和“翩翩起舞颂党恩”全省职工排舞电视大赛，茂名（移动通信）代表队参赛的排舞《功夫熊猫串烧》获得金奖、优秀组织奖和最佳编导奖。市职工业余文工团为10多个基层单位举办了春节和中秋文艺晚会，到6个企业举行“幸福茂名·工会与你同行——宣传‘两个普遍’”暨“幸福茂名”大家谈晚会。4月起在全市推广排舞，免费举办3期排舞培训班，培训骨干300多人。举办“庆‘五一’、颂党恩”和职工群众迎新年“全健排舞”嘉年华等5个专场排舞展演活动。5月起每周一、三、五晚在市文化广场设点免费推广，全市排舞爱好者达2万多人。

【工会自身建设逐步加强】 市委批转《中共茂名市委组织部市总工会关于深入开展党工共建创先争优活动充分发挥工会在加强社会建设中作用的意见》。开展争创“五好”工会竞赛。5个县（市、区）总工会主席由同级人大常委会副主任兼任。委托省总工会办好“千名工会干部培训计划”第九、第十期培训班，培训300人。投入20万元以送师资、送教材、送经费的方式为县区培训企业工会干部和协商指导员700多人。联合茂名石化公司投入515万元帮助电白县罗坑镇窝仔村119户贫困户实现百分百脱贫和泥砖房改造，为村委会扩建猪舍，兴建办公楼，完成村、学校道路的硬底化及建造围墙、公厕，维修灌溉水渠，新建垃圾池等公益项目。村集体年收入达10.8万元，通过省、市、县三级抽查考核评估，实现三年任务两年完成。推行经审工作“十有”达标考核。抓好文化宫事业单位的改革工作。组织机关会员开展读书沙龙、学跳排舞和游园活动。开展“6·30”扶贫济困日捐款和会员缴特殊会费活动。支持电白县霞洞镇和信宜市平塘镇做好综治和计生工作。

肇庆市总工会

【领导班子】

主　席：方建生

副主席：蓝达青（常务）、郭继光、陈广俊、陈锡友、陈　婷（女）

党组成员、副调研员：岳汉广

【机构设置】

办公室、组织部、宣教部、民主管理和经济技术工作部、保障工作部、财务部、经审室、财贸工会、教科文卫工会

【综述】 2011年，在市委和省总工会的正确领导下，全市各级工会紧紧围绕科学发展这个主题和加快转变经济发展方式这条主线，依章履职，主动作为，进一步为职工服务、为党政分忧、为企业和谐、为经济加油，大力推进“两个普遍”，构建和谐劳动关系，积极参与社会建设和社会管理，扎实推进工会各项工作，为富民强市、建设幸福肇庆作出了新贡献，得到了全国总工会、省总工会和市委的充分肯定。

【党政重视支持工会工作】 市委、市政府和各级党委、政府高度重视、支持工会工作。各级党委、政府均有一名领导分管、联系工会工作，适时听取工会工作汇报，帮助工会解决实际困难和问题。市委书记徐萍华、市长郭锋、市委副书记吴华钦等领导经常过问、批示工会工作。2011年12月，市委召开常委会议专门听取工会工作汇报，并

出台了《肇庆市委关于加强新形势下群众工作的意见》。市政府以 2011 年 1 号文批转《肇庆市工会经费税务代收暂行办法》。在市委十届十一次全会上，市总工会代表市直单位作了以参与社会管理和服务为主题的经验发言。在县级换届过程中，8 个县（市、区）总工会主席全部落实了由同级副职配备的任务要求。

【创先争优建功立业】 2011 年，全市有 31 万名职工参加了“为千亿工程立新功、为‘双转移’作贡献”重点工程劳动竞赛和职工群众性经济技术创新活动，取得技术革新成果 1.1 万项，提出合理化建议 160 万件，总结推广先进操作法 1200 项。市总工会荣获“全国劳动竞赛先进组织单位”称号。市委、市政府召开了庆祝“五一”国际劳动节暨劳动竞赛表彰大会，表彰了 3 名全国五一劳动奖章获得者、1 个全国“工人先锋号”集体、5 名省五一劳动奖章获得者、9 个省“工人先锋号”集体、36 个市“千亿工程”劳动竞赛先进集体和 60 名先进个人。发放全国劳模“三金”、省劳模“两金”和市困难劳模医疗补助金 89.6 万元，并组织了劳模体检和疗休养。

【固本强基夯实基础】 坚持党建带工建、党工共建、党群工作一体化，以实施工会经费（筹备金）地税代收为契机，大力推进企业工会组建工作三年规划的落实。2011 年新组建工会组织 464 家，发展会员 5.4 万人，比省总工会下达的三年组建规划第一年企业工会组织净增数、发展会员任务数分别增长 37%和 96.1%。全市工会组织累计已达 3875 家，会员 33 万名，全市 109 个镇（街道）全部建立了总工会，工会组织网络建设进一步健全，工会工作实力和影响力得到增强。市总工会荣获省总工会 2011 年度全省工会重点工作考核固本强基工作一等奖。

【维权维稳创建和谐】 肇庆高新区被评为全国模范劳动关系和谐工业园区。在全省构建和谐劳动关系先进表彰暨经验交流会上，7 家企业和 1 个工业园区被省通报表扬。发挥劳动关系三方协商机制作用，建立了一支由 644 人组成的工资集体协商指导员队伍。全市已建工会企业职代会建制率为 76%；各类企业共 2199 家实行了厂务公开民主管理，厂务公开率为 85%，19 个单位通过省厂务公开民主管理贯标认证。发挥工会法律服务律师团在调处劳动纠纷方面的作用，全年解答职工来访、来电咨询 845 人（次），帮助代理与指导职工维权案件 86 宗。各级工会接待和处理职工来信、来电、来访 712 件（次），涉及人数 2914 人，受理劳动争议案件 128 件，涉及人数 4843 人，调解率达 96%；配合有关部门为农民工追回拖欠工资 882.3 万元。去年，市总工会荣获全国工会系统五五普法先进单位、全国工会职工法律援助维权服务示范单位荣誉称号。

【联系职工群众，帮扶职工，服务职工有新亮点】 开通了全省第一个地级市工会微博“肇庆工人”，并建立了基层工会干部、劳模、律师三支工会网络舆情引导员队伍，为职工群众表达诉求提供了一个更加有效、直接畅通的网络平台，成为肇庆市工会探索科学维权的新亮点。举办了 2 场“幸福广东幸福肇庆工人农民论坛”活动，深化了广大职工对幸福肇庆的认识。“肇庆工人”微博荣获省总工会 2011 年度全省工会工作创新优秀奖。扎实做好“十送”帮扶实事。2011 年春运期间，省、市、县三级工会广泛参与春运“暖流行动”，在 321 国道设置返乡回程农民工摩托车大军服务点，累计为 70 万人（次）农民工平安返家和返程服务，效果好、影响大。举办了第五届“希望在明天，工会助您行”助学圆梦活动，为1722名困难学生发放助学金258.8万元，为困难职工家庭高校毕业生提供就业服务1260人次。开通了“惠农院线”新品牌，累计免费为基层企业职工、农民工送电影3300场，市工人影剧院荣获了广东省农村电影工作先进集体称号。建设了露天职工象棋坛和职工书画摄影画廊。

【坚持“重在建制、稳步推进”原则开展工会经费税务代收试点工作】 2011年7月1日，肇庆市工会经费地税代收工作正式实施，成为省内继深圳、韶关后第三个推行工会经费税务代收工作的城市。财务工作和经费收缴得到全国总工会和省总工会的充分肯定。去年市总工会分别荣获全国工会财务工作先进单位和省总工会2011年度全省工会重点工作考核工会经费收缴工作优秀奖。

【加强工会自身建设】 广泛开展庆祝建党90周年系列活动和创先争优、大调研、大讨论活动，突出抓好机关干部作风和精神文明创建活动，不断加强工会领导班子和干部队伍建设。继续实施全市工会干部“千人培训计划”。举办了全市新上任基层工会干部培训班和工会网络舆情引导员培训班，全年市、县两级工会举办各类培训班44期，培训工会干部5230人（次），培训率达78%。去年市总工会荣获广东省文明单位荣誉称号。市教科文卫工会和市财贸工会以活动为载体，分别举办了第四届乒乓球比赛和趣味运动会等有行业特色的活动。市女职工委员会切实抓好女职工权益保护专项集体合同工作，女职工组织建设不断规范，女职工工作更具活力。工会经费审查、工会信息、档案管理和工会统计工作进一步加强。肇庆市工会信息工作连续九年获全省先进单位称号。扎实做好怀集县蓝钟镇上竹村“双到”扶贫开发工作。工会直属事业单位各项工作稳中求进，经济和社会效益进一步提高。

（熊海雄）

清远市总工会

【领导班子】

主　席：杨秋光

副主席：朱　平（常务）、梁国强、麦燕滇（女）、刘兆雄（2011年12月任职）

【机构设置】

办公室、组宣部、维权部、财务部

【综述】 2011年，清远市总工会扎实推进“两个普遍”工作，继续抓好工会组建，推进工资集体协商，在维护职工合法权益、帮扶困难职工等方面取得了新的进展。

【突出重点抓组建，工会组织建设取得重大突破】 按照全国总工会、省总工会“两个普遍”的要求，集中力量，突出重点，制定措施，全面推进工会组织建设工作。在市委的大力支持下，各级党委均把工会组织建设纳入当地党建计划，与党建同布置、同检查、同考核，并把工会工作列入政府年度绩效考核评分体系，对全市工会组建起到了重要的促进作用。继续实行工会重点工作考核制度，各县（市、区）总工会按照市总工会《考核方案》的要求，全面掀起了工会组建热潮，在劳动、工商、安监、教育等各有关部门的大力协助下，全市广大工会干部深入到各企业、园区、厂矿等基层一线，广泛动员未成立工会的企业单位尽快组建工会，声势浩大，效果显著。2011年，全市工会组建工作取得重大突破，全年新建工会组织897家，比上年增长39.8%；发展新会员10.8万人，其中农民工会员6.4万人，分别比上年增长36.6%和47.6%。全市工会组织已达3148个，工会会员40.5万人。工资集体协商工作也取得重大成效，2011年全市已建工会企业共签订工资集体协商合同769份，覆盖企业1381家，覆盖率达到74.57%，超过省总工会下达的60%的任务指标。

【围绕大局抓竞赛，主力军作用得到充分发挥】 开展以“当好主力军，建功‘十二五’”为主题的各类劳动竞赛、岗位比武、技术创新等一系列活动；配合市委、市政府十项重点工程的实施，发起了“保增长、扩内需、调结构、促和谐，为‘十个一批’作贡献”的专项劳动竞赛活动，较好地促进了工程的进展。一年来，全市共有10多万职工参加了各类劳动竞赛，提出合理化建议1000多条，创造经济效益3亿多元。在抓好各类竞赛的同时，注重抓好劳动模范等一些先进模范人物的选树和表彰工作，全市共评选、表彰全国五一劳动奖章获得者2人，省五一劳动奖章获得者5人，以劳模和先进人物精神引导职工，激励职工，鼓励和动员广大职工在本职岗位中更好地建功立业。

【构建和谐抓稳定，职工维权维稳取得重大成效】 维权机制不断完善，先后在全市建立健全了职工维权电话热线、职工来人来访、劳动争议调解、工会法律服务律师团等多项制度，进一步规范和促进了全市职工维权维稳工作。一年来接受职工来人来访、来电、来信咨询2886件（次）；工会法律服务律师团开展法律援助15人次，调解劳动争议65件，为职工挽回经济损失359.7万元。同时市总工会领导带领四个小组，围绕职工集体上访26件349人的信访件开展专题调研，协调处理，维护了社会稳定。在全市开展“安康杯”竞赛活动、劳动安全大检查和职业病防治活动，企业和职工的安全意识不断提高，职工的工作环境得到改善。开展了厂务公开大检查，促进企业不断增加管理透明度，提高了职工的知情权和参与权。同时积极开展和谐企业创建活动，全市共创建和谐企业38家，其中受省表彰的有6家；遏制了年初全省运输行业职工停工、串联活动的苗头，有效地稳定了职工队伍，促进了全市的和谐稳定局面。

【健全机制抓帮扶，困难职工帮扶取得重大成果】 进一步完善困难职工帮扶中心建设，市、县（市、区）两级帮扶机制不断健全。市总工会和8个县（市、区）全面建立了困难职工帮扶中心，制定了有关制度，帮扶机制不断完善。一年来，全市共筹集发放各类帮扶资金500多万元，开展了困难职工帮扶、困难职工子女助学、大病医疗救助、困难劳模慰问和“冬送温暖，夏送清凉”等一系列帮扶活动，惠及职工1万多人。开展职工免费就业培训，帮助职工提高文化素质和劳动技能。成立清远市总工会职工技能培训基地，全年培训困难职工（农民工）181人，支付培训经费15.6万元，帮助广大职工提高职业技能，增强创业和就业能力。认真做好“双到”扶贫工作，积极为贫困村做好事、办实事，落实市委、市政府“双到”扶贫工作部署，派出专人，拨出专款，为连南黄连村建立了茶叶基地，先后划拨资金10多万元，帮助农户23户，为该村早日脱贫打下坚实基础。

（古宴玲）

潮州市总工会

【领导班子】

主　席：王拥和

副主席：李群玲（常务，2011 年 10 月离任）、钟　炼（常务，女，2011 年 10 月任职）、黄奇思、蔡景璇（女）

【机构设置】

办公室（财务部）、组宣部、权益部、生活女工部

【综述】　2011 年，潮州市总工会在市委和省总工会的领导下，紧紧围绕市委、市政府工作大局，按照年初提出的工作要求，坚持中国特色社会主义工会发展道路，找准工作着力点与切入点，以解放思想改革创新为动力，以构建和谐劳动关系为主线，以扩大工会组织覆盖面、增强工会组织凝聚力、维护职工合法权益为重点，开拓创新，团结拼搏，各方面工作取得了长足进步，实现了难点工作有突破、基层工作有亮点、整体工作有提升。

【扎实推进群众性经济技术创新活动】 2011 年年初，制订了《潮州市总工会 2011—2015 年劳动竞赛规划》，号召全市职工紧紧围绕“加快转型升级、建设幸福潮州”这个中心，广泛开展“当好主力军、建功‘十二五’”主题竞赛活动。据统计，全市共有 140 个工会组织开展劳动竞赛，23144 名职工参赛。各级工会和各级职工技协组织紧紧围绕生产中的难点和重点，大力开展技术革新、技术交流等技术创新活动，促进产业核心竞争力的提升。潮安县的康辉集团研发中心与华南农业大学等高校进行产学研合作，多个项目研发成功，为企业加快发展提供了有力的支持。市凯普生物科技公司致力于分子生物诊断试剂及诊断仪器的研发、生产、销售，成为中国 HVP DNA 检测试剂的领军企业。一年来，全市各级职工技协共提合理化建议 98 件，其中已实施 64 件，技术革新 8 项，推广先进操作法 6 项。

【大力弘扬劳模精神和工人阶级的伟大品格】

切实加强劳模推荐、评选和管理工作，大力弘扬劳模精神和工人阶级的伟大品格。市总工会精心策划，严把审查关，共推荐评选了 68 名市劳动模范，29 名市先进工作者，50 个市先进集体，市委、市政府于“五一”前夕召开市第五届劳动模范和先进集体表彰大会，进行了表彰。同时，按照省总工会的要求，推荐评选了 2 名全国五一劳动奖章获得者、4 名广东省五一劳动奖章获得者。各级工会还认真做好全国劳模“三金”的申报工作和困难省部级劳模的生活调查工作，积极开展慰问劳模活动。“五一”前夕，市总工会积极筹集劳模互助金，同时争取财政支持，慰问了 68 名困难省部级劳模。通过劳模互助金共对 9 名省部级以上困难劳模（劳模遗属）实施困难帮扶。同时，组织 11 名全国劳模、省劳模分赴云南、黑龙江、陕西、江西等地疗休养。继续广泛深入开展“工人先锋号”创建活动，为表彰先进，市总工会分别为全国“工人先锋号”获奖单位举行了隆重的揭牌仪式。

【突出重点，强力推进“两个普遍”工作】

2011 年，制订了《潮州市总工会 2011—2013 年推动企业普遍建立工会组织工作规划》、《潮州市总工会 2011—2013 年深入推进工资集体协商工作规划》，提出了 2011—2013 年企业工会组建及工资集体协商的目标。7 月初，市总工会向市委提出《关于加

强基层工会组织建设的意见》，市委转发了市总工会的意见，对全市镇（街道）总工会建设以及行业协会和社区工联会的组建工作都提出了明确的目标要求。饶平县委、湘桥区委先后批转了县、区总工会加强工会组织建设的请示。湘桥区率先实现全区所有街道、镇全面建立总工会，并做到有印章、有牌子、有人员、有办公场地。2011年，全市已建镇（街道）总工会19个，村（社区）工会联合会84个。市总工会还重点推进工资集体协商工作。分别建立市级、县区级5支工资集体协商指导员队伍，选聘了267名来自各级工会组织、政府社会保障、司法部门的干部，熟悉有关法规政策和工资集体协商知识的专家、学者、律师、社会工作者等人士为工资集体协商指导员。

【举办潮州市“幸福广东工人农民论坛”】 6月初，在潮州市创佳集团成功举办潮州市“幸福广东工人农民论坛”启动仪式暨首场论坛，取得了良好社会效应。市委副书记黄俊潮，市人大常委会副主任、市总工会主席王拥和出席启动仪式并讲话；市委宣传部副部长张惠雁，市总工会副主席黄奇思、蔡景璇，市妇联副主席陈瑞苑，团市委副调研员黄少娟等领导出席了活动。启动仪式后，由潮州市总工会承办的主题为“说身边事，谈幸福感”的首场论坛正式开始。大唐潮州发电厂李永俊、市中心医院吴灿霞、市委办黄志刚三位先进职工代表做了主题发言，来自市直部分工委会、基层工会负责人，以及创佳集团、名瑞集团、潮州供电局、大唐广东潮州发电公司、建行潮州市分行、潮州市中心医院和湘桥区一线的近百名职工代表，围绕“什么是幸福?”“如何获得幸福?”等主题畅所欲言，与特邀嘉宾现场交流切磋，用集体的智慧，为构筑幸福潮州出谋划策。

【召开党工共建创先争优工作交流会】 8月29日至30日，召开潮州市党工共建创先争优工作交流会。市委副书记黄俊潮出席会议并作重要讲话，市委副秘书长钟光耀、市委组织部副部长陈毓莅会指导。参加会议的有市总工会领导班子成员，各县区党委分管工会工作的领导及县区总工会主席、副主席，市直各工委会主席，市总机关全体同志等50多人。会议传达了全省创先争优党工共建暨南海本田工资集体协商现场会精神，研究部署全市党工共建创先争优和推进“两个普遍”工作。会上，市人大常委会副主任、市总工会主席王拥和对全市开展党工共建创先争优和推进企业普遍建会、普遍进行工资集体协商工作进行了部署。会议期间，与会人员深入到各县区，现场观摩、交流了各自总工会和企业工会党工共建创先争优工作情况，潮州市辉源实业有限公司等6家企业工会分别介绍了党工共建创先争优和工资集体协商工作的经验做法。

【切实加强职工法律服务工作】 市总工会切实加强工会法律服务律师团建设，结合实际，制定了《潮州市工会法律服务律师团工作办法》；同时建立沟通联系制度，充分发挥工会律师团在依法维护职工合法权益中的积极作用。律师团积极为全市各级工会组织和职工提供公益法律服务，为困难职工提供法律援助，参与调处重大劳动纠纷，指导和帮助困难职工开展工资集体协商，协助工会开展普法宣传教育，为工会组织、工会工作者和职工提供法律咨询和报务。各级工会切实做好“六五”普法规划的实施，努力营造良好的法治文化氛围。市总工会与市人社局、市地税局联合举办了社会保险法培训班及户外咨询活动，并对“五五”普法工作进行总结验收，潮州市邮政局工会和潮州供电局工会被全国总工会评为全国工会系统“五五”普法先进单位；市总工会刘胜坤和市创佳集团刘宇华被评为全国工会系统“五五”普法先进个人。

【扎实开展“金秋助学”活动】 市总工会把“金秋助学”工作作为工会创新和加强社会管理，构建和谐社会的重要内容。各级工会千方百计筹集助学帮扶资金，共投入资金200多万元，全市近千名困难职工子女获得不同形式的帮助。全省工会2011年金秋助学启动仪式在潮州市召开，潮州市委书记骆文智、省总工会副主席王丽华以及黄俊潮、陈央、王拥和、钟挥锷等市领导出席了启动仪式，并为400名特困和困难职工子女每人发放2000元助学金。启动仪式上，市人大常委会副主任、市总工会主席王拥和向此次慷慨解囊40万元支持“金秋助学”活动的潮州市建成农业综合开发有限公司董事长詹建怀颁发了捐款证书。（许奕飞）

揭阳市总工会

【领导班子】

主　席：孙锐卿（女）

副主席：刘琼忠（常务）、罗秋鹏（纪检组组长、经审委主任）

【机构设置】

办公室（加挂经费审查办公室、法律顾问室牌子）、组织部、财务部、生产保护部、宣传教育部、生活女工部（加挂市退休职工管理委员会牌子）

【综述】 2011年，揭阳市总工会在市委和省总工会的正确领导下，紧紧围绕“打造粤东发展极，建设幸福新揭阳”的核心任务，发挥优势，主动作为，积极参与加强和创新社会管理，切实维护职工合法权益，努力在社会建设管理中当好主力军，全会各项工作都取得了明显的成效。

【扎实抓好“两个普遍”，进一步加大了工会组建和工资集体协商工作力度】 一是认真抓好工会组建和职工之家建设工作。加大工会组建和会员发展工作，采取“双措并举、二次覆盖”以及“广普查、深组建、全覆盖”集中行动，加大行业性、区域性工会的组建力度，取得了明显的成效。至2011年9月底，全市新组建工会497家，新发展会员27081人，累计共组建工会12874家（涵盖数），会员318532人。2011年度我市工会组建工作获得省总工会重点工作考核一等奖。积极组织开展创建“先进职工之家”活动。2011年，揭阳市一批先进集体和个人被评为全国总工会、省总工会先进职工之家、优秀工会工作者、优秀职工之友。二是扎实有效做好工资集体协商工作。高度重视工资集体协商工作，制订了《揭阳市总工会2011—2013年深入推进工资集体协商工作实施方案》，并编印《揭阳市工资集体协商资料汇编》，聘用及培训了367名工资集体协商指导员，指导集体协商工作。至2011年年底，全市已建会企业共签订工资集体合同1277份，覆盖企业4791家，占已建工会企业的61%，超额完成了省总工会的任务指标。

【切实维护职工合法权益，进一步完善了工会参与社会管理服务格局】 一是职工合法权益维护工作更加到位。充分利用12351维权服务热线和工会维权服务大厅，为全市广大职工提供帮扶和维权服务；继续发挥广东省工会法律服务律师团揭阳分团的积极作用，为广大职工提供各种法律服务。2011

年，市工会律师团共为职工提供法律援助40多宗，为我市广大职工提供了实效、免费的法律服务。二是和谐劳动关系创建机制更加完善。深入开展劳动关系和谐企业创建活动，积极推广先进典型经验，引导劳资关系和谐稳定发展。重点解决现有机制的健全、规范和落实问题，确保有效运作。经精心推荐，揭阳市自来水公司等一批劳动关系和谐先进企业受到省委、省政府的表彰。积极开展职工健康心理关怀活动，督促企业切实改善工人生活待遇，落实高温补贴，继续开展高温送清凉活动，关心一线工人健康。健全矛盾纠纷排查调处信息网络，坚持职工群体事件日报制度，有效促进了揭阳市劳动关系的和谐稳定。

【努力凝聚职工力量建功立业，进一步提升了工会服务效能】 一是劳动竞赛活动面不断扩大。广泛开展“当好主力军、建功‘十二五’、和谐奔小康”、“重点工程劳动竞赛”和“安康杯”竞赛等活动。以服务揭阳市重点工程为中心，认真组织揭阳潮汕机场建设工程等四大赛区开展重点工程劳动竞赛和职工技能大赛活动，有力推进工程的进度、质量、安全和廉政建设。认真组织开展“安康杯”竞赛活动，一年来共组织全市262家企业，2185个班组，53091名职工参赛。二是劳模精神得到进一步弘扬。“五一”前夕召开了揭阳市庆五一暨劳动模范先进集体颁奖大会，对市省五一劳动奖章获得者进行表彰，进一步弘扬劳模精神，激发广大职工建设幸福揭阳的劳动热情。对全市退休劳动模范状况开展调查，推动有关部门进一步落实劳模待遇，健全劳模关爱机制。积极开展关爱劳模系列活动，通过发放“劳模爱心卡”和组织劳模代表开展“感悟幸福揭阳”观光、疗休养活动，营造了尊重劳模的良好社会氛围。

【共享改革发展成果，进一步夯实了工会参与社会管理服务基础】 一是深入开展帮扶困难系列活动。开展元旦、春节送温暖活动，2011年元旦、春节期间，全市共慰问困难企业107家，困难职工（含困难农民工）5848户，发放慰问款物296万元。积极争取中央财政拨付困难职工帮扶中心专项资金192万元，为3151名困难职工、困难农民工提供生活救助、医疗救助、助学救助和职业培训。同时，争取上级下拨全国和省劳模“生活困难补助金”、“特殊困难帮扶金”105.4万元，及时把这些资金发放到全国和省困难劳模手中。深入开展关爱行动，为375名职工每人送一份职工医疗互助保障计划，并为560名困难企业女职工和女农民工提供免费健康检查。继续投入资金，开展扶贫开发“双到”工作，扶贫建设项目进展顺利。二是积极做好金秋助学工作。在2011年金秋助学活动中，首次联合省总工会开展全市性大型金秋助学活动，发放助学帮扶金60.52万元，为651名困难职工、困难农民工上学子女解决读书难问题。开展“阳光就业”行动，积极帮助困难职工的高校毕业生子女解决就业问题。三是努力提升职工队伍素质。充分发挥工会的“大学校”作用，利用工会维权服务大厅和揭阳市总工会职业培训学校为职工提供就业咨询、技能培训和困难帮扶。2011年，共举办培训班10场次，免费为900多名困难农民工、下岗失业职工提供技能培训。市总工会职业培训学校去年被评为“全国职工教育培训示范点”，并获省总工会工作创新奖先进奖。努力抓好职工书屋示范点的建设，以点带面，全力推进企业文化建设和职工文化建设，使全市职工读书活动得到扎实有效开展。

【加强职工文化宣传活动，进一步丰富了职工精神文化生活】 一是工会对外宣传取得新成效。利用揭阳工会网站和编撰《揭阳工会信息》，加强对市工会工作的宣传，2011年市工会信息工作被省总工会评为先进单位。在《揭阳日报》、揭阳电视台开设了“劳动者之歌”栏目，积极做好对2011年度揭阳市的全国和省五一劳动奖章获得者的事迹的宣传报道工作。超额完成新年度《工人日报》、《南方工报》征订工作。完成并出版发行《揭阳市工会志》。在揭阳广播电台行风热线专题栏目中开展热线咨询活动，为全市广大职工在帮扶维权等方面提供咨询和帮扶。积极开展对《工会法》等涉及职工权益的法律法规的普法宣传教育工作。二是开展丰富多彩的职工精神文化活动。2011年市总工会举办了慰问农民工大型文艺演出活动和庆“五一”“供电杯”揭阳市职工乒乓球邀请赛等活动，丰富了职工的文化生活。组织工会团体积极参加建党90周年系列活动。组织参加“永远跟党走”全国职工书法艺术大赛，并获得优秀组织奖。组织代表队参加由省总工会主办的“颂歌献给党”职工合唱比赛，获得了银奖的佳绩。节假日期间，市总工会经常组织开展放电影和灯谜会猜、文艺演出等活动。

【加强工会自身建设，进一步增强了工会参与社会管理服务的能力】 揭阳市总工会利用学习会、讲座、培训班等形式组织工会干部认真学习全国总工会、省总工会和市委有关会议精神。有计划地组织工会干部职工到省总工会培训学校接受工会法律法规和业务知识培训，以适应不断发展的工会事业的需要，有效提高工会干部的整体素质。认真学习贯彻《中国工会审计条例》，继续加强对下一级工会经费收支的审计监督和对市总工会直属企事业单位工程项目的结算审核，工会经审工作稳步发展。财务、经费征缴、女职工等方面的工作也取得明显的成效。（陈中晔）

云浮市总工会

【领导班子】

主　席：金繁丰

副主席：邱生成（常务）、钟卓鹏、张连珍（女）

【机构设置】

办公室、职工权益维护部、组织宣教部（经济技术工作部）、财务事业部、教育工会

【综述】 2011年，市总工会以科学发展观为指导，坚持中国特色社会主义工会发展道路，在市委、省总工会的正确领导和市政府的大力支持下，认真分析新时期工会工作面临的新形势、新情况、新特点，以加强职工人文关怀、构建和谐劳动关系为主线，以创先争优活动为载体，突出抓好“两个普遍”（依法推动企业普遍建立工会组织、普遍开展工资集体协商），坚定不移地维护职工队伍稳定和社会稳定，为云浮市经济社会又好又快发展充分发挥工人阶级的主力军作用。

【加强工会组建力度，增强基层组织活力】

2011年，全市新建工会组织103家，涵盖单位229家，新发展会员18506人。2011年，全市共有基层工会组织1973家，涵盖单位4439家，会员173585人，其中农民工会员53461人，组织建设实现新突破。一是召开会议，明确目标。2011年5月5日，市总工会在云安县会议中心召开工会联合会示范点建设现场会暨全市组建工会和发展会员工作会议。市总工会与各县（市、区）总工会签订了组建工会和发展会员目标责任书。会议提出2011年至2013年，全市企业

法人建立工会组织净增387家，总数达到2035家以上，全市企业法人建会率达到82%以上；全市企业工会会员净增45000人，全市企业职工入会率达到73%以上。二是强化机制，全面推进。启动“以党建带工建”联席会议机制，形成“党委领导、政府支持、工会主抓、部门配合”的工作格局。完善工会组建考核奖励办法，分解组建任务，及时跟踪落实各阶段工作进展，及时总结、分析情况，有效地调动了各方的积极性，推动了组建工作的开展。为全面完成组建工会和发展会员的目标任务，市总工会把2011年9月定为全市组建工会和发展会员集中行动月，并于8月26日在新兴县召开了全市组建工会和发展会员集中行动月动员大会。在全市掀起了一股加强工联会建设的热潮，先后组建了云浮市城区交通运输行业工会联合会等12个行业工会联合会，确保了全市工会组织建设和发展会员工作超额完成了省总工会下达的三年规划任务。三是规范建设，增强活力。云浮市各级工会组织以构建和谐劳动关系为主线，以开展建设职工之家活动为载体，以增强基层工会活力为重点，大力加强基层工会特别是企业工会工作。2011年，有1家基层工会被评为“全国模范职工之家”，有1名先进个人获得“全国优秀工会工作者”荣誉称号；有5个基层工会获得“省模范职工之家”荣誉称号，有3个基层工会分会（小组）获得“省模范职工小家”荣誉称号，有4名先进个人分别获得“省优秀工会工作者”、“省优秀工会积极分子”、“省优秀职工之友”荣誉称号。全市合格职工之家1750家，职工之家合格率达89%，建家成果凸显。

【开展劳动关系和谐企业创建活动】 2011年，市总工会认真贯彻中国特色社会主义工会维权观，切实履行维护职工合法权益的基本职责，坚持维权关口前移，强化机制建设，有力地推动了云浮市劳动关系的和谐稳定。认真贯彻实施《广东省总工会关于开展创建和谐企业活动的实施意见》，积极宣传发动、组织实施，把创建活动贯穿于固本强基、切实维权、帮扶困难、经济技术创新、素质提升的全过程，得到了企业的积极响应，达到了“共建企业发展、共享发展成果”的目标，全市90%的在册职工落实了与企业签订劳动合同的要求，使职工维权有了基本保障的基础，实现“职工满意，投资者满意”，推动了企业健康发展。2011年，云浮市汽车运输集团有限公司等6家企业被评为广东省和谐劳动关系先进企业，云浮循环工业园区被评为广东省和谐劳动关系工业园区。

【抓好工资集体协商工作】 2011年7月，市总工会召开推进企业工资集体协商工作会议，传达了省创先争优党工共建暨南海本田工资集体协商现场会精神，明确提出云浮市工资集体协商工作“三年规划”目标任务。7月25日，通过现场讲授和视频同步传送的方式，举办了云浮市工会工资集体协商指导员培训班，中华全国总工会集体合同部部长张建国亲自莅临云浮市授课。此次培训为全面完成云浮市工资集体协商工作“三年规划”目标任务奠定了良好基础。12月2日，市总工会在罗定市汽车客运站召开推进企业开展工资集体协商现场会，对云浮市推进企业开展工资集体协商工作作了安排部署。一年来，市总工会充分发挥协调劳动关系三方机制的作用，积极指导和推动企业和工会开展工资集体协商工作，建立定期沟通机制，及时处理推进过程中遇到的问题，共有1303家企业建立工资集体协商制度，比省总工会下达云浮市2011年完成989家企业任务数超314家，完成率为131.7%。

【充分发挥工会法律服务律师团作用】 2011年，在市总工会联合市司法局、市律师协会成立云浮市工会法律服务律师团的基础上，7月，市总工会聘请3名专职律师常年驻会，为困难职工提供免费法律援助，切实维护职工的合法权益，充分发挥法律工作者在协调、引导和规范劳动关系中的重要作用，促进了云浮市劳动关系的和谐稳定。一年来，律师团共接待职工法律咨询130人次，满意率达到100%；开展送法活动8场次，共发放资料10000余份，现场解答咨询3000人次；办理代理仲裁案件3件，均取得了良好的法律效果和社会效果，为职工挽回经济损失20万元；化解基层劳资矛盾纠纷16宗，涉及职工216人，共为278名职工追回被拖欠的工资161万多元；参与2次重大劳动纠纷的座谈会，有力促进了重大劳动争议的化解。2011年，市工会系统实现了“三个零”的工作目标，即信访工作“零投诉”、职工“零上访”、职工安全生产“零事故”。

【成立市职工服务中心】 2011年7月，云浮市设立了“云浮市职工服务中心”，为广大职工群众提供更为方便、快捷的“一站式”服务。服务中心共开设困难职工帮扶服务、职工互助保障计划服务、职工信访接待服务、职工再就业培训服务、职工法律援助服务5大服务窗口。从以前的送慰问金、送温暖的“节日慰问”，逐步演变成助困、助医、维权、调解、法律援助的“日常救助”，不断完善帮扶形式和渠道，使得全市帮扶工作方式越来越宽、救助范围越来越广、受惠职工越来越多，推动工会帮扶工作向日常化、制度化、长效化发展。

【积极开展“金秋助学”活动，认真做好帮扶工作】 2011年8月25日，市总工会在郁南县举行2011年“金秋助学”活动启动仪式暨困难职工帮扶工作研讨会，广东省总工会副主席林锡明，市人大常委会副主任、市总工会主席黄英潮出席会议，并为助学对象发放助学金。启动仪式后，召开了困难职工帮扶工作研讨会，探讨新形势下困难职工帮扶工作的新举措，推进帮扶工作社会化格局的形成。建立和完善《云浮市总工会困难职工帮扶中心专项资金管理使用办法》，坚持民主管理、集体审批制度，规范专项资金的管理。一年来，帮扶困难职工3371人次，帮扶资金293.6万元；为下岗失业人员开展培训195人次，介绍就业66人次；新发展职工医疗互助保障3178份，女职工安康保障1138份。

【举行劳模表彰大会暨单身职工联谊活动】

2011年5月12日晚，市总工会在市人民广场举行劳动模范和先进集体表彰大会暨“缘定云浮、幸福人生”单身职工联谊活动，表彰云浮市2011年全国和省五一劳动奖状、五一劳动奖章、“工人先锋号”获得者，并为单身职工解决个人问题搭建交流的平台。在表彰会上，市总工会代表上级为全国五一劳动奖状1个、全国五一劳动奖章2名、全国“工人先锋号”1个、省五一劳动奖章4名、省“工人先锋号”5个获得者颁奖；先进集体和个人作了事迹报告。表彰会后开展“缘定云浮、幸福人生”大型单身职工联谊活动，1000多名单身职工期望通过活动找到属于自己的情缘。本次联谊活动以单身男女职工交友为主线，以各类游戏及互动活动为主要形式，扩大单身职工的交友面和交际渠道，宣传时尚、高雅、真诚的交友理念，充分展示现代职工文明健康、积极向上的时代风采，满足单身职工的交友愿望，使他们在云浮更好地工作、生活和发展。

【举办云浮市第三届职工技术运动会】 2011年10月至12月，云浮市劳动竞赛委员会、市人力资源和社会保障局、市总工会举办了市第三届职工技术运动会。全市各级企事业、机关单位广泛动员和组织广大职工10多万人投身练兵，积极参赛。经过近2个月的练兵和初赛，全市6个代表团选拔出近200名运动员参加了11月23日至12月1日运动会中的计算机文字录入处理、中药调配技能、银行计算器操作、客房中式铺床、中餐宴会摆台、车工、图书管理业务技能、钳工、焊接、教师“三笔”（毛笔、粉笔、钢笔）、手工点钞、供电系统输电线路检修技能、政企号百行业应用产品销售、“精英100”客户经理业务营销等14个项目技能比赛总决赛。经过激烈角逐，一批技术明星脱颖而出。有48名运动员获得冠、亚、季军，87名运动员获“云浮市技术能手”称号，150名运动员获“云浮市经济技术创新能手”称号，28个单位获“优秀组织奖”。云浮市选派的代表参加全省优秀班主任专业能力比赛，有2人获得大赛综合二等奖、1人获得大赛综合三等奖、1人获得教育故事叙述一等奖，云浮市还因组织工作突出获得大赛优秀组织奖。

【开展云浮首场幸福广东工人农民论坛】 2011年5月22日，“说大西关，谈幸福感”幸福广东工人农民论坛——云浮论坛启动仪式暨首场（工人专场）论坛在云安县开讲，来自云浮新港港务有限公司等单位的职工代表近80人，围绕幸福是什么、如何获得个人幸福等议题，与省、市专家学者展开了深入讨论。

【启动“书香企业”职工阅读活动】 2011年5月26日，市总工会在云浮移动分公司举办了2011年“书香企业”职工阅读活动启动仪式暨首场“云浮市职工读书论坛”。市人大常委会副主任、市总工会主席黄英潮出席活动，并希望把论坛办成“读书·创新·发展”的重要载体，以此推进“创建学习型组织，争做知识型职工”活动的深入开展，培育更多不同类型、各具特色的学习型班组和掌握新知识、新技能、新本领的知识型职工，为云浮经济社会发展提供坚强有力的支撑。云浮移动公司总经理许永刚作了首场读书学习报告，天翼图书公司总经理李月庆作读书专题讲座。活动现场还举行了赠书仪式。“职工读书论坛”从2011年7月份起每月举办一期，由市、县两级工会干部和市直及上级驻云浮单位工会干部、职工代表分期分批轮流作读书学习报告。结合职工的自身特点，市总工会适时邀请法律专家举办法律知识讲座，提高职工的法律素质，推进“法律进企业”活动与“书香企业”活动的深入开展。

【扶贫“双到”工作稳步推进】 两年来，市总工会认真按照省、市扶贫开发“双到”工作的目标、任务和要求，加强领导、强化责任，积极谋划、落实措施，使扶贫开发“双到”工作取得较好成效。其中，劳动力转移就业率、产业化经营项目参与率、适龄子女入学率、新农合参保率、养老保险参保率、300人以上村道硬底化率、村低保人口投保率、村饮水安全比重及村公共服务设施建设完成率等9项指标均为100%，贫困户子女非义务教育辍学率为0%。贫困户2011年人均纯收入为6801元，人均纯收入已达到2500元以上，实现22户贫困户脱贫，脱贫率100%，村集体经济收入为78230万元，累计投入帮扶资金（包括自筹、社会筹集、向上级争取资金等多种渠道筹集）共563.57万元。

（钟海玲）

顺德区总工会

【领导班子】

主　席：霍兆忠

副主席：吴　森（2011 年 9 月离任）、陈万铨、叶玉明（女，2011 年 9 月离任）、何小莹（女，2011 年 9 月任职）

【机构设置】

秘书科（外来务工人员服务科）、基层工会科、职工权益维护科、生活保障科（直属工委会办会室）

【综述】　2011 年，顺德工会围绕中心服务大局，突出维权维稳、积极协调劳动关系，致力于帮扶解困、服务不同职工群体，推动体面劳动、支持配合顺德“创文”，强化组织建设、激发基层工会活力，各项工作取得显著成绩。

【评选表彰星级劳动关系和谐企业】　顺德区总工会注重通过选树典型来示范推动全区企业建设和谐劳动关系，牵头区劳动关系三方，制定下发在全区开展星级和谐劳动关系企业评选活动的通知，对星级和谐劳动关系企业标准提出明确要求，对镇街、系统上报的企业候选名单进行评审，于 9 月 29 日对 107 家星级劳动关系和谐企业进行命名表彰。联合制订下发《顺德区创建和谐劳动关系示范区工程方案》，明确创建标准和目标，以大良五沙工业园作为示范点，以点带面推进创建工作。各镇街总工会都运用不同形式评选表彰辖区和谐劳动关系先进企业、和谐劳动关系先进班组，通过表彰先进典型，示范推动全区企业改善用工环境，加强人文关怀。

【在非公企业探索民主直选工会主席】　针对企业工会主席产生不规范，维权能力欠缺，基层工会作用发挥不明显，职工不太信任等情况，近年来顺德区总工会以民主选举工会主席为重要抓手，进一步规范企业基层工会组织建设、规范企业工会主席产生程序、规范企业工会民主协商程序，积极探索发挥企业基层工会作用、支持企业基层工会履职尽责的有效途径和手段。一是通过层层考核，督促企业工会换届选举时工会主席的产生履行民主选举程序，全区镇街直属规模以上企业工会基本实现了间接或直接选举工会主席。二是在部分有条件的企业探索民主直选工会主席，到年底全区已有 66 家非公企业进行了民主直选工会主席试点。其中本年内有 36 家，伊之密、爱立信（顺德）、希布朗等规模企业还在组建工会的同时采取直选方式产生工会主席。通过民主选举工会主席，提高了职工对工会的认同感，增进了工会主席的责任感、使命感，强化了工会组织的代表性，增强了工会凝聚力和活力。顺德民主直选工会主席的做法，引起了上级工会重视，《工运研究》2011 年 6 月曾刊发《关于广东省顺德区民主选举工会主席的调查与思考》研究文章。

【开展劳动者风采展示活动助推职工体面劳动】　为了推动职工实现体面劳动，展示各行业职工劳动技能和文明形象，团结动员广大职工共建共享现代产业之都、品质生活之城，支持配合顺德“创文”，顺德区总工会精心策划开展了 2011 顺德劳动者风采大展示系列活动，全区工会统一主题，统一标志，上下联动，共同开展。活动于 4 月 24 日在北滘镇新城区文化广场启动。整个活动分为三类 11 项。一是职业技能展示类，包括餐饮创意雕刻技能赛、叉车“妙手”挑战技能赛、邮政“神投”技能赛。三项均于

"五一"期间举行，并通过电视台展播。二是职工才艺展示类，包括外来员工书画比赛、外来工摄影比赛、顺德企业（厂）歌评选等四项。其中企业（厂）歌评选历时2个月，通过顺德电台展播厂歌、校歌31首，3.5万人次参与投票，评出10首企业金曲、3首校歌金曲。三是文明礼仪展示类，包括"创文"和职工礼仪知识有奖竞赛、职工文明礼仪普及大行动和职业服装礼仪赛、婚礼服装展示秀，在全区职工中倡导文明新风，号召大家争做文明职工。有12家生产企业、11家窗口服务单位的400多名员工参加了职业服装礼仪赛、婚礼服装展示秀，"五一"期间还在顺德电视台录播，普及职业文明礼仪，展示企业行业形象。2011顺德劳动者风采大展示系列活动，被区领导评价为"立意深、定位准、内容新、效果好、影响大"。

【签订广东省首份镇级建筑行业工资集体协议】 针对建筑行业普遍存在的多层转包造成工资拖欠频发，劳动力市场工价"淡季恶意压低、旺季争抢拉高"，口头约定致使工价争议不断等现象，顺德区总工会根据省总工会部署，依托龙江镇建筑行业工会联合会，指导龙江镇总工会、龙江镇国土城建和水利局联合开展龙江镇建筑行业工资集体协商，在12月27日全省行业性工资集体协商现场观摩会上正式签约。这是顺德首个行业性集体协商试点，也是全省第一份镇级建筑行业工资集体协议。通过行业性集体协商，明确行业工资指导价和年度工资增长幅度，营造公平、有序、合理的劳动力市场，规范工资支付和调整机制，强化建筑行业工联会作用的发挥，保障企业和建筑工人的合法权益，促进建筑行业劳动关系的和谐稳定。

【不断提升服务职工的能力和水平】 全区各级工会根据不同职工群体的特点和需求，广泛深入开展形式多样的主题服务活动。做大做强工会"送温暖"品牌，全区工会全年帮扶救助困难职工2.6万人次，发放帮扶资金1121.53万元；职工医疗互助保障新增（续保）60488份，为125人办理了325.5万元赔付，历年累计参加职工医病互助保障计划337300人次，837名患病职工共获得2180.8万元赔付；新增35家企业职工互助济难专项资金，累计筹集互助资金9600多万元；发动工会会员参加"广东扶贫济困日"活动，向上级工会缴纳30万元工会特殊会费；积极为广大基层职工、一线职工、外来务工人员"送欢乐"、"送知识"、"送健康"，丰富职工文娱生活，提高职工队伍整体素质，积极推动企业组织职工定期体检；以"三八"节为重点，丰富女职工文化生活，提升女职工素质；组织退休职工代表参观乐从爱心综合服务中心、罗浮宫国际家具博览中心，举办退休职工乒乓球大赛；组织全区历届劳模参观顺德部分交通建设新成果、北滘新城区和美的总部大楼，区委、区政府在华桂园举行招待宴会对他们进行慰问，对新评选的劳模和先进集体进行表彰。

（张昌涛）

县（区）总工会

广州市

【天河区总工会指导基层开展工资集体协商工作】　7月27日，来自广州市好又多等17家商家的工会代表54人，在公平、民主的氛围下选出了9位工会方协商代表。随后，就集体合同签订并建立工资集体协商机制与广州好又多公司进行了协商，并发出签订集体合同协商的要约，得到了好又多企业的积极回应。8月5日下午，天河区总工会副主席吴两标就工会方提出的员工高温补贴、管理人员薪酬的增长、年假的政策、人员编制的配给等方面的问题与资方进行了多次协商并交换意见，并指导企业和工会成功签订工资集体协商协议，以每年8.2%（市最低工资标准调整不包括在内）的幅度增长工资。本次协议的签订，得到了劳资双方的一致认可与好评。

【海珠区签订首个行业性工资集体协议】　10月20日下午，广州市海珠区总工会召开了海珠区民办教育行业工资集体协议签订现场会，市、区领导及相关部门领导、区党建带工建领导小组成员、区民办教育机构办学人和各级工会主席共250人出席了会议并见证了签约仪式。区民办教育行业工联会与区民办教育协会首席代表签订了《海珠区民办中学教师工资集体协议》。本次工资集体协议覆盖了全区15所民办中学共1380名教师，主要内容涵盖了最低工资标准、教师工资等级标准及教师工资增长与学校效益增长联动机制等，亮点是岗位工资标准根据二级、一级及高级教师职责制定相应的工资标准，合理、有效地保障了民办教师的合法权益。

【黄埔区超额完成工会组建目标任务】　截至10月底，黄埔区共组建工会440家，220%完成市总工会年初下达的工会组建目标任务。主要做法有：一是制定考核管理办法，促进工作有效开展。根据市总工会年初下达的目标任务，制定了《2011年度黄埔区直属工会工作目标细则》，建立了各直属工会组建工会和发展会员通报制度，每季度通报一次全区组建进度，督促建会工作。二是切实加强行业工会组建工作。按照“扩大覆盖面，增强凝聚力”的要求，在进一步完善建筑工地联合会和环卫行业工会联合会的基础上，组建了区餐饮行业工会联合会，涵盖餐饮企业46家，涵盖职工1717人。三是领导挂点，分类指导督促建会。根据实际情况，制定下发《黄埔区总工会领导班子成员工作分工及基层联系点的通知》，进一步加强基层工作指导力度，推动组建工作顺利进行。

【黄埔区探索工会协理员与劳监协管员“三同步”工作模式】　一是同步计划。要求街道总工会每月月初制订工作计划，如组建工作计划或开展工资集体协商工作计划，与劳动保障监察中队月初工作计划进行统筹，做到同步计划，有的放矢，以便工作的开展。二是同步行动。街道工会协理员与劳动保障监察协管员同时到企业开展工作，从构建和谐企业的角度，借助劳动监察部门力量，以建会为目标，以服务为宗旨，主动协助、积极服务、热情指导，帮助企业组建工会和开展工资集体协商工作。三是同步考核。从完成任务考核责任制等方面，探索对工会协理员和劳动保障监察协管员实行定期同步考核，更好地促进工作的开展。

【增城市总工会部署落实大墩村工会工作】　为贯彻落实市委、市政府关于“把大墩村建成一级社会管理服务典范”的要求，发挥工会参与社会管理服务的作用，增城市总工会通过深入调查，认真制订了《增城市总工会关于参与大墩村社会管理服务工作的实施方案》，以大墩村为试点扎实推进工会在新塘地区的各项工作。首先，市总工会将着力加强大墩村工会联合会建设。一方面，对大墩村工联会进行改选，配备专职工会主席和工会工作协理员，聘请法律专业人员开展法律咨询、法律援助等工作，建立一支维权维稳信息员队伍；另一方面，进一步健全村工联会制度，明确工作职责，确定工联会近、中、远期工作目标，以大墩村为试点推进各项工会工作。开展村级工会干部业务培训，加强村工联会与镇总工会联系，构筑镇、村、企业三级工会组织网络体系。同时，针对大墩村25人以下企业较多的实际，专门开展一次调查摸底工作，掌握实际情况，推动规模较大、职工人数较多的企业率先成立工会组织；创新工会组织运行模式，探索由镇、村工会直接吸收外来务工人员加入工会的方法，切实保障职工加入工会的权利，通过开展各种工会活动，进一步增强企业职工的归属感和对工会的认同感。其次，市总工会将在大墩村建立工会帮扶和文化活动阵地，进一步提升工会服务效能。一是在大墩村设立“外来工帮扶工作站”，为外来务工人员提供维权法律咨询服务、指导法律援助、实施临时救助和走访慰问等一系列服务，进一步畅通外来务工人员诉求渠道，引导外来务工人员通过合法途径维护自身权益。二是积极争取党委、政府和上级工会支持，在“大墩村外来务工人员文化体育活动中心”创办“工友和谐家园”活动室，筹划安装100套视讯设备，整合文化资源，发挥文化帮扶作用，为外来务工人员提供免费学习和休闲娱乐的活动场所，使“工友和谐家园”成为外来务工人员的精神家园。

【增城市未建工会的企业无资格参评“诚信企业”】 2011年年初，增城市在开展2010年度“诚信企业”评选活动中，“企业是否建立了工会组织”已成为企业参评的重要审核指标之一，主办单位规定凡未建立工会组织的企业将被取消参评资格。这一规定还在《增城日报》等当地主流媒体中刊登，引起了社会各界的热烈反响。2010年度“诚信企业”的评选是由增城市委宣传部、工商分局、文明办、企业信用促进会等部门牵头在全市范围内开展的“诚信增城”系列活动之一，旨在营造公平竞争、放心消费的市场环境，积极推动社会经济健康、有序发展。

【从化市总工会注重推举一线工人代表】 2011年以来，从化市总工会认真按照广州市总工会《关于在地方党委人大、政协换届中配合做好有关工作的通知》要求，关注并积极争取在人大代表中增加一线工人代表的比例。从化市人大代表名额上届和本届均为218名，其中上届工人代表为9名，占代表数的4.13%，但真正意义上的工人仅1人，其他8人属占用工人代表名额。为此，从化市总工会召开专题工作会议，印发文件到各镇街、园（区）、系统、行业工会，经过各级工会深入基层走访企业、职工，对辖区内一线工人进行摸底调研，通过自上而下、自下而上的方式共推荐上报34名综合素质较高、工作业绩突出、有一定参政议政能力的一线工人作为人大代表、政协委员候选人；随后，从化市总工会对上报的一线工人代表候选人进行政审、筛选，并将其信息资料交由公安部门审查、核实，确认其没有涉黑、涉恶等犯罪记录；然后组织召开一线工人代表候选人见面会，从中选拔精神面貌好、表达能力强的人员；最后确定13名一线工人作为人大代表候选人、10名为政协委员候选人上报市选举委员会，经与市人大选举委员会协调，将13名一线工人代表科学分配到各选区，并成立工作小组到各选区指导、落实该工作，确保各选区一线工人代表能够顺利当选。最终，从化市产生的218名人大代表中13名一线工人代表候选人全部高票当选，比上届增加4名，占代表总数的5.96%，比上届增加近2个百分点。

【广州开发区建立行业工会组织推进“两个普遍”】 7月12日，广州开发区、萝岗区举行区电子及通信行业工会联合会成立大会暨工资集体协商启动仪式，电子及通信、钢铁和金属加工、汽车配件用品、食品、医药、化工等六大行业协会会长、秘书长及所属企业独立工会主席，电子及通信行业单位劳资代表共500多人参加了会议。会上，松下电工电子材料（广州）有限公司工会主席、工会联合会首席代表姜彬代表工会联合会向电子及通信行业协会会长杨春荣递交了工资集体协商要约书。21日下午，在广州娃哈哈恒枫饮料有限公司召开了广州开发区、萝岗区食品行业工会联合会成立大会暨工资集体要约行动，区食品行业工会联合会委员单位劳资双方代表近80多人参加了会议。广州娃哈哈恒枫饮料有限公司工会主席李玉亮当选为工会联合会主席，箭牌糖果（中国）有限公司工会主席许青、广州顶津饮品有限公司工会主席郑敏当选为工会联合会副主席。李玉亮代表新当选的工会联合会主席发表感言，并代表食品行业工会联合会向食品行业协会曾永青会长递交了工资集体协商要约书。22日上午，在广州市香雪制药股份有限公司召开了广州开发区、萝岗区医药行业工会联合会成立大会暨工资集体要约行动，区医药行业工会联合会委员单位劳资双方的代表近100人参加了会议。广州市香雪制药股份有限公司工会主席麦镇江当选为工会联合会主席，广州百特医疗用品有限公司工会主席尹广庆当选为工会联合会副主席。麦镇江代表新当选的工会联合会负责人发表感言，并代表医药行业工会联合会向食品行业协会曾永青会长递交了工资集体协商要约书。

（林小元）

珠海市

【斗门区总工会抓住“三大平台”建设的核心，扎实有效地开展工会各项工作】 一是把组建工作作为全年工作重点，制定了《斗门区工会组建三年规划任务》和《斗门区工会2011—2013组建工作考核奖励办法》，明确了目标任务、工作措施和时间进度，落实了责任制，确保组建任务的完成。全年新建工会组织90家，发展新会员10155人。二是全面加强工会信访工作，畅通职工诉求表达渠道，全年受理职工来信来访59件，涉及职工2100人次，结案率达98%。三是全力推进工资集体协商工作，全区签订集体合同（工资协议）的企业651家，覆盖职工103213人，签订率达80%。斗门旭日陶瓷有限公司荣获全国劳动关系和谐企业称号。四是认真抓好职代会建制工作，全区有284家基层工会建立了职代会或职工大会制度。深入开展厂务公开民主管理工作，在教育和卫生2个系统全面铺开借鉴ISO9000标准，实行厂务公开民主管理，斗门区一中被评为省厂务公开先进单位，同时被定为创建省厂务公开示范点单位。五是大力开展“送温暖”活动，为职工排忧解难。全年帮扶困难职工1906人次，发放帮扶救助金68.14万元。积极举办庆“五一”、迎“五四”促进就业服务专场招聘会，现场录用167人。积极发动1600多名职工参与两个互助保障计划，为7名患癌症的职工办理理赔13.5万元，并为 670 多名农民工赠送了互助保障，大大减轻大病职工的医疗负担。六是在全区范围内开展了“当好主力军，建功‘十二五’”职工技能竞赛活动。10 多家大中型企业 3 万多职工，参加了各自企业开展的技能竞赛，助推了经济发展。七是积极开展贴近职工、贴近实际、贴近生活的各类文化娱乐活动。精心举办了 2011 年斗门区职工迎春运动会，斗门区属机关、事业单位干部职工乒乓球赛、斗门区首届“真爱杯”职工卡拉 OK 争霸赛等活动，1000 多名职工参与，大大丰富了职工的文化生活。

【金湾区总工会紧紧围绕全区工作中心，推动工会工作全面进步】　一是大力抓工会组建工作，全年新建工会 53 家，发展会员 5400 人，超额完成市总工会下达的组建任务。二是大力做好帮扶救助工作，发放困难帮扶资金 19.1 万元。三是切实做好维权工作，推动建立了企业欠薪应急保障金制度。四是积极调处劳资纠纷，成功调处了多家企业职工罢工事件。五是举办了庆“五一”促进就业招聘会，组织了 60 家企业进场招聘，提供工作岗位 2159 个。同时举办培训班，为 1000 多名职工进行岗位培训。六是为 2000 多名女职工进行两癌筛查。七是深入基层企业开展送清凉活动，向一线职工送去价值近 3 万元的 400 箱清凉饮料和 14 箱解暑药物。八是举办了以“相聚幸福金湾，开启美好人生”为主题的金湾区职工青年联谊活动。九是举办金湾区第二届“时代地产杯”职工篮球赛，共 44 支代表队 600 多名运动员参赛，历时一个月。十是加大工会工作宣传力度，建立了网站和 QQ 群，出台了金湾区工会系统宣传和信息奖励办法，组建了信息员队伍，收到了良好效果。

（金湾区总工会　黄坚文）

【香洲区总工会不断探索创新组建模式】　按照“广普查、深组建、全覆盖”的要求，针对全区小餐饮、小茶庄、小商铺等非公企业多的特点，在组建模式上不断探索创新，以第三产业、私营企业、中小型企业建会和农民工入会为重点，多措并举，攻坚克难，取得了显著成效。2011 年新建工会组织 896 家，发展会员 48532 人，超额完成市总工会下达的组建工作任务，荣获市总工会 2011 年度固本强基特等奖。重视加强困难职工帮扶中心规范化建设，加强督促指导，落实措施，完善各项工作制度。全区已有 3 家镇级困难职工帮扶中心通过市总工会的考核验收。在此基础上，深入开展帮扶救助工作，实施“送温暖”工程，积极做好信访接待、临时生活救助、大病医疗救助、助学帮扶、就业帮扶等工作。全年帮扶救助职工 8979 人次，帮扶救助金额 122.12 万元。其中开展电工、插花、电脑操作、家政、物业管理、职工道德规范等培训班 13 期，培训失业职工、农民工 1334 人，培训金额达 8 万元；举办失业职工和农民工就业专场招聘会 4 场，帮助 810 人实现就业；开展大病医疗救助 79 人，救助金额达 39.62 万元；临时生活困难救助 81 人，救助金额达 6.48 万元；助学帮扶 17 人，助学金额达 3.9 万元；春节慰问特困职工 860 名，慰问金额达 51.62 万元；慰问困难职工 600 名，慰问金额达 12 万元。　（香洲区总工会　吴新云）

汕头市

【潮南工会网正式开通】　在隆重纪念中国共产党建党 90 周年之际，“潮南工会网”（网址：www.cnqzgh.org.cn）正式开通。“潮南工会网”以“创新、实用、互动”为目标，主要设置“工运信息”、“服务窗口”、“时代风采”、“劳资动态”、“法律法规”等十大主栏目，收集文字图片近400篇，内容充实，图文并茂，充分展示了潮南区各级工会组织和广大职工的时代风貌，是宣传工会工作的重要工具和不可或缺的重要媒介。

【潮南区总工会首创职工文化义工进书屋活动】 为推动潮南区读书活动扎实深入开展，进一步完善职工书屋的日常管理，使职工书屋更好地为职工群众提供更优质的服务，增强职工书屋与读者间的互动，潮南区总工会主要从三方面开展工作：一是在全区10家职工书屋示范点中每家挑选2名文化义工，组成20人的文化义工队伍，并于2011年5月在陇田镇东华村举办文化义工培训班，邀请市图书馆协会负责人对文化义工进行业务培训。文化义工每年须持续参加定期的义工服务和学习，提高服务职工书屋建设、指导职工开展读书文化活动的能力水平。二是区总工会制定了《汕头市潮南区职工文化义工管理办法》，明确职工文化义工的基本职责是：文化义工根据职工书屋现行开放时间，在不影响日常工作的前提下，每位义工每周到所在书屋服务一次，视具体情况安排周末（周六或者周日）一次，每次安排义工1名。三是在搞好“职工书屋”硬件建设的同时，工会组织依托文化义工队伍，广泛开展“读好书、荐好书、用好书”活动，通过读书征文、演讲比赛、知识竞赛等活动，吸引更多的职工爱读书、善读书，在广大职工群众中掀起读书热潮，提高职工队伍素质。

【潮阳区总工会举办工资集体协商专题培训班】 8月31日上午，潮阳区总工会、区人力资源和社会保障局为了进一步贯彻落实《汕头市潮阳区2011—2013年深入推进工资集体协商工作规划》，切实推动全区工资集体协商工作的深入开展，联合举办工资集体协商专题培训班。参加培训的有各镇（街道）工会主席、人力资源和社会保障服务所所长，区直各有关局（公司）工会主席，行业工会主席，部分社区（村居）工联会、非公有制企业工会主席共200多人。培训班上，区人大常委会副主任，区总工会主席马泽武主持培训班开班仪式，区长助理池小玲作动员讲话，市总工会法工部副部长王晓南为参加培训的人员授课辅导，区总工会副主席肖坚烈为参加培训的人员讲解工资集体协商范本的操作方法。

【金平区总工会举行“我为创建和谐企业献一策”演示比赛】 4月26日，由金平区总工会主办、金味食品工业有限公司协办的“我为创建和谐企业献一策”演示比赛决赛成功举行，金平区五套班子各有一位领导出席活动现场，参加活动的还有区工会委员、经审委委员、女职委委员以及各街道、系统工会正副主席、区直部门工会主席、劳模代表、企业工会主席等200多人。“我为创建和谐企业献一策”演示比赛旨在推动企业建立规范有序、互利共赢、和谐稳定的新型劳动关系，促进金平区非公经济的和谐健康发展，为“十二五”规划开好头、起好步。经基层工会层层选拔，共有15名选手参加演示比赛的初赛，经角逐，有8名选手进入决赛。根据选手们的演讲内容和现场表现，比赛评出了一等奖2名、二等奖3名、三等奖3名、优秀奖7名，优秀组织奖3个。区领导致辞并为获奖选手和获奖单位代表颁奖。

【金平区总工会开展“书车进企业，知识寻万家”活动】 金平区总工会为推动“争创学习型组织和知识型职工活动”落到实处，开展“书车进企业，知识寻万家”活动。区总工会积极联系区图书馆，利用他们现有的“岭南流动书香车”，采取“定期不定点”形式，深入企业厂区，方便职工借阅图书；同时，由各企业以“职工书屋”名义向区图书馆每期预借100册以上图书到企业转借给职工，经过一段时间再将借出的图书交还区图书馆，形成良性循环。各企业工会还根据职工不同的学历程度及个人的需求与爱好，成立不同类型的职工读书兴趣小组，有计划、有目的地开展“职工谈读书心得体会”或“职工读书演讲比赛”等活动，国庆前夕，结合区总工会开展的“送戏进企业，图展在企业”的文化活动，首次在宝马工艺制品厂有限公司活动广场启动“岭南流动书香车”图书借阅仪式。

【龙湖区举办“幸福汕头公众论坛”之农民工专场】 7月16日上午，“幸福汕头公众论坛”之农民工专场在汕头华建电子有限公司会议厅举办。本场的主题为“感受幸福”，论坛分演讲、自由发言、专家点评和互动四个环节。华建电子有限公司的两名普通员工杨街英、宋斌分别从自身实际出发，就自己对幸福的感受作了精彩的演讲；五名员工谈了自己对简单、平淡生活的满足和幸福感受，并对所在的企业带给自己的安全感、成就感和较大的提升空间感到十分满意。论坛中员工朴实的语言、生动的例子、真实的生活经历，使与会的120多名工人、嘉宾对发言者的幸福观感同身受。市政协常委、市委党校客座教授蔡述彪，市委党校教授张勇为论坛作了精彩的点评，并在现场与职工进行了热烈的互动。

【龙湖区总工会金秋助学重点帮扶外来人员子女】 龙湖区总工会2011年继续开展“金秋助学”活动，重点帮扶外来人员子女，为广大职工特别是困难农民工办实事、做好事、解难事。2011年龙湖区委、区政府出台了《龙湖区助学育才工作方案》，将龙湖区户籍特困职工子女纳入资助范围。为此，龙湖区总工会延伸服务范围，通过多渠道筹措资金5.2万元，经过摸查、申报、审核几个阶段，对49名非龙湖区户籍的困难职工和困难农民工子女进行帮扶，为他们继续接受教育解决困难。

【龙湖区总工会举行中小学班主任专业能力比赛】 12月15日至16日，龙湖区总工会、区教育局在龙湖小学多功能厅联合举行“龙湖区中小学班主任专业能力比赛”。经过层层选拔，有37名优秀班主任参加了本次决赛。本次大赛分高中、初中、小学组进行，通过教育故事叙述、班会课或班集体活动设计、情景答辩等三个项目，对参赛班主任教师的专业能力进行了全面考量。来自全区各中小学的1000多位班主任教师到现场观摩学习，本次活动为广大教师提供了汲取班主任工作优秀经验的宝贵机会，有效地促进了广大班主任教师提高专业能力、提升教育智慧。经过两天的角逐及专家们的认真评审，分别决出了高中组、初中组、小学组一、二、三等奖。荣获一等奖的选手还被龙湖区教育局、龙湖区总工会授予“龙湖区岗位创新能手”称号。

佛山市

【禅城区总工会开展多种形式的帮扶活动】

2011年，禅城区总工会把困难职工的帮扶工作与“创文”活动有机地结合起来，开展多种形式的帮扶活动，取得良好成效。一是在元旦、春节期间开展形式多样的慰问和帮扶活动。据统计，区总工会慰问困难职工

159人，发放慰问金12.72万元；镇（街道）总工会共慰问困难职工500多人次，发放慰问金61.51万元；机关单位与困难职工结对帮扶16人共1万多元。区总工会还对3名困难职工（其中两名为外来工）实施了一次性的医疗救助，救助金额共1万元。同时，还组织了省、市、区领导慰问困难职工工作，对张槎13户困难职工、一家困难企业进行了慰问，发放给每户家庭1000元共13000元、困难企业5万元慰问金。二是结合“创文”工作，在“五一”节前组织区、镇（街道）工会志愿者开展“工会志愿服务进千家”系列活动，上门慰问单亲困难家庭67户，发放慰问金2万多元。三是在6—7月份，对全区30名工伤职工、外来工进行工伤探视，到医院、进工厂、上门探视30人，发放探视慰问金15000元。同时，继续做好对困难职工专项经费的季审和发放工作，全年共对160名困难职工发放专项经费20多万元。四是中秋、国庆期间对困难职工进行慰问帮扶。慰问150名困难职工，每人200元共3万元；慰问50名困难退休职工，每人300元共15000元；向150名困难职工发放物价补贴，每人500元共75000元；办理中央财政专项资金，帮扶困难职工70人共19万元。其中：大学新生助学13人共39000元；大学在读助学30人共33000元；医疗救助14人共78000元；生活困难救助13人共4万元。此外，还与市总工会定点培训机构禅城区华艺职业技能培训学校共同研究制订方案，开展对职工、外来工职业培训帮扶181人共10万元。

（禅城区总工会）

【南海区总工会扎实推进服务型工会建设】

2011年，南海区各级工会紧紧围绕区委的工作部署和上级工会工作要求，扎实推进服务型工会建设，全面提升工作水平，各项工作取得新的进展。一是构建和谐劳动关系有新突破。率先建立了广东省第一个县（区）级工会工资集体协商指导员队伍，推动了企业工资集体协商工作的“提质扩面”，集体合同、工资集体协商制度覆盖率分别达到90%和65%。全年区、镇（街道）两级工会信访接待673宗，办理终结664宗，办结率为98.6%，涉及职工2814人次；参与调处职工群体性事件18宗，涉及职工2988人，涉及金额1032万元；工会特约律师审查企业规章制度136份，代理劳动争议案件49宗。二是保障职工民生惠及面有新扩展。深入实施职工素质提升工程，市、区两级工会自筹资金138万元，为1500多名职工提供免费的职业技能培训。深化“送温暖”工程，巩固和完善困难职工帮扶长效机制，全年探访慰问及临时应急救助1577人（次），使用帮扶资金155.36万元；组织2万多名职工参加互助保障计划，发动34家企业建立职工互助基金。开展职工文化关怀活动，各级工会共开展各类文体活动400多场，参与职工达30万人次。继续深化建设“职工书屋”和“创争”活动，2011年新建市级达标职工书屋32家。三是助推经济转型升级有新实效。开展2011年春风就业服务行动，组织专场招聘会22场，为5万人次免费提供就业服务；扎实推进职工技术创新活动，组织职业技能大赛，开展合理化建议“金点子”、职工科技创新成果推广等活动，共取得科技创新成果500多项，提出合理化建议2万多条。推荐评选2人获全国五一劳动奖章、1人获广东省五一劳动奖章。四是增强工会自身建设有新提升。2011年新建基层工会865家（含涵盖单位），新发展会员57910名；实行教育工会属地管理，完成直选工会主席试点工作，增强了基层工会活力。同时加强工会干部队伍建设，举办12

期学习班，培训2500多名各级工会干部。

（南海区总工会）

【高明区总工会创新基层工会民主选举工作】 2011年，高明区总工会以基层工会换届为切入点，夯实基层工会组织建设，创新基层工会民主选举工作。区总工会根据《佛山市基层工会民主选举工会主席试行办法》（佛工字［2011］20号）和市总工会《关于开展“基层工会建设年”活动的实施意见》的精神，充分认识推行基层工会民主选举工会主席工作的重要性，成立了领导小组，区总工会领导分别挂钩到镇（街道），深入企业进行调查摸底，熟悉掌握基层工会工作状况、企业职工之间关系等情况，以更合镇美嘉油墨涂料有限公司为基层工会民主选举工会主席工作试点。选举当日，组织了全区各镇（街道）及部分企业工会主席进行现场观摩，该公司工会以海选形式选举产生了新一届基层工会主席和工会委员。试点工作的成功，为推进民主化提供了重要经验，对创新组织建设工作带来了良好的局面，也为省、市基层工会民主选举工会主席工作提供了经验和借鉴。9月15日，市总工会召开民主选举工会主席工作推进会，高明区总工会在会上作了题为“认清形势、周密筹划，积极推进基层民主选举工作”的经验介绍；12月16日，《南方工报》刊登了《民主直选，选出职工信得过的工会主席》，对高明区积极推进基层民主选举工作作了介绍。下发《关于进一步推进基层工会民主选举工作促进基层工会规范化建设的意见》（明工字［2011］46号），要求各工会组织将民主选举工会主席工作常态化，实现全覆盖。到2011年底，全区完成基层工会不同形式的民主选举工会主席的企业（单位）达到141家，其中有37家推行了直选工会主席工作。

（高明区总工会）

【三水区总工会建设充满爱心的困难职工之家】 2011年，三水区总工会以加强困难职工帮扶工作为重点，把帮扶中心建成充满爱心、充满阳光的困难职工之家。全年帮扶困难职工1809人次，发放帮扶款物76万多元。全区工会法律援助服务的经验做法得到佛山市总工会的充分肯定。一是坚持“送温暖”活动规范化和制度化。建立、完善困难职工档案，坚持在重大节日“送温暖”。共帮扶困难职工家庭225户，慰问困难劳模39人次，慰问困难农民工115人次，发放款物34.5万元。二是开展关爱农民工行动。召开2011年农民工代表新春座谈会，听取农民工的呼声和诉求，以及对工会工作的意见和建议。全年帮扶困难农民工271人次，发放款物10.1万元。三是丰富帮扶内容，全面开展帮扶救助。对31名患大病职工和生活特殊困难职工进行救助，发放救助金6.85万元；继续开展“金秋助学”，给10名困难职工家庭子女提供帮助，发放助学金1.13万元；调查中专（技校）困难农民工子女的就学情况，向5名困难农民工子女发放共1万元的学习资助费；继续开展工伤职工探视活动，共探视工伤职工102人次，发放工伤探视金5.67万元。四是推进工会法律援助，更好地服务职工。借力工会特约律师库，不断拓宽法律服务的受案面，健全工会法律服务案件受理委派跟踪机制。全年为困难职工提供法律服务51宗，其中讼诉类23宗，非讼诉类28宗，为被侵权职工追回各种经济损失130多万元。五是做好职工信访工作，畅通职工诉求。共接待来信来访260多宗2348人次，其中调处劳动争议案188宗，涉及1382人次，追讨或补偿劳动工资490多万元。六是积极发动职工参加医疗互助保障计划。全年有1203人购买了2637份职工医疗保险，投保金额18.7万元，为7名患大病职工进行直接医疗理赔共

计21.5万元。（三水区总工会）

惠州市

【惠城区总工会深入开展创建劳动关系和谐企业活动】 惠城区委成立了创建劳动关系和谐企业领导小组，计划用三年的时间完成80%以上的劳动关系和谐企业的创建。惠城区共有规模以上企业363家，其中工业类317家，其他类46家，参与创建活动的企业有291家，开展率达80%以上。年内，通过企业申报、各镇（街、局）推荐、考核验收、审议等程序，评选出惠州雷士光电科技有限公司等20家企业为惠城区首批劳动关系和谐企业，并于10月28日由惠城区委、区政府举行了构建劳动关系和谐企业先进表彰暨经验交流会，对这20家劳动关系和谐企业进行了隆重的表彰。在首批获表彰的劳动关系和谐企业中，外资企业15家，民营企业4家，股份制企业1家。这批企业管理规范，制度完善，遵章守法，用工环境良好，员工队伍稳定，劳资关系融洽，是惠城区劳动关系和谐企业的标杆和模范。在这批表彰的和谐企业中，惠州住润电装有限公司、惠州雷士光电科技有限公司、九惠制药股份有限公司等7家企业还被惠州市委、市政府评为“惠州市和谐劳动关系先进企业”。（曾俊明、薛俊调）

【惠阳区总工会举办首届非公企业文艺调演晚会】 惠阳区总工会针对历年全区性文艺晚会的表演单位都是以机关、事业单位为主，非公企业或民间文艺组织为辅，尚未举办过由非公企业组织专场表演的全区性文艺晚会的状况，为配合创建文化强区工作，与相关部门在“五一”前夕隆重举行“幸福惠阳、共铸和谐”首届非公企业文艺调演晚会。晚会得到广大非公企业员工的积极参与，节目由9个乡镇（街道、开发区）工会在非公企业中选调，节目的服装、场景设计、台词及排练等工作均由非公企业的员工一手操办，同时，晚会还邀请专业评委进行现场评分，对评出的一、二、三等奖进行表彰。类似这样的非公企业文艺调演在全市各县（区）级工会中实属首创。（罗晓婷）

【博罗县总工会扎实推进困难职工帮扶中心建设】 2011年，博罗县总工会把“维护职工权益的阵地，促进再就业的桥梁，化解劳资矛盾的通道，服务特困职工的窗口”作为工作目标，投入10多万元改造硬件设施，增配电脑，增设帮扶物资储备室，扎实推进困难职工帮扶中心建设。一是健全工作机构。建立了由一名分管领导主抓，一名部长负责的日常工作机构，制定和完善了日常工作制度。二是在困难职工档案的管理上，实行电脑系统管理，详细记录帮扶情况，做到信息的动态管理。三是建立了帮扶资金使用、发放制度，明确申请、审批领取程序，做到有接待登记、有送达办理、有办结报告、有档案备查，确保有限的帮扶资金和物资用于最困难、最需要帮扶的职工身上。四是建立健全工会信访网络，开展“主席接访”活动，落实信访工作职责，畅通职工信访渠道。五是通过加强与职能部门协调配合，建立联席会议制度等形式，加强源头参与，提升帮扶效能。六是通过实施“法律援助工程”、“再就业工程”、“低保促进工程”、助学帮扶和疗救助以及做好女职工特殊权益保护等活动，不断创新帮扶思路，延伸帮扶领域。2011年博罗县困难职工帮扶中心慰问困难职工和劳模582人，发放慰问金50.5万元，慰问困难企业24家，金秋助学17人，发放助学金5.1万元；调处劳动纠

纷案件 36 宗，处理职工信访案件办结率达 97%。（胡小刚）

【惠东县总工会拍摄各级劳动模范、先进单位典型事迹专题宣传片】 惠东县总工会于 2011 年 4 月 8 日至 4 月 27 日开展拍摄反映惠东县各级劳动模范、市级先进工会工作者、市县两级工会工作先进单位典型事迹专题宣传片活动。县总工会和县广播电视台联合摄制小组共走访了 15 个单位，拍摄了 15 名先进人物。拍摄了劳动模范代表张观金、刘磊、刘霞、余小燕，市级先进工会工作者余建明、赖金喜，市级工会工作先进单位省七五六地质大队工会、惠州老铭人服饰有限公司工会委员会，县级工会工作先进单位县广播电视台工会工作委员会、巽寮滨海旅游度假区工会工作委员会的先进事迹。专题宣传片于 4 月 28 日至 5 月 9 日在惠东县电视台“惠东新闻”和“第一现场”栏目播出。（张重兴）

【大亚湾经济技术开发区总工会扎实推进工资集体协商工作】 大亚湾经济技术开发区总工会狠抓工资集体协商工作，全年共签订区域性、行业性及单个实体企业工资集体协商合同 46 份，覆盖企业 550 家，占工资集体协商工作任务数的 79.3%。一是党委主导，部门联动。区委书记侯经能经常过问此项工作的进展情况，及时解决工作中遇到的突出问题。区财政及时划拨 32 万元专项资金，区人社部、工贸、工商等相关部门抽调得力骨干参与工作组，确保了各项工作的顺利开展。二是广泛宣传，大造声势。除充分利用电视等新闻媒体强化舆论宣传外，还聘用 83 名工资集体协商指导员，深入企业广泛宣传与发动，推动了全区工资集体协商工作形势的转变和发展。三是强化培训，提升素质。先后投入 27 万元，举办了六期工资集体协商培训班，实现了工资集体协商培训工作的全覆盖。在此基础上，又联合省总干校举办了两期工资集体协商模拟谈判培训班，被省总工会干部学校在全省工资集体协商指导员培训班上予以宣传和推广。四是建章立制，激发活力。明确规定凡没有开展工资集体协商的企业及其相关工会，不得参与区以上“劳动关系和谐企业”、“先进工会组织”等集体荣誉的评选，其企业经营者不得参与各级“劳模”等荣誉的评选，调动了工企双方的积极性。五是主动要约，积极协商。通过开展“工资集体协商要约月活动”，基层工会纷纷向企业方发出集体协商要约，区总工会重点指导、协调、督促相关企业按期履约，开展协商，签订协议，推动工资集体协商工作稳步发展。（许新星）

【仲恺高新区总工会高度重视园区人文关怀工作】 仲恺高新区总工会先后于 2011 年 8 月 20 日和 12 月 17 日相继举办了两期“情缘仲恺·幸福今生——仲恺创业青年交友大会”，共有区内企业的 2000 余名创业青年参加，活动现场有大约五百对青年男女结对填写了“爱心卡”。通过交友大会这一平台，给区内企业适龄未婚青年提供一个健康和谐的交友环境，让他们找到属于自己的幸福。现场的“非诚勿扰”环节每成功速配一对情侣，这一对情侣就将获得由格林童话地产公司送出的价值 9999 元的购房券一张。（卢鑫）

【龙门县总工会继续推进“外来工工会联合会”、“外来工之家”建设】 龙门县总工会坚持贯彻“切实加强对流动人口的服务和管理”精神，率先创办了第一个外来务工人员自治组织——“外来工之家”，着力将其打造成为该县“外来工工会联合会”领导下的又一特色品牌。通过不断丰富和充实“外来工工会联合会”和“外来工之家”的组织架构，充分发挥服务型工会组织的作用，切实将关怀、为民的工作宗旨渗透到社会的各个阶层、各级对象。2010 年 12 月，龙门县召开了创建“外来工工会联合会”和“外来工之家”工作现场会，成立了开展“外来工之家”创建活动领导小组及其办公室，由龙门县总工会负责，认真做好各项工作部署，及时把创建活动在全县范围内铺开。2011 年 8 月，县总工会领导班子及相关人员到各乡镇督查“建会”、“建家”情况，具体内容包括设立老乡帮扶基金会，开展法律、计生政策宣传，免费为外来务工人员培训技能、检查身体等。同时，拨出专项经费 75000 元，为各乡镇统一定制牌匾，制定工作制度，按照“六个有”规范“外来工工会联合会”和“外来工之家”的建设。同时，把各乡镇“建会”、“建家”的服务和创建情况列入乡镇党政负责人年度考核范畴。通过加大投入力度、扩大创建范围，从人力、物力、财力等方面多形式、多层次、全方位给力，切实把该项工作抓好落实。至 2011 年，全县 11 个乡镇（街道）创建了“外来工工会联合会”和“外来工之家”，涵盖独立法人单位 151 个，覆盖外来职工 8000 余人。

（黎飞）

汕尾市

【海丰县总工会通过劳动关系三方协调平台有效维护职工权益】 海丰县总工会切实维护职工合法权益，积极构建和谐劳动关系。为了有效地调整劳动关系，加大源头参与监督的检查力度，建立健全了以县人事劳动和社会保障局、海丰县总工会和县经贸委为成员单位的劳动关系三方协调会议制度。充分利用三方协商机制这一平台，将涉及职工劳动权益的一些切身问题递交三方协商联席会议讨论，使问题能够得到及时处理和解决。2011 年，共解决了拖欠职工、农民工工资 68 万元，得到了广大职工和农民工的好评和信赖。同时，抓住法律法规贯彻实施的有利时机，广泛开展学习培训、法律宣讲活动，使维权工作逐步走上制度化、规范化的轨道。

【陆丰市总工会构筑工会帮扶“爱心家园”】

陆丰市总工会困难职工帮扶中心积极推进困难职工帮扶工作，确立了做好帮扶工作的思路，制定了切实可行的工作计划，牵头联合人社部、司法、民政等部门在困难职工帮扶中心办公，为困难职工办理工会帮扶劳动纠纷处理、职业培训介绍和民政低保司法援助等“一篮子”帮扶项目，努力探索一条适合经济欠发达地区帮扶的新路子，建立起“党政重视、工会运作、部门配合、人人有责、社会参与”的大帮扶工作格局。一是力求帮扶对象准确。以工会成为困难职工“第一知情人”为目标，注重对困难职工的调查摸底，分类建档，建立了特困职工档案管理。到 2011 年为止，已建立困难职工档案 1873 户，其中已上网的 1343 户。二是把帮扶中心资金列入财政预算，并把各项工作具体细化，分解落实到每个单位，做到每个职能单位“个个有任务，人人有职责”。三是积极宣传发动社会各界、港澳同胞、外出深圳广州等地的乡贤和热心人士捐资。五年来，共筹资 158.71 万元。四是力求帮扶工作公开、透明。对每一件帮扶工作都要求做到程序规范、手续齐全，每次都向社会公布，接受群众的监督。2011 年，被评为全国帮扶工作先进单位（全省 5 个），并获得省五一劳动奖状。

【陆丰市总工会加强工会信息工作】 以陆丰总工会网站建设促进工会信息交流，使其成为宣传工会工作和服务广大职工的平台。一是加大投入，积极引进专业人才，提高网站技术和硬件建设水平。二是进一步加大工会网站的宣传力度，提高工会网站影响力，有效服务基层和职工群众。三是加强信息收集工作，对基层工会和职工反映的问题予以及时综合整理，送有关职能部门进行阅处。四是完善信息工作考核奖励机制，定期通报信息工作情况，交流经验，表彰优秀工会信息员。五是加强信息员队伍建设。专门举办信息员培训班，邀请资深记者作详细的辅导讲课，全面提升陆丰市工会信息员的信息采编能力。

江门市

【恩平市总工会新办公大楼落成启用】 2011年5月，位于恩平市恩城桂花街的市总工会新办公大楼落成启用，并举行了揭幕仪式。恩平市总工会新办公大楼占地面积2772平方米，楼高五层，建筑面积4100平方米，在大楼首层设立困难职工帮扶中心，还设有1个灯光篮球场、2个羽毛球场。该办公大楼的建设除了恩平市总工会自筹资金外，还得到恩平市政府和省总工会、江门市总工会的支持，共投资600万元，于2010年5月动工兴建，2011年5月竣工。新办公大楼的落成使用，大大改善了为职工服务的条件和工会机关的办公环境。

（恩平市总工会）

【鹤山市总工会关注职工心理健康积极推进人文关怀工作】 鹤山市总工会着力提高职工心理健康水平。一是积极开展职工心理援助活动。鹤山市总工会以雅图仕印刷有限公司工会为试点，采取职工心理问卷抽查、设立心理互动信箱、心理专家解答心理问题等方式，帮助职工提高处理心理困惑的能力，为职工增设心理疏导的渠道。二是通过加强维权服务，从根本上疏导职工心理。鹤山市总工会在维权部、帮扶中心开设了12351职工心理咨询电话热线，为职工开展心理疏导工作。突出加强对来信来访职工的心理健康疏导，对来访人员反映的问题和要求，依据法律、法规耐心解答，同时区别不同情况，有针对性地做好说服教育工作，疏导上访人员心态，引导其通过法律程序解决，确保社会和谐稳定。三是进一步丰富职工的精神文化和业余生活。鹤山市总工会大力推进职工书屋建设。到2011年，全市共建立36家职工书屋，其中达国家级标准的有2家，省级标准的有10家，江门市级标准的7家，鹤山市级标准的17家。鹤山雅图仕印刷有限公司荣获“全国工会职工书屋示范点达标单位”以及“全国工会优秀职工书屋示范点”称号，利奥包装有限公司职工书屋被评为“全国职工书屋”，址山中学、丽得电子有限公司职工书屋被评为“广东省职工书屋”，利联纸品有限公司职工书屋被评为“江门市职工书屋”。此外，还认真做好高温慰问送清凉、关爱农民工子女的学习和生活等工作，关心职工情绪，加强心理疏导，确保职工生产安全和心情舒畅。 （李镔泰）

【江海区总工会组织文明礼仪知识进企业宣讲活动】 2011年6月至8月，江海区总工会分别在金钻辉精密铸造有限公司，恒健、长优实业有限公司等10家企业开展“文明礼仪知识进企业宣讲活动”，共组织近600名职工参加。宣讲活动聘请江门市“创建全国文明城市”宣讲团的老师，运用生活中的趣事和贴近生活的实例，传授在日常生活和工作中的文明礼仪，为参加活动的企业职工讲解如何“学礼仪知识、遵社会公德、做文明居民”等内容，引导职工自觉践行礼仪规范，养成文明行为习惯，在企业中进一步掀起学礼、知礼、懂礼、用礼的热潮。

（江海区总工会）

【开平市总工会建立健全职工群体性事件的沟通协调机制】 开平市总工会坚持一手抓为职工办实事，一手抓维权机制建设，切实解决好职工最关心、最直接、最现实的利益问题。及时向开平市委提交了《关于进一步发挥我市工会组织构建和谐劳动关系、维护职工队伍稳定职能作用的建议》，得到开平市委的高度重视。根据市总工会提出的相关建议，通过市委、市政府的协调，促使有关部门出台一系列强化工会维稳职能作用的措施，建立健全职工群体性事件的沟通协调机制，较好地维护了职工队伍的和谐稳定。为了更好地履行“第一知情人、第一报告人”的职责，市总工会向全市各工会组织印发了《关于切实加强职工群体性事件等重要信息报送工作的通知》，在工会系统进一步健全了职工群体性事件的即时报告制度。市人社、信访和维稳等部门与工会组织建立了沟通协调机制，在发现职工群体性事件的第一时间知会市总工会，使市总工会能尽早介入协调处理，把劳资纠纷解决在萌芽状态。

（开平市总工会）

【蓬江区工会第五次代表大会召开】 2011年12月8日，蓬江区工会第五次代表大会胜利召开。大会回顾总结了区工会四大以来的工作，研究确定了今后五年的目标任务，并选举产生了新一届区总工会领导机构。市人大常委会党组成员、市总工会主席秦有朋，区委书记、区人大常委会主任王积俊到会祝贺并讲话。市总工会常务副主席王雄和卢永权、黄柏林、徐伟、文丽、谢雁平等区领导以及194名正式代表、50名特邀代表出席了会议。大会还对中烟摩迪（江门）纸业有限公司工会的王卫民等20名江门市蓬江区优秀工会工作者进行了表彰。（卢林）

【台山市工会组织建设取得新成效】 2011年，台山市总工会新建独立基层工会63家，比上一年度同比增长71%，涵盖工会150家，发展会员7800名（其中农民工5463名），超额完成上级下达的任务。主要做法有：一是加强基层工会组织规范化建设，落实工会干部的待遇。2011年台山市镇（街、场）、市直部门单位工会共选拔、调整、充实61名正副主席，80%年龄在50岁以下，大专以上文化程度的占70%。台山市所有镇（街、场）、机关、事业单位、学校等工会组织都基本配备了专职工会主席，并按市委文件规定享受相应的政治和生活待遇，极大地调动了基层工会干部的积极性。二是建立健全基层工会规范化建设的工作和考核奖励机制。2011年年初制定下发《台山市基层工会规范化建设“十有”标准（试行）》，在全市镇（街、场）、市直、重点企事业单位工会开展规范化建设活动。将基层工会规范化建设纳入全年整体工作之中，同其他重点工作一同安排、一同部署、一同考核。2011年全市50%的镇工委会实现了独立办公，达到“有牌子、有印章、有场所、有活动、有档案、有经费、有一览表”要求。

（黄秀燕）

【新会区总工会建立基层工会工作台账制度，加强规范化建设】 为进一步加强基层工会规范化建设，创建“十有两满意”工会组织，新会区总工会计划用三年时间（2011年建立台账、2012年完善深化、2013年实践运用），在全区各基层工会建立台账并形成制度。2011 年 7 月 28 日区总工会召开筹备会议，对基层工会主席或副主席进行培训和工作部署。同时下发了《关于建立基层工会工作台账制度的通知》，要求各镇（街）总工会、工委会根据实际情况，对其管辖内的工会组织的相关资料登记入账。台账内容包括工会组织的基本情况、工会经费、劳动竞赛、民主管理、集体合同、工资集体协商、职工维权、困难职工帮扶等方面。在建账期间，考虑到基层工会工作量大，区总工会还聘请了 12 名在校大学生，利用暑假时间协助各镇工会开展建账工作。至 2011 年 10 月，区总工会已完成工作台账 209 本，收到了初步的成效，得到市总工会的充分肯定。

（新会区总工会）

阳江市

【阳春市总工会创新帮扶品牌，工作有特色】

打造了应急帮扶、结对帮扶、“造血”帮扶和法律援助四个品牌。应急帮扶是对特大灾害、急病施援救危、救急的帮扶机制。该项制度规定，为快速救命、救难，支付救助款可未经帮扶工作领导小组讨论通过及公示而由领导拍板预支，事后再由领导小组会议讨论认可与否。2011 年度启动应急帮扶的有 6 例，共支付救助款 3.6 万元。结对帮扶是帮扶中心工作人员、工会领导干部和社会上的热心人士与一家或多家困难职工结穷亲帮扶。2011 年，已有 362 个困难家庭落实结对帮扶，且有 176 户已脱贫。“造血”帮扶是帮助困难职工就业、创业，使受助人有工作有收入、由穷变富的帮扶方式。帮扶中心投入资金 6.2 万元，共培训了 310 人。其中，达到国家职业技能标准，得到劳动部门认证的有 140 人，这些人 100% 推荐就业。有 82 家职工在“造血”帮扶下摘掉了贫困帽子。法律援助就是免费帮职工打官司、维权。帮扶中心与信访、司法、劳动等部门紧密联系，常年聘请 3 名律师免费为困难职工提供法律援助。该项帮扶，曾为豪辉特种钢厂职工黄允强打赢了因工伤致残的官司，圆满解决拖了三年未解决的问题。一年来，为职工提供法律服务 325 人次。“十百千工程”体现了帮扶的特色。“十”是指从 2011 年起每年全程跟踪 10 名大学新生直至他们完成大学学业，每生每年享受市帮扶中心发放的 5000 元助学金。“百”是指大力鼓励和扶持 100 名困难职工、农民工自主创业的帮扶工程。市总工会和帮扶中心对帮扶对象调查摸底后，把他们分为从商、从种、从养和务工等四类人，然后有针对性地聘请有关专家技师对他们进行培训，最后指导他们开展工作，直至他们有收入为止。“千”是指培养和推荐 1000 名困难职工、农民工实现就业再就业的帮扶工程。把上面调查归类的四种人中只适宜务工的人，先安排 1000 人分 6 期进行务工技能培训，掌握了相关的劳动技能后联系有关厂家，推荐其就业或再就业。

（余业金）

湛江市

【吴川市总工会因地制宜，集体合同推行工作效果显著】 改革开放以来，吴川民营经济如雨后春笋般涌现，全市 GDP 的 70% 由非公经济创造。尤其是民营经济集中的“塑料鞋之乡”博铺，2011 年工业产值达 10 亿元以上。但这些民营企业大多数规模小，分布广，业主多是“洗脚上田”的当地农民。根据全国总工会数据库反映，吴川全市登记的非公经济企业共 1056 家，分布在全市 10

个乡镇和5个街道办。吴川市总工会结合实际情况，因地制宜，找到了签订区域性工资集体合同的切入点，在全市15个乡镇（街道）全力推行签订区域性工资集体合同，扩大集体合同的覆盖面，收到了显著的效果。2011年，经吴川市人社劳动部门签证确认的区域性工资集体合同共15份，覆盖全总数据库登录的非公经济企业达979家，覆盖职工25275人，吴川全市非公经济企业的建会率和员工入会率均达到92%。

（吴川市总工会 李亚养）

【徐闻县总工会组建工作成效显著】 徐闻县总工会抓工作创新，大大提高工会组建与会员发展工作的针对性和实效性。一是进一步完善“党建带工建”的组建格局，坚持依法建会、依靠职工建会、灵活建会的理念，区分县内企业不同情况和类型，创新组建的途径和方法，以正式投产运营的规模以上企业为重点，整体推进非公企业工会组建工作，逐步实现工会组建工作量的扩张。对具备单独组建工会组织条件的企业，指导帮助企业单独组建工会组织；对暂不具备单独建工会条件的企业，采取联建等方式组建，加强了基层联合工会的建设，扩大了工会组织的覆盖面。二是创新会员优惠机制。探索凭会员证可以享受购物、医疗、文体活动等方面的优惠，增强了工会吸引力、凝聚力。与此同时，根据农民工流动性大的特点，坚持属地管理原则，通过推行农民工源头入会、集体登记入会、开设农民工入会窗口等多种形式，实现农民工快捷入会。2011年新建企业工会43家，新发展会员3879人（农民工会员2948人）；全县工会会员总数5.2万人（农民工会员1.8万人），累计已建基层企业工会总数达676家，覆盖企业总数787家，实现了正式建成运营企业工会组建全覆盖。（徐闻县总工会）

茂名市

【电白县总工会切实做好荣立二等功复退转业军人荣誉津贴的落实工作】 根据市总工会的布置，为了做好荣立二等功复退转业军人荣誉津贴发放工作，电白县总工会早计划、早行动、早落实，圆满地完成了任务。一是通过报纸、电视等媒体，做好相关政策的宣传和充分的调查摸底，力促在全社会形成关爱军人、崇尚劳模的良好氛围。二是做好荣立二等功复退转业军人的登记审查工作，力争做到不错不漏，彻底杜绝弄虚作假。三是主动联系有关领导，积极协调相关部门，做好文件联合印发工作。四是抓好文件的跟踪落实，以最快的速度把荣誉津贴发放到转业复退军人手上，为保持社会稳定、促进社会和谐作出了贡献，同时也扩大了工会组织的社会影响力。

（电白县总工会 王守刚）

【高州市总工会加强经费审查工作】 2011年，高州市总工会加强经费审查工作，认真完善三级经审网络，发挥经审组织的作用，抓好工会经费的收、管、用，保证了工会工作的正常开展。一是健全机构，落实“十有”。市总工会把经审工作列入议事日程，各基层工会建立健全各级经审组织，按照经审“十有”（有机构、有人员、有场所、有制度、有经费、有审查、有整改、有考核、有档案、有效果）要求，做到组织落实、人员落实、场所落实、办公设施落实、经费落实、制度落实。全市共建立经审组织187个，配备经审委员778人。二是加强培训，提高素质。2011年，市总工会选派12名经审干部参加省总工会业务培训，聘请专业人员授课2期，培训经审委员146人次，有效提高了经审人员的业务素质。三是抓好审计，以审促缴。2011 年，市经费审查委员会除对本级工会经费收支预、决算及专项资金进行审查外，还对 12 家基层工会经费收、管、用情况进行了审计审查，发现问题，限期整改。全市各级工会通过加强经费审查工作，规范了工会经费的收、管、用，促进了工会经费的收缴。全市收缴工会经费共 144 万元，其中，上缴 62.5 万元，留成 81.5 万元，留成资金用于工会活动，保证了工会工作的正常开展。（吴裕奎）

【化州市总工会开展争创“幸福家庭”活动】 2011 年，化州市总工会在全市工会系统开展争创“幸福家庭”评选活动，激励和引导广大职工努力构建温馨和睦、幸福美满的家庭。从盛大的启动仪式再到总决赛，历时 3 个多月，经过激烈比拼，最终 15 个家庭经过重重考验，闯关进入总决赛，通过幸福比拼，让参与的家庭感受和发现生活中点点滴滴的幸福，同时也激发了邻里间的真情友爱，营造了和谐氛围。

（化州市总工会办公室）

【茂港区总工会突破饮食行业带动开展工资集体协商工作】 2011 年，茂港区总工会高度重视抓好工资集体协商工作，创新工作思路，根据饮食类企业普遍招工困难的实际，采取加强宣传，以点带面的办法，在该区羊角镇召开开展工资集体协商会议，以羊角镇工会作为要约方，向该镇酒店、饭店发出要约，重点抓好汇原味、农香园等酒店的工资集体协议、集体合同签订工作。通过开展工资集体协议、集体合同的签订，解决了员工的后顾之忧，使员工有安全感和归属感，能安心工作，较好地解决了酒店、饭店招工困难的问题，使他们切切实实感受到开展工资集体协议、集体合同带来的好处，有力地带动全区工资集体协议工作的开展。至 2011 年 12 月 31 日，该区签订专项工资集体协议企业达 33 家，取得了较好的成效。

（茂港区总工会 许国强）

【茂南区总工会组建工作成效显著】 2011 年是茂名市加强企业工会工作三年（2011—2013）行动计划的第一年，根据省、市工会的要求和下达的指标，茂南区 2011 年要组建企业工会 60 家，发展会员 5000 人。区总工会通过多种途径，抓好工会组建工作。一是 3 月份召开了镇、街工委会主席、副主席会议，发放了企业情况调查表，对新建企业情况进行深入调查，并加强与税务、工商等部门单位的联系，摸清新建企业的情况，对在册企业进行分类造册登记。二是召开组建工作会议，制订组建计划和实施方案，把组建任务指标分解量化到各镇（街道、开发试验区）工委会，把责任落实到人。区总工会深入各工委会和基层工会，就工会组建工作加强检查督促，指导做好组建工作。三是制订考核方案，年终进行考核，对完成各项工作的，实行奖励表彰。四是采取党建带工建的措施，加强工会组建工作。2011 年，茂南区新组建工会 74 家，基层工会涵盖单位比 2010 年增加 111 个，新增工会会员 5399 人，其中发展农民工 4190 人，圆满完成市总工会下达的年度任务，受到市总工会的奖励。（柯伟雄）

【信宜市总工会围绕和谐维护发展主线抓好各项工作】 信宜市总工会围绕发展和谐劳动关系、维护职工合法权益、促进稳定发展这条主线，七项举措抓好各项工作。一是“创先争优”。有千余名职工参加群众技术创新活动，提出合理化建议 100 多条，促进企业发展和技术进步。二是“安康杯”竞赛。把高危行业和重点工程、企业、项目的安全生产作为重点，提升企业安全生产水平。信宜公路局连续四年荣获全国“安康杯”竞赛广东省优胜单位。三是“创新金融服务”。联合人行信宜市支行组织辖区8大金融机构及其属下网点1500多名员工开展“创新金融服务，支持经济发展”竞赛活动。四是落实“两个普遍”。新建会70多家，发展会员7037人；推进企业建立工资集体协商制度。五是“送欢乐”。联合妇联举办“我运动、我健康、我幸福”大型歌舞文艺晚会；开展“我运动，我健康——信宜市职工群众‘全健排舞’培训月”活动，培训排舞骨干1000多人，发展排舞爱好者6000多人。六是“送健康”。举办关爱女性健康讲座；组织医生免费为贫困职工群众进行健康检查；免费为劳动模范体检。七是“送温暖”。落实26万元帮扶特困职工及家属280多人次；开展单亲职工家庭及职工家庭孤儿基本情况调查，建立帮扶档案，向37名职工孤儿及单亲特困职工儿童发放慰问金1.8万元；开展金秋助学活动，向107名就读大、中、小学的特困职工子女发放助学金7万多元。

（高　干）

清远市

【佛冈县总工会加强分类指导基层工会组织活力明显增强】　县总工会对机关事业系统工会，引导其开展广大职工喜闻乐见的活动，如党群工会在国庆节前举办职工篮球赛活动，丰富职工的文化生活；对国有企业工会，侧重引导其开展“创建学习型组织，争做知识型职工”活动，通过开展内容丰富、形式多样的读书自学、团队互助、技术创新、劳动竞赛、岗位练兵等实践活动，提升职工的自身素质；对非公企业工会，大力指导其开展以构建和谐企业为主题的“生产安全”、“厂长爱职工，职工爱企业”等活动，如建滔实业有限公司工会在职工中开展“关注安全，关爱生命”的生产安全知识竞赛有奖活动，提高职工的安全意识。

（佛冈县总工会办公室）

【连南瑶族自治县总工会以送温暖、金秋助学和帮扶中心建设为平台，在改善民生工作中发挥新作用】　一是开展“送温暖”活动，积极筹集送温暖慰问金25万元，走访慰问困难职工668户，困难劳模28人；对62名患有重大疾病和生活特别困难的职工进行救助，发放救助金4.5万元。二是积极解决困难职工、农民工上学难问题。通过在全县范围内调查核实，帮扶30名特困职工子女，发放助学救助金1.5万元。三是开展科技培训帮扶活动。充分发挥工会自身优势，联合该县人力资源社会保障局对235名下岗失业职工、农民工进行技能创业培训，更好地为困难职工提供就业保障。

（连南瑶族自治县总工会办公室）

【连山壮族瑶族自治县总工会大力推进企业民主建设】　进一步巩固和规范厂务公开制度和职工代表大会制度，维护职工的民主管理权和决策参与权。深入企事业单位进行督促指导，积极参加企事业单位职代会，按照《关于进一步做好厂务公开民主管理工作的通知》的规定和要求，采取测评等方式对企事业单位进行全面督查。督促企业做到企业资产和生产经营、企业重大决策事项、大宗物资采购、重大工程建设、安全事故、职工利益、业务招待费使用等情况及时公开，内容全面真实，民主决策、民主管理、民主监督，同时要求资料齐全，整理规范。该县烟草公司、电力公司、小水电公司、教育、卫生等部门在办事程序和收费标准方面都实现了公开透明。

（连山壮族瑶族自治县总工会办公室）

【连州市总工会开展系列职工“关爱行动”】 1月，开展“心系职工情、温暖进万家”主题“送温暖”活动，对1810户特困职工、农民工、党员、群众家庭进行慰问。6月，组织全市工会会员和职工群众踊跃参与“捐赠一个月特殊工会会费”捐资活动，共为贫困家庭捐款7.5万元。7月，开展送清凉活动，形式多样地为职工暑期送清凉、送健康。8月，开展金秋助学活动，对30名困难职工子女进行助学帮扶。9月，开展生活救助活动，对40名生活困难职工进行帮扶救助。10月，开展医疗救助活动，对40名患重大疾病或家庭成员患重大疾病造成生活困难的职工进行医疗救助。11月，开展“百名优秀职工健康行”活动，出资为100名一线优秀职工进行健康体检。12月，开展困难职工元旦“送温暖”活动，对80名困难职工进行慰问。（连州市总工会办公室）

【清城区总工会创新组建模式，全面扩大工会覆盖面】 一是抓好行业工会组织建设。联合市医药协会、市房地产协会、清城区网吧协会等行业协会，通过深入调研，摸清行业情况，建立起清远市区房地产行业工会联合会、清城区网吧行业工会联合会，分别覆盖房地产开发企业42家、大小网吧12家；依托教育部门，按照区域分布情况，在该区内建立起12家民办幼儿教育行业工会联合会，涵盖民办幼儿园55家。二是抓好社区、村委会工会组织建设。在组建灵洲村工会联合会的经验基础上，继续开拓创新，紧紧依靠社区、村委会领导的支持，发挥“党建带工建”大格局作用，在各街镇分别成立28个社区工会联合会，7个村委工会联合会，通过社区、村委工会联合会的组建吸收小企业、小作坊职工入会。三是抓好产业园区工会组织建设。该区各街镇总工会联合组织办、招商办、劳动所成立工会组建工作小组，分别深入和兴工业园区、沙田工业区、源潭镇陶瓷工业城、义乌商贸城做宣传，联合下发《关于企业必须依法建立工会组织的告知书》，派发传单，在公共场所、产业园区内张挂横额，并深入企业指导建设，使园区内大中型企业工会组建逐步实现全覆盖。

（清城区总工会办公室）

【清新县总工会创建QQ平台，开创工会工作新渠道】 该县总工会开通工作QQ，并以此为平台，相应开通了QQ邮箱、清新县总工会QQ群，在全县基层工会开展全方位、便捷、高效的工会管理和服务。利用QQ群对非公企业工会进行工会的基本职责、帮扶济困、法律援助、税务代收工会经费政策的宣传，热点问题的解读和接收、传递相关资料等；积极和基层企业工会互动，及时为基层工会主席答疑解惑，就涉及工会日常实际的问题提出指导性意见。除了实时在线与基层工会互动，利用QQ空间的日志、留言板等栏目发布消息、收集意见、开展宣传教育，还实行群共享，根据需要适时把工会的一些业务资料放在群上实现资源共享，并在群内进行工作交流和信息互通。已加入工会QQ群的企业有136家，共发布信息45条，解答疑难问题30条，开展QQ群活动6次，发布新闻8条，得到各个基层工会的积极响应，取得了良好的效果。

（清新县总工会办公室）

【阳山县总工会积极开展工资集体协商工作】 该县政府下发《阳山县开展工资集体协商工作实施方案》的通知，并成立工作领导小组，由分管劳动、人事的副县长任组长，县府办、县人社局、县总工会领导任副组长。举办200多人参加的工会干部暨工资集体协商指导员培训班，邀请省总工会干部党校副校长、南华工商学院副院长李晓明授课，培训工会干部和工资集体协商工作骨干；在13个乡镇和重点企业选配30名工资集体协商指导员并颁发聘书；深入基层指导开展工资集体协商工作，有计划、有步骤地逐渐推进企业工资集体协商制度，逐步形成机制，努力在工资集体协商工作中寻求新突破。（阳山县总工会办公室）

【英德市总工会积极开展弘扬劳模精神系列活动】 营造学习劳模、关心劳模、弘扬劳模精神的氛围。一是英德市委宣传部牵头，英德市总工会负责，由电视台拍摄“五一”专辑，对2011年该市全国和广东省五一劳动奖章获得者的先进事迹进行宣传，弘扬劳模精神；二是举行欢送劳模先进赴省领奖座谈会。英德市委常委、组织部部长潘国标与获得全国、省五一劳动奖章的2位劳模亲切座谈，欢送他们赴省领奖；三是召开劳动模范代表座谈会，英德市委四套班子领导与新获荣誉的劳模和往届劳模、先进单位代表参加，由市委领导对2011年该市荣获全国和广东省五一劳动奖章、清远市“工人先锋号”称号的先进个人和集体进行颁奖。

揭阳市

【普宁市总工会关爱职工身心健康，维护职工合法权益】 2011年，普宁市总工会抓住构建和谐劳动关系这条主线，创新模式，从人文关怀上着眼，开展以“关爱职工身心健康，维护职工合法权益”为主题的关爱行动，联合当地医院开通“现代健康直通车”，进工厂，进贫困村，深入基层，免费为职工群众健康检查、送医送药，真情服务职工群众。活动深入到广东利泰制药股份有限公司、广东福尔康化工科技股份有限公司和普宁大池农场老丰村等地，为当地的一线职工群众1200多人进行健康检查，得到一线职工群众的好评。

【榕城区总工会出版《揭阳市榕城区工会志》】 经过2年多的认真编撰，《揭阳市榕城区工会志》于2011年出版发行。该书客观、全面地反映了85年来原揭阳县和榕城区各级工会组织的建立、发展、变化和工会主要工作及活动情况，记载了原揭阳县和榕城区工人阶级的光辉历史，反映了广大职工群众的心声，具有较强的思想性、资料性和可读性。该书的出版发行，是榕城区总工会对工运史研究的重大成果，得到了省、市总工会和榕城区委领导的充分肯定，将为揭阳乃至广东工运事业的发展留下珍贵的历史财富，对揭阳市今后的工会工作产生积极的促进作用。

云浮市

【罗定市总工会党工共建促发展，创先争优出成效】 在深入推进创先争优活动过程中，罗定市总工会坚持“党建带工建、工建服务党建、党工共建促发展”的原则，把创先争优活动贯穿到组织、引导、服务职工群众和维护职工利益的全过程，共同推进全市工会工作。一是认真开展“广普查、深组建、全覆盖”活动，工会组建和职工入会率有了新发展。2011年，新组建工会20家，新发展工会会员4429人。二是找准着力点，增强工会工作的针对性和实效性。围绕劳资、工资、维权、用工、职工文化等方面着力搭建党组织、党员、职工与企业的沟通平台，增强工会的凝聚力和向心力。三是认真抓好规范化建设。2011 年，新华书店、市场物业管理中心等 56 个基层工会进行了换届改选，充实了工会干部队伍，标准化建设更规范。四是激发职工活力有新举措。开展形式多样的劳动竞赛和学习交流活动，不断提升职工素质，增强了企业竞争能力。五是创先争优活动与延续关爱体系、帮扶工作结合，在深化和创新帮扶项目中不断创先争优。2011 年，罗定市总工会继续擦亮“送温暖”、金秋助学等工作品牌，发放 30 多万元对 737 名困难职工实行生活救助、医疗救助，发放 7 万多元帮助 43 名困难职工子女上学。（罗定市总工会办公室）

【新兴县总工会切实抓好工会组建工作】 2011 年，新兴县总工会坚持“工作不松、力度不减、标准不降”的原则，进一步健全“党建带工建、党工共建”的长效机制，抓好基层工会组建和发展会员工作，加强农民工会员会籍管理，进一步提高基层工会组建率和会员入会率。通过积极沟通协调，认真做好各基层工会领导班子的补选工作，完善基层工会组织架构，并印发了《关于进一步完善基层工会组织机构的通知》。积极推行区域性、行业性工会联合会等多种建会形式，重点抓好社区工会联合会的组建工作，新组建了新城镇凤凰社区工会联合会和六祖故里旅游度假区工会联合会。至 2011 年年底，全县有基层工会 303 家，涵盖法人单位 786 家，职工总数 41710 人，工会会员 40214 人，入会率达到 96%。

（新兴县总工会　李杰龙）

【郁南县职工之家大楼正式投入使用】 2011 年 12 月 13 日，郁南县职工之家大楼正式投入使用，揭幕仪式在原县工人文化宫小广场隆重举行。省总工会副主席张振飚，云浮市人大常委会副主任、市总工会主席黄英潮，郁南县委书记、县人大常委会主任黄志豪等领导出席揭幕仪式。从此，郁南县工人文化宫正式更名为“郁南县职工之家”。郁南县工人文化宫大楼修建于二十世纪七十年代，大楼的设计和布局已不适应时代发展的需要。县总工会为了更好地发挥郁南县职工活动阵地的作用，经多方筹资，从 2009 年开始对县工人文化宫进行改建和重新装修，并于 2011 年 12 月基本完成整体工程，真正把郁南县工人文化宫打造成困难职工的帮扶站、职工培训的大课堂、职工休闲娱乐的职工之家。（郁南县总工会　周文芳）

【云安县总工会加快推进工会规范化建设步伐】 2011 年，云安县总工会加快了组织建设步伐，推进了工会规范化建设。一是以非公有制企业工会组建为重点，广泛深入开展宣传发动工作，采取多种方式方法，正确引导劳资双方达成共识，使业主同意成立工会组织，职工自愿加入工会组织。2011 年共新组建基层工会组织 22 家。二是加快云安县总工会规范化建设步伐。按照上级工会要求，完善困难职工帮扶中心办公室的帮扶制度和服务条款，把相关制度公开化，方便了困难职工办理业务。三是加大对基层工会标准化建设的扶助力度，加强对基层工会的指导工作力度，有力地促进了基层工会规范化建设。2011 年第三季度，组织人员到相关基层工会开展工会财务账目的检查，使基层工会账目的规范化、标准化建设有了更大的提高，更加有效地使用、管理好工会经费。（云安县总工会　陈伟庆）

【云城区总工会举办外来工庆“五一”游园活动】 4 月 24 日，在“五一”国际劳动节即将到来之际，云城区总工会在河口初城工业区举办外来工（含农民工）“庆五一”游园活动暨职工拔河比赛。游园活动有“猜谜语”、“吹蜡烛”、“蒙面敲鼓”、“钓鱼”、“比比谁的运气好”、“背气球跑”等，每参加一个游戏项目，都可获得云城区总工会准备的奖品一份。在职工拔河比赛中，各参赛队体现出顽强的意志和拼搏的团队精神，赛出了水平，赛出了风格。参加这次活动的职工有600多人。现场还举办了《劳动合同法》、《工会法》、《广东省工资支付条例》、《女职工劳动保护规定》等相关法律法规知识宣传咨询活动，派发宣传资料2000多份，引导企业职工学法、懂法、守法。

（云城区总工会　谭剑英）

镇、街道、社区工会

构建和谐劳动关系

【潮州市潮安县古巷镇总工会健全工会工作机制，构建和谐劳动关系】 古巷镇总工会积极探索，大胆实践，突破陈规，敢为人先，不断推进工会各项工作的改革与创新，逐步走出了一条具有古巷特色的工会工作新路子。一是把握契机，创新举措，实现工会组建工作质的突破。通过加强党工共建，以党建带工建，加大责任落实力度，坚持扩面与提质并举，边组建边规范，认真扎实地推进全镇工会的组织建设工作，在全县率先组建了镇总工会、村级工会联合会。2011 年，全镇有非公有制企业工会 195 个，工会联合会 6 个，其中村级工会联合会 5 个，行业协会工会联合会 1 个，工会会员共有 18583 人。二是迎难而上，创新理念，实现工会维权工作新的发展。通过强化创新意识，着力搭建绿色通道；强化宣传发动，努力营造维权氛围；强化协调配合，全力推进维权工作。在全镇各村、各部门、各企业有效强化工会法律意识，围绕依法维护职工合法权益，形成了互相配合、齐抓共管的良好格局。三是围绕发展，创新服务，实现村级工会水平大的提高。积极探索推进村级工会建设的新途径、新方法，切实把发挥村级工会的职能作用作为提高工会水平的突破口，着力做好干部培养、组织健全、活动开展等多方面的工作，打造村级工会生机勃勃的新局面。 （潮安县古巷镇总工会）

【佛山市顺德区均安镇总工会表彰十佳优秀外来工】 为树立典型，激励广大外来务工人员充分发挥积极性和创造性，均安镇总工会继 2008 年之后，又开展第二届十佳优秀外来工评选表彰活动。加大宣传力度，拍摄电视短片，对十佳优秀外来工的先进事迹进行深入宣传。短片内容涉及十位优秀外来工的工作、家庭和生活，记录了其爱岗敬业、踏实奋进、自强不息的点点滴滴。镇总工会把宣传短片发放到各基层工会，组织企业员工观看。4 月 28 日，镇总工会举办“劳动者之歌”大型文艺晚会，对十佳优秀外来工进行表彰，并播放宣传短片。通过表彰和宣传，表达镇委、镇政府以及工会组织对广大外来务工人员的关怀，增进全社会对他们的认识和了解，肯定他们为均安经济社会发展所作的贡献，以点带面地激励全镇外来务工人员爱岗敬业、踏实奋进，积极融入均安，共建共享均安经济社会发展成果。

（李婷、张昌涛）

【广州市荔湾区东沙街南漖经济联社工联会将工资集体协商工作落到实处】 东沙街南漖经济联社工会联合会从抓好广泛宣传发动、建立完善工作机制、做好监督检查指导等方面入手，深入开展区域性工资集体协商工作，主要做法是：①广泛宣传发动，促使企职双方达成共识。一是针对工联会业户规模小、人数少的特点，派发小册子广泛宣传《劳动法》和工资集体协商的深远意义，提高他们支持、参与工资集体协商工作的积极性和主动性，提高了认识。二是以座谈会、郊游等形式多次组织企业主开展活动，适时宣传劳动用工、工薪报酬、劳动安全等方面的各项法律法规。三是积极参与企业劳资调解工作，在提出及化解矛盾对策时，刻意突出工会作用。四是利用各种接触企业主的机会，主动了解企业的要求，对企业提出的困难和要求进行处理。五是利用各类文娱活动深入了解广大职工群众思想，同时引导职工注意从企业实际经营情况出发，合理提出加薪要求。六是积极配合街道总工会做好企业工会干部培训工作，解决基层工会组织在工资集体协商中“不敢谈”、“不会谈”问题，为这项工作的开展营造良好的社会环境。②建立健全机制，为工资集体协商营造良好的工作环境。工联会积极与街道各职能科室联动，各司其职，分工协作，进一步完善工作机制，把职工工资问题纳入工联会日常巡查工作中，及时发现和解决存在问题。要求企业工会主动行使要约权，努力开展好工资集体协商要约行动。对拒绝或变相拒绝要约、不按期响应要约等行为，一方面及时向街道总工会汇报，共同做好引导工作；另一方面加强宣传教育工作。③加强指导，把握工资集体协商顺利推进的关键环节。一是着重在规范“劳资双方协商代表的选举、协商谈判过程、职代会审议工资集体草案”三个环节上下工夫。工联会在日常工作中，注意观察和了解企业中有谈判能力的人士，为劳资双方推荐谈判代表。二是利用飞信、QQ 群建立企业沟通的平台，使企业间相互熟悉。特别是 2011 年春节，工联会针对火车票难购的现象，组织企业共商对策，利用工联会的工作 QQ 群发布信息，企业间相互分工，团购火车票。工联会的建议得到广大企业的响应。企业正是通过参与我会的各项活动，彼此由陌生到熟悉，为企业间顺利达成共识打下基础，保证了区域性工资集体协商得以顺利进行。三是在协商谈判过程中、职代会审议工资集体草案环节中全程参与，保证协商流程规范。④监督审查，巩固成果，建立工资集体协商长效机制。为使工资集体协商工作落到实处，集体协议生效后，工联会更加注重集体协议的履行，加强监督审查，巩固协商成果。一是定期到企业去了解监督厂务公开、合同内容的执行、相关资料的备案等情况。二是重点到企业了解职工加班加点工资发放和职工参保等情况。 （林小元）

【广州增城市新塘镇总工会及时妥善处理两起职工投诉】 2011 年，新塘镇总工会根据企业职工反映的情况，及时深入企业调研和处理了两起劳资纠纷案件，有效地维护了企业职工的合法权益。6 月 5 日，职工李某致电新塘镇总工会，称其所在的制衣厂以李某等 30 人在生产过程中出错造成厂方损失为由，要求李某等人完成手上工作后，结算工资离厂，但厂方一直没有支付工人工资。在调查取证后，新塘镇总工会联合瑶田村工联会负责人深入该公司进行调解，向企业行政方宣讲《劳动法》、《劳动合同法》的有关法律条款，要求厂方尽快支付拖欠工人的工资。在工会的协助下，30 名工人顺利领取了工资并离厂。6 月 7 日，新塘镇总工会又接到某包装厂女职工罗某的投诉，罗某称其在上班期间因工导致手指折断，属工伤，但企业不愿意承担事故责任和支付相关费用，罗某在电话中请求工会帮助其追讨工资、工伤赔偿、医疗费等费用。在获悉情况后，新塘镇工会多次派员与罗某所在的包装厂进行协商，依法指出企业的不当之处，并耐心做好协调处理工作。通过工会的努力，罗某与企业双方于 6 月 10 日达成协议，该厂同意支付和赔偿各种费用，职工反映的问题得到了妥善解决。 （林小元）

【惠州市惠城区水口总工会工资集体协商工作成效显著】 2011 年，水口办事处总工会创新思路，强化措施，扎实有效地推动企业开展工资集体协商工作。一是广泛宣传发动，努力营造氛围，引导企业树立开展工资集体协商是适应新时代要求的经营管理理念，强化广大员工维护自身权益的主人翁意识，为开展工资集体协商打下了良好基础。二是及时建立由办事处总工会、劳动所、外经办及相关企业的人员组成的工资集体协商指导员队伍，定期组织进行业务培训学习，掌握开展工资集体协商的相关知识，有条不紊地指导企业开展工资集体协商工作。三是与劳动所、外经办等相关部门通力合作，建立联动机制，加强监督检查，促使企业尽快建立工资集体协商制度，促进工资集体协商工作扎实开展。四是通过走访企业，利用腾讯QQ、电子邮箱等现代网络通讯平台，加强与企业的沟通，及时了解各企业开展工资集体协商的进展情况，听取企业的意见和建议，实行分类指导，帮助企业解决在开展工资集体协商工作中遇到的问题，使不同类型的企业都能切实有效地开展工资集体协商工作。年内，水口办事处辖区内签订专项工资集体合同的企业有20多家，与社区工联会签订工资集体合同的企业有233家，开展工资集体协商的企业覆盖率达60%以上。

（曾俊明、薛俊调）

【揭阳市惠来县葵潭镇总工会引导企业建立和谐劳动关系，促进企业与员工“心交心”】 葵潭镇总工会着力构建“人文、和谐、发展”的工作格局，以“三个响”（奏响依法维权主旋律、唱响劳动者之歌、叫响员工有困难找工会的口号）为主线，以“三个心活动”（工会与劳模心贴心、工会与业主心交心、工会与员工心系心）为工作重点，以“三个力”（向心力、凝聚力、战斗力）为载体，引导企业建立和谐劳动关系，促进劳资关系的和谐融洽，受到广大企业及劳动者的称赞。镇总工会经常深入企业进行调研，注重劳资合同的协调签订，引导企业关心员工生活及福利补助，改善办公环境，建设好“职工之家”，完善活动制度。葵潭镇总工会干部与员工心系心，倾听员工的呼声，引导、协调、促进各企业工会在企业与员工之间充分发挥好协调理顺作用，鼓励员工多为企业作贡献，引导业主多关爱员工、多为员工办好事实事、多帮扶贫困员工。动员有条件的用人单位利用节假日，组织员工开展丰富多彩的文体活动，丰富员工的文娱生活，激励员工的积极性。通过扎实有效的工作，出色地完成镇委及上级工会的各项任务。同时经常组织工会干部学习培训，不断提高业务水平和工作能力。积极筹集资金，组织部分工会干部到外地考察、旅游，大大调动了全体工会干部的积极性，工会干部开展起工作来劲头足，战斗力强。

加强工会自身建设

【云浮市新兴县大江镇工会进一步加强工会组织规范化建设】 2011年，大江镇为夯实工会组织基础，进一步加强工会组织规范化建设。大江镇工会通过完善各种组织机构和制度，做到“六有”，即有牌子，有印章，有办公场所；有兼职工会主席和副主席，工会主席由镇副科级领导干部担任，副主席享受股级待遇；有五个组织机构，分别为：工会委员会，工会经费审查委员会，工会女职工委员会，工会劳动争议调解委员会，工会劳动保护监督委员会；有完善的工会制度，包括工会工作职责、工会工作目标、工作制度、学习制度、会议制度、培训制度等。加强档案管理，完善档案资料，包括会员名册、组织建设有关资料、困难职工档案、年度工作总结及计划、开展活动情况资料、上级工会文件资料等。

（新兴县总工会 李杰龙）

【江门市蓬江区杜阮镇工会积极作为，工会工作上台阶】 杜阮镇工会积极争取镇党委、政府支持，逐步形成了党委重视、政府支持、工会运作、多方配合、职工参与的工会工作新格局。一是党工共建，工会组建实现新突破。杜阮镇工会积极争取镇党委、政府的支持，把工会组建工作纳入党建目标管理体系，规定责任到人，限时建会，定期督查。积极把好工会组建关，确保建会工作不留死角。2011 年，全镇已建基层工会 249 家，发展工会会员 16141 人。二是政府支持，搭建帮扶平台。镇工会多次向镇分管领导进行专题汇报。配套帮扶专项资金，开展帮扶活动，并积极通过举办募捐活动在社会广泛筹措资金，开展领导干部、企业主与困难职工结对帮扶以及金秋助学等活动，探索建立帮扶长效机制。三是三方协商，构建和谐劳动关系。镇工会、镇劳动保障服务站、镇商会等单位加强了部门协作，通过三方会议，整合优化人力资源，加强劳动合同的签订，大力开展工资集体协商、创建和谐劳动关系企业活动，有力地推动了全镇企业工资集体协商工作的健康发展。四是以“星级职工之家”创建活动为载体，不断增强工会的凝聚力和感召力。大力发动基层工会通过春节、“五一”、国庆等节日举办联欢晚会和各种有益健康的大型文体活动，不断丰富职工群众的业余文化生活，增强了工会的凝聚力。

（杜阮镇工会　彭德健）

【云浮市郁南县适应形势发展成立南江口镇总工会】 南江口镇户籍人口 4 万多人，外来人口 1 万人，管辖面积 200.6 平方公里，在城区居住人口 1.2 万人。南江口镇是郁南县的工业重镇，直至 2011 年 12 月，南江口镇内企业有 86 家。直至 2011 年 6 月 25 日，南江口镇共有基层工会组织 9 个，会员 1156 人。南江口镇仍有部分企业没有成立工会，如云浮贞英木业有限公司在职职工 1200 人，金田木业有限公司在职职工 820 人，新顺景陶瓷有限公司和汇得力陶瓷有限公司到 2012 年投产后，在职职工将达到 8000 人，如果这些企业成立工会，那么南江口镇工会会员数将达到 1 万人。为便于统一管理、统一调配，更好地发挥工会的作用，在郁南县总工会积极发动和大力支持下，南江口镇总工会于 2011 年 9 月 20 日正式成立，配有专兼职干部 20 名。其中工会主席、副主席各 1 名，委员 18 名。工会机构完善，下设办公室，配备有办公室主任、副主任以及办事人员。南江口镇总工会成立后大力开展“送温暖”活动，利用节假日走访退休老职工和困难职工，送去慰问金；开展扶贫济困捐助活动，踊跃捐款，2011 年共计捐款 2 万元。2011 年 11 月 16 日，镇总工会为上迭村一名糖尿病患者唐树生送去捐款 1.6 万元，协助其解决医疗费。

（李锦兰）

【惠州市博罗县园洲镇工委会通过“四抓”工作促进工会规范化建设】 园洲镇工委会通过“四抓”工作，进一步加强基层工会规范化建设，让基层工会“建起来、转起来、活起来”，2011 年被惠州市总工会评为工委会规范化建设达标单位。一是抓班子，增强工会组织基础。配置了专职副主席和专职工会干部，成立了劳动争议调解委、劳动法律保障监督委，为工会规范化建设奠定了坚实基础。二是抓阵地，确保工会工作有舞台。投入专项资金建立了工会办公室，配备了电脑、电话、打印机、档案柜、档案盒、宣传牌等办公设施，确保了办公有场所，活动有阵地。同时，为工会、经审委、女工委专门篆刻了印章，建立健全了“七簿、五档、四制、一册”。三是抓制度，推进工会规范化建设。先后制定完善了民主管理制度、平等协调集体合同制度、劳动争议调解制度、职工代表大会制度、工会财务和经费使用制度、工资集体协商制度、“双爱双评”活动制度等 12 项规章制度，分别制作了牌匾上墙公示，并在实际工作中认真加以贯彻落实。四是抓活动，提升工会工作整体水平。大力开展“和谐企业”创建、劳动技能竞技、争创“工人先锋号”、双学双比“安康杯”竞赛、为职工健康查体等活动，使全镇各级工会组织真正成为“职工之家”，使广大工会干部真正成为“职工之友”。

（胡小刚）

【珠海市金湾区三灶镇总工会全力推进工会组建】　三灶镇总工会采取走访未组建工会的企业，发放《关于依法成立工会组织的函》和《企业组建工会的方法和程序》等资料，组织筹建工会的企业管理人员到联邦、博世等先进企业工会参观学习等方法，全力推进工会组建，全年新组建基层工会 26 家。通过社会捐赠和政府划拨等渠道多方筹集款项，设立了扶贫救助专项资金，制定了《三灶镇扶贫救助资金管理暂行办法》，开设了子女助学帮扶、大病医疗应急救助、法律援助等帮扶项目。全年筹集扶贫救助资金 37.6 万元，实施大病医疗救助 27 人次、困难生活救助 6 人次、助学金帮扶 9 人次，累计发放金额 12.55 万元。举办心理健康疏导免费讲座 3 场，并为 7 家企业的外来女职工进行了免费的“两癌”检查。畅通职工诉求表达渠道，全年共受理职工投诉 30 余件，有效地维护了职工的合法权益。

（三灶镇总工会　张伟群）

【珠海市香洲区吉大街道总工会加快工会组建的步伐】　吉大街道总工会认真落实“组织起来，切实维权”的工作方针，加快工会组建的步伐，扩大覆盖面，提高组建率和入会率。全年新组建工会联合会 6 家，基层工会 43 家，工会小组 80 家，超额完成上级下达的组建任务。积极做好维护职工队伍和社会稳定工作，把劳动密集型企业作为工作重点，深入企业了解生产和职工生活情况，着力排查劳动关系不稳定因素。加大工资集体协商和集体合同签订工作力度，全年签订区域性集体合同 15 家，签订非公企业集体合同 286 家，覆盖职工 27000 多人，签订率达 85%，职工覆盖率达 88%。广泛深入开展“送温暖”活动，全年慰问特困职工、困难职工 126 人次，送去慰问金 44400 元，慰问患重大疾病职工 15 人，发放救助金 78000 元。积极开展金秋助学活动，发放助学金 7000 元。

【广州市海珠区赤岗街“五个加强”做好党建带工建工作】　一是加强组织领导。调整街党建带工建、推进“两个普遍”工作领导小组，加大人财物投入，抽调 8 人成立办公小组，配置 8 台电脑、4 台打印机，街道领导分片包干，各科室按分工紧密配合，22 个社区落实了具体工作的任务指标，确保责任落实到人。二是加强调研摸查。充分整合街道综治、工商、城管、安监、劳监、司法、公安等职能部门，22 个社区居委会、写字楼物管公司等资源，全部部署摸查辖内 1707 家企业工会建设的基本情况，做到情况清、底数明、动态知。三是加强宣传发动。制作党建带工建工作宣传栏 66 副，张挂宣传横额 44 条，发放《致企业负责人的一封信》、有关工会法律法规等宣传资料 4600 多份，组织企业负责人召开座谈会，争取企业对推进“两个普遍”的工作的理解和支持。四是加强流程规范。制订详细的“两个普遍”的工作推进方案，召开培训会 3 次，培训人员 324 人次，规范企业工会筹建程序，开展已建工会的规范化建设。五是加强服务监管。为辖区企业提供优质服务，引导和监督企业开展安全生产，保障员工的合法权益，及时调处、化解企业的用工纠纷和劳资纠纷，追发劳动者工资 30 余万元，涉及劳动者 140 人，调处率 100%。

（林小元）

【潮州市湘桥区凤新街道总工会切实抓好建立区域性工联会工作】　凤新街道总工会结合实际，不断加强工会基层组织建设，切实抓好建立街道、村（社区）工会联合会工作。以“按村（社区）、划区域、分职责”为原则，采取“定人员、抓辅导，定时间、抓落实，定任务、抓完成”的措施，认真做到按要求，先清理后校对，再组建，全覆盖。2011年12月，建立1个街道工会联合会，10个村工会联合会，3个社区居委会联合会，100%建立区域性工会联合会，覆盖126个基层工会，涵盖区域内职工22612人，新发展会员2163人。截至2011年12月，基层工会总数265个（占全区的20.6%），职工7256人，会员5285人，出色完成上级总工会下达的组建任务。

（潮州市湘桥区凤新街道总工会）

【珠海市香洲区南屏镇总工会抓工会自身建设】 南屏镇总工会开展以组建为重点、以维权为核心、以帮扶为纽带、以活动为载体的各项工作，促进了工会工作的全面发展。全镇300人以上的非公企业工会组建率达95%，300人以下的非公企业组建率为90%，新建工会实现了“十有”标准和“五个一”要求。针对非公有制企业厂务公开和集体合同签订难的实际，围绕公开时间、公开内容、公开程序、公开结果，制定了多种厂务公开管理模式，建立了厂务公开平等协商、民主评议、法律督促等机制，层层开展督导检查，适时组织办点示范，推动了厂务公开向生产领域延伸。关爱职工，帮困解难，先后对11名重大疾病患者及临时出现困难情况的职工送上救急资金共44000元，使困难职工基本生活得到保障。切实履行维权职能，从畅通信访渠道、做好信息反馈和稳定预警工作入手，尽力做好矛盾的控制疏导化解工作。

【珠海市斗门区斗门镇总工会坚持扩大覆盖面与增强活力相统一，不断增强工会组织凝聚力】 斗门镇全镇有基层工会136家，会员16436名，入会率达71.6%。加强工会信访维稳工作，全年受理职工来电来访14件，结案率达98%。大力推进工资集体协商，全镇签订集体合同、工资集体协议共7份，区域性集体合同1份，覆盖企业93家。坚持“送温暖”活动，帮助215名困难学生解决上学问题，切实为职工排忧解难。加强职工技能培训，举办培训班12期，共培训职工656人次。大力推动职工书屋建设，为职工学习提供了便利，成为职工增长知识、提升品位的良好平台。

【云浮市云安县六都镇组建村级工会联合会，实现县镇村企业“四级”工会对接】 六都村既是农村，又是城区，也是农村综合改革的试验场。村辖区内有各类企业100多家，主要有化工原料生产、石材工艺加工、陶瓷生产等工业，还有运输、商品销售、餐饮、旅馆等行业，从业人员5000多人，其中本地务工人员2000多人。在六都镇委和县总工会的领导下，2011年3月7日，六都村工会联合会正式成立。实现县、镇、村（社区）、企业基层工会“四级”工会无缝对接。5月5日，云浮市工会联合会示范点建设现场会暨工会组建和发展会员工作会议在云安县召开，云浮市各县（市、区）总工会的领导和相关同志参加会议。会议上，云安县六都镇六都村工会联合会和云安县总工会就村级工会联合会组建和法律进企业工作分别作了经验介绍。会后，与会人员参观考察了云浮市宝利硫酸有限责任公司“法律进企业”工作和六都村工会联合会的组织建设工作。（陈伟庆）

加强职工人文关怀

【江门市开平市长沙街道工会注重基层工会建设，关心职工】 长沙街道工会建有独立工会20家，基层联合工会21家。2011年，长沙街道工会积极落实“两个普遍”，新建独立工会 8 家，发展会员 2000 多人。街道工会密切联系企业职工，积极开展人文关怀活动。街道工会与市总工会联合邀请全国健康素质教育工程活动公益讲师团孟优贤教授来辖区进行了“关爱女职工身心健康”知识讲座；连续三年组织市妇幼保健院医疗队下企业对女职工开展免费健康检查，对查出患病的女职工给予治疗优惠和帮扶支持；组织和鼓励企业职工参加各种职业技能比赛和各类型文体活动，不断提高职工技能和丰富职工的业余生活。以建设和谐长沙为契机，发挥困难职工帮扶中心作用，深入开展“送温暖”工程、金秋助学、工伤探视、生活救助、就业帮助、医疗救助等活动。2011 年街道工会共帮扶困难职工 21 人，其中医疗、生活救助 18 人，发放帮扶金 14300 元，助学 3 人，发放金秋助学金 2800 元；开展夏季送清凉慰问活动，走访和慰问了 10 多家有高温作业的企业，送出清凉饮料 50 多箱，慰问职工 1000 多人。依托信访维稳中心，以维权为核心，建立健全劳动关系三方协调机制、预警机制、劳动争议调解机制和劳动安全监督机制，对非公企业加强组织领导和业务指导；利用计生部门的流动人口管理行动，加强对外来务工和进城务工人员的维权服务，积极创建和谐新长沙。（长沙街道工会）

【中山市三乡镇工委会推出关爱外来务工人员系列课程】 三乡镇工委会应外来务工人员群体实际需求，为企业和外来务工人员提供多项富有针对性的培训课程，不仅受到企业员工的欢迎，更得到了企业的好评，取得了良好的社会效益。针对第一代农民工子女长期留守造成亲子情感疏离的问题，该镇工委会结合企业实际情况，以“百分妈妈”生活课堂为载体，开展特色亲子培训课程，讲授正确的亲子相处之道，通过“说说心里话”、“亲子心相连”等互动环节让父母倾听孩子的心声，了解孩子的情感需求，引导他们由物质关心向情感关怀转变。2011 年，该镇工委会举办的“百分妈妈生活学堂”进企业讲座共向 30 多家企业 3500 多名职工授课，协助在外务工的父母们解决后顾之忧。在此基础上，针对 80 后、90 后第二代农民工受教育程度高、职业期望值高、工作耐受力低的特点，在企业内开展 8090 成长学堂系列课程，帮助新生代农民工树立正确的就业观念，了解并订立个人职业生涯发展蓝图，充分理解个人与企业唇齿相依的关系。并为企业中层管理人员开展系列课程，让管理人员了解 80 后、90 后新生代农民工的性格特点，学会引导员工发挥自身优势，使企业管理真正实现以人为本。

【云浮市云城区安塘街道职工书屋成为职工的精神家园】 安塘街道职工书屋始建于 2004 年，于 2010 年 4 月至 6 月投入 20 多万元进行了重新装修。职工书屋总建筑面积有 506 平方米，设有阅览室和藏书室，藏书量达 15000 多册，在原有阅览室和藏书室的基础上，增设了工会职工谈心室，进一步完善了基础设施和服务功能。结合当地实际，安塘街工委会制定了职工书屋的工作目标及管理职责，把制度公布上墙，接受职工和群众的监督，努力使职工书屋成为职工的良好精神家园。一是以职工书屋为依托，在不断拓展平台的基础上，举办了特色鲜明、内容丰富、通俗易懂、灵活多样的创新性读书活动，在职工中广泛征集“读书心得”。二是倡导开展“人捐一本书，月读一本书”集体活动，现场收到个人捐赠的图书 1000 多册，掀起了新的职工读书活动热潮。安塘街职工书屋的建设得到中华全国总工会的充分肯定，2011 年 1 月被评为“全国工会优秀职工书屋”。

（李伟强）

【东莞市虎门镇总工会建立“工友心灵驿站”】

为响应市、镇关于构建和谐社会的号召，更好地服务于全镇广大职工群众，虎门镇总工会在大宁、龙眼等8个社区建立了“工友心灵驿站”，为广大职工提供心理健康咨询和服务。通过心理援助，帮助职工缓解心理压力，提高耐挫能力，营造良好的人际关系，使广大职工有尊严地生活，实现体面劳动。“工友心灵驿站”主要是对本社区内的广大职工开设心理健康专业知识讲座，并于每周一开设心理咨询，邀请广东心理健康专家值班，为有严重心理问题的职工治疗。“心灵驿站”还专门针对广大职工工作、生活中的为人处世、家庭困扰、婚姻危机等一系列问题，为他们排忧解难，做好员工与企业的沟通工作，及时向企业反馈员工意见，切实解决劳资关系问题，使“心灵驿站”真正成为企业与职工沟通的桥梁。镇总工会通过“心灵驿站”这个载体，将个体抚慰与团体活动、心灵抚慰与就业促进有机结合起来，为职工健康生活、快乐工作作出努力。

【惠州市龙门县龙潭镇工会创建“外来工之家”】　2011年，龙潭镇以工会、劳保所、派出所等部门牵头，建立了“外来工之家”。对进入该镇就业的外来工随到随登记，了解他们的户籍所在地、个人的特长爱好及个人性格、品格特点，掌握他们就业的工厂、暂住的地点，从而有针对性地开展服务。为让外来工能够及时找到满意的工作，龙潭镇工会、劳保所认真走访调研镇内工厂用工情况，建立信息档案，并通过张贴招聘广告及时发布工厂用工需求信息，为外来工就业牵线搭桥。2011年，先后有200多名外来工在龙潭镇就业。与此同时，积极帮助外来工解决生活上的各种困难。全镇所有工厂都积极创造条件，尽量给外来工安排食宿。2011年，全镇有218名外来工满足了工厂内部食宿的要求。对因时间紧迫来不及办理学籍转移的农民工子女，开辟“绿色通道”，先进校再补手续，确保不耽误孩子的学习。为让外来工享受和本地务工人员一样的待遇，切实保障社会公平，龙潭镇工会明确规定，外来工不仅工资、福利、保险与本地务工人员相同，而且在培训、学习以及工厂内部管理等方面与本地务工人员享受同等待遇。为活跃外来工文化生活，龙潭镇工会积极开展丰富多彩的文化活动。龙潭镇工会定期发放图书阅览证，组织他们到镇“农家书屋”、“文化中心”参加活动，并且到厂区里播放电影，丰富了外来工的文化生活。　（黎飞）

开展劳动竞赛与技术革新

【惠州市惠阳区良井镇工会工作委员会劳动竞赛活动显成效】　良井镇工会工作委员会在全镇职工中广泛开展以“当好主力军、建功‘十二五’、为建党90周年献礼”为主题的劳动竞赛活动。广大职工结合各自实际，深入到竞赛活动中，提高了投身全区、镇经济建设的积极性、主动性和创造性。2011年12月6日召开良井镇劳动竞赛表彰大会，对荣获安全生产工作先进企业、节能减排工作先进企业、基层工会组织建设工作先进企业、“工人先锋号”先进企业、“和谐型”建设先进企业、“创新型”建设先进企业和社会稳定工作先进企业荣誉称号的14家企业和11名“金牌工人”给予了表彰奖励。

【东莞市长安镇总工会推进劳动竞赛活动深入开展】　长安镇总工会紧紧围绕镇委、镇政府“保稳定、促发展”的目标，引导更多企业通过开展劳动竞赛活动为企业生产服务，推动企业经济发展。按照《2011年东莞市职工劳动竞赛实施方案》的具体部署，为了承办好全市职工装配钳工技能竞赛活动，镇总工会认真筹划，精心组织，从宣传发动、制订方案，到举办启动仪式等，扎实做好每个阶段的工作，使竞赛活动取得了圆满成功。为提高职工的职业技能，组织企业员工参加市总工会开办的中级电工技能、焊工技能、叉车技能资格培训班。各级基层工会围绕企业发展，引导广大职工根据生产经营的重点、难点问题，以创建“工人先锋号”为载体，大力开展技术创新、合理化建议、节能减排等具有行业特点的劳动竞赛，促进企业转型升级，不断推进全镇劳动竞赛深入开展。一年来，全镇各级工会开展各种劳动竞赛 280 多场，参与员工达 3 万多人次。

全面发挥工会组织作用

【惠州市惠东县黄埠镇工委会以外来务工人员省籍商会会长为依托，推进企业维稳维权信息工作】 黄埠镇是惠东县的鞋业生产大镇，外来务工人员多且复杂，来自同省籍的外来务工人员都组建了以本省籍为单位的商会，商会会长起到了联系本省户籍职工的桥梁和纽带作用，同时能及时掌握各企业中的不稳定因素和本省籍外来职工情绪波动情况等。根据这一特点，黄埠镇工委会在落实设立企业维稳维权信息员队伍工作部署时，大胆创新，设立以各外来务工人员省籍商会会长为主的企业维稳维权信息员制度，要求企业维稳维权信息员定期或不定期对企业和本省籍职工进行摸底，收集相关信息，发现不稳定情况和较大的职工情绪波动应进行强化跟踪，根据变化动态，及时上报黄埠镇工委会进行研判，拟定解决方案和措施，并解决问题。各外来务工人员省籍商会会长在做好本职工作的同时，充分发挥维稳维权信息员的作用，每个星期都定时向黄埠镇工委会报告有关维稳维权情况。通过各有关部门齐抓共管，形成了合力，对劳资纠纷特别是恶意逃薪案件做到了早发现、早报告、早控制、早解决，最大限度地防范劳资纠纷案件的发生。据统计，共及时处理了 322 件恶意欠薪、逃薪案件，涉及金额 250 万元。　　（张重兴）

【东莞市石龙镇总工会充分发挥职工教育培训基地作用】 石龙镇总工会利用石龙职校作为职工培训基地，充分发挥工会“大学校”作用，大力开展各种教育培训活动，为广大职工搭建学习提升的平台。2011 年，举办工会干部业务培训班 2 期，职工技能培训班 2 期，法律法规知识讲座 1 期，女工健康保护培训班 1 期，职工教育讲座 1 期及其他类型的培训班（外语、会计、学历等）累计 5000 多人次。在全镇范围开展职工教育论谈主题系列活动，包括专家访谈、月讲越开心、专家讲座，让广大职工进一步认识到终身学习的必要性。同时继续深化“创建学习型组织、争做知识型职工”活动，不断加强企业职工文化建设，加大职工书屋建设力度，在职工中形成“多读书、读好书”的良好氛围。2011 年 3 月，石龙职校被中华全国总工会评为“全国优秀职工教育培训点”。

【佛山市顺德区乐从镇总工会举办第五届职工运动会】 乐从职工运动会是乐从一项传统的文体盛会，至 2011 年一共开了五届。每年这一盛会都吸引近万名不同行业、不同岗位的职工参与，观看比赛的职工群众更是不计其数，充分实现了推行全民健身运动，提高劳动者的身体素质，促进职工队伍和谐进步的目的，同时展示了商贸之都、文明城市的多采文化和生活风貌。2011 年职运会从 4 月 29 日开幕至 6 月 15 日闭幕，历时 48 天，运动会以团体比赛为主，共设立了7大项目，包括长跑、拔河、篮球、2人3足400米接力、乒乓球、跳绳、羽毛球等，各个项目都得到企事业单位的冠名赞助。来自全镇150多家企事业单位的8000多名干部职工，在运动会7个大项的比赛中发扬拼搏向上的体育精神，展示广大职工积极进取的精神风貌，取得全民健身和精神文明建设的双丰收。特别是坚持举办多年的职工长跑赛群众基础扎实，深入人心，成为工会的一项文体工作的品牌活动。（张小翠、张昌涛）

为职工办实事好事

【珠海市斗门区乾务镇总工会为困难职工、特困职工做好事办实事】 乾务镇总工会深入开展调查摸底，准确掌握困难职工的基本情况，切实做到为困难职工、特困职工做好事办实事。全年实施临时生活困难救助11人，助学帮扶1人，帮扶金额1.23万元。帮助10多名困难职工解决实际困难，受到困难职工的好评。开展“送健康、送法律、送知识”活动，积极开展厂务公开民主管理工作，积极推进集体合同和工资集体协议的签订工作，全年签订集体合同、工资协议共42份。广泛宣传“女职工安康互助保障计划”，使女职工参保覆盖面不断扩大，降低了女职工因病致贫的风险，解除了她们的后顾之忧。同时，加强签订女职工权益保护专项集体合同，签订率达90%。

【中山市南头镇工委会努力打造帮扶工作新模式】 南头镇着力解决职工群众最直接、最迫切、最现实的问题，创新工作思路，从建立“四项机制”入手，构筑困难职工帮扶体系，打造帮扶工作新模式。一是建立并完善工会牵头机制。镇工委会作为牵头单位，精心组织策划全镇的困难职工帮扶工作。根据困难职工的需求制订不同时期、不同形式和不同内容的帮扶活动方案，促进了全镇帮扶工作的有效落实。二是建立并完善社会联动机制。将帮扶困难职工工作从工会系统扩展到全镇各企事业单位和社区，从工会干部扩展到机关领导干部、劳动模范、企业家以及社会各界人士，实现了社会联动，促进了帮扶工作社会化。三是完善困难职工帮扶中心救助机制。依托困难职工帮扶中心服务平台，开展金秋助学、“助你再就业活动”等专项活动，扩大困难职工帮扶中心的影响。四是建立帮扶实效反馈机制。在基层工会申报的基础上，经过入户调查审核，对符合条件的困难职工建立档案，并统一制作帮扶活动意见反馈表，分别由帮扶单位、帮扶人和被帮扶人单位定期将帮扶情况双向反馈到镇工会。通过帮扶工作的不断完善和帮扶活动的深入开展，不仅解决了困难职工的燃眉之急，拓宽了就业渠道，而且进一步密切了与职工群众的关系，促进了社会政治稳定。

【中山市小榄镇工会义工队积极服务广大职工】 小榄镇工会义工队成立以来，组织引导职工以义工活动形式参与工会服务，对进一步提升工会工作水平，完善工会维权帮扶机制，推动社会和谐起到了积极作用。一是精心组织发动。按照自愿报名、择优录取、定岗服务的方式，公开招募有志于参与困难职工帮扶、职工维权服务以及工会组织活动的职工加入工会义工队伍，形成了不同年龄层次、不同专业结构、不同行业分布，能够满足各阶层需求的工会义工队伍。二是严格规范管理。对工会义工服务宗旨、服务范围、义工权利义务以及经费来源和使用等作出明确界定，并开展户外拓展、急救知识、消防技能等培训，为全方位、多形式的工会义工活动奠定基础。三是主动开展活动。工会义工队积极参与走访慰问特困职工、整治交通黑点和环境卫生、为返乡过年的外来建设者送温暖、普法宣传等工会活动，为突发事件和急需帮助的职工开展维权服务和帮扶救助。2011年3月，万里脚轮公司职工巫某的女儿，因手足口EV71病毒引起脑干脑炎，生命垂危。工会义工及时伸出援手，发出《爱心营救行动倡议书》，广泛动员企业和社会各界参与救助行动，募集捐款47657.6元，使该小朋友得到及时医治。工会义工队成立以来，积极组织开展了形式多样的义工服务活动155次，累计服务8156小时，参与活动的义工达3209人次，树立了良好的形象，也得到了党委、政府和社会各界的一致好评。

【东莞市大朗镇总工会大力开展“送温暖”活动】 大朗镇总工会利用完善的困难职工档案，当好困难职工第一知情人。镇总工会积极争取镇党委、镇政府的支持，与相关部门上下联动，做到以社区（村）工联会为单位，对辖区企业的每一名困难职工家庭情况进行排查，建立困难职工档案。截至2011年，全镇以不同形式救助困难职工及学生461名，其中资助困难职工和困难农民工子女212人，发放帮扶资金120多万元。此外，全镇各级工会组织共筹款130万多元，全部用于对困难职工的帮扶，共慰问困难职工家庭81户，慰问困难劳模2户，慰问农民工237人。向困难职工和下岗失业人员提供政策宣传520人次，帮助符合条件的困难职工落实惠民政策330人次，协助政府有关部门帮助390名职工追讨欠薪82.46万元。

基层工会

和谐企业建设

【湛江卷烟厂工会加强企业文化建设】 广东中烟工业有限责任公司湛江卷烟厂工会以“精细成就未来、创新引领未来、人才决定未来”三个核心理念为指引，积极倡导和践行“让优秀成为习惯”的文化理念，勇于创新，创先争优，促使企业的实力不断壮大，企业劳动关系呈现协调稳定、和谐发展的良好局面，企业文化得到了长足发展。培育只争朝夕、讲求奉献、团队协作“三种精神”；树立锐意进取、坚定自信、文明高尚“三个形象”；推行人力资源整合、工资制度、职称聘任“三项改革”；建立职务晋升、职称晋升、技术工人晋升“三条跑道”；开展我是党员我带头、十种最不文明行为评选、导师带徒“三项活动”；推进感恩湛烟、思想大解放、十种文明行为评选“三项教育”；积极组织文艺汇演、业余爱好团队、职工趣味运动会、劳动技能运动会等职工喜闻乐见的文娱活动等，职工的综合素质有了很大的提高，职工的精神面貌发生了根本变化。为此，企业先后荣获了“全国精神文明建设先进单位”、“全国模范职工之家”、“广东省模范劳动关系和谐企业”、“广东省纳税百强企业”等荣誉称号。（广东中烟工业有限责任公司湛江卷烟厂工会）

【东莞恩斯克（NSK）转向器有限公司不断完善工资集体协商制度】 该公司是一家日资公司，现有员工 364 人。公司于 2007 年成立工会组织，会员 360 人。公司工会作为职工的代表，在与资方进行工资集体协商中扮演了重要角色。工资集体协商由劳资双方分别派出法定代表进行，公司方代表由总经理、管理部长、人事课长 3 人组成，职工代表由工会主席、副主席和委员共 3 人组成。协商前，由公司方代表通知职工方代表进行集体协商的项目、时间、地点，以便职工方代表提前准备相关资料进行协商。协商时，由公司方代表提出公司的方案，由职工方与公司方就方案进行协商，职工方需书面提出对方案的意见，该意见是在充分调查收集员工意见，同时考虑公司方的承受能力，客观分析公司方所提出的方案后，提出的能够满足大部分员工利益的意见。集体协商的次数最多为三次，充分兼顾效率和效果。最终协商结果需由公司方与职工方代表共同签字确认，并由公司方将协商结果按照厂务公开的规定向全体员工进行公布。同时，职工方代表有义务协助公司方向员工说明集体协商的结果。2011 年 4 月又进行了一次工资集体协商，经过公司方与职工方对各项数据的充分收集与分析，劳资双方进行了 3 次正式的平等集体协商，最终双方对 2011 年调薪方案达成共识，签署了《工资集体协商协议》，内容包括：①2011 年现场、办公室人员平均调薪幅度；②住房补助、伙食补助调整办法；③全体员工普调金额；④按考核调薪的方法。

【东莞巨汉灯饰有限公司坚持推行工资集体协商制度】 该公司是一家美资企业，成立于 1990 年 10 月，现有职工约 1500 人。1995 年 5 月 1 日正式成立公司工会，当年企业就正式建立劳资共商共决的工资集体协商机制，每年年底工会都与公司资方进行工资集体协商，签订第二年度的《工资集体协商合同》，合同内容随着社会形势和经济市场的变化而进行调整，保证职工的各项薪资福利待遇水平不降低。2009 年，为抗击国际金融危机，减少职工的慌乱心理，工会主动提出同资方高层协商，最终达成一致意见：公司不管遇到什么状况，都保证不裁员、不减薪、不放假；资方为约30%的员工骨干加薪5%。2010年2月，全球经济环境出现好转，工会通过耐心细致的摸底调查，与公司协商从2010年3月1日起，将全体员工的最低工资从原来的770元/月提升到935元/月。2011年，工会又与公司高层协商，从3月1日起，将职工原来的最低工资935元/月调整到1109元/月，并最终达成协议，进一步缓解了高物价对职工生活的冲击。16年的工资集体协商，维护了员工的合法权益，激发了员工爱岗敬业的热情，极大地调动了员工的积极性，促进了企业迅猛发展，注册资金从190多万美元增加到2380万美元，厂房从1千多平方米扩大到16万多平方米，员工由建厂时的100多人增加到最高峰时的2500人。公司年销售收入从原来的不到千万元提高到现在的2.6亿元，职工人均年收入从16年前的不到8000元提高到现在的4万多元（不含福利）。

【东莞市东江水务有限公司健全厂务公开有效机制】 该公司是市属国有企业，于2002年1月组建成立。近年来，东江水务一直按照市委、市政府提出的“确保国有资产保值增值，促进企业稳定”的要求，积极实行厂务公开、民主监督管理制度，增强了企业的凝聚力，维护了企业职工的合法权益。公司成立了厂务公开领导小组，统筹协调，形成合力，进一步形成了“党政统一领导，工会具体负责，有关部门齐抓共管”的工作格局，做到年前制定工作计划，年中检查核实，年终总结经验。几年来，公司形成了一套比较完善和民主的管理制度。一是每半年推出一期厂务公开民主监督专栏，将公司的重大决策通过厂务公开栏向职工公开，便于职工监督。二是每年召开职工大会两次，工会会员代表大会一次。近三年工会共收到职工建议和意见3860多条。三是定期向市国资委报送重大物资采购情况、招标公告、中标公告、服务质量、科技精英和科技创新活动、党群工作等厂务公开信息。四是规范厂务公开的内容、形式、程序。

【广东南粤银行以人为本构建和谐劳动关系】

2011年，广东南粤银行（原湛江市商业银行）坚持以人为本，在构建劳动关系和谐企业方面进行了有益的探索，取得了一定成效，荣获“广东省雇主责任示范企业”称号。坚持严格按照新《劳动合同法》与员工签订正式的劳动合同，合同签订率达100%；建立完善的工会组织，设置职工代表大会、女职工委员会、劳动争议调解委员会和劳动保护监督检查委员会，保障员工的参与权、知情权和监督权，工会建会率和员工入会率达100%。凡是关系到员工权益的重大决策，均由职代会按法定程序通过实施，使员工的基本权益得到最大的保障。开放董事长工作邮箱，设立民主管理信箱，鼓励员工主动参与企业的经营管理，培养员工当家做主的责任意识。坚持实施“两项情感工程”（一对一谈心活动和家访活动）和“八会制度”（退休员工座谈会、家庭困难职工座谈会、新员工座谈会等），关心家庭困难员工；通过建立家庭困难员工档案、定期探访和座谈会等方式，全面掌握“南粤”家庭困难员工的生活状况；聘请名中医为健康顾问，为全行员工提供健康咨询服务，到2011年年底，全行领导和员工接受诊治超过1300人次。（张更义）

【广东中兴液力传动有限公司工会荣获“广东省劳动和谐关系企业”称号】 2011年1月，广东中兴液力传动有限公司荣获“广东省劳动和谐关系企业”称号，2011年10月，荣获“广东省创建和谐劳动关系示范区工程示范点”称号，2011 年 12 月，再次荣获“2011 年度广东省模范劳动关系和谐企业”称号。多年来公司工会积极履行职责，监督公司行政与每位员工都签订劳动合同和购买社会保险，公司正式在职员工签订劳动合同和购买社会保险率为 100%；监督公司严格执行国家节假日休假制度，实行每周工作 5 天，每天工作 8 小时制度，给予每位员工充分的休息时间，按时全额支付员工劳动报酬；监督公司工会根据省文件精神，积极与公司行政协商制定了工资协商制度，工会代表公司全体员工签订了新的集体合同，公司行政根据新的情况更新了《广东中兴液力传动有限公司劳动管理规章制度》，使公司员工的合法权益得到更大的保障。公司工会通过开展各种活动，例如每年举行一次全公司的运动会，有篮球、足球、羽毛球、象棋等比赛活动活跃公司气氛，保障公司员工的身心健康。公司的各个部门、车间有时也会选择在下班后组织一些跨部门、跨车间的集体活动，营造了公司各部门之间工作与生活的和谐氛围。（陈永军）

【广州百货企业集团有限公司工会拓宽集团领导与基层员工的沟通渠道】 广州百货企业集团工会制定了集团领导、工会与一线优秀员工每月定期面对面沟通交流的“员工早茶会”制度，按照计划，集团领导每年将与近 1000 名员工进行面对面的沟通对话。集团董事长在与员工们的交流中，认真了解一线员工的工作生活状况，询问薪酬、休假、工作强度，甚至了解住房、上班距离、小孩教育等等情况，征求对公司加强员工工作，提升满意度和凝聚力的建议，一再充分肯定广大员工在推动广百大踏步快速健康发展中的重要作用，感谢员工为企业发展的辛勤付出与默默奉献。来自集团各单位、各岗位的基层员工们发扬了广百集团“讲真话，讲实话”的企业文化精神，畅所欲言，结合企业实际和个人情况，畅谈了对于企业薪酬、福利、晋升、培训、就餐环境等切身问题的意见与建议，并就企业发展、内部管理、优质服务、关爱员工等方面交流了经验，同时交流了个人工作与生活的体会、感悟，并反映了个人及家庭的困难等情况。继建立集团领导与基层员工每月早茶会制度后，广百集团工会又建立了董事长、工会主席与员工 QQ 在线直接互动的制度。6 月 11 日上午，集团董事长、党委书记、总经理荀振英，党委副书记、工会主席关治强与基层 100 多名员工通过网络 QQ 直接对话，共同畅谈建设幸福广百。期间，员工们积极提问，畅所欲言，围绕对幸福的体会、企业经营拓展、内部管理、改革转制、薪酬福利、培训晋升、党建工建、企业文化、个人成长等问题进行沟通交流。（林小元）

【广州德技水族有限公司抓好环节确保工资集体协商取得成效】 广州德技水族有限公司是广州市荔湾区东沙街属下以经营水族产品为主的港资企业，在开展工资集体协商工作中，结合公司自身的实际情况，从营造良好的氛围入手，充分做好协商前的准备工作，有效保障了员工的工资收入。开展工资集体协商之前，企业带着对工资集体协商的问题试着参与东沙街道总工会的区域性工资集体协商，在此基础上，做好了企业工资协商前的各项准备工作：一是对周边企业用工薪酬做了详尽的了解；二是对员工的生活状况作了摸查；三是向德国总公司作了专题汇报，请示向员工公开部分进货成本、管理成本、人力资源成本、利润构成等财务数据，使员工了解企业性质、经营状况等数据，征求总公司的同意；四是调研市内同类产品的价格、工人薪酬，掌握好情况；五是调查员工日常种种不良行为和浪费企业资源的行为，及由此造成的经济损失；六是选好谈判代表。在此基础上，严格把好协商的八个环节开展了八轮协商工作：第一轮谈判，员工方代表反映“既然开展工资集体协商，就要确实提升员工工资”的职工普遍的想法。第二轮谈判，员工方代表要求企业提供详尽的经营数据，从而使员工明白企业的实际盈利，为合理提供加薪幅度提供真实的依据。劳资双方的谈判进行到了第三轮、第四轮，双方都产生“谈判能否再进行下去”的疑问。后来企业邀请东沙街道总工会参与协商工作，员工方代表加强对员工的教育，降低对企业的要求，工会则向总公司说明情况，争取公开尽量多的数据。第五轮谈判，双方围绕企业月工资总额、财务费用、行政管理费用等费用过大，没有公开明细等问题进行讨论。为此，资方在第六轮谈判中与员工方代表着重讨论员工在工资集体协商中的真正需求，明白了“为员工创造发展的平台，才是真正的公平”。在街道总工会与企业工会的工作人员开展题为“企业发展，员工才能发展”专项宣传活动后，员工才慢慢达成一线工人工资增长15%的共识。在第七轮，企业主动在员工的伙食、住宿、培训、劳动保护、文娱建设、员工手册、员工建议奖励制度方面作了适当的调整，最后在第八轮的谈判中才形成工资协议，并在职代会上获通过，同时区人力资源和社会保障局也审核通过。（林小元）

【广州纺织服装研究院积极开展工资集体协商工作】 广州纺织服装研究院于2010年12月31日签订了工资专项集体合同，对切实保障职工的合法权益、促进企业健康发展发挥了积极的作用。2011年上半年，广州纺织服装研究院通过全体职工的共同努力取得了较好的成绩，主营收入1042万元，同比增长79.97%，利润达75万元，扭亏增赢153万元，被评为集团“2011年上半年扩规模、增效益良好单位”。随着单位效益的提高，职工收入（尤其是一线员工收入）也有较令人满意的增长，基本符合或优于工资集体协商的内容。其中综合办公室人员收入增长12%（同比去年），财务收入增长9%，后勤收入增长20%，科研办收入增长15%，检验中心、设备动力部、生产部等一线部门收入均增长超过15%。广州纺织服装研究院依照工资集体协商的内容及分配制度条例，继续改进和完善激励机制，建立合理的分配制度，使全体职工共享企业发展成果。（林小元）

【惠州市大亚湾区东风本田汽车零部件有限公司工会深化工资集体协商促进三个转变】

惠州市大亚湾区东风本田汽车零部件有限公司工会不断完善工资集体协商工作机制，创新协商谈判的方法路子，实现了“三个转变”。一是由“一事一议”向研讨“游戏规则”、建立“长效机制”转变。工会与行政方共同约定每年进行三次工资协商谈判，并将约定写进集体合同，形成制度加以固化：分别于每年3月份协商员工年度工资调整方案，6月协商员工年中奖励方案，12月份协商员工全年奖励方案。协商决议事项，由公司责成相关职能部门组织实施，工会跟踪并确认执行情况。二是由“被动协商”向“主动协商”转变。即工会在协商准备中，由只收集提供部分数据资料向全面收集、整理、分析资料转变；并应用经典模型测算工资增幅和增长额，提出工资调整的意见与建议，提高了协商谈判的效率和效果。三是工会（员工）协商代表由“一元化”向“多元化”转变。采用“公推直选”办法，在现有员工（会员）代表中推选工会（员工）集体协商代表，不仅确保了协商代表产生的广泛性、民主性，而且充分代表了来自不同地域、不同层级、不同岗位、不同年龄（工龄）的员工的利益诉求。如今公司一线员工拿到的月工资，最低的1833元，最高的4732元，平均为2800元，不仅融洽了劳资关系，更加提升了员工的积极性。（惠州市大亚湾区东风本田汽车零部件有限公司工会）

【开平海鸿公司工会注重人文关怀构建和谐企业】 海鸿公司工会成立于1998年，近几年来，公司工会紧紧围绕公司的中心任务，进一步注重人文关怀，构建和谐企业。一是维护职工合法权益。公司建立了职代会制度和厂务公开制度。由工会指导和帮助职工签订劳动合同，公司保障劳动合同签订率达到100%。二是提升职工素质。工会不定期组织开展岗位学习活动，内容涵盖了专业知识、商务礼仪、营销技巧、工艺竞赛、自身修养等。建设企业特色文化，着力加强“职工书屋”建设，有效提升职工的综合素质。三是注重举办文体活动，丰富职工的业余生活。四是开展经常性的“送温暖”活动。每年“家庭日”，工会组织发放“海鸿奖学金”和“敬老慰问金”，对在校表现优秀的员工子女给予表彰，对员工家庭70岁以上的老人给予关怀，增强了企业凝聚力。2011年12月，公司荣获“广东省模范劳动关系和谐单位”荣誉称号。

【汕尾市美顿食品有限公司工会以人为本构建和谐劳动关系】 汕尾市美顿食品有限公司成立于1988年，是一家生产糖果巧克力食品的民营企业。公司注重构建和谐劳动关系，在社会经济建设、企业文化建设等方面取得一定的成绩，促进了企业健康稳步发展。一是坚持以人为本，认真开好职代会，充分发挥工会组织的积极作用，尊重和维护员工的合法权益，全面开展爱岗、敬业、献爱心、技能竞赛和学习培训等活动，使工会成为名副其实的职工之家。二是改善用工环境，加强人文关怀，提高员工的福利待遇，丰富员工的文化生活，满足员工多层次的物质文化需要。企业为员工设立了免费网吧、图书室、卡拉OK、球场和休闲场所等体育文娱设施，丰富了员工的业余生活。三是情系员工，切实解决员工的实际困难，增强企业工会的凝聚力。企业每年积极配合市、区工会做好春节慰问贫困员工“送温暖”活动，主动为员工解决子女读书、户口、人事档案、家庭矛盾等问题，切实解决员工的实际困难，营造了和谐奋进的良好氛围。2011年，公司被授予“广东省模范劳动关系和谐企业”光荣称号。

【云浮发电厂营造和谐助发展】 2011年，云浮发电厂注重通过开展民主管理、劳动竞赛、文体活动等方式，积极营造和谐氛围，有效引导员工踊跃为企业建功立业。通过全体员工的共同努力，该厂六台机组安全稳定运行，实现全厂连续安全生产3629天，其中五、六号机组还实现全年经营盈利等好成绩。一是民主管理聚人心。通过职代会、厂务公开、厂长接待日等多种形式，积极拓展职工民主参与渠道，对涉及职工切身利益的重大生产经营决策、机制改革或职工福利等重大问题，一律提交职代会，讨论通过后才予以实施。对职工提交的合理化建议进行评选奖励。二是全员竞技强素质。结合生产实际需要，积极开展多种形式的劳动竞赛，如在2011年的三、四号机组大修期间，开展“大修劳动竞赛”活动，有效促进机组大修工作安全、高效进行。扎实开展“安康杯”竞赛，取得了连续五年获“全国‘安康杯’竞赛优胜企业”荣誉称号的成绩，并获得“全国‘安康杯’竞赛连胜杯”。2011年10月至12月，举行“集控运行值班员第三届技能竞赛”。此外，还协助云浮市总工会承办了“云浮市第三届职工技能运动会”（焊工项目）的比赛。三是简洁“庆典”增合力。2011 年是云浮发电厂投产 20 周年，电厂组织举办投产 20 周年图片展，书法、美术、摄影作品展，并编辑出版《精彩二十载——云浮发电厂投产 20 周年纪念画册》，激励新一代云电人薪火相传，继续在“做强做大做优”的征程上奋勇前进。同时，积极配合和参与“粤电集团成立十周年”的各项相关活动。四是全民健身凝士气。2011 年 8 至 12 月，举办了第五届厂运会，期间举行篮球、足球、羽毛球、乒乓球、毽球、登山、自行车等 10 多项竞技比赛。积极参与云浮市第四届运动会的相关比赛，并获得个人跳远冠军、男子 1500 米第一名等佳绩。

（丁石生）

【云浮市宝利公司工会积极探索企业法治文化建设，共建共享得双赢】 云浮市宝利硫酸有限责任公司是广东省最大的优质商品硫酸生产厂家，是广东省第一批循环经济试点企业。公司工会在促进企业树立守法、依法经营、依法办事的观念，提高依法经营和依法管理的水平，推动企业建立健全企业生产经营管理制度和学法制度等方面发挥了自身的作用和优势。企业工会注重加强与县总工会、村工联会的联系，积极探索企业法治文化建设，拓展企业职工学法阵地建设，设置职工学法专栏；针对农民工开展了“送技能”、“送法律”等活动，深入企业生产车间 20 余次，为农民工提供法律咨询服务，对农民工进行法制宣传教育，提高了农民工的法制观念，进一步推动了依法治企工作的开展，为建立和完善现代企业管理制度提供了强有力的法治保障。（陈伟庆）

【湛江市霞山华港工业小区共建和谐劳动关系，促进企业健康发展】 近年来，霞山华港工业小区以创建和谐劳动关系示范区工程为抓手，以“十个全面”为要求，即全面开展劳动关系和谐创建工作、全面落实劳动合同制度、全面建立集体协商制度、全面落实职工收入分配制度、全面建立并完善企业规章制度、全面改善用工环境、全面执行社会保险制度、全面完善安全生产制度、全面组建企业工会、全面建立企业内部协调机制，采取有力措施，努力在园区构建和谐劳动关系，并取得显著成效。2011 年，园区已投产的企业 100％签订劳动合同，100％签订集体合同和女职工专项集体合同，100％建立了劳动争议调解机制，100％成立了工会组织，100％建立了职工技能培训制度、职工代表大会制度。各企业均能按时足额支付职工工资和依法参加社会保险，至今未发生过因劳动关系纠纷导致职工群体上访的事件。由于和谐理念深入人心，园区内企业健康发展。2011 年，全年完成产值约 6.5 亿元，上缴税收约 5000 万元。

（湛江市霞山区工业园管理委员会）

【中山市金马游艺机有限公司以工资集体协商实现企业职工互利共赢】 中山市金马游艺机有限公司工会顺应改革发展需要，创新工作方法，积极开展工资集体协商，取得积极成效。一是明确集体协商基本原则。在充分听取员工意见并结合企业的发展实际的基础上，引导员工树立“员工必须经过努力和付出才能不断提升工资”的思想，使企业明确“员工收入比同行、同地区的平均工资水平要高”的协商原则，建立“工资与市场接轨”的运行机制。二是认真起草合同文本。在上级工会的指导下，结合企业实际，起草了《工资集体协议》（草案），就工资增幅水平、分配形式等原则问题做了清晰界定。三是协商签订工资集体协议。协商过程中，侧重在劳动报酬、工作时间、休息休假、劳动安全卫生、保险福利、保密事项等方面考虑，并就工资分配制度及形式、工资水平的调整、经济补偿、工资扣除，以及协议的期限、履行、终止和争议处理等内容与企业代表反复协商，积极为职工争取利益。四是加强监督履行。工会通过职工座谈、工作强度调查、工资调查等方式，对协议中反映较多的加班和年休假等问题，及时进行纠正并制定相关制度，确保员工福利水平逐年提高。实行工资集体协商制度后，职工工资收入稳步增长。2011年职工收入比2010年同期增长了10%，有效提高了职工的工作积极性，从而带动了企业经济效益的提高。2011年企业总产值达到23268万元，创税2261.98万元，同比分别递增39.89%和128.55%。

基层工会建设

【惠州市仲恺高新区乐金电子（惠州）有限公司工会立足本职积极履行职责获得多种荣誉】 乐金电子（惠州）有限公司成立于1993年，由韩国LG集团和中国TCL集团共同投资成立，是LG电子在中国设立的首家法人单位和进驻惠州市仲恺高新区的首家合资企业，现有员工4000余人。2002年，乐金电子（惠州）有限公司党支部成立，2005年，在上级工会和公司党支部的支持和帮助下，乐金电子（惠州）有限公司工会成立，自成立以来便积极发挥工会职能作用，创新工作方式，各方面工作取得了长足的发展。2010年，在上级的帮助指导下，在党总支和工会的领导下，公司正式成立乐金电了综治信访维稳工作站，同时成立员工调解委员会。多年来，公司工会紧紧围绕企业中心工作，认真履行职能，成为组织健全、维权到位、职工信赖的职工之家。在上级工会组织和历届党委的领导下，公司工会获得了仲恺高新区人文关怀先进企业、惠州市基层工会组织先进单位、广东省和谐劳动关系先进企业等荣誉称号。另外还涌现出了一大批优秀的先进人物，如全国总工会十五大代表、全国劳动模范王月梅，全国五一劳动奖章获得者、广东省“五有”优秀共产党员王平，惠州市劳动模范金昌龙，惠州市十佳异地务工人员、惠州市十大杰出青年刘昆仑，惠州市金牌工人王加春等。（惠州市仲恺高新区乐金电子惠州有限公司工会）

【潮州供电局工会推动女职工工作，充分发挥半边天作用】 深入实施“女职工建功立业工程”和“女职工素质提升工程”，不断深化提升女职工素质工程的内涵，创新活动载体，丰富活动形式，注重内外双修。启动以“激发创先潜能，共建和谐企业”为主题的女职工素质提升工程，通过开展女职工“自我达标计划”活动，搭建女职工建功立业平台。坚持以人为本，优化服务形式，依法维护女职工合法权益，做女职工的贴心人、暖心人。关注女职工的“四期保护”，注重妇科保健预防检查，开展妇科检查，在原有的妇检项目上增加了女职工“HPV”检查项目，受惠人达600人。同时，举办女性生殖健康知识、心理健康知识等讲座三期，进一步提高女职工的自我保健意识。在“三八”节期间，开展以“健康丰盛的人生”为主题的系列活动，举办女性心理健康、预防妇科疾病知识等讲座三期；组织开展网上知识竞赛、征文等。同时，表彰了一批读书先进积极分子和优秀女职工工作者，激励广大女职工的工作热情，立足岗位，岗位成才，促进女职工整体素质的提高。

（潮州供电局工会）

【潮州市饶平县新华书店工会充分发挥职代会在企业改制中的积极作用】 饶平县新华

书店原属事业单位，在转企改革中，工会自始至终参与了改制的全过程，发挥了重要的作用；特别是实行了改制重大事项的职代会审议制度，为改革的顺利进行和职工权益的保障提供了强有力的支持和保障。一是召开会员代表会、政策精神传达会，统一广大工会会员和职工的思想，达成共识，旗帜鲜明地支持和参与改革。二是规范程序，发挥职代会在改制中民主参与、民主监督的作用。以职代会为载体，坚持把好“三关”：从源头上把好改制方案的制订关，在操作上把好改制的审查关，在程序上把好职代会的审议关。做到“七公开”：改制方案公开，改制政策公开，改制资产公开，改制资金公开，资产评估结果公开，不良资产的核销公开，选择经营班子公开。三是“硬”任务、“软”开展，保证改制的顺利进行。在改制的实质性操作阶段，书店工会和职工代表深入到职工中，听取职工的意见和呼声，及时向书店领导反映职工的愿望和要求，通过宣传政策，做艰苦细致的思想工作，化解职工的疑虑和矛盾；同时，督促单位按政策落实职工的经济补偿金，按规定做好职工个人社保、医保的衔接，确保改制依法、依规、有序、有效运行。（许俊明）

【广州友谊集团股份有限公司工会组织“2010年度杰出员工巡回演讲会”活动】 广州友谊集团公司工会和团委精心策划组织了“2010年度杰出员工巡回演讲会”活动，并于4月22、26、27日3天的早上分别在环市东店、正佳店和时代店进行巡回演讲，还通过“友谊之声”专门录制、编辑了专题栏目在南宁店和国金店安排播放。集团公司工会此次邀请了来自广州3个门店共6位杰出员工代表，她们当中有商场一线的营业员，有服务台人员，有营业主任，还有厂销员。在广大员工的掌声中，她们佩戴着“杰出员工”的工号牌，笑容可掬地逐一登场，以自己平凡的事迹诠释着一份敬业精神，以质朴的语言抒发着奉献情怀，与大家分享工作感悟，在点滴中呈现友谊人“创新进取、稳健务实、团结协作、精益求精”的精神品格，在平凡中践行着“朋友式接待，专家式服务”的服务理念。（林小元）

【佛山市顺德五沙工业园成立工会联合会】 顺德区大良五沙工业园区是顺德科技工业园的重要组成部分。为创建和谐劳动关系示范园区，大良街道总工会根据五沙工业园区的实际情况，积极推动园区24家企业工会的联合，于2011年12月21日在五沙召开工会联合会选举会议，选举出13名工会联合会委员和3名经费审查会委员，并进行第一次工会联合会委员会议，选举出1名主席和1名副主席，在五沙服务中心挂牌成立五沙工业园工会联合会。按照章程，五沙工业园工会联合会负责整个工业园区工会的自我管理：健全原有工会组织建设，指导和帮助企业组建工会；依法维护职工的合法权益，积极参与劳动争议调处，指导企业建立工资集体协商制度，稳定职工队伍；组织企业工会开展各种劳动竞赛、技能培训、“双爱双评”、困难帮扶等活动，为企业发展稳定职工队伍，构建和谐的劳动关系。

（官配兰、张昌涛）

【云浮市新兴县良洞迳林场工会积极发挥作用，增强工会活力】 新兴县良洞迳林场工会重视自身建设，积极发挥作用，深化“关心职工、服务职工”的举措，工会组织的活力不断增强。一是创建学习型组织。工会干部加强学习，积极参加上级工会举办的各类业务培训活动。林场工会不断健全学习制度，使职工的学习培训工作经常化、制度化。林场工会采取讲座或座谈会、知识答题卡等多种形式，就护林防火、安全生产和思想道德等内容对职工进行学习教育。二是开展“关心职工、服务职工”工作，为职工排忧解难。在经济比较困难的情况下，林场工会通过争取各方支持，关心职工的生产生活。2011 年，林场工会向困难职工发放困难补助达 80 多人次，补助金额共 3.6 万元。积极开展助学活动，向困难职工子女发放助学奖励金 5 千元。在炎热的夏天，林场工会为职工购买冰糖、绿豆和清凉饮料等降温物品。三是引导职工转变发展观念，创新发展模式。林场工会鼓励、扶持职工大力发展自营经济，使职工有一份或多份自己的“实业”，或种植绿化苗木、果树，或合作种植桉树，又或者发展养鸡业等等，使职工早日实现奔康致富。四是经常组织各种健康有益的文体活动。在“五一”、国庆、元旦等节日期间举办丰富多彩的运动会，包括篮球比赛、乒乓球比赛、中国象棋比赛和游园活动等。（新兴县总工会　李杰龙）

【广州港集团有限公司工会启动创“百号”行动】　年初，广州港集团工会发出号召，开展工会干部挂点培育工作，正式启动一百个“工人先锋号”创建集体行动，向建党 90 周年献礼。工会干部挂点始于 2009 年年初，当年挂点 50 个班组，旨在以创建学习型班组为主要载体，推进基层班组建设。2011 年，为贯彻中华全国总工会等四部门联合印发的《关于加强班组建设的指导意见》的精神，响应集团党委深化创先争优、奋战百天，以优异成绩向建党 90 周年献礼的号召，集团工会本部及各基层工会正副主席、专职工会干部均挂点至少两个，挂点班组总数已增加到 197 个。不但挂点培育面逐年扩大，班组建设内涵也紧贴集团发展实际，与时俱进。各级工会继续发挥工会干部扎根基层、贴近一线的作风，工作重心下移，集中培育本单位重要工种、岗位的班组，以“学习型班组”标准为挂点班组的基本要求，创建“一流工作，一流服务，一流业绩，一流团队”的“工人先锋号”，以实际行动为集团实现跨越式新发展贡献力量，向建党 90 周年献礼。（林小元）

【惠州市龙门县地派温泉度假村有限公司工会做活工会工作】　惠州市龙门县地派温泉度假村有限公司工会坚持以科学发展观统揽全局，认真贯彻“组织起来，切实维权”的工作方针，按照“强基础、促维权、搞创新、抓落实”的基本思路，以维护职工合法权益，构建和谐劳动关系为主线，以强化自身能力建设为保障，夯实组织基础，履职尽责，各项工作取得了显著成效。一是工会干部职工深入学习十七届三中全会精神，认真组织开展了解放思想大讨论、学习实践科学发展观，“吸取教训、转变作风、重塑形象、科学发展”等主题教育活动。积极开展了多种形式的学习教育活动，把学习的重点放在了树立科学发展观、不断用科学理论武装头脑，进一步提高了政治敏锐性和鉴别力。引导全体员工理论联系实际，在公司管理层的正确管理下，全心全意为公司的经济建设、社会效益建设再上新台阶而努力奋斗。二是新建工会会员 195 人，以“健全组织、完善体系、建设机制、提高水平”为基本要求，从组织建设、基础建设和机制建设三个方面进行规范达标，实现了系统工会工作的规范化、制度化，使工会系统工作迈上新台阶。三是“送温暖”工程深入实施。建立健全了特困职工的档案，救助困难职工廖炳超的家庭。组织全体员工为家庭出现特困状况的员工进行募捐，筹得善款 1 万多元，送到困难员工手上。四是继续深入开展创建劳动关系和谐企业活动。公司成立正式运营以来，在企业中广泛开展以“签订劳动合同、参加社会保险、保障工资发放”为主题的宣传活动。严格执行国家相关法律法规，做一个有社会责任心的企业，秉承诚信经营的理念。五是紧紧围绕本单位、本企业的中心工作，强化职工业务技能培训，组织开展丰富多彩的文化活动。举办了以企业文化建设为主题的职工书画展。营造了“个体见特色、整体见水平”的企业文化格局。开展传技活动，响应市、县总工会号召，开展“金牌工人”和“能工巧匠”评选活动，再次推动了公司安全生产的形势。六是在全公司范围内开展了“做诚信职工、树诚信品牌、创诚信企业”活动。结合“吸取教训、转变作风、重塑形象、科学发展”主题教育活动，从不同角度畅谈对诚信重要性和必要性的认识，努力将地派温泉打造成行业的标兵和一面旗帜，更好地服务于社会大众。（惠州市龙门县地派温泉度假村有限公司工会）

【惠州市德赛西威汽车电子有限公司工会积极发挥工会组织重要作用】 2011年7月，惠州市德赛西威汽车电子有限公司工会依法召开了第七次代表大会，选举产生第七届工会委员会，完善了工会的组织架构和各项制度。工会与公司建立民主协商制度，协商解决涉及职工切身利益的问题，努力促进公司与职工和谐发展，是惠州市最早依法签订集体合同的企业之一。公司工会始终坚持“安全第一，预防为主，综合治理”的工作方针，监督公司的安全生产工作，树立安全生产是最大的人文关怀工程的安全理念。2011年共投入安全生产资金1343.5万元，工会积极宣传、认真监督安全生产，连年实现安全生产的“五零安全指标”，并顺利通过了广东省企业安全生产标准化认证工作，被评为2级标准企业。公司生产部培训组组织生产线的人员有计划、有针对性地进行各种技能的理论与实际操作培训，大力发展多技能工，生产线反馈的培训效果满意度达到100%。在上级工会组织的重视和指导下，2011年共投入249336元，在组织女职工定期妇检的基础上，还定期组织全厂1350人健康体检，帮助女职工随时掌握自己的身体信息，发现健康隐患，及时治疗，保证身体健康。组织全体员工为患肝癌女工潘浓谷捐款26410元，工会专项困难帮扶基金捐助2000元，共计28410元，由工会负责人将善款送到她家中并转达了全体职工对其家庭的关心和慰问。组建“员工之心”队伍，与员工进行一对一的访谈交流，及时了解员工的心声，引导员工的思维，宣传政策，带领员工热爱生活、热爱工作，每半年由员工自行组织团队到户外开展交流活动。公司工会秉承“倡导健康生活，共享无限欢乐”的宗旨，制定有益身心健康、形式多样的年度康乐活动计划，努力为员工营造快乐的氛围。还收集广大员工的建议每月平均11条，全年133条，并已全部得到回应和改善。2011年，公司获得“广东省和谐劳动关系先进企业”、“广东省劳动用工守法优秀企业”等荣誉称号。（杜兆丰）

【湛江市吴川教育工会工作有创新】 2011年5月至9月，吴川教育工会在全市中小学校组织开展了“进百校访千师”活动，深入各镇街、学校座谈调研，了解学校办学情况，征求教职工的意见和建议，帮助教师解决工作、生活上的困难和问题。在这次活动中，共走访“坚决执行党的教育方针，努力克服各种困难，积极改善办学条件，教育教学秩序正常，效果显著”的中小学105所，慰问优秀党员、困难教师、工会工作者和爱岗敬业、无私奉献的教职工1003位，并发放慰问金32万多元。（吴川教育工会）

【广东海洋大学工会树立先进典型，弘扬高尚的师德风范】 2011年，广东海洋大学工会引导和激励广大教师牢固树立“以身立教、为人师表”的职业道德，编辑出版《以身立教 为人师表——2010年师德建设主题教育月活动征文集》一书，在全校新生班和各单位、部门发行，受到师生的好评。在全校开展以创建“工人先锋号”、“巾帼文明岗”和“师德先进”为载体的岗位建功立业活动，涌现出一批全国、省、市先进单位和个人，其中水产经济动物病害控制理论与技术科研团队获全国总工会“工人先锋号”奖，水产学院养殖系获湛江市“先进集体”称号，农学院动物科学系获广东省“巾帼文明岗”称号，中歌艺术学院舞蹈系获湛江市“巾帼文明岗”称号；女教职工委员会被授予“广东省教科文卫工会先进女教职工委员会”和“广东海洋大学先进集体”等荣誉称号。（广东海洋大学工会　李海燕）

加强职工人文关怀

【汕尾市供电局举办供电系统第四届职工运动会】 2011年5月24日，汕尾供电系统“活力员工、幸福汕电”第四届职工运动会在汕尾市体育馆隆重开幕，来自机关分队、营销分队、输变电分队、县级供电局的6支代表队，共200名运动员参加了开幕式。运动会从5月份开始到9月份结束，竞赛项目包括男子篮球、中国象棋、围棋、网球、女子摸高、拔河等十三个项目。市体育局、市总工会、团市委、市妇联、市经信局等单位的有关领导参加了开幕式。运动会以“活力员工、幸福汕电”为主题，营造了充满活力、团结奋进、快乐工作的企业文化理念。

【广东凌丰集团股份有限公司加强人文关怀，进一步构建和谐劳动关系】 广东凌丰集团股份有限公司以“健康企业，健康人生”作为企业文化核心，不断加强人文关怀，进一步推行自动化生产、精益管理，完善信息化平台和ERP系统，发放高温工作补贴，优化员工住宿环境，帮助员工解决子女上学难问题等一系列以人为本的科学举措，着力改善工作环境，提升企业管理水平和可持续发展能力，形成“劲往一处使，力往一处用”的幸福团队氛围，在企业全面发展的同时以高度的社会责任感履行了一个“企业公民”应尽的义务，以良好和谐的劳资关系树立了行业典范。凌丰集团工会积极履行工会职能，更加注重全方位服务职工，为企业发展献计献策，促进企业形成以人为本、关爱员工的良好氛围。凌丰集团工会在公司中实现了有位置、有形象、有影响、有作为。2011年，广东凌丰集团股份有限公司被省人力资源和社会保障厅、省总工会、省企业联合会授予“广东省和谐劳动关系先进企业”荣誉称号。（新兴县总工会　李杰龙）

【中国电信广州市工会制订员工压力疏缓工作实施方案】 为贯彻落实省电信工会《关于开展员工压力疏缓工作方案》精神，中国电信广州市工会结合实际制订实施方案，通过各种举措积极疏导缓解员工压力：一是组织开展员工身心健康培训宣传。组织员工参与省电信工会举办的健康养生、心理调适知识“天翼健康”专题讲座活动，组织女员工参与集团工会开展的“追求幸福力”主题活动，发动各基层工会为员工提供与身心健康有关的各种主题培训。二是畅通员工诉求表达渠道。通过广州分公司总经理接待日、总经理信箱等渠道了解员工意愿，广泛收集员工关心的热点问题，将员工思想动态座谈会作为反映员工诉求主渠道，积极主动与行政沟通协调，齐心协力为员工解决困难。三是全方位关怀慰问员工。坚持“暑期送清凉”、

"冲刺送温暖"、"春节送温暖"三大慰问品牌活动，开展异地任职经理人员、单身员工、高绩效员工子女、应届高（中）考员工子女慰问等深受员工欢迎和认可的活动，坚持"五必访"（员工生病住院、员工父母去世，员工因公负伤，员工思想、工作出现严重不稳定，无故不上班，员工家庭发生突发事件必访）机制。四是发挥心理健康关爱协会作用。完善心理健康关爱协会各项制度，开展心理健康宣传，收集、反映本单位员工心理健康问题，处理本单位员工一般性心理健康问题，协助心理健康协会外聘专家处理本单位重大心理健康问题等工作，开展心理健康问题研讨、员工心理健康调查和分析，协助建立本单位员工心理健康咨询平台、热线电话，为有需要的员工提供一对一心理健康咨询和帮扶。五是深入开展全员文化体育活动。广泛动员员工参与"全员健身日"、文化体育比赛、兴趣小组活动等形式多样的文体活动，在建党周年纪念日、国庆等有重大意义的纪念日开展弘扬主旋律活动，积极组队参加上级工会举办的群众文体活动，为员工提供展现艺术风采的平台，以"三八""母亲杯"、"六一""幼苗杯"、足球"冠军杯"、游泳"浪花杯"和登山"攀登杯"五大体育品牌为载体，促进各基层单位开展丰富多彩的体育健身活动。六是改善员工生产生活条件。从"小食堂、小浴室、小卫生间、小休息（活动）室"四小建设入手，改善基层营销中心工作生活环境，建设"业绩好、形象好、管理好、学习好、生活好、氛围好"的六好家园式营销中心。七是多渠道开展济难解困帮扶工作。及时为符合条件的员工办理市总工会、省公司、分公司五种济难解困项目的救助申请，争取拓宽员工济难解困帮扶范围（如在员工父母身患重病的情况下的济难解困帮扶），为员工提供了全方位的济难解困保障。（林小元）

【佛山市顺德裕顺福首饰钻石有限公司组织全体员工旅游】 裕顺福首饰钻石有限公司是香港周大福珠宝有限公司在顺德伦教的一家下属企业，奉行"以人为本、善待员工，有效益不忘与员工一同分享"的宗旨，一向重视员工权益和福利。10 多年来，工厂每年都组织员工外出旅游，从未间断。2011 年更是将假期延长、线路增多，公司共推出 16 条线供员工选择，其中包括桂林阳朔、潮汕厦门、深圳南澳岛西冲、长隆欢乐世界美食团等，尽可能满足每位员工的需求。5 月 28—30 日，公司近 3000 名员工享受了三天特别的旅游假期，这也是参游人数最多的一年。除了每年组织全体员工旅游外，员工都能按照法律规定享受带薪年休假，入职即买保险，公司实行 8 小时工作制，周末双休，提供免费午餐，春节、中秋等节假日工厂还派发"大礼包"。企业的这些福利待遇，极大地增强了员工对企业的归属感和幸福感。裕顺福公司已从办厂之初的 100 多人发展到现在的 3000 人，而员工的离职率很低，"元老级"员工现仍有 80％留下来，同时老员工还经常介绍亲朋好友到厂里工作。

（张昌涛）

【中国电信汕尾分公司工会九大举措为员工疏缓压力】 2011 年，中国电信汕尾分公司进一步发挥工会组织的桥梁纽带作用，落实多项具体措施，积极疏导缓解员工压力，使广大员工以更阳光的心态、更强健的体魄、更充沛的精力，投身企业深化转型升级和全业务运营实践。一是想方设法改善员工工作生活条件。二是完善员工诉求表达渠道。三是广泛动员员工积极参加各项文体活动。四是按照《集体合同》规定，监督落实每年一次的员工健康普查、每年一次的女员工专项体检，保证员工每周 2 天的休息休假。五是组织员工参加"天翼健康讲堂"专题讲座。普及健康养生、心理调适知识，组织员工参加各类减压培训。六是经常性地开展员工谈心活动，并接受员工的心理咨询。七是组织员工踊跃参加“红歌翼起唱”、“红书翼起读”、“红短信翼起发”和“红色之旅翼起走”的“四红翼起来”和“文明e起发”等活动。八是组织“幸福读书”活动，宣扬“幸福读书、读幸福书、读书幸福”理念，倡导全体员工每天读书、终身学习。九是缓解困难员工家庭的经济压力和精神负担。

【惠州市惠阳区自来水发展总公司工会构建和谐人文环境】 惠州市惠阳区自来水发展总公司现有员工500余人，公司工会重视构建和谐人文环境：一是加强职工技能培训。根据不同工种制订各项技术技能培训计划，同时重视安全生产培训，举办了“安全生产法知识竞赛”，着力提高职工的安全意识和安全技能。二是完善职工帮扶长效机制和困难职工档案。为困难职工送去各项慰问金达8万多元，先后为数十名职工解决实际困难。三是推行继续教育奖学金制度。为激励职工提升自身素质，奖励5名取得各项文凭、资格证书的员工，其中4人取得本科文凭，1人取得建筑给水排水施工高级工程师资格。四是改善办公环境，打造职工宜居环境。五是定期组织职工体检。女职工每年进行两次妇检，并为女职工办理“安康互助”保险。

（惠州市惠阳区自来水发展总公司工会）

【云浮市宝嘉制衣厂有限公司加强员工人文关怀，打造和谐幸福企业】 宝嘉制衣厂（云浮）有限公司成立于1999年2月，现有在职员工约1100人，专业生产制造世界名牌阿迪达斯运动服装。为应对经济结构转型时期日益突出的矛盾，该公司着眼于提高企业的核心竞争力，大力推动员工人文关怀建设，全力打造和谐幸福企业。为更有效地服务员工，该公司成立了社会责任部，提出了“以人为本，用心为你服务”的经营理念。在公司董事总经理陈少华先生的带领下，行政、人力资源、财务、后勤、生产等各主要部门积极配合，在实践中逐步将“管理员工”的理念转变为“服务员工”的理念。与此同时，不断加大对员工的宣传、培训，使员工了解向公司反映诉求及建议的各种渠道，掌握如何维护自身的合法权益。这种做法使员工流失率逐年下降，保证了企业的稳定、持续发展，员工的归属感、幸福感也不断增强。难能可贵的是，开业十多年以来，该公司无一例劳动争议事件发生，得到了各级政府部门和广大员工的一致肯定。2011年该公司成为广东省创建和谐劳动关系示范区工程示范点，并获得了“全国工人先锋号”、“广东省模范劳动关系和谐企业”等荣誉称号。

（刘伟容）

【中国工商银行广东省分行营业部工会努力提升员工素质】 工商银行广东省分行营业部工会以科学发展观为指导，以“四大标杆”为标尺，以全面提高员工素质为目标，牵头做好参与广州市职工教育网，提升职工素质的活动，重点做好以下几个方面的工作：一是组织工会干部参加职工心理健康管理师证书培训，提高工会干部对职工进行心理健康管理的能力；二是动员管理人员及业务骨干参与班组长素质提升计划，提高班组长的工作能力和综合素质，加强班组建设，打造高素质、高效率、高水平的基层管理队伍，为提升工行的核心竞争力、构建和谐企业打好基础；三是发动广大员工报读职工教育网学历教育，重点鼓励还没获得本科学历的员工报读专升本及高起本等层次的学习，进一步提高员工队伍的整体文化素质。宣传工作铺开以后，广大员工反应强烈，普遍认为本次教育活动内容丰富，针对性强，对不同需求、不同层次、不同人群均有相应的培训教育计划，既考虑了企业对专业人才、员工素质的需求，也解决了在职职工的工学矛盾，充分体现了人文关怀。广大员工表示，要充分利用工会资源，坚持终身学习，提升素质，争当知识型职工。（林小元）

【湛江市自来水公司人文关怀工作落到实处】 湛江市自来水公司在创建劳动关系和谐企业活动中，坚持高标准创新管理，同时将“以人为本”的理念始终贯穿各项工作，力求将关系职工切身利益的问题逐件落到实处，为职工创造一个温暖的家。一是为全体职工购买了团体意外伤害保险，为女职工继续购买了女职工安康互助保险，并定期发放卫生保健用品；二是定期为全体职工（包括离退休职工）进行体检，并为职工购买了补充医疗保险、大病救助医疗保险；三是成立困难职工帮扶中心，为困难职工的家庭建立帮扶档案，坚持采取一帮一、众帮一等形式开展帮扶工作。2011 年为 66 名困难职工发放困难补助 42500 元，为 27 名患绝症职工发放营养补助 15500 元；帮助 79 名困难职工子弟圆了上学梦。企业凝聚力和向心力明显增强，呈现出和谐稳定发展的良好局面。公司先后被评为“广东省先进集体”、“全国模范职工之家”、“全国厂务公开工作先进单位”、“广东省模范和谐劳动关系企业”、“湛江市十大最具社会责任感企业”。

（湛江市自来水公司工会）

【潮州市潮安县庵埠镇小学工会注重人文关怀，增强凝聚力】 中国教育工会潮安县庵埠镇小学委员会从加强教工人文关怀和心理疏导入手，组织了一系列别开生面、符合教师人文特点的活动，提高了队伍的活力，增强了基层工会组织的凝聚力。不断探索新形势下师德建设新的内涵，通过组织广大教职工观看《专题教育》光盘，开展座谈讨论、写心得体会等形式，使教职工树立爱岗敬业、关爱学生的崇高品质。以创建“模范教工之家”、文明教师、教学能手、优秀会员为载体，引导广大教师积极投身各种形式的业务竞赛、岗位练兵活动，提升自身素质。开展教职工“情感美文”征集活动，陶冶了教师的情怀。针对女教师多的特点，组织了“和谐校园，女工风采”作品评奖和展示活动，为会员搭建了展示才艺、张扬个性的平台。切实为教工办好事，2011 年为所有会员办理了广东省职工医疗互助保障。

（李群生）

劳动竞赛与技术创新

【广东千色花化工有限公司连续三年获全国“安康杯”竞赛优胜企业称号】 广东千色花化工有限公司工会积极争取公司行政高层的重视和支持，开展以“强化安全意识、促进安全生产”为主题的“安康杯”竞赛活动，多年来确保了安全生产零事故，使企业成为环保生产企业。一是确定活动目标和工作措施。制订切实可行的竞赛活动实施方案和考核细则，建立安全工作责任制，落实到人，形成“人人讲安全、事事要安全”的工作氛围。二是加大宣传力度，确保活动顺利开展。利用黑板报、宣传栏、简报等平台，广泛宣传“零重大事故、零伤害、零污染”，并组织职工进行安全知识考试，使活动深入到每位职工的心中。三是围绕竞赛活动主题，开展系列安全生产竞赛活动。围绕“十个一”活动，大力开展安全生产自查自纠。通过查事故隐患、纠违章行为、提合理化建议、查违纪行为、落实整改措施，确保生产安全、财产安全、交通安全。严格考核，加强规范管理。将规范管理融入“安康杯”活动之中，把党员“创优质岗工作”推及全厂，在全厂范围内开展了岗位标准化管理。加强设备检修，保证生产设备运行情况良好。加强防火工作，落实防火责任。全员行动，搞好创建。大力开展美化、绿化厂区，治理现场环境等活动，为公司的生产创造出了更加安全、优美的生产环境。四是关心职工身体健康。每年请环保、卫生等部门到公司进行监控。高温季节对车间进行喷淋降温，增加换气量，安排厂食堂每周两次送去绿豆水解渴降温等。该公司自2008年起，连续3年获全国“安康杯”优胜企业称号。

【东莞市石龙人民医院提升女职工专业技能】　该院是一家拥有上百年历史的医院，全院医生职工共1092人，其中女性职工705人，占64.6%，女医护人员在医院救治病患和日常运作中担当重要的角色。医院工会女职工委员会成立于1989年1月，自成立以来，致力于不断提升全院女职工的技能素质，带领全院女医护人员参与建功立业活动，创建巾帼佳绩。一是开展纪律教育活动。在纪律教育月中，开展“构筑拒腐防线，达标创先争优”系列活动，组织学习《安全生产法》、《医疗机构管理条例》、《医疗事故处理条例》等医院管理有关法律法规，定期邀请专家与全体女职工作医疗卫生系统人员廉洁从业问题的探讨交流，使广大职工始终牢记全心全意为人民服务的宗旨，筑牢拒腐防变的思想道德防线。二是加强职业技能再教育。积极争取院党政领导班子的支持和各部门的积极配合，近年来，共推荐派出40多名女性医护人员到各大医院进修学习，到德国和港澳等地进行进修交流。组织全院近4000人次女医护人员参与全市、全院医疗学术论坛讲座，组织200多名医护人员参与省级医疗继续教育项目。鼓励引导女医护人员利用业余时间参加各种函授班、进修班，参加高等教育自学考试。三是开展各项医疗技能比赛。组织多项护理技能竞赛、院“惠育杯”知识竞赛、优秀带教老师竞赛，带领女职工参与全国肝纤维化知识竞赛、省临床护理教学操作技能展示、市留置针静脉输液技能比赛等，均获得优异成绩。

【汕头港务集团公司举办装载机操作技能比赛】　2011年9月14日上午，汕头港务集团公司举行2011年度装载机操作技能比赛。集团公司领导和集团工会高度重视本次比赛活动，认真规划和制订比赛方案，确保比赛既贴近生产实际，具有挑战性，又富有可观赏性，并充分体现装载机操作稳、准、快、安全、合理的技术要求。比赛开始，选手操控着装载机出车库，像篮球运动员一样连续五次从地面铲球精准投篮，又像绣花姑娘一样细腻地将焊接在装载机铲斗上的铁针依照顺序挑进五个不同规格的螺母，随后迅速倒车入库。选手们娴熟的操作技艺、紧张而又扣人心弦的精彩场面博得现场观众的阵阵喝彩声。8名参赛选手经过激烈的角逐，3名选手脱颖而出，分别获得第一、二、三名，被授予港务集团公司2011年度“最佳装载机操作能手”称号，前两名的选手还获得奖金鼓励。

【云浮市罗定市罗城镇供电所积极开展创建“工人先锋号”活动】　罗城供电所是罗定市唯一的一个中型供电所，全所55人，担负着罗城镇5万居民客户和140多家企业的供电任务。近年来，罗城供电所在供电服务工作中，以提升服务质量和促进节能减排为重点，坚持热情、热心服务，全所职工树立供电服务无小事，保证安全用电就是保障企业的生命线的思想，积极开展创建“工人先锋号”活动。一是全所职工认真学习技能，积极参加培训、岗位练兵和业务竞赛，争创一流主力军。二是印制服务的名片。罗城供电所所有的员工都印制了24小时服务的名片，并派发到各家各户，有了服务名片，客户就像找了一个贴心的用电保姆一样。三是节能降耗，为企业增效。除经常走访外，还利用抄表时间对辖区的专变用户进行义务检查，如发现隐患督促企业整改，并为企业提供无功补偿技术，为辖区的企业带来看得见的效益。2011年，辖区的供电量达2.4亿度，线损指标同比下降了0.5%，为罗定市供电局增加售电量130万kwh，增收100多万元。通过全所职工的不懈努力，罗城供电所先后获2007年广东省工人先锋号、“全国巾帼文明示范岗”和2010年云浮市工人先锋号等荣誉称号。（罗定市总工会办公室）

【中国电信中山分公司工会创新激励形式，开展“敲响状元锣”表彰活动】 中国电信中山分公司工会通过开展“敲响状元锣”表彰活动，激励员工成长，掀起隆重表彰先进，人人争当先进，个个分享成果的热潮。一是精心策划，规范表彰形式。“敲响状元锣”是中国电信中山分公司工会设立的、对表现突出的员工进行精神激励的仪式。为强化效果，每次表彰活动工会都充分准备，严格按照宣读表彰名单、表彰、授锤、鸣锣、经验分享等流程，规范、有序地进行，并明确要求受表彰职工所在部门主要领导出席。二是管理层重视，多部门联合推动。分公司对工会的此项活动高度重视，明确提出重视基层员工的精神激励、更好地发挥“状元锣”的激励作用的要求，各相关部门大力配合，共同推动“敲响状元锣”表彰活动的开展。三是加大宣传力度，为活动造势。为了加大活动的宣传力度，工会在召开表彰会前，均下发正式的会议通知，张贴状元榜，营造氛围。活动过程中，邀请各个岗位的员工代表参加，促进岗位间的交流。活动结束后，对活动进行文字及图片报道，并将“敲响状元锣”表彰活动及受表彰人员名单登记入册，增强职工荣誉感，激发了职工比、学、赶、超的动力。“敲响状元锣”表彰活动开展以来，受到职工的热烈欢迎，它既是企业对职工兢兢业业、默默付出、无私奉献的肯定，也为职工搭建了自我展示的舞台。

【湛江中心人民医院开展优质服务，深化创建文明岗】 2011年，湛江中心人民医院以开展“优质服务年”活动为载体，结合“三好一满意”和“行风评议”活动，不断深化“巾帼文明岗”创建活动。以急救中心为示范点，加大向一线岗位延伸的力度，在参与面和活动成效上有突破，把“巾帼文明岗”建成学习岗、建功岗、奉献岗、形象岗，使争创“巾帼文明岗”真正成为“巾帼建功”活动的亮点。此外，结合医院开展“优质服务年”主题活动，在原有病人满意度调查、工休座谈会等制度和“专科门诊”、“夜间门诊”服务的基础上，实行了全程化、连续化无缝隙优质护理服务，执行了出院病人电话回访制度，推出了“午间门诊”服务，赢得了广大患者的好评，医院的优质服务赢得了群众的高度赞扬。“午间门诊”服务是粤西首家推出的服务项目，有效地为患者提供了方便、快捷的服务。为此，医院被评为“广东省优质护理服务示范医院”荣誉称号，是粤西地区唯一获此殊荣的医院；医院急救中心被评为“全国五一巾帼标兵岗”，是湛江市获此荣誉的两个单位之一。

（湛江中心人民医院工会）

【广东新华粤石化股份有限公司以重点工程项目为中心开展劳动竞赛】 广东新华粤石

化股份有限公司把加快建设“3万吨/年裂解汽油苯乙烯抽提装置（为国争光重点工程项目、全国第一套国产化技术、世界第三套工业装置）”，尽早发挥投资效益作为全年工作的重中之重和第一要务，作为开展“创先争优”活动的核心内涵。为使该项目能全面优质、安全、高效地按时完成，公司工会在项目建设的全过程中组织开展劳动竞赛，实施精神激励和物质奖励相结合。一是每月对施工质量、安全、进度进行考评。获得质量奖、安全奖、进度奖，根据考评结果和工程分项重要程度分别奖励1万～3万元；二是在施工过程中对工程质量、安全生产、工程进度等内容进行考评，达标的给予奖励2万～5万元。三是对工程质量、安全生产、工程进度每月没有按要求和考核点完成的扣罚0.3万～1万元。四是开工投产阶段开展班组与班组、岗位与岗位之间的劳动竞赛，优胜者给予0.5万～2万元奖励。工程开始前阶段（土方基建期），每月月底召开一次劳动竞赛考评会，后阶段主装置建设期，每周召开一次劳动竞赛考评会对建设项目的工程质量、安全生产、工程进度进行考核，对项目建设起到了很大的促进作用。通过开展轰轰烈烈的劳动竞赛，不但工程全面达到优质、安全、高效，在装置开工过程中，各项指标都达到或超过国际水平。2011年公司用于此项竞赛的奖励费用达45万元。

（黄玉玲）

【建行汕头市分行工会举办青年员工柜面业务技能比赛】　2011年5月下旬，建行汕头市分行工会举办以“创先争优、向党献礼”为主题的青年员工柜面业务技能比赛，近三年新入行的青年员工60多人参加了比赛。比赛激发了青年员工提高业务技能、提高服务水平的学习热情，使青年员工能以熟练的操作技能更好地为客户提供优质服务，对推动“客户拓展年”的开展将发挥积极作用。

【湛江供电局举办电力行业职业技能竞赛有成效】　2011年，按照市总工会劳动竞赛三年规划部署和要求，以“提高人员技能水平，拓宽人才发展通道，选拔培养专业技能人才”为主题，湛江供电局联合市总工会举办了电力行业营销类职业技能竞赛，大大激发了职工“比学赶超，创先争优”热潮，为促进地方经济快速、稳定发展作出新的贡献。来自各区（县）供电局以及湛江供电局计量部、市场部的12支代表队共119名选手参加了技能竞赛。经过激烈角逐，有4名选手技压群雄，分别摘得抄表核算收费、用电客户受理、用电检查和营销稽查、电能计量四个专业组的桂冠，被授予湛江市五一劳动奖章，赤坎供电局则获得竞赛团体第一名的好成绩，被授予湛江市五一劳动奖状。

（湛江供电局工会）

为职工办实事好事

【中国建设银行潮州市分行工会建立职工互助基金】　中国建设银行潮州市分行工会建立职工互助基金，在分行范围内形成团结互助、扶贫济困的良好风尚，增强了企业的凝聚力，促进了职工队伍的稳定。互助基金的主要来源是职工个人缴费，部分行政补助及工会经费结余等。互助基金主要用于职工因医疗、养老、伤残（因工、非因工）、死亡（因工、非因工）、意外灾害等困难的补助和慰问；对职工家庭平均收入低于或接近当地最低生活保障水平，造成职工子女就学、亲属赡养等特殊困难的职工进行救济。分行工会加强对互助基金分配和使用的管理，实行专户存储、专款专用；建立健全财务管理制度，严格使用审批手续，工会经费审查委员会负责监督和检查。通过建立互助基金，建立和完善困难职工帮扶的长效机制，逐步形成较为完善的困难职工帮扶体系，有效地增强了企业的向心力和凝聚力。

（中国建设银行潮州市分行工会）

【茂名石化公司工会用情用心用力做好关心关爱职工群众工作】 茂名石化公司工会真心帮助职工群众，热忱服务职工群众，当好职工群众的贴心人。一是广泛开展“关爱先模”活动。召开庆“五一”劳模代表座谈会，开展“关爱劳模”主题探访活动，下拨劳模活动经费，由各单位组织在岗、内退、离退休劳模开展活动，将公司先进职工纳入先模疗养范围，鼓舞了职工“事争第一、打造一流”的斗志。二是兑现“不让一个职工因家庭困难而看不起病，不让一个职工子女因家庭困难而上不起学，不让一个职工家庭生活在贫困线以下”的庄严承诺，共办理公司级救助 585 人次，发放救助金 3141921 元。三是深入开展“主题探访”活动。每月对不同职工群体进行上门探访，变职工群众有困难找工会为工会主动服务各类职工群体。四是做好职工子女就业帮扶工作。全年共推荐职工子女参加就业招聘 460 人，被录用 210 人，从根本上源头上解决了一些职工的实际困难。五是深入开展“职工满意食堂”竞赛活动，公司 6 个职工饭堂全部达到职工满意标准。公司困难职工帮扶中心被全总评为全国工会帮扶工作先进集体，并被省总工会授予广东五一劳动奖章。 （王 伟）

【茂名市油城牌水泥有限公司注重发挥工会作用，为职工谋福祉】 茂名市油城牌水泥有限公司 2002 年 6 月由市水泥厂改制而成，2011 年有员工 326 人，是茂名较大的民营建材企业之一。一是公司工会致力于维护职工合法权益。代表职工与企业签订《集体劳动合同》，建立工资集体协商制度。贯彻执行民主集中制，凡公司的重大改革都经过职代会征求职工意见讨论通过，中层管理人员的任免，员工的工资调整都经过职代会讨论通过再实施，调动了员工的积极性。二是建设职工文化阵地，丰富职工业余文化生活。公司投入 40 多万元建设灯光球场、乒乓球室、羽毛球场，并经常开展活动，丰富职工的文化生活。2011 年 11 月公司还邀请市总工会职工业余文工团到公司演出，营造了良好的企业文化氛围。三是关心体贴员工。凡是员工生病住院或有其他困难，公司都派人上门慰问，2011 年用于慰问员工的开支达 48000 多元并组织员工为患重病员工捐款。 （茂名市油城牌水泥有限公司工会）

【广州钢铁企业集团有限公司工会努力构筑帮扶平台】 广钢集团公司工会近年对《广钢员工互助基金会实施细则》进行了修改和完善，对住院补助和困难职工子女就学补助标准进行了不同程度的调整，以缓解困难职工“就医难”和子女“就学难”的问题。同时，对广钢集团职工特种重病互助医疗保障计划、保障待遇作相应调整，将心脏支架介入手术纳入广钢集团职工特种重病互助医疗保障计划患病补助范围，心脏支架介入手术、心脏瓣膜置换手术、冠状动脉旁路手术及癌症的患病补助金由 13000 元调整为 15000 元。 （林小元）

职工之家建设

【云浮广业硫铁矿集团有限公司工会积极打造工会工作品牌，激发工会工作新活力】 云浮广业硫铁矿集团有限公司工会（以下简称云硫集团工会）在2011年度工会“建家”活动中开展创建四个品牌之“家”活动，即“职工之家、温暖之家、和谐之家、健康之家”品牌活动，在建家工作内容上务实创新，坚持“服务企业、服务职工”的原则，突出特色，积极打造工会工作品牌，激发工会工作新活力。一是在创建“职工之家”品牌活动中，创新开展劳动竞赛，采取每个季度抓一个重点的新做法，主要从清洁文明、安全生产、设备管理和班组建设四个主题开展劳动竞赛，促进了基层的基础工作，较好地服务和服从了企业中心工作；二是在创建“温暖之家”品牌活动中，坚持以“爱心互助会”为载体开展困难帮扶工作，形成了“送温暖、送清凉、送助学”三大帮扶品牌，2011年共慰问、补助职工及家属1128人次，发放慰问金768150元；三是在创建“和谐之家”品牌活动中，强化民主管理，畅通职工诉求渠道，倾听职工呼声，做好化解矛盾、理顺情绪、释疑解惑的工作；四是在创建“健康之家”品牌活动中，云硫集团工会充分利用自身的组织优势和阵地优势，开展各具特色的文体活动，当好职工群众健康生活的倡导者、组织者。2011年度云硫集团工会获得全国职工体育示范单位、全国工会优秀职工书屋示范点等荣誉称号。

（云浮广业硫铁矿集团有限公司工会）

【东莞市供销合作联社建好用好职工之家平台】 该社是一个有着近60年历史的老企业，现有30个基层社，12家公司，职工7000多人（含临时工）。联社工会通过建好用好职工之家这个平台，更好地促进了企业的和谐健康发展。一是抓好设施建设。争取上级部门和各方的支持，充分利用各种场地资源，积极为“职工之家”添置各种活动设施和设备，筹建了员工阅览角、荣誉室、多功能会议室、文体活动室等活动场所。二是完善机制建设。从依法维护职工合法权益入手，强化集体（劳动）合同、民主管理、社务公开、帮扶活动、送温暖机制和完善职代会制度等方面工作，不断完善各种机制建设。三是规范日常管理。落实工作人员、加强人员培训、用好活动经费、分类指导，使得“职工之家”的建设具有延续性、实效性和针对性。四是开展形式多样的活动。积极鼓励、引导、组织职工参加不同类型的培训学习，如安全知识讲座、再生资源管理培训、党风廉政教育学习等，联社各级工会每年举办各类培训班50多期。开展各类文体活动，举办“卡拉OK”歌唱比赛、青年知识竞赛；长安供销社、茶山供销社成立了文艺表演队，逢节日进行演出，还参加政府的广场日活动；各基层社工会成立了篮球队、乒乓球队等，积极参加各项比赛。五是开展帮扶慰问活动。每年，联社工会联合会走访的困难家庭都在130户以上，慰问对象人数在150人次以上，送出慰问品和慰问金共计30万元以上。

【惠州市博罗县新峰药业工会打造温馨职工之家】 惠州市博罗县新峰药业工会通过各种有效措施，不断提高职工对企业的归属感，建设职工信赖的温馨之家，公司于2011年被中华全国总工会授予“全国模范之家”称号。一是积极完善工会组织建设。目前公司职工入会率达到100%，公司按照职工之家的创建标准不断完善软硬件建设，基本达到职工之家的标准和要求。二是完善民主管理制度。对于奖金分配、工会会费使用等职工比较关心的热点问题，公司都及时张贴到“厂务公开栏”里，接受职工的监督；坚持每年按时召开职代会，认真落实职代会各项决议；积极开展民主评议班组长活动；建立民情信息站，增强领导班子和职工群众的思想交流。三是积极开展送温暖活动，多方位帮扶困难职工群体，维护职工合法权益。2011 年共发放慰问品价值 7.2 万元，慰问金 8.5 万元，共为 26 户困难家庭申报困难补助，看望患病员工 42 人次。四是大力加强文化建设，丰富职工文化生活。公司工会一直把职工之家建设同文化建设结合起来，建立健全了员工活动中心和员工学习室，基本满足了职工文化娱乐活动的需求。五是高度重视安全生产工作。公司工会围绕安全生产积极开展劳动竞赛活动，做到有方案、有规划、有措施，取得积极成效，2011 年公司没有发生一起安全事故。（胡小刚）

【惠州市惠城区雷士光电科技有限公司工会打造温馨职工之家】 惠州市惠城区雷士光电科技有限公司工会通过各种有效措施，不断提高职工对企业的归属感，建设职工信赖的温馨之家。一是切实保障职工合法权益，为员工谋福利。公司工会通过职代会审议通过，建立了一套完善的规章制度，保护职工的合法权益。每位职工均按照要求与公司签订劳动合同，享受社会保险和住房公积金及各种福利待遇。二是全方位改善生活条件，营造舒适的工作生活环境。公司投入巨资建设了数十栋现代化崭新的厂房和职工集体宿舍楼，为职工提供舒适的工作生活环境，并购买 600 多台空调，为员工送去夏日清凉。公司还为职工宿舍配备热水、饮用开水、职工柜台等生活设备，并根据需求，建设了夫妻房、招待所、超市、餐馆、网吧、医疗卫生站、职工书屋、桌球室、乒乓球室、篮球场等各项设施。三是开展丰富的企业文化活动，提升企业凝聚力。公司工会每年都组织全体职工“集体福利游”，让职工感受到雷士照明大家庭的团结与欢乐。公司工会还经常性组织篮球赛、羽毛球赛等活动，丰富职工的业余文化生活。四是打造学习型企业，拓展职工发展空间。公司成立了“雷士商学院”，致力于开展企业管理层领导力培训，邀请知名的专家和教授为学员授课，为雷士公司内部和雷士销售合作伙伴——运营中心销售体系培养管理人才，建立更加职业化的经营团队和人才梯队，被行业誉为“照明行业的黄埔军校”。2011 年，惠州市雷士光电科技有限公司被惠州市、惠城区两级党委、政府评为“劳动关系和谐企业”。（曾俊明、薛俊调）

【江门市大长江集团有限公司工会高标准建设职工之家】 大长江集团有限公司工会围绕集团公司党政以职工为本，关注发展职工民生的经营理念，引领职工充分发挥主人翁的积极性和使命感，为企业经营发展、转型升级、节能减排建功立业。一是深化工会组建，积极发动职工入会。公司工会以“抓车间、建班组、强服务、爱员工”为着力点，落实工会组织建设规范化，组织公司工会干部参加上级工会的各项培训活动，建强工会干部队伍，切实提升工会干部的政治理论素质和全力服务职工的意识。积极开展“建家”活动，创建成省级“模范职工之家”。职工入会和参与工会活动的积极性不断提高，公司工会维护员工、服务员工、凝聚员工的能力和水平也进一步提升。二是维护职工利益，劳动关系和谐。公司工会积极开展工资集体协商、集体合同制度。几年来，没有发生一起重大的安全生产事故和劳动纠纷。三是建设职工文化，文化权益有保障。公司工会立足企业“以职工为本、发展职工民生”的理念，根据企业的生产情况，每年年初就确定职工文体活动项目和时间，贯穿全年工会工作。四是服务经营发展，建功立业有平台。公司工会通过组织群众性安全生产检查评比、节能降耗合理化建议、职工科技创新等活动，引领职工为企业持续发展、壮大规模、转型升级建功立业。公司全年组织各类、各工种技能比武，开展“比质量、报安全、争创新、降成本、赛产量”劳动竞赛，定期开展安全生产清洁文明大检查，确保安全无事故。（麦雪桦）

【潮州市枫溪区金枫电力公司工会着力打造职工的幸福家园】 潮州市枫溪区金枫电力公司工会坚持以人为本，积极探索和创新工作机制、载体，打造职工的幸福家园，不断提升职工的幸福指数。以职工代表大会为载体，切实维护职工的合法权益；以客户服务改进行动等丰富多彩的文体活动为展示平台，激发职工的创造活力；以开展“金秋助学”、“扶贫济困”和“送温暖工程”为渠道，实施人文关怀，打造职工“温暖之家”。工会依托公司有利的经济条件，做好可控性成本管理，通过调整职工社保基数、住房公积金等，改善职工福利待遇。耗资约140万元，全面改善职工办公环境并建设多媒体会议活动厅；耗资25万元建设员工培训基地，切实履行工会维护、教育、建设、参与的基本职责，促进企业和谐稳定可持续发展，发挥了工会组织应有的作用。金枫电力公司先后被评为“先进职工小家”、“先进集体”，金枫电力公司枫春营业厅被授予“潮州市工人先锋号”、“广东省工人先锋号”等荣誉称号。（吴秋璇）

【中国农业银行茂名分行“建家兴行”结硕果】 茂名农行工会把“建家”与兴行结合起来，努力打造民主、文明、幸福、和谐的职工之家，凝聚全员合力，推动了银行的改革发展。2010年被评为市劳动竞赛工作先进集体、市工会工作先进单位，2011年荣获市先进公有制企业工会称号。一是不断完善职代会制度，努力打造“民主之家”。不断完善职工代表大会制度，充分发挥员工参政、议政作用，层层建立行务公开、民主评议制度，举全员之力共建“民主之家”。二是加强企业文化建设，全力打造“文明之家”。落实上级企业文化核心理念深植实施方案，组织员工学习，使农行企业文化核心理念深入人心。组织开展业务技能竞赛及文体活动，推动各项业务发展。三是增强员工凝聚力，致力于打造“幸福之家”。投入40多万元用于20多个网点“五小建设”改造，改善基层员工的工作及生活环境，在分行本部办公大楼建设1000多平方米的“职工·客户之家”，为员工打造了一个良好的学习、休闲、活动平台。春秋时节组织员工开展登山、郊游活动，丰富员工的业余生活，激发员工的激情与活力。四是切实维护职工的合法权益，合力打造“和谐之家”。积极创建和谐的劳动关系，开展“送温暖”工程，广开言路，举办员工座谈会，正确引导员工价值取向，营造和谐促发展的环境。（梁勇）

【茂名交运集团工会被授予“全国模范职工之家”称号】 近年来，茂名市交通运输集团有限公司工会在加强自身建设、切实保障职工合法权益、扶贫帮困、提升素质、丰富职工文化生活等方面做了大量工作，取得了显著成效。该公司无论是在职职工还是退休人员，都能享受“两金一保险”（职工住院医疗互助基金、扶贫互助基金和职工补充医疗保险），职工生病住院几乎是“零花钱”，对困难的职工家庭给予数额不等的补助金，每年最高补助达9000多元，加上补充医疗保险中的医疗费补助，则超过26000元。与此同时，建立了“金秋助学”活动制度、主题探访制度、住院探望制度，逢年过节组织有关人员到离退休人员或困难职工家庭探望和慰问；在职职工或退休人员住院，必定组织有关人员前往探望，使职工真正感受到“家”的温暖。该公司工会因工作较为出色，较好地发挥了党组织联系职工群众的桥梁和纽带作用，多次受到了上级工会的表彰奖励，其中2008年被中国海员建设工会评为“全国交通建设系统工会工作先进集体”，2009年被广东省总工会授予“广东省模范职工之家”称号，2011年被中华全国总工会授予“全国模范职工之家”称号。

【潮州市湘桥区昌黎路小学工会构建文明和谐新家园】 昌黎路小学工会围绕学校教育、教学的中心任务，创新特色、履行职能，为“建设和谐、文明的精神家园，办人民群众满意的校园”而努力工作。以弘扬高尚师德为核心，创新素质工程，开展“树立师表形象，构建和谐校园”的师德教育系列活动；以提高办学品位为目标，开展“创、争”活动，着力从“家长学校、心理健康教育、信息技术教育、纵横码应用”等办学特色上下工夫，鼓励教职工积极投身于“创建学习型组织，争做知识型职工”的活动中；以维护合法权益为宗旨，推进民主管理，适时召开工会委员会，定期召开教代会，实行校务公开制度，构建了和谐的家园；以开展丰富多彩的活动为载体，不断增强基层工会活力和凝聚力，营造浓厚的人文氛围，使广大教职工具有健康的心理、健康的身体、饱满的精神，高效地完成学校各项工作任务，学校成了教师的精神家园，工会也成为教职工之家。学校先后获得“全国优秀（示范）家长学校”、“全国社区志愿者先进单位”、“全国学习科学研究先进集体”、“全国巾帼文明岗”、“广东省书香校园”、“广东省中小学心理教育示范校”、“广东省模范职工之家”等荣誉称号。

（潮州市湘桥区昌黎路小学工会）

政策法规和重要文件

国家法律

中华人民共和国职业病防治法

（2001 年 10 月 27 日第九届全国人民代表大会常务委员会第二十四次会议通过。根据 2011 年 12 月 31 日第十一届全国人民代表大会常务委员会第二十四次会议《关于修改〈中华人民共和国职业病防治法〉的决定》修正）

目　录

第一章　总　则

第一条　为了预防、控制和消除职业病危害，防治职业病，保护劳动者健康及其相关权益，促进经济社会发展，根据宪法，制定本法。

第二条　本法适用于中华人民共和国领域内的职业病防治活动。

本法所称职业病，是指企业、事业单位和个体经济组织等用人单位的劳动者在职业活动中，因接触粉尘、放射性物质和其他有毒、有害因素而引起的疾病。

职业病的分类和目录由国务院卫生行政部门会同国务院安全生产监督管理部门、劳动保障行政部门制定、调整并公布。

第三条　职业病防治工作坚持预防为主、防治结合的方针，建立用人单位负责、行政机关监管、行业自律、职工参与和社会监督的机制，实行分类管理、综合治理。

第四条　劳动者依法享有职业卫生保护的权利。

用人单位应当为劳动者创造符合国家职业卫生标准和卫生要求的工作环境和条件，并采取措施保障劳动者获得职业卫生保护。

工会组织依法对职业病防治工作进行监督，维护劳动者的合法权益。用人单位制定或者修改有关职业病防治的规章制度，应当听取工会组织的意见。

第五条　用人单位应当建立、健全职业病防治责任制，加强对职业病防治的管理，提高职业病防治水平，对本单位产生的职业病危害承担责任。

第六条　用人单位的主要负责人对本单位的职业病防治工作全面负责。

第七条　用人单位必须依法参加工伤保险。

国务院和县级以上地方人民政府劳动保障行政部门应当加强对工伤保险的监督管理，确保劳动者依法享受工伤保险待遇。

第八条　国家鼓励和支持研制、开发、推广、应用有利于职业病防治和保护劳动者健康的新技术、新工艺、新设备、新材料，加强对职业病的机理和发生规律的基础研究，提高职业病防治科学技术水平；积极采用有效的职业病防治技术、工艺、设备、材料；限制使用或者淘汰职业病危害严重的技术、工艺、设备、材料。

国家鼓励和支持职业病医疗康复机构的建设。

第九条　国家实行职业卫生监督制度。

国务院安全生产监督管理部门、卫生行政部门、劳动保障行政部门依照本法和国务院确定的职责，负责全国职业病防治的监督管理工作。国务院有关部门在各自的职责范围内负责职业病防治的有关监督管理工作。

县级以上地方人民政府安全生产监督管理部门、卫生行政部门、劳动保障行政部门依据各自职责，负责本行政区域内职业病防治的监督管理工作。县级以上地方人民政府有关部门在各自的职责范围内负责职业病防治的有关监督管理工作。

县级以上人民政府安全生产监督管理部门、卫生行政部门、劳动保障行政部门（以下统称职业卫生监督管理部门）应当加强沟通，密切配合，按照各自职责分工，依法行使职权，承担责任。

第十条　国务院和县级以上地方人民政府应当制定职业病防治规划，将其纳入国民经济和社会发展计划，并组织实施。

县级以上地方人民政府统一负责、领导、组织、协调本行政区域的职业病防治工作，建立健全职业病防治工作体制、机制，统一领导、指挥职业卫生突发事件应对工作；加强职业病防治能力建设和服务体系建设，完善、落实职业病防治工作责任制。

乡、民族乡、镇的人民政府应当认真执行本法，支持职业卫生监督管理部门依法履行职责。

第十一条　县级以上人民政府职业卫生监督管理部门应当加强对职业病防治的宣传教育，普及职业病防治的知识，增强用人单位的职业病防治观念，提高劳动者的职业健康意识、自我保护意识和行使职业卫生保护权利的能力。

第十二条　有关防治职业病的国家职业卫生标准，由国务院卫生行政部门组织制定并公布。

国务院卫生行政部门应当组织开展重点职业病监测和专项调查，对职业健康风险进行评估，为制定职业卫生标准和职业病防治政策提供科学依据。

县级以上地方人民政府卫生行政部门应当定期对本行政区域的职业病防治情况进行统计和调查分析。

第十三条　任何单位和个人有权对违反本法的行为进行检举和控告。有关部门收到相关的检举和控告后，应当及时处理。

对防治职业病成绩显著的单位和个人，给予奖励。

第二章　前期预防

第十四条　用人单位应当依照法律、法规要求，严格遵守国家职业卫生标准，落实职业病预防措施，从源头上控制和消除职业病危害。

第十五条　产生职业病危害的用人单位的设立除应当符合法律、行政法规规定的设立条件外，其工作场所还应当符合下列职业卫生要求：

（一）职业病危害因素的强度或者浓度符合国家职业卫生标准；

（二）有与职业病危害防护相适应的设施；

（三）生产布局合理，符合有害与无害作业分开的原则；

（四）有配套的更衣间、洗浴间、孕妇休息间等卫生设施；

（五）设备、工具、用具等设施符合保护劳动者生理、心理健康的要求；

（六）法律、行政法规和国务院卫生行政部门、安全生产监督管理部门关于保护劳动者健康的其他要求。

第十六条　国家建立职业病危害项目申报制度。

用人单位工作场所存在职业病目录所列职业病的危害因素的，应当及时、如实向所在地安全生产监督管理部门申报危害项目，接受监督。

职业病危害因素分类目录由国务院卫生行政部门会同国务院安全生产监督管理部门

制定、调整并公布。职业病危害项目申报的具体办法由国务院安全生产监督管理部门制定。

第十七条　新建、扩建、改建建设项目和技术改造、技术引进项目（以下统称建设项目）可能产生职业病危害的，建设单位在可行性论证阶段应当向安全生产监督管理部门提交职业病危害预评价报告。安全生产监督管理部门应当自收到职业病危害预评价报告之日起三十日内，作出审核决定并书面通知建设单位。未提交预评价报告或者预评价报告未经安全生产监督管理部门审核同意的，有关部门不得批准该建设项目。

职业病危害预评价报告应当对建设项目可能产生的职业病危害因素及其对工作场所和劳动者健康的影响作出评价，确定危害类别和职业病防护措施。

建设项目职业病危害分类管理办法由国务院安全生产监督管理部门制定。

第十八条　建设项目的职业病防护设施所需费用应当纳入建设项目工程预算，并与主体工程同时设计，同时施工，同时投入生产和使用。

职业病危害严重的建设项目的防护设施设计，应当经安全生产监督管理部门审查，符合国家职业卫生标准和卫生要求的，方可施工。

建设项目在竣工验收前，建设单位应当进行职业病危害控制效果评价。建设项目竣工验收时，其职业病防护设施经安全生产监督管理部门验收合格后，方可投入正式生产和使用。

第十九条　职业病危害预评价、职业病危害控制效果评价由依法设立的取得国务院安全生产监督管理部门或者设区的市级以上地方人民政府安全生产监督管理部门按照职责分工给予资质认可的职业卫生技术服务机构进行。职业卫生技术服务机构所作评价应当客观、真实。

第二十条　国家对从事放射性、高毒、高危粉尘等作业实行特殊管理。具体管理办法由国务院制定。

第三章　劳动过程中的防护与管理

第二十一条　用人单位应当采取下列职业病防治管理措施：

（一）设置或者指定职业卫生管理机构或者组织，配备专职或者兼职的职业卫生管理人员，负责本单位的职业病防治工作；

（二）制定职业病防治计划和实施方案；

（三）建立、健全职业卫生管理制度和操作规程；

（四）建立、健全职业卫生档案和劳动者健康监护档案；

（五）建立、健全工作场所职业病危害因素监测及评价制度；

（六）建立、健全职业病危害事故应急救援预案。

第二十二条　用人单位应当保障职业病防治所需的资金投入，不得挤占、挪用，并对因资金投入不足导致的后果承担责任。

第二十三条　用人单位必须采用有效的职业病防护设施，并为劳动者提供个人使用的职业病防护用品。

用人单位为劳动者个人提供的职业病防护用品必须符合防治职业病的要求；不符合要求的，不得使用。

第二十四条　用人单位应当优先采用有利于防治职业病和保护劳动者健康的新技术、新工艺、新设备、新材料，逐步替代职业病危害严重的技术、工艺、设备、材料。

第二十五条　产生职业病危害的用人单位，应当在醒目位置设置公告栏，公布有关职业病防治的规章制度、操作规程、职业病危害事故应急救援措施和工作场所职业病危害因素检测结果。

对产生严重职业病危害的作业岗位，应

当在其醒目位置，设置警示标识和中文警示说明。警示说明应当载明产生职业病危害的种类、后果、预防以及应急救治措施等内容。

第二十六条 对可能发生急性职业损伤的有毒、有害工作场所，用人单位应当设置报警装置，配置现场急救用品、冲洗设备、应急撤离通道和必要的泄险区。

对放射工作场所和放射性同位素的运输、贮存，用人单位必须配置防护设备和报警装置，保证接触放射线的工作人员佩戴个人剂量计。

对职业病防护设备、应急救援设施和个人使用的职业病防护用品，用人单位应当进行经常性的维护、检修，定期检测其性能和效果，确保其处于正常状态，不得擅自拆除或者停止使用。

第二十七条 用人单位应当实施由专人负责的职业病危害因素日常监测，并确保监测系统处于正常运行状态。

用人单位应当按照国务院安全生产监督管理部门的规定，定期对工作场所进行职业病危害因素检测、评价。检测、评价结果存入用人单位职业卫生档案，定期向所在地安全生产监督管理部门报告并向劳动者公布。

职业病危害因素检测、评价由依法设立的取得国务院安全生产监督管理部门或者设区的市级以上地方人民政府安全生产监督管理部门按照职责分工给予资质认可的职业卫生技术服务机构进行。职业卫生技术服务机构所作检测、评价应当客观、真实。

发现工作场所职业病危害因素不符合国家职业卫生标准和卫生要求时，用人单位应当立即采取相应治理措施，仍然达不到国家职业卫生标准和卫生要求的，必须停止存在职业病危害因素的作业；职业病危害因素经治理后，符合国家职业卫生标准和卫生要求的，方可重新作业。

第二十八条 职业卫生技术服务机构依法从事职业病危害因素检测、评价工作，接受安全生产监督管理部门的监督检查。安全生产监督管理部门应当依法履行监督职责。

第二十九条 向用人单位提供可能产生职业病危害的设备的，应当提供中文说明书，并在设备的醒目位置设置警示标识和中文警示说明。警示说明应当载明设备性能、可能产生的职业病危害、安全操作和维护注意事项、职业病防护以及应急救治措施等内容。

第三十条 向用人单位提供可能产生职业病危害的化学品、放射性同位素和含有放射性物质的材料的，应当提供中文说明书。说明书应当载明产品特性、主要成分、存在的有害因素、可能产生的危害后果、安全使用注意事项、职业病防护以及应急救治措施等内容。产品包装应当有醒目的警示标识和中文警示说明。贮存上述材料的场所应当在规定的部位设置危险物品标识或者放射性警示标识。

国内首次使用或者首次进口与职业病危害有关的化学材料，使用单位或者进口单位按照国家规定经国务院有关部门批准后，应当向国务院卫生行政部门、安全生产监督管理部门报送该化学材料的毒性鉴定以及经有关部门登记注册或者批准进口的文件等资料。

进口放射性同位素、射线装置和含有放射性物质的物品的，按照国家有关规定办理。

第三十一条 任何单位和个人不得生产、经营、进口和使用国家明令禁止使用的可能产生职业病危害的设备或者材料。

第三十二条 任何单位和个人不得将产生职业病危害的作业转移给不具备职业病防护条件的单位和个人。不具备职业病防护条件的单位和个人不得接受产生职业病危害的作业。

第三十三条　用人单位对采用的技术、工艺、设备、材料，应当知悉其产生的职业病危害，对有职业病危害的技术、工艺、设备、材料隐瞒其危害而采用的，对所造成的职业病危害后果承担责任。

第三十四条　用人单位与劳动者订立劳动合同（含聘用合同，下同）时，应当将工作过程中可能产生的职业病危害及其后果、职业病防护措施和待遇等如实告知劳动者，并在劳动合同中写明，不得隐瞒或者欺骗。

劳动者在已订立劳动合同期间因工作岗位或者工作内容变更，从事与所订立劳动合同中未告知的存在职业病危害的作业时，用人单位应当依照前款规定，向劳动者履行如实告知的义务，并协商变更原劳动合同相关条款。

用人单位违反前两款规定的，劳动者有权拒绝从事存在职业病危害的作业，用人单位不得因此解除与劳动者所订立的劳动合同。

第三十五条　用人单位的主要负责人和职业卫生管理人员应当接受职业卫生培训，遵守职业病防治法律、法规，依法组织本单位的职业病防治工作。

用人单位应当对劳动者进行上岗前的职业卫生培训和在岗期间的定期职业卫生培训，普及职业卫生知识，督促劳动者遵守职业病防治法律、法规、规章和操作规程，指导劳动者正确使用职业病防护设备和个人使用的职业病防护用品。

劳动者应当学习和掌握相关的职业卫生知识，增强职业病防范意识，遵守职业病防治法律、法规、规章和操作规程，正确使用、维护职业病防护设备和个人使用的职业病防护用品，发现职业病危害事故隐患应当及时报告。

劳动者不履行前款规定义务的，用人单位应当对其进行教育。

第三十六条　对从事接触职业病危害的作业的劳动者，用人单位应当按照国务院安全生产监督管理部门、卫生行政部门的规定组织上岗前、在岗期间和离岗时的职业健康检查，并将检查结果书面告知劳动者。职业健康检查费用由用人单位承担。

用人单位不得安排未经上岗前职业健康检查的劳动者从事接触职业病危害的作业；不得安排有职业禁忌的劳动者从事其所禁忌的作业；对在职业健康检查中发现有与所从事的职业相关的健康损害的劳动者，应当调离原工作岗位，并妥善安置；对未进行离岗前职业健康检查的劳动者不得解除或者终止与其订立的劳动合同。

职业健康检查应当由省级以上人民政府卫生行政部门批准的医疗卫生机构承担。

第三十七条　用人单位应当为劳动者建立职业健康监护档案，并按照规定的期限妥善保存。

职业健康监护档案应当包括劳动者的职业史、职业病危害接触史、职业健康检查结果和职业病诊疗等有关个人健康资料。

劳动者离开用人单位时，有权索取本人职业健康监护档案复印件，用人单位应当如实、无偿提供，并在所提供的复印件上签章。

第三十八条　发生或者可能发生急性职业病危害事故时，用人单位应当立即采取应急救援和控制措施，并及时报告所在地安全生产监督管理部门和有关部门。安全生产监督管理部门接到报告后，应当及时会同有关部门组织调查处理；必要时，可以采取临时控制措施。卫生行政部门应当组织做好医疗救治工作。

对遭受或者可能遭受急性职业病危害的劳动者，用人单位应当及时组织救治、进行健康检查和医学观察，所需费用由用人单位承担。

第三十九条　用人单位不得安排未成年工从事接触职业病危害的作业；不得安排孕期、哺乳期的女职工从事对本人和胎儿、婴儿有危害的作业。

第四十条　劳动者享有下列职业卫生保护权利：

（一）获得职业卫生教育、培训；

（二）获得职业健康检查、职业病诊疗、康复等职业病防治服务；

（三）了解工作场所产生或者可能产生的职业病危害因素、危害后果和应当采取的职业病防护措施；

（四）要求用人单位提供符合防治职业病要求的职业病防护设施和个人使用的职业病防护用品，改善工作条件；

（五）对违反职业病防治法律、法规以及危及生命健康的行为提出批评、检举和控告；

（六）拒绝违章指挥和强令进行没有职业病防护措施的作业；

（七）参与用人单位职业卫生工作的民主管理，对职业病防治工作提出意见和建议。

用人单位应当保障劳动者行使前款所列权利。因劳动者依法行使正当权利而降低其工资、福利等待遇或者解除、终止与其订立的劳动合同的，其行为无效。

第四十一条　工会组织应当督促并协助用人单位开展职业卫生宣传教育和培训，有权对用人单位的职业病防治工作提出意见和建议，依法代表劳动者与用人单位签订劳动安全卫生专项集体合同，与用人单位就劳动者反映的有关职业病防治的问题进行协调并督促解决。

工会组织对用人单位违反职业病防治法律、法规，侵犯劳动者合法权益的行为，有权要求纠正；产生严重职业病危害时，有权要求采取防护措施，或者向政府有关部门建议采取强制性措施；发生职业病危害事故时，有权参与事故调查处理；发现危及劳动者生命健康的情形时，有权向用人单位建议组织劳动者撤离危险现场，用人单位应当立即作出处理。

第四十二条　用人单位按照职业病防治要求，用于预防和治理职业病危害、工作场所卫生检测、健康监护和职业卫生培训等费用，按照国家有关规定，在生产成本中据实列支。

第四十三条　职业卫生监督管理部门应当按照职责分工，加强对用人单位落实职业病防护管理措施情况的监督检查，依法行使职权，承担责任。

第四章　职业病诊断与职业病病人保障

第四十四条　医疗卫生机构承担职业病诊断，应当经省、自治区、直辖市人民政府卫生行政部门批准。省、自治区、直辖市人民政府卫生行政部门应当向社会公布本行政区域内承担职业病诊断的医疗卫生机构的名单。

承担职业病诊断的医疗卫生机构应当具备下列条件：

（一）持有《医疗机构执业许可证》；

（二）具有与开展职业病诊断相适应的医疗卫生技术人员；

（三）具有与开展职业病诊断相适应的仪器、设备；

（四）具有健全的职业病诊断质量管理制度。

承担职业病诊断的医疗卫生机构不得拒绝劳动者进行职业病诊断的要求。

第四十五条　劳动者可以在用人单位所在地、本人户籍所在地或者经常居住地依法承担职业病诊断的医疗卫生机构进行职业病诊断。

第四十六条　职业病诊断标准和职业病诊断、鉴定办法由国务院卫生行政部门制定。职业病伤残等级的鉴定办法由国务院劳动保障行政部门会同国务院卫生行政部门制定。

第四十七条 职业病诊断，应当综合分析下列因素：

（一）病人的职业史；

（二）职业病危害接触史和工作场所职业病危害因素情况；

（三）临床表现以及辅助检查结果等。

没有证据否定职业病危害因素与病人临床表现之间的必然联系的，应当诊断为职业病。

承担职业病诊断的医疗卫生机构在进行职业病诊断时，应当组织三名以上取得职业病诊断资格的执业医师集体诊断。

职业病诊断证明书应当由参与诊断的医师共同签署，并经承担职业病诊断的医疗卫生机构审核盖章。

第四十八条 用人单位应当如实提供职业病诊断、鉴定所需的劳动者职业史和职业病危害接触史、工作场所职业病危害因素检测结果等资料；安全生产监督管理部门应当监督检查和督促用人单位提供上述资料；劳动者和有关机构也应当提供与职业病诊断、鉴定有关的资料。

职业病诊断、鉴定机构需要了解工作场所职业病危害因素情况时，可以对工作场所进行现场调查，也可以向安全生产监督管理部门提出，安全生产监督管理部门应当在十日内组织现场调查。用人单位不得拒绝、阻挠。

第四十九条 职业病诊断、鉴定过程中，用人单位不提供工作场所职业病危害因素检测结果等资料的，诊断、鉴定机构应当结合劳动者的临床表现、辅助检查结果和劳动者的职业史、职业病危害接触史，并参考劳动者的自述、安全生产监督管理部门提供的日常监督检查信息等，作出职业病诊断、鉴定结论。

劳动者对用人单位提供的工作场所职业病危害因素检测结果等资料有异议，或者因劳动者的用人单位解散、破产，无用人单位提供上述资料的，诊断、鉴定机构应当提请安全生产监督管理部门进行调查，安全生产监督管理部门应当自接到申请之日起三十日内对存在异议的资料或者工作场所职业病危害因素情况作出判定；有关部门应当配合。

第五十条 职业病诊断、鉴定过程中，在确认劳动者职业史、职业病危害接触史时，当事人对劳动关系、工种、工作岗位或者在岗时间有争议的，可以向当地的劳动人事争议仲裁委员会申请仲裁；接到申请的劳动人事争议仲裁委员会应当受理，并在三十日内作出裁决。

当事人在仲裁过程中对自己提出的主张，有责任提供证据。劳动者无法提供由用人单位掌握管理的与仲裁主张有关的证据的，仲裁庭应当要求用人单位在指定期限内提供；用人单位在指定期限内不提供的，应当承担不利后果。

劳动者对仲裁裁决不服的，可以依法向人民法院提起诉讼。

用人单位对仲裁裁决不服的，可以在职业病诊断、鉴定程序结束之日起十五日内依法向人民法院提起诉讼；诉讼期间，劳动者的治疗费用按照职业病待遇规定的途径支付。

第五十一条 用人单位和医疗卫生机构发现职业病病人或者疑似职业病病人时，应当及时向所在地卫生行政部门和安全生产监督管理部门报告。确诊为职业病的，用人单位还应当向所在地劳动保障行政部门报告。接到报告的部门应当依法作出处理。

第五十二条 县级以上地方人民政府卫生行政部门负责本行政区域内的职业病统计报告的管理工作，并按照规定上报。

第五十三条　当事人对职业病诊断有异议的，可以向作出诊断的医疗卫生机构所在地地方人民政府卫生行政部门申请鉴定。

职业病诊断争议由设区的市级以上地方人民政府卫生行政部门根据当事人的申请，组织职业病诊断鉴定委员会进行鉴定。

当事人对设区的市级职业病诊断鉴定委员会的鉴定结论不服的，可以向省、自治区、直辖市人民政府卫生行政部门申请再鉴定。

第五十四条　职业病诊断鉴定委员会由相关专业的专家组成。

省、自治区、直辖市人民政府卫生行政部门应当设立相关的专家库，需要对职业病争议作出诊断鉴定时，由当事人或者当事人委托有关卫生行政部门从专家库中以随机抽取的方式确定参加诊断鉴定委员会的专家。

职业病诊断鉴定委员会应当按照国务院卫生行政部门颁布的职业病诊断标准和职业病诊断、鉴定办法进行职业病诊断鉴定，向当事人出具职业病诊断鉴定书。职业病诊断、鉴定费用由用人单位承担。

第五十五条　职业病诊断鉴定委员会组成人员应当遵守职业道德，客观、公正地进行诊断鉴定，并承担相应的责任。职业病诊断鉴定委员会组成人员不得私下接触当事人，不得收受当事人的财物或者其他好处，与当事人有利害关系的，应当回避。

人民法院受理有关案件需要进行职业病鉴定时，应当从省、自治区、直辖市人民政府卫生行政部门依法设立的相关的专家库中选取参加鉴定的专家。

第五十六条　医疗卫生机构发现疑似职业病病人时，应当告知劳动者本人并及时通知用人单位。

用人单位应当及时安排对疑似职业病病人进行诊断；在疑似职业病病人诊断或者医学观察期间，不得解除或者终止与其订立的劳动合同。

疑似职业病病人在诊断、医学观察期间的费用，由用人单位承担。

第五十七条　用人单位应当保障职业病病人依法享受国家规定的职业病待遇。

用人单位应当按照国家有关规定，安排职业病病人进行治疗、康复和定期检查。

用人单位对不适宜继续从事原工作的职业病病人，应当调离原岗位，并妥善安置。

用人单位对从事接触职业病危害的作业的劳动者，应当给予适当岗位津贴。

第五十八条　职业病病人的诊疗、康复费用，伤残以及丧失劳动能力的职业病病人的社会保障，按照国家有关工伤保险的规定执行。

第五十九条　职业病病人除依法享有工伤保险外，依照有关民事法律，尚有获得赔偿的权利的，有权向用人单位提出赔偿要求。

第六十条　劳动者被诊断患有职业病，但用人单位没有依法参加工伤保险的，其医疗和生活保障由该用人单位承担。

第六十一条　职业病病人变动工作单位，其依法享有的待遇不变。

用人单位在发生分立、合并、解散、破产等情形时，应当对从事接触职业病危害的作业的劳动者进行健康检查，并按照国家有关规定妥善安置职业病病人。

第六十二条　用人单位已经不存在或者无法确认劳动关系的职业病病人，可以向地方人民政府民政部门申请医疗救助和生活等方面的救助。

地方各级人民政府应当根据本地区的实际情况，采取其他措施，使前款规定的职业病病人获得医疗救治。

第五章　监督检查

第六十三条　县级以上人民政府职业卫生监督管理部门依照职业病防治法律、法规、国家职业卫生标准和卫生要求，依据职责划分，对职业病防治工作进行监督检查。

第六十四条 安全生产监督管理部门履行监督检查职责时，有权采取下列措施：

（一）进入被检查单位和职业病危害现场，了解情况，调查取证；

（二）查阅或者复制与违反职业病防治法律、法规的行为有关的资料和采集样品；

（三）责令违反职业病防治法律、法规的单位和个人停止违法行为。

第六十五条 发生职业病危害事故或者有证据证明危害状态可能导致职业病危害事故发生时，安全生产监督管理部门可以采取下列临时控制措施：

（一）责令暂停导致职业病危害事故的作业；

（二）封存造成职业病危害事故或者可能导致职业病危害事故发生的材料和设备；

（三）组织控制职业病危害事故现场。

在职业病危害事故或者危害状态得到有效控制后，安全生产监督管理部门应当及时解除控制措施。

第六十六条 职业卫生监督执法人员依法执行职务时，应当出示监督执法证件。

职业卫生监督执法人员应当忠于职守，秉公执法，严格遵守执法规范；涉及用人单位的秘密的，应当为其保密。

第六十七条 职业卫生监督执法人员依法执行职务时，被检查单位应当接受检查并予以支持配合，不得拒绝和阻碍。

第六十八条 安全生产监督管理部门及其职业卫生监督执法人员履行职责时，不得有下列行为：

（一）对不符合法定条件的，发给建设项目有关证明文件、资质证明文件或者予以批准；

（二）对已经取得有关证明文件的，不履行监督检查职责；

（三）发现用人单位存在职业病危害的，可能造成职业病危害事故，不及时依法采取控制措施；

（四）其他违反本法的行为。

第六十九条 职业卫生监督执法人员应当依法经过资格认定。

职业卫生监督管理部门应当加强队伍建设，提高职业卫生监督执法人员的政治、业务素质，依照本法和其他有关法律、法规的规定，建立、健全内部监督制度，对其工作人员执行法律、法规和遵守纪律的情况，进行监督检查。

第六章 法律责任

第七十条 建设单位违反本法规定，有下列行为之一的，由安全生产监督管理部门给予警告，责令限期改正；逾期不改正的，处十万元以上五十万元以下的罚款；情节严重的，责令停止产生职业病危害的作业，或者提请有关人民政府按照国务院规定的权限责令停建、关闭：

（一）未按照规定进行职业病危害预评价或者未提交职业病危害预评价报告，或者职业病危害预评价报告未经安全生产监督管理部门审核同意，开工建设的；

（二）建设项目的职业病防护设施未按照规定与主体工程同时投入生产和使用的；

（三）职业病危害严重的建设项目，其职业病防护设施设计未经安全生产监督管理部门审查，或者不符合国家职业卫生标准和卫生要求施工的；

（四）未按照规定对职业病防护设施进行职业病危害控制效果评价、未经安全生产监督管理部门验收或者验收不合格，擅自投入使用的。

第七十一条 违反本法规定，有下列行为之一的，由安全生产监督管理部门给予警告，责令限期改正；逾期不改正的，处十万元以下的罚款：

（一）工作场所职业病危害因素检测、评价结果没有存档、上报、公布的；

（二）未采取本法第二十一条规定的职业病防治管理措施的；

（三）未按照规定公布有关职业病防治的规章制度、操作规程、职业病危害事故应急救援措施的；

（四）未按照规定组织劳动者进行职业卫生培训，或者未对劳动者个人职业病防护采取指导、督促措施的；

（五）国内首次使用或者首次进口与职业病危害有关的化学材料，未按照规定报送毒性鉴定资料以及经有关部门登记注册或者批准进口的文件的。

第七十二条　用人单位违反本法规定，有下列行为之一的，由安全生产监督管理部门责令限期改正，给予警告，可以并处五万元以上十万元以下的罚款：

（一）未按照规定及时、如实向安全生产监督管理部门申报产生职业病危害的项目的；

（二）未实施由专人负责的职业病危害因素日常监测，或者监测系统不能正常监测的；

（三）订立或者变更劳动合同时，未告知劳动者职业病危害真实情况的；

（四）未按照规定组织职业健康检查、建立职业健康监护档案或者未将检查结果书面告知劳动者的；

（五）未依照本法规定在劳动者离开用人单位时提供职业健康监护档案复印件的。

第七十三条　用人单位违反本法规定，有下列行为之一的，由安全生产监督管理部门给予警告，责令限期改正，逾期不改正的，处五万元以上二十万元以下的罚款；情节严重的，责令停止产生职业病危害的作业，或者提请有关人民政府按照国务院规定的权限责令关闭：

（一）工作场所职业病危害因素的强度或者浓度超过国家职业卫生标准的；

（二）未提供职业病防护设施和个人使用的职业病防护用品，或者提供的职业病防护设施和个人使用的职业病防护用品不符合国家职业卫生标准和卫生要求的；

（三）对职业病防护设备、应急救援设施和个人使用的职业病防护用品未按照规定进行维护、检修、检测，或者不能保持正常运行、使用状态的；

（四）未按照规定对工作场所职业病危害因素进行检测、评价的；

（五）工作场所职业病危害因素经治理仍然达不到国家职业卫生标准和卫生要求时，未停止存在职业病危害因素的作业的；

（六）未按照规定安排职业病病人、疑似职业病病人进行诊治的；

（七）发生或者可能发生急性职业病危害事故时，未立即采取应急救援和控制措施或者未按照规定及时报告的；

（八）未按照规定在产生严重职业病危害的作业岗位醒目位置设置警示标识和中文警示说明的；

（九）拒绝职业卫生监督管理部门监督检查的；

（十）隐瞒、伪造、篡改、毁损职业健康监护档案、工作场所职业病危害因素检测评价结果等相关资料，或者拒不提供职业病诊断、鉴定所需资料的；

（十一）未按照规定承担职业病诊断、鉴定费用和职业病病人的医疗、生活保障费用的。

第七十四条　向用人单位提供可能产生职业病危害的设备、材料，未按照规定提供中文说明书或者设置警示标识和中文警示说明的，由安全生产监督管理部门责令限期改正，给予警告，并处五万元以上二十万元以下的罚款。

第七十五条　用人单位和医疗卫生机构未按照规定报告职业病、疑似职业病的，由有关主管部门依据职责分工责令限期改正，给予警告，可以并处一万元以下的罚款；弄虚作假的，并处二万元以上五万元以下的罚款；对直接负责的主管人员和其他直接责任人员，可以依法给予降级或者撤职的处分。

第七十六条　违反本法规定，有下列情形之一的，由安全生产监督管理部门责令限期治理，并处五万元以上三十万元以下的罚款；情节严重的，责令停止产生职业病危害的作业，或者提请有关人民政府按照国务院规定的权限责令关闭：

（一）隐瞒技术、工艺、设备、材料所产生的职业病危害而采用的；

（二）隐瞒本单位职业卫生真实情况的；

（三）可能发生急性职业损伤的有毒、有害工作场所、放射工作场所或者放射性同位素的运输、贮存不符合本法第二十六条规定的；

（四）使用国家明令禁止使用的可能产生职业病危害的设备或者材料的；

（五）将产生职业病危害的作业转移给没有职业病防护条件的单位和个人，或者没有职业病防护条件的单位和个人接受产生职业病危害的作业的；

（六）擅自拆除、停止使用职业病防护设备或者应急救援设施的；

（七）安排未经职业健康检查的劳动者、有职业禁忌的劳动者、未成年工或者孕期、哺乳期女职工从事接触职业病危害的作业或者禁忌作业的；

（八）违章指挥和强令劳动者进行没有职业病防护措施的作业的。

第七十七条　生产、经营或者进口国家明令禁止使用的可能产生职业病危害的设备或者材料的，依照有关法律、行政法规的规定给予处罚。

第七十八条　用人单位违反本法规定，已经对劳动者生命健康造成严重损害的，由安全生产监督管理部门责令停止产生职业病危害的作业，或者提请有关人民政府按照国务院规定的权限责令关闭，并处十万元以上五十万元以下的罚款。

第七十九条　用人单位违反本法规定，造成重大职业病危害事故或者其他严重后果，构成犯罪的，对直接负责的主管人员和其他直接责任人员，依法追究刑事责任。

第八十条　未取得职业卫生技术服务资质认可擅自从事职业卫生技术服务的，或者医疗卫生机构未经批准擅自从事职业健康检查、职业病诊断的，由安全生产监督管理部门和卫生行政部门依据职责分工责令立即停止违法行为，没收违法所得；违法所得五千元以上的，并处违法所得二倍以上十倍以下的罚款；没有违法所得或者违法所得不足五千元的，并处五千元以上五万元以下的罚款；情节严重的，对直接负责的主管人员和其他直接责任人员，依法给予降级、撤职或者开除的处分。

第八十一条　从事职业卫生技术服务的机构和承担职业健康检查、职业病诊断的医疗卫生机构违反本法规定，有下列行为之一的，由安全生产监督管理部门和卫生行政部门依据职责分工责令立即停止违法行为，给予警告，没收违法所得；违法所得五千元以上的，并处违法所得二倍以上五倍以下的罚款；没有违法所得或者违法所得不足五千元的，并处五千元以上二万元以下的罚款；情节严重的，由原认可或者批准机关取消其相应的资格；对直接负责的主管人员和其他直接责任人员，依法给予降级、撤职或者开除的处分；构成犯罪的，依法追究刑事责任：

（一）超出资质认可或者批准范围从事职业卫生技术服务或者职业健康检查、职业病诊断的；

（二）不按照本法规定履行法定职责的；

（三）出具虚假证明文件的。

第八十二条　职业病诊断鉴定委员会组成人员收受职业病诊断争议当事人的财物或者其他好处的，给予警告，没收收受的财物，可以并处三千元以上五万元以下的罚款，取消其担任职业病诊断鉴定委员会组成人员的资格，并从省、自治区、直辖市人民政府卫生行政部门设立的专家库中予以除名。

第八十三条　卫生行政部门、安全生产监督管理部门不按照规定报告职业病和职业病危害事故的，由上一级行政部门责令改正，通报批评，给予警告；虚报、瞒报的，对单位负责人、直接负责的主管人员和其他直接责任人员依法给予降级、撤职或者开除的处分。

第八十四条　违反本法第十七条、第十八条规定，有关部门擅自批准建设项目或者发放施工许可的，对该部门直接负责的主管人员和其他直接责任人员，由监察机关或者上级机关依法给予记过直至开除的处分。

第八十五条　县级以上地方人民政府在职业病防治工作中未依照本法履行职责，本行政区域出现重大职业病危害事故、造成严重社会影响的，依法对直接负责的主管人员和其他直接责任人员给予记大过直至开除的处分。

县级以上人民政府职业卫生监督管理部门不履行本法规定的职责，滥用职权、玩忽职守、徇私舞弊，依法对直接负责的主管人员和其他直接责任人员给予记大过或者降级的处分；造成职业病危害事故或者其他严重后果的，依法给予撤职或者开除的处分。

第八十六条　违反本法规定，构成犯罪的，依法追究刑事责任。

第七章　附　则

第八十七条　本法下列用语的含义：

职业病危害，是指对从事职业活动的劳动者可能导致职业病的各种危害。职业病危害因素包括：职业活动中存在的各种有害的化学、物理、生物因素以及在作业过程中产生的其他职业有害因素。

职业禁忌，是指劳动者从事特定职业或者接触特定职业病危害因素时，比一般职业人群更易于遭受职业病危害和罹患职业病或者可能导致原有自身疾病病情加重，或者在从事作业过程中诱发可能导致对他人生命健康构成危险的疾病的个人特殊生理或者病理状态。

第八十八条　本法第二条规定的用人单位以外的单位，产生职业病危害的，其职业病防治活动可以参照本法执行。

劳务派遣用工单位应当履行本法规定的用人单位的义务。

中国人民解放军参照执行本法的办法，由国务院、中央军事委员会制定。

第八十九条　对医疗机构放射性职业病危害控制的监督管理，由卫生行政部门依照本法的规定实施。

第九十条　本法自 2002 年 5 月 1 日起施行。

国务院各部委重要法规和文件

中华人民共和国人力资源和社会保障部关于企业劳动争议协商调解规定

第一章　总则

第一条 为规范企业劳动争议协商、调解行为，促进劳动关系和谐稳定，根据《中华人民共和国劳动争议调解仲裁法》，制定本规定。

第二条　企业劳动争议协商、调解，适

用本规定。

第三条 企业应当依法执行职工大会、职工代表大会、厂务公开等民主管理制度，建立集体协商、集体合同制度，维护劳动关系和谐稳定。

第四条 企业应当建立劳资双方沟通对话机制，畅通劳动者利益诉求表达渠道。

劳动者认为企业在履行劳动合同、集体合同，执行劳动保障法律、法规和企业劳动规章制度等方面存在问题的，可以向企业劳动争议调解委员会（以下简称调解委员会）提出。调解委员会应当及时核实情况，协调企业进行整改或者向劳动者做出说明。

劳动者也可以通过调解委员会向企业提出其他合理诉求。调解委员会应当及时向企业转达，并向劳动者反馈情况。

第五条 企业应当加强对劳动者的人文关怀，关心劳动者的诉求，关注劳动者的心理健康，引导劳动者理性维权，预防劳动争议发生。

第六条 协商、调解劳动争议，应当根据事实和有关法律法规的规定，遵循平等、自愿、合法、公正、及时的原则。

第七条 人力资源和社会保障行政部门应当指导企业开展劳动争议预防调解工作，具体履行下列职责：

（一）指导企业遵守劳动保障法律、法规和政策；

（二）督促企业建立劳动争议预防预警机制；

（三）协调工会、企业代表组织建立企业重大集体性劳动争议应急调解协调机制，共同推动企业劳动争议预防调解工作；

（四）检查辖区内调解委员会的组织建设、制度建设和队伍建设情况。

第二章 协商

第八条 发生劳动争议，一方当事人可以通过与另一方当事人约见、面谈等方式协商解决。

第九条 劳动者可以要求所在企业工会参与或者协助其与企业进行协商。工会也可以主动参与劳动争议的协商处理，维护劳动者合法权益。

劳动者可以委托其他组织或者个人作为其代表进行协商。

第十条 一方当事人提出协商要求后，另一方当事人应当积极做出口头或者书面回应。5日内不做出回应的，视为不愿协商。

协商的期限由当事人书面约定，在约定的期限内没有达成一致的，视为协商不成。当事人可以书面约定延长期限。

第十一条 协商达成一致，应当签订书面和解协议。和解协议对双方当事人具有约束力，当事人应当履行。

经仲裁庭审查，和解协议程序和内容合法有效的，仲裁庭可以将其作为证据使用。但是，当事人为达成和解的目的作出妥协所涉及的对争议事实的认可，不得在其后的仲裁中作为对其不利的证据。

第十二条 发生劳动争议，当事人不愿协商、协商不成或者达成和解协议后，一方当事人在约定的期限内不履行和解协议的，可以依法向调解委员会或者乡镇、街道劳动就业社会保障服务所（中心）等其他依法设立的调解组织申请调解，也可以依法向劳动人事争议仲裁委员会（以下简称仲裁委员会）申请仲裁。

第三章 调解

第十三条 大中型企业应当依法设立调解委员会，并配备专职或者兼职工作人员。

有分公司、分店、分厂的企业，可以根据需要在分支机构设立调解委员会。总部调解委员会指导分支机构调解委员会开展劳动争议预防调解工作。

调解委员会可以根据需要在车间、工段、班组设立调解小组。

第十四条　小微型企业可以设立调解委员会，也可以由劳动者和企业共同推举人员，开展调解工作。

第十五条　调解委员会由劳动者代表和企业代表组成，人数由双方协商确定，双方人数应当对等。劳动者代表由工会委员会成员担任或者由全体劳动者推举产生，企业代表由企业负责人指定。调解委员会主任由工会委员会成员或者双方推举的人员担任。

第十六条　调解委员会履行下列职责：

（一）宣传劳动保障法律、法规和政策；

（二）对本企业发生的劳动争议进行调解；

（三）监督和解协议、调解协议的履行；

（四）聘任、解聘和管理调解员；

（五）参与协调履行劳动合同、集体合同，执行企业劳动规章制度等方面出现的问题；

（六）参与研究涉及劳动者切身利益的重大方案；

（七）协助企业建立劳动争议预防预警机制。

第十七条　调解员履行下列职责：

（一）关注本企业劳动关系状况，及时向调解委员会报告；

（二）接受调解委员会指派，调解劳动争议案件；

（三）监督和解协议、调解协议的履行；

（四）完成调解委员会交办的其他工作。

第十八条　调解员应当公道正派、联系群众、热心调解工作，具有一定劳动保障法律政策知识和沟通协调能力。调解员由调解委员会聘任的本企业工作人员担任，调解委员会成员均为调解员。

第十九条　调解员的聘期至少为1年，可以续聘。调解员不能履行调解职责时，调解委员会应当及时调整。

第二十条　调解员依法履行调解职责，需要占用生产或者工作时间的，企业应当予以支持，并按照正常出勤对待。

第二十一条　发生劳动争议，当事人可以口头或者书面形式向调解委员会提出调解申请。

申请内容应当包括申请人基本情况、调解请求、事实与理由。

口头申请的，调解委员会应当当场记录。

第二十二条　调解委员会接到调解申请后，对属于劳动争议受理范围且双方当事人同意调解的，应当在3个工作日内受理。对不属于劳动争议受理范围或者一方当事人不同意调解的，应当做好记录，并书面通知申请人。

第二十三条　发生劳动争议，当事人没有提出调解申请的，调解委员会可以在征得双方当事人同意后主动调解。

第二十四条　调解委员会调解劳动争议一般不公开进行。但是，双方当事人要求公开调解的除外。

第二十五条　调解委员会根据案件情况指定调解员或者调解小组进行调解，在征得当事人同意后，也可以邀请有关单位和个人协助调解。

调解员应当全面听取双方当事人的陈述，采取灵活多样的方式方法，开展耐心、细致的说服疏导工作，帮助当事人自愿达成调解协议。

第二十六条　经调解达成调解协议的，由调解委员会制作调解协议书。调解协议书应当写明双方当事人基本情况、调解请求事项、调解的结果和协议履行期限、履行方式等。

调解协议书由双方当事人签名或者盖章，经调解员签名并加盖调解委员会印章后生效。

调解协议书一式三份，双方当事人和调

解委员会各执一份。

第二十七条 生效的调解协议对双方当事人具有约束力，当事人应当履行。

双方当事人可以自调解协议生效之日起15日内共同向仲裁委员会提出仲裁审查申请。仲裁委员会受理后，应当对调解协议进行审查，并根据《劳动人事争议仲裁办案规则》第五十四条规定，对程序和内容合法有效的调解协议，出具调解书。

第二十八条 双方当事人未按前条规定提出仲裁审查申请，一方当事人在约定的期限内不履行调解协议的，另一方当事人可以依法申请仲裁。

仲裁委员会受理仲裁申请后，应当对调解协议进行审查，调解协议合法有效且不损害公共利益或者第三人合法利益的，在没有新证据出现的情况下，仲裁委员会可以依据调解协议作出仲裁裁决。

第二十九条 调解委员会调解劳动争议，应当自受理调解申请之日起15日内结束。但是，双方当事人同意延期的可以延长。

在前款规定期限内未达成调解协议的，视为调解不成。

第三十条 当事人不愿调解、调解不成或者达成调解协议后，一方当事人在约定的期限内不履行调解协议的，调解委员会应当做好记录，由双方当事人签名或者盖章，并书面告知当事人可以向仲裁委员会申请仲裁。

第三十一条 有下列情形之一的，按照《劳动人事争议仲裁办案规则》第十条的规定属于仲裁时效中断，从中断时起，仲裁时效期间重新计算：

（一）一方当事人提出协商要求后，另一方当事人不同意协商或者在5日内不做出回应的；

（二）在约定的协商期限内，一方或者双方当事人不同意继续协商的；

（三）在约定的协商期限内未达成一致的；

（四）达成和解协议后，一方或者双方当事人在约定的期限内不履行和解协议的；

（五）一方当事人提出调解申请后，另一方当事人不同意调解的；

（六）调解委员会受理调解申请后，在第二十九条规定的期限内一方或者双方当事人不同意调解的；

（七）在第二十九条规定的期限内未达成调解协议的；

（八）达成调解协议后，一方当事人在约定期限内不履行调解协议的。

第三十二条 调解委员会应当建立健全调解登记、调解记录、督促履行、档案管理、业务培训、统计报告、工作考评等制度。

第三十三条 企业应当支持调解委员会开展调解工作，提供办公场所，保障工作经费。

第三十四条 企业未按照本规定成立调解委员会，劳动争议或者群体性事件频发，影响劳动关系和谐，造成重大社会影响的，由县级以上人力资源和社会保障行政部门予以通报；违反法律法规规定的，依法予以处理。

第三十五条 调解员在调解过程中存在严重失职或者违法违纪行为，侵害当事人合法权益的，调解委员会应当予以解聘。

第四章 附则

第三十六条 民办非企业单位、社会团体开展劳动争议协商、调解工作参照本规定执行。

第三十七条 本规定自2012年1月1日起施行。

中华人民共和国人力资源和社会保障部实施《中华人民共和国社会保险法》若干规定

（2011年6月29日）

为了实施《中华人民共和国社会保险法》(以下简称社会保险法)，制定本规定。

第一章　关于基本养老保险

第一条　社会保险法第十五条规定的统筹养老金，按照国务院规定的基础养老金计发办法计发。

第二条　参加职工基本养老保险的个人达到法定退休年龄时，累计缴费不足十五年的，可以延长缴费至满十五年。社会保险法实施前参保、延长缴费五年后仍不足十五年的，可以一次性缴费至满十五年。

第三条　参加职工基本养老保险的个人达到法定退休年龄后，累计缴费不足十五年(含依照第二条规定延长缴费）的，可以申请转入户籍所在地新型农村社会养老保险或者城镇居民社会养老保险，享受相应的养老保险待遇。

参加职工基本养老保险的个人达到法定退休年龄后，累计缴费不足十五年（含依照第二条规定延长缴费)，且未转入新型农村社会养老保险或者城镇居民社会养老保险的，个人可以书面申请终止职工基本养老保险关系。社会保险经办机构收到申请后，应当书面告知其转入新型农村社会养老保险或者城镇居民社会养老保险的权利以及终止职工基本养老保险关系的后果，经本人书面确认后，终止其职工基本养老保险关系，并将个人账户储存额一次性支付给本人。

第四条　参加职工基本养老保险的个人跨省流动就业，达到法定退休年龄时累计缴费不足十五年的，按照《国务院办公厅关于转发人力资源社会保障部财政部城镇企业职工基本养老保险关系转移接续暂行办法的通知》(国办发〔2009〕66号）有关待遇领取地的规定确定继续缴费地后，按照本规定第二条办理。

第五条　参加职工基本养老保险的个人跨省流动就业，符合按月领取基本养老金条件时，基本养老金分段计算、统一支付的具体办法，按照《国务院办公厅关于转发人力资源社会保障部财政部城镇企业职工基本养老保险关系转移接续暂行办法的通知》（国办发〔2009〕66号）执行。

第六条　职工基本养老保险个人账户不得提前支取。个人在达到法定的领取基本养老金条件前离境定居的，其个人账户予以保留，达到法定领取条件时，按照国家规定享受相应的养老保险待遇。其中，丧失中华人民共和国国籍的，可以在其离境时或者离境后书面申请终止职工基本养老保险关系。社会保险经办机构收到申请后，应当书面告知其保留个人账户的权利以及终止职工基本养老保险关系的后果，经本人书面确认后，终止其职工基本养老保险关系，并将个人账户储存额一次性支付给本人。

参加职工基本养老保险的个人死亡后，其个人账户中的余额可以全部依法继承。

第二章　关于基本医疗保险

第七条　社会保险法第二十七条规定的退休人员享受基本医疗保险待遇的缴费年限按照各地规定执行。

参加职工基本医疗保险的个人，基本医疗保险关系转移接续时，基本医疗保险缴费年限累计计算。

第八条　参保人员在协议医疗机构发生的医疗费用，符合基本医疗保险药品目录、诊疗项目、医疗服务设施标准的，按照国家规定从基本医疗保险基金中支付。

参保人员确需急诊、抢救的，可以在非协议医疗机构就医；因抢救必须使用的药品可以适当放宽范围。参保人员急诊、抢救的医疗服务具体管理办法由统筹地区根据当地实际情况制定。

第三章　关于工伤保险

第九条　职工（包括非全日制从业人员）在两个或者两个以上用人单位同时就业的，各用人单位应当分别为职工缴纳工伤保险费。职工发生工伤，由职工受到伤害时工作的单位依法承担工伤保险责任。

第十条　社会保险法第三十七条第二项中的醉酒标准，按照《车辆驾驶人员血液、呼气酒精含量阈值与检验》（GB19522－2004）执行。公安机关交通管理部门、医疗机构等有关单位依法出具的检测结论、诊断证明等材料，可以作为认定醉酒的依据。

第十一条　社会保险法第三十八条第八项中的因工死亡补助金是指《工伤保险条例》第三十九条的一次性工亡补助金，标准为工伤发生时上一年度全国城镇居民人均可支配收入的20倍。

上一年度全国城镇居民人均可支配收入以国家统计局公布的数据为准。

第十二条　社会保险法第三十九条第一项治疗工伤期间的工资福利，按照《工伤保险条例》第三十三条有关职工在停工留薪期内应当享受的工资福利和护理等待遇的规定执行。

第四章　关于失业保险

第十三条　失业人员符合社会保险法第四十五条规定条件的，可以申请领取失业保险金并享受其他失业保险待遇。其中，非因本人意愿中断就业包括下列情形：

（一）依照劳动合同法第四十四条第一项、第四项、第五项规定终止劳动合同的；

（二）由用人单位依照劳动合同法第三十九条、第四十条、第四十一条规定解除劳动合同的；

（三）用人单位依照劳动合同法第三十六条规定向劳动者提出解除劳动合同并与劳动者协商一致解除劳动合同的；

（四）由用人单位提出解除聘用合同或者被用人单位辞退、除名、开除的；

（五）劳动者本人依照劳动合同法第三十八条规定解除劳动合同的；

（六）法律、法规、规章规定的其他情形。

第十四条　失业人员领取失业保险金后重新就业的，再次失业时，缴费时间重新计算。失业人员因当期不符合失业保险金领取条件的，原有缴费时间予以保留，重新就业并参保的，缴费时间累计计算。

第十五条　失业人员在领取失业保险金期间，应当积极求职，接受职业介绍和职业培训。失业人员接受职业介绍、职业培训的补贴由失业保险基金按照规定支付。

第五章　关于基金管理和经办服务

第十六条　社会保险基金预算、决算草案的编制、审核和批准，依照《国务院关于试行社会保险基金预算的意见》（国发〔2010〕2号）的规定执行。

第十七条　社会保险经办机构应当每年至少一次将参保人员个人权益记录单通过邮寄方式寄送本人。同时，社会保险经办机构可以通过手机短信或者电子邮件等方式向参保人员发送个人权益记录。

第十八条　社会保险行政部门、社会保险经办机构及其工作人员应当依法为用人单位和个人的信息保密，不得违法向他人泄露下列信息：

（一）涉及用人单位商业秘密或者公开后可能损害用人单位合法利益的信息；

（二）涉及个人权益的信息。

第六章　关于法律责任

第十九条　用人单位在终止或者解除劳

动合同时拒不向职工出具终止或者解除劳动关系证明，导致职工无法享受社会保险待遇的，用人单位应当依法承担赔偿责任。

第二十条　职工应当缴纳的社会保险费由用人单位代扣代缴。用人单位未依法代扣代缴的，由社会保险费征收机构责令用人单位限期代缴，并自欠缴之日起向用人单位按日加收万分之五的滞纳金。用人单位不得要求职工承担滞纳金。

第二十一条　用人单位因不可抗力造成生产经营出现严重困难的，经省级人民政府社会保险行政部门批准后，可以暂缓缴纳一定期限的社会保险费，期限一般不超过一年。暂缓缴费期间，免收滞纳金。到期后，用人单位应当缴纳相应的社会保险费。

第二十二条　用人单位按照社会保险法第六十三条的规定，提供担保并与社会保险费征收机构签订缓缴协议的，免收缓缴期间的滞纳金。

第二十三条　用人单位按照本规定第二十一条、第二十二条缓缴社会保险费期间，不影响其职工依法享受社会保险待遇。

第二十四条　用人单位未按月将缴纳社会保险费的明细情况告知职工本人的，由社会保险行政部门责令改正；逾期不改的，按照《劳动保障监察条例》第三十条的规定处理。

第二十五条　医疗机构、药品经营单位等社会保险服务机构以欺诈、伪造证明材料或者其他手段骗取社会保险基金支出的，由社会保险行政部门责令退回骗取的社会保险金，处骗取金额二倍以上五倍以下的罚款。对与社会保险经办机构签订服务协议的医疗机构、药品经营单位，由社会保险经办机构按照协议追究责任，情节严重的，可以解除与其签订的服务协议。对有执业资格的直接负责的主管人员和其他直接责任人员，由社会保险行政部门建议授予其执业资格的有关主管部门依法吊销其执业资格。

第二十六条　社会保险经办机构、社会保险费征收机构、社会保险基金投资运营机构、开设社会保险基金专户的机构和专户管理银行及其工作人员有下列违法情形的，由社会保险行政部门按照社会保险法第九十一条的规定查处：

（一）将应征和已征的社会保险基金，采取隐藏、非法放置等手段，未按规定征缴、入账的；

（二）违规将社会保险基金转入社会保险基金专户以外的账户的；

（三）侵吞社会保险基金的；

（四）将各项社会保险基金互相挤占或者其他社会保障基金挤占社会保险基金的；

（五）将社会保险基金用于平衡财政预算，兴建、改建办公场所和支付人员经费、运行费用、管理费用的；

（六）违反国家规定的投资运营政策的。

第七章　其　他

第二十七条　职工与所在用人单位发生社会保险争议的，可以依照《中华人民共和国劳动争议调解仲裁法》、《劳动人事争议仲裁办案规则》的规定，申请调解、仲裁，提起诉讼。

职工认为用人单位有未按时足额为其缴纳社会保险费等侵害其社会保险权益行为的，也可以要求社会保险行政部门或者社会保险费征收机构依法处理。社会保险行政部门或者社会保险费征收机构应当按照社会保险法和《劳动保障监察条例》等相关规定处理。在处理过程中，用人单位对双方的劳动关系提出异议的，社会保险行政部门应当依法查明相关事实后继续处理。

第二十八条　在社会保险经办机构征收社会保险费的地区，社会保险行政部门应当依法履行社会保险法第六十三条所规定的有关行政部门的职责。

第二十九条　2011 年 7 月 1 日后对用人单位未按时足额缴纳社会保险费的处理，按照社会保险法和本规定执行；对 2011 年 7 月 1 日前发生的用人单位未按时足额缴纳社会保险费的行为，按照国家和地方人民政府的有关规定执行。

第三十条　本规定自 2011 年 7 月 1 日起施行。

中华全国总工会重要文件

全国五一劳动奖状　全国五一劳动奖章　全国工人先锋号评选管理工作暂行办法

（2011 年 11 月 25 日）

第一章　总则

第一条　为规范全国五一劳动奖状、全国五一劳动奖章、全国工人先锋号评选管理工作，发挥表彰奖励工作的激励作用，根据《中华人民共和国工会法》、《中华人民共和国劳动法》和《中国工会章程》，制定本办法。

第二条　全国五一劳动奖状、全国五一劳动奖章、全国工人先锋号是中华全国总工会设立的授予先进集体、先进职工的荣誉称号。

第三条　全国五一劳动奖状、全国五一劳动奖章、全国工人先锋号的评选管理工作，以邓小平理论和“三个代表”重要思想为指导，深入贯彻落实科学发展观，充分发挥先进集体和模范人物的榜样示范导向作用，激励广大职工发扬工人阶级伟大品格，坚定不移地走中国特色社会主义道路，爱岗敬业、争创一流，艰苦奋斗、勇于创新，淡泊名利、甘于奉献，为推动科学发展、促进社会和谐、实现全面建设小康社会和社会主义现代化的宏伟目标贡献智慧和力量。

第二章　荣誉称号的授予

第四条　全国五一劳动奖状授予在我国境内依法注册或登记的非跨地区的企业、事业、机关、社会组织及其他组织以及驻外机构，全国五一劳动奖章授予中国籍员工，全国工人先锋号授予上述企业、事业、机关、社会组织及其他组织以及驻外机构所属的部门或单位。上述荣誉称号原则上不重复授予。

第五条　获得全国五一劳动奖状和全国工人先锋号集体的基本条件是：认真执行党的路线方针政策，严格遵守国家法律法规，全面落实科学发展观，组织健全，领导班子团结有力；节能减排，注重保护生态环境；科技进步，不断提高自主创新能力；安全生产，监督管理机制健全；尊重劳动，保障职工合法权益，劳动关系和谐稳定；诚实守信，自觉履行社会责任，经济、社会效益居本地区或本行业领先水平。

第六条　全国五一劳动奖章获得者原则上从省（部）级劳动模范中产生，其基本条件是：信念坚定、立场鲜明，胸怀大局、纪律严明，道德高尚、作风务实，学习努力、爱岗敬业，艰苦奋斗、勇于创新，服务人民、奉献社会，在本职岗位上取得突出业绩，为经济建设、政治建设、文化建设、社会建设以及生态文明建设和党的建设作出突出贡献。

第七条　评选全国五一劳动奖状、全国五一劳动奖章、全国工人先锋号要面向基层、面向一线职工，坚持公开、公平、公正的原则，严格推荐评选审批程序，接受群众监督。

（一）全国五一劳动奖状、全国五一劳

动奖章、全国工人先锋号获得者应自下而上产生，须经所在单位民主推荐、职工（代表）大会或居民（代表）会议讨论通过，上级工会审核同意，中华全国总工会评审表彰工作领导小组审查、书记处审批等程序，并在一定范围内公示。

（二）申报全国五一劳动奖状的企业和申报全国五一劳动奖章的企业负责人，须经当地县（市）以上工商、税务（国税、地税）、劳动保障、安全监察、环境保护、人口计生等部门审查同意。国有和国有控股企业及其负责人还要经过审计、纪检、监察等部门审查同意。申报全国五一劳动奖章的党政机关和社会团体领导干部，要按照干部管理权限，征得有关部门同意。

（三）党政机关和社会团体中的司局级（含）以上领导干部以及由中央组织部管理的企事业单位负责人，不作为全国五一劳动奖章推荐对象。

（四）有拖欠职工工资，欠缴职工养老、工伤、医疗、失业、生育保险，违反国家计划生育政策，未组建工会，未建立职代会和集体合同制度，劳动关系不和谐，能源消耗超标，环境污染严重等情形之一的企业和企业负责人当年不得申报全国五一劳动奖状、全国五一劳动奖章。发生安全生产事故、严重职业危害或群体性事件的企业和企业负责人自事发起三年内不得申报全国五一劳动奖状、全国五一劳动奖章。

第八条 除召开全国劳模表彰大会的年份外，全国五一劳动奖状、全国五一劳动奖章、全国工人先锋号每年评选表彰一次。对在国际国内有重大影响的事件中，国家经济建设和国防建设中，抢险救灾等危急情况下以及在全国总工会书记处批准的全国示范性劳动竞赛中作出突出贡献的先进集体和个人，可即时授予全国五一劳动奖状、全国五一劳动奖章、全国工人先锋号。

第九条 对省、自治区、直辖市人民政府授予革命烈士称号的个人，或省（部）级党委作出学习（表彰）决定的集体和个人，经省、自治区、直辖市总工会申报，可授予或追授全国五一劳动奖状、全国五一劳动奖章、全国工人先锋号。

第三章 奖励和待遇

第十条 全国五一劳动奖状、全国五一劳动奖章、全国工人先锋号的奖励实行精神鼓励和物质奖励相结合，以精神鼓励为主的原则。中华全国总工会对获奖的先进集体、先进个人颁发证书、奖状、奖章或奖牌，对个人给予一次性物质奖励。全国五一劳动奖章获得者按有关规定享受省（部）级劳模待遇。

第十一条 全国五一劳动奖章获得者可参加工会组织的休养和其他活动。休养和活动期间按出勤对待。

第十二条 全国五一劳动奖章获得者经本人申请，省级成人高校招生办公室审核，招生学校同意，可免试进入国家或省级成人高等学校学习。

第四章 管理

第十三条 全国五一劳动奖状、全国五一劳动奖章、全国工人先锋号获得者的管理工作在中华全国总工会指导下，由其所在地区和单位的工会组织负责。

第十四条 全国五一劳动奖状、全国五一劳动奖章、全国工人先锋号获得者管理工作的主要任务是：

（一）建立管理制度，完善评选管理机制，制定和协调落实有关政策，做好信访接待工作；

（二）加强基础工作，建立健全管理档案，实行动态管理，重大情况及时报告；

（三）宣传全国五一劳动奖状、全国五一劳动奖章、全国工人先锋号获得者的先进事迹，总结推广他们的先进经验，充分发挥其在经济社会发展中的导向作用；

（四）关心全国五一劳动奖章获得者的思想、工作和生活，帮助他们解决生产生活等困难，依法维护他们的合法权益；

（五）做好与全国五一劳动奖状、全国五一劳动奖章、全国工人先锋号获得者有关的其他工作。

第五章　荣誉称号的撤销

第十五条　有下列情形之一者，撤销全国五一劳动奖状、全国工人先锋号荣誉称号，收回证书、奖状或奖牌。

（一）弄虚作假，骗取荣誉的；

（二）发生重大安全生产事故或严重职业危害的；

（三）发生群体性事件，造成恶劣影响的；

（四）拖欠职工工资，欠缴职工养老、工伤、医疗、失业、生育保险等，拒不改正的；

（五）其他不宜保留荣誉称号的。

第十六条　有下列情形之一者，撤销全国五一劳动奖章荣誉称号，收回证书、奖章，终止其享受的相关待遇。

（一）弄虚作假，骗取荣誉的；

（二）受到刑事处分的；

（三）受到开除处分的；

（四）受到开除党籍或留党察看处分的；

（五）道德品质败坏、腐化堕落或有其他严重违法乱纪行为，造成恶劣影响的；

（六）非法离境的；

（七）其他不宜保留荣誉称号的。

第十七条　撤销全国五一劳动奖状、全国五一劳动奖章、全国工人先锋号荣誉称号，依照评选审批程序，由其原推荐单位逐级上报，所在省、自治区、直辖市总工会或全国产业工会向中华全国总工会提出书面报告，中华全国总工会审核批准。

第六章　附则

第十八条　本办法由中华全国总工会负责解释。

第十九条　本办法自发布之日起施行。

广东省重要法规和文件

广东省人力资源社会保障厅关于加强新形势下劳动人事争议调解仲裁工作的指导意见

为深入贯彻《中华人民共和国劳动争议调解仲裁法》，完善劳动人事争议调解仲裁体系，提高调解仲裁能力，促进劳动人事关系和谐，现就加强新形势下劳动人事争议调解仲裁工作提出如下意见：

一、充分认识新形势下加强劳动人事争议调解仲裁工作的重要性和紧迫性

近年来，我省劳动争议案件数量大幅上升，集体争议案件多发，劳动关系复杂多变。随着事业单位人事制度改革的深入，人事争议案件数量也呈上升趋势。能否妥善化解纠纷，调处争议，直接关系当事人的合法权益，直接影响社会和谐稳定。劳动争议调解仲裁是保障劳动权益、协调劳动关系和维护社会稳定的重要手段。各地、各有关部门要充分认识加强调解仲裁工作的重要意义，把这项工作作为构建和谐劳动人事关系的重要基础来抓。要立足于有效化解社会矛盾，积极创新预防、调处劳动人事争议的工作机制，不断提升通过调解仲裁及时处理争议、有效服务社会的能力，为构建规范有序、公正合理、互利共赢、和谐稳定的劳动关系发挥积极作用。

二、总体要求和工作目标

（一）总体要求。深入贯彻落实科学发

展观，以建设幸福广东为核心，以实施劳动争议调解仲裁法及其配套法规政策为主线，以完善劳动人事争议处理机制为重点，以加强基层劳动人事争议调解组织和仲裁院建设为基础，坚持预防为主、基层为主、调解为主的原则，建立健全利益协调机制、诉求表达机制以及调裁诉紧密衔接的矛盾调处机制，逐步形成预防功能健全、调解方式有效、仲裁公正权威、队伍充实专业的劳动人事争议处理体系，不断提高调解仲裁的质量和效率，依法维护劳动关系双方合法权益，发展新形势下的和谐劳动关系，更好地服务我省改革发展稳定大局。

（二）工作目标。

实现争议处理柔性化。多方参与的调解机制基本完善，多渠道、多层次的基层调解网络全面覆盖，60%以上的劳动人事争议通过调解快速化解在基层、解决在萌芽状态。

实现案件办理标准化。推行阳光仲裁，规范仲裁行为，以提高案件质量和效率为重点，改革办案方式，规范办案程序，缩短办案周期，结案率达到90%以上，确保“快立、快办、快结、办好”，切实维护争议双方的合法权益。

实现仲裁机构实体化。从2011年起，力争用三年左右时间在全省普遍建立劳动人事争议仲裁院，确保劳动人事争议仲裁工作有专门的办案机构、专门的适应办案需要的人员编制、专门的办案场所、专门的财政预算经费，为调解仲裁工作健康长远发展奠定坚实基础。

三、强化争议预防和调解工作

（一）加强调解组织建设。积极开展企业劳动争议预防调解示范工作和事业单位人事争议调解工作试点，在省、市、县（市、区）建立由人力资源社会保障部门、总工会、企业联合会、工商联参与的劳动争议调解指导工作机制，推动企业、行业协会、企业联合会等组织广泛设立劳动人事争议调解委员会，切实增强用人单位自主预防和解决劳动争议的能力。充分发挥人民调解组织化解劳动人事争议的作用，拓宽劳动人事争议调解的渠道。完善基层人力资源社会保障公共服务平台的调解服务功能，设立劳动争议调解组织，建立健全多方参与的社会化劳动争议调解中心。积极创造条件，推动教育、科技、文化、卫生等事业单位及其主管部门建立人事争议调解组织。

（二）充实基层调解人员。将政府开发公益性岗位、吸纳就业困难的大学毕业生作为充实基层调解人员的重要渠道，壮大调解员队伍，提高调解员素质。加强调解员的管理和培训，不断提高调解员处理和化解纠纷的能力。

（三）完善调解工作机制。加快建立部门联动的重大集体劳动人事争议应急协调机制，充分发挥人力资源社会保障、司法、工会、企业代表组织在预防调解劳动人事争议方面的作用。建立调解工作指导评价和情况通报机制。加强调裁衔接，推行调解建议书制度，引导当事人就近就地到基层调解组织调解争议。积极开展委托调解和调解协议仲裁审查确认工作，提升调解协议的权威性和执行力。

四、加大争议仲裁工作力度

（一）完善案件分类处理制度。实行案件分类处理，建立繁简分流机制。充分发挥“一裁终局”制度简便快捷的优势，对简单、小额争议和执行国家劳动标准的案件实行终局裁决。对事实清楚、权利义务明确的案件，当庭予以裁决。对部分事实清楚、调解不成的，就查明部分先行裁决。对追索劳动报酬、工伤医疗费等案件，符合条件的裁决先予执行。

（二）开辟“绿色通道”。对涉及农民工、女职工、残疾人等特殊群体的案件，尽可能适用简易程序，采取先行裁决，裁决先予执行等措施，快速妥善处理争议。对集体争议要优先立案，优先审理，快速结案。对企业经营者欠薪逃匿等重大集体争议，要组成特别仲裁庭，缩短送达、审理期限。

（三）强化裁审衔接。加强仲裁机构与人民法院的沟通协调，进一步畅通当事人维权渠道，提高仲裁裁决的执行效率。

（四）规范仲裁代理行为。司法行政部门和律师行业协会要加强对律师参与仲裁活动的监管。对敏感案件或群体性事件，律师事务所或执业律师不得以发放公开信等形式，向不特定多数人发出代理要约。律师不得对涉及财产关系的劳动人事争议案件采用风险代理。公民代理人参加仲裁活动不得向当事人收取报酬，当事人与代理人应签订不收费协议并提供给仲裁机构；不向仲裁机构提供不收费协议的，仲裁机构有权取消代理人的代理资格。

（五）加强仲裁建议工作。针对仲裁工作中发现的问题，各级仲裁机构要加强调查研究，积极向有关部门和用人单位提出工作建议，推动有关部门加强监管，促进用人单位规范用工管理，共同从源头上预防和减少争议的发生。

五、加强仲裁机构实体化建设

（一）加快推进仲裁院建设。各地要按照《国务院办公厅转发人力资源社会保障部等部门关于进一步促进劳动关系和谐稳定意见的通知》（国办发〔2010〕40号）关于进一步加强劳动人事争议仲裁院建设的要求，加快推进劳动人事争议仲裁院建设。争议案件较多的乡镇、街道，可设立仲裁分院或仲裁派出庭（巡回庭），就地、就近及时调处争议。争取到2011年年底前，50%以上的仲裁机构完成仲裁院建设；2012年年底前，70%以上的仲裁机构完成仲裁院建设；2013年年底前，全省基本完成仲裁院建设。

（二）加强仲裁队伍建设。各地要根据案件数量和在法定审限内结案的实际需要，在保证法定仲裁庭组成人数的前提下，配齐配强专职仲裁员、书记员以及其他办案辅助人员，扩大兼职仲裁员的来源渠道，吸收律师等符合条件的人员担任兼职仲裁员。要加强对仲裁员的培训，不断提高仲裁员的法律知识运用能力、纠纷处理能力、应急处置能力和组织协调能力，增强其综合素质。要加强对仲裁员的管理，开展仲裁文明窗口建设，不断提高仲裁员的职业道德和服务水平。

（三）落实仲裁经费保障。各地要认真贯彻劳动争议调解仲裁法和省财政厅、原省劳动和社会保障厅《关于认真做好劳动争议仲裁经费保障工作的通知》（粤财行〔2008〕237号）的要求，将仲裁经费纳入各级财政保障，确保经费落实到位。要根据仲裁工作实际需要，综合考虑并合理规划仲裁办公经费、业务经费和仲裁员办案补助经费，根据本地经济社会发展水平和财力状况，逐步加大对仲裁工作的投入力度。严禁截留、挪用、挤占仲裁经费。各级财政要加大对经济欠发达地区基层仲裁工作的扶持力度，推动全省仲裁事业协调发展。

（四）加强仲裁基础建设。各地要根据省统一要求，对仲裁办公、办案场所设施、标识及仲裁员着装等进行规范。仲裁办案场所应相对独立，设施功能齐全，能满足办案和日常工作的基本需要。要加强基础设施配备和更新，保证仲裁庭专业设备、档案储存设备、仲裁文书送达、立案窗口等设备设施的配备，提高办案保障能力。要加快仲裁信息系统建设，实现庭审实时监控、审批联网操作和案件信息共享。

六、加强对调解仲裁工作的领导

（一）统筹规划，加强领导。各地要把加强调解仲裁工作列入重要议事日程，切实加强组织领导，及时有效解决劳动人事争议调处制度建设和人员队伍建设等方面存在的问题，进一步加强和完善基层调解仲裁服务体系，确保调解仲裁工作顺利开展。

（二）明确责任，狠抓落实。各地要建立劳动人事争议预防预警机制和突发性、群体性劳动人事争议应急处置机制，积极防范和妥善处理重大劳动关系群体性事件，研究完善协调处理集体协商争议的有效办法。各级人力资源社会保障部门要加强对调解仲裁工作的指导与监督。其他各有关部门要各司其职，密切配合，形成工作合力。要建立工作目标责任制，强化监督检查，确保各项工作落到实处。

广东省工伤保险条例

第一章　总则

第一条　为了保障因工作遭受事故伤害或者患职业病的职工获得医疗救治和经济补偿，促进工伤预防和职业康复，分散用人单位的工伤风险，根据《中华人民共和国社会保险法》、《工伤保险条例》，结合本省实际，制定本条例。

第二条　职工有依法享受工伤保险待遇的权利。本省行政区域内的企业、事业单位、社会团体、民办非企业单位、基金会、律师事务所、会计师事务所等组织和有雇工的个体工商户（以下称用人单位）应当在生产经营所在地依法参加工伤保险，为本单位全部职工或者雇工（以下称职工）缴纳工伤保险费。

国家机关和与其建立劳动关系的职工，依照本条例执行。

第三条　工伤保险工作应当坚持预防、救治、补偿和康复相结合的原则。

第四条　用人单位和职工应当遵守有关安全生产和职业病防治的法律法规，执行安全卫生规程和标准，预防工伤事故，减少职业病危害。

第五条　省人民政府社会保险行政部门负责全省的工伤保险工作，组织实施本条例。

市、县（含县级市、区）人民政府社会保险行政部门负责本行政区域内的工伤保险工作。

各级社会保险经办机构具体承办工伤保险事务。

第六条　各级人民政府应当发展工伤康复事业，帮助因工致残者得到康复和从事适合身体状况的劳动。

第七条　各级人民政府应当保证工伤保险基金的征集和工伤保险待遇的给付。遇有特殊情况，工伤保险基金不敷使用时，由统筹地区的人民政府给予补贴。

工伤保险基金、享受工伤保险待遇的收入按照国家规定不征收税、费。

第八条　工伤保险费由社会保险费征收机构征收。

第二章　工伤认定

第九条　职工有下列情形之一的，应当认定为工伤：

（一）在工作时间和工作场所内，因工作原因受到事故伤害的；

（二）工作时间前后在工作场所内，从事与工作有关的预备性或者收尾性工作受到事故伤害的；

（三）在工作时间和工作场所内，因履行工作职责受到暴力等意外伤害的；

（四）患职业病的；

（五）因工外出期间，由于工作原因受到伤害或者发生事故下落不明的；

（六）在上下班途中，受到非本人主要责任的交通事故或者城市轨道交通、客运轮渡、火车事故伤害的；

（七）法律、行政法规规定应当认定为

工伤的其他情形。

第十条　职工有下列情形之一的，视同工伤：

（一）在工作时间和工作岗位，突发疾病死亡或者在四十八小时之内经抢救无效死亡的；

（二）在抢险救灾等维护国家利益、公共利益活动中受到伤害的；

（三）因工作环境存在有毒有害物质或者在用人单位食堂就餐造成急性中毒而住院抢救治疗，并经县级以上卫生防疫部门验证的；

（四）由用人单位指派前往依法宣布为疫区的地方工作而感染疫病的；

（五）职工原在军队服役，因战、因公负伤致残，已取得革命伤残军人证，到用人单位后旧伤复发的。

职工有前款第一、二、三、四项情形的，按照本条例的有关规定享受工伤保险待遇；职工有前款第五项情形的，按照本条例的有关规定享受除一次性伤残补助金以外的工伤保险待遇。

第十一条　职工符合本条例第九条、第十条的规定，但是有下列情形之一的，不得认定为工伤或者视同工伤：

（一）故意犯罪的；

（二）醉酒或者吸毒的；

（三）自残或者自杀的；

（四）法律、行政法规规定的其他情形。

第十二条　用人单位应当在职工发生事故伤害或者按照职业病防治法规定被诊断、鉴定为职业病后的第一个工作日，通知统筹地区社会保险行政部门及其参保的社会保险经办机构，并自事故伤害发生之日或者按照职业病防治法规定被诊断、鉴定为职业病之日起三十日内，向统筹地区社会保险行政部门提出工伤认定申请。遇有特殊情况，经报社会保险行政部门同意，申请时限可以适当延长。

用人单位未按照前款规定提出工伤认定申请的，该职工或者其近亲属、工会组织自事故伤害发生之日或者按照职业病防治法规定被诊断、鉴定为职业病之日起一年内，可以直接向用人单位所在地统筹地区社会保险行政部门提出工伤认定申请。

用人单位未在本条第一款规定的时限内提交工伤认定申请的，在提出工伤认定申请之前发生的符合本条例规定的工伤待遇等有关费用由用人单位承担。

第十三条　未参加工伤保险的职工发生事故伤害或者被诊断、鉴定为职业病的，由用人单位生产经营所在地社会保险行政部门负责工伤认定。

第十四条　提出工伤认定申请应当提交下列材料：

（一）工伤认定申请表；

（二）用人单位与劳动者存在劳动关系（包括事实劳动关系）的证明材料；

（三）医疗诊断证明或者职业病诊断证明书（或者职业病诊断鉴定书）。

工伤认定申请表应当包括事故发生的时间、地点、原因以及职工伤害程度等基本情况。

工伤认定申请人提供材料不完整的，社会保险行政部门应当一次性书面告知工伤认定申请人需要补正的全部材料。申请人按照书面告知要求补正材料后，社会保险行政部门应当受理。

第十五条　社会保险行政部门受理工伤认定申请后，根据审核需要可以对事故伤害进行调查核实，用人单位、职工、工会组织、医疗机构以及有关部门有协助工伤调查和提供证据的义务。

职业病诊断和诊断争议的鉴定，依照职业病防治法的有关规定执行。对依法取得的职业病诊断证明书或者职业病诊断鉴定书，社会保险行政部门不再进行调查核实。

职工或者其近亲属、工会组织认为是工伤，用人单位不认为是工伤的，由用人单位承担举证责任。

第十六条　社会保险行政部门应当自受理工伤认定申请之日起六十日内作出工伤认定的决定，并书面通知申请工伤认定的职工或者其近亲属以及该职工所在单位。

社会保险行政部门对受理的事实清楚、权利义务明确的工伤认定申请，应当自受理工伤认定申请之日起十五日内作出工伤认定的决定。

作出工伤认定决定需要以司法机关或者有关行政主管部门的结论为依据的，在司法机关或者有关行政主管部门尚未作出结论期间，作出工伤认定决定的时限中止。

社会保险行政部门工作人员与工伤认定申请人有利害关系的，应当回避。

第三章　劳动能力鉴定

第十七条　职工发生工伤，经治疗伤情相对稳定（医疗终结期满）后存在残疾、影响劳动能力的，应当进行劳动能力鉴定。

用人单位、工伤职工或者其近亲属应当在工伤职工医疗终结期满三十日内向统筹地区劳动能力鉴定委员会提出劳动能力鉴定申请，并提供工伤认定决定和职工工伤医疗的有关资料。

医疗终结期的确认由劳动能力鉴定委员会按照国家和省的有关规定执行。医疗终结期需要延长的，由劳动能力鉴定委员会按照国家和省的有关规定批准。

第十八条　劳动能力鉴定是指劳动功能障碍程度和生活自理障碍程度的等级鉴定。

劳动功能障碍分为十个伤残等级，最重的为一级，最轻的为十级。

生活自理障碍等级根据进食、翻身、大小便、穿衣及洗漱、自主行动五项条件确定。五项条件均需要护理者为一级，五项中四项需要护理者为二级，五项中三项需要护理者为三级，五项中一至两项需要护理者为四级。

劳动能力鉴定及职工工伤与职业病致残等级标准按照国家有关规定执行。

第十九条　省、地级以上市人民政府设立劳动能力鉴定委员会，由社会保险行政部门、卫生行政部门、工会组织、社会保险经办机构以及用人单位代表组成。

劳动能力鉴定委员会办公室设在社会保险行政部门。

劳动能力鉴定委员会负责劳动能力障碍程度和生活自理障碍程度鉴定，以及工伤医疗终结期和停工留薪期确认、工伤复发确认、辅助器具配置确认、工伤康复确认等工作。

第二十条　劳动能力鉴定委员会收到劳动能力鉴定申请后，应当从其建立的医疗卫生专家库中随机抽取三名或者五名相关专家组成专家组，由专家组提出鉴定意见。劳动能力鉴定委员会根据专家组的鉴定意见作出工伤职工劳动能力鉴定结论，必要时，可以委托具备资格的医疗机构协助进行有关的诊断。

劳动能力鉴定委员会应当自收到劳动能力鉴定申请书之日起六十日内作出劳动能力鉴定结论，必要时，作出劳动能力鉴定结论的期限可以延长三十日。劳动能力鉴定结论应当及时送达申请鉴定的单位和个人。

劳动能力鉴定工作应当客观、公正。劳动能力鉴定委员会组成人员或者参加鉴定的专家与当事人有利害关系的，应当回避。

医疗卫生专家库的设置办法及劳动能力鉴定工作程序由省劳动能力鉴定委员会另行制定。

第二十一条　工伤职工及其近亲属或者用人单位对劳动能力鉴定委员会作出的劳动能力鉴定结论不服的，可以自收到鉴定结论之日起十五日内申请复查，对复查鉴定不服的，可以自收到复查鉴定结论之日起十五日内向上一级劳动能力鉴定委员会申请再次鉴定；也可以自收到鉴定结论之日起十五日内向上一级劳动能力鉴定委员会申请再次鉴定。

省级劳动能力鉴定委员会作出的劳动能力鉴定结论为最终结论。

第四章　工伤保险待遇

第二十二条　职工发生工伤时，用人单位应当采取措施及时救治工伤职工。

职工治疗工伤应当在签订服务协议的医疗机构就医，情况紧急时可以先到就近的医疗机构急救；疑似职业病或者患职业病的，用人单位应当及时送省级卫生行政部门指定的医疗机构诊断，并及时送签订服务协议的医疗机构治疗。

职工经治疗伤情稳定，需要工伤康复的，用人单位、工伤职工或者其近亲属可以向统筹地区劳动能力鉴定委员会提出工伤康复申请。经劳动能力鉴定委员会确认，工伤职工可以在签订服务协议的康复机构进行康复。

第二十三条　工伤职工因医疗条件所限需要转院治疗的，应当由签订服务协议的医疗机构提出，经报社会保险经办机构同意；因康复条件所限需要转院康复的，应当由工伤职工、用人单位或者签订服务协议的康复机构提出，经报社会保险经办机构同意。

第二十四条　社会保险经办机构与医疗机构、康复机构签订服务协议，应当事先征求同级总工会、有关企业协会的意见。签订服务协议的医疗机构、康复机构名单应当向社会公布。

第二十五条　治疗工伤所需费用符合工伤保险诊疗项目目录、工伤保险药品目录、工伤保险住院服务标准的，从工伤保险基金支付。工伤保险诊疗项目目录、工伤保险药品目录、工伤保险住院服务标准按照国家和省的有关规定执行。

职工住院治疗工伤、康复的伙食补助费由工伤保险基金按照不低于统筹地区因公出差伙食补助标准的百分之七十支付。经批准转统筹地区以外门诊治疗、康复及住院治疗、康复的，其在城市间往返一次的交通费用及在转入地所需的市内交通、食宿费用，由工伤保险基金按照统筹地区人民政府规定的标准支付。

第二十六条　职工因工伤需要暂停工作接受工伤医疗的，在停工留薪期内，原工资福利待遇不变，由所在单位按月支付。停工留薪期根据医疗终结期确定，由劳动能力鉴定委员会确认，最长不超过二十四个月。

工伤职工鉴定伤残等级后，停发原待遇，按照本章的有关规定享受伤残待遇。工伤职工在鉴定伤残等级后仍需治疗的，经劳动能力鉴定委员会批准，一级至四级伤残，享受伤残津贴和工伤医疗待遇；五级至十级伤残，享受工伤医疗和停工留薪期待遇。

经劳动能力鉴定委员会确认可以进行康复的，工伤职工在签订服务协议的康复机构发生的符合规定的工伤康复费用，从工伤保险基金支付。

工伤职工在停工留薪期间生活不能自理需要护理的，由所在单位负责。所在单位未派人护理的，应当参照当地护工从事同等级别护理的劳务报酬标准向工伤职工支付护理费。

第二十七条　工伤职工已经被鉴定为一级至四级伤残等级并经劳动能力鉴定委员会确认需要生活护理的，由工伤保险基金按照工伤职工生活自理障碍等级支付生活护理费。

生活护理费以统筹地区上年度职工月平均工资的一定比例按月计发，标准为：一级为百分之六十，二级为百分之五十，三级为百分之四十，四级为百分之三十。

生活护理费每年按照统筹地区上年度职工平均工资增长同步调整，统筹地区上年度职工平均工资负增长时不调整。

第二十八条　工伤职工因日常生活或者就业需要，必须安装假肢、矫形器、假眼、义齿和配置轮椅、拐杖等辅助器具，或者辅助器具需要维修、更换的，由签订服务协议的医疗、康复机构提出意见，经劳动能力鉴定委员会确认，所需费用按照国家规定的标准从工伤保险基金支付。

辅助器具应当限于辅助日常生活及生产劳动之必需，并采用国内市场的普及型产品。工伤职工选择其他型号产品，费用高出普及型的部分，由个人自付。

第二十九条　职工因工致残被鉴定为一级至四级伤残，本人要求退出工作岗位、终止劳动关系的，办理伤残退休手续，享受以下待遇：

（一）一次性伤残补助金。由工伤保险基金按伤残等级支付，标准为：一级伤残为二十七个月的本人工资，二级伤残为二十五个月的本人工资，三级伤残为二十三个月的本人工资，四级伤残为二十一个月的本人工资。

（二）伤残津贴。由工伤保险基金按月支付，直至本人死亡，标准为：一级伤残为本人工资的百分之九十，二级伤残为本人工资的百分之八十五，三级伤残为本人工资的百分之八十，四级伤残为本人工资的百分之七十五。伤残津贴实际金额低于当地最低工资标准的，由工伤保险基金补足差额。

办理伤残退休手续的工伤职工应当参加统筹地区职工基本医疗保险。按照规定应当由用人单位缴纳的基本医疗保险费，由工伤保险基金承担。

一级至四级伤残职工与原单位保留劳动关系，退出工作岗位的，按照《工伤保险条例》的有关规定执行。

伤残津贴每年参照基本养老保险金的调整办法调整。

第三十条　一级至四级伤残职工户籍从单位所在地迁回原籍的，其伤残津贴可以由统筹地区社会保险经办机构按照标准每半年发放一次。用人单位应当以统筹地区上年度职工月平均工资为基数发给六个月的安家补助费。所需交通费、住宿费、行李搬运费和伙食补助费等，由用人单位按照因公出差标准报销。

第三十一条　户籍不在统筹地区的一级至四级伤残职工，本人要求解除或者终止劳动关系并一次性享受工伤保险待遇的，可以与统筹地区社会保险经办机构签订协议，由社会保险经办机构按照以下规定支付工伤保险待遇费用，终结工伤保险关系：

（一）一次性伤残补助金。按照本条例第二十九条第一款第一项规定的标准计发。

（二）伤残津贴。按照本条例第二十九条第一款第二项规定的标准一次性计发十年。

（三）一次性工伤医疗补助金。按照以下标准计发：一级伤残为十五个月的本人工资，二级伤残为十四个月的本人工资，三级伤残为十三个月的本人工资，四级伤残为十二个月的本人工资。

（四）生活护理费。经劳动能力鉴定委员会确认需要生活护理的，按照本条例第二十七条第二款规定的标准一次性计发十年。

第三十二条　职工因工致残被鉴定为五级、六级伤残的，享受以下待遇：

（一）一次性伤残补助金。由工伤保险基金支付，标准为：五级伤残为十八个月的本人工资，六级伤残为十六个月的本人工资。

（二）保留与用人单位的劳动关系，由用人单位安排适当工作。难以安排工作的，由用人单位按月发给伤残津贴，标准为：五级伤残为本人工资的百分之七十，六级伤残为本人工资的百分之六十，并由用人单位按照规定为其缴纳应缴纳的各项社会保险费。伤残津贴实际金额低于当地最低工资标准的，由用人单位补足差额。

第三十三条　五级、六级伤残职工本人提出与用人单位解除或者终止劳动关系的，由工伤保险基金支付一次性工伤医疗补助金，由用人单位支付一次性伤残就业补助金，终结工伤保险关系：

（一）一次性工伤医疗补助金。标准为：五级伤残为十个月的本人工资，六级伤残为八个月的本人工资。

（二）一次性伤残就业补助金。标准为：五级伤残为五十个月的本人工资，六级伤残为四十个月的本人工资。

第三十四条　职工因工致残被鉴定为七级至十级伤残的，由工伤保险基金支付一次性伤残补助金，标准为：七级伤残为十三个月的本人工资，八级伤残为十一个月的本人工资，九级伤残为九个月的本人工资，十级伤残为七个月的本人工资。

七级至十级伤残职工依法与用人单位解除或者终止劳动关系的，由工伤保险基金支付一次性工伤医疗补助金，由用人单位支付一次性伤残就业补助金，终结工伤保险关系：

（一）一次性工伤医疗补助金。标准为：七级伤残为六个月的本人工资，八级伤残为四个月的本人工资，九级伤残为两个月的本人工资，十级伤残为一个月的本人工资。

（二）一次性伤残就业补助金。标准为：七级伤残为二十五个月的本人工资，八级伤残为十五个月的本人工资，九级伤残为八个月的本人工资，十级伤残为四个月的本人工资。

第三十五条　计发本条例第三十三条、第三十四条规定的一次性工伤医疗补助金和一次性伤残就业补助金，本人工资低于工伤职工与用人单位解除或者终止劳动关系前本人十二个月平均月缴费工资的，以解除或者终止劳动关系前本人十二个月平均月缴费工资为基数计发。缴费工资不足十二个月的，以实际缴费月数计算本人平均月缴费工资。本人平均月缴费工资高于统筹地区职工平均工资百分之三百的，按照统筹地区职工平均工资的百分之三百计算；低于统筹地区职工平均工资百分之六十的，按照统筹地区职工平均工资的百分之六十计算。

第三十六条　工伤职工工伤复发，确认需要治疗的，享受本条例第二十五条、第二十六条和第二十八条规定的工伤待遇。

第三十七条　职工因工死亡，其近亲属按照下列规定从工伤保险基金领取丧葬补助金、供养亲属抚恤金和一次性工亡补助金：

（一）丧葬补助金为六个月的统筹地区上年度职工月平均工资。

（二）供养亲属抚恤金按照职工本人工资的一定比例发给由因工死亡职工生前提供主要生活来源、无劳动能力的亲属。标准为：配偶每月百分之四十，其他亲属每人每月百分之三十，孤寡老人或者孤儿每人每月在上述标准的基础上增加百分之十。核定的各供养亲属的抚恤金之和不应当高于因工死亡职工生前的工资。供养亲属的具体范围按照国务院社会保险行政部门的规定执行。

（三）一次性工亡补助金标准为上年度全国城镇居民人均可支配收入的二十倍。

伤残职工在停工留薪期内因工伤导致死亡的，其近亲属享受本条第一款规定的待遇。

一级至四级伤残职工在停工留薪期满后死亡的，其近亲属可以享受本条第一款第一项、第二项规定的待遇。

供养亲属抚恤金每年按照统筹地区上年度职工平均工资增长调整，统筹地区职工平均工资负增长时不调整。

第三十八条 职工因工外出期间发生事故或者在抢险救灾中下落不明的，按照《工伤保险条例》的有关规定处理。被宣告死亡后重新出现的，应当退还已发的供养亲属抚恤金和一次性工亡补助金。

第三十九条 定期领取伤残津贴的人员或者领取供养亲属抚恤金的供养亲属，应当每年提供由用人单位或者居住地户籍管理部门出具的生存证明，方可继续领取。

第四十条 工伤职工有下列情形之一的，停止享受工伤保险待遇：

（一）丧失享受待遇条件的；

（二）拒不接受劳动能力鉴定的；

（三）拒绝治疗的。

第四十一条 用人单位分立、合并、转让的，承继单位应当承担原用人单位的工伤保险责任；原用人单位已经参加工伤保险的，承继单位应当到当地社会保险经办机构办理工伤保险变更登记。

企业破产，因分立、合并之外的原因解散，或者终止的，在清算时依法拨付应当由用人单位支付的工伤保险待遇费用，清偿欠缴的工伤保险费及其利息和滞纳金。

第四十二条 用人单位实行承包经营的，工伤保险责任由职工劳动关系所在单位承担。

用人单位实行承包经营，使用劳动者的承包方不具备用人单位资格的，由具备用人单位资格的发包方承担工伤保险责任。

非法承包建筑工程发生工伤事故的，劳动者的工伤待遇应当由分包方或者承包方承担，分包方或者承包方承担工伤保险责任后有权向发包方追偿。

职工被借调期间受到工伤事故伤害的，由原用人单位承担工伤保险责任，但原用人单位与借调单位可以约定补偿办法。

第四十三条 职工所在用人单位未依法缴纳工伤保险费，发生工伤事故的，由用人单位支付工伤保险待遇。

用人单位不支付工伤保险待遇，工伤职工或者其近亲属可以提出先行支付的申请，经审核符合规定的，从工伤保险基金中先行支付工伤保险待遇项目中应当由工伤保险基金支付的项目。

从工伤保险基金中先行支付的工伤保险待遇应当由用人单位偿还。用人单位不偿还的，由社会保险经办机构依法向用人单位追偿。

第五章 工伤保险基金

第四十四条 工伤保险基金的构成：

（一）用人单位缴纳的工伤保险费；

（二）工伤保险基金的利息；

（三）滞纳金；

（四）财政补贴；

（五）法律、法规规定的其他收入。

第四十五条 工伤保险基金根据以支定收、收支平衡的原则筹集。

统筹地区社会保险经办机构每年根据用人单位工伤保险费使用、工伤发生率等情况，按照国家规定的行业差别费率及行业内费率档次确定单位缴费费率。

第四十六条 工伤保险费由用人单位承担，职工个人不缴纳工伤保险费。

用人单位缴纳工伤保险费的数额为本单位职工工资总额乘以单位缴费费率之积。

难以按照工资总额缴纳工伤保险费的行业，其缴纳工伤保险费的具体方式按照国家有关规定执行。

第四十七条 工伤保险基金实行地级以上市统筹。

工伤保险基金应当建立储备金，市级统筹按照工伤保险基金征收总额的百分之十五建立储备金，其中，市级储备金留存百分之十，向省级储备金上解百分之五。

储备金用于重大事故、职业康复、伤残人员异地安置和基金不敷使用时的调剂。

市级储备金不足支付的，由省级储备金

调剂、地级以上市人民政府财政垫付。

第四十八条　工伤保险基金存入社会保障基金财政专户并按照同期城乡居民储蓄存款利率计息，所得利息全部转入工伤保险基金。

第四十九条　工伤保险基金用于下列支出项目：

（一）工伤保险待遇；

（二）职业康复费用；

（三）工伤取证费和劳动能力鉴定费；

（四）工伤预防费。

前款第二项按照不超过上年度结存的工伤保险基金三分之一的比例，第三项按照不超过上年度工伤保险基金实际收缴总额百分之二的比例，由社会保险经办机构于每年九月提出下年度的用款支出计划，报同级社会保险行政部门和财政部门审核同意后，列入下年度工伤保险基金支出预算，下年度据实列支。

在保证本条例第四十七条第二款规定的储备金足额留存和本条第一款第一项、第二项、第三项规定的费用足额支付的前提下，可以按照不超过上年度工伤保险基金实际收缴总额百分之五的比例，提取工伤预防费。提取的费用由社会保险经办机构会同安全生产监督管理部门于每年九月提出下年度的用款支出计划，报同级社会保险行政部门和财政部门审核同意后，列入下年度工伤保险支出预算，下年度据实列支。

工伤预防费、工伤取证费和劳动能力鉴定费作为专项经费管理使用，专项经费管理使用按照国家和省的有关规定执行。

任何单位或者个人不得将工伤保险基金用于投资运营、兴建或者改建办公场所、发放奖金，或者挪作其他用途。

第六章　监督管理

第五十条　社会保险行政部门依法对工伤保险费的征缴和工伤保险基金的支付情况进行监督。

财政部门和审计机关依法对工伤保险基金的收支、管理情况进行监督。

各级社会保险经办机构应当建立健全内部审计制度。

社会保险监督委员会依法对工伤保险基金的收支、管理情况实施社会监督。

第五十一条　工会组织依法维护工伤职工的合法权益，对用人单位的工伤保险工作实行监督。

第五十二条　职工有权监督用人单位参加工伤保险及缴费情况。用人单位应当向职工如实通告因工伤亡、参加工伤保险和缴费情况。

第五十三条　用人单位和职工有权向社会保险费征收机构和社会保险经办机构查询本单位工伤保险缴费和工伤保险待遇支付情况。社会保险费征收机构和社会保险经办机构应当提供相应的查询、咨询服务。

第五十四条　职工与用人单位发生工伤待遇方面的争议，按照处理劳动争议的有关规定处理。

第五十五条　有下列情形之一的，有关单位或者个人可以依法申请行政复议，也可以依法向人民法院提起诉讼：

（一）申请工伤认定的职工或者其近亲属、该职工所在单位对工伤认定申请不予受理的决定不服的；

（二）申请工伤认定的职工或者其近亲属、该职工所在单位对工伤认定结论不服的；

（三）用人单位对社会保险经办机构确定的单位缴费费率不服的；

（四）签订服务协议的医疗机构、康复机构、辅助器具配置机构认为社会保险经办机构未履行有关协议或者规定的；

（五）工伤职工或者其近亲属对社会保险经办机构核定的工伤保险待遇有异议的。

第七章　法律责任

第五十六条　用人单位依照本条例规定

应当参加工伤保险而未参加的，由社会保险行政部门责令其限期参加并依法处理。用人单位未按时足额缴纳工伤保险费的，由社会保险费征收机构责令限期缴纳或者补足，并自欠缴之日起，按日加收万分之五的滞纳金；逾期仍不缴纳的，由有关行政部门处欠缴数额一倍以上三倍以下的罚款。

第五十七条　用人单位依照本条例规定应当参加工伤保险而未参加或者未按时缴纳工伤保险费，职工发生工伤的，由该用人单位按照本条例规定的工伤保险待遇项目和标准向职工支付费用。

用人单位按照规定补缴应当缴纳的工伤保险费和滞纳金后，由工伤保险基金和用人单位按照本条例的规定支付新发生的费用。

第五十八条　用人单位少报职工工资，未足额缴纳工伤保险费，造成工伤职工享受的工伤保险待遇降低的，工伤保险待遇差额部分由用人单位向工伤职工补足。

第五十九条　用人单位、工伤职工或者其近亲属骗取工伤保险待遇，医疗机构、康复机构、辅助器具配置机构骗取工伤保险基金支出的，由社会保险行政部门责令退还，处骗取金额两倍以上五倍以下的罚款；构成犯罪的，依法追究刑事责任。

第六十条　用人单位未按照本条例第十五条第一款规定提供证据，或者提供虚假资料的，由社会保险行政部门对其处以两千元以上两万元以下的罚款。

第六十一条　各级人民政府、有关行政管理部门和社会保险经办机构及其工作人员违反本条例，有下列行为之一的，上级机关应当责令其改正，追回挪用流失款项；有违法所得的，没收违法所得；对直接负责的主管人员和其他直接责任人员依法给予处分；构成犯罪的，依法追究刑事责任：

（一）擅自增加或者减免应当缴纳的工伤保险费及其利息或者滞纳金的；

（二）未按照规定将工伤保险费及其利息或者滞纳金全部存入工伤保险基金专户的；

（三）挪用工伤保险基金的；

（四）未按照规定核定各项工伤保险待遇标准或者领取期限的；

（五）未按照规定上解工伤保险储备金的。

第六十二条　社会保险行政部门工作人员有下列情形之一的，依法给予处分；构成犯罪的，依法追究刑事责任：

（一）无正当理由不受理工伤认定申请，或者弄虚作假将不符合工伤条件的人员认定为工伤职工的；

（二）未妥善保管申请工伤认定的证据材料，致使有关证据灭失的；

（三）收受当事人财物的。

第六十三条　从事劳动能力鉴定的组织或者个人有下列情形之一的，由社会保险行政部门责令改正，处两千元以上一万元以下的罚款；构成犯罪的，依法追究刑事责任：

（一）提供虚假鉴定意见的；

（二）提供虚假诊断证明的；

（三）收受当事人财物的。

第八章　附　则

第六十四条　中央、省属和军队驻穗单位工伤保险依法实行省本级统筹，工伤保险工作按照国家和省的有关规定执行。

第六十五条　劳动者达到法定退休年龄或者已经依法享受基本养老保险待遇的，不适用本条例。

前款规定的劳动者受聘到用人单位工作期间，因工作原因受到人身伤害的，可以要求用人单位参照本条例规定的工伤保险待遇支付有关费用。双方对损害赔偿存在争议的，可以依法通过民事诉讼方式解决。

第六十六条　本条例中下列用语的含义：

（一）本人工资，是指工伤职工在本单位因工作遭受事故伤害或者患职业病前十二个月平均月缴费工资。本单位为工伤职工缴纳工伤保险费不足十二个月的，以实际月数计算平均月缴费工资。本人工资高于统筹地区职工平均工资百分之三百的，按照统筹地区职工平均工资的百分之三百计算；本人工资低于统筹地区职工平均工资百分之六十的，按照统筹地区职工平均工资的百分之六十计算。

（二）原工资福利待遇，是指工伤职工在本单位受工伤前十二个月的平均工资福利待遇。工伤职工在本单位工作不足十二个月的，以实际月数计算平均工资福利待遇。

第六十七条　用人单位为职工办理工伤保险参保手续次日起，在规定的缴费周期内缴纳工伤保险费的，该参保职工发生工伤，由工伤保险基金按照本条例规定的工伤保险待遇项目和标准支付费用。

第六十八条　本条例自 2012 年 1 月 1 日起施行。本条例施行前已受到事故伤害或者患职业病的职工尚未完成工伤认定的，按照本条例的规定执行；本条例施行前已完成工伤认定的，本条例施行后发生的工伤保险待遇依照本条例的规定执行。

广东省总工会重要文件

广东省总工会
工资集体协商指导员管理暂行办法

（2011 年 5 月 12 日）

第一条　为深入推进工资集体协商制度，充分发挥工资集体协商指导员的作用，规范工资集体协商指导员的管理，切实提高工资集体协商的质量和水平，推动企业建立健全工资共决机制、正常调整机制及支付保障机制，使广大职工共建共享幸福广东，根据《劳动合同法》、《广东省企业集体合同条例》等法律法规，结合我省实际，制定本办法。

第二条　本办法所称工资集体协商指导员，是指由省总工会统一聘任，由县（区）级以上地方工会日常管理，负责指导、帮助和参与企业工会或区域性、行业性工会代表职工与企业方或企业代表组织进行工资集体协商、签订工资集体合同的人员。

第三条　工资集体协商指导员的条件：

（一）认真贯彻党的路线方针政策，热心群众工作，乐于为职工群众说话办事；

（二）熟悉劳动法律法规、政策，熟悉企业人力资源管理、劳动工资和社会保障等专业知识；

（三）热爱、支持工会工作，具有一定的集体协商知识和实践经验，有较强的组织协调、语言表达和辨析能力；

（四）具有较强的社会责任感，工作认真，作风严谨，办事公道；

（五）身体健康。

第四条　工资集体协商指导员以兼职为主，主要从以下人员中选聘：全省各地熟悉工资集体协商业务的专兼职工会干部、政府劳动保障部门及司法部门干部；社会各界从事劳动关系领域工作，熟悉有关法规政策和工资集体协商知识的专家、学者、律师、社会工作者、企业管理工作者等人士；各级地方工会、政府劳动保障部门中，或在企业长期从事工会、人力资源管理工作，熟悉相关业务、身体健康的退休人员。原各地聘任的工会组织员及法律服务律师团成员经培训后可直接聘为工资集体协商指导员。

第五条　工资集体协商指导员由各县（区）以上总工会或各市级产业工会选聘，经地级以上市总工会确认后，上报省总工会备案，颁发由省总工会统一印制、统一编码规则的指导员聘书。聘书由地级以上市总工会统一管理，根据实际需要到省总工会基层组织建设部领取或由省总工会授权后按照省总工会工资集体协商指导员聘书统一版式制作。（聘书编码规则及聘书版式见附件一、附件二）

第六条　全省所有县（区）级总工会都应按一定比例选聘工资集体协商指导员。其中已建工会企业总数在1000家以上的县（区）总工会选聘工资集体协商指导员不少于80名，1000家以下的不少于50名。各地级以上市市直工资集体协商指导员人数各地自定（东莞、中山二市全市工资集体协商指导员总数不少于200人）。

第七条　工资集体协商指导员职责：

（一）受地方总工会或市级以上产业工会委托，指导和帮助企业工会或区域性、行业性工会同企业方进行工资集体协商。

（二）接受企业工会或区域性、行业性工会的邀请，作为职工方的协商代表，直接参与同企业方进行工资集体协商。具体承担的工作：指导和帮助工会搜集职工意见、提出协商要约、拟定协商方案、研究协商策略、确定协商内容、起草集体合同或工资协议等文本以及参与协商过程，并负责收集和整理与工资集体协商相关的企业经营生产情况、资料、数据和信息。

企业工会或区域性、行业性工会邀请工资集体协商指导员参与本企业、本区域、本行业工资集体协商时，应同时报告其上一级工会。

（三）宣传《劳动法》、《劳动合同法》、《广东省企业集体合同条例》等国家和地方劳动法律法规、政策和集体协商相关专业知识，为企业或区域、行业开展工资集体协商提供咨询服务。

（四）参与对工资集体协商实践经验的总结和研究。

（五）参与对企业职工方工资集体协商代表进行培训，提高其协商能力。

（六）代表工会参与所辖区域内劳动关系协调工作，推动协调劳动关系机制建设，推动创建劳动关系和谐企业活动广泛深入发展。

（七）必要时参与企业或区域性、行业性劳动争议的调解。

第八条　工资集体协商指导员以省总工会名义统一聘任，由各地级以上市、县（区）总工会负责日常管理工作。各级工会要积极争取党政领导和社会各界的关心和支持，为指导员履行职责创造良好的工作环境和条件，保障指导员的权利，成为指导员敢于工作、发挥作用的坚强后盾。

指导员在聘书指定范围内开展工作，应认真遵守所属地区工会的各项工作制度，从实际出发，积极探索，大胆实践，勇于创新，努力完成工会赋予的工资集体协商和劳动关系协调任务。

第九条　工资集体协商指导员工作制度：

（一）聘任制度。工资集体协商指导员实行聘任制，选聘工作由各级总工会分步实施。各县（区）总工会本着公开、公平、择优的原则，对拟聘请人选进行认真考察，填写相应表格，经各地级以上市总工会确认后，由市总工会建档，并报省总工会备案。一经聘用，颁发由省总工会统一制作的聘书，聘任期为一至三年，最长不超过三年。

（二）培训制度。新任工资集体协商指导员必须经各地级以上市总工会培训后，持证上岗。省总工会每年举办1～2期工资集体协商指导员业务培训。各县（区）以上总工会应每年举办相关业务知识培训或相关知识讲座，定期组织交流工作经验，增强工作能力。

（三）档案制度。省总工会建立全省工资集体协商指导员台账，各地级以上市、顺德区总工会要在每年4月份将工资集体协商指导员的台账及调整情况报省总工会基层组织建设部备案（台账样式见附件三）。省总工会不定期对全省工会聘任的工资集体协商指导员情况进行抽查核实，如发现虚报行为，将进行通报批评，取消本年度工资集体协商工作评先资格。

（四）督查与考核制度。省总工会每年对各地工资集体协商工作及指导员队伍建设情况进行一次督导、检查。各市、县（区）工会应定期对工资集体协商指导员进行工作考核和业绩评估，并根据业绩考核情况进行续聘、解聘或调整工作。

（五）报酬与奖励制度。对参与企业工资集体协商的工资集体协商指导员可给予一定的报酬，对工作业绩突出的可进行表彰奖励。奖励和报酬标准由各市、县（区）工会参照当地有关规定和实际情况自行确定，所需费用应在工会经费中列支。省总工会每年将表彰一批工资集体协商工作先进单位，并从全省工资集体协商指导员中表彰一批先进个人。

第十条 各级产业工会、行业性工会组织可根据实际情况，采取专兼职相结合的方式，建立起工资集体协商指导员队伍。各乡镇、街道总工会的专职工会工作人员可兼任工资集体协商指导员。要积极开展区域性、行业性工资集体协商，最大限度地把中小企业纳入工资集体协商覆盖范围。

第十一条 各地级以上市、顺德区总工会可参照此办法制定出台本地区的工资集体协商指导员管理办法，健全管理制度。

第十二条 本办法由广东省总工会负责解释，业务管理部门设在省总工会基层组织建设部。

第十三条 本办法自下发之日试行。

附件一：广东省总工会工资集体协商指导员聘书编码规则（略）

附件二：广东省总工会工资集体协商指导员聘书版式（略）

附件三：广东省总工会工资集体协商指导员台账样式（略）

记功榜

广东省2011年全国五一劳动奖章获得者事迹简介

卢如西 男，1959年12月出生，福建龙岩人，广东威创视科技股份有限公司研究院院长、教授级高工。一直从事研发和科研管理工作，积极推动技术创新，取得了丰硕的科技成果，曾主持国家创新型试点企业工作并最终获准通过，获国家级科技进步奖1次，中国专利金奖1次，省级科技进步奖5次，省级专利金奖1次，市级科技进步奖2次。2006年起着手创新型试点企业的创建工作，先后完成了“广东省大屏幕显示系统工程技术研究开发中心”和“广东省企业技术中心”的组建工作，并亲自担任工程中心和技术中心主任一职，全面推进技术创新工作并取得了极大的成效，大大提升了公司的自主创新能力，近年来公司的发明专利申请量大幅度提升，发明专利152件，公司累计发明专利申请500多件，被国家科技部、中华全国总工会、国务院国资委三个部门联合授予国家创新型企业称号，被评为广东省十大创新型企业，成为广东省和广州市创新型企业的典范。

凌京蕾 女，1965年5月生，广东新会人，广州广重企业集团有限公司中心副主任、高级工程师。2003年获广州市科技进步一等奖；2004年获广东省科技进步二等奖；2006年获广州市青年科技创新奖专业组个人三等奖，被评为广州市女职工建功立业标兵、广州市劳动模范；2009年被评为广东省劳动模范。主办的国家立项研发项目2项、省立项研发项目3项、市立项研发项目3项，公司新产品17项。拥有一项发明专利，两项实用新型专利。长期从事机械设计与制造工作。主办的“带池壁清扫机构”的吸泥机填补了国内的空白；在广东省首台隧道掘进盾构机国产化过程中，解决了关键的支承臂力学问题；高速重负载硬齿面齿轮变速器参数化调计系统提高设计效率达80%以上；全国最大的日榨量1.5万吨的甘蔗压榨机及配套设备为公司赢得几百万美元的订单；设计8项发电机制造专用设备并解决发电机在制造过程中遇到的许多问题。

刘圣庆 男，1971年生，江西广丰人，中国联合网络通信有限公司广州市分公司动力维护室主任、高级工程师。长期从事动力设备项目维护管理工作，有良好的运行维护经验，能解决通信电源运营维护中的重大技术难题，曾先后多次完成通信电源设备、集中监控系统的技术创新和改造任务，在动环监控系统建设降低用电成本、网络优化、机房达标整治、电源防掉电、变频器应用、机房安全问题探讨、机房防火封堵、数据中心过热问题等方面有独特见解。敢于探索和创新，对确保动力设备稳定、安全运行，具有较好的指导意义。通过科学管控、精细管理、提升资源利用率、节能创新等手段，在提升房屋水电租金的管控水平、发挥运维修理费的效益、降低线路租赁成本、节能创新、代维管理等多方面实现突破。

曹　杰 男，1964年9月生，江西人，广州市第一人民医院胃肠外科主任、副院长、教授、主任医师。获广东省五一劳动奖章，被评为广州市劳动模范、广东省卫生系统优秀共产党员。从医24年，对生命关爱备至、对事业忠诚执著、对专业精益求精，以其审慎、严谨、自省的行医作风备受广大患者称赞。潜心钻研，锻造了过硬的专业本领，在消化道肿瘤和重症胰腺炎等疾病的诊治上有丰富的临床经验；在胃癌根治、结直肠癌保肛手术等方面有较高的造诣。他精湛的医术、高尚的医德在广大患者中有口皆碑。他以坚韧的秉性，成为优秀的临床科研攻关勇将，他主持的科研项目荣获广州市科技进步一等奖、广东省科技进步二等奖，该成果的推广已纳入广州市医药卫生科技重大项目。近年来在国内外权威杂志发表专业论文30余篇，被SCI收录10篇，培养研究生18名；他所带领的普外科团队已成为广州市重点专科。

黄家武 男，1965年10月生，广东海丰人，广州市好迪化妆品有限公司董事长、总经理。1992年创办好迪，现有员工400多人，产品销量位居同行业前列，参与发用啫喱产品国家标准的制定工作，荣获“中国驰名商标”、“高新技术企业”、“全国就业与社会保障先进民营企业”等荣誉称号。注重企业文化建设，提出“大家好，才是真的好”的企业理念。热心社会公益事业，企业年度纳税达5000万元，个人年度捐款（物）达300万元左右。注重工会建设，共创和谐劳动关系。通过厂务公开、职工代表大会等活动，未发生一起劳资纠纷，被评为广东省“双爱双评”先进单位，全国模范职工之家，全国模范职工之家，全国“双爱双评”先进单位。

刘　捷 男，1963年10月生，山西应县人，广州市海珠区人民政府副区长。2006年9月起任海珠区人民政府副区长，具有丰富的领导、指挥、协调工作经验和高度的工作推动力、执行力，善于思考，勤于总结，乐于奉献，敢于攻坚，善于克难，有较强的组织观念和大局意识，在治理河涌、征地拆迁、应急维稳、春运疏散等多项急难险重的工作中迎难而上，做到率先垂范，以身作则，事必躬亲。带病仍坚持工作，舍小家、顾大家，体现出奉献、坚毅的无私精神。荣获广东省五一劳动奖章。

陈　灏 男，1965年3月出生，广东澄海人，广州广船国际股份有限公司副总设计师、高级工程师。始终以强烈的责任感和事业心、良好的政治素质和组织管理能力为公司的发展进步尽心尽力。主持设计的多个系列船型获得了多项科技进步奖，有多项发明和实用新型专利，为公司取得了显著的经济效益和社会效益。凭着出色的工作表现和管理能力，2006年和2007年他连续两年被评为公司“十杰员工”，2007年被评为“广州市知识型职工先进个人”并荣获“国务院政府特殊津贴”，2009年荣获“中央企业劳动模范”称号。

周国丰 男，1971年10月生，辽宁营口人，中科华核电技术研究院有限公司主任助理、高级工程师。主持完成了多项核电站重大核级设备的开发，包括完成了拥有12项专利的“核燃料运输贮存系统（PMC）”的研制，完成控制棒驱动系统、核级柴油机的核级仪控系统等新产品的开发；完成多项国家重大试验设施（研发中心）的建设；完成多项在役核电机组的重大技术改进。2010年当选为深圳市第五届党员代表大会党代表。作为党代表，认真履行自己的职责，多次深入基层群众，开展慰问活动，宣传党的方针政策，努力发挥推动科学发展、促进社会和谐的排头兵的作用。

吴　淳 男，1969年11月生，山东平邑人，北京大学深圳医院副主任医师。他是一位再创“深圳速度”，使急性心肌梗死介入抢救时间大大缩短，远远短于最新国际标准抢救时间范围的心血管青年专家；一位再创“深圳佳绩”，把深圳心血管疾病诊断治疗水平瞄准欧美发达国家水准的心血管青年专家；一位在短短几年内，便把北大深圳医院年心脏介入手术量推至全省前列的心血管青年专家；一位来自沂蒙革命老区，热心公益卫生事业，曾被卫生部、北京大学、北京大学医学部通报表彰的青年医生；一位默默坚守岗位，朴实无华，一心扑到临床，为患者着想的好医生。他带领心内科全力开展新技术，以诸多“零”的突破彻底改变了深圳在心脏介入手术领域的薄弱现状。志愿参加“卫生部十年百项”全国讲师团，多次参加全国巡回演讲。

邱韶华　男，1972年6月生，广东梅州人，深圳市盛波光电科技有限公司副总经理、助理工程师。通过自我钻研及刻苦攻关，迅速成长为公司生产技术及研发方面的主要负责人，现已成为国内偏光片技术的领军人物。十几年来，他默默付出、甘于奉献，带领技术团队取得了许多令人瞩目的成就。1999年成功开发出国内首张TN型偏光片，填补了国内空白，被国家五部委认定为国家重点新产品。2008年，成功开发STN－LCD用偏光片，填补了国内空白。公司的偏光片由单一品种发展到几乎涵盖所有领域，产品的产量和销量更是增长近10倍，实现了公司跨越式的发展。目前，盛波已成为国内产能最大、品种最齐全、技术水平最高的偏光片专来厂商。在自主创新、创建公司自有知识产权体系方面作出了杰出贡献。

李振宇　男，1954年10月生，河南省人，深圳远洋运输股份有限公司董事总经理、党委副书记、高级经济师、高级政工师。提出了“稳健经营、价值创造”的新思路，把不断提升国有资产质量作为企业的使命，积极调整优化资产结构，大力推动技术创新和绿色环保工作。短短4年，国有资产质量大幅提升，船龄结构从11年下降到9年，达到国际一流船队的船龄水平；资产负债率仅20%多，远远低于国际同行业60%左右的平均值；船队规模在全球排行坐四望三。同时，绿色环保型海进江标准船型取得重大技术突破，为国家绿色环保工作作出杰出贡献。他把风险管理融入经营管理的各个环节，经营业绩实现了历史性的突破，短短4年，合计创效超过人民币300亿元，EVA考核在中远系统排名第一，并领先全球航运界。倡导并建立了公司“爱心基金”，高度关注船员生命安全，不惜代价为20多位发生在航行途中的急病船员提供及时救助。多次获得国资委、交通运输部的表彰。

欧大江　男，1958年8月，广东徐闻人，深圳市燃气集团股份有限公司总裁、高级经济师。深圳燃气被中组部和国务院国资委评为全国好班子，2009年获全国五一劳动奖章。他2010年获得广东省五一劳动奖章。敢于大手笔推广天然气，为深圳节能减排发挥重大作用，为企业持续发展打下坚实基础。立足深圳，拓展外地市场；调结构，保增长，保民生，取得优异经营业绩。自觉履行社会责任。他推进管理创新和技术创新，2009年深圳天然气利用工程获全国建设行业最高奖——詹天佑奖。2010年实现净利润3.2亿元，是2006年的300%。超额完成市国资局和董事会的经营指标。深圳燃气连续6年被评为全国“安康杯”竞赛优胜企业。制定“燃气”服务标准体系，据第三方测评，深圳燃气的服务满意率达97%，在国内处于领先水平，荣获“全国顾客满意服务明星单位”荣誉，4年来上缴税费30亿元。他每年的廉政民主测评满意率达100%。

肖礼理　男，1985年12月生，湖南芷江人，富士康科技集团组长。作为一名新生代农民工，他从最普通的作业员做起，通过自己坚持不懈的努力，成为生产一线的“明星”：部门“多能工能手”；事业群“岗位能手”、优秀员工、优秀基层主管；集团工会“十大杰出基层员工”。他勤奋好学，跃升为厂内有名的“多能工”，在每月月度评比中成绩优秀，获得厂内“多能工能手”称号，经常被派至其他单位进行交流、学习。他积极创新，带出了改善有成的“猛虎生产线”，所带生产线每年100％完成生产任务，生产报废损失率控制在0.3％以下且无安全事故发生，屡获“标杆生产线”称号。他提升自我，努力探索新时期青工管理模式，他管理的团队处处表现出“保持先锋、争作一流”的可贵精神风貌。他还热心公益，不断为社会和他人奉献绵薄之力。

李爱华 女，1977年7月生，湖南株洲人。珠海金山软件有限公司质量总监。她凭借着自己勤奋好学、努力上进的工作态度，很快胜任了测试经理的职位。在担任WPS测试经理期间带领团队披荆斩棘、乘风破浪，先后测试了WPS的多个版本，从2004政府版到2007多语言版，将WPS事故出现率降到最低，保证了WPS各版本的如期发布。她一手组建了一支高效能的自动化测试团队，在常规测试的工作中引入了先进的自动化测试方法，从根本上缩短了测试周期，节省了成本，提高了效率。在她的带领下，测试团队建立起了自动化测试平台、虚拟机管理平台、奔溃转储自动分析平台等多个平台，将自动化的优势充分利用到测试工作中来，并且成功地将这些平台推广到开发团队，从整体上提升了开发和测试的工作效率。从2002年到2008年，连续6年获得公司年度优秀员工称号；2005年、2006年两度获得公司年度“十佳员工”提名；2006年获得中国电子学会电子信息科学技术一等奖；2007年被评选为公司年度“十佳员工”；2008年获得国家科学进步一等奖；2010年获得广东省五一劳动奖章。

魏良荣 男，1963年7月生，福建永定人。珠海市人民检察院三级高级检察官。他严格遵守各项规章制度，廉政勤政，秉公执法，为构建社会主义和谐社会努力工作。在全国检察机关第7次“双先”评比表彰中，荣立个人一等功，并荣获广东省五一劳动奖章。他依法履行职责，严格依法办案，案件质量位居全省前列；狠抓队伍建设，严于律己，以身作则，努力提高分管部门干警的政治素质和业务水平；强化法律监督能力，结合法律监督工作，大力开展社会治安综合治理，促进社会管理创新，通过审查案件发现问题；建章立制，堵塞漏洞，防范犯罪，取得了良好法律效果和社会效果，得到了市委和上级检察院的充分肯定；无私无畏，敢于承担责任，亲自办理阻力大或者争议大的案件，维护了社会稳定；认真负责、满腔热忱地接待刑事和民事申诉人，维护其合法权益，耐心做好息诉服判工作。他的工作态度和工作效率得到了上访群众的普遍好评。

庄宜生 男，1967年2月生，广东潮安人。广东省汕头市公安局巡警支队三大队副主任科员。他参加公安工作以来，一直战斗在维护社会治安的第一线。2000年10月，他积劳成疾，患上慢性肾衰竭等多种疾病。在病痛的折磨和死亡的威胁面前，他以非凡的意志挑战生命的极限，始终牢记全心全意为人民服务的宗旨，争分夺秒地阻吓、抓获数量惊人的盗抢嫌疑人。仅2009年至2010年两年间，共抓获各类违法犯罪嫌疑人约52名，阻吓、制止盗窃、抢夺等违法犯罪行为140多次、320多人，为群众做好事、实事180多件。他先后荣立个人一等功2次、三等功5次，被评为汕头市文明市民、广东省首届优秀青年卫士、广东省优秀人民警察、首届南粤十佳卫士。2003 年被评为全国优秀人民警察，2009 年 12 月被评为全国公安系统二级英雄模范，2010 年被评为第三届广东省“人民满意的公务员”和全国公安机关爱民模范。

王　东　男，1968 年 12 月生，广东汕头人。中国建设银行股份有限公司汕头市分行人力资源部经理、工程师。任建行汕头市分行人力资源部经理 3 年来，在他的带领下，建行汕头市分行这支上千人的员工队伍活跃在汕头经济的各个领域，占据全市新增贷款的半壁江山，为汕头经济的大变化提供了强有力的金融支持，并被授予“汕头市最可信赖金融机构”的称号。建行汕头市分行成功入选全国建行系统 100 家中心城市行，先后荣获全国五一劳动奖状、广东省文明单位、汕头市文明单位等荣誉。3 年来，建行汕头市分行这支和谐奋进的员工队伍创建出了 6 个建行总行级先进团队，76 个建行省分行级先进团队，另有 26 个团队获得广东省汕头市的各项荣誉。他为创建和谐劳动关系作出了贡献，获得了建行系统内多个奖项，并荣获 2010 年广东省五一劳动奖章。

马武雄　男，1956 年 6 月生，汕头潮南区人，广东电网汕头潮阳供电局局长。他认真贯彻落实科学发展观，开拓创新，团结和带领班子一班人及全系统干部职工奋力拼搏，把一个面临困难的供电企业打造成连年在省、市屡获殊荣的单位。广东电网汕头潮阳供电局 2007 年被评为全国“安康杯”竞赛活动优胜单位，省“模范职工之家”；2009 年被汕头市委、市政府评为“先进集体”，省“精神文明建设”先进单位，同年成为广东电网公司唯一突破 50 亿千瓦时的县级供电企业，连年成为潮阳、潮南两区首破亿元大关的纳税大户，经济效益成倍增长。到 2010 年拥有固定资产总额 17.8 亿元，实现购、售电量双超 50 亿千瓦时，上缴税费 2.08 亿元，为全省 50 个县级供电企业之首。他坚持深入基层，及时解决电力建设、生产和供应中的实际问题，坚持提高各营业窗口的服务质量，带领全局干部职工坚持“安全第一，预防为主”的方针，确保电网的安全运行和正常供电。他被广东电网公司评为 2010 年度安全生产先进个人。

黄礼伟　男，1969 年 11 月生，江西赣州人，广东韶关钢铁集团有限公司第三炼钢厂工段长、炼钢高级工程师。他是炼钢技术改造和科反攻关的排头兵，先后配合技术部门进行了六十多个项目的攻关，多个项目荣获韶钢科技成果一、二、三等奖，广东省科技进步二等奖，广东省冶金科技成果特等奖等。他先后多次获得韶钢青年岗位能手、十佳文明青年、技术能手、最佳职工等多项荣誉称号；2007 年被中共韶关市委和韶关市政府授予“韶关市劳动模范”的光荣称号；2010 年被广东省人力资源和社会保障厅授予第二届“南粤技能手”荣誉称号；2010 年被聘为韶钢首席技能师。他是科技攻关的先锋，注重平时的钻研和积累，凭借善学、吃苦、肯钻的精神，理论知识和操作技能不断提升，成功解决了生产中的一个个难题。他是经济创新活动的标兵，把降成本作为一项日常重要工作来抓，每年可为企业降低成本 2000 万元以上。他是带徒授艺的导师，为炼钢厂培养了一批炼钢技术人才，他所带领的团队在 2008 年先后被广东省总工会、中华全国总工会授予“工人先锋号”称号。

徐　毅　男，1957 年 1 月生，上海市人，深圳市中金岭有色金属股份有限公司丹霞冶炼厂厂长、工程师。中金岭丹霞冶炼厂 10

万吨锌氧压浸出新工艺综合回收镓锗技改工程是广东省重点技术改造项目，也是国内首家大规模运行锌氧压浸出工艺的清洁环保型循环经济项目，自2007年3月项目开工建设以来，作为厂长的他团结带领全厂上下以"六比六赛"劳动竞赛为平台，强力推进工程建设，于2009年7月全面如期完成投资额达15.8亿元的项目建设并顺利实现投料生产。经过一年多的生产实践，目前10万吨生产系统全面实现投产，主要技术经济指标全面达到设计值，系统运行平稳有序高效。10万吨锌氧压浸出工程项目的快速建成投产和顺产投产引起了业内同行的广泛关注和好评。丹霞冶炼厂也于2010年被广东省授予省五一劳动奖状和省十项工程劳动竞赛模范集体荣誉。他坚持以"新厂新模式"的管理理念和精细化的管理要求，引领全体员工更新观念，适应发展，健全完善"精简、高效、扁平化"的管理体系，全面推动劳动用工制度改革，强力推进和培训相结合的人力资源队伍建设，致力于发展以健全保障、共享发展、人文关怀和困难帮扶为内容的和谐、廉洁的班子建设。

邓之敏 男，1964年9月生，江西萍乡人，河源市源城区人民医院副院长、副主任医师。20多年来一直从事临床一线工作，医德高尚，爱岗敬业，技术过硬，乐于奉献，为医院的发展作出了应有的贡献。他几十年如一日，忠实履行救死扶伤的天职，不计报酬，无怨无悔，对病人倾注耐心、细心和责任心，为了患者早日康复，经常休息时间也一心扑在工作上。了解和掌握新理论、新技术，部分应用于临床，并在诊疗实践中不断总结经验、吸取教训、提高救治能力，承担了"河源市原发性高血压的现状与流行趋势研究"等市级立项5项，撰写相关医学论文10余篇。悉心带教，多年来把自己学到的知识和积累的经验传授给科室人员，其中培养副主任医师2名，主治医师5名。2008年被市评为"金牌工人"，多次被医院评为"先进工作者"、"优秀党员"，其事迹得到了同行的认可和社会各界的赞誉。

黄文中 男，1967年9月生，广东东源人，广东电网河源和平供电局总工程师、电气工程师。他是一位长期在山区供电部门从事电力生产技术的"老供电人"，从普通技术员一步步成长为企业总工程师和电力生产技术的带头人。2001年由他本人担任QC小组组长的课题"减少农村10千伏配变被雷击损坏率"项目，获得了广东电力系统"优秀QC小组"称号。2009年任广东电网河源和平供电局总工程师以来，为全力打造山区电力的"高速路网"，履行职责，勤奋工作，通过艰苦努力，仅2年多的时间累计完成电网建设投资达7.3亿元，建设规模是和平电网过去5年的2.5倍，极大地保障了全县的电力供应。和平供电局先后被国家档案局评为"企业档案管理国家二级认证单位"、广东省"先进模范职工之家"、广东省"厂务公开民主管理先进单位"、广东电网公司"先进基层党组织"、广东省"五四红旗团支部"、河源市"先进基层党组织"、河源供电系统"先进单位"、河源供电系统"电网建设先进单位"、和平县"宣传工作先进单位"等荣誉称号。他本人从2006年至2010年连续5年被评为河源市供电系统先进劳动者，2007年至2010年连续4年被评为河源市供电系统优秀共产党员，2010年被评为"河源市供电系统电网建设先进个人"，2010年12月被广东电网公司授予"安全生产先进个人"和"2010年广州亚运会和亚残运会保供电先进个人"荣誉称号。

陈丹青 女，1957年11月生，广东汕头人，梅州市人民医院人事科科长、中级档案管理员。她坚持学习党的理论知识，政治立场坚定，思想力求创新，作风廉洁自律、公道正派。她非常注重内在修养和外在形象，时刻保持自重、自省、自警、自励的清醒头脑，一切以大局为重，清心寡欲、谨言慎行，同时严格要求下属，时常告诫科内人员要怀着一颗公正无私的心为职工办好事、办实事，受到上级领导和医院职工的高度好评。多年来，她带领全科人员克服困难，锐意改革创新，开创了医院人才管理工作的新局面。在院党委的领导和支持下，在全市率先实行人员招聘制，按需招聘高层次毕业生。加强重点专科人才培养和技术骨干的引进，使医院的人才使用不断向高、精、尖方向发展，先后培养出享受国务院特殊津贴专家3名，享受市政府特殊津贴专家2名，市管拔尖人才4名。经过多年的努力，医院拥有了一批数量大、质量高、结构优、干劲足的专业技术人才队伍，为医院的高速发展提供了强有力的人才保障。她在稳定人才队伍方面做了大量细致有效的工作，为医院创造了和谐发展的环境。她十分关心职工的生活，特别重视解决知识分子在工作和生活上的困难，为他们创造良好的工作、生活环境，大家一致称赞“青姐”是职工的贴心人。

何全君　男，1960年6月生，广东兴宁人，广东鸿源集团有限公司监事、工程师。他顽强拼搏、开拓进取，为地方经济发展作出贡献。自2000年春协助创办鸿源公司至今，他不畏艰辛、迎难而上、开拓进取、靠脚踏实地、诚信经营，同企业全体员工一道先后完成和正在完成的各项开发建设项目近200个，累计产值达16.6多亿元，上缴国家税收累计1.14亿元，为兴宁市的地方经济发展付出了努力，作出了贡献。他为人正直、真诚实在、严于律己，得到社会的一致好评。无论是在企业创业之初，还是在企业发展过程中，他始终以共产党员和人大代表的标准严格要求自己，用自己的诚意和实实在在的工作作风，赢得了社会各方人士的信赖，使企业的业务范围得到不断扩展，成为兴宁市屈指可数的大型民营企业之一。他无私奉献、热心公益事业，得到广大人民群众的赞扬。自1998年以来，在他的提议带动下，该公司共捐建公益项目达十多个，公益捐款累计达3268万元，先后捐款兴建兴宁市“明星公园”、石马敬老院、老人活动中心、兴宁会展中心、鸿源花园和宁新镇东风小学教学楼等，得到了兴宁市委、市政府的充分肯定和广大人民群众的赞扬。

梁志强　男，1976年6月生，广东阳江人，中国移动通信集团广东有限公司惠州分公司总经理、工程师。作为一名年轻的国企领导干部，他始终以党性的高度严格要求自己，将全部精力投身于移动通信事业的建设和发展大潮中。两年来，他带领团队开拓进取、艰苦创业，促使公司得到了长足发展：业务收入年平均增长率达6.4%，年平均上缴税收4.2亿元，客户数达431万，年平均增长率达16%。他带领团队积极承担起拥有民族自主知识产权的3G标准TD－SCDMA的网络建设，3G网络全面覆盖市热点区域，并积极推动信息化、工业化的融合发展，为7000家中小企业提供高达3500万元的信息化服务包。他热心公益事业，多年来，带领惠州移动以直接捐款、设立助学基金、向全市行政村赠送党报等多种形式支持公益事业，为和谐社会的发展作出了应有的贡献。获得“第十一届全国职业道德先进个人”、“省先进工作者”等多项国家和省市级荣誉。

钟　期　男，1962年9月生，广东惠州人，惠州市百业品高装饰材料有限公司策划部主任、经济师。近年来，他为了适应市场经济发展，不断开阔视野、刻苦钻研专业知识，自费到暨南大学经济学院企业管理系深造，本科毕业后，又积极参加技术职称考试培训，成功考取了经济师职称，为做好自己的本职工作打下了坚实的基础。他坚定信念，诚信重德，不搞歪门邪道，不牟取个人私利。他为业主所想，以公司的名义为惠州多家房地产开发公司策划而使公司获取高额利润，并拒收该公司送给他的额外的“好处费”，从而得到了业主的好评。

王　平　女，1970年8月生，湖北武汉人，乐金电子（惠州）有限公司安全主管。始终坚持以邓小平理论和“三个代表”重要思想为指导，牢固树立科学发展观，时刻以一个共产党员的标准严格要求自己，以身作则。担任安全主管以来，她潜心钻研安全保卫知识，努力掌握当前社会治安形势下的工作规律，使公司从未发生任何恶性安全事件，有效地维护了企业的和谐稳定。她锐意创新，扎实进取，做好公司的安全管理工作。她将工会员工调解工作与安全管理工作有机结合，为依法维护员工权益和安全生产作出了重要贡献，维护了企业和谐稳定。公司自建立以来从未发生一起恶性纠纷，还获得了广东省和谐劳动关系企业称号。她不顾个人安危，克服种种诱惑和威胁，以公司财产安全、员工人身安全为己任，几年来先后堵住各类案件40余起，配合公安部门查获犯罪嫌疑人4人，避免损失近百万元。她先后获得仲恺高新区综合治理先进个人、惠州市工会工作先进个人、广东省三八红旗手等多项荣誉。

祁沛枝　男，1957年10月生，广东东莞人，广东省东莞市江水务有限公司抢修队队长。自1975年参加工作以来，一直为东莞供水事业服务。三十多年来，他由一名安装抢修人员成长为公司公认的供水管道抢修技术骨干，熟悉掌握管网的分面与走向，具有丰富的抢修实践经验。作为公司抢修队队长，祁沛枝长期坚守在管网抢修一线，带领抢修队完成了不计其数的供水管道检漏抢修任务。作为一名供水人，他长期坚守工作岗位，在脏、苦、累的管网一线尽职尽责、勤恳务实、任劳任怨，正如他自己常说的，“我与水结下了不解之缘，我的一生都是为了水而拼搏”。

胡锦波　男，1968年2月生，广东东莞人，广东省东莞市常平镇总工会主席。自从担任镇总工会主席以来，他以高度的责任感和求真务实的作风，全力以赴投入工作，调动各方面的积极性，推动镇工会各项工作顺利开展，取得了较好成效，开创了镇工会工作的新局面。他真抓实干，抓好“安康杯”知识竞赛活动，全面深入开展“安全生产月”活动，企业安全生产工作有序开展；整体推进，不断扩大酒店建会覆盖面，结合镇实际，把星级酒店组建工会作为重点工作来抓；精心组织文化娱乐活动，丰富留莞职工节日文化生活，企业职工文化建设工作不断深化，实现了文化氛围、职工素质、团队精神、企业形象的“四个提升”，为镇经济社会发展营造了和谐的环境和氛围。

许玉英　女，1979年2月20日生，广东信宜人，东莞新洲印刷有限公司薪酬主管。1998年参加工作，由一名普通的生产工人成为一家大型企业的薪酬主管。在多年来的工作中，她争先创优、开拓创新，始终坚持服务广大员工的宗旨，在每一个岗位上都作出了显著成绩。她积极探索，加强公司人才队伍建设，为企业的可持续发展提供有力的人才保障，特别是担任人力资源部门薪酬主管以来，创新人力资源管理工作，全面提升人力资源部门团队的业务理论水平和办事能力，带领新洲印刷公司的广大员工扎实工作，努力建设一支具有创新意识和进取精神的团队。她关爱员工，在公司内推行关爱工程，促进劳资关系和谐稳定。七年来，全公司员工流失率控制在3%，比七年前下降了25%，劳资关系保持和谐稳定，得到镇总工会、人力资源部门的充分肯定。她任职的东莞新洲印刷有限公司先后获得“员工满意企业”、“优秀工会组织”等荣誉称号；本人多次荣获大岭山镇“优秀员工”、“优秀工会干部”称号，2008—2009年先后荣获“全国优秀农民工”、“广东省劳动模范”荣誉称号。

余元龙　男，1964年5月生，广东中山人。中山市人民医院党委书记、院长。20多年来一直坚持外科临床一线工作，刻苦钻研业务，勇于探索实践，医术精湛、专业理论知识和操作技能扎实，在普通外科研究和技术创新上成果突出，得到各方的肯定，仅主刀各种复杂的肝、胆、胰手术就达559例，主刀肝脏移植61例。近年来先后获得市科技进步一等奖4项、省科技进步一等奖1项、国家教育部科技进步二等奖1项，在核心期刊发表论文四十余篇，以副主编身份出版四部专著，先后被聘任为中山市医学会外科学分会主任委员、中山市医学会会长、广东省医学会器官移植分会委员、广东省肝病协会移植分会副主任委员、《中华普通外科学文献》常务编委。他全力推进我院器官移植的开展，使我院成为全国唯一获准能同时开展心脏、肝脏、肾脏移植的地级市医院，骨髓移植、角膜移植、胰岛细胞移植也蓬勃发展。他大力推动博士后科研工作站工作的建设，在全国地级市医院中率先成立经国家卫生部批准设立的博士后科研工作站。作为院长，他注重人才培养，创新实现全院人员分类、分级、定岗，探索实行专科医师培训制度，大大促进了我院人才队伍的建设。以医院信息化建设为突破口，亲自率领团队全面建成数字化医院，实现管理模式和就诊模式的巨大变革，使我院的数字化建设在国内、港澳台地区甚至海外享有盛誉，被卫生部评为“全国信息示范单位”，成为医院信息化建设的一面旗帜。在ISO 15189检验医学质量管理体系认证、肿瘤研究等方面起到重大的推动作用。他狠抓医院工作质量，重视病人医疗安全，使该院先后在全国范围开展的医院管理年活动、平安医院、医疗质量万里行等大型督查调研活动中成绩名列全省乃至全国前茅。

张　潮　男，1955年10月生，河南淅川人，广东省中山市博物馆馆长、研究馆员。其政治思想素质过硬、公正廉洁，有较强的业务水平和领导能力，为中山文博事业的发展作出了积极贡献。他组织制定、完善了博物馆各项管理制度，规范内部管理；组织人力完成馆藏8000多件（套）文物清理、建档工作；成立了本土文件研究和文物征集组，组织征集了有关商业、华侨等文物资料2000多件（套），丰富了博物馆的馆藏。在市文广新局的领导下，完成了全国第一家收音机博物馆——中山·中国收音机博物馆和全国首家商业文化博物馆——香山商业文化特色专题博物馆的建设工作，使中山的文博事业迈上一个新台阶。2006年被评为全国文物保护工作先进个人，2007年被评为中山市十杰市民，2009年被评为广东省劳动模范。中山市博物馆由于工作突出，2007年被国家文物局评为文物系统先进集体。

黄深言　男，1983年9月生，广东中山人，中国移动通信集团广东有限公司中山分公司服务营销、营销代表。他在客户服务第一线从事电话客户服营以及客户投诉处理工作，勤勤恳恳、脚踏实地、任劳任怨，急客户所急，用心为客户解决问题。他具有开拓创新精神，经常为公司提供案例分析与创新提案，不断发掘提高工作效率的新软件和小系统并广泛推广到工作领域中。他从不计较个人得失，在做好自己的本职工作的同时主动热心帮助同事。他付出了辛勤的劳动和汗水，用实实在在的工作业绩赢得领导和同事们的高度认可，为企业的发展作出了自己积极的贡献。他以勇于攀登、超越自我为乐趣，在平凡的工作岗位中，做出了不平凡的业绩。他积极参加各项竞赛活动，先后代表广东省、中山市和企业参赛，获得国内、省内、粤港澳级奖项 2 个，省级奖项 2 个，中山市级奖项 3 个，获得中山市优秀志愿者、中山移动公司工会积极分子、中山移动公司优秀团员称号，2009 年被评为“广东省优秀农民工”。

林振然　男，1967 年 12 月生，广东鹤山人，广东江门市鹤山公路局工程股副股长、工程师。他是主要的一线基层技术骨干，1991 年参加工作以来，长期工作在公路工程施工第一线，默默地为当地交通公路建设服务。他先后参加了古港线、肇珠线公路、城市出口路、山区公路、江鹤一级公路、江鹤高速公路、G325 线大修工程、雁山互通立交等大型工程项目的设计、施工和管理，以及本局管养的 10 多座桥梁的改建管理任务；他不怕条件艰苦与任务艰巨，不怕远离家庭的生活不便，勤奋拼搏，勇挑重担，实干创新，乐于奉献，不计较个人得失，一心扑在工作上，使各个工程顺利地完成施工任务，多个工程被评为“优良工程”。他是新一代技术型、创新型、知识型的“铺路石”。2007 年，被评为江门市重点工程先进建设者，2008 年被授予广东省五一劳动奖章，2009—2010 年度被评为广东省公路系统勤政先进个人，多次受到了各级党委和政府的表彰。

吴细源　男，1964 年 3 月生，江西婺源人，中共江门市委组织部科长（主任）。20 多年来，他以立足本职、爱岗敬业的职业理念，积极进取、争创一流的工作态度，脚踏实地、埋头苦干的务实作风，书写着一名普通组工干部和党员电教工作者不平凡的人生风采。他先后 5 次参与中央电视台全国重点题材电视节目创作，6 次参与中央组织部全国重点题材电视节目创作，多次参与省级重点题材电视节目创作。他创作的电视作品，有 32 部在中央电视台播出，有 100 多部在江西和广东卫视播出，有 13 部作为对外宣传品输送到国外电视媒体播出，有 16 部在全国公开出版发行，还有 35 部先后荣获“中国电视金鹰奖”、“中国广播电视新闻奖”、“中国电视星光奖”、“中国电视金桥奖”和“红星奖”等国家和省（部）级政府奖。他也因此成为全国党员电教及远程教育系统中集编导、撰稿、摄像、编辑、制作于一身的“优秀专家和拔尖人才”。

黄建飞　男，1986 年 12 月生。江西婺源人，江门华尔润玻璃有限责任公司大班长。他在工作中做到精心操作，精细管理，认真落实“三个执行”，不断提升自身全面性、系统性、综合性的工作能力，大大地提高了车间的规范管理效果；在生产过程中能够做到谏言献策，不断地采取“第三只眼”查找问题、分析问题，对一些影响玻璃产量因素的问题勇于提出自己的看法和想法，使问题得到了有效的整改和解决。针对 3mm 以上玻璃退火边松问题，根据玻璃生产的实际情况，通过对锡槽冷却水包进行合理的改造并对退火窑A、B1、B2、C区两侧进行保温工作，大大节约了电能并有效解决了两侧温度制定的稳定，解决了薄板退火边松的问题，提高了玻璃的整体质量。曾获得公司“优秀员工”称号，2007年获得蓬江区“十佳外来工”称号，2008年获得广东省“优秀外来工”称号和广东省五一劳动奖章的荣誉；2009年获得“广东省劳动模范”的荣誉称号。

崔汉彬 男，1972年11月生，佛山南海人，广东省九江酒厂有限公司技术部经理，酿酒师。20年来，通过专业，师授，掌握了白酒的酿造生产技术的传统工艺。他不断进取，勇于创新，将传统工艺与现代生产技术融于一体，练就一身过硬的白酒酿造、勾兑技术本领；工作勤恳，爱岗敬业，努力拼搏，业务精益求精，连年被评为“优秀员工”、“优秀专业技术人员”。2005年8月获酿酒高级品酒师注册证书；2000年9月、2006年9月、2010年11月连续三届通过考试受聘为2000届、2005届、2010届国家级评酒委员，2003年6月被中共佛山市委、佛山市人民政府授予2000—2002年度“佛山市先进劳动者”称号；2006年5月再被中共佛山市委、佛山市人民政府授予“佛山市先进劳动者”称号；2006年5月再被中共佛山市委、佛山市人民政府授予“佛山市先进劳动者”称号，2008年4月被广东省总工会授予广东省五一劳动奖章；2009年5月被中共广东省委、广东省人民政府授予“广东省劳动模范”称号。

卢鹏飞 男，1969年2月生，安徽庐江人，广东佛山三水华侨中学高级老师。热爱教育事业，扎根基层，默默奉献，爱护学生，自觉为人师表，坚持以人格的力量感染学生，推崇科学、民主、公正、诚信等理念。他从事过多年的班主任，关爱后进生、贫困生，能把握学生心理，充分调动学生的自尊意识，战胜自卑，寻求有效途径，解决实际问题，所带班学生团结互助，积极进取，在体育运动和学习成绩等方面表现尤为突出。他扎根普通中学，教学成绩突出，多年来培养了一大批物理尖子生，在高考和全国中学生物理竞赛的辅导工作中，取得了优异的成绩。在区教育局的组织领导下，多次为全区高三物理 尖子生开办讲座，进行高考辅导，受到听课的各所学校师生的广泛好评。2008年11月参加佛山市普通高中物理中青年老师教学基本功（难题）比赛，获全市第一名。2010年5月获广东省五一劳动奖章。

李培涛 男，1978年11月生，湖北保康人，广东昭信平洲电子有限公司部长助理。10多年来，通过公司完善的人才培养机制，以及公司对技术改革、创新工作的支持，加上自身的努力，带领公司技术研发团队，开发多条半自动生产线及自动化生产设备，并获得多项国家发明、实用新型及外观设计专利。始终坚持技术创新，加快建设现代化企业，实现公司大跨越。2010年，带领公司技术研发团队，对大部分产品的生产线实施了半自动化及自动化生产模式的改善，特别是针对SMD功率电感生产线的技术改造，对生产电感卷线、成型、组装、测试等新工艺、新设备的研发取得了良好的经济效益。截至2010年年末已累计研发投放20多台半自动及自动化设备，其中对扁平线材成型机的研发属国内首创，并已获得国家发明专利。同时新研发设备的投入直接年削减人工成本180余万元，有效缓解了企业用工紧张的局面，更为实现企业产业升级转型，构筑战略性新兴产业新格局打下了坚实的基础。曾获得2009年南海区劳动模范、2009年佛山市劳动模范、佛山市优秀农民工、全国优秀农民工等多项称号。

岑　娜　女，1961年8月出生，广东阳东人，广东省阳江市阳东县邮政局业务管理员。在邮电系统工作二十年来，从投递员、营业员到支局长，再到市场部业务管理员，不论在哪个岗位，她都勤勤恳恳、兢兢业业，始终信奉着这样一条准则："身在其位履其职，履职就要尽其责。"她二十年如一日，以创新的精神、务实的作风、真诚的服务，为当地群众的用邮和邮政的发展作出了巨大的贡献，被誉为阳东局的一面旗帜。二十年来，贴心的服务、熟悉的技能，使她不但赢得了阳江邮政员的赞美，也赢了社会的广泛认可。由于工作突出，服务到位，她先后获得全国邮政优秀支局长、全国建功立业女能手、南粤建功立业女能手、阳江市劳动模范、广东省"三八红旗手"、广东优秀共产党员、阳江巾帼十杰等荣誉称号。

谢日升　男，1976年1月生，广东阳春人，阳春市中医院党支部副书记、主治医师。自1995年参加临床工作以来，一直十分注意业务知识、操作技能的学习，刻苦钻研，不断吸取新知识，探索新项目，逐渐成为重症监护室业务技术精湛的骨干。在努力提高个人技术水平的同时，注重对全院人才的培养，开展传帮带活动，不断提高整体医疗技能。坚持以院为家，把全部心血倾注到医疗事业上。自2005年重症监护室正式成立以来，在他的带领下，成功挽救了许多危重病人的生命，共收住院病人达2000余次，抢救成功率达90%，挽救了多脏器衰竭病人数48例，成功运用静脉溶栓治疗急性心肌梗死病人20余例，成功完成深静脉置管术400余例，从一定程度上扭转了县级医院对有危重病人就上送的观念和局面，提高了医院声誉。2009年被评为"阳江市优秀志愿者"。2007年被中国医院协会评为"2006年度县（市）医院优秀医生"、2007年被评为"第十届广东省职工职业道德建设先进个人"。

张会忠　男，1966年3月生，广东高州人，高州市中医院科主任、副主任医师。积极发挥传统中医正骨疗法安全便廉优势，开展系列中医特色疗法，解决了大量膝关节骨性关节炎、类风湿性关节炎、颈肩腰腿病等骨病患者的痛苦，并降低患者医疗费用30%以上。积极开展技术革新，主持课题30多项，多项成果获得茂名市科技进步奖，在粤西率先开展颈椎前路减压髋骨植钢板内固定、腰椎侧前路椎体次全切除植骨椎体钢板内固定、胸椎黄韧带骨化症椎管后壁切除、椎体压缩骨折经皮穿刺椎体成形、胸腰椎肿瘤瘤体切除等高难度手术，大部分达到省级先进水平。积极钻研微创技术，熟练开展手外伤、断肢断指再植、神经血管损伤、皮瓣修复重建、关节镜术、椎间盘镜术、经皮微创钢板接骨术等微创手术，解决了以往患者手术"创伤大，出血多，恢复慢"问题。创新发展了茂名市第一骨伤专科，并使其壮大成为粤西骨伤专业的"龙头"，2008年被确定为国家农村中医医疗机构特色专科建设单位。20多年共让3万余名骨科患者过上正常人生活，为基层医院培养大批骨科专业医疗骨干，有力推动了茂名市骨科专业的迅猛发展。科室先后被评为茂名市文明服务示范窗口、茂名市巾帼文明示范岗、高州市青年文明号、高州市劳动竞赛标兵班组，本人被评为茂名市劳动竞赛先进个人、茂名市卫生系统先进工作者、茂名市劳动竞赛技术能手、高州市劳动竞赛创新标兵、高州市直优秀党员。

胡乃元 男，1963年1月生，辽宁辽阳市人，中国石化股份公司茂名分公司化工分部乙二醇车间主任、工程师。他通过内涵挖潜实现装置165%扩能，成功将主产乙二醇产品的装置调整为主产效益好的环氧乙烷产品，使规模小、技术旧的装置焕发青春，干出大产量和大效益，在中国石化同类装置排名第一。针对市场变化，对装置产品结构进行调整，增产畅销环氧乙烷，减少疲软的乙二醇。通过两次的结构优化，环氧乙烷由4万吨/年增至7万吨/年，乙二醇则由85%降为0，使面临亏损的装置，一举盈利1.2亿元，经济技术指标在中国石化同类装置中排名第一。他对装置进行技术优化，在主要设备不动的条件下，以极小的投资使装置负荷达到165%，环氧乙烷达到8.5万吨/年，是设计的6倍。工艺改进技术获中国石化集团公司嘉奖，并获得国家技术专利，被誉为“胡乃元乙二醇工艺技术”。2010年，荣获国资委“中央企业先进职工”称号，曾被评为茂名石化劳动模范和年底新闻人物。

崔真基 男，1953年10月生，广东电白人，广东正域投资集团有限公司董事长兼总裁、高级工程师。近年来，他带领3500多名员工奋发开拓，锐意创新，年均完成产值超11亿元，年上缴税收6000万元，员工人均年收入超6万元，每年还为社会解决3000多人就业。公司勇创佳绩，成为广州建筑业创优质工程、创文明施工的龙头，公司承建的工程有21项先后荣获国优詹天佑奖，省、市优良样板工程和“五羊杯”奖，同时有16个工地获省、市安全文明施工样板工地。多次荣获电白县、茂名市“先进生产工作者”和“优秀项目经理”称号。2003年被评为广东省劳动模范；1998年当选茂名市人大代表，2003年当选广东省十届人大代表；2008年当选第十一届全国人大代表；2009年10月被评为全国建筑业优秀企业家，2006年该公司获全国五一劳动奖状。支持社会公益事业，2010年10月荣获广东省非公有制经济人士扶贫济困回报社会突出贡献奖。

黄凯文 男，1964年8月生，广东高州人，中海石油（中国）有限公司湛江分公司钻采专家、高级工程师。在公司的支持下，组建了多学科、多专业的技术攻关小组，经过反复论证、研讨以及实验，一举攻克了困扰钻井界二十多年的技术难题，使北部湾盆地钻井因井壁失稳而造成的井眼复杂事故率由40%～70%降到5%以下，远低于国际同类型井平均20%的井眼复杂事故率；井眼报废率降为0%，作业效率由原来的50%～60%提高到90%以上。该项技术是国内钻井技术的一场革新，取得了巨大的社会效益和经济效益：创建了4项中国海洋石油专有技术，其中有2项国际领先，1项国际先进，1项国内领先；技术成果在南海180多口井全面推广应用，节约钻井成本超18亿元；一些原来由于成本原因难以开采的边际油田和小油田得到开发，创收在20亿元以上。在南海西部，复杂井作业由原来中国海油信赖外国公司转变为外国公司信赖中国海油，中国海油在该市场的占有率由30%提高到现在的97%。该技术获得2008年国家科学进步二等奖。

揭　曦 男，1964年7月生，广东廉江人，广东电网湛江雷州供电局党委书记、局长，高级经济师。以创新思维加强电网建设，带领全局员工开拓创新，锐意进取，取得了显著成绩。他坚持“以客户为中心”的服务理念，加强绩效管理，客户满意度、绩效考核指标大幅提升，在全省县级供电局中处于领先位置，赢得社会各界的广泛赞誉。落实安全生产责任制，完善安全体系建设，先后被评为广东省五一劳动奖章获得者、广东电网公司安全生产先进个人、湛江市优秀党员、雷州市十佳劳动模范等。在他的领导下，该局先后被评为广东省厂务公开先进单位、湛江高文明单位、AAA级和谐企业、先进职工之家、知识型先进单位、责任企业、诚信企业、“扶贫济困”示范单位等。

林群生 男，1968年9月生，广东陆丰人，广东省陆丰市龙山中学校长，高级教师。在20多年的教学生涯中，以大德大爱、饱满的工作热情和超负荷的工作状态，在教学、创新人才培养、教育、爱心助学和科研方面均作出了不平凡的业绩。用超常的责任感、智慧和胆略团结一切力量，以超乎寻常的速度，奇迹般地改变了学校的面貌，学校的教学质量、管理水平、特色发展、创新能力已居汕尾首位，在全省已崭露头角。注重学校的特色发展和特色品牌建设，已形成了文化艺术节、艺体发展、科技创新和学科组建设四个特色品牌。学校先后获得“广东省英语教研工作示范学校”、“广东省历史示范教研组”、“广东省体育工作特色学校”、“全国语言文字教学特色学校”等称号。

苏　萍 女，1955年1月生，广东高州人，海丰县政协办公室干部，小教高级。1993年，接受组织的选派，到刚创办的海丰县宝宝幼儿园挑起幼儿教育这副重担。面对这所设备简陋、师资奇缺、自负盈亏的集体幼儿园，她走了一条艰苦奋斗、自我完善、自我发展的新路子，通过打造保教环境，实行科学管理，使之制度化、规范化，在竞争中站稳脚跟。该园已成为海丰县一所重要的幼教基地，在全县起到先进示范作用。从教38年来，凭借着敢于创新的魅力，凭借着坚韧不拔的毅力，凭借着女性特有的细腻、敏锐和魅力，始终奋战在幼教事业上，先后荣获广东省“南粤优秀幼儿教师”特等奖，汕尾市“巾帼标兵”、“家庭教育先进工作者”、“十佳教育”等荣誉，连续6次被县妇联评为“巾帼建功”先进工作者，得到当地党政和教育部门的好评，受到社会各界人士的高度赞扬。

覃小俊 男，1964年12月生，广东德庆人，德庆县体育培训中心乒乓球教练。自一岁起双下肢重度儿麻，行走困难，颈椎增生，股骨坏死，但不屈服于命运，以坚强、乐观、奋发和拼搏的精神，取得多项不同凡响的成绩：参加了近三十年的乒乓球训练和比赛，从1985年起先后参加全国级以上残疾人乒乓球比赛近三十余次，出访欧亚多国，如日本、瑞士、希腊、埃及、约旦，参加了多项残疾人大赛，如残疾人奥运会、世界锦标赛，在公开赛中夺取奖牌近50枚，为国争得多项荣誉，在2008北京残奥运会乒乓球男团M6－8级决赛中取得金牌。奉献社会，教徒传艺。从2000年起撑起业余乒乓球体校训练班，三名学生送到山东鲁能乒乓球学校深造；另外，集合社会资源，成立县城首家乒乓球俱乐部，推动周边县市交流提高，所带学生曾经获得肇庆市少年组单打第二、双打第一的好成绩。

钟文辉 男，1969年10月生，广东梅县人，中国电信股份有限公司肇庆分公司市场部经理，高级通信工程师。主要从事肇庆全市电信通信网络的建设维护、运营管理、业务保障、特殊通信保障等工作，付出了大量的个人时间和智慧，为实现二十世纪90年代肇庆市通信网络“交换程控化、传输光纤化”的固定电话、移动电话、无线寻呼和小灵通等通信业务跨越式大发展作出了不可磨灭的贡献。1996年4月，被肇庆市委、市政府授予“肇庆市劳动模范”称号，1997

年6月，被广东省邮电管理局授予“广东邮电第三届优秀青年专家技术人员”称号。2008年6月至2010年4月，担任中国电信德庆分公司经理，带领德庆分公司全体员工抓住机遇，广开思路，充分发挥中国电信的品牌优势，做好当地的信息化服务工作。德庆分公司因业绩表现突出，2009年、2010年连续两年被中国电信广东省公司评为县级公司先进绩效单位。担任中国电信肇庆分公司市场部的部门经理以来，以强烈的责任感、使命感和服务意识，积极投身于电信业务服务工作，为广大市民群众提供准确、及时、方便的业务通信服务。

张国辉 男，1972年10月生，河北高店碑人，中铁十六局集团造型公司贵广项目部项目经理、高级工程师。他领导的项目部，主要承建广东四会市境内的贵广铁路，管段全长14.67公里，主要工程包括隧道3座，10608延米，桥梁6座，2661.36延米，总投资为7.8亿元。他带领广大员工发扬拼搏创新精神，快速上场，有序推进，实现首战告捷。强化管理，落实责任，确保安全生产；严格标准，把握关键，狠抓工程质量。开展竞赛，突出重点，加快施工进度；精细管理，降耗节流，提高经济效益；舍得投入，树立品牌建设文明工地；以人为本，关爱员工，打造和谐团队；率先垂范，以身作则，发挥核心作用。在他的带领下，项目部涌现出一大批先进个人，同时，项目部被贵广公司评为“先进项目部”，并荣获“铁道部火车头奖杯”，项目部党工委还被中国铁建总公司评为“优秀项目党工委”。

李炳房 男，1971年9月生，广东阳山人，广东省清远市阳山县邮政局秤架支局投递员。他在艰苦的环境下恪尽职守，把党和政府的承诺实实在在地落在了他所服务的每一个人身上。7年来，他默默地走在乡间的邮路上，为了投递一封信、一份报纸，往往要一日一夜的行走才能投递到收件人手中。他对本职工作任劳任怨、勤勤恳恳，无论严寒酷暑，还是冰霜雪雨，即使再苦再累也从没有抱怨过。他的先进事迹受到了党、政府和社会的表彰与赞誉，他因此获得了不少殊荣。2008年被评为全国、省、市邮政系统“抗冰雪保畅通”先进个人，清远市“抗灾救灾和重建复产”先进个人，清远市“优秀共产党员”；2009年被评为全国邮政系统先进个人、清远市劳动模范、广东省系统和行业窗口之星；2010年获“阳山县精神文明建设先进工作者”，2008年至2009年度全国交通运输行业文明职工标兵、阳山县道德模范等光荣称号。

钟朝武 男，1968年4月生，英德市人，广东省清远市英德市第一中学高级教师。在教学中，坚持“以生为本”、“教学相长”的教学思想，认真学习和践行新课程理念，进行课堂教学改革，教学深得学生的喜欢。多年担任高三毕业班的教学工作，所教学生高考成绩曾取得历史单科清远市第一、第三名。担任学校历史学科教研组长，认真钻研教改，历史学科是学校的特色学科。他是本市历史学科带头人，主持市教研课题“‘问题式’教学”，在全市历史教学中推广，课题被评为市优秀课题。他还勤于笔耕，撰写多篇教育教学论文发表在不同的报刊上，并在论文评比中获奖。他坚持以情激励学生、温暖学生、鼓励学生、欣赏学生，用真诚、无私的人格魅力感染学生、教育学生。工作锐意创新，教育教学质量不断上新台阶。他也深受广大师生、上级领导和家长的一致好评。

陈根本 男，1973年5月生，广东潮州人，潮安县庵埠华侨医院内科主任，副主任医师。他一直在潮安县庵埠华侨医院从事临床一线工作。多年来，他爱岗敬业，努力钻研，勤奋进取，勇于创新，坚持“以医治病，以德行医，医德兼备，病人至上”的工作宗旨，关心群众，爱护病人，每年接诊患者一万多人次，带领科室每年成功抢救两百多名危重病人，成为一名深受患者喜爱、同行认可的医师，并得到各级的嘉奖。他先后获得广东省五一劳动奖章，并被评为“广东省知识型职工先进个人”、“潮州市先进工作者”、“潮安县青年岗位能手”、“潮安县十大优秀青年”、“潮安县第四届优秀中青年科技人才”。当选为潮州市青年联合会委员、潮安县第八届政协委员，潮安县电视台对其事迹做了多次报道。

方卫玲 女，1967年4月生，广东普宁人，潮州市湘桥区城基中学校长、中学高级教师。在教育教学及教育管理岗位辛勤耕耘21年，从一名普通老师成长为优秀中学校长。从教21年来，一直不懈地探索着、创造着、追求着、努力着。努力提高自身教艺，广泛涉猎知识，博采众长，吸纳新课程改革理论与理念，及时掌握国内外新的教研教改信息，主持并承担了多项全国、省、市立项课题的研究，撰写了多篇较有分量的学术论著，在本地区起到了引领和示范作用。近年来，发表论文、科研成果10多篇，其中6篇获国家、省级一等奖。自2003年肩挑学校教学管理重任以来，用心血和汗水，智慧和真诚，潜心探索，催生了学校的发展之路，使学校实现了历史性的超越和巨变，成为潮州市首批教学优质学校。用自己的模范行动带动了一支教师队伍，培育了一批又一批优秀学生，得到学生家长的褒扬，赢得了社会的广泛赞誉。

郑松标 男，1964年9月生，广东揭阳人，揭阳市人民政府副秘书长、揭阳市公路局局长、揭阳潮汕机场建设领导小组办公室主任。他深入贯彻落实科学发展观，解放思想，艰苦创业，在市委、市政府的领导下，全身心投入到振兴揭阳的事业中；全面加快揭阳潮汕机场建设进程，超常规推进项目申报、建设，上下奔走争取中央、省、部队的支持，使揭阳潮汕机场如期全面开工建设；积极推动高速公路规划建设，汕揭高速加快推进，潮惠高速开工建设，迅速改变了揭阳公路的落后局面，用4个月时间完成按常规需要2年才能完成的揭阳楼广场建设任务，被市委书记陈弘平称为创造了新的“揭阳速度”。他还全力做好惠来螃蟹村扶贫“双到”工作。

吴克新 男，1972年10月生，广东揭阳人，揭阳市富新旧村改造投资有限公司“三旧”改造项目办公室主任、经济师。自2009年年初担任揭阳市富新旧村改造投资有限公司“三旧”改造办公室主任以来，按照科学发展观的要求，坚持以人为本，耐心细致地做好拆迁户的思想政治工作和房屋权属调查，严格依照法律政策法规做好拆迁经济补偿和改造项目手续，短短两年时间，就完成了4个旧村“三旧”改造范围的权属确认、经济补偿等项工作，确保了改造工程顺利进行。他主持的项目改造均做到零纠纷、零上访、零事故。他十年来呕心沥血地奋战在“三旧”项目改造中，为拓宽发展用地空间、加快城乡建设、优化人居环境、完善城市功能、提升城市品位作出了积极的贡献，他也因此被市委、市政府评为揭阳市劳动模范。

张　通 男，1966年7月生，广东云浮人，云浮广业硫铁矿集团有限公司车间主任、工程师。20多年来，他通过自己的努力，积累了较为丰富的选矿技术及设备管理经验，能及时处理生产中出现的各种问题。2009

年至今，在磨浮车间恪尽职守干事业，通过抓各项管理制度的健全和落实，有效降低车间生产成本。先后提出并实施了“提高配药质量，降低黄药消耗”、“提高设备运转率，增加精矿产量”等10多项技术革新项目，每年可为单位创造效益600万元，节约成本590多万元。当车间主任的十几年来，他带领的车间多次获得云硫集团“先进车间”的光荣称号，他本人也多次被云硫集团、广业公司评为“先进生产工作者”、“优秀党员”，2010年获得“云硫劳动模范”称号。

张日桐 男，1962年7月生，广东罗定人，罗定市国土资源局党组书记、局长，中教一级。以科学发展观为统领，坚持以法为纲，抓住重点，克难勇进，以主观努力化解多种客观障碍，促使国土资源管理事业实现了跨越式发展，围绕地方发展战略的多项重点工作成效卓著，为地方的经济发展作出了突出贡献，获得上级和社会各界的高度肯定。致力于队伍建设，打造和带领一支“团结和谐、依法行政、廉洁自律、善于攻破难关的国土资源队伍”。以建设和谐社会为己任，高度负责，以人为本，做群众的贴心人。单位连续多年被评为文明标兵单位，单位的行政服务窗口连续12次被评为“文明窗口”，在行风评议中被评为“满意单位”。2010年，他被中共广东省委、省总工会分别授予“广东省依法治省先进个人”称号和“五一劳动奖章”。

刘景进 男，1973年1月生，广东顺德人，广东康宝电器有限公司五金包装车间主任、助理工程师。他工作勤勤恳恳、任劳任怨、爱岗敬业、不辞劳苦、乐于奉献、助人为乐，深受“康宝人”的爱戴和信赖。他从一线工人做起，历经班组长、车间主任助理、车间副主任、车间主任、事业部副经理（同时兼任车间主任）。进公司短短的十九年时间里，转战了微波炉、喷漆、大碗柜、五金包装等8个车间，10多个部门，是公司调换最频密的车间主任，有时一年调换两三次，每次调换都是临危受命，每到一个岗位都能创出佳绩，神奇地使陷入困境的车间扭亏为盈，被“康宝人”誉为康宝“福将”、“万金油”主任。他由于工作成绩突出，荣获公司各种奖励10多项，其中2008年、2009年连续两度获康宝公司的最高荣誉——“十佳员工”称号，2009年被评为佛山市先进劳动者，2010年获广东省五一劳动奖章，2010年又被公司评为优秀员工。

郑希新 男，1979年10月生，辽宁铁岭人，广州海关缉私局侦查一处三科副科长。先后侦办走私案件670宗，其中涉税案件13宗，案值45亿元；查获进出境毒品走私案件657宗，抓获走私犯罪嫌疑人568名，缴获大量毒品，为保护人民群众的生命健康安全，促进社会和谐作出了应有的贡献。不顾个人安危，多次与非洲籍走私毒贩上演生死追逃，冒着被毒贩传染艾滋病、肺结核、淋病、梅毒等各种潜在危险，常年与毒贩同处一室，执行监护排毒和审讯取证工作，成为驰骋在中国国境线上让走私毒贩闻风丧胆的国门卫士。2007年被共青团中央、人力资源和社会保障部授予“全国青年岗位能手”称号；2008年被中共广东省授予“广东省优秀共产党员”称号；2010年荣获广东省五一劳动奖章；先后荣获全国海关缉私系统岗位练兵“十优岗位能手”、广东省省直机关“青年岗位能手”称号；荣立个人二等功1次、三等功4次。

李灼华 男，1964年9月生，广东东莞人，东莞市公安局刑事警察支队党委委员、刑事警察支队队长。他爱岗敬业，恪尽职守，足智多谋，英勇善战，热爱刑警事业，始终奋战在侦查工作的第一线，在实践中练就了精湛的业务技能和卓越的侦查智慧，参与指挥侦破了一大批影响恶劣的重特大刑事案件，其先进事迹和优异成绩享誉南粤大地，是一名杰出的刑侦指挥员和战士。他带领东莞刑警，团结协作，顽强拼搏，用最出色的表现完成每一项工作任务，工作业绩稳居全省前列，其中命案侦破率近 90%，重大绑架、持枪抢劫、放火、投毒、爆炸等严重暴力性案件基本告破，多次受到市委、市政府和省公安厅领导肯定。他先后荣获个人一等功 2 次、三等功 5 次、个人嘉奖 10 余次，7 次被评为年度先进个人，先后被授予“广东省优秀人民警察”、“东莞市十杰青年”、“东莞市优秀人民警察”、“东莞市十佳卫士”、“南粤十佳卫士”等荣誉称号。

郑炽钦　男，1955 年 8 月生，广东高州人，广东实验中学校长、中学特级教师。南粤优秀教育者，全国教育系统先进工作者，广东省基础教育系统名校长，全国中学十大明星校长，全国十佳高中校长，全国名校长，广东省五一劳动奖章获得者。他担任过 9 届高三毕业班的教学工作，共参与培养过 9 名高考总分状元，独立培养出两名高考单科状元，所教班级学科连续 9 年在广东省高考中名列平均分第一、高分人数第一，为高等院校输送了大批德才兼备的优秀学生。他积极参与教育科研工作，参与主持的“以完整的现代教育塑造高素质的现代人”科研课题，被评为“广东省第四届普通教育教学成果奖”一等奖。在他的领导下，学校在特色教育、教育质量和建设校园文化等方面均取得了令人瞩目的办学成绩，先后被评为全国文明单位、全国教育系统先进集体、北京 2008 奥林匹克教育示范学校、全国师德建设先进集体等。他由于教学业绩突出，被评为“广东省优秀思想政治课题教师”、“中学特级教师”、“政治中学正高级教师”。

谭立心　男，1975 年 9 月生，广东雷州人，广东省长大公路工程有限公司项目经理、高级工程师。先后参与或主持建造了厦门海沧大桥、新会崖门大桥、南宁永和大桥、广州珠江黄埔大桥、嘉绍跨江大桥，现任浙江嘉绍跨江大桥四标项目经理。13 年里，他始终如一地坚守在施工一线，凭借踏实的作风、勇于创新的精神取得了骄人的成就，为公司技术创新及成本控制作出了突出贡献，先后获得了“全国青年岗位能手”、广东省“三比一创”优秀职工、广东省交通集团“十年十佳员工”等光荣称号。

张潇潇　女，1980 年 5 月生，河北邯郸人，广东省拱北中旅集团有限公司导游，初级导游。在从事导游的工作中，她虚心好学，通过不断学习专业知识来充实自己、完善自己，在带团过程中，以专业、敬业的精神为广大旅客提供热情、周到、细致的服务，得到游客及领导的好评。2006 年 4 月，在珠海十佳导游大赛中获得一等奖；2006 年 10 月，在全国红色旅游导游讲解员大赛暨广东省选拔赛中获得一等奖和最佳口才奖；2006 年 11 月，被评为广东省旅游文化节形象大使；2006 年 11 月，在全国红色旅游导游员讲解员大赛中获优秀奖和“全国红色旅游优秀导游员”称号；2007 年度被评为广东省拱北口岸旅社先进个人；2008 年度被评为广弘公司先进个人、拱北中旅集团公司先进个人、拱北岸中旅社先进个人；2010 年度被评为广弘公司先进个人、拱北中旅集团公司先进个人、拱北口岸中旅社先进个人及全国优秀导游员。

卜育才　男，1966 年 3 月 17 日生，湖南益阳人。广东中远船务工程有限公司主任设计师、工程师。二十余年以来，先后参与多型多种船舶的设计与建造。脚踏实地，努力工作，兢兢业业奋战在造船生产中，依靠自己雄厚的技术功力，勤动脑筋，不断思考，取得颇为引人注目的优异成绩。负责建造船舶轮机重要工程的设计和技术，除轮机系统原理图和舾装图主要由他校审外，轴舵系方面的技术工作基本由他一人承担。他独立申报了12项专利，其中6项实用新型已经获得国家专利局正式授权。他的这些专利技术已部分运用到生产实践中，有效促进了生产。他先后荣获公司“创新贡献奖”，2009年被广东省总工会授予广东省五一劳动奖章，2010年又获得交通运输部授予的“交通运输行业优秀科技人员”称号。

陈劲松 男，1971年5月生，广东紫金人，中技毕业，广东省输变电工程公司队长、技师。他坚持实事求是的工作作风，处处发扬共产党员模范带头作用，冲锋在前，勇挑重担，各项工作都能顺利完成，并取得了一定成绩。他先后主持完成了220kv黄赤甲乙线大跨越改造工程、500kv顺广乙线改造等送电线路工程大修技改工程，为公司在线路大型改造及应急抢修施工方面赢得了荣誉，打响了品牌。不管是在2008年抗冰抢风抢修复电中、在迎峰度夏保供电施工中、在亚运保供电中，还是在日常工程施工中，他都以“安全第一、质量第一”为宗旨，带领全队奋战在施工一线，时刻按党员的要求和义务严格要求自己，保质保量完成施工任务，得到业主及领导的好评，尽全力维护电网安全，保障电力输送电能无阻，为公司的发展作出自己的贡献。

黄润怀 男，1975年9月生，广东潮州人，中国电信有限公司广东分公司企业信息(IT）运营中心应用开发室经理、工程师。在多年的工作中，时刻以企业的利益和荣誉为出发点，秉承爱岗敬业、无私奉献的工作理念，发扬扎实细致的工作作风，用高昂的工作热情和干事业的激情带领团队去克服各种困难，为企业创造价值。带领团队创造了45天完成C网交易IT计费对账及割接的奇迹，突破广东公司MBOSS集中工程的最关键瓶颈，有效提升C网计费投诉问题整治效率。专业技能熟练扎实，在日趋复杂的IT运营工作中，敢于面对困难与挑战，善于发现问题并总能圆满解决疑难问题，以优异的业绩、优秀的品质和扎实的技能，在企业生产运营工作中发挥着模范带头的作用。

姚淑琴 女，1979年11月生，广东潮州人，广州白云国际机场股份有限公司安检护卫部安检分队长。她以爱岗敬业、勤于钻研、无私奉献的工作态度，凭着自己干一行爱一行、专一行的韧劲，取得了不平凡的业绩。在8年的安检工作中，她查获了大量的管制刀具、易燃易爆物品、弹药以及毒品等违禁品，为确保白云机场空防安全作出了积极的贡献。她以一名岗位能手、先进模范的感召力影响和带动着身边的人，她用自己对工作的忠诚和钻研业务的敬业精神书写着自己无悔的人生。她技术精湛，勇创佳绩，在安全工作中更是细查细验、一丝不苟，先后荣获“广东省技术能手”、2010年广东省五一劳动奖章等荣誉称号。

陈德宝 男，1973年12月生，广西浦北人，广东省胜利农场乌石塘队割胶工。他一直在割胶生产第一线默默耕耘，成为胜利农场甚至茂名垦区有名的“割胶能手”、“产胶大王”。2007年他完成干胶8.01吨，单株产6.85公斤，年产值24.14万元，均属全场最高。2008年在橡胶树受冰灾严重影响的情况下，其岗位仍完成干胶 4.85 吨，2009 年完成 5.65 吨，2010 年完成 5.83 吨，是全场灾后恢复最好的岗位。他参加工作 19 年来，调整了几次树位，无论什么样的树位他都是越管越好，橡胶树越长越茂盛，产量越割越高。在他管理几个低产树位的几年间，经过他的精心培育和辛勤管理，这几个低产树产量逐年上升，成为全场低产品系创高产的典型。他在"割"字上下工夫，为提高割胶技术，经常利用早上等胶时间，苦练割技，练就了一手"准、稳、匀"的割胶本领，功夫不负有心人，多年来，经场、区检查验收，他年年都被评为一类割技水平，伤树率为零，被评为场"十大红旗树位"、"优质高产树位"。

中华全国总工会关于授予为广州亚运会工程建设和运行保障工作作出突出贡献的先进集体和职工全国五一劳动奖状、奖章和全国工人先锋号的决定

总工发【2011】24 号

（2011 年 3 月 28 日）

第 16 届广州亚运会的成功举办，全面展示了我国改革开放、科学发展的巨大成就和时代风貌，对推动我国经济社会又好又快发展和广东经济转型升级意义重大，影响深远。为成功举办一届高水平、有特色的亚洲体育文化盛会，广东省广大职工在党中央、国务院的坚强领导下，紧紧围绕省委、省政府的统一部署，积极参加"迎亚运、促发展、立新功"劳动竞赛，勇挑重担、全力以赴、争创一流、无私奉献，为亚运场馆建设和综合服务等运行保障工作作出了重要贡献。为表彰先进，进一步激励广大职工为推动科学发展、加快转变经济发展方式创先争优建功立业，中华全国总工会决定，授予广州市公安局治安管理支队等 25 个单位全国五一劳动奖状，授予广州市科技和信息化局无线电管理处等 35 个集体全国工人先锋号，授予蒋爱萍等 30 名同志全国五一劳动奖章。

希望受表彰的先进集体和个人，珍惜荣誉，再接再厉。全国广大职工要以受到表彰的先进集体和个人为榜样，紧密团结在以胡锦涛同志为总书记的党中央周围，深入贯彻落实科学发展观，大力弘扬工人阶级伟大品格和劳模精神，自觉肩负起时代赋予的重任，解放思想、锐意进取，谦虚谨慎、埋头苦干，为实施"十二五"规划目标任务、夺取全面建设小康社会新胜利作出新的更大贡献，以优异成绩迎接中国共产党成立 90 周年。

附件：

全国五一劳动奖状、全国工人先锋号和全国五一劳动奖章获得者名单

全国五一劳动奖状获得者名单（25 个）

广州市公安局治安管理支队
第 16 届亚运会组委会开闭幕式创意团队
广州市环境保护局
广州市交通委员会
广州市水务局
广州市体育局
共青团广州市委员会（亚运会、亚残运会组委会志愿者部）
广州市残疾人联合会
广州市越秀区建设和水务局
广州市海珠区水务和农业局
广州市荔湾区建设和园林绿化局
中共广东省委政法委综治工作处
广东省公安厅治安管理局
广东省国家安全厅三局十处
广东电网公司

广东电网公司天河供电局
广东省水文局广州水文分局
广东省机场管理集团公司工程建设指挥部
中国南方航空股份有限公司地面服务保障部
广州铁路集团公司
广东发展银行股份有限公司
中国联合网络通信有限公司广州分公司
广州海事局
广东电视台
广东电网公司东莞供电局

全国工人先锋号名单（35个）

广州市科技和信息化局无线电管理处
广州市建筑机械施工有限公司海心沙工程项目部
广州花园酒店有限公司宴会部
广州市救助管理站救助管理一科
广州市食品药品监管局稽查分局
广东电网公司广州供电局路灯管理所
中国移动通信集团广东有限公司广州分公司工程建设中心
广州市地下铁道总公司运营事业总部
从化市交通局综合行政执法局
增城市文化体育广电新闻出版局增城市体育发展中心
广州白云国际机场汉莎航空食品有限公司白云汉莎亚运生产组
广州市公安局交警支队机动大队
广州市城市规划勘测设计研究院海心沙项目组
中国电信股份有限公司广州分公司网络资源中心资源调度室
广州市白云区环卫保洁管理所桂花岗组
广州市公安局萝岗分局刑事警察大队
广东省高级人民法院立案一庭
潮州市公安局沈海高速汕汾段公安检查站
广东省司法警官职业学院警体技能部
中国南方电网调峰调频发电公司广州蓄能水电厂检修车间
中国南方电网超高压输电公司安宁局楚雄换流站
广东电网公司佛山禅城供电局
广东省粤电集团有限公司生技安监部安监分部
广东省北江流域管理局北江大堤芦苞水闸管理所
广东省疾控中心卫生化验所
广州白云国际机场商旅服务有限公司贵宾服务中心
中国南方航空股份有限公司运行指挥中心运行调度部
广深珠高速公路有限公司广州收费站
广铁集团公司广州东站客运车间
中国移动通信集团广东有限公司南方基地
中国电信股份有限公司广东分公司网络运营部
中国联合网络通信有限公司广东省分公司网络优化中心
广州市邮政亚运服务团队
广州航标站
羊城晚报社亚运采访小组

全国五一劳动奖章获得者名单（30人）

蒋爱萍（女）	广州市绿化公司白云苗圃主任助理
宁肖周	第16届亚运会组委会、广州2010年亚残运会组委会庆典和文化活动部副部长
练惠林	广州市公安局天河区分局五山派出所副主任科员
荀　巍	广州市城乡建设委员会主任科员
罗广寨	广州市重点公共建设项目管理办公室主任
龚海杰	第16届亚运会组委会、广州2010年亚残运会组委会

	场馆器材部副部长
陈伟胜	广州日报社体育新闻中心主任
王建平	广州市自来水公司党委副书记
邹　宇	广州市番禺区基本建设投资管理办公室科长
钟江国	广州市动物卫生监督所副主任科员
江林丽（女）	广州市卫生监督所食品卫生监督科科长
刘可文	广州市城市管理综合执法局直属一分局中队长
刘运策	广州市气象局预报员
周业胜	广东省人民检察院控告检察处信访科科长
周锦东	汕尾市公安局治安科科员
欧林诗	广东省国家安全厅二局副局长
汪际峰	中国南方电网公司电力调度通信中心部门主任
杨爱民	广东电网公司广州供电局局长
林海航	广东电网公司汕尾供电局遮浪供电所所长
朱志刚	广州新中轴建设有限公司董事长
李戈明	广东省水利厅水资源管理处调研员
庄　建	广东省人民医院副院长
张印重	广东省交通运输厅综合运输处主任科员
徐家逊	广东大哥大集团有限公司总经理
高志兴	中国移动通信集团广东有限公司副总经理
罗洪基	中国电信股份有限公司广州分公司总经理
蒋　巍	广东省青年志愿者行动指导中心主任
李欣泽	中国移动通信集团广东有限公司广州分公司总经理
祝惠萍（女）	人保财险广东省分公司办公室主任
戴学东	南方日报社文体新闻中心副主任

广东省总工会关于表彰广东省五一劳动奖章和广东省工人先锋号的决定

（粤工总【2011】75号）

（2011年4月29日）

2010年，是广东经济社会建设取得丰硕成果的一年。在省委、省政府的正确领导下，全省广大职工团结一心，迎难而上，圆满完成了2010年和“十一五”各项目标任务，成功举办了广州亚运会和亚残运会，经济综合实力实现新跨越，经济发展方式转变取得显著进展，社会软实力显著提升，民生福祉显著改善，科学发展的体制机制日益完善，经济发展内生动力显著增强，充分体现了工人阶级胸怀全局的主人翁意识、奋发有为的进取精神、甘于奉献的高尚品质、求真务实的优良作风，唱响了劳动光荣、知识崇高、人才宝贵、创造伟大的时代主旋律，涌现出一批先进集体和先进个人。为激励全省广大职工当好主力军，建功“十二五”，形成推动科学发展、促进社会和谐的强大动力，广东省总工会决定，授予陆志峰等179名先进个人广东省五一劳动奖章，授予广州鹿山新材料股份有限公司研发中心等198个先进集体广东省工人先锋号荣誉称号。

希望受表彰的先进集体和先进个人珍惜荣誉，再接再厉，不断弘扬好传统、创造新业绩、作出新贡献。全省广大职工要以先进集体和先进个人为榜样，增强责任感和使命感，肩负起时代赋予的重任，高举中国特色社会主义伟大旗帜，以邓小平理论和“三个代表”重要思想为指导，深入贯彻落实科学发展观，开拓进取、扎实工作，为加快转型升级、建设幸福广东，作出新的更大的贡献，以优异成绩迎接建党90周年！

附件：

2011年广东省五一劳动奖章和广东省工人先锋号获得者名单

2011年广东省五一劳动奖章获得者名单（179个）

陆志峰　广州越秀集团有限公司董事长
黄崇博　广州市正骨医院院长
施少斌　广州王老吉药业股份有限公司总裁
王小璇（女）　广州摩托集团公司董事会秘书
刘新营　广州JFE钢板有限公司制造部部长
周大林　广州市地下铁道总公司运营事业总部维修中心总经理
赖海洋　广州市公路管理局东城分局养护中心副主任
李宝娥（女）　广州市殡仪馆服务员
陈　轩　广州市第三公共汽车公司汽车维修技术管理员
容　蓉（女）　广州市海珠区赤岗街道党工委书记
吴智杰　广州珠江钢琴集团股份有限公司总装厂副厂长
马信泉　广州市公安局番禺区分局大石派出所副所长
郑大石　增城市福和卫生院中医科科长
郑少三　广州纺织工贸企业集团有限公司副总裁
洪文华（女）　广州市食品药品监督管理局餐饮服务监管分局副局长
江　峰　广州市林业和园林局工程处处长
胡新嵩　广州市高士实业有限公司副总经理
陈旭峰　广东电网公司广州供电局工会主席
聂兰燕（女）　深圳巴士集团第四分公司西丽车队服务大队队长
李　喆（女）　深圳市第二高级中学教师
童山东　深圳信息职业技术学院教授、所长
姜宴生　盐田国际集装箱码头有限公司常务副总
黄文雅　中共深圳市纪律检查委员会纪检员
皮勇华（女）　深圳市龙岗区总工会副主席
程贵堂　中国建筑第二工程局有限公司深圳分公司经理
夏生龙　平安银行深圳分行营销总监
何　斌　深圳市公安局宝安分局刑警大队一中队队长
樊建平　深圳市宝安区沙井街道投资管理公司董事长
孙文惠（女）　广东省粤电集团有限公司珠海发电厂化学机械点检班设备点检员
罗　军　珠海公交集团巴士有限公司司机
胡新宇　珠海松下马达有限公司副部长
黄　辉　珠海格力电器股份有限公司总工程师
韩延辉　珠海市第一中学校长
赵娥花（女）　汕头市体育运动学校划船教练
黄前坚　广东海事局汕头航标处航标养护中心副主任
蔡奕生　南澳县南澳大桥建设总公司总经理
陈庆明　汕头市安全生产监督管理局科长
胡顺广　汕头市第二人民医院副院长

黄伟鹏	西陇化工股份有限公司副总经理	申源生	惠州市中心人民医院心血管内科主任医师
黎周英（女）	佛山市禅城区环境卫生管理处工人	黄梓友	中海石油炼化有限责任公司惠州炼油分公司设备管理中心工程师
唐　奇	佛山欧神诺陶瓷股份有限公司研发经理	欧吉阳	惠州日升昌集团董事长
霍少炼（女）	佛山市升平百货有限公司业务员	陈添胜	惠州市胜达实业有限公司技术员
陈爱贞（女）	佛山市禅城区祖庙街道白燕社区居委会主任	吴水发	博罗县总工会主席
张文胜	中国石油化工股份有限公司广东佛山石油分公司经理	冯　然	汕尾市城区农村信用合作联社理事长
潘绮云（女）	南海区大沥镇凤池村委会工联会主席	罗伟林	中国电信股份有限公司陆河分公司经理
苏伟坚	佛山市高明区中医院院长	周济雄	中国移动通信集团广东有限公司汕尾分公司总经理
任少枫（女）	佛山市技术标准研究院副院长	邱友清（女）	汕尾市实验小学教师
李文锐	韶关市第一人民医院院长	殷丽水	东莞市地方公路管理总站大岭山道班养路工
伍志光	广东中金建筑安装工程有限公司车间主任	杜　锋	广东宏远篮球俱乐部有限公司教练员
黄世平	广东省粤电集团有限公司韶关发电厂工会主席	张绍日	广东众生药业股份有限公司董事长
潘　浩	广东省武江监狱监狱长	尹锦培	广东省东莞市莞城区市桥社区居委会党委书记、主任
孔仁贵	广东省大宝山矿业有限公司凡洞铜矿维修班长	姚慧怡（女）	东莞市财政局科长
朱镜英（女）	韶关市倚山商务酒店服务员	詹　兵（女）	中国联合网络通信有限公司中山市分公司工人
贺文良	中国移动通信集团广东有限公司河源分公司总经理	罗美芳（女）	中山市城市管理行政执法局城管科科长
赖伟标	东源县地方税务局党组书记	张海经	中山市实验高级中学校长
戴信强	龙川县林峰实业有限公司经理	刘伟刚	中山市公安局三角公安分局局长
廖振福	河源市公路局党组成员、工会主席	黄英南（女）	中山市粤粮经贸进出口有限公司工会主席
刁东庆	广东塔牌集团股份有限公司总经理	陈景鹏	广东电网公司江门新会供电局计划建设部配网规划专责
罗永科	梅州市大埔县国土资源局局长	李祖华	开平市镇海水库主任
罗卫标	梅州市丰顺县财政局局长	余尚贞（女）	江门市五邑中医院科主任
曾惠萍（女）	广东电网梅州蕉岭供电局局长		
赵仁发	梅州农业学校校长		

区海棠 广东省江门市汽运集团有限公司工会主席
袁雪寒 中国移动广东公司台山分公司总经理
冯广源 鹤山雅图仕印刷有限公司董事长
梁美贤（女） 中共江门市江海区委书记
何耀辉 阳江市海陵试验区司法调处办副主任
李积回 阳江十八子集团有限公司总经理
李 忠 广东电网公司阳江供电局纪委书记
黄华冠 阳东县财政局局长
王 励（女） 广东省湛江市中级人民法院纪检组监察室副主任
孟凡超 湛江海关副科长
于英桓（女） 湛江德利化油器有限公司科员
梁荣斌 广东电网公司湛江供电局副调研员
谢成信 中国农业银行湛江城区支行行长
张卓芬（女） 国家税务总局海洋石油税务管理局湛江分局局长
赵 斌 广东医学院附属医院院长
陈富铭 茂名市河西农贸中心市场主任
杨海娟（女） 信宜市档案局副局长
江泳洲 化州市农村信用合作联社理事长
梁亚河 茂名市住房公积金管理中心主任
潘俊杰 茂名海燃沥青产品有限公司副经理
蔡文贵 电白县金桥商贸有限公司部长
吴伟科 中国工商银行股份有限公司肇庆分行行长
梁友平 肇庆市地方税务局局长
陈爱东（女） 肇庆市风华锂电池有限公司工会主席
赵金福 肇庆市端州区环境卫生管理局运输场副场长
黎子为 肇庆市怀集县教育局教育工会副主席
刘日荣 广东电网公司清远供电局局长
成国斌 连州供电局输电助理专责兼班长
许石喜 清新县万邦（清新）鞋业有限公司职工
朱日明 清城区公安分局刑侦大队副大队长
谢翠英（女） 英德市地方税务局城区分局科员
徐烈雄 饶平大酒店有限公司业务经理
蔡镇宏 广东顺祥陶瓷有限公司安全办主任
肖 凯 中国联合网络通信有限公司潮州市分公司总经理
洪木荣 潮州市华夏历史博物馆
林静和 揭阳市荣华建筑工程有限公司总经理
林怀波 揭阳第二中学高级教师
黄燕珊（女） 广东华能达电器有限公司装配车间主任
林少芬（女） 揭阳市总工会财务部部长
李博晖 中国电信股份有限公司云浮分公司总经理
黄桂良 云浮市郁南县自来水公司抄表组组长
许永刚 中国移动通信集团广东有限公司云浮分公司高级工程师
张 宏 云浮市公安局警官培训基地筹建负责人
王毅成 广东顺之旅国际旅行社有限公司导游部主管
马国华 广东电台南方生活广播总监
马志丹（女） 广东电视台节目中心监制

黄　韧　广东省实验动物监测所所长
江世贵　中国水产科学研究院南海水产研究所主任
关勋强　中共广东省委办公厅机关党委副书记
钟　铨　广东省老干部活动中心主任
吴一龙　广东省人民医院副院长
王垂林　南方报业传媒集团社委
林保南　湛江市霞山区人民法院副院长
杨　斌（女）　广州市人民检察院职务犯罪预防处主任科员
邬碧云（女）　梅州市大埔县公安局警务督察队指导员
盛永彬　广东司法警官职业学院法律系主任
邱剑文　广东省三水劳教所一分所“法轮功”专管大队副大队长
黄慧玲（女）　广东省中医院工会主席、副院长
罗必良　华南农业大学经济管理学院院长
何庆瑜　暨南大学生命科学技术学院/生命与健康工程研究院副院长
谭伟民　广东省外语艺术职业学院教务处处长
黄艳艳（女）　广东省高速公路有限公司京珠北分公司收费站收费员
孙木法　广东省粤西航道局海安航标与测绘所粤标605船轮机长
张志峰　广东省公路工程质量检测站站长
谢旷珍　中兴海陆工程有限公司生产管理人员
彭建波　交通运输部南海救助局救助船队船长
刘海斌　广东联合电子收费股份有限公司技术高管
王志伟　广发证券股份有限公司董事长
王志平　中国对外贸易中心（集团）董事长
陈桂谷　广东省风险投资集团有限公司工会主席
周　婧（女）　广东天河城百货有限公司分店店长
冯　超　工商银行佛山向秀丽支行理财师
罗国华　江门市区农村信用合作联社合规与风险管理部办事员
邹　宁　广东天禾农资股份有限公司副总经理
谢彦辉　广东水电二局股份有限公司总经理
徐天平　广东建筑科学院院长
孔惠天　广东省粤电集团有限公司总经济师
赖文县　中国石化股份有限公司广州分公司炼油一部班长
钟国新　中国电信股份有限公司广东无线网络运营中心总经理
黄敏芳（女）　广东省邮政培训中心技能鉴定室主任
刘正利　中国移动通信集团广东有限公司财务部总经理
杨成中　中国联合网络通信有限公司广东省分公司产品创新部音乐运营中心经理
陈志强　广东省未成年犯管教所所长
林宏军　广东省高明监狱十六监区副监区长
彭尚德　广东省林业局办公室主任
林国泽　广东省地质局水文地质一大队一机队机长
黄　宣　广东燕塘乳业股份有限公司总经理

郭建华（女） 广东省住房和城乡建设厅城乡规划处副处长
吕柱洪 广东省机场管理集团公司汕头机场公司安检站副站长
刘　峰 民航中南地区空中交通管理局区域管制中心管制室运行副主任
苏灿权 南航地服部生产调度处经理
李　宏 广铁集团公司运输处处长
钟郁玲（女） 广州客运段列车长
黄小喜 广东乐美文具有限公司董事长
省国家安全厅一名

2011年广东省工人先锋号名单（198个）

广州鹿山新材料股份有限公司研发中心
广州风神汽车有限公司总装车间
从化市交通局从化市地方公路管理站
广州燃气集团有限公司专业抢险队
广州市烟草专卖局稽查支队
广州广日电梯工业有限公司钣金制作科
广州市第八十九中学高中数学科组
广州市浪奇实业股份有限公司洗衣粉喷粉丁班
广州中船龙穴造船有限公司加工部加工作业区曲面件切割工段
互太（番禺）纺织印染有限公司行政部
广州市第四建筑工程有限公司广州国际体育演艺中心工程广州（建筑总承包项目部）
中国铁建中铁十五局集团广深港项目部
深圳市水务（集团）有限公司滨河污水处理厂维修部
广东电网公司深圳供电局信息系统开发及维护班
深圳农村商业银行宝安支行营业部
深圳博物馆开放服务部
深圳市建筑设计研究总院有限公司建筑创作中心
深圳市福田区中医院急诊科
铭基食品有限公司生产E线AB班
深圳波顿香料有限公司食用车间班组
深圳元平特殊教育学校康复教育教学部
珠海市公安局拱北口岸分局刑侦大队
珠海航展有限公司会展服务部
珠海许继电气配网自动化公司电网配调一体化系统项目班组
珠海市斗门第一中学数学科组
珠海格力电器股份有限公司管路分厂弯焊二车间
珠海联邦制药股份有限公司质检中心
珠海紫翔电子科技有限公司制造二部
汉高黏合剂有限公司万能胶车间
广东省第二建筑工程公司第二工程处
广东太格尔电源科技有限公司品质部
中国移动通信集团广东有限公司汕头分公司网络优化中心网优室
汕头市潮阳农村信用合作联社营业厅
华能国际电力股份有限公司华能汕头电厂环保部
汕头市澄海实验高级中学艺术教研组
汕头市中心医院儿科
佛山市禅城区园林管理处中山公园卫生班
佛山市南海区人民政府办公室南海区行政服务中心
佛山市高明区社会保险基金管理局医疗保险股
中华人民共和国佛山三水海事处河口办事处（河口船舶监管点）
佛山市高明区供水有限公司荷城供水分公司收费班
中国农业银行股份有限公司佛山祖庙支行营业部
佛山市路桥建设有限公司养护管理部
佛山市顺安达运输有限公司电召调度班
中核韶关金宏铀业有限责任公司竹山下工区
韶关市始兴公路局凉口养护中心

韶关市曲江区邮政局韶钢支局
广东大宝山矿业有限公司汽车运输部运输二队
中国电信股份有限公司韶关分公司政企客户支撑中心
广东烟草韶关市有限公司物流配送中心
韶关市公共汽车公司一车队九路公交线
广东雅达电子股份有限公司电子生产部
广东电网河源紫金供电局蓝塘供电所
广东省连平县泥竹塘铁矿 30 万吨选厂
东源光明眼科医院住院部
龙川县妇幼保健院儿科
梅州市中医院骨科
广东省兴宁市国家税务局纳税服务科
BPW（梅州）车轴有限公司生产部焊接车间
广东新大地生物科技股份有限公司茶油精炼车间
广东省梅州市五华县人民医院五华县人民医院外科一区（骨伤科）
中国电信股份有限公司梅州分公司西门营销服务中心
梅州市粤运汽车运输有限公司梅州汽车客运有限公司
惠州市中心人民医院神经外科
惠州市市政工程总公司维修处
中建钢构阳光惠州有限公司焊接工段
惠州市惠东公路管理局生产技术股
广东省龙门县天堂山水库管理局天堂山水电站检修班
惠州市太东集团有限公司审计中心
中国电信股份有限公司惠州仲恺高新区分公司
广东电网汕尾海丰供电局输变电部
陆丰市自来水公司生产股
中国移动通信集团广东有限公司陆河分公司政企客户组
中国建设银行股份有限公司汕尾市分行港口支行
广东省粤电集团有限公司沙角 A 电厂运行部化学分部仪表班
东莞海事局麻涌海事处
广东电网公司东莞供电局变电二部立新集控中心
广东生益科技股份有限公司松山湖第二车间
中国移动通信集团广东有限公司东莞分公司政企客户部集团服务室
东莞市公安局塘厦分局刑警大队
中国人民解放军第 4801 工厂虎门军械修理厂发射箱组
曼秀雷敦（中国）药业有限公司药品车间
广东电网公司中山供电局变电二部
中山市安全生产监督管理局执法监察支队
广东美的环境电器制造有限公司国内营销公司
中山市污水处理有限公司净水一厂
广东美味鲜调味食品有限公司调味分厂
中山市杨仙逸中学语文科组
中国电信股份有限公司江门分公司政企客户部
江门市教育第二幼儿园英语科组
江门市安诺特炊具制造有限公司抛光车间机抛班
江门市新会公路局双水养护中心
广东国华粤电台山发电有限公司发电运行部集控 D 值
鹤山市人民法院鹤城人民法庭
恩平市财政局恩平市非税收入征收管理中心
阳春市自来水公司水厂机房
广东粤运朗日股份有限公司阳江汽车客运站综合服务部
阳江光明眼科医院白内障防盲扫盲组
阳江万事达海洋食品有限公司生产一车间
阳江广播电视台广播电视中心

广东冠豪高新技术股份有限公司技术部（技术研发中心）
中国水产湛江海洋渔业公司海洋食品公司二车间冷藏班组
湛江市邮政局营业局军民营业所
中交四航局第三工程有限公司船舶部“四航防城港”号施工船
广东省湛江卫生学校护理教研室
湛江港集团石化公司消防队战斗四班
湛江电力有限公司检修部热控检修分部
化州市人民医院内二科
广东电网茂名信宜供电局钱排供电所
中国电信高州分公司综合营业班
广东电网茂名电白供电局办公室
茂名市邮政局女子投递班
茂名石化公司动力厂热电二车间
茂名市人民医院急救中心
广东电网公司肇庆供电局500kv砚都变电站
广东肇庆星湖生物科技股份有限公司核苷酸厂合成反应工段
广东鼎湖山泉有限公司瓶装水生产班
四会市骏马水泥有限公司烧成车间
高要鸿爱斯压铸科技有限公司压铸车间
广宁县国家税务局办税服务厅
封开县地方公路管理站工程技术组
清远市连州爱地旅游发展有限公司导游部
广东省佛冈县地方税务局城区税务分局
广东清远云铜有色金属有限公司电解分厂
清远市连山公路局吉田养护所
广东双汇食品有限公司生产调度部
中国电信股份有限公司清远分公司设备维护中心
广东电网潮州潮安供电局市场及客户服务部核算中心
广东电网潮州饶平供电局钱东供电所
潮州市湘桥区人民医院住院部
广东松发陶瓷有限公司工程研发中心
中国电信股份有限公司潮州分公司潮枫营业组
中国农业银行股份有限公司揭阳分行揭东县支行
中国电信股份有限公司揭阳分公司号百信息服务中心
广东省普宁市地方税务局流沙税务分局
广东烟草揭阳市烟草有限公司揭东分公司
中国移动通信集团广东有限公司揭阳分公司惠来分公司
中国移动通信集团广东有限公司云浮分公司网络维护中心
云浮新港港务有限公司外贸业务部
中国移动通信集团广东有限公司新兴分公司环城西服务厅
中国人民银行郁南县支行征信中心
云安县农村信用合作联社营业部
顺德出入境检验检疫局客运港办事处
海信容声（广东）冰箱有限公司质量部质检总一检验组
广东省文化馆
广东省国土资源技术中心数据室
广东省农业科学院植物保护研究所省植物保护新技术重点实验室
韶关市公安局交警支队京珠高速大队
中山大学中山眼科中心白内障专科
广东药学院教务处
广东通驿高速公路服务区有限公司云岩服务区
广东省汽车运输集团有限公司佛山市公共交通有限公司111路线
广东省阳江航道局粤标1401船班组
广东省交通运输高级技工学校汽车机械工程科
广东省珠江航运有限公司珠航旅游汽车有限公司旅游大巴（粤AD0620）
广州三江（船舶）防油污工程有限公司生产

一部
中远航运股份有限公司康盛口轮
中华人民共和国江门海事局新会海事处
中交四航局工程有限公司研究院珠海软基处理项目经理部
中交第四航务工程勘察设计院有限公司巴基斯坦卡西姆码头工程项目经理部
广东中远船务工程有限公司修船工程部项目管理组
中国信达资产管理股份广东省分公司业务一部
中国银行业监督管理委员会肇庆监管分局监管三科
中国光大银行广州分行越秀支行
招商银行广州分行零售银行部私人银行中心
广州粤华物业有限公司驻番禺区行政办公中心物业服务中心
广东永顺生物制药公司禽流感灭活疫苗车间
平安养老保险股份公司广东分公司工会委员会企业年金管理部
广东新白云宾馆有限公司餐饮部
广东容大物业管理公司育蕾管理处
中国农业银行广东省分行惠州市博罗园洲支行
湛江市中国旅行社有限公司总社旗舰社
广东省粤电集团有限公司沙角A电厂电气继保班
广东省基础工程公司省道281线电白那霍至三角圩段路面大修工程项目经理部
中国建筑第八工程局有限公司广东公司利通广场项目部
广东华隧建设股份有限公司第一项目部
广东电网深圳供电局电力通信设备运维部
广东大唐国际潮州发电有限公司设备部热控专业外围班组
中国石化股份有限公司广州分公司炼油三部延迟焦化（一）装置1班
广东风华高科冠华分公司测试车间
中国电信股份有限公司广州分公司网络操作维护中心/设备维护中心
广东省集邮公司市场经营部储运室
中国铁通集团有限公司广州分公司番禺分局
中国移动通信集团广东有限公司培训学院
中国联合网络通信有限公司广州市分公司白云区分公司
广东省阳江监狱五监区
广东农垦热带作物科学研究所天然橡胶良种苗木繁育中心
广东省地质局七〇六地质大队地质调查所
广东省乳阳林业局小水电公司
广东省建设工程质量安全监督检测总站安全生产考核业务室
广东省机场管理集团公司广州基地管理分公司民航广州子弟学校
华南蓝天航空油料有限公司广东分公司广州航空加油站
广州铁路（集团）公司广州车站客运车间
广州机务段高铁运用车间
广东省博大高速公路有限公司博深分公司
广汽日野汽车有限公司制造部重卡组装科最终线组
省国家安全厅科室一个

广东省总工会关于授予在2010年度劳动竞赛中涌现的先进集体和个人广东省五一劳动奖状、奖章和广东省工人先锋号的决定

（粤工总【2011】99号）
（2011年5月30日）

2010年以来，面对国际、国内复杂形势，全省各行各业广大职工在省委、省政府的坚强领导下，围绕建设一流工程和廉洁工

程、促进企业自主创新、节能减排和提高效益，立足岗位，提升技能，勇于创新，甘于奉献，掀起新一轮“在干中学、在学中练、在练中比、在比中创”的劳动竞赛热潮，为我省不断巩固和扩大应对国际金融危机冲击的成果，保持经济平稳较快发展，全面完成“十一五”规划各项目标任务，作出了重要的贡献，涌现出一批成绩显著的先进集体和个人。

为表彰先进，进一步动员和激励广大职工积极投身“当好主力军，建功‘十二五’”主题竞赛，为加快转型升级、建设幸福广东建功立业，省总工会决定：

一、授予在2010年度广东省十项工程劳动竞赛中获得模范集体称号的广东省公路建设有限公司南环段分公司等6个集体广东省五一劳动奖状；授予在2010年度广东省十项工程劳动竞赛中获得先进个人（模范企业家、模范科技工作者和模范工人）称号的广州地铁运营总部车务中心车厂调度员曾令相等29名个人广东省五一劳动奖章（名单见省十项工程劳动竞赛领导小组粤竞组【2011】7号文）。

二、授予在广东省第五届“省长杯”工业设计大赛中获得一等奖的佛山市顺德区艾万创新设计学研中心广东省五一劳动奖状；授予在2010年度广东省职工职业技能大赛中获得各工种决赛第一名的广东电网公司江门供电局输电部开平分部专责刘添胜等57名个人广东省五一劳动奖章（附件1）。

三、授予广东电网公司东莞供电局通信设备运维部等4个集体广东省工人先锋号（附件2）。

希望受到表彰的先进集体和个人发扬成绩，再接再厉，不断创造新的业绩。全省各行各业广大职工要以先进典型为榜样，深入贯彻落实科学发展观，紧扣科学发展这一主题，抓住加快转变经济发展方式这条主线，围绕加快转型升级、建设幸福广东这个核心，深入开展形式多样的创先争优劳动竞赛和岗位练兵、技术比武活动，奋发进取、扎实工作，为顺利实施我省“十二五”规划，当好推动科学发展、促进社会和谐的排头兵而努力奋斗！

附件：

1. 广东省五一劳动奖状、奖章获得者名单

2. 广东省工人先锋号名单

1. 广东省五一劳动奖状、奖章获得者名单

广东省五一劳动奖状获得者名单（1个）

佛山市顺德区艾万创新设计学研中心（获广东省第五届“省长杯”工业设计大赛一等奖）

广东省五一劳动奖章获得者名单（57名）

刘添胜	广东电网公司江门供电局输电部开平分部专责（广东省能源电力类高压线路架设工竞赛第一名）
赵崇志	广东电网公司江门供电局班组工程师（广东省能源电力类继电保护工竞赛第一名）
王辰劼（女）	深圳技师学院教研室主任（广东省会展设计师技能大赛第一名）
王　河	广州大学建筑设计研究院王河设计所副院长（广东省“岭南杯”装饰工程项目设计技能大赛第一名）
李　春	华南农业大学水利与土木工程学院建筑学系主任（广东省“岭南杯”室内装饰设计

职业技能大赛第一名）

黄春媛（女） 广东省城市建设技师学院实训指导老师（广东省水泥行业化学检验工技能大赛第一名）

吴智杰 广州珠江钢琴集团股份有限公司副厂长（广东省钢琴调律技能竞赛第一名）

刘林兵 中国农业银行广州东城支行高级综合柜员（首届金融系统职工业务技能大赛金融业务第一名）

何宗佩 中国大地财产保险股份有限公司广东分公司（首届金融系统职工业务技能大赛车险查勘定损业务第一名）

曾 箫（女） 中国人寿保险股份有限公司广东省分公司（首届金融系统职工业务技能大赛人身险客服回访业务第一名）

叶海顺 广东省粤西航道局海安航标与测绘所船长（广东省交通运输行业船舶甲板设备操作工职业技能竞赛第一名）

王 斌 中国移动通信集团广东有限公司东莞分公司高级网优技术主管（广东省通信网络管理员技能竞赛第一名）

关家华 广东电网公司佛山南海供电局九江供电所班员（广东省农网配电营业工职业技能竞赛第一名）

姜小龙 中国南方航空机务工程部沈阳维修基地航线部一车间副主任（中国南方航空股份有限公司机务工种技能大赛第一名）

刘新益 广东省九江酒厂有限公司新产品开发班长（广东酒类行业品酒师技能竞赛第一名）

杜 鑫 中国南方电网调峰调频发电公司天生桥水力发电总厂检修部高压试验室副主任（南方电网调峰调频发电公司高电压技术技能竞赛第一名）

林红敏（女） 广州市广百股份有限公司天河中怡分公司收银员（第四届“银联杯”广东省商业服务业收银员职业技能竞赛第一名）

马艺东 中国大酒店三厨（广东省烘焙行业西式面点师工种技能竞赛第一名）

周玉坚 佛山市顺德区嘉信幼儿园级长（广东省幼儿教师德育专业能力大赛第一名）

严 著 广东省输变电工程公司送电线路架设副专责（广东省输变电工程公司送电线路架设工技能竞赛第一名）

姚 睿 中国移动通信集团广东有限公司广州分公司中级核算管理（中国移动通信集团广东有限公司财务技能竞赛第一名）

王 琼（女） 中国联合网络通信有限公司广州市分公司客户服务经理（广东联通营销员技能竞赛第一名）

罗杰峰 中国联合网络通信有限公司广州市分公司基础网络负责人（广东联通机务员技能竞赛第一名）

颜永红（女） 中国电信股份有限公司10000号运营中心服务支撑

（中国电信广东公司10000号服务技能竞赛第一名）

毛　妍（女）　中国电信股份有限公司广州分公司营服中心经理（中国电信广东公司总机服务营销技能竞赛第一名）

陈　伟　中国铁通韶关分公司线务员（中国铁通广东分公司宽带接入技术竞赛第一名）

钟结莲（女）　中国人寿保险公司广州市分公司个险销售部副总经理（中国人寿广东省分公司个险销售管理人员技能竞赛第一名）

殷艺良　东莞市邮政局函件集邮分局名址信息中心副主任（广东省邮政系统邮政业务营销员技能竞赛第一名）

胡全兵　京珠高速公路广珠段有限公司驾驶员（广东省交通集团汽车客运驾驶员职业技能竞赛第一名）

李　艳（女）　广东汕汾高速公路有限公司收费员（广东省交通集团车辆通行费收费员职业技能竞赛第一名）

石振宇　佛山市顺德区艾万创新设计学研中心董事长（广东省第五届“省长杯”工业设计大赛第一名）

张金球　深圳技师学院实验员（广东省职业技能大赛加工中心操作工4轴第一名）

周金东　广州市机电高级技工学校教师（广东省职业技能大赛加工中心操作工5轴第一名）

蔡艳梅（女）　肇庆市旅游服务中心导游员（广东省职业技能大赛导游员第一名）

曾秋梅（女）　广东省高级技工学校教师（广东省职业技能大赛电子商务师第一名）

褚万春　深圳科诗特软件有限责任公司原画场景组长（广东省职业技能大赛动画设计师第一名）

吴　桥　广东轻工职业技术学院教师（广东省职业技能大赛广告设计师第一名）

邱朝领　广东火电工程总公司焊培中心副班长（广东省职业技能大赛焊工第一名）

吴惠燕（女）　广东省技师学院教师（广东省职业技能大赛计算机文字录入员第一名）

肖清雄　深圳市安创科技有限公司电气工程师（广东省职业技能大赛可编程序控制系统设计师第一名）

苏志和　广州市交通高级技工学校汽车专业一体化教师（广东省职业技能大赛汽车修理工第一名）

何晓凌　广东省轻工业高级技工学校教师（广东省职业技能大赛钳工第一名）

甘钊生　茂名职业技术学院教师（广东省职业技能大赛食品检验工第一名）

滕　超　广州市机电高级技工学校教师（广东省职业技能大赛数控车工第一名）

温树彬　广东省机械高级技工学校教师（广东省职业技能大赛数控铣工第一名）

李　灿（女）　广州市交通高级技工学校教学部长（广东省职业技能大赛物流师第一名）

刘　军　中国石化销售有限公司华南分公司科员（广东省职业技能大赛油气管道保护工第一名）

陈冬梅（女）　广东白云学院教师（广东省职业技能大赛服装制作工第一名）

廖伟雄　广州市番禺区祈福药膳坊行政总厨（广东省职业技能大赛中式烹调师第一名）

林　骏　茂名市南粤科技学校教师（广东省职业技能大赛家电装配工第一名）

郑立波　四会印象敦煌玉雕工作室艺术总监（广东省职业技能大赛玉雕工艺第一名）

蔡树容（女）　广州市旅游职业学校烹饪实习指导老师（广东省职业技能大赛中式面点师第一名）

吴　浩　中山市琪朗灯饰厂检测部主管（广东省职业技能大赛灯具制作工第一名）

熊　茂　广州文冲船厂有限责任公司总装部吊运课叉车司机（广东省职业技能大赛叉车司机第一名）

吴文威　中山市环境监测站监测员（广东省广州亚运会环境质量保障监测技术比武暨全国环境监测专业技术人员大比武选拔赛第一名）

周利华　深圳市燃气集团股份有限公司输配分公司抢修队长（“燃协杯”首届全国燃气行业职业技能竞赛广东省选拔赛第一名）

钟美英（女）　广东省五华县气象局副局长（第五届全国气象行业职业技能竞赛广东选拔赛个人全能第一名）

2. 广东省工人先锋号名单（4个）

广东电网公司东莞供电局通信设备运维部

广东电网公司佛山南海供电局

广东电网公司江门供电局变电部继保班

广东电网公司江门供电局输电部开平分部维护检修班

广东省总工会关于授予“广东省基层工会工作红旗单位”广东省五一劳动奖状、“广东省优秀工会工作者标兵”广东省五一劳动奖章的决定

（粤工总【2011】209号）

（2011年11月22日）

近年来，全省各级工会组织紧紧围绕全省工作大局，以服务科学发展、服务职工群众及推动“两个普遍”为主要内容，积极开展党工共建创先争优活动，取得了积极进展，涌现出一批工作成绩优异、深受职工群众信赖的先进集体和先进个人。为表彰先进，树立榜样，激发各级工会组织和广大职工促进社会和谐稳定、服务幸福广东建设的积极性和主动性，广东省总工会决定，授予广州医药集团有限公司工会委员会等10个荣获“广东省基层工会工作红旗单位”称号的先进集体广东省五一劳动奖状，授予深圳市宝安区总工会主席邓桂洪等10名荣获“广东省优秀工会工作者标兵”称号的先进个人广东省五一劳动奖章。

希望受到表彰的先进集体和先进个人珍

惜荣誉，再接再厉，再创佳绩，再立新功。全省各级工会组织和广大职工要以他们为榜样，认真学习贯彻党的十七届六中全会和胡锦涛同志“七一”重要讲话精神，深入贯彻落实科学发展观，继续解放思想，坚持改革开放，充分发挥工人阶级主力军作用，为努力当好推动科学发展、促进社会和谐的排头兵作出新的更大贡献！

附件：

1. 广东省五一劳动奖状获得者名单
2. 广东省五一劳动奖章获得者名单

1. 广东省五一劳动奖状获得者名单（10个）

广州医药集团有限公司工会委员会
金羚电器有限公司工会委员会
潮州市创佳集团有限公司工会委员会
中国教育工会暨南大学委员会
广东省人民医院工会委员会
广东省梅州监狱工会委员会
深圳市地方税务局工会委员会
珠海亿邦制药股份有限公司工会委员会
广东省宜华企业（集团）有限公司工会委员会
广州白云国际机场股份有限公司航空物流服务分公司工会委员会

2. 广东省五一劳动奖章获得者名单（10名）

邓桂洪 深圳市宝安区总工会主席
曾繁明 肇庆高新技术产业开发区总工会主席
刘辉联 广州汽车集团股份有限公司党委委员、董事、工会主席
叶春芳 河源市和平县总工会常务副主席
金玉华（女） 三洋马达科技（东莞）有限公司工会主席
彭妙泉 中核韶关金宏铀业有限责任公司纪委书记、工会主席
辛钢平 中国电信广东省工会副主席
邹国容 佛山市禅城区张槎街道总工会主席
甘捷珊（女） 广东海事局工会主席
唐志强 广东省建筑工程集团有限公司工会副主席

中华全国总工会关于表彰全国五一劳动奖状、全国五一劳动奖章和全国工人先锋号的决定

（2011年4月28日）

2010年，面对复杂多变的国内外环境，全国广大职工在党中央、国务院的坚强领导下，团结一心、开拓进取，在汶川地震灾后恢复重建，成功举办上海世博会、广州亚运会，战胜青海玉树强烈地震、甘肃舟曲特大山洪泥石流等重大自然灾害，有效巩固和扩大应对国际金融危机冲击成果等方面，充分发挥了主力军作用，为我国经济建设、政治建设、文化建设、社会建设以及生态文明建设和党的建设作出了突出贡献，涌现出一批先进集体和先进个人。为弘扬先进，树立榜样，进一步引导和激励广大职工为推动科学发展、加快转变经济发展方式创先争优建功立业，中华全国总工会决定，授予北京稻香村食品有限责任公司等306个单位全国五一劳动奖状，授予张权等1221名职工全国五一劳动奖章，授予北京榆构有限公司预制混凝土工程技术研究中心等1075个集体全国工人先锋号。

希望受到表彰的先进集体和先进个人珍惜荣誉，再接再厉，继续发扬工人阶级艰苦奋斗、甘于奉献的光荣传统，在各自的工作岗位上取得新的业绩，为党和人民再立新功。全国广大职工要以先进集体和先进个人

为榜样，立足本职、争创一流、多作贡献，紧密团结在以胡锦涛同志为总书记的党中央周围，以邓小平理论和“三个代表”重要思想为指导，深入贯彻落实科学发展观，大力弘扬工人阶级伟大品格和劳模精神，积极参加“当好主力军、建功‘十二五’”创先争优建功立业劳动竞赛，坚定信心、团结拼搏，开拓创新、扎实工作，为“十二五”时期开好局、起好步贡献力量，继续推进中国特色社会主义伟大事业，以优异的成绩迎接中国共产党成立 90 周年！

附件：广东省 2011 年全国五一劳动奖状、全国五一劳动奖章和全国工人先锋号获得者名单

广东省 2011 年全国五一劳动奖状获得者名单（19 个）

广东电网公司广州供电局
广州市越秀区地方税务局
深圳华大基因研究院
珠海汉胜科技股份有限公司
华能国际电力股份有限公司海门电厂
佛山市海天（高明）调味食品有限公司
梅县雁南飞茶田有限公司
广东唯美陶瓷有限公司
广东耀南建筑工程有限公司
湛江市邮政局
中山大学附属第一医院
中国人寿保险股份有限公司广东省分公司
中国建筑第四工程局有限公司
广东梁亮建筑工程有限公司
中交广州航道局有限公司
罗定市人民医院
深圳市中金岭南有色金属股份有限公司凡口铅锌矿
中国铁通集团有限公司深圳分公司
广东省监狱管理局

广东省 2011 年全国五一劳动奖章获得者名单（70 人）

卢如西　广东威创视讯科技股份有限公司总工程师
凌京蕾（女）　广州广重企业集团有限公司技术中心副主任
刘圣庆　中国联通广州市分公司动力维护室主任
曹　杰　广州市第一人民医院副院长
黄家武　广州市好迪化妆品有限公司董事长、总经理
刘　捷　广州市海珠区人民政府副区长
陈　灏　广州广船国际股份有限公司副总设计师
周国丰　中科华核电技术研究院有限公司主任助理
吴　淳　北京大学深圳医院心内科副主任
邱韶华　深圳市盛波光电科技有限公司副总经理
李振宇　深圳远洋运输股份有限公司总经理
肖礼理　富士康科技集团组长
欧大江　深圳市燃气集团股份有限公司总裁
李爱华（女）　珠海金山软件有限公司质量总监
魏良荣　珠海市人民检察院副检察长
庄宜生　汕头市公安局巡警支队三大队副主任科员
王　东　中国建设银行股份有限公司汕头市分行人力资源部经理
马武雄　广东电网汕头潮阳供电局局长
黄礼伟　广东韶关钢铁集团有限公司第三炼钢厂工段长
徐　毅　深圳市中金岭南丹霞冶炼厂厂长
邓之敏　河源市源城区人民医院副

院长
黄文中　广东电网河源和平供电局总工程师
陈丹青（女）　梅州市人民医院人事科长
何全君　广东鸿源集团有限公司监事
梁志强　中国移动通信集团广东有限公司惠州分公司总经理
钟　期　惠州市百业品高装饰材料有限公司营销策划部主任
王　平（女）　乐金电子（惠州）有限公司安全主管
祁沛枝　东莞市东江水务有限公司抢修队队长
袁锦波　东莞市常平镇总工会主席
许玉英（女）　东莞新洲印刷有限公司薪酬主管
余元龙　中山市人民医院院长
张　潮　中山市博物馆馆长
黄深言　中国移动通信集团广东有限公司中山分公司业务员
林振然　江门市鹤山公路局工程股副股长
吴细源　中共江门市委组织部科长
黄建飞　江门华尔润玻璃有限责任公司工人
崔汉彬　广东省九江酒厂有限公司技术部经理
卢鹏飞　广东省佛山市三水区华侨中学教师
李培涛　广东昭信平洲电子有限公司部长助理
岑　娜（女）　阳江市阳东县邮政局业务管理员
谢日升　阳春市中医院党支部副书记
张会忠　高州市中医院骨伤科主任
胡乃元　中石化茂名分公司化工分部乙二醇车间主任
崔真基　广东正域投资集团有限公司董事长
黄凯文　中海石油（中国）有限公司湛江分公司钻采专家
揭　曦　广东电网湛江雷州供电局局长
林群生　陆丰市龙山中学校长
苏　萍（女）　海丰县政协办公室干部
覃小俊　广东省德庆县体育培训中心乒乓球教练
钟文辉　中国电信股份有限公司肇庆分公司市场部经理
张国辉　中国铁建十六局集团第二工程有限公司项目经理
李炳房（瑶族）　阳山县邮政局秤架支局投递员
钟朝武　英德市第一中学教师
陈根本　潮安县庵埠华侨医院内科主任
方卫玲（女）　潮州市湘桥区城基中学校长
郑松标　揭阳市公路局局长
吴克新　揭阳市富新旧村改造投资有限公司“三旧”改造项目办公室主任
张　通　云浮广业硫铁矿集团有限公司磨浮车间主任
张日桐　罗定市国土资源局局长
刘景进　广东康宝电器有限公司五金包装车间主任
郑希新　广州海关缉私局侦查一处三科副科长
李灼华　东莞市公安局刑警支队队长
郑炽钦　广东实验中学校长
谭立心　广东省长大公路工程有限公司项目经理
卜育才　广东中远船务工程有限公司主任设计师
张潇潇（女）　广东省拱北中旅集团有限公司导游
陈劲松　广东省输变电工程公司队长

黄润怀　　中国电信广东分公司企业信息化运营中心应用开发室经理

姚淑琴（女）　　广州白云国际机场股份有限公司安检护卫部安检分队长

陈德宝　　广东省胜利农场工人

广东省2011年全国工人先锋号名单（55个）

广州市自来水公司西村水厂
广州市红日燃具有限公司模具部
广州日报社政文新闻中心
广州港集团有限公司拖轮分公司“穗港22”轮
广汽本田汽车有限公司生产一部焊装一科总成Ⅰ系AB1班
广州市国土资源和房屋管理局广州市解决历史遗留的办理房地产证问题办公室
深圳市高新奇科技股份有限公司维修班组
深圳航空有限责任公司维修工程部
中国烟草总公司深圳分公司深圳烟草物流中心
中建三局建设工程股份有限公司（粤）深圳湾体育中心项目经理部
中国平安人寿保险股份有限公司深圳分公司深圳客户服务中心
珠海市急救指挥中心调度科
广东电网公司汕头供电局变电巡维部继电保护一班
韶关市汽运集团有限公司韶关汽车客运西站
广东粤电新丰江发电有限责任公司发电部
广东中烟工业有限责任公司梅州卷烟厂卷接包车间
中国银行股份有限公司惠州分行公司业务部
东莞市社会保障局医疗生育保险科
广东腾骏动物药业股份有限公司生产部
江门市大长江集团有限公司压铸一班
佛山市燃气集团股份有限公司禅城燃气分公司客户服务部客户中心
广东省阳西县国家税务局纳税服务股
广东电网公司茂名供电局试验研究所高压试验班
广东省水产经济动物病原生物学及流行病学重点实验室
广东电网公司汕尾供电局500kv茅湖变电站
肇庆高新技术开发区地方税务局办税服务大厅
清远市清城区地方税务局洲心税务分局
中国移动通信集团广东有限公司潮州分公司城新服务厅
中国移动通信集团广东有限公司揭阳分公司网络维护中心网络监控室
宝嘉制衣厂（云浮）有限公司板组
佛山市新协力的士有限公司刘磊车队
广东省质量技术监督局食品生产监管处
广东省储备粮管理总公司顺德直属库
中山市人民检察院民事行政检察科
南方医科大学后勤保障服务中心饮食管理服务部
广东省高速公路有限公司京珠北分公司粤北收费站
广东省佛山航道局禅城航标与测绘所城区航道站
交通运输部广州打捞局“华天龙”工程船
中交广州航道局有限公司“万顷沙”轮
广东省燃料公司进出口部
广东省医药进出口公司进出口部
广东烟草广州市有限公司物流配送中心
广东电网公司佛山供电局通信设备运维部
中国移动通信集团广东有限公司客户服务部
中国联合网络通信有限公司深圳市分公司网络优化中心无线规划室
广东省机场管理集团公司工程建设指挥部航站区土建工程部
广东省地质局七零四地质大队地质矿产调查所
广东省城乡规划设计研究院规划一所

广州市刑事科学技术研究所
广东省国土资源厅大地测量队
中国电信股份有限公司深圳分公司宝安区分公司
广州远洋运输有限公司“乐从”轮
佛山石湾鹰牌陶瓷有限公司研发中心
玖龙纸业（控股）有限公司集团环保节能部
广东省三叶农场三家分场1队

广东省总工会关于对获得2011年广东省五一巾帼奖的集体和个人授予广东省五一劳动奖状、奖章的决定

（粤工总【2011】18号）
（2011年3月1日）

2010年以来，全省广大女职工在推动科学发展、促进社会和谐的进程中作出了积极的贡献，涌现出一批深入实施珠三角《规划纲要》，大力推进“三促进一保持”，坚定不移调结构，脚踏实地促转变，扎扎实实惠民生的先进集体和个人。为弘扬工人阶级的伟大品格，动员全省广大女职工为加快转型升级、建设幸福广东多作贡献，广东省总工会决定对深圳巴士集团股份有限公司龙岗优质服务队等5个获得广东省五一巾帼奖的先进集体授予广东省五一劳动奖状，对孙晓霞等5名获得广东省五一巾帼奖的先进女职工授予广东省五一劳动奖章。

希望受表彰的先进集体和个人，发扬成绩，再接再厉，不断取得新成绩，作出新贡献。希望全省广大女职工以受表彰的先进集体和个人为榜样，高举中国特色社会主义伟大旗帜，以邓小平理论和“三个代表”重要思想为指导，深入贯彻落实科学发展观，在实施女职工提升素质、建功立业工程中，进一步焕发创造活力和劳动热情，爱岗敬业，锐意进取，努力奋斗，为促进广东经济社会协调发展作出新的贡献。

附件：

1. 广东省五一劳动奖状获得者名单
2. 广东省五一劳动奖章获得者名单

1. 广东省五一劳动奖状获得者名单（5个）

深圳巴士集团股份有限公司龙岗优质服务队
湛江市妇幼保健院儿科（新生儿科）
中国移动广东有限公司客户服务（佛山）中心
佛山市南海区邮政局大沥分局大沥营业部
广东省女子监狱

2. 广东省五一劳动奖章获得者名单（5名）

孙晓霞　广州市国土房管局海珠区分局局长
邓　婵　珠海市卫生学校校长
袁利群　美的集团有限公司会计师
吴　玲　汕头市潮阳区公安分局看守所副所长
张朝璟　南雄市人口和计划生育局副局长

广东省总工会关于授予在深圳大运会供电运行保障工作中作出突出贡献单位广东省五一劳动奖状的决定

（粤工总【2011】205号）
（2011年11月24日）

2011年8月12日至23日，举世瞩目的第26届世界大学生夏季运动会在广东省深圳市成功举办。大运会期间，电力行业按照广东省委、省政府和国家电监会的统一部署，全力以赴、团结拼搏，扎实有序地开展

工作，圆满完成了大运会的供电保障任务，为深圳大运会的成功举办作出了突出的贡献，涌现出一批供电运营保障先进集体。为表彰先进，激励电力企业和广大职工锐意进取、顽强拼搏，为加快转型升级、建设幸福广东作出新贡献，广东省总工会决定：授予广东电网公司深圳供电局、广东电网公司生产技术部、深圳能源集团股份有限公司三个单位广东省五一劳动奖状。

希望受表彰的单位珍惜荣誉，再接再厉，不断弘扬好传统、创造新业绩、作出新贡献。全省广大职工要以先进为榜样，不断增强责任感和使命感，肩负起时代赋予的重任，努力开拓进取、扎实工作，为顺利实施我省“十二五”规划，当好推动科学发展、促进社会和谐的排头兵而努力奋斗！

广东省总工会关于授予荣获第三届全省先进保安服务公司、优秀保安员称号的先进集体和优秀个人广东省五一劳动奖状、广东省五一劳动奖章的决定

（粤工总【2011】216号）

（2011年12月12日）

近年来，在党中央、国务院和省委、省政府的关心支持下，我省保安服务业和保安员队伍取得了长足的发展，在维护社会治安、服务经济社会发展中发挥着越来越重要的作用，涌现出一批群众公认、客户满意、服务优质、社会贡献突出的先进集体和优秀个人。为表彰先进，进一步激励保安服务业和保安员队伍的健康发展，广东省总工会决定授予荣获“第三届广东省先进保安服务公司”称号的广州经济开发区保安服务公司等2个先进集体广东省五一劳动奖状，授予荣获“第三届广东省优秀保安员”称号的牟新利等5名优秀个人广东省五一劳动奖章。

希望受到表彰的先进集体和优秀个人发扬成绩，再接再厉，为党和人民多作贡献、再立新功。全省广大职工要以受表彰的先进集体和个人为榜样，大力弘扬工人阶级伟大品格和劳模精神，充分发挥主力军作用，在加快转型升级、建设幸福广东和实现广东“十二五”规划目标任务的进程中建功立业，为推动科学发展、促进社会和谐作出新的更大的贡献！

附件：广东省五一劳动奖状和广东省五一劳动奖章获得者名单

广东省五一劳动奖状获得者名单（2个）

广州经济技术开发区保安服务公司

中山市保安服务总公司

广东省五一劳动奖章获得者名单（5名）

牟新利	中山市保安服务总公司
陈　锐	深圳市福田区保安服务公司
邹　宏	广州市地铁保安服务有限公司
李彬彬	深圳市保安服务公司
吕定川	中国海洋石油南海西部公司保卫处

广东省总工会关于向全国“安康杯”竞赛优胜单位颁发广东省五一劳动奖状的决定

（粤工总【2011】101号）

（2011年5月31日）

近年来，在全国的“安康杯”竞赛活动中，各地相继涌现出一批连续三年荣获全国“安康杯”竞赛优胜单位称号的安全生产先进单位，为全省安全生产形势的好转起到了

引领和示范推动作用。为表彰先进，激励全省企事业单位和广大职工为实现安全生产形势的进一步好转和“十二五”规划的顺利实施建功立业，广东省总工会决定，向连续三年以上获得全国“安康杯”竞赛优胜单位称号的广东电网公司江门鹤山供电局、广东省源大水利水电集团有限公司、中国航油华南蓝天航空油料有限公司广东分公司颁发广东省五一劳动奖状。

希望受到表彰的单位珍惜荣誉，再接再厉，在全国“安康杯”竞赛活动中再创佳绩，为广东省安全生产形势的稳定和好转作出新的贡献。全省各地、各企事业单位要向先进单位学习，以邓小平理论和“三个代表”重要思想为指导，深入贯彻落实科学发展观，严格执行国家关于安全生产的法律法规和《国务院关于进一步加强安全生产工作的决定》，坚持“安全第一、预防为主、综合治理”的方针，积极参加全国“安康杯”竞赛活动，不断加强安全生产管理，组织广大职工努力学习和掌握安全生产知识，遵守安全生产法律、法规和劳动纪律，为推动安全生产形势的进一步好转和“十二五”规划的顺利实施作出新的更大的贡献，以优异成绩迎接建党90周年！

广东省总工会关于授予工业系统开展“职工有困难找工会”活动成绩突出的先进集体广东省五一劳动奖状的决定

（粤工总【2011】33号）

（2011年3月10日）

2010年，我省工业工会系统广大基层工会组织大力开展“职工有困难找工会”、“农民工有困难找工会”活动，紧紧围绕职工群众最关心、最直接、最现实的利益，坚持从实际出发，突出特色，主动、依法、科学地做好职工合法权益的维护工作，极大地促进了企业的和谐稳定，充分发挥了基层工会组织的作用，得到了省委和全总的高度肯定。“职工有困难找工会”已经成为广东工会闪亮的工作品牌。

为表彰2010年度在“职工有困难找工会”活动中成绩突出的先进集体，省总工会决定，授予广东省建工集团源天工程公司工会、中石化广州分公司工会、广东电网输变电公司工会广东省五一劳动奖状。

希望受到表彰的先进集体发扬成绩，再接再厉，创造更佳业绩。全省各基层工会要以先进模范为榜样，进一步激发活力，发挥作用，认真结合实际，不断开拓创新，叫响做实，全面深化“职工有困难找工会”、“农民工有困难找工会”活动，真心实意为职工服务，真抓实干为职工办事，真正把为困难职工办实事好事的工作推上新的台阶。

广东省总工会关于授予中海货运“嘉轮山”轮广东省五一劳动奖状的决定

（粤工总【2011】84号）

（2011年5月5日）

近年来，“嘉轮山”轮针对印度洋、亚丁湾、马六甲海盗活动猖獗的特点，反复培训演练，提高船员的防范意识和应变能力，认真做好保护船员生命和国家财产安全的准备工作。特别是2011年2月1日14时30分，在抗击海盗母船袭击时，全体船员在船长带领下，与海盗斗智斗勇，熟练运用平时的防海盗技法，临危不惧，英勇抵抗。“嘉轮山”轮全体船员以强烈的政治责任感和主人翁精神，成功地保护了全体船员的生命和国家财产，充分展示了中国海员良好的职业素养和英勇善战的革命斗志。为表彰“嘉轮山”轮全体船员勇斗海盗的事迹，广东省总工会决定授予“嘉轮山”轮广东省五一劳动奖状。

希望受到表彰的“嘉轮山”轮全体船员，珍惜荣誉，戒骄戒躁，发扬成绩，再接再厉，充分发挥模范先进作用。

广东省总工会号召全省广大职工向“嘉轮山”轮船员学习，以模范先进为榜样，发扬工人阶级爱岗敬业、甘于奉献、艰苦创业、开拓创新的精神，在奋力推进“加快转型升级、建设幸福广东”、全面建设小康社会的伟大实践中作出新的更大的贡献。

广东省总工会关于授予中远航运公司“乐从”轮广东省五一劳动奖状的决定

（粤工总【2011】96号）

（2011年5月24日）

中远航运公司“乐从”轮，多年来坚持“安全第一、优质服务”的宗旨，屡创佳绩，赢得上级和有关部门的认可和赞誉。尤其是近几年索马里海盗日益猖獗，“乐从”轮作为一艘长期从事该航线运输的远洋货轮，认真做好防抗海盗工作，在多次遭遇海盗的袭扰时，英勇抗击，直面较量。2010年11月5日，他们又再次与海盗遭遇，在历时两个小时的较量中，全副武装的海盗利用步枪、手枪、冲锋枪及散弹枪进行疯狂扫射，还先后向“乐从”轮发射了四枚火箭弹，船员们用钛雷、土枪、弹弓、啤酒瓶、方木、卸扣、卡拉姆等进行奋勇还击，迫使海盗船始终不能靠近我船。“乐从”轮一船员身中两弹，仍顽强抵抗，毫不畏惧。五个回合的激烈较量后，海盗见“乐从”轮船员毫不畏惧、顽强抵抗，最终放弃。此次对海盗的成功抗击为我国避免了2.7亿元的直接损失。

“乐从”轮船员的英勇壮举谱写了一曲以弱胜强的胜利凯歌，也充分体现出在危急时刻，我们“浮动国土”上的基层党组织、工会组织是具有号召力和凝聚力的坚强战斗堡垒！为表彰他们的英勇行为，广东省总工会决定授予“乐从”轮广东省五一劳动奖状。

希望“乐从”轮全体船员，珍惜荣誉，戒骄戒躁，再接再厉。全省广大职工要以“乐从”轮船员为榜样，充分发扬工人阶级爱岗敬业、甘于奉献、努力拼搏、不畏强暴的精神，在奋力推进“加快转型升级、建设幸福广东”和全面建设小康社会的伟大实践中作出新的更大的贡献！

统计

2011 广东基层表汇总表

表 1

工会组织建设状况

分组	基层工会	独立基层工会	联合基层工会	基层工会涵盖单位	职工	女性	农民工	女性农民工	工会会员	女性	农民工	女性农民工
	个	个	个	个	人	人	人	人	人	人	人	人
指标序号		c904＝1	c904＝2	z001	z002	z003	z004	z005	z006	z007	z008	z009
总计	213389	203226	10163	612321	25632870	11632692	13295173	6142033	22614326	10560564	12097708	5538787
(110)国有企业(仅指非公司制企业，不包括国有独资公司、国有控股公司)	5644	5467	177	10695	1141016	362708	197583	53784	977712	327141	156905	46024
(120)集体企业	5871	5543	328	15352	625659	279456	291363	133516	562973	256434	267867	122474
(130)股份合作企业	1781	1712	69	4663	427066	154217	233012	79358	393113	141200	215688	71242
(140)联营企业	332	306	26	1939	65470	29366	37223	18053	46103	18798	22984	10803
(151)国有独资公司	723	700	23	1296	189535	65288	43563	14907	168240	60215	31727	11650
(159)其他有限责任公司	11104	10965	139	16425	951347	424925	459255	225975	867655	403018	433355	213970
(161)股份有限公司中的国有控股公司	1026	986	40	12145	423592	150833	108585	36545	394146	140124	99215	31646
(169)其他股份有限公司	1617	1558	59	4516	407973	170594	200889	91260	374053	156935	186471	84087
(170)私营企业	113998	108840	5158	289107	8696481	3657496	4761137	2044973	7695794	3358984	4439902	1896342
(190)其他内资企业	1129	1000	129	3741	188910	87436	130900	72675	170999	81137	121554	68041
(200)港澳台商投资企业	17956	17096	860	53893	4247581	2240898	3017013	1673508	3586265	1923673	2618875	1452538
(300)外商投资企业	15753	15520	233	54394	4504290	2322372	2925105	1282362	3968052	2111160	2687730	1147937
(401)财政拨款的事业单位	10363	9742	621	21244	1125837	593452	83027	39570	1064015	573778	77068	36899
(402)其他事业单位	6805	6166	639	26116	814463	382644	159891	78462	729253	356314	143413	70196
(500)机关	7888	7347	541	15971	739516	266024	101640	48250	684679	249486	99415	47168
(600)个体经济组织	11399	10278	1121	80824	1084134	444983	544987	248835	931274	402167	495539	227770
(701)乡镇街道基层工会												
(702)社区工会												
(703)村工会												
(704)其他工会组织形式												

表 2

工会组织建设状况

分组	专职工会工作人员	女性	专职工会工作人员年龄构成			专职工会工作人员文化程度构成				
			35岁及以下	36岁～50岁	51岁及以上	研究生	大学本科	大专	高中(中专、中技)	初中及以下
	人	人	人	人	人	人	人	人	人	人
指标序号	z010	z011	z012	z013	z014	z015	z016	z017	z018	z019
总计	48157	17058	22582	19684	5891	1214	11159	16330	13682	5772
(110)国有企业(仅指非公司制企业,不包括国有独资公司、国有控股公司)	3422	1419	611	1903	908	91	1010	1302	832	187
(120)集体企业	1372	497	626	570	176	6	122	407	554	283
(130)股份合作企业	1416	269	748	580	88	54	650	460	214	38
(140)联营企业	87	59	14	49	24	10	20	28	18	11
(151)国有独资公司	481	217	106	246	129	23	195	206	54	3
(159)其他有限责任公司	2019	690	969	856	194	75	274	765	766	139
(161)股份有限公司中的国有控股公司	1287	464	421	615	251	64	580	462	129	52
(169)其他股份有限公司	601	193	264	281	56	32	170	239	143	17
(170)私营企业	13004	5294	6350	5426	1228	241	2312	4637	4342	1472
(190)其他内资企业	717	252	597	104	16		3	47	263	404
(200)港澳台商投资企业	8184	2525	4833	2596	755	145	1040	2016	2916	2067
(300)外商投资企业	6380	1787	3662	2141	577	189	2076	2049	1458	608
(401)财政拨款的事业单位	2858	930	1069	1304	485	130	1005	1188	410	125
(402)其他事业单位	2470	1025	1106	1107	257	22	600	953	714	181
(500)机关	3106	1136	782	1636	688	96	1018	1362	490	140
(600)个体经济组织	753	301	424	270	59	36	84	209	379	45
(701)乡镇街道基层工会										
(702)社区工会										
(703)村工会										
(704)其他工会组织形式										

表 3 **工会组织建设状况**

分组	兼职工会工作人员		有女职工的工会数	女职工组织的覆盖率	本级工会建立女职工组织			本级工会女职工工作人员	
		女性						专职	兼职
	人	人	个	建立女职工委员会		设立女职工委	未建立	人	人
指标序号	z020	z021			z022	z022	z022	z023	z024
总计	600474	217527	196541	86.94%	133675	37191	40064	10097	231721
(110)国有企业(仅指非公司制企业,不包括国有独资公司、国有控股公司)	24062	8173	5478	91.42%	3806	1202	586	926	7828
(120)集体企业	15321	5505	5403	88.43%	3892	886	1048	226	6099
(130)股份合作企业	5447	1889	1748	85.01%	1181	305	292	178	2426
(140)联营企业	1138	364	325	84.92%	207	69	54	8	355
(151)国有独资公司	3585	1534	713	83.59%	471	125	126	99	1133
(159)其他有限责任公司	26673	8591	10901	88.58%	6704	2952	1432	346	12056
(161)股份有限公司中的国有控股公司	7011	2929	1005	94.33%	845	103	77	388	2194
(169)其他股份有限公司	5048	2009	1583	82.12%	1018	282	315	115	1869
(170)私营企业	256900	86125	100593	85.99%	67112	19383	25426	3032	104148
(190)其他内资企业	5730	1906	1108	90.16%	692	307	124	31	1732
(200)港澳台商投资企业	59392	22705	17409	81.88%	11026	3229	3659	1628	22227
(300)外商投资企业	70910	27189	14664	90.60%	11827	1459	2339	1092	22178
(401)财政拨款的事业单位	39284	16993	10210	92.41%	7571	1864	928	610	15211
(402)其他事业单位	24481	9720	6674	91.58%	5050	1062	688	635	9790
(500)机关	30068	12000	7794	90.84%	5562	1518	807	644	10551
(600)个体经济组织	25424	9895	10933	83.75%	6711	2445	2163	139	11924
(701)乡镇街道基层工会									
(702)社区工会									
(703)村工会									
(704)其他工会组织形式									

表 4

工会保障工作

分组	工会所在单位本年度经济性裁员		工会所在单位拖欠工资				工会所在单位月工资水平低于当地最低工资	本年度领导干部联系生活困难职工户活动	
	裁员人数	得到经济性补偿	涉及职工	涉及农民工	拖欠金额	拖欠农民工金额		参加活动的领导干部	联系的困难职工家庭
	人	人	人	人	元	元	人	人	户
指标序号	b001	b002	b003	b004	b005	b006	b007	b008	b009
总计	27904	13920	13039	1758	61933674	3109140	11199	45565	57758
(110)国有企业(仅指非公司制企业，不包括国有独资公司、国有控股公司)	2534	592	6897	33	32692620	264001	6524	6225	13245
(120)集体企业	642	346	1993	31	11910157	55500	2413	1481	2772
(130)股份合作企业	353	6					2	1281	2454
(140)联营企业	13	4						149	91
(151)国有独资公司	112	110					51	989	1547
(159)其他有限责任公司	408	226	17		110000		12	1126	1485
(161)股份有限公司中的国有控股公司	672	50					3	1798	4025
(169)其他股份有限公司	84	35	135		238700		10	588	934
(170)私营企业	4503	926	49	1	16068	2068	241	5301	5305
(190)其他内资企业	51	51					500	193	100
(200)港澳台商投资企业	9939	6378	224	205	817446	747571	187	2950	3344
(300)外商投资企业	5527	4117					92	7247	3624
(401)财政拨款的事业单位	1706	435	132		3308783		304	7398	7289
(402)其他事业单位	288	197	1946	88	10701900	500000	743	2965	3369
(500)机关	325		46		138000		62	5621	7806
(600)个体经济组织	747	447	1600	1400	2000000	1540000	55	253	368
(701)乡镇街道基层工会									
(702)社区工会									
(703)村工会									
(704)其他工会组织形式									

表 5

工会保障工作

分组	工会送温暖工程工作			工会所在单位离退休人员	工会所在单位参加社会保险的人数						
	建立了送温暖工程基(资)金	没有建立送温暖工程基(资)金	送温暖工程基(资)金结存额		养老保险		医疗保险		工伤保险	失业保险	生育保险
					在职	退休	在职	退休			
	个	个	元	人	人	人	人	人	人	人	人
指标序号	b010	b010	b011	b012	b013	b014	b015	b016	b017	b018	b019
总计	5562	194944	233278939	1151952	10645919	651025	10921996	720205	10851830	7326134	5198770
(110)国有企业(仅指非公司制企业，不包括国有独资公司、国有控股公司)	439	5115	34985633	383485	755554	279463	742460	290981	693350	660111	576257
(120)集体企业	158	5574	1587985	72449	236563	44569	243435	51249	260435	162150	100024
(130)股份合作企业	73	1531	8641561	22978	186740	19436	184546	5720	120088	84801	68596
(140)联营企业	4	322	3574	1575	24134	1482	23662	1471	25826	21357	20495
(151)国有独资公司	84	638	11585910	44600	155196	24503	159409	32099	158318	148853	146431
(159)其他有限责任公司	193	6569	2923984	28889	356437	15180	355829	17155	399300	260341	183857
(161)股份有限公司中的国有控股公司	122	904	12230024	158377	348301	39818	341655	42935	340099	337003	308677
(169)其他股份有限公司	73	1504	45786719	12874	178017	11164	177346	11413	235622	209328	86530
(170)私营企业	1900	106278	15177765	52066	2465561	11663	2401309	13069	2383025	1635690	1188715
(190)其他内资企业	12	1116	159716	552	59224	213	40326	213	64139	26344	16310
(200)港澳台商投资企业	707	17076	6398609	16004	2095275	10390	2352969	12179	2555860	1494907	754960
(300)外商投资企业	419	14928	56558383	16273	2152638	6845	2311051	6941	2445799	1234148	889176
(401)财政拨款的事业单位	593	9667	4231440	180002	655906	98247	633365	119031	412982	446854	333015
(402)其他事业单位	311	6486	10634011	78407	425751	46190	402782	60383	328831	262557	201334
(500)机关	388	7481	22167705	81659	325591	41344	321639	54284	191899	158794	166782
(600)个体经济组织	86	9755	205920	1762	225031	518	230213	1082	236257	182896	157611
(701)乡镇街道基层工会											
(702)社区工会											
(703)村工会											
(704)其他工会组织形式											

表 6

工会保障工作

分组	参加本单位工会开展的职工互助互济保障活动人数	医疗	特殊疾病	意外伤害	本年度从职工互助互济保障活动中获得经济资助 人数	金额	工会所在单位是否已参加住房公积金 是	否
	人	人	人	人	人	元	个	个
指标序号	b020	b021	b022	b023	b024	b025	b026	b026
总计	1388037	410137	303462	227709	58897	67726131	29025	156065
(110)国有企业(仅指非公司制企业，不包括国有独资公司、国有控股公司)	226999	96778	67141	46043	11072	17789743	2482	3056
(120)集体企业	7919	3480	1829	1471	466	527406	873	4806
(130)股份合作企业	11556	5092	3322	3347	790	917122	319	1285
(140)联营企业	342	38	5	4	35	40283	26	300
(151)国有独资公司	52333	24526	21005	10590	2290	5545233	470	252
(159)其他有限责任公司	44271	20803	15768	12991	966	1928778	839	5917
(161)股份有限公司中的国有控股公司	129282	26443	23764	16291	5579	6481614	577	436
(169)其他股份有限公司	35750	19792	5497	5009	4123	1174081	266	1298
(170)私营企业	66421	29745	19785	16563	6857	6592421	7120	86518
(190)其他内资企业	631	102	10	12	25	45900	111	1015
(200)港澳台商投资企业	158736	48122	51920	54106	14604	4695443	1731	15575
(300)外商投资企业	449405	44182	24547	21346	4682	8981396	1383	13736
(401)财政拨款的事业单位	105971	46530	32349	17377	3958	5656628	5032	5228
(402)其他事业单位	47850	24717	20346	12588	1602	3233481	2245	4528
(500)机关	43362	13199	11786	6197	1727	3982802	4100	3725
(600)个体经济组织	7209	6588	4388	3774	121	133800	1451	8390
(701)乡镇街道基层工会								
(702)社区工会								
(703)村工会								
(704)其他工会组织形式								

表 7

工会保障工作

分组	工会所在单位是否建立企业年金		工会所在单位是否建立企业补充医疗保险		本年度工会所在单位职工工资总额
	是	否	是	否	
	个	个	个	个	万元
指标序号	b027	b027	b028	b028	b029
总计	8234	173686	9960	171960	1047941239
(110)国有企业(仅指非公司制企业，不包括国有独资公司、国有控股公司)	1119	4345	1429	4035	190749369
(120)集体企业	134	5499	221	5412	701139
(130)股份合作企业	149	1455	186	1418	4809543
(140)联营企业	10	316	16	310	10189
(151)国有独资公司	151	571	278	444	660061
(159)其他有限责任公司	295	6458	441	6312	8936848
(161)股份有限公司中的国有控股公司	348	665	381	632	9086119
(169)其他股份有限公司	72	1487	129	1430	372967069
(170)私营企业	3558	88166	4110	87614	179697359
(190)其他内资企业	19	1107	32	1094	82806
(200)港澳台商投资企业	868	16360	812	16416	132987295
(300)外商投资企业	904	13522	1121	13305	60147654
(401)财政拨款的事业单位	147	10113	239	10021	22659967
(402)其他事业单位	97	6482	105	6474	6842740
(500)机关	89	7573	160	7502	56498474
(600)个体经济组织	274	9567	300	9541	1104607
(701)乡镇街道基层工会					
(702)社区工会					
(703)村工会					
(704)其他工会组织形式					

表 8

工会劳动合同、集体合同和民主管理工作(限企事业单位填报)

分组	工会所在单位签订劳动合同					工会签订了集体合同		签订工资专项集体合同	
	基层工会	涵盖单位	签订劳动合同的职工	签订劳动合同的农民工	签订劳动合同的女性农民工	基层工会	涵盖单位	基层工会	涵盖单位
	个	个	人	人	人	个	个	个	个
指标序号			h001	h002	h003	h004		h005	
总计	135771	380807	16392277	8623444	4162773	105706	325947	62352	201313
(110)国有企业(仅指非公司制企业不包括,国有独资公司、国有控股公司)	3673	7965	799694	105066	34472	2946	5907	1808	3765
(120)集体企业	3683	10818	398845	177086	80033	3016	8040	2048	5911
(130)股份合作企业	1206	3382	236109	74253	33102	904	2272	617	1685
(140)联营企业	204	1579	49423	23339	10223	122	1260	47	705
(151)国有独资公司	631	896	162889	30877	11364	457	585	241	275
(159)其他有限责任公司	5542	10122	587008	289724	129048	3011	5698	2203	4846
(161)股份有限公司中的国有控股公司	767	11799	348548	80251	23049	481	9821	256	1787
(169)其他股份有限公司	1123	3685	334703	148326	69484	678	2029	466	1599
(170)私营企业	77619	178085	5397077	2996220	1288895	65248	178570	34956	109499
(190)其他内资企业	985	3109	156019	116388	62842	640	2111	401	1395
(200)港澳台商投资企业	14539	42291	3470911	2381894	1283018	11467	32024	8169	21943
(300)外商投资企业	12021	41955	3166969	1900035	999662	7289	30311	4714	23324
(401)财政拨款的事业单位	4447	10278	457031	43719	26147	2037	6821	925	3336
(402)其他事业单位	2888	9239	381228	97029	39116	1709	8923	965	4813
(500)机关	334	525	29058	2826	201	51	119	1	1
(600)个体经济组织	6109	45079	416765	156411	72117	5650	31456	4535	16429
(701)乡镇街道基层工会									
(702)社区工会									
(703)村工会									
(704)其他工会组织形式									

表 9　**工会劳动合同、集体合同和民主管理工作（限企事业单位填报）**

分组	建立了职代会制度			建立了职工大会制度			总计		
	基层工会	涵盖单位	涵盖职工	基层工会	涵盖单位	涵盖职工	基层工会	涵盖单位	涵盖职工
	个	个	人	个	个	人	个	个	人
指标序号							h006		
总计	39310	170982	9032347	36824	98003	3631679	76134	268985	12664026
(110)国有企业(仅指非公司制企业,不包括国有独资公司、国有控股公司)	1840	4308	705132	1706	2755	147361	3546	7063	852493
(120)集体企业	1426	5299	221019	1159	2152	92063	2585	7451	313082
(130)股份合作企业	314	1415	196287	480	558	30816	794	1973	227103
(140)联营企业	31	447	18228	93	1012	25802	124	1459	44030
(151)国有独资公司	330	587	143526	157	163	12313	487	750	155839
(159)其他有限责任公司	1129	2297	214326	1429	1908	96073	2558	4205	310399
(161)股份有限公司中的国有控股公司	427	1436	263642	270	289	31643	697	1725	295285
(169)其他股份有限公司	361	773	237164	290	1211	40868	651	1984	278032
(170)私营企业	18042	89771	2332988	18836	49724	1406217	36878	139495	3739205
(190)其他内资企业	160	1326	47960	262	1542	28280	422	2868	76240
(200)港澳台商投资企业	4844	17299	1789444	3510	7306	554366	8354	24605	2343810
(300)外商投资企业	3473	7373	1699675	2703	9524	730546	6176	16897	2430221
(401)财政拨款的事业单位	3248	8121	571515	2756	4917	183405	6004	13038	754920
(402)其他事业单位	1842	8339	345064	1412	4085	116447	3254	12424	461511
(500)机关	9	137	1595	173	207	14718	182	344	16313
(600)个体经济组织	1834	22054	244782	1588	10650	120761	3422	32704	365543
(701)乡镇街道基层工会									
(702)社区工会									
(703)村工会									
(704)其他工会组织形式									

表 10 工会劳动合同、集体合同和民主管理工作(限企事业单位填报)

分组	本年度召开过职代会(包括职工大会)		职代会职工代表(建立职工大会制单位不填)		工会所在单位实行厂务公开情况				工会所在单位建立了董事会	董事		职工董事	
	基层工会	涵盖单位		女性	实行了厂务公开	没有实行厂务公开	涵盖单位	涵盖职工	涵盖单位		女性		女性
	个	个	人	人	个	个	个	人	个	人	人	人	人
指标序号	h007		h008	h009	h010	h010				h012	h013	h014	h015
总计	58073	207421	811471	283524	97174	102979	326138	14816404	19787	18007	3440	3200	1267
(110)国有企业(仅指非公司制企业,不包括国有独资公司、国有控股公司)	2829	6272	73468	19937	3310	2244	7097	792738	16	20		6	
(120)集体企业	1938	6338	22744	7600	3017	2709	7955	347202	1272	651	94	200	53
(130)股份合作企业	584	1732	8840	2906	807	797	2363	237045	961	811	125	187	37
(140)联营企业	105	835	714	259	127	199	1462	43521	33	60	5	3	
(151)国有独资公司	439	701	13937	4290	525	197	786	157244	382	952	124	112	23
(159)其他有限责任公司	1807	2657	24697	9668	2937	3827	5960	353368	1034	2452	365	411	113
(161)股份有限公司中的国有控股公司	612	1615	20164	6658	585	441	11631	336765	3190	1238	152	119	26
(169)其他股份有限公司	502	1635	10284	3433	837	739	2619	277866	505	1185	171	249	66
(170)私营企业	26540	97869	243509	83589	52773	55498	162391	4693149	6247	4842	1287	1047	527
(190)其他内资企业	245	1746	4357	1418	481	647	2927	82971	51	102	25	34	15
(200)港澳台商投资企业	6232	21063	108981	41281	11568	6223	32808	2977486	2274	3145	633	473	237
(300)外商投资企业	5140	13927	104215	32690	6890	8450	28672	2881226	3761	2539	459	359	170
(401)财政拨款的事业单位	5303	11269	103146	44340	5794	4463	12608	705803					
(402)其他事业单位	2772	11069	50152	19441	3607	3190	12341	441266	1	5			
(500)机关	177	335	307	85	54	7366	246	6199					
(600)个体经济组织	2848	28358	21956	5929	3862	5989	34272	482555	60	5			
(701)乡镇街道基层工会													
(702)社区工会													
(703)村工会													
(704)其他工会组织形式													

表 11　**工会劳动合同、集体合同和民主管理工作(限企事业单位填报)**

分组	工会主席进入了董事会		工会所在单位建立了监事会	监事				工会主席进入了监事会		工会副主席进入了监事会	
	是	否	涵盖单位		女性	职工监事	女性	是	否	是	否
	人	人	个	人	人	人	人	个	个	个	个
指标序号	h016	h016		h018	h019	h020	h021	h022	h022	h023	h023
总计	1713	198497	18933	7863	2443	2952	1393	546	199664	1103	178253
(110)国有企业(仅指非公司制企业,不包括国有独资公司、国有控股公司)	1	5553	16	16	6	3	1	3	5551		5437
(120)集体企业	79	5653	1285	373	93	159	60	22	5710	33	5508
(130)股份合作企业	79	1525	900	371	92	151	50	26	1578	29	1539
(140)联营企业	8	318	457	23	6	4	1	2	324	2	321
(151)国有独资公司	83	639	346	500	162	178	69	32	690	21	697
(159)其他有限责任公司	183	6579	589	984	285	354	134	96	6666	72	6555
(161)股份有限公司中的国有控股公司	67	959	8872	547	140	165	60	45	981	17	992
(169)其他股份有限公司	75	1502	354	400	103	159	49	32	1545	24	1430
(170)私营企业	759	107557	4354	2527	830	981	566	161	108155	635	89769
(190)其他内资企业	7	1121	43	44	11	24	10	2	1126	3	1121
(200)港澳台商投资企业	241	17546	920	1388	490	564	304	84	17703	191	16925
(300)外商投资企业	131	15216	786	667	217	209	88	39	15308	76	14077
(401)财政拨款的事业单位		10260							10260		10207
(402)其他事业单位		6797	11	23	8	1	1	2	6795		6661
(500)机关		7420							7420		7321
(600)个体经济组织		9852							9852		9693
(701)乡镇街道基层工会											
(702)社区工会											
(703)村工会											
(704)其他工会组织形式											

表 12

工会劳动保护工作(限企事业单位填报)

分组	工会建立了劳动保护监督检查委员会		工会建立分公司、分厂、车间一级工会劳动保护监督检查委员会个数	工会小组劳动保护检查员	本年度本级工会劳动保护监督组织受理举报案件	提请劳动安全卫生监督部门处理案件
	是	否				
	个	个	个	人	件	件
指标序号	1001	1001	1002	1003	1004	1005
总计	59723	140505	44258	135584	5102	1343
(110)国有企业(仅指非公司制企业,不包括国有独资公司、国有控股公司)	1782	3772	4828	15812	349	76
(120)集体企业	1671	4061	881	2955	115	31
(130)股份合作企业	738	866	412	1186	7	2
(140)联营企业	114	212	70	152		
(151)国有独资公司	444	278	1103	5116	44	25
(159)其他有限责任公司	2250	4512	1404	5643	85	10
(161)股份有限公司中的国有控股公司	344	682	1222	6205	62	8
(169)其他股份有限公司	505	1072	464	1508	63	
(170)私营企业	31019	77312	16125	47958	1264	487
(190)其他内资企业	439	689	105	476	8	4
(200)港澳台商投资企业	7117	10672	6268	17156	1689	412
(300)外商投资企业	6504	8843	5277	14440	438	62
(401)财政拨款的事业单位	2365	7895	1532	4945	102	25
(402)其他事业单位	1776	5021	1904	5615	652	76
(500)机关	84	7336	35	51		
(600)个体经济组织	2571	7282	2628	6366	224	125
(701)乡镇街道基层工会						
(702)社区工会						
(703)村工会						
(704)其他工会组织形式						

表 13

工会劳动保护工作(限企事业单位填报)

分组	本年度工会参加安全生产检查	本年度工会参加处理工伤事故	本年度工会参加“三同时”审查验收项目	女职工劳动保护：是否执行了禁止安排女职工从事矿山井下及第四级体力劳动强度的劳动和经期、孕期、产期、哺乳期间禁忌从事劳动的有关规定		女职工劳动保护：是否执行了女职工在孕期、产期、哺乳期享有特殊待遇的有关规定	
				是	否	是	否
	次	件	项	个	个	个	个
指标序号	l006	l007	l008	l009	l009	l010	l010
总计	430504	10481	10256	107942	92959	115492	85409
(110)国有企业(仅指非公司制企业,不包括国有独资公司、国有控股公司)	20531	650	1212	3244	2310	3359	2195
(120)集体企业	14427	234	238	3070	2687	3176	2581
(130)股份合作企业	6880	218	61	983	621	1067	537
(140)联营企业	602	9	6	173	153	172	154
(151)国有独资公司	7356	80	302	560	162	578	144
(159)其他有限责任公司	21984	594	819	3812	3039	3857	2994
(161)股份有限公司中的国有控股公司	6765	280	578	721	305	742	284
(169)其他股份有限公司	7493	153	116	923	674	938	659
(170)私营企业	186529	1616	2847	59764	48994	65216	43542
(190)其他内资企业	3735	23	15	595	533	594	534
(200)港澳台商投资企业	58239	2414	2344	12071	5743	12122	5692
(300)外商投资企业	40767	3471	891	8195	7196	9110	6281
(401)财政拨款的事业单位	20681	285	319	4974	5287	5446	4815
(402)其他事业单位	16995	256	337	3102	3695	3292	3505
(500)机关	72			432	6988	433	6987
(600)个体经济组织	17448	198	171	5323	4572	5390	4505
(701)乡镇街道基层工会							
(702)社区工会							
(703)村工会							
(704)其他工会组织形式							

表 14

工会法律工作(限企事业单位填报)

分组	领取了工会法人资格证书		领取了全国组织机构代码		建立了工会劳动法律监督组织		工会劳动法律监督员	劳动保障法律监督员	本年度工会劳动法律监督组织受理违法、违规案件	本组织自行处理的案件	提请劳动监察部门处理的案件	工会所在单位建立了劳动争议调解委员会		劳动争议调解委员会委员	劳动争议调解委员会中工会成员(职工代表)	本年度劳动争议调解委员会预防劳动争议
	是	否	是	否	是	否						是	否			
	个	个	个	个	个	个	人	人	件	件	件	个	个	人	人	件
指标序号	f001	f001	f002	f002	f003	f003	f004	f005	f006	f007	f008	f009	f009	f010	f011	f012
总计	156194	24617	40447	140369	43261	156949	96656	75029	5494	3922	1285	65426	135668	188020	93288	9718
(110)国有企业(仅指非公司制企业,不包括国有独资公司、国有控股公司)	2460	3064	2184	3340	1156	4398	4472	3856	177	98	58	1541	4013	7437	4117	459
(120)集体企业	3040	2416	1151	4305	1265	4467	2926	2485	104	66	35	2455	3302	6596	3136	198
(130)股份合作企业	586	983	454	1115	550	1054	1305	1001	30	17	10	572	1032	1738	951	36
(140)联营企业	118	208	54	272	92	234	151	106				99	227	270	134	6
(151)国有独资公司	517	202	425	294	290	432	1205	993	8	8		333	389	1849	1118	25
(159)其他有限责任公司	1671	5070	1296	5445	1758	5004	3721	3000	146	90	42	2649	4202	7307	3737	619
(161)股份有限公司中的国有控股公司	969	41	484	526	262	764	922	822	69	16	37	363	663	1972	1060	75
(169)其他股份有限公司	1297	256	299	1254	324	1253	641	524	26	11	6	430	1167	1241	634	41
(170)私营企业	78495	12256	16770	73984	23309	85007	45831	35208	1940	1293	521	35316	73624	91306	44761	1809
(190)其他内资企业	1124	0	233	891	258	870	616	585	31	7	23	327	801	965	457	15
(200)港澳台商投资企业	17091	78	5735	11437	5220	12567	13004	9613	1639	1350	267	7034	10782	22898	11513	2488
(300)外商投资企业	14351	30	4309	10071	3392	11955	7352	5718	379	253	105	5628	9772	17304	8258	1657
(401)财政拨款的事业单位	10201	0	3001	7200	1907	8353	4772	3487	110	67	32	2304	7957	8507	4169	1023
(402)其他事业单位	6691	0	1733	4958	1405	5392	4844	3567	701	565	99	1680	5117	6780	3410	876
(500)机关	7787	0	525	7262	2	7418	2	1				206	7213	533	230	
(600)个体经济组织	9796	13	1794	8015	2071	7781	4892	4063	134	81	50	4489	5407	11317	5603	391
(701)乡镇街道基层工会																
(702)社区工会																
(703)村工会																
(704)其他工会组织形式																

表 15

工会法律工作(限企事业单位填报)

分组	本年度劳动争议调解委员会受理劳动争议	受理的劳动争议案件按引发原因分类											本年度劳动争议调解委员会调解成功劳动争议	集体劳动争议
		集体劳动争议	变更、解除、终止、续订劳动合同	除名、辞退职工与职工自动离职、辞职	劳动报酬	保险福利	工作时间和休息休假	劳动安全卫生	职业培训	未成年工	女职工特殊保护	其他原因		
	件	件	件	件	件	件	件	件	件	件	件	件	件	件
指标序号	f013	f014	f015	f016	f017	f018	f019	f020	f021	f022	f023	f024	f025	f026
总计	28352	1782	9795	8131	4160	1675	1624	767	816	112	335	937	22863	381
(110)国有企业(仅指非公司制企业,不包括国有独资公司、国有控股公司)	2506	470	648	734	181	400	207	93	83	4	79	77	2049	19
(120)集体企业	394	34	105	42	74	19	45	46	37		7	19	366	8
(130)股份合作企业	244	4	221	4	10	3	2			1		3	243	3
(140)联营企业	39		11	6	12	4	2	2				2	39	
(151)国有独资公司	33	1	6	1	6	4	7		1			8	31	
(159)其他有限责任公司	1513	29	626	287	181	27	35	6	328	5		18	1400	19
(161)股份有限公司中的国有控股公司	536	12	483	20	12	4	7					10	535	11
(169)其他股份有限公司	136	1	97	6	13			3	8		5	4	135	
(170)私营企业	7092	526	1836	1905	1710	515	361	319	72	29	11	334	6494	119
(190)其他内资企业	35	2	15	9	3	5	2					1	35	2
(200)港澳台商投资企业	7026	248	2882	2212	990	270	232	141	25	8	5	261	5279	95
(300)外商投资企业	3625	61	676	2260	330	63	95	26	37	2	11	125	1943	22
(401)财政拨款的事业单位	1263	83	88	26	178	197	347	30	184	51	144	18	1118	13
(402)其他事业单位	3340	286	1972	470	297	142	231	53	41	12	73	49	2688	64
(500)机关														
(600)个体经济组织	570	25	129	149	163	22	51	48				8	508	6
(701)乡镇街道基层工会														
(702)社区工会														
(703)村工会														
(704)其他工会组织形式														

表 16

工会经济技术工作(限企事业单位填报)

分组	技术工人						工会开展了劳动竞赛		本年度参加劳动竞赛职工	本年度职工提出合理化建议	本年度已实施合理化建议	本年度已实施合理化建议产生的效益	本年度技术革新项目	本年度职工发明创造项目
		初级工	中级工	高级工	技师	高级技师	是	否						
	人	人	人	人	人	人	个	个	人次	件	件	元	项	项
指标序号	j001	j002	j003	j004	j005	j006	j007	j007	j008	j009	j010	j011	j012	j013
总计	1182842	565881	287380	161205	45266	20290	21575	178819	3533158	782870	347049	3331924495	9462	2652
(110)国有企业(仅指非公司制企业,不包括国有独资公司、国有控股公司)	179683	56051	58992	42514	8377	1887	1262	4292	545100	33703	14194	1235571658	1164	423
(120)集体企业	15604	7584	4404	2024	460	181	537	5195	42061	2217	738	8867924	201	25
(130)股份合作企业	18932	10606	4570	1584	555	186	190	1414	111338	16237	7424	51877488	141	24
(140)联营企业	1836	383	447	112	60	40	34	292	3685	17	6	141000		
(151)国有独资公司	55859	30605	13992	6692	2073	449	299	423	180120	6544	3397	89566229	514	137
(159)其他有限责任公司	53359	26634	12813	7320	2360	921	857	5905	197881	19658	3150	62289874	612	227
(161)股份有限公司中的国有控股公司	79429	26463	22355	17683	3934	927	390	636	257825	70585	54768	404974709	1158	342
(169)其他股份有限公司	31202	15917	6785	4127	1452	587	251	1326	233953	9128	3064	40448104	294	179
(170)私营企业	210006	122964	36836	16968	6171	4095	9426	99064	620965	25875	6368	79979714	920	189
(190)其他内资企业	4809	3092	847	426	171	125	204	924	13020	120	60	1826550	23	81
(200)港澳台商投资企业	218664	131700	38662	17538	6275	2621	2537	15251	310672	21337	10486	129592988	668	147
(300)外商投资企业	158831	83755	37279	12945	6330	3519	1828	13528	566242	559330	234473	667075171	2527	464
(401)财政拨款的事业单位	86229	25308	31493	19469	3923	2128	1970	8290	249303	12772	6766	503236752	633	295
(402)其他事业单位	56385	21157	16818	11389	2950	1814	1222	5575	134878	3786	2065	55766139	554	109
(500)机关							4	7416	1550					
(600)个体经济组织	12014	3662	1087	414	175	810	564	9288	64565	1561	90	710195	53	10
(701)乡镇街道基层工会														
(702)社区工会														
(703)村工会														
(704)其他工会组织形式														

表 17

工会经济技术工作(限企事业单位填报)

分组	本年度荣获国家专利项目	本年度推广先进操作法项目	本年度开展岗位练兵活动		本年度开展选树技能带头人活动		选树技能带头人（“金牌工人”、“首席技师”、“首席员工”）	技能人才（劳模）师徒结对	本年度建立技能人才(劳模)创新工作室		聘用职工节能减排义务监督员	建有职工技协组织		技协会员
			是	否	是	否			是	否		是	否	
	项	项	个	个	个	个	人	对	个	个	人	个	个	人
指标序号	j014	j015	j016	j016	j017	j017	j018	j019	j020	j020	j021	j022	j022	j023
总计	2767	4207	9582	172162	1445	180299	11442	12380	884	180871	6186	1106	199316	78874
(110)国有企业(仅指非公司制企业,不包括国有独资公司、国有控股公司)	425	437	668	4862	151	5379	1170	1875	31	5499	907	115	5439	23276
(120)集体企业	10	46	243	5256	20	5479	51	81	7	5492	211	16	5721	966
(130)股份合作企业	17	47	107	1480	16	1571	356	262	31	1556	70	15	1589	276
(140)联营企业			1	325		326				326	2		326	
(151)国有独资公司	52	167	165	551	32	684	324	855	5	711	83	37	685	15971
(159)其他有限责任公司	244	225	345	6407	68	6684	312	383	158	6594	639	174	6588	1683
(161)股份有限公司中的国有控股公司	600	204	221	790	59	952	707	1056	16	995	489	34	992	11876
(169)其他股份有限公司	195	67	148	1404	27	1525	201	197	8	1544	207	13	1564	2213
(170)私营企业	236	318	4310	87473	374	91409	2388	1665	217	91565	805	182	108304	3984
(190)其他内资企业	2	12	133	991	6	1118	83	128	1	1123	5	2	1126	6
(200)港澳台商投资企业	203	861	903	16320	139	17084	2523	1024	233	16990	1121	264	17525	4066
(300)外商投资企业	337	1412	462	13924	89	14297	806	1720	64	14322	770	74	15281	1613
(401)财政拨款的事业单位	330	171	1079	9192	340	9931	1703	2594	68	10215	641	104	10180	8469
(402)其他事业单位	112	234	613	6154	88	6679	618	450	16	6751	147	67	6730	3431
(500)机关			3	7372	1	7374	1		1	7374			7426	
(600)个体经济组织	4	6	181	9661	35	9807	199	90	28	9814	89	9	9840	1044
(701)乡镇街道基层工会														
(702)社区工会														
(703)村工会														
(704)其他工会组织形式														

表 18

职工文化体育工作

分组	工会直属文化宫、俱乐部	工会直属体育场（馆）	工会直属图书馆(藏书1万册以上)	本级工会建立职工书屋		本年度工会开展了“创建学习型组织、争做知识型职工”活动	
	个	个	个	是	否	是	否
指标序号	w001	w002	w003	w004	w004	w005	w005
总计	4589	5796	3832	14408	168345	43087	149752
(110)国有企业(仅指非公司制企业，不包括国有独资公司、国有控股公司)	293	361	129	1121	4422	1745	3807
(120)集体企业	130	127	92	520	5134	1189	4508
(130)股份合作企业	74	76	47	96	1507	387	1216
(140)联营企业	17	22	22	37	289	69	257
(151)国有独资公司	52	36	17	177	543	295	425
(159)其他有限责任公司	178	192	79	317	6434	907	5846
(161)股份有限公司中的国有控股公司	79	78	33	237	777	378	647
(169)其他股份有限公司	71	87	37	118	1441	208	1360
(170)私营企业	1139	1563	774	4336	87743	22995	78621
(190)其他内资企业	30	32	21	68	1058	74	1052
(200)港澳台商投资企业	668	838	334	1194	16034	2970	14547
(300)外商投资企业	895	962	1141	1353	13084	2325	12265
(401)财政拨款的事业单位	448	822	654	1769	8514	3167	7117
(402)其他事业单位	207	298	261	893	5875	2046	4726
(500)机关	251	223	167	984	6853	2220	5645
(600)个体经济组织	57	79	24	1188	8637	2112	7713
(701)乡镇街道基层工会							
(702)社区工会							
(703)村工会							
(704)其他工会组织形式							

表 19

工会经审工作

分组	工会经费情况			是否建立了工会经费审查组织		工会经费审查组织是否开展了本级经费年度预、决算审查	
	开设工会经费独立银行账户	工会经费由行政代管	没有工会经费	是	否	是	否
				个	个	个	个
指标序号	s001	s001	s001	s002	s002	s003	s003
总计	42349	62107	97144	91593	110007	49765	149240
(110)国有企业(仅指非公司制企业，不包括国有独资公司、国有控股公司)	2109	1125	2320	2716	2838	2256	3207
(120)集体企业	1235	1448	3079	2419	3343	1258	4355
(130)股份合作企业	430	403	771	780	824	580	1013
(140)联营企业	79	72	175	137	189	104	219
(151)国有独资公司	489	98	135	542	180	476	246
(159)其他有限责任公司	1083	1919	3849	2280	4571	1366	5287
(161)股份有限公司中的国有控股公司	543	122	361	617	409	566	460
(169)其他股份有限公司	320	393	884	542	1055	358	1144
(170)私营企业	19981	37505	51475	51832	57129	22854	84722
(190)其他内资企业	52	377	699	383	745	142	986
(200)港澳台商投资企业	3122	6326	8368	7425	10391	5024	12735
(300)外商投资企业	2846	4703	7851	6309	9091	4031	11118
(401)财政拨款的事业单位	3327	2704	4254	5340	4945	4193	6046
(402)其他事业单位	1659	1512	3626	2800	3997	2076	4638
(500)机关	2666	1437	3772	3539	4336	2613	5215
(600)个体经济组织	2408	1963	5525	3932	5964	1868	7849
(701)乡镇街道基层工会							
(702)社区工会							
(703)村工会							
(704)其他工会组织形式							

2011广东基层以上汇总表

表20

工会组织建设状况

工会层次	基层以上工会	本级工会专职工会干部	女性	通过选聘方式任用人员	专职工会干部文化程度构成				本级工会兼职工会干部	女性
					研究生	大学本科	大专	高中(中专、中技)及以下		
	个	人	人	人	人	人	人	人	人	人
指标序号		z001	z002	z003	z004	z005	z006	z007	z008	z009
总计	5121	12952	4488	2462	682	4904	4887	2481	39138	15056
(1)省级地方工会	1	116	49		26	62	24	4		
(2)地市级地方工会	21	569	221	1	66	290	155	58	15	8
(3)县级地方工会	121	1318	520	56	38	403	619	258	2822	81
(4)省级产业(厅、局、公司)工会	75	265	106	16	22	127	102	14	530	258
(5)地市级产业(局、公司)工会	356	4791	1571	1966	359	2242	1440	752	2706	1066
(6)县级产业(局、公司)工会	851	976	318	19	35	333	437	171	4357	1572
(71)归属中央的企业集团工会	50	277	133	83	22	138	101	16	855	293
(72)归属地方的企业集团工会	74	391	78	11	17	177	142	55	476	175
(81)乡镇、街道总工会	654	1553	606	82	20	416	713	404	10557	4966
(82)其他乡镇、街道级工会	705	747	200	37	27	208	344	168	3405	1124
(9)村工会(联合会)	860	766	242	40	30	169	178	389	3605	767
(10)社区工会	1241	1100	413	132	18	302	597	183	9407	4623
(11)工业园区	112	83	31	19	2	37	35	9	403	123

表 21

工会组织建设状况

工会层次	本级工会是否建立了女职工委员会		本级工会女职工委员会主任是否享受同级工会副主席待遇		本级工会女职工工作干部		本年度本级工会举办女职工工作培训		劳务输出地工会吸纳的农民工会员	是否建立了乡镇(街道)基层工会联合会	
	是	否	是	否	专职	兼职	培训班	培训干部		是	否
	个	个	个	个	人	人	次	人次	人	个	个
指标序号	z010	z010	z011	z011	z012	z013	z014	z015	z016	z017	z017
总计	4523	571	2113	3008	1545	14757	8865	317937	57218	584	4279
(1)省级地方工会	1		1		3		4	320			1
(2)地市级地方工会	21		19	2	33	25	54	5090			21
(3)县级地方工会	114	7	91	30	168	177	173	16479	57172		120
(4)省级产业(厅、局、公司)工会	69	6	44	31	41	247	78	5092			75
(5)地市级产业(局、公司)工会	321	35	167	189	435	793	325	24961			356
(6)县级产业(局、公司)工会	785	64	385	466	151	1402	442	17680			832
(71)归属中央的企业集团工会	47	3	30	20	39	194	60	2971			50
(72)归属地方的企业集团工会	66	8	35	39	67	159	121	44579			74
(81)乡镇、街道总工会	581	72	287	367	205	4756	737	51935		187	464
(82)其他乡镇、街道级工会	638	43	363	342	106	1098	300	15000		193	487
(9)村工会(联合会)	745	115	350	510	71	1487	5754	94175	46	94	570
(10)社区工会	1040	201	318	923	217	4251	774	26228		108	1130
(11)工业园区	95	17	23	89	9	168	43	13427		2	99

表 22

工会干部协管工作

工会层次	本级工会领导班子成员			本级工会主席是否在同级党政机关、人大、政协担任以下职务								本级工会正副主席在同级党委、人大、政协任职人数				
		女性	正副主席	党委常委		人大副主任		政协副主席		其他党政副职级干部		党委委员	人大代表		政协委员	
				是	否	是	否	是	否	是	否			人大常委		政协常委
	人	人	人	个	个	个	个	个	个	个	个	人	人	人	人	人
指标序号	x001	x002	x003	x004	x004	x005	x005	x006	x006	x007	x007	x008	x009	x010	x011	x012
合计	17207	4809	8802	685	4409	154	4940	53	5041	662	4432	1136	272	128	160	53
(1)省级地方工会	10	1	7		1	1			1		1	2	1	1	1	1
(2)地市级地方工会	106	35	89	4	17	17	4		21		21	9	12	9	12	4
(3)县级地方工会	420	124	355	9	112	74	47	1	120	4	117	27	74	56	59	23
(4)省级产业(厅、局、公司)工会	230	54	125	21	54		75		75	9	66	41	1			
(5)地市级产业(局、公司)工会	1311	352	627	55	301	8	348	8	348	47	309	107	24	22	21	11
(6)县级产业(局、公司)工会	2722	669	1505	104	745	7	842	10	839	127	722	204	14	5	18	1
(71)归属中央的企业集团工会	163	37	102	22	28		50		50	12	38	40	6		1	
(72)归属地方的企业集团工会	423	111	108	9	65		74	4	70	10	64	18				
(81)乡镇、街道总工会	2531	618	1258	226	427	20	633	6	647	152	501	346	42	10	11	2
(82)其他乡镇、街道级工会	2158	548	1146	183	498	23	658	21	660	140	541	283	47	10	14	4
(9)村工会(联合会)	2711	721	1381	6	854		860		860	8	852	4	2			
(10)社区工会	4047	1420	1918	42	1199	4	1237	3	1238	150	1091	43	44	10	17	2
(11)工业园区	375	119	181	4	108		112		112	3	109	12	5	5	6	5

表 23

工会干部教育培训工作

统计指标	本年度参加本级工会开展的各类培训班的培训人员							
	工会干部任职培训(轮训)	工会干部适应性岗位培训	工会领导干部研讨班	企业工会干部培训班	非公有制企业工会干部培训班	工会专业人才培训班	工会师资培训班	乡镇、街道（社区）工会干部培训班
	人次	人次	人次	人次	人次	人次	人次	人次
指标序号	p001	p002	p003	p004	p005	p006	p007	p008
总计	30814	54978	13250	176837	136049	25607	21990	25849
(1)省级地方工会	8	9	5					
(2)地市级地方工会	3230	5123	676	16071	12380	9818	394	2485
(3)县级地方工会	4544	17737	864	34215	26482	2005	463	5118
(4)省级产业(厅、局、公司)工会	884	1448	296	2855	7	675	77	71
(5)地市级产业(局、公司)工会	3106	3812	1022	6789	2059	1442	16811	287
(6)县级产业(局、公司)工会	4748	9640	710	2549	1847	3460	32	52
(71)归属中央的企业集团工会	672	786	328	1152	10	465	55	10
(72)归属地方的企业集团工会	354	285	195	744	10	644	204	26
(81)乡镇、街道总工会	5639	8229	5286	86427	71554	3204	1399	10937
(82)其他乡镇、街道级工会	2905	3308	789	12088	9524	1182	117	2072
(9)村工会(联合会)	776	624	398	2980	2575	321	258	718
(10)社区工会	3743	3751	2592	7702	6628	2234	2119	3934
(11)工业园区	205	226	89	3265	2973	157	61	139

表 24

工会保障工作

工会层次	是否建立了困难职工档案		困难职工	困难女职工	单亲困难女职工	困难职工家庭	享受低保待遇家庭	低保边缘职工家庭	困难职工家庭人口	本级领导干部联系生活困难职工户活动	
	是	否								参加活动领导干部	困难职工家庭
	个	个	人	人	人	户	户	户	人	人	户
指标序号	b001	b001	b002	b003	b004	b005	b006	b007	b008	b009	b010
总计	2607	2487	305603	94201	17325	232503	77017	74358	761645	14850	36048
(1)省级地方工会		1									
(2)地市级地方工会	19	2	95279	29192	5494	84668	24360	26881	255613	929	4570
(3)县级地方工会	107	14	129946	35484	5471	87155	30730	30302	328773	3431	6199
(4)省级产业(厅、局、公司)工会	51	24	22313	10226	1452	18578	9750	6185	49227	1890	10593
(5)地市级产业(局、公司)工会	233	123	17990	4704	979	13446	4396	2302	35427	2503	4272
(6)县级产业(局、公司)工会	317	532	13435	4626	690	6911	2045	1637	25813	1297	2207
(71)归属中央的企业集团工会	38	12	4162	1102	591	2483	215	1107	6709	354	702
(72)归属地方的企业集团工会	40	34	2085	497	155	1941	383	370	6143	238	412
(81)乡镇、街道总工会	343	310	10360	4370	1158	8779	2339	2766	26369	2213	3839
(82)其他乡镇、街道级工会	273	408	4100	1352	384	3546	1168	1006	12792	1039	1609
(9)村工会(联合会)	582	278	1015	571	246	797	513	559	2449	384	525
(10)社区工会	555	686	4684	1967	677	3990	1106	1225	11640	501	1045
(11)工业园区	49	63	234	110	28	209	12	18	690	71	75

表 25

工会保障工作

工会层次	是否推动将困难职工纳入廉租住房制度		工会推动纳入廉租住房制度的困难职工家庭	建立了送温暖工程基(资)金		本级工会送温暖工程基（资）金结存额	本级工会开办的职业介绍机构	获得政府有关部门资质认定的机构		本年度本级工会职业介绍机构成功介绍人次			
	是	否		是	否			机构数	本年度政府职业介绍经费补贴		农民工	下岗失业人员	零就业家庭下岗失业人员
	个	个	户	个	个	元	个	个	元	人次	人次	人次	人次
指标序号	b011	b011	b012	b013	b013	b014	b015	b016	b017	b018	b019	b020	b021
总计	345	4486	2695	1096	3998	258025145	42	25	65002	51903	6885	40425	1734
(1)省级地方工会	1			1									
(2)地市级地方工会	6	15	328	12	9	10523020	13	10		7281	1619	4599	850
(3)县级地方工会	22	98	2367	61	60	29087789	28	15	65002	43422	4460	34776	834
(4)省级产业(厅、局、公司)工会		75		29	46	43388111							
(5)地市级产业(局、公司)工会		356		99	257	136803455							
(6)县级产业(局、公司)工会		831		72	777	1785519							
(71)归属中央的企业集团工会		50		13	37	13114042							
(72)归属地方的企业集团工会	3	71		25	49	14534992							
(81)乡镇、街道总工会		644		101	552	2709182	1			1200	806	1050	50
(82)其他乡镇、街道级工会	1	657		75	606	3793486							
(9)村工会(联合会)	233	430		394	466	1193683							
(10)社区工会	68	1170		187	1054	1068170							
(11)工业园区	11	89		27	85	23696							

表 26

工会保障工作

工会层次	本级工会开办的职业培训机构	获得政府有关部门资质认定的机构		本年度本级工会职业培训机构培训人次					本级工会再就业基地		本年度工会投入的再就业资金	本年度本级工会小额借(贷)款		
		机构数	本年度政府再就业培训专项经费补贴		农民工	下岗失业人员	零就业家庭下岗失业人员	经培训实现再就业	基地数	吸纳下岗失业人员		获得本级工会小额借(贷)款的下岗失业人员	自我创业成功人员	获得小额借(贷)款金额
	个	个	元	人次	人次	人次	人次	人次	个	人次	元	人次	人次	元
指标序号	b022	b023	b024	b025	b026	b027	b028	b029	b030	b031	b032	b033	b034	b035
总计	28	20	34500	146765	117365	18619	4904	3403	20	1974	1074000	87	42	53500
(1)省级地方工会														
(2)地市级地方工会	8	6		119089	109681	4735	226	2075	1	216	535000			
(3)县级地方工会	19	14	34500	26976	7184	13794	4678	1328	19	1758	531000	87	42	53500
(4)省级产业(厅、局、公司)工会														
(5)地市级产业(局、公司)工会														
(6)县级产业(局、公司)工会														
(71)归属中央的企业集团工会														
(72)归属地方的企业集团工会														
(81)乡镇、街道总工会	1			700	500	90					8000			
(82)其他乡镇、街道级工会														
(9)村工会(联合会)														
(10)社区工会														
(11)工业园区														

表 27

工会保障工作

工会层次	本年度本级工会举办创业培训班					下岗失业人员自我创业成功人员带动就业人员	本年度本级工会经多种形式、渠道帮助和扶持实现再就业人员
	期数	接受培训的下岗失业人员	获得工会小额借款人员	获得工会小额借款金额	自我创业成功人员		
	期	人次	人次	元	人次	人	人
指标序号	b036	b037	b038	b039	b040	b041	b042
总计	43	3891	12	1500	1840	2256	26308
(1)省级地方工会							
(2)地市级地方工会	8	1410			1410		2120
(3)县级地方工会	32	2391	12	1500	430	2256	24082
(4)省级产业(厅、局、公司)工会							
(5)地市级产业(局、公司)工会							16
(6)县级产业(局、公司)工会							
(71)归属中央的企业集团工会							
(72)归属地方的企业集团工会							
(81)乡镇、街道总工会	3	90					90
(82)其他乡镇、街道级工会							
(9)村工会(联合会)							
(10)社区工会							
(11)工业园区							

表 28

工会保障工作

工会层次	本年度领导干部联系困难企业活动		参加了同级政府设立的社会保障、监督机构		开办职工医疗互助活动		参加本级工会开办的职工医疗互助活动人数	本年度职工医疗互助活动		
	参加活动的领导干部	联系的困难企业	是	否	是	否		享受经济资助人数	经济资助金额	资助款结存额
	人	个	个	个	个	个	人	人	元	元
指标序号	b043	b044	b045	b045	b046	b046	b047	b048	b049	b050
总计	3907	3017	468	4626	754	4340	10628552	14084	23345993	146287009
(1)省级地方工会				1		1				
(2)地市级地方工会	27	46	6	15	9	12	407069	243	2691065	
(3)县级地方工会	563	440	39	82	51	70	190628	597	2127350	8558654
(4)省级产业(厅、局、公司)工会	77	69	4	71	16	59	33101	1855	1888076	4105473
(5)地市级产业(局、公司)工会	988	442	30	326	76	280	137783	7426	8021496	47814754
(6)县级产业(局、公司)工会	480	351	53	796	79	770	42138	268	869121	3880610
(71)归属中央的企业集团工会	274	94	6	44	13	37	9576537	641	3410300	10608531
(72)归属地方的企业集团工会	22	12	3	71	15	59	25388	731	1155385	70073482
(81)乡镇、街道总工会	511	562	104	549	107	546	18345	530	433150	25203
(82)其他乡镇、街道级工会	445	478	70	611	54	627	24382	786	417250	25150
(9)村工会(联合会)	191	127	68	792	140	720	106259	606	1502200	66652
(10)社区工会	310	374	74	1167	181	1060	33529	281	664000	1118380
(11)工业园区	19	22	11	101	13	99	33393	120	166600	10120

表 29

工会法律工作

工会层次	领取了法人资格证书的基层工会	所在地人大是否具有地方立法权		本年度工会参与制定的地方法规、地方规章	涉及职工权益的法规、规章	涉及工会权益的法规、规章	本年度工会参与制定的地方性规范文件（除法规、规章外）	所在区域或行业设立了区域性、行业性劳动争议调解组织		区域性、行业性劳动争议调解组织人数
		是	否					是	否	
	个	个	个	个	个	个	个	个	个	人
指标序号	f001	f002	f002	f003	f004	f005	f006	f007	f007	f008
总计	158411	8	5057	18	8	1	47	1477	3617	25033
(1)省级地方工会	840	1		1	1		37		1	
(2)地市级地方工会	12247	6	15	17	7	1	10	8	13	7986
(3)县级地方工会	12771		120					29	92	2256
(4)省级产业(厅、局、公司)工会	1062		75					7	68	36
(5)地市级产业(局、公司)工会	2133	1	355					43	313	457
(6)县级产业(局、公司)工会	2963		837					120	729	532
(71)归属中央的企业集团工会	260		50					18	32	227
(72)归属地方的企业集团工会	303		74					14	60	88
(81)乡镇、街道总工会	17827		653					179	474	6440
(82)其他乡镇、街道级工会	3350		665					127	554	923
(9)村工会(联合会)	563		860					459	401	1522
(10)社区工会	103930		1241					441	800	4407
(11)工业园区	162		112					32	80	159

表 30

工会法律工作

工会层次	本年度区域性、行业性劳动争议调解组织受理争议	调解成功数	本级工会取得劳动仲裁员资格的工会干部	受聘担任仲裁员人数	本年度工会劳动争议仲裁员参与处理案件	是否已建立劳动关系预警机制：是	是否已建立劳动关系预警机制：否	建立了工会劳动法律监督组织：是	建立了工会劳动法律监督组织：否
	件	件	人	人	件	个	个	个	个
指标序号	f009	f010	f011	f012	f013	f014	f014	f015	f015
总计	24369	21045	296	157	744	1250	3844	1259	3835
(1)省级地方工会			7	2		1		1	
(2)地市级地方工会	10858	9575	12	9	36	13	8	13	8
(3)县级地方工会	1177	1157	95	58	250	37	84	45	76
(4)省级产业(厅、局、公司)工会	6	6				10	65	19	56
(5)地市级产业(局、公司)工会	42	41	97	49	48	50	306	77	279
(6)县级产业(局、公司)工会	63	56	16	8	82	111	738	185	664
(71)归属中央的企业集团工会	25	6				10	40	19	31
(72)归属地方的企业集团工会	20	5				13	61	16	58
(81)乡镇、街道总工会	4864	4269	12	7	22	150	503	190	463
(82)其他乡镇、街道级工会	2319	1932	9	4	21	101	580	128	553
(9)村工会(联合会)	1955	1546	38	15	150	579	281	367	493
(10)社区工会	2828	2261	9	5	135	136	1105	178	1063
(11)工业园区	212	191	1			39	73	21	91

表 31

工会法律工作

工会层次	本级工会劳动法律监督员	工会劳动法律监督组织本年度受理案件	本组织自行处理的案件	提请劳动监察部门处理的案件	本级劳动保障法律监督员	本级工会具有律师或法律职业资格的人数	已取得公职律师执业证书的人数	建有工会法律援助服务机构	
								是	否
	人	件	件	件	人	人	人	个	个
指标序号	f016	f017	f018	f019	f020	f021	f022	f023	f023
总计	12982	3802	2250	544	2824	197	101	439	4655
(1)省级地方工会	20	42	40	2	6	5	2	1	
(2)地市级地方工会	6319	757	223	106	40	26	25	15	6
(3)县级地方工会	160	244	192	44	86	2		49	72
(4)省级产业(厅、局、公司)工会	725	21	14	6	50	38	18	3	72
(5)地市级产业(局、公司)工会	313	37	22	16	246	73	38	21	335
(6)县级产业(局、公司)工会	598	86	63	20	174	13		52	797
(71)归属中央的企业集团工会	157	24	24		91	2		3	47
(72)归属地方的企业集团工会	76	3	3		147	4	2	5	69
(81)乡镇、街道总工会	1956	467	345	92	796	25	13	105	548
(82)其他乡镇、街道级工会	1017	570	113	33	172	4	1	37	644
(9)村工会(联合会)	1281	1229	951	172	893	2		61	799
(10)社区工会	317	176	145	25	102	2	1	81	1160
(11)工业园区	43	146	115	28	21	1	1	6	106

表 32

工会法律工作

工会层次	工会法律援助服务机构工作人员		工会法律援助志愿者	本年度工会法律援助服务机构受理案件					本年度工会法律援助服务机构处理案件	本年度工会法律援助服务机构提供咨询代书等服务
		取得律师或法律职业资格的工会干部			劳动争议	侵犯职工人身权利	侵犯工会经费财产权	其他		
	人	人	人	件	件	件	件	件	件	件
指标序号	f024	f025	f026	f027	f028	f029	f030	f031	f032	f033
总计	1421	216	2162	1639	1104	110	15	412	1149	4328
(1)省级地方工会	7	2		14	12			2	14	346
(2)地市级地方工会	105	15	370	565	424	11		130	516	2395
(3)县级地方工会	244	45	385	162	100	16	3	43	119	1281
(4)省级产业(厅、局、公司)工会	25	11	12	13	6	6		1		8
(5)地市级产业(局、公司)工会	142	52	424	60	22	14	12	14	34	39
(6)县级产业(局、公司)工会	107	1	28	316	211	2		103	309	75
(71)归属中央的企业集团工会	11	2	8	2	2					
(72)归属地方的企业集团工会	9	1	1	5	5				5	
(81)乡镇、街道总工会	416	62	320	208	127	57		24	94	132
(82)其他乡镇、街道级工会	111	20	475	258	164	4		90	40	52
(9)村工会(联合会)	101	2	8	17	17				16	
(10)社区工会	134	2	131	17	12			5		
(11)工业园区	9	1		2	2				2	

表 33

工会劳动保护工作

工会层次	本级工会是否建立了劳动保护监督检查组织		工会劳动保护监督检查员	本年度工会劳动保护监督组织受理举报案件	本级工会本年度参加劳动安全工作			
	是	否			安全生产检查	提出事故隐患和职业危害整改意见	处理工伤事故	“三同时”审查验收项目
	个	个	人	件	次	件	件	项
指标序号	1001	1001	1002	1003	1004	1005	1006	1007
总计	2273	2821	13733	3917	47915	23516	3170	1442
(1)省级地方工会	1		3	10	8	51	12	
(2)地市级地方工会	18	3	2115	1108	14698	1709	409	268
(3)县级地方工会	84	37	987	174	1357	1200	182	98
(4)省级产业(厅、局、公司)工会	29	46	325	45	570	640	32	23
(5)地市级产业(局、公司)工会	156	200	1738	396	3612	2635	1503	184
(6)县级产业(局、公司)工会	321	528	1151	132	3099	1029	50	112
(71)归属中央的企业集团工会	35	15	484	3	576	330	12	90
(72)归属地方的企业集团工会	35	39	685	10	419	210	15	31
(81)乡镇、街道总工会	317	336	1922	601	4991	3021	314	149
(82)其他乡镇、街道级工会	276	405	954	412	7382	6024	245	81
(9)村工会(联合会)	473	387	1962	547	6044	5035	241	306
(10)社区工会	492	749	1318	421	4832	1438	127	77
(11)工业园区	36	76	89	58	327	194	28	23

表 34

工会民主参与工作

工会层次	本级工会是否建立了三方协调机制		本级工会本年度是否与同级政府开过联席(联系)会		本级工会建立区域性、行业性职代会		
	是	否	是	否	职代会	覆盖企业	覆盖职工
	个	个	个	个	个	个	人
指标序号	h001	h001	h002	h002	h003	h004	h005
总计	1217	3877	103	4953	4513	83353	2884173
(1)省级地方工会	1		1				
(2)地市级地方工会	14	7	10	11			
(3)县级地方工会	84	37	57	63	1553	10333	240161
(4)省级产业(厅、局、公司)工会	12	63	4	71			
(5)地市级产业(局、公司)工会	71	285	19	337			
(6)县级产业(局、公司)工会	80	769	11	824	380	2414	123017
(71)归属中央的企业集团工会	15	35		50			
(72)归属地方的企业集团工会	9	65		74			
(81)乡镇、街道总工会	192	461	1	652	1507	36798	1204945
(82)其他乡镇、街道级工会	80	601		658	600	9650	526297
(9)村工会(联合会)	425	435		860	200	9663	446337
(10)社区工会	208	1033		1241	268	14225	304784
(11)工业园区	26	86		112	5	270	38632

表 35

工会经济技术工作

工会层次	现有省部级劳动模范		本级工会组织省级及以上劳动模范和全国五一劳动奖章获得者参加休养	本年度职工技术创新所取得的奖项			本年度本级工会组织的技术培训		
	省级	部级		国家级	省级	部级	培训班	参加职工	通过培训提升技术等级
	人	人	人次	个	个	个	班次	人次	人次
指标序号	j001	j002	j003	j004	j005	j006	j007	j008	j009
总计	9639	3667	1907	1			3523	427575	47037
(1)省级地方工会	9637	3667	255	1					
(2)地市级地方工会			434				367	57271	8684
(3)县级地方工会			356				195	35753	2652
(4)省级产业(厅、局、公司)工会			188				90	5411	236
(5)地市级产业(局、公司)工会			322				629	53138	8490
(6)县级产业(局、公司)工会			139				263	17332	646
(71)归属中央的企业集团工会			138				431	28403	3572
(72)归属地方的企业集团工会			4				41	4422	90
(81)乡镇、街道总工会			48				524	152340	2059
(82)其他乡镇、街道级工会			6				97	44607	1843
(9)村工会(联合会)							706	17310	12426
(10)社区工会	2		16				148	7743	3099
(11)工业园区			1				32	3845	3240

表 36

工会经济技术工作

工会层次	本年度参加本级工会组织的技能比赛的职工	通过技能比赛晋升技术等级	本年度本级工会授予的工人先锋号	建有职工技协组织		职工技协开展技术交易活动		本年度职工技协开展技术交易活动情况				
								技协提供的交易项目（包括未成功交易的项目）		属于职工技术创新成果的交易项目		
				是	否	是	否	项目数	总价值	成功签订技术合同	完成合同	实现效益
	人次	人次	个	个	个	个	个	项	元	项	项	元
指标序号	j010	j011	j012	j013	j013	j014	j014	j015	j016	j017	j018	j019
总计	1008379	59348	13778	179	4905	82	5002	1514	136019140	58	46	22778614
(1)省级地方工会	100000	40000	202	1			1					
(2)地市级地方工会	459371	4853	194	9	12	3	18	834	51010000	1	1	25000
(3)县级地方工会	194108	784	12055	21	99	9	111	15	59400	11	8	349614
(4)省级产业(厅、局、公司)工会	15896	2289	51	6	69		75					
(5)地市级产业(局、公司)工会	72457	4252	177	21	335	15	341	624	26089740	42	33	404000
(6)县级产业(局、公司)工会	22764	1086	424	37	810	23	824	31	6360000			
(71)归属中央的企业集团工会	8570	97	83	4	46	1	49					
(72)归属地方的企业集团工会	6715	353	19	1	73		74					
(81)乡镇、街道总工会	111726	1507	21	20	633	10	643	3	2000000	2	2	2000000
(82)其他乡镇、街道级工会	6413	1534	38	15	659	1	673					
(9)村工会(联合会)	7163	460	5	855	3	857						
(10)社区工会	852	41	14	37	1204	15	1226					
(11)工业园区	2344	2092	500	2	110	2	110	7	50500000	2	2	20000000

表 37

工会经费审查和财务工作

工会层次	本级工会经费收缴是否委托税务代收		本级工会是否实行建会筹备金制度		本级行政事业单位工会经费是否由财政统一划拨		本级工会设有资产管理机构		本级工会设有经费审查委员会		设有经审会办公室		本级工会经审会办公室干部	
	是	否	是	否	是	否	是	否	是	否	是	否	专职	兼职
	个	个	个	个	个	个	个	个	个	个	个	个	人	人
指标序号	s001	s001	s002	s002	s003	s003	s004	s004	s005	s005	s006	s006	s007	s008
总计	160	4708	271	4597	242	4626	800	4294	2471	2623	1268	3826	631	2904
(1)省级地方工会		1		1		1	1		1		1		4	
(2)地市级地方工会	5	16	6	15	14	7	14	7	19	2	18	3	23	25
(3)县级地方工会	14	107	16	105	40	81	59	62	97	24	82	39	48	176
(4)省级产业(厅、局、公司)工会	1	74	2	73		75	18	57	62	13	44	31	8	121
(5)地市级产业(局、公司)工会	1	355	2	354	2	354	65	291	209	147	119	237	410	489
(6)县级产业(局、公司)工会		833	12	821	1	832	115	734	355	494	193	656	42	424
(71)归属中央的企业集团工会		50		50		50	18	32	46	4	22	28	8	76
(72)归属地方的企业集团工会		74	1	73		74	4	70	31	43	16	58	3	54
(81)乡镇、街道总工会	8	645	8	645	9	644	90	563	302	351	194	459	49	659
(82)其他乡镇、街道级工会	1	664	12	653	1	664	73	608	246	435	174	507	15	317
(9)村工会(联合会)	8	659	71	596	54	613	94	766	582	278	131	729	4	204
(10)社区工会	122	1118	140	1100	121	1119	238	1003	484	757	259	982	15	335
(11)工业园区		112	1	111		112	11	101	37	75	15	97	2	24

表 38

工会经费审查和财务工作

工会层次	本级工会经审会是否开展了预、决算年度审查审计工作				开展了下级工会、直属单位审计工作				本年度工会基本建设和维修改造工程审计项目
	预算审查		预算(决算)执行情况审计		下级工会经费年度收支情况执行审计		直属单位年度财务收支情况执行审计		
	是	否	是	否	是	否	是	否	
	个	个	个	个	个	个	个	个	项
指标序号	s009	s009	s010	s010	s011	s011	s012	s012	s013
总计	1434	3660	1362	3732	974	4120	888	4206	2121
(1)省级地方工会	1		1		1		1		1
(2)地市级地方工会	18	3	18	3	18	3	16	5	33
(3)县级地方工会	79	42	79	42	64	57	60	61	18
(4)省级产业(厅、局、公司)工会	57	18	56	19	33	42	31	44	1
(5)地市级产业(局、公司)工会	162	194	157	199	135	221	113	243	1723
(6)县级产业(局、公司)工会	270	579	252	597	145	704	133	716	36
(71)归属中央的企业集团工会	42	8	42	8	31	19	25	25	8
(72)归属地方的企业集团工会	26	48	24	50	18	56	13	61	28
(81)乡镇、街道总工会	220	433	212	441	164	489	144	509	39
(82)其他乡镇、街道级工会	179	502	164	517	106	575	96	585	3
(9)村工会(联合会)	103	757	87	773	59	801	60	800	151
(10)社区工会	259	982	253	988	190	1051	187	1054	54
(11)工业园区	18	94	17	95	10	102	9	103	26

表 39

工会宣传教育和职工文化体育工作

工会层次	本级工会直属文体设施			本级工会直属职工文化、体育协会		本级工会独立兴办					
	文化宫、俱乐部	体育场、体育馆	图书馆（藏书1万册以上）	个数	会员	职工教育机构	职工高等院校	职工中等学校	农民工业余学校	女职工培训学校	职业技能实训基地
	个	个	个	个	人	所	所	所	所	所	个
指标序号	w001	w002	w003	w004	w005	w006	w007	w008	w009	w010	w011
总计	502	629	31400	760	303152	45	5	16	9	1	8
(1)省级地方工会				1	76						
(2)地市级地方工会	22	15	33	27	20857	18	4	3	1	1	3
(3)县级地方工会	57	13	22	44	1332	20	1	13	2		4
(4)省级产业(厅、局、公司)工会	19	20	3	78	47317						
(5)地市级产业(局、公司)工会	136	92	63	251	75010						
(6)县级产业(局、公司)工会	13	40	11	19	9082						
(71)归属中央的企业集团工会	33	18	8	104	87725						
(72)归属地方的企业集团工会	9	8	4	36	2343						
(81)乡镇、街道总工会	96	86	30070	37	15811	7			6		1
(82)其他乡镇、街道级工会	28	62	60	17	14764						
(9)村工会(联合会)	28	72	25	53	5803						
(10)社区工会	56	172	1099	66	21131						
(11)工业园区	5	31	2	27	1901						

表 40

工会国际工作和对外经济技术交流工作

工会层次	本级工会本年度应邀来访国际交往代表团		本级工会本年度应邀出访国际交往代表团		本级工会本年度应邀来访业务考察代表团		本级工会本年度应邀出访业务考察代表团	
	团数	人数	团数	人数	团数	人数	团数	人数
	个	人	个	人	个	人	个	人
指标序号	g001	g002	g003	g004	g005	g006	g007	g008
总计	43	563	24	252	59	677	56	1101
(1)省级地方工会	3	10	5	27	7	26	3	36
(2)地市级地方工会	5	58			5	43	1	5
(3)县级地方工会					3	85	2	12
(4)省级产业(厅、局、公司)工会	2	60	1	15	1	10		
(5)地市级产业(局、公司)工会	28	372	17	194	28	290	24	142
(6)县级产业(局、公司)工会	2	5			4	60	6	169
(71)归属中央的企业集团工会					3	36	2	24
(72)归属地方的企业集团工会								
(81)乡镇、街道总工会	1	20			1	2	1	2
(82)其他乡镇、街道级工会								
(9)村工会(联合会)	1	5	1	16	3	65	14	556
(10)社区工会	1	33			1	10		
(11)工业园区					3	50	3	155

表 41

开展创建劳动关系和谐企业与工业园区活动

工会层次	是否开展了创建活动		创建活动组织情况									
			联合领导小组组长				办公室所在单位				本级工会是否成立了创建活动领导小组	
	是	否	同级党委政府领导	同级其他领导	本级三方领导	本级总工会领导	工会	劳动部门	三方办公室	其他单位	是	否
	个	个	个	个	个	个	个	个	个	个	个	个
指标序号	c001	c001	c002	c002	c002	c002	c003	c003	c003	c003	c004	c004
总计	70	4655	37	7	10	16	46	20	3	1	64	4993
(1)省级地方工会	1		1					1			1	
(2)地市级地方工会	12	8	7	1	3	1	6	4	2		12	9
(3)县级地方工会	55	64	29	6	7	13	38	15	1	1	50	71
(4)省级产业(厅、局、公司)工会		75										75
(5)地市级产业(局、公司)工会	2	354				2	2				1	355
(6)县级产业(局、公司)工会		835										835
(71)归属中央的企业集团工会		50										50
(72)归属地方的企业集团工会		71										74
(81)乡镇、街道总工会		653										653
(82)其他乡镇、街道级工会		657										658
(9)村工会(联合会)		614										860
(10)社区工会		1173										1241
(11)工业园区		101										112

表 42

开展创建劳动关系和谐企业与工业园区活动

工会层次	企业开展创建活动情况				是否开展了创建活动		企业总数					
	开展活动企业	达标(表彰)企业	以同级党委、政府名义认定	享受优惠政策	是	否		已建工会企业	建立职代会制度企业	集体合同覆盖企业	开展创建活动企业	达标(表彰)企业
	个	个	个	个	个	个	个	个	个	个	个	个
指标序号	c005	c006	c007	c008	c009	c009	c010	c011	c012	c013	c014	c015
总计	25892	5784	381	255	231	4836	30252	24619	12915	15210	9103	1596
(1)省级地方工会	101	100				1						
(2)地市级地方工会	19751	3150	67	230		21						
(3)县级地方工会	6032	2528	314	25		119						
(4)省级产业(厅、局、公司)工会						75						
(5)地市级产业(局、公司)工会	8	6				356						
(6)县级产业(局、公司)工会						834						
(71)归属中央的企业集团工会						50						
(72)归属地方的企业集团工会						74						
(81)乡镇、街道总工会					96	555	18947	16717	9818	11515	8096	1359
(82)其他乡镇、街道级工会					75	598	8518	6251	2224	2401	719	136
(9)村工会(联合会)						860						
(10)社区工会					46	1195	2092	1352	695	903	274	101
(11)工业园区					14	98	695	299	178	391	14	

表 43 开展创建劳动关系和谐企业与工业园区活动

工会层次	工业园区企业职工总数	工会会员	签订劳动合同职工	养老、医疗、失业三项社会保险覆盖职工	本年度发生职工群体性事件	本年度发生劳动安全事故事件
	人	人	人	人	人	人
指标序号	c016	c017	c018	c019	c020	c021
总计	2077052	1744478	1477401	842473	145	22
(1)省级地方工会						
(2)地市级地方工会						
(3)县级地方工会						
(4)省级产业(厅、局、公司)工会						
(5)地市级产业(局、公司)工会						
(6)县级产业(局、公司)工会						
(71)归属中央的企业集团工会						
(72)归属地方的企业集团工会						
(81)乡镇、街道总工会	1451264	1233303	979779	636099	15	16
(82)其他乡镇、街道级工会	487296	412056	388946	143095	128	2
(9)村工会(联合会)						
(10)社区工会	97315	74177	81152	43852	2	
(11)工业园区	41177	24942	27524	19427		4

附表

工会签订集体合同情况

类型(c906)	综合集体合同(不包括各类专项集体合同)														
	企业单独签订		区域性					行业性					总数		
	企业	覆盖职工	合同	覆盖企业	同时单独签订综合集体合同企业	覆盖职工	同时单独签订综合集体合同企业职工	合同	覆盖企业	同时单独签订综合集体合同企业	覆盖职工	同时单独签订综合集体合同企业职工	合同	覆盖企业	覆盖职工
	个	人	份	个	个	人	人	份	个	个	人	人	份	个	人
指标序号	h001	h002	h003	h004	h005	h006	h007	h008	h009	h010	h011	h012	h013	h014	h015
总计(0)	46250	5846147	4198	108975	4684	4059978	458181	442	10223	785	402074	30904	50890	159979	9819114
国有企业及国有独资公司(1)	3136	853089		763	182	63906	31850		225	28	28999	8738		3914	905406
集体企业(2)	1768	245470		1228	181	145814	12117		233	27	17800	3310		3021	393657
私营企业(3)	28663	2578880		77026	3128	2885163	206665		8419	675	267708	15018		110305	5510068
港澳台、外商投资企业(4)	11143	1968136		10328	1025	814341	194362		844	37	69896	2472		21253	2655539
其他(5)	1540	200572		19630	168	150754	13187		502	18	17671	1366		21486	354444

类型(c906)	工资专项集体合同														
	企业单独签订		区域性					行业性					总数		
	企业	覆盖职工	合同	覆盖企业	同时单独签订工资专项集体合同企业	覆盖职工	同时单独签订工资专项集体合同企业职工	合同	覆盖企业	同时单独签订工资专项集体合同企业	覆盖职工	同时单独签订工资专项集体合同企业职工	合同	覆盖企业	覆盖职工
	个	人	份	个	个	人	人	份	个	个	人	人	份	个	人
指标序号	h016	h017	h018	h019	h020	h021	h022	h023	h024	h025	h026	h027	h028	h029	h030
总计(0)	27047	2882577	5634	102054	1618	2294837	312242	309	8583	615	512369	49959	32990	135451	5327582
国有企业及国有独资公司(1)	2467	389393		672	43	62534	16183		185	22	17816	8115		3259	445445
集体企业(2)	1685	138105		661	170	23442	10229		111	14	7146	2433		2273	156031
私营企业(3)	17114	1419328		77497	844	1590671	149242		7667	495	321675	16232		100939	3166200
港澳台、外商投资企业(4)	5006	862873		5109	561	488982	136588		557	81	158333	22821		10030	1350779
其他(5)	775	72878		18115		129208			63	3	7399	358		18950	209127

续上表

类型(c906)	高危行业劳动安全卫生专项集体合同			女职工权益专项集体合同			其他专项集体合同			建立集体协商指导员队伍情况								
										集体协商指导员人数	省级		地(市)级		市(县)级		县级以下	
	合同	覆盖企业	覆盖职工	合同	覆盖企业	覆盖职工	合同	覆盖企业	覆盖职工		指导员队伍	集体协商指导员	指导员队伍	集体协商指导员	指导员队伍	集体协商指导员	指导员队伍	集体协商指导员
	份	个	人	份	个	人	份	个	人	人	个	人	个	人	个	人	个	人
指标序号	h031	h032	h033	h034	h035	h036	h037	h038	h039	h040	h041	h042	h043	h044	h045	h046	h047	h048
总计(0)	5018	6111	592664	65864	173442	7165000	695	1184	119909	8367	1	40	19	926	152	4098	266	3303
国有企业及国有独资公司(1)		665	121435		5282	786869		55	4876									
集体企业(2)		274	35140		6178	406855		5	224									
私营企业(3)		4081	325050		112447	3917729		1039	88544									
港澳台、外商投资企业(4)		931	88822		16746	1647750		83	25372									
其他(5)		160	22217		32789	405797		2	893									